Albert Mathiez

La Révolution française

essai

ISBN : 978-1514723333

10 9 8 7 6 5 4 3 2 1

Albert Mathiez

La Révolution française

essai

Table de Matières

AVERTISSEMENT

Si on a supprimé volontairement de ce livre, qui s'adresse au public cultivé dans son ensemble, tout appareil d'érudition, cela ne veut pas dire qu'on n'ait pas cherché à le mettre au courant des dernières découvertes scientifiques. Les spécialistes verront bien, du moins nous l'espérons, qu'il est établi sur une documentation étendue, parfois même inédite, interprétée par une critique indépendante.

Mais l'érudition est une chose, l'histoire en est une autre. L'érudition recherche et rassemble les témoignages du passé, elle les étudie un à un, elle les confronte pour en faire jaillir la vérité. L'histoire reconstitue et expose. L'une est analyse. L'autre est synthèse.

Nous avons tenté ici de faire œuvre d'historien, c'est-à-dire que nous avons voulu tracer un tableau, aussi exact, aussi clair et aussi vivant que possible, de ce que fut la Révolution française sous ses différents aspects. Nous nous sommes attachés avant tout à mettre en lumière l'enchaînement des faits en les expliquant par les manières de penser de l'époque et par le jeu des intérêts et des forces en présence, sans négliger les facteurs individuels toutes les fois que nous avons pu en saisir l'action.

Le cadre qui nous était imposé ne nous permettait pas de tout dire. Nous avons été obligé de faire un choix parmi les événements. Mais nous espérons n'avoir rien laissé tomber d'essentiel.

Le 5 octobre 1921.

Albert Mathiez

I - LA CHUTE DE LA ROYAUTÉ

1

LA CRISE DE L'ANCIEN RÉGIME

Les révolutions, les véritables, celles qui ne se bornent pas à changer les formes politiques et le personnel gouvernemental, mais qui transforment les institutions et déplacent la propriété, cheminent longtemps invisibles avant d'éclater au grand jour sous l'effet de quelques circonstances fortuites. La Révolution française, qui surprit, par sa soudaineté irrésistible, ceux qui en furent les auteurs et les bénéficiaires comme ceux qui en furent les victimes, s'est préparée lentement pendant un siècle et plus. Elle sortit du divorce, chaque jour plus profond, entre les réalités et les lois, entre les institutions et les mœurs, entre la lettre et l'esprit.

Les producteurs, sur qui reposait la vie de la société, accroissaient chaque jour leur puissance, mais le travail restait une tare aux termes du code. On était noble dans la mesure où on était inutile. La naissance et l'oisiveté conféraient des privilèges qui devenaient de plus en plus insupportables à ceux qui créaient et détenaient les richesses.

En théorie le monarque, représentant de Dieu sur la terre, était absolu. Sa volonté était la loi. *Lex Rex.* En fait il ne pouvait plus se faire obéir même de ses fonctionnaires immédiats. Il agissait si mollement qu'il semblait douter lui-même de ses droits. Au-dessus de lui planait un pouvoir nouveau et anonyme, l'opinion, qui minait l'ordre établi dans le respect des hommes.

Le vieux système féodal reposait essentiellement sur la propriété foncière. Le seigneur confondait en sa personne les droits du propriétaire et les fonctions de l'administrateur, du juge et du chef militaire. Or, depuis longtemps déjà, le seigneur a perdu sur ses terres toutes les fonctions publiques qui sont passées aux agents du roi. Le servage a presque partout disparu. Il n'y a plus de mainmortables que dans quelques domaines ecclésiastiques, dans le Jura, le Nivernais, la Bourgogne. La glèbe, presque entièrement émancipée n'est plus rattachée au seigneur que par le lien assez lâche des rentes féodales, dont le maintien ne se justifie plus par les services rendus.

Les rentes féodales, sorte de fermages perpétuels perçus tantôt en nature (champart), tantôt en argent (cens), ne rapportent guère aux seigneurs qu'une centaine de millions par an, somme assez faible eu égard à la diminution constante du pouvoir de l'argent. Elles ont été fixées une fois pour toutes, il y a des siècles, au moment de la suppression du servage, à un taux invariable, tandis que le prix des choses a monté sans cesse. Les seigneurs, qui sont dépourvus d'emplois, tirent maintenant le plus clair de leurs ressources des propriétés qu'ils se sont réservées en propre et qu'ils exploitent directement ou par leurs intendants.

Le droit d'aînesse défend le patrimoine des héritiers du nom ; mais les cadets, qui ne réussissent pas à entrer dans l'Armée ou dans l'Église, sont réduits à des parts infimes qui ne suffisent bientôt plus à les faire vivre. A la première génération ils se partagent le tiers des biens paternels, à la deuxième, le tiers de ce tiers et ainsi de suite. Réduits à la gêne, ils vendent pour subsister leurs droits de justice, leurs cens, leurs champarts, leurs terres, mais ils ne songent pas à travailler, car ils ne veulent pas *déroger*. Une véritable plèbe nobiliaire s'est formée, très nombreuse en certaines provinces, comme la Bretagne, le Poitou, le Boulonnais, etc. Elle végète assombrie dans ses modestes manoirs. Elle déteste la haute noblesse en possession des emplois de Cour. Elle méprise et envie le bourgeois de la ville, qui s'enrichit par le commerce et l'industrie. Elle défend avec âpreté contre les empiétements des agents du roi ses dernières immunités fiscales. Elle se fait d'autant plus arrogante qu'elle est plus pauvre et plus impuissante.

Exclu de tout pouvoir politique et administratif depuis que l'abso-lutisme monarchique a pris définitivement racine avec Richelieu et Louis XIV, le hobereau est souvent haï de ses paysans parce qu'il est obligé pour vivre de se montrer exigeant sur le paiement de ses rentes. La basse justice, dernier débris qu'il a conservé de son antique puissance, devient entre les mains de ses juges mal payés un odieux instrument fiscal. Il s'en sert notamment pour s'emparer des communaux dont il revendique le tiers au nom du droit de triage. La chèvre du pauvre, privée des communaux, ne trouve plus sa pitance et les plaintes des petites gens s'aigrissent. La petite noblesse, malgré le partage des communaux, se juge sacrifiée. A la première occasion elle manifestera son mécontentement. Elle sera un élément de troubles.

En apparence la haute noblesse, surtout les 4 000 familles « présentées », qui paradent à la Cour, chassent avec le roi et montent dans ses carrosses, n'ont pas à se plaindre du sort. Elles se partagent les 33 millions que rapportent par an les charges de la maison du roi et des princes, les 28 millions des pensions qui s'alignent en colonnes serrées sur le livre rouge, les 46 millions de la solde des 12 000 officiers de l'armée qui absorberont à eux seuls plus de la moitié du budget militaire, tous les millions enfin de nombreuses sinécures telles que les charges de gouverneurs des provinces. Elles soutirent ainsi près du quart du budget. A ces nobles présentés reviennent encore les grosses abbayes que le roi distribue à leurs fils cadets souvent tonsurés à douze ans. Pas un seul des 143 évêques qui ne soit noble en 1789. Ces évêques gentilshommes vivent à la Cour loin de leurs diocèses, qu'ils ne connaissent guère que par les revenus qu'ils leur rapportent. Les biens du clergé produisent 120 millions par an environ et les dîmes, perçues sur la récolte des paysans, en produisent à peu près autant, soit 240 millions qui s'ajoutent aux autres dotations de la haute noblesse. Le menu fretin des curés, qui assure le service divin, ne recueille que les écailles. La « portion congrue » vient seulement d'être portée à 700 livres pour les curés et à 350 livres pour les vicaires. Mais de quoi se plaignent ces roturiers ?

La haute noblesse coûte donc très cher. Comme elle possède en propre de grands domaines, dont la valeur dépassera 4 milliards quand ils seront vendus sous la Terreur, elle dispose de ressources abondantes qui lui permettent, semble-t-il, de soutenir son état avec magnificence. Un courtisan est pauvre quand il n'a que 100 000 livres de rentes. Les Polignac touchent sur le Trésor en pensions et gratifications 500 000 livres d'abord, puis 700 000 livres par an. Mais l'homme de Cour passe son temps à « représenter ». La vie de Versailles est un gouffre où les plus grosses fortunes s'anéantissent. On joue un jeu d'enfer, à l'exemple de Marie-Antoinette. Les vêtements somptueux, brochés d'or et d'argent, les carrosses, les livrées, les chasses, les réceptions, les spectacles, les plaisirs exigent des sommes énormes. La haute noblesse s'endette et se ruine avec désinvolture. Elle s'en remet à des intendants qui la volent, du soin d'administrer ses revenus, dont elle ignore parfois l'état exact. Biron, duc de Lauzun, don Juan notoire, a mangé 100 000 écus à vingt et un ans et s'est endetté en outre de 2 millions. Le comte de Clermont, abbé de Saint-Germain-des-Prés, prince du sang, avec 360 000 livres de revenu a l'art de se ruiner à deux reprises. Le duc d'Orléans, qui est le plus grand propriétaire de France, s'endette de 74 millions. Le prince de Rohan-Guémenée fait une faillite d'une trentaine de millions dont Louis XVI contribue à payer la plus grande part. Les comtes de Provence et d'Artois, frères du roi, doivent, à vingt-cinq ans, une dizaine de millions. Les autres gens de Cour suivent le courant et les hypothèques s'abattent sur leurs terres. Les moins scrupuleux se livrent à l'agiotage pour se remettre à flot. Le comte de Guines, ambassadeur à Londres, est mêlé à une affaire d'escroquerie qui a son épilogue devant les tribunaux. Le cardinal de Rohan, évêque de Strasbourg, spécule sur la vente de l'enclos du Temple à Paris, bien d'Église qu'il aliène comme place à bâtir. Il y en a, comme le marquis de Sillery, mari de Mme de Genlis, qui font de leurs salons des salles de tripot. Tous fréquentent les gens de théâtre et se déclassent. Des évêques comme Dillon, de Narbonne, et Jarente, d'Orléans, vivent publiquement avec des concubines qui président à leurs réceptions.

Chose curieuse, ces nobles de Cour, qui doivent tout au roi, sont loin d'être dociles. Beaucoup s'ennuient de leur oisiveté dorée. Les meilleurs et les plus ambitieux rêvent d'une vie plus active. Ils voudraient, comme les lords d'Angleterre, jouer un rôle dans l'État, être autre chose que des figurants. Ils épousent les idées nouvelles en les ajustant à leurs désirs. Plusieurs et non des moindres, les La Fayette, les Custine, les deux Vioménil, les quatre Lameth, les trois Dillon, qui ont mis leur épée au service de la liberté américaine, font, à leur retour en France, figure d'opposants. Les autres sont partagés en factions qui intriguent et conspirent autour des princes du sang contre les favoris de la reine. A l'heure du péril, la haute noblesse ne sera pas unanime, tant s'en faut ! à défendre le trône.

L'ordre de la noblesse comprend en réalité des castes distinctes et rivales dont les plus puissantes ne sont pas celles qui peuvent invoquer les parchemins les plus anciens. A côté de la noblesse de race ou d'épée s'est constituée, au cours des deux derniers siècles, une noblesse de robe ou d'offices qui monopolise les emplois administratifs et judiciaires. Les membres des parlements, qui rendent la justice d'appel, sont à la tête de cette nouvelle caste aussi orgueilleuse et plus riche peut-être que l'ancienne. Maîtres de leurs charges qu'ils ont achetées très cher et qu'ils se transmettent de père en fils, les magistrats sont en fait inamovibles. L'exercice de la justice met dans leur dépendance le monde innombrable des plaideurs. Ils s'enrichissent par les épices et achètent de grandes propriétés. Les juges du parlement de Bordeaux possèdent les meilleurs crus du Bordelais. Ceux de Paris, dont les revenus égalent parfois ceux des grands seigneurs, souffrent de ne pouvoir être présentés à la Cour, faute de « quartiers » suffisants. Ils s'enferment dans une morgue hautaine de parvenus et prétendent diriger l'État. Comme tout acte royal, édit, ordonnance ou même traité diplomatique, ne peut entrer en vigueur qu'autant que son texte aura été couché sur leurs registres, les magistrats prennent prétexte de ce droit d'enregistrement pour jeter un coup d'œil sur l'administration royale et pour émettre des remontrances. Dans le pays muet, ils ont seuls le droit de critique et ils en usent pour se populariser en protestant contre les nouveaux impôts, en dénonçant le luxe de la Cour, les gaspillages, les abus de toute sorte. Ils s'enhardissent parfois à lancer des mandats de comparution contre les plus hauts fonctionnaires qu'ils soumettent à des enquêtes infamantes, comme ils firent pour le duc d'Aiguillon, commandant de Bretagne, comme ils feront pour le ministre Calonne, au lendemain de sa disgrâce. Sous prétexte que, dans le lointain des âges, la Cour de justice, le Parlement proprement dit, n'était qu'une section de l'assemblée générale des vassaux de la couronne que les rois étaient alors tenus de consulter avant tout nouvel impôt, sous prétexte aussi qu'à certaines audiences solennelles, ou lits de justice, les princes du sang, les ducs et pairs viennent prendre séance à côté d'eux, ils affirment qu'en l'absence des états généraux, ils représentent les vassaux et ils évoquent le droit féodal, l'ancienne constitution de la monarchie, pour mettre en échec le gouvernement et le roi. Leur résistance va jusqu'à la grève, jusqu'aux démissions en masse. Les différents parlements du royaume se coalisent. Ils prétendent qu'ils ne forment qu'un seul corps divisé en classes, et les autres cours souveraines, Cour des comptes, Cour des aides, appuient leurs menées factieuses. Louis XV, qui était un roi, malgré son indolence, finit par se lasser de leur

I - LA CHUTE DE LA ROYAUTÉ

perpétuelle opposition. Sur le conseil du chancelier Maupeou, il supprima le Parlement de Paris à la fin de son règne et le remplaça par des conseils supérieurs confinés dans les seules attributions judiciaires. Mais le faible Louis XVI, cédant aux exigences de ce qu'il croyait être l'opinion publique, rétablit le Parlement à son avènement et prépara ainsi la perte de sa couronne. Si les légers pamphlets des philosophes ont contribué à discréditer l'Ancien Régime, à coup sûr les massives remontrances des gens de justice ont fait plus encore pour répandre dans le peuple l'irrespect et la haine de l'ordre établi.

Le roi, qui voit se dresser contre lui les « officiers » qui rendent en son nom la justice, peut-il du moins compter sur l'obéissance et sur le dévouement des autres « officiers » qui forment ses conseils ou qui administrent pour lui les provinces ? Le temps n'est plus où les agents du roi étaient les ennemis-nés des anciens pouvoirs féodaux qu'ils avaient dépossédés. Les offices anoblissaient. Les roturiers de la veille sont devenus des privilégiés. Dès le temps de Louis XIV on donnait aux ministres du Monseigneur. Leurs fils étaient faits comtes ou marquis. Sous Louis XV et Louis XVI, les ministres furent choisis de plus en plus dans la noblesse et pas seulement dans la noblesse de robe, mais dans la vieille noblesse d'épée. Parmi les trente-six personnages qui occupèrent les portefeuilles de 1774 à 1789, il n'y en eut qu'un seul qui ne fût pas noble, le citoyen de Genève, Necker, qui voulut d'ailleurs que sa fille fût baronne. Contrairement à ce qu'on dit trop souvent, les intendants eux-mêmes, sur qui reposait l'administration des provinces, n'étaient plus choisis parmi les hommes de naissance commune. Tous ceux qui furent en fonction sous Louis XVI appartenaient à des familles nobles ou anoblies et parfois depuis plusieurs générations. Un de Trémond, intendant de Montauban, un Fournier de la Chapelle, intendant d'Auch, pouvaient remonter au XIIIᵉ siècle. Il y avait des dynasties d'intendants comme il y avait des dynasties de parlementaires. Il est vrai que les intendants, ne tenant pas leur place par office, étaient révocables comme les maîtres des requêtes au conseil du roi parmi lesquels ils se recrutaient, mais leurs richesses, les offices judiciaires qu'ils cumulaient avec leurs fonctions administratives, leur assuraient une réelle indépendance. Beaucoup cherchaient à se populariser dans leur « généralité ». Ils n'étaient plus les instruments dociles qu'avaient été leurs prédécesseurs du grand siècle. Le roi était de plus en plus mal obéi. Les parlements n'auraient pas osé soutenir des luttes aussi prolongées contre les ministres si ceux-ci avaient pu compter sur le concours absolu de tous les administrateurs leurs subordonnés. Mais les différentes noblesses sentaient de plus en plus leur solidarité. Elles savaient à l'occasion oublier leurs rivalités pour faire front tout ensemble contre les peuples et contre le roi, quand celui-ci était par hasard touché par quelque velléité de réforme.

Les pays d'états, c'est-à-dire les provinces, tardivement rattachées au royaume, qui avaient conservé un simulacre de représentation féodale, manifestent sous Louis XVI des tendances particularistes. La résistance des états de Provence, en 1782, forçait le roi à retirer un droit d'octroi sur les huiles. Les états du Béarn et de Foix, en 1786, refusaient de voter un nouvel impôt. Les états de Bretagne, coalisés avec le parlement de Rennes, parvenaient à mettre en échec l'intendant, dès le temps de Louis XV, à propos de la corvée. Ils s'emparaient même de la direction des travaux publics. Ainsi, la centralisation administrative reculait.

Partout la confusion et le chaos. Au centre, deux organes distincts : le Conseil, divisé en nombreuses sections, et les six ministres, indépendants les uns des autres, simples commis qui ne délibèrent pas en commun et qui n'ont pas tous entrée au Conseil. Les divers services publics chevauchent d'un département à l'autre, selon les convenances personnelles. Le contrôleur général des finances avoue qu'il lui est impossible de dresser un budget régulier, à cause de l'enchevêtrement des exercices, de la multiplicité des diverses caisses, de l'absence d'une comptabilité régulière. Chacun tire de son côté. Sartine, ministre de la Marine, dépense des millions à l'insu du contrôleur général. Aucun ensemble dans les mesures prises. Tel ministre protège les philosophes, tel autre les persécute. Tous se jalousent et intriguent. Leur grande préoccupation est moins d'administrer que de retenir la faveur du maître ou de ses entours. L'intérêt public n'est plus défendu. L'absolutisme de droit divin sert à couvrir toutes les dilapidations, tous les arbitraires, tous les abus. Aussi les ministres et les intendants sont-ils communément détestés, et la centralisation imparfaite qu'ils personnifient, loin de fortifier la monarchie, tourne contre elle l'opinion publique.

Les circonscriptions administratives reflètent la formation historique du royaume. Elles ne sont plus en rapport avec les nécessités de la vie moderne. Les frontières, même du côté de l'étranger, sont indécises. On ne sait pas au juste où finit l'autorité du roi et où elle commence. Des villes et villages sont mi-partie France et Empire. La commune de Rarécourt, près Vitry-le-François, en pleine Champagne, paie trois fois 2 sous 6 deniers par tête de chef de famille à ses trois suzerains : le roi de France, l'empereur d'Allemagne et le prince de Condé. La Provence, le Dauphiné, le Béarn, la Bretagne, l'Alsace, la Franche-Comté, etc., invoquent les vieilles « capitulations » qui les ont réunies à la France et considèrent volontiers que le roi n'est chez elles que seigneur, comte ou duc. Le maire de la commune de Morlaas en Béarn formule, au début du cahier de doléances de 1789, la question suivante : « Jusqu'à quel point nous convient-il de cesser d'être Béarnais pour devenir plus ou moins Français ? » La Navarre continue d'être un royaume distinct qui refuse d'être représenté aux états généraux. Selon le mot de Mirabeau, la France n'est toujours qu'un « agrégat inconstitué de peuples désunis ».

Les vieilles divisions judiciaires, bailliages dans le Nord et sénéchaussées dans le Midi, sont restées superposées aux anciens fiefs féodaux dans une bigarrure étonnante. Les bureaux de Versailles ne savent pas au juste le nombre des sièges de justice et, à plus forte raison, l'étendue de leur ressort. Ils commettront, en 1789, d'étranges erreurs dans l'expédition des lettres de convocation aux états généraux. Les circonscriptions militaires ou gouvernements qui datent du XVIe siècle n'ont pour ainsi dire pas varié ; les circonscriptions financières administrées par les intendants, ou généralités, qui datent du siècle suivant, n'ont pas été davantage ajustées aux besoins nouveaux. Les circonscriptions ecclésiastiques ou provinces sont restées presque immuables depuis l'Empire romain. Elles chevauchent de part et d'autre de la frontière politique. Des curés français relèvent de prélats allemands et réciproquement.

Quand l'ordre social sera ébranlé, la vieille machine administrative, composite, rouillée et grinçante, sera incapable de fournir un effort sérieux de résistance.

En face des privilégiés et des « officiers » en possession de l'État se lèvent peu à peu les forces nouvelles nées du négoce et de l'industrie. D'un côté la propriété féodale et foncière, de l'autre la richesse mobilière et bourgeoise.

Malgré les entraves du régime corporatif, moins oppressif cependant qu'on ne l'a cru, malgré les douanes intérieures et les péages, malgré la diversité des mesures de poids, de longueur et de capacité, le commerce et l'industrie ont grandi pendant tout le siècle. Pour la valeur des échanges la France vient immédiatement après l'Angleterre. Elle a le monopole des denrées coloniales. Sa possession de Saint-Domingue fournit à elle seule la moitié du sucre consommé dans le monde. L'industrie de la soie, qui fait vivre à Lyon 65 000 ouvriers, n'a pas de rivale. Nos eaux-de-vie, nos vins, nos étoffes, nos modes, nos meubles se vendent dans toute l'Europe. La métallurgie elle-même, dont le développement a été tardif, progresse. Le Creusot, qu'on appelle encore Montcenis, est déjà une usine modèle pourvue du dernier perfectionnement, et Dietrich, le roi du fer de l'époque, emploie dans ses hauts fourneaux et ses forges de Basse-Alsace, outillés à l'anglaise, des centaines d'ouvriers. Un armateur de Bordeaux, Bonaffé, possède, en 1791, une flotte de trente navires et une fortune de 16 millions. Ce millionnaire n'est pas une exception, tant s'en faut. Il y a à Lyon, à Marseille, à Nantes, au Havre, à Rouen, de très grosses fortunes.

L'essor économique est si intense que les banques se multiplient sous Louis XVI. La Caisse d'escompte de Paris émet déjà des billets analogues à ceux de notre Banque de France. Les capitaux commencent à se grouper en sociétés par actions : Compagnie des Indes, Compagnies d'assurances sur l'incendie, sur la vie, Compagnie des eaux de Paris. L'usine métallurgique de Montcenis est montée par actions. Les titres cotés en Bourse à côté des rentes sur l'Hôtel de Ville (c'est-à-dire sur l'État) donnent lieu à des spéculations très actives. On pratique déjà le marché à terme.

Le service de la dette publique absorbe, en 1789, 300 millions par an, c'est-à-dire plus de la moitié de toutes les recettes de l'État. La Compagnie des fermiers généraux, qui perçoit pour le compte du roi le produit des impôts indirects, aides, gabelle, tabac, timbre, etc., compte à sa tête des financiers de premier ordre qui rivalisent de magnificence avec les nobles les plus huppés. Il circule à travers la bourgeoisie un énorme courant d'affaires. Les charges d'agents de change doublaient de prix en une année. Necker a écrit que la France possédait près de la moitié du numéraire existant en Europe. Les négociants achètent les terres des nobles endettés. Ils se font bâtir d'élégants hôtels que décorent les meilleurs artistes. Les fermiers généraux ont leurs « folies » dans les faubourgs de Paris, comme les grands seigneurs. Les villes se transforment et s'embellissent.

Un signe infaillible que le pays s'enrichit, c'est que la population augmente rapidement et que le prix des denrées, des terres et des maisons subit une hausse constante. La France renferme déjà vingt-cinq millions d'habitants, deux fois autant que l'Angleterre ou que la Prusse. Le bien-être descend peu à peu de la haute bourgeoisie dans la moyenne et dans la petite. On s'habille mieux, on se nourrit mieux qu'autrefois. Surtout on s'instruit. Les filles de la roture, qu'on appelle maintenant demoiselles pourvu qu'elles portent des paniers, achètent des pianos. La plus-value des impôts de consommation atteste les progrès de l'aisance.

Ce n'est pas dans un pays épuisé, mais au contraire dans un pays florissant, en plein essor, qu'éclatera la Révolution. La misère, qui détermine parfois des émeutes, ne peut pas provoquer les grands bouleversements sociaux. Ceux-ci naissent toujours du déséquilibre des classes.

La bourgeoisie possédait certainement la majeure partie de la fortune française. Elle progressait sans cesse, tandis que les ordres privilégiés se ruinaient. Sa croissance même lui faisait sentir plus vivement les infériorités légales auxquelles elle restait condamnée. Barnave devint révolutionnaire le jour où un noble expulsa sa mère de la loge qu'elle occupait au théâtre de Grenoble. Mme Roland se plaint qu'ayant été retenue avec sa mère à dîner au château de Fontenay, on les servit à l'office. Blessures de l'amour-propre, combien avez-vous fait d'ennemis à l'Ancien Régime ?

La bourgeoisie, qui tient l'argent, s'est emparée aussi du pouvoir moral. Les hommes de lettres, sortis de ses rangs, se sont affranchis peu à peu de la domesticité nobiliaire. Ils écrivent maintenant pour le grand public qui les lit, ils flattent ses goûts, ils défendent ses revendications. Leur plume ironique persifle sans cesse toutes les idées sur lesquelles repose l'édifice ancien et tout d'abord l'idée religieuse. La tâche leur est singulièrement facilitée par les querelles théologiques qui déconsidèrent les hommes de la tradition. Entre le jansénisme et l'ultramontanisme, la philosophie fait sa trouée. La suppression des jésuites, en 1763, jette à bas le dernier rempart un peu sérieux qui s'opposait à l'esprit nouveau. La vie religieuse n'a plus d'attraits. Les couvents se dépeuplent, les donations pieuses tombent à des chiffres infimes. Dès lors les novateurs ont cause gagnée. Le haut clergé se défend à peine. Les prélats de Cour se croiraient déshonorés s'ils passaient pour dévots. Ils mettent leur coquetterie à répandre les lumières. Ils ne veulent plus être dans leurs diocèses que des auxiliaires de l'administration. Leur zèle n'est plus au service du bonheur céleste, mais du bonheur terrestre. Un idéal utilitaire s'impose uniformément à tous ceux qui parlent ou qui écrivent. La foi traditionnelle est reléguée à l'usage du peuple comme un complément obligé de l'ignorance et de la roture. Les curés eux-mêmes lisent l'Encyclopédie et s'imprègnent de Mably, de Raynal et de Jean-Jacques.

Aucun de ces grands seigneurs, qui applaudissent les hardiesses et les impertinences des philosophes, ne prend garde que l'idée religieuse est la clef de voûte du régime. Comment la libre critique, une fois déchaînée, se contenterait-elle de bafouer la superstition ? Elle s'attaque aux institutions les plus vénérables. Elle propage partout le doute et l'ironie. Les privilégiés pourtant ne semblent pas comprendre. Le comte de Vaudreuil, tendre ami de la Polignac, fait jouer dans son château de Gennevilliers *Le Mariage de Figaro*, c'est-à-dire la satire la plus cinglante et la plus audacieuse de la caste nobiliaire. Marie-Antoinette s'entremet pour que la pièce, jusque-là interdite, puisse être jouée au Théâtre-Français. La révolution était faite dans les esprits longtemps avant de se traduire dans les faits, et parmi ses auteurs responsables il faut compter à bon droit ceux-là mêmes qui seront ses premières victimes.

La révolution ne pouvait venir que d'en haut. Le peuple des travailleurs, dont l'étroit horizon ne dépassait pas la profession, était incapable d'en prendre l'initiative et, à plus forte raison, d'en saisir la direction. La grande industrie commençait à peine. Les ouvriers ne formaient nulle part des groupements cohérents. Ceux qu'enrôlaient et subordonnaient les corporations étaient divisés en compagnonnages rivaux plus préoccupés à se quereller pour des raisons mesquines qu'à faire front contre le patronat. Ils avaient d'ailleurs l'espoir et la possibilité de devenir patrons à leur tour, puisque la petite artisanerie était toujours la forme normale de la production industrielle. Quant aux autres, à ceux qui commençaient à être employés dans les « manufactures », beaucoup étaient des paysans qui ne considéraient leur salaire industriel que comme un appoint à leurs ressources agricoles. La plupart se montrèrent dociles et respectueux à l'égard des employeurs qui leur procuraient du travail, à tel point qu'ils les considéraient, en 1789, comme leurs représentants naturels. Les ouvriers se plaignent sans doute de la modicité des salaires qui n'ont pas grandi aussi vite que le prix des denrées, au dire de l'inspecteur aux manufactures Roland. Ils s'agitent parfois, mais ils n'ont pas encore le sentiment qu'ils forment une classe distincte du tiers état.

Les paysans sont les bêtes de somme de cette société. Dîmes, cens, champarts, corvées, impôts royaux, milice, toutes les charges s'abattent sur eux. Les pigeons et le gibier du seigneur ravagent impunément leurs récoltes. Ils habitent dans des maisons de terre battue, souvent couvertes de chaume, parfois sans cheminée. Ils ne connaissent la viande que les jours de fête et le sucre qu'en cas de maladie. Comparés à nos paysans d'aujourd'hui ils sont très misérables et cependant ils sont moins malheureux que ne l'ont été leurs pères ou que ne le sont leurs frères, les paysans d'Italie, d'Espagne, d'Allemagne, d'Irlande ou de Pologne. A force de travail et d'économie certains ont pu acheter un morceau de champ ou de pré. La hausse des denrées agricoles a favorisé leur commencement de libération. Les plus à plaindre sont ceux qui n'ont pas réussi à acquérir un peu de terre. Ceux-là s'irritent contre le partage des communaux par les seigneurs, contre la suppression de la vaine pâture et du glanage qui leur enlève le peu de ressources qu'ils tiraient du communisme primitif. Nombreux aussi sont les journaliers qui subissent de fréquents chômages et qui sont obligés de se déplacer de ferme en ferme à la recherche de l'embauche. Entre eux et le peuple des vagabonds et des mendiants la limite est difficile à tracer. C'est là que se recrute l'armée des contrebandiers et des faux-sauniers en lutte perpétuelle contre les gabelous.

Ouvriers et paysans, capables d'un bref sursaut de révolte quand le joug devient trop pesant, ne discernent pas les moyens de changer l'ordre social. Ils commencent seulement à apprendre à lire. Mais

Albert Mathiez

à côté d'eux, il y a, pour les éclairer, le curé et le praticien, le curé auquel ils confient leurs chagrins, le praticien qui défend en justice leurs intérêts. Or le curé, qui a lu les écrits du siècle, qui connaît l'existence scandaleuse que mènent ses chefs dans leurs somptueux palais et qui vit péniblement de sa congrue, au lieu de prêcher à ses ouailles la résignation comme autrefois, fait passer dans leurs âmes un peu de l'indignation et de l'amertume dont la sienne est pleine. Le praticien, de son côté, qui est obligé, par nécessité professionnelle, de dépouiller les vieux grimoires féodaux, ne peut manquer d'estimer à leur valeur les titres archaïques sur lesquels sont fondées la richesse et l'oppression. Babeuf apprend à mépriser la propriété en pratiquant son métier de feudiste. Il plaint les paysans à qui l'avidité du seigneur, qui l'emploie à restaurer son chartrier, va extorquer de nouvelles rentes oubliées.

Ainsi se fait un sourd travail de critique qui de loin devance et prépare l'explosion. Que vienne l'occasion et toutes les colères accumulées et rentrées armeront les bras des misérables excités et guidés par la foule des mécontents.

2

LA RÉVOLTE NOBILIAIRE

Pour maîtriser la crise qui s'annonçait, il aurait fallu à la tête de la monarchie un roi. On n'eut que Louis XVI. Ce gros homme, aux manières communes, ne se plaisait qu'à table, à la chasse ou dans l'atelier du serrurier Gamain. Le travail intellectuel le fatiguait. Il dormait au Conseil. Il fut bientôt un objet de moquerie pour les courtisans légers et frivoles. On frondait sa personne jusque dans l'œil-de-bœuf. Il souffrait que le duc de Coigny lui fît une scène à propos d'une diminution d'appointements. Son mariage était une riche matière à cruelles railleries. La fille de Marie-Thérèse qu'il avait épousée était jolie, coquette et imprudente. Elle se jetait au plaisir avec une fougue insouciante. On la voyait au bal de l'Opéra où elle savourait les familiarités les plus osées, quand son froid mari restait à Versailles. Elle recevait les hommages des courtisans les plus mal famés : d'un Lauzun, d'un Esterhazy. On lui donnait comme amant avec vraisemblance le beau Fersen, colonel du Royal suédois. On savait que Louis XVI n'avait pu consommer son mariage que sept ans après sa célébration au prix d'une opération chirurgicale. Les médisances jaillissaient en chansons outrageantes, surtout après la naissance tardive d'un dauphin. Des cercles aristocratiques, les épigrammes circulaient jusque dans la bourgeoisie et dans le peuple et la reine était perdue de réputation bien avant la Révolution. Une aventurière, la comtesse de Lamothe, issue d'un bâtard de Charles IX, put faire croire au cardinal de Rohan qu'elle aurait le moyen de lui concilier les bonnes grâces de Marie-Antoinette s'il voulait seulement l'aider à acheter un magnifique collier que la lésinerie de son époux lui refusait. Le cardinal eut des entrevues au clair de lune derrière les bosquets de Versailles avec une femme qu'il prit pour la reine. Quand l'intrigue se découvrit, sur la plainte du joaillier Boehmer, dont le collier n'avait pas été payé, Louis XVI commit l'imprudence de recourir au Parlement pour venger son honneur outragé. Si la comtesse de Lamothe fut condamnée, le cardinal fut acquitté aux applaudissements universels. Le verdict signifiait que le fait de considérer la reine de France comme facile à séduire n'était pas un délit. Sur le conseil de la police, Marie-Antoinette s'abstint dès lors de se rendre à Paris pour éviter les manifestations. Vers le même temps, en 1786, la Monnaie de Strasbourg frappait un certain nombre de louis d'or où l'effigie du roi était surmontée d'une corne outrageante.

Cette situation donnait aux princes du sang des espérances d'accéder au trône. Le comte d'Artois, le comte de Provence, frères du roi, le duc d'Orléans, son cousin, intriguaient sourdement pour profiter du mécontentement qu'avaient fait naître parmi le gros des courtisans les préférences exclusives de la reine pour certaines familles comblées de ses dons. Théodore de Lameth rapporte qu'un jour Mme de Balbi, maîtresse du comte de Provence, lui tint cette conversation : « Vous savez comme on parle du roi quand on a besoin de monnaie dans un cabaret ? on jette un écu sur la table en disant : changez-moi cet ivrogne. » Ce début n'était que pour sonder Lameth sur l'opportunité d'un changement de monarque. Lameth ne doute pas que certains princes caressaient le projet de faire prononcer par le Parlement l'incapacité de Louis XVI.

Cependant celui-ci n'entendait rien, ne voyait rien. Il laissait

Albert Mathiez

tomber son sceptre en quenouille, allant des réformateurs aux partisans des abus, au hasard des suggestions de son entourage et surtout des désirs de la reine qui prit sur son esprit un empire croissant. Il fournit ainsi par sa politique vacillante de sérieux aliments au mécontentement général. Le mot de Vaublanc est ici vrai à la lettre : « En France, c'est toujours le chef de l'État et ses ministres qui renversent le gouvernement. »

La plus vive critique des abus, dont mourait le régime, a été faite dans le préambule des édits des ministres Turgot, Malesherbes, Calonne, Brienne, Necker. Ces édits ont été lus par les curés au prône. Ils ont retenti jusque chez les plus humbles. La nécessité des réformes a été placée sous l'égide du roi. Mais comme les réformes promises s'évanouissaient aussitôt ou n'étaient réalisées que partiellement, à l'amertume des abus s'ajoutait la désillusion du remède. La corvée semblait plus lourde aux paysans depuis que Turgot en avait vainement édicté la suppression. On avait vu à cette occasion les paysans du Maine invoquer la parole du ministre pour refuser au marquis de Vibraye le paiement de leurs rentes, l'assiéger dans son château et le forcer à s'enfuir. La suppression de la mainmorte dans les domaines de la couronne, réalisée par Necker, rendait plus cuisant aux intéressés son maintien dans les terres des nobles et des ecclésiastiques. L'abolition par Malesherbes de la question préparatoire, c'est-à-dire de la torture, dans les enquêtes criminelles, faisait paraître plus inique le maintien de la question préalable. L'institution par Necker d'assemblées provinciales dans les deux généralités du Berri et de la Haute-Guyenne, en 1778, semblait la condamnation du despotisme des intendants, mais ne faisait qu'exaspérer le désir d'institutions représentatives dont les deux assemblées nouvelles, nommées et non élues, n'étaient à vrai dire qu'une caricature. Elle décourageait les intendants dont elle affaiblissait l'autorité, sans profit pour le pouvoir royal. Ainsi de toutes les autres velléités réformatrices. Elles ne firent que justifier et fortifier le mécontentement.

Il était difficile qu'il en fût autrement quand aux édits libéraux succédaient aussitôt des mesures de réaction inspirées par le pur esprit féodal, qui, elles, étaient appliquées. Le fameux règlement de 1781, qui exigea des futurs officiers la preuve de quatre quartiers de noblesse pour être admis dans les écoles militaires, fut certainement pour quelque chose dans la future défection de l'armée. Plus la noblesse était menacée dans son privilège, plus elle s'ingéniait à le consolider. Elle n'excluait pas seulement les roturiers des grades militaires, mais aussi des offices judiciaires et des hautes charges ecclésiastiques. Elle aggravait son monopole tout en applaudissant Figaro.

Un autre roi que Louis XVI aurait-il pu porter remède à cette situation extravagante ? Peut-être, mais cela n'est pas sûr. Depuis qu'ils avaient enlevé à la féodalité ses pouvoirs politiques, les Bourbons s'étaient plu à la consoler en la comblant de leurs bienfaits. Louis XIV, Louis XV avaient cru la noblesse nécessaire à leur gloire. Ils solidarisaient leur trône avec ses privilèges. Louis XVI ne fit que suivre une tradition établie. Il n'aurait pu faire de réformes sérieuses qu'en engageant une lutte à mort contre les privilégiés. Il s'effraya aux premières escarmouches.

Puis le problème financier dominait tout le reste. Pour faire des réformes, il fallait de l'argent. Au milieu de la prospérité générale le Trésor était de plus en plus vide. On ne pouvait le remplir qu'aux dépens des privilégiés et avec l'autorisation des parlements peu disposés à sacrifier les intérêts privés de leurs membres sur l'autel du bien public. Plus on tergiversait, plus le gouffre du déficit s'approfondissait et plus les résistances s'accentuaient.

Déjà Louis XV, dans les dernières années de son règne, avait failli faire banqueroute. La rude poigne de l'abbé Terray évita la catastrophe et prolongea de vingt ans la durée du régime. Terray tombé, la valse des millions recommença. Les ministres des finances se succédèrent à toute vitesse et dans le nombre il n'y a pas, sans en excepter Necker qui ne fut qu'un comptable, un seul financier. On fit quelques économies de bouts de chandelle sur la maison du roi. On irrita les courtisans sans réel profit pour le Trésor. Les largesses se multiplient : 100 000 livres à la fille du duc de Guines pour se marier, 400 000 livres à la comtesse de Polignac pour payer ses dettes, 800 000 livres pour constituer une dot à sa fille, 23 millions pour les dettes du comte d'Artois, 10 millions pour acheter au roi le château de Rambouillet, 6 millions pour acheter à la reine le château de Saint-Cloud, etc. Petites dépenses à côté de celles qu'entraîna la participation de la France à la guerre de l'Indépendance américaine ! On a évalué celles-ci à deux milliards. Pour y faire face,

Necker emprunta à toutes les portes et de toutes les façons. Il lui arriva de placer son papier à 10 et 12 pour 100. Il trompa la nation par son fameux *Compte rendu* où il faisait apparaître un excédent imaginaire. Il ne voulait qu'inspirer confiance aux prêteurs et il donna des armes aux membres des parlements qui prétendaient qu'une réforme profonde de l'impôt était inutile.

La guerre terminée, le sémillant Calonne trouva moyen d'ajouter en trois ans 653 nouveaux millions aux emprunts précédents. C'était maxime reçue que le roi très chrétien ne calculait pas ses dépenses sur ses recettes, mais ses recettes sur ses dépenses. En 1789, la dette se monta à 4 milliards et demi. Elle avait triplé pendant les quinze années du règne de Louis XVI. A la mort de Louis XV le service de la dette exigeait 93 millions, en 1790 il en exige environ 300 sur un budget de recettes qui dépassait à peine 500 millions. Mais tout a une fin. Calonne fut obligé d'avouer au roi qu'il était aux abois. Son dernier emprunt avait été difficilement couvert. Il avait mis en vente de nouveaux offices, procédé à une refonte des monnaies, augmenté les cautionnements, aliéné des domaines, entouré Paris d'un mur d'octroi, il avait tiré des fermiers généraux 255 millions d'anticipations, c'est-à-dire d'avances à valoir sur les exercices financiers à venir, il s'apprêtait à emprunter, sous prétexte de cautionnement, 70 millions encore à la Caisse d'escompte, mais tous ces expédients n'empêchaient pas que le déficit atteignait 101 millions. Par surcroît, on était à la veille d'une guerre avec la Prusse à propos de la Hollande. Le ministre de la guerre réclamait des crédits pour défendre les patriotes de ce petit pays auxquels le roi avait promis main-forte contre les Prussiens.

Calonne était acculé. Il ne croyait plus possible d'augmenter encore les impôts existants qui, en moins de dix ans, s'étaient accrus de 140 millions. Il était en lutte ouverte avec le Parlement de Paris qui avait fait des remontrances sur la réfection des monnaies, avec le parlement de Bordeaux à propos de la propriété des atterrissements de la Gironde, avec le parlement de Rennes à propos du tabac râpé, avec les parlements de Besançon et de Grenoble à propos du remplacement provisoire de la corvée par une prestation pécuniaire. Il était certain que les parlements lui refuseraient l'enregistrement de tout emprunt et de tout impôt nouveau.

Calonne prit son courage à deux mains. Il alla trouver Louis XVI, le 20 août 1786, et il lui dit : « Ce qui est nécessaire pour le salut de l'État serait impossible par des opérations partielles, il est indispensable de reprendre en sous-œuvre l'édifice entier pour en prévenir la ruine... Il est impossible d'imposer plus, ruineux d'emprunter toujours ; non suffisant de se borner aux réformes économiques. Le seul parti qu'il reste à prendre, le seul moyen de parvenir enfin à mettre véritablement de l'ordre dans les finances doit consister à vivifier l'État tout entier par la refonte de tout ce qu'il y a de vicieux dans sa constitution. »

Les impôts existants étaient vexatoires et peu productifs parce que très mal répartis. Les nobles, en principe, étaient astreints aux vingtièmes et à la capitation dont étaient exempts les ecclésiastiques. Les paysans étaient seuls à payer la taille, qui variait selon les pays d'états et les pays d'élections [1], tantôt réelle, analogue à notre impôt foncier, tantôt personnelle, analogue à la cote mobilière. Il y avait des villes franches, des villes abonnées, des pays rédimés, etc., une complication infinie. Le prix du sel variait selon les personnes et les lieux. Les ecclésiastiques, les privilégiés, les fonctionnaires, en vertu du droit de franc salé, le payaient au prix coûtant. Mais plus on était éloigné des marais salants ou des mines de sel, plus la gabelle se faisait lourde et inquisitoriale.

Calonne proposait d'adoucir la gabelle et la taille, de supprimer les douanes intérieures et de demander à un nouvel impôt, la *subvention territoriale,* qui remplacerait les vingtièmes, les ressources nécessaires pour boucler le budget. Mais, alors que les vingtièmes étaient perçus en argent, la subvention territoriale serait perçue en nature sur le produit de toutes les terres, sans distinction de propriétés ecclésiastiques, nobles ou roturières. C'était l'égalité devant l'impôt. La Caisse d'escompte serait transformée en banque d'État. Des assemblées provinciales seraient créées, dans les provinces qui n'en avaient pas encore, « pour que la répartition des charges publiques cessât d'être inégale et arbitraire ».

Puisqu'il ne fallait pas compter sur les parlements pour faire enregistrer une réforme aussi vaste, on s'adresserait à une assemblée de notables qui l'approuverait. Il n'y avait pas d'exemple que les

1 C'est-à-dire perceptions. L'élu percevait les impôts sous la surveillance de l'intendant.

notables choisis par le roi aient résisté à ses volontés. Mais tout était changé dans les esprits depuis un siècle.

Les notables, 7 princes du sang, 36 ducs et pairs ou maréchaux, 33 présidents ou procureurs généraux de parlements, 11 prélats, 12 conseillers d'Etat, 12 députés des pays d'états, 25 maires ou échevins des principales villes, etc., en tout 144 personnages, distingués par leurs services ou par leurs fonctions, se réunirent le 22 février 1787. Calonne fit devant eux en excellents termes le procès de tout le système financier : « On ne peut faire un pas dans ce vaste royaume, sans y trouver des lois différentes, des usages contraires, des privilèges, des exemptions, des affranchissements d'impôts, des droits et des prétentions de toute espèce ; et cette dissonance générale complique l'administration, interrompt son cours, embarrasse ses ressorts et multiplie partout les frais et le désordre. » Il faisait une charge à fond contre la gabelle, « impôt si disproportionné dans sa répartition qu'il fait payer dans une province vingt fois plus qu'on ne paie dans une autre, si rigoureux dans sa perception que son nom seul inspire l'effroi,... un impôt enfin dont les frais sont au cinquième de son produit et qui, par l'attrait violent qu'il présente à la contrebande, fait condamner tous les ans à la chaîne ou à la prison plus de cinq cents chefs de famille et occasionne plus de 4 000 saisies par année ». A la critique des abus succédait enfin l'exposé des réformes.

Les notables étaient des privilégiés. Les pamphlets inspirés par les membres du Parlement les criblaient de railleries et d'épigrammes, annonçaient leur capitulation. Ils se raidirent pour prouver leur indépendance. Ils évitèrent de proclamer qu'ils ne voulaient pas payer l'impôt, mais ils s'indignèrent de l'étendue du déficit qui les stupéfiait. Ils rappelèrent que Necker, dans son célèbre *Compte rendu* paru quatre ans auparavant, avait accusé un excédent des recettes sur les dépenses. Ils exigèrent communication des pièces comptables du budget. Ils réclamèrent que l'état du trésor royal fût constaté tous les mois, qu'un compte général des recettes et dépenses fût imprimé tous les ans et soumis à la vérification de la Cour des comptes. Ils protestèrent contre l'abus des pensions. Calonne pour se défendre dut dévoiler les erreurs du *Compte rendu* de Necker. Necker répliqua et fut exilé de Paris. Toute l'aristocratie nobiliaire et parlementaire prit feu. Calonne fut traîné dans la boue dans des pamphlets virulents. Mirabeau fit sa partie dans le concert par sa *Dénonciation contre l'agiotage,* où il accusait Calonne de jouer à la Bourse avec les fonds de l'État. Calonne était vulnérable. Il avait des dettes et des maîtresses, un entourage suspect. Le scandale du coup de bourse tenté par l'abbé d'Espagnac sur les actions de la Compagnie des Indes venait d'éclater. Calonne y était compromis. Les privilégiés avaient la partie belle pour se débarrasser du ministre réformateur. En vain celui-ci prit-il l'offensive. Il fit rédiger par l'avocat Gerbier un *Avertissement* qui était une vive attaque contre l'égoïsme des nobles et un appel à l'opinion publique. L'*Avertissement* distribué à profusion dans tout le royaume accrût la rage des ennemis de Calonne. L'opinion ne réagit pas comme celui-ci l'espérait. Les rentiers se tinrent sur la défiance. La bourgeoisie ne sembla pas prendre au sérieux les projets de réforme élaborés pour lui plaire. Le peuple resta indifférent à des querelles qui le dépassaient. Il lui fallait le temps de méditer les vérités qui lui étaient révélées et qui le frappaient d'étonnement. L'agitation fut violente à Paris mais resta d'abord circonscrite aux classes supérieures. Les évêques qui siégeaient parmi les notables exigèrent le renvoi de Calonne. Louis XVI se soumit et, malgré sa répugnance, finit par appeler à sa succession l'archevêque de Toulouse, Loménie de Brienne, désigné par la reine. Les privilégiés respiraient, mais ils avaient eu peur. Ils s'acharnèrent contre Calonne. Le Parlement de Paris, sur la proposition d'Adrien Duport, ordonna une enquête sur ses dilapidations. Il n'eut que la ressource de s'enfuir en Angleterre.

Brienne, profitant d'un moment de détente, obtint des notables et du Parlement un emprunt de 67 millions en rentes viagères qui permit provisoirement d'éviter la banqueroute. Simple trêve ! Brienne, par la force des choses, fut obligé de reprendre les projets de l'homme qu'il avait supplanté. Avec plus d'esprit de suite que celui-ci, il essaya de rompre la coalition des privilégiés avec la bourgeoisie. Il établit des assemblées provinciales où le tiers eut une représentation égale à celle des deux ordres privilégiés réunis. Il rendit aux protestants un état civil, à la grande fureur du clergé. Il transforma la corvée en une contribution en argent. Enfin il prétendit assujettir à l'impôt foncier le clergé et la noblesse. Aussitôt les notables se regimbèrent. Un seul bureau sur sept adopta le nouveau projet d'impôt territorial. Les autres se déclarèrent sans pouvoirs pour l'accorder. C'était faire appel aux états généraux. La Fayette alla plus loin. Il réclama une assemblée nationale à l'instar du Congrès qui gouvernait l'Amérique et une grande charte qui assurerait la périodicité de cette assemblée. Si Brienne avait eu autant de courage que d'intelligence, il eût fait droit au vœu des notables. La convocation des états généraux accordée volontairement à cette date de mai 1787, alors que le prestige royal n'était pas encore compromis, aurait sans nul doute consolidé le pouvoir de Louis XVI. Les privilégiés eussent été pris à leur piège. La bourgeoisie aurait compris que les promesses de réformes étaient sincères. Mais Louis XVI et la Cour redoutaient les états généraux. Ils se souvenaient d'Étienne Marcel et de la Ligue. Brienne préféra renvoyer les notables, laissant échapper ainsi la dernière chance d'éviter la Révolution.

Dès lors la rébellion nobiliaire, dont l'aristocratie judiciaire prend la direction, ne connaît plus de frein. Les parlements de Bordeaux, de Grenoble, de Besançon, etc., protestent contre les édits qui rendent l'état civil aux hérétiques et qui instituent les assemblées provinciales dont ils redoutent la concurrence. Adroitement ils font valoir que ces assemblées nommées par le pouvoir ne sont que des commissions ministérielles sans indépendance et ils se mettent à réclamer la restauration des anciens états féodaux qu'on ne réunissait plus.

Le Parlement de Paris, suivi de la Cour des aides et de la Cour des comptes, se popularise en refusant à Brienne l'enregistrement d'un édit qui assujettissait au timbre les pétitions, quittances, lettres de faire-part, journaux, affiches, etc. Il réclame en même temps, le 16 juillet, la convocation des états généraux, seuls en mesure, disait-il, de consentir de nouveaux impôts. Il repousse encore l'édit sur la subvention territoriale, dénonce les prodigalités de la Cour et exige des économies. Le roi ayant passé outre à cette opposition, le 6 août, par un lit de justice, le Parlement annule le lendemain comme illégal l'enregistrement de la veille. Un exil à Troyes punit cette rébellion, mais l'agitation gagne toutes les cours de province. Elle se répand dans la bourgeoisie. Les magistrats paraissaient défendre les droits de la nation. On les traitait de Pères de la Patrie. On les portait en triomphe. Les basochiens mêlés aux artisans commençaient à troubler l'ordre dans la rue. De toutes parts les pétitions affluaient à Versailles en faveur du rappel du Parlement de Paris.

Les magistrats savouraient leur popularité, mais au fond ils n'étaient pas sans inquiétude. En réclamant les états généraux ils avaient voulu, par un coup de partie, éviter à la noblesse de robe, d'épée et de soutane, les frais de la réforme financière. Ils ne tenaient pas autrement aux états généraux qui pouvaient leur échapper. Si les états devenaient périodiques, comme le demandait La Fayette, leur rôle politique disparaîtrait. On négocia sous main. Brienne renoncerait au timbre et à la subvention territoriale. On lui accorderait en compensation la prolongation des deux vingtièmes qui seraient perçus « sans aucune distinction ni exception quelle qu'elle pût être ». Moyennant quoi, le Parlement ayant enregistré, le 19 septembre, revint à Paris au milieu des feux d'artifice.

Malheureusement les deux vingtièmes, dont la perception demandait du temps, ne suffisaient pas à couvrir les besoins urgents du Trésor. Bien que Brienne eût abandonné les patriotes hollandais, au mépris de la parole royale, la banqueroute menaçait. Il fallut retourner devant le Parlement pour lui demander d'autoriser un emprunt de 420 millions, sous promesse de la convocation des états généraux dans cinq ans, c'est-à-dire pour 1792. La guerre recommença plus violente que jamais. Au roi qui ordonnait, le 19 novembre, l'enregistrement de l'emprunt, le duc d'Orléans osa dire que c'était illégal. Le lendemain, le duc était exilé à Villers-Cotterêts et deux conseillers de ses amis, Sabatier et Fréteau enfermés au château de Doullens. Le Parlement réclamait la liberté des proscrits et sur la proposition d'Adrien Duport, le 4 janvier 1788, votait un réquisitoire contre les lettres de cachet qu'il renouvelait peu après malgré les défenses royales. Il poussait bientôt l'audace, en avril, jusqu'à inquiéter les prêteurs du dernier emprunt et jusqu'à encourager les contribuables à refuser le paiement des nouveaux vingtièmes. Cette fois, Louis XVI se fâcha. Il fit arrêter en plein palais de justice, où ils s'étaient réfugiés, les deux conseillers Goislard et Duval d'Epresmesnil et il approuva les édits que le garde des sceaux Lamoignon lui présenta pour briser la résistance des magistrats comme pour réformer la justice. Une cour plénière composée de hauts fonctionnaires était substituée aux parlements pour l'enregistrement de tous les actes royaux.

Albert Mathiez

Les parlements perdaient une bonne partie des causes civiles et criminelles qui leur étaient auparavant déférées. Celles-ci seraient jugées désormais par des grands bailliages au nombre de quarante-sept qui rapprocheraient la justice des plaideurs. De nombreux tribunaux spéciaux tels que les greniers à sel, les élections, les bureaux de finances étaient supprimés. La justice criminelle était réformée dans un sens plus humain, la question préalable et l'interrogatoire sur la sellette abolis. C'était une réforme plus profonde encore que celle que le chancelier Maupeou avait essayée en 1770. Peut-être aurait-elle réussi si elle avait été faite seulement neuf mois plus tôt, avant l'exil du Parlement à Troyes. L'installation des grands bailliages ne rencontra pas une résistance unanime. Il semble que la parole de Louis XVI dénonçant au pays l'aristocratie des magistrats, qui voulaient usurper son autorité, ait trouvé de l'écho. Mais depuis le lit de justice du 19 novembre, depuis que le duc d'Orléans avait été frappé, la lutte n'était plus seulement entre le ministère et les parlements. Autour de ce conflit initial, tous les autres mécontentements s'étaient déjà manifestés et coalisés.

Le parti des Américains, des Anglomanes ou des patriotes, qui comptait des recrues non seulement dans la haute noblesse, dans la haute bourgeoisie, mais parmi certains conseillers des enquêtes comme Duport et Fréteau, était entré en scène. Ses chefs se réunissaient chez Duport ou chez La Fayette. On voyait à ces réunions l'abbé Sieyès, le président Lepelletier de Saint-Fargeau, l'avocat général Hérault de Séchelles, le conseiller au Parlement Huguet de Semonville, l'abbé Louis, le duc d'Aiguillon, les frères Lameth, le marquis de Condorcet, le comte de Mirabeau, les banquiers Clavière et Panchaud, etc. Pour ceux-ci les états généraux n'étaient qu'une étape. On transformerait la France en monarchie constitutionnelle et représentative. On anéantirait le despotisme ministériel. Les idées américaines gagnaient les clubs, les sociétés littéraires, déjà nombreuses, les cafés, qui devinrent, dit le conseiller Sallier, des « écoles publiques de démocratie et d'insurrection ». La bourgeoisie s'ébranlait, mais à la suite de la noblesse. A Rennes, la Société patriotique bretonne mettait à sa tête de grandes dames qui s'honoraient du titre de citoyennes. Elle donnait des conférences dans une salle ornée d'inscriptions civiques qu'elle appelait pompeusement, à l'antique, le Temple de la Patrie.

Mais l'aristocratie judiciaire gardait encore la direction. A tous ses correspondants dans les provinces, elle passait le même mot d'ordre : empêcher l'installation des nouveaux tribunaux d'appel ou grands bailliages, faire la grève du prétoire, déchaîner au besoin le désordre, réclamer les états généraux et les anciens états provinciaux. Le programme fut suivi de point en point. Les parlements de province organisèrent la résistance avec leur nombreuse clientèle d'hommes de loi. A coups de remontrances et d'arrêts fulminants, ils s'attachèrent à provoquer des troubles. Les manifestations se succédèrent. Les nobles d'épée se solidarisèrent en masse avec les parlements. Les nobles d'église les imitèrent. L'assemblée du clergé diminua de plus des trois quarts le subside qui lui était réclamé. Elle protesta contre la Cour plénière, « tribunal dont la nation craindrait toujours la complaisance » (15 juin). Des émeutes éclatèrent à Dijon, à Toulouse. Dans les provinces frontières tardivement réunies à la couronne, l'agitation prit tournure d'insurrection. En Béarn, le parlement de Pau, dont le palais avait été fermé *manu militari*, cria à la violation des vieilles capitulations du pays. Les campagnards, excités par les nobles des états, assiégèrent l'intendant dans son hôtel et réinstallèrent de force les magistrats sur leurs sièges (19 juin).

En Bretagne, l'agitation se développa librement par la faiblesse ou la complicité du commandant militaire Thiard et surtout de l'intendant Bertrand de Moleville. Les nobles bretons provoquaient en duel les officiers de l'armée restés fidèles au roi. Pendant les mois de mai et de juin les collisions furent fréquentes entre les troupes et les manifestants.

Dans le Dauphiné, la province la plus industrielle de France au dire de Roland, le tiers état joua le rôle prépondérant, mais d'accord avec les privilégiés. Après que le parlement expulsé de son palais eut déclaré que si les édits étaient maintenus, « le Dauphiné se regarderait comme entièrement dégagé de sa fidélité envers son souverain », la ville de Grenoble se souleva, le 7 juin, refoula les troupes à coups de tuiles lancées du haut des toits, et fit rentrer le parlement dans son palais au son des cloches. Après cette journée des tuiles, les états de la province se réunissaient spontanément, sans autorisation royale, le 21 juillet, au château de

Vizille, propriété de grands industriels, les Périer. L'assemblée, que le commandant militaire n'osait dissoudre, décidait, sur les conseils des avocats Mounier et Barnave, que désormais le tiers état aurait une représentation double et qu'on voterait aux états non plus par ordre, mais par tête. Elle invitait enfin les autres provinces à s'unir et jurait de ne plus payer d'impôt tant que les états généraux n'auraient pas été convoqués. Les résolutions de Vizille célébrées à l'envi devinrent immédiatement le vœu de tous les patriotes.

Brienne n'aurait pu triompher de la rébellion qui s'étendait que s'il avait réussi à rompre l'entente du tiers état avec les privilégiés. Il s'y essaya de son mieux en opposant les plumes de Linguet, de Rivarol, de l'abbé Morellet à celles de Brissot et de Mirabeau. Il annonça, le 5 juillet, la convocation prochaine des états généraux et, le 8 août, il en fixa la date au 1er mai 1789. Trop tard ! Les assemblées provinciales elles-mêmes, qui étaient son œuvre et qu'il avait composées à son gré, se montrèrent peu dociles. Plusieurs refusaient les augmentations d'impôts qu'il leur avait demandées. Celle d'Auvergne, inspirée par La Fayette, formulait une protestation tellement vive qu'elle s'attira une verte semonce du roi. La Fayette se vit retirer sa lettre de service dans l'armée.

Pour mater l'insurrection du Béarn, de la Bretagne et du Dauphiné, il aurait fallu être sûr des troupes. Celles-ci, commandées par des nobles hostiles au ministère et à ses réformes, ne se battaient plus que mollement ou même levaient la crosse en l'air comme à Rennes. Des officiers offraient leur démission.

Mais surtout Brienne était réduit à l'impuissance faute d'argent. Les remontrances des parlements et les troubles avaient arrêté les perceptions. Après avoir épuisé tous les expédients, mis la main sur les fonds des Invalides et les souscriptions pour les hôpitaux et les victimes de la grêle, décrété le cours forcé des billets de la Caisse d'escompte, Brienne dut suspendre les paiements du Trésor. Il était perdu. Les rentiers, qui jusque-là s'étaient tenus sur la réserve, car ils se savaient haïs des gens de justice, joignirent dès lors leurs cris à ceux des nobles et des patriotes. Louis XVI sacrifia Brienne comme il avait sacrifié Calonne et il s'humilia à reprendre Necker qu'il avait jadis renvoyé (25 août 1788). La royauté n'était déjà plus capable de choisir librement ses ministres.

Le banquier genevois, se sentant l'homme nécessaire, posa ses conditions : la réforme judiciaire de Lamoignon, qui avait provoqué la révolte, serait anéantie, les parlements seraient rappelés, les états généraux convoqués à la date fixée par Brienne. Le roi dut tout accepter. La rébellion nobiliaire avait mis la couronne en échec, mais elle avait frayé la voie à la Révolution.

Brienne, puis Lamoignon furent brûlés en effigie sur la place Dauphine à Paris au milieu d'une joie délirante. Les manifestations qui durèrent plusieurs jours dégénérèrent en émeute. Il y eut des morts et des blessés. Le Parlement rétabli, au lieu de prêter main-forte à l'autorité, blâma la répression et cita devant lui le commandant du guet qui perdit son emploi. Les gens de justice encourageaient donc le désordre et désarmaient les agents du roi. Ils ne se doutaient pas qu'ils seraient bientôt les victimes de la force populaire démuselée.

3

LES ÉTATS GÉNÉRAUX

Unis tant bien que mal, mais sans désaccord apparent, pour s'opposer aux entreprises du despotisme ministériel, les nobles et les patriotes se divisèrent dès que Brienne fut à bas. Les premiers, qu'on appellera bientôt les aristocrates, ne conçoivent la réforme du royaume que sous la forme d'un retour aux pratiques de la féodalité. Ils entendent garantir aux deux premiers ordres leurs privilèges honorifiques et utiles et leur restituer en outre le pouvoir politique que Richelieu, Mazarin et Louis XIV leur ont enlevé au siècle précédent. Tout au plus consentiraient-ils, d'assez mauvaise grâce, à payer désormais leur part des contributions publiques. Ils en sont toujours à la Fronde et au cardinal de Retz. Les nationaux ou patriotes, au contraire, veulent la suppression radicale de toutes les survivances d'un passé maudit. Ils n'ont pas combattu le despotisme pour le remplacer par l'oligarchie nobiliaire. Ils ont les yeux fixés sur l'Angleterre et sur l'Amérique. L'égalité civile, judiciaire et fiscale, les libertés essentielles, le gouvernement représentatif faisaient le fond invariable de leurs revendications dont le ton se haussait jusqu'à la menace.

Albert Mathiez

Necker, ancien commis du banquier Thelusson, qu'un heureux coup de bourse sur les consolidés anglais a enrichi à la veille du traité de 1763, n'était qu'un parvenu vaniteux et médiocre, très disposé à flatter tous les partis et en particulier les évêques, que sa qualité d'hérétique le portait à ménager. Satisfait d'avoir procuré quelques fonds au trésor par des emprunts aux notaires de Paris et à la Caisse d'escompte, il laissa passer le moment d'imposer sa médiation. La lutte lui faisait peur. Il avait promis les états généraux, mais il n'avait pas osé réglementer sur-le-champ le mode de leur convocation. Les privilégiés bien entendu tenaient aux formes anciennes. Comme en 1614, date de la dernière tenue, chaque bailliage, c'est-à-dire chaque circonscription électorale, n'enverrait qu'un député de chaque ordre, quelle que fût sa population et son importance. La noblesse et le clergé délibéreraient à part. Aucune résolution ne serait valable que de l'accord unanime des trois ordres. Les patriotes dénonçaient avec indignation ce système archaïque qui aboutirait dans la pratique à l'ajournement indéfini des réformes, à la faillite des états généraux, à la perpétuité des abus. Mais les magistrats s'y cramponnaient. En 1614, les villes avaient été représentées par les délégués de leurs municipalités oligarchiques, les pays d'états par les députés élus aux états mêmes, sans intervention de la population. Les paysans n'avaient pas été consultés. Si la vieille forme était maintenue, le tiers lui-même ne serait représenté que par une majorité de robins et d'anoblis. Necker perplexe se consultait.

Mettant à profit ses hésitations, le Parlement de Paris allait de l'avant. Le 25 septembre il prenait un arrêt aux termes duquel les états généraux devaient être « régulièrement convoqués et composés suivant la forme observée en 1614 ». Les patriotes dénoncèrent cet arrêt comme une trahison et ils se mirent à attaquer l'aristocratie judiciaire. « C'est le despotisme noble, disait Volney dans *La Sentinelle du peuple*, qui, dans la personne de ses hauts magistrats, règle à son gré le sort des citoyens, en modifiant et interprétant le contenu des lois, qui se crée de son chef des droits, s'érige en auteur des lois quand il n'en est que le ministre. » Dès lors les plumes du tiers se mirent à dénoncer la vénalité et l'hérédité des charges de justice, l'abus des épices, à dénier à un corps de fonctionnaires le droit de censurer les lois ou de les modifier. Elles lui déclarèrent rudement qu'après la réunion des états généraux, il n'aurait plus qu'à se soumettre, car la nation se ferait mieux obéir que le roi. Marie-Joseph Chénier proclama que l'inquisition judiciaire était plus redoutable que celle des évêques. Le Parlement de Paris intimidé revint en arrière, le 5 décembre, par un nouvel arrêt où il se déjugeait. Il acceptait maintenant le doublement du tiers, qui était déjà la règle dans les assemblées provinciales créées par Necker et par Brienne. Capitulation inutile et d'ailleurs incomplète. L'arrêt était muet sur le vote par tête. La popularité du Parlement avait fait place à l'exécration.

Necker avait cru se tirer d'embarras en soumettant la question des formes de la convocation à l'assemblée des notables qu'il rappela. Les notables, comme il aurait pu le prévoir, se prononcèrent pour les formes anciennes, et, le jour de leur séparation, le 12 décembre, cinq princes du sang, le comte d'Artois, les princes de Condé et de Conti, les ducs de Bourbon et d'Enghien dénoncèrent au roi, dans un manifeste public, la révolution imminente, s'il faiblissait sur le maintien des règles traditionnelles : « Les droits du trône, disaient-ils, ont été mis en question, les droits des deux ordres de l'État divisent les opinions, bientôt les droits de la propriété seront attaqués, l'inégalité des fortunes sera présentée comme un objet de réformes, etc. » Les princes dépassaient le but, car, à cette date, le tiers redoublait de démonstrations loyalistes afin de mettre le roi de son côté et il n'y avait pas encore d'autre propriété menacée que celle des droits féodaux.

La tactique dilatoire de Necker n'avait abouti qu'à augmenter les difficultés et à dresser autour des princes la faction féodale. Mais inversement la résistance des privilégiés avait imprimé au mouvement patriotique un tel élan que le ministre fut assez fort pour obtenir du roi de conclure finalement contre les notables et contre les princes. Mais ici encore il ne prit qu'une demi-mesure. Il accorda au tiers un nombre de députés égal à celui des deux ordres privilégiés réunis, il proportionna le nombre des députés à l'importance des bailliages, il permit aux curés de siéger personnellement dans les assemblées électorales du clergé, mesure qui devait avoir les conséquences les plus fâcheuses pour la noblesse ecclésiastique, mais ces concessions faites à l'opinion, il n'osa pas trancher la question capitale du vote par ordre ou par tête aux états généraux. Il la laissa en suspens livrée aux passions démontées.

L'aristocratie fit une résistance désespérée surtout dans les provinces qui avaient conservé leurs antiques états ou qui les avaient recouvrés. En Provence, en Béarn, en Bourgogne, en Artois, en Franche-Comté, les ordres privilégiés soutenus par les parlements locaux profitèrent de la session des états pour se livrer à des manifestations violentes contre les innovations de Necker et contre les exigences subversives du tiers. La noblesse bretonne prit une attitude si menaçante que Necker dut suspendre les états de la province. Les nobles excitèrent leurs valets et les gens à leur dévotion contre les étudiants de l'université qui tenaient pour le tiers. On en vint aux mains. Il y eut des victimes. De toutes les villes de Bretagne, d'Angers, de Saint-Malo, de Nantes, les jeunes bourgeois accoururent pour défendre les étudiants rennais, que commandait Moreau, le futur général. Les gentilshommes attaqués et poursuivis dans les rues, assiégés dans la salle des états, durent quitter la ville la rage au cœur pour rentrer dans leurs manoirs (janvier 1789). Ils jurèrent de dépit de ne pas se faire représenter aux états généraux.

A Besançon, le parlement ayant pris parti pour les privilégiés qui avaient voté une protestation virulente contre le règlement de Necker, la foule s'ameuta et pilla les maisons de plusieurs conseillers sans que la troupe intervînt pour les défendre. Son commandant, un noble libéral, le marquis de Langeron, déclara que l'armée était faite pour marcher contre les ennemis de l'État et non contre les citoyens (mars 1789).

Un bon observateur, Mallet du Pan, avait raison d'écrire dès le mois de janvier 1789 : « Le débat public a changé de face. Il ne s'agit plus que très secondairement du roi, du despotisme et de la Constitution ; c'est une guerre entre le tiers état et les deux autres ordres. »

Les privilégiés devaient être vaincus, non seulement parce qu'ils ne pouvaient plus compter sur le concours absolu des agents du roi dont ils avaient lassé la patience par leur révolte antérieure, non seulement parce qu'ils n'étaient en face de la nation levée tout entière qu'une infime minorité de parasites, mais encore et surtout parce qu'ils étaient divisés. En Franche-Comté, vingt-deux gentilshommes avaient protesté contre les résolutions de leur ordre et déclaré qu'ils acceptaient le doublement du tiers, l'égalité devant l'impôt et devant la loi, etc. La ville de Besançon les inscrivit sur son registre de bourgeoisie. En Artois, où n'étaient représentés aux états que les seigneurs à sept quartiers et possédant un fief à clocher, les nobles « non entrants », soutenus par l'avocat Robespierre, protestèrent contre l'exclusion dont ils étaient l'objet. Les hobereaux du Languedoc firent entendre les plaintes analogues contre les hauts barons de la province. La noblesse de cloche, composée de roturiers qui avaient acheté des charges municipales anoblissantes, se rangea presque partout du côté du tiers, sans que le tiers d'ailleurs lui en sût grand gré.

L'agitation descendait en profondeur. La convocation des états généraux, annoncée et commentée par les curés au prône, avait fait luire une immense espérance. Tous ceux qui avaient à se plaindre, et ils étaient légion, prêtaient l'oreille aux polémiques et se préparaient pour le grand jour. Bourgeois et paysans avaient commencé depuis deux ans à faire leur apprentissage des affaires publiques dans les assemblées provinciales, dans les assemblées de département et dans les nouvelles municipalités rurales créées par Brienne. Ces assemblées avaient réparti l'impôt, administré l'assistance et les travaux publics, surveillé l'emploi des deniers locaux. Les municipalités rurales élues par les plus imposés avaient pris goût à leur tâche. Jusque-là le syndic avait été nommé par l'intendant. Élu maintenant par les cultivateurs, il n'est plus un simple agent passif. Autour du conseil dont il prend les avis se forme l'opinion du village. On discute les intérêts communs. On prépare ses revendications. En Alsace, dès que les municipalités nouvelles sont formées, leur premier soin est d'intenter des procès à leurs seigneurs et ceux-ci se plaignent amèrement « des abus sans nombre » qu'a provoqués leur établissement.

La campagne électorale coïncidait avec une grave crise économique. Le traité de commerce signé avec l'Angleterre en 1786, en abaissant les droits de douane, avait livré passage aux marchandises anglaises. Les fabricants d'étoffes durent restreindre leur production. Le chômage atteignit à Abbeville 12 000 ouvriers, à Lyon, 20 000, ailleurs en proportion. Il fallut, au début de l'hiver qui fut très rigoureux, organiser des ateliers de charité dans les grandes villes, d'autant plus que le prix du pain augmentait sans cesse. La moisson de 1788 avait été très inférieure à la normale. La disette de fourrage avait été si grande que les cultivateurs avaient été forcés de sacrifier une partie de leur bétail et de laisser des terres incultes ou de les ensemencer sans fumier. Les marchés étaient dégarnis. Le pain n'était pas seulement très cher. On risquait d'en manquer. Necker eut beau interdire l'exportation des grains et procéder à des achats à l'étranger, la crise ne s'atténua pas. Elle s'aggrava plutôt. Les misérables jetaient des regards de convoitise sur les greniers bien remplis où les seigneurs laïques et ecclésiastiques enfermaient le produit des dîmes, des terrages et des champarts. Ils entendaient dénoncer par des voix innombrables l'aristocratie des privilégiés. Dès que commencèrent les opérations électorales, au mois de mars, les « émotions populaires » éclatèrent. La foule s'amasse autour des greniers et des granges dîmeresses et en exige l'ouverture. Elle arrête la circulation des grains, elle les pille, elle les taxe d'autorité. En Provence, ouvriers et paysans soulevés ne demandent pas seulement la taxation des grains, la diminution du prix des vivres, ils exigent la suppression de l'impôt sur la farine (le piquet) et bientôt ils tentent par endroits d'arracher aux seigneurs et aux prêtres la suppression des dîmes et des droits seigneuriaux. Il y eut des séditions et des pillages par bandes à Aix, Marseille, Toulon, Brignoles, Manosque, Aubagne, etc. (fin mars). Des troubles analogues, quoique moins graves, se produisent en Bretagne, en Languedoc, en Alsace, en Franche-Comté, en Guyenne, en Bourgogne, dans l'Ile-de-France. A Paris, le 27 avril, la grande fabrique de papiers peints Réveillon est pillée au cours d'une sanglante émeute. Le mouvement n'est pas seulement dirigé contre les accapareurs de denrées alimentaires, contre le vieux système d'impôts, contre les octrois, contre la féodalité, mais contre tous ceux qui exploitent le populaire et qui vivent de sa substance. Il est en rapport étroit avec l'agitation politique. A Nantes, la foule assiège l'hôtel de ville au cri de : Vive la Liberté ! A Agde, elle réclame le droit de nommer les consuls. Dans bien des cas, l'agitation coïncide avec l'ouverture des opérations électorales et cela s'explique. Ces pauvres gens, que l'autorité ignorait depuis des siècles, qui n'étaient convoqués devant elle que pour acquitter l'impôt et la corvée, voilà que tout à coup elle leur demande leur avis sur les affaires de l'État, qu'elle leur dit qu'ils peuvent adresser librement leurs plaintes au roi ! « Sa Majesté, dit le règlement royal lu au prône, désire que des extrémités de son royaume et des habitations les moins connues, chacun fût assuré de faire parvenir jusqu'à elle ses vœux et ses réclamations. » La phrase a été retenue, elle a été prise au mot. Les misérables ont cru que décidément toute l'autorité publique n'était plus tournée contre eux, comme autrefois, mais qu'ils avaient maintenant un appui tout en haut de l'ordre social et que les injustices allaient enfin disparaître. C'est ce qui les rend si hardis. De toute leur volonté tendue, de toutes leurs souffrances raidies, ils s'élancent vers les objets de leurs désirs et de leurs plaintes. En faisant cesser l'injustice, ils réalisent la pensée royale, ou du moins ils le croient. Plus tard, quand ils s'apercevront de leur erreur, ils se détacheront du roi. Mais il leur faudra du temps pour se désabuser.

C'est au milieu de cette vaste fermentation qu'eut lieu la consultation nationale. Depuis six mois, malgré la censure, malgré la rigueur des règlements sur l'imprimerie, la liberté de la presse existait en fait. Hommes de loi, curés, publicistes de toutes sortes, hier inconnus et tremblants, critiquaient hardiment tout le système social dans des milliers de brochures lues avec avidité depuis les boudoirs jusqu'aux chaumières. Volney lançait à Rennes sa *Sentinelle du peuple* ; Thouret, à Rouen, son *Avis aux bons Normands* ; Mirabeau, à Aix, son *Appel à la nation provençale* ; Robespierre, à Arras, son *Appel à la nation artésienne* ; l'abbé Sieyès, son *Essai sur les privilèges,* puis son retentissant *Qu'est-ce que le tiers état ? ;* Camille Desmoulins, sa *Philosophie au peuple français* ; Target, sa *Lettre aux États généraux,* etc. Pas un abus qui ne fût signalé, pas une réforme qui ne fût étudiée, exigée. « La politique, dit Mme de Staël, était un champ nouveau pour l'imagination des Français ; chacun se flattait d'y jouer un rôle, chacun voyait un but pour soi dans les chances multipliées qui s'annonçaient de toutes parts. »

Les gens du tiers se concertaient, provoquaient des réunions officieuses de corporations et de communautés, entretenaient des correspondances de ville à ville, de province à province. Ils rédigeaient des pétitions, des manifestes, ils recueillaient des signatures, ils faisaient circuler des modèles de cahiers de doléances qu'ils distribuaient jusque dans les campagnes. Le duc d'Orléans, qui passait pour le protecteur occulte du parti patriote, faisait rédiger par Laclos les *Instructions* qu'il adressait à ses représentants dans les bailliages de ses terres et par Sieyès un modèle de *Délibérations* à prendre par les assemblées électorales. Necker avait prescrit aux agents du roi de garder une neutralité complète, mais certains intendants, comme celui de Dijon, Amelot, furent accusés par les privilégiés de favoriser leurs adversaires. Les parlements essayèrent de brûler quelques brochures afin d'intimider les publicistes. Celui de Paris cita devant lui le docteur Guillotin pour sa *Pétition des citoyens domiciliés à Paris.* Guillotin se présenta au milieu d'une foule immense qui l'acclamait et le Parlement n'osa pas l'arrêter.

Le mécanisme électoral, fixé par le règlement royal, était assez compliqué mais d'un grand libéralisme. Les membres des deux premiers ordres se rendaient directement au chef-lieu du bailliage pour composer l'assemblée électorale du clergé et l'assemblée électorale de la noblesse. Tous les nobles ayant la noblesse acquise et transmissible avaient le droit d'être présents en personne. Les femmes nobles elles-mêmes, si elles possédaient un fief, pouvaient se faire représenter par procureur, c'est-à-dire par un fondé de procuration.

Les curés siégeaient personnellement à l'assemblée du clergé, tandis que les chanoines, tous nobles, n'avaient qu'un délégué par groupe de dix et les réguliers ou moines, un délégué par couvent. Ainsi les curés eurent une majorité assurée.

Dans les villes, les habitants âgés de vingt-cinq ans et inscrits au rôle des impositions se réunirent d'abord par corporations. Les corporations d'arts et métiers n'avaient qu'un délégué par cent membres, tandis que les corporations d'arts libéraux, les négociants et les armateurs en eurent deux ; ce qui était avantager la richesse et le savoir. Les habitants qui ne faisaient pas partie d'une corporation, et dans certaines grandes villes, où il n'y avait pas de corporations, ce furent tous les habitants, se réunirent à part par quartiers (ou districts) et élurent également deux délégués par cent membres. Tous ces délégués (ou *électeurs*) ainsi nommés s'assemblèrent ensuite à l'hôtel de ville pour former l'assemblée électorale du tiers état de la ville, rédiger le cahier commun des doléances et nommer les représentants à l'assemblée du tiers état du bailliage qui était chargée d'élire les députés aux états généraux. Les paysans des paroisses furent représentés dans cette assemblée à raison de deux par deux cents feux. Chaque paroisse, comme chaque corporation ou chaque quartier urbain, munissait ses délégués d'un cahier spécial et tous ces cahiers étaient fondus ensuite dans le cahier général du bailliage. Quand le bailliage principal comprenait des bailliages secondaires, l'assemblée électorale du bailliage secondaire nommait le quart de ses membres pour la représenter à l'assemblée électorale du bailliage principal. Dans ce dernier cas, qui fut encore assez fréquent, le mécanisme électoral fut à quatre degrés : paroisse, corporation ou quartier ; assemblée de la ville ; assemblée du bailliage secondaire ; assemblée du bailliage principal.

Dans les assemblées des privilégiés, la lutte fut vive entre la minorité libérale et la majorité rétrograde, entre les nobles de cour et les hobereaux des campagnes, entre le haut et le bas clergé. La noblesse du bailliage d'Amont (Vesoul) en Franche-Comté fit scission et nomma deux députations aux états généraux. En Artois, en Bretagne, les nobles membres des états s'abstinrent de comparaître pour protester contre le règlement royal qui les obligeait de partager le pouvoir politique avec la petite noblesse. Les assemblées du clergé furent en général fort troublées. Les curés imposèrent leurs volontés et écartèrent de la députation la plupart des évêques, sauf une quarantaine choisis parmi les plus libéraux.

Les assemblées du tiers furent plus calmes. Il n'y eut de conflits que dans certaines villes, comme Arras, où les délégués des corporations se prirent de querelle avec les échevins qui prétendaient siéger dans l'assemblée électorale quoique anoblis, et dans certains bailliages, comme Commercy, où les ruraux se plaignirent que les gens du bourg avaient écarté du cahier leurs revendications particulières. Presque partout le tiers choisit ses députés dans son sein, prouvant ainsi la vigueur de l'esprit de classe qui l'animait. Il ne fit d'exception que pour de rares nobles populaires comme Mirabeau qui avait été exclu de l'assemblée de son ordre et qui fut élu par le tiers d'Aix et de Marseille, ou pour quelques ecclésiastiques comme Sieyès, repoussé par le clergé chartrain et élu par le tiers de Paris. Près de la moitié de la députation du tiers était composée d'hommes de loi qui avaient exercé une influence prépondérante dans la campagne électorale ou dans la rédaction des cahiers. L'autre moitié comprenait toutes les professions, mais les paysans, encore illettrés pour la plupart, n'eurent pas de représentants. Plus d'un publiciste qui s'était distingué par ses attaques contre les aristocrates obtint un mandat : Volney, Robespierre, Thouret, Target, etc.

L'examen des cahiers montre que l'absolutisme était unanimement condamné. Prêtres, nobles et roturiers s'accordent à réclamer une constitution qui limite les droits du roi et de ses agents et qui établisse une représentation nationale périodique seule capable de voter l'impôt et de faire les lois. Presque tous les députés avaient reçu le mandat impératif de n'accorder aucun subside avant que la constitution fût acceptée et assurée. « Le déficit, selon le mot de Mirabeau, devenait le trésor de la nation. » L'amour de la liberté, la haine de l'arbitraire inspiraient toutes les revendications.

Le clergé lui-même, dans de nombreux cahiers, protestait contre l'absolutisme dans l'Église aussi bien que dans l'État. Il réclamait pour les curés le droit de s'assembler et de participer au gouvernement de l'Église par le rétablissement des synodes diocésains et des conciles provinciaux.

Les nobles ne mettaient pas moins d'ardeur que les roturiers à condamner les lettres de cachet et la violation du secret des lettres, à réclamer le jugement par jury, la liberté de parler, de penser, d'écrire.

Les privilégiés acceptent l'égalité fiscale, mais ils repoussent, pour la plupart, l'égalité des droits et l'admission de tous les Français à tous les emplois. Surtout ils défendent âprement le vote par ordre qu'ils considèrent comme la garantie de leurs dîmes et de leurs droits féodaux. Mais la noblesse et le tiers feraient bon marché des biens ecclésiastiques pour payer la dette. Ils s'accordent toutefois avec le clergé lui-même pour condamner sans appel le système financier en vigueur. Tous les impôts directs et indirects disparaîtront devant une contribution plus équitable qui sera répartie par des assemblées élues et non plus par les agents du roi.

Le tiers est uni contre les aristocrates, mais ses revendications propres varient selon qu'elles émanent de bourgeois ou de paysans, de négociants ou d'artisans. Toutes les nuances d'intérêt et de pensée des différentes classes s'y reflètent. Contre le régime seigneurial, les doléances des cahiers des paroisses sont naturellement plus âpres que celles qui figurent dans les cahiers des bailliages rédigés par des citadins. Pour condamner les corporations, l'unanimité est loin d'être complète. Les protestations contre la suppression de la vaine pâture et du glanage, contre le partage des communaux n'émanent que d'une minorité. On sent que la bourgeoisie, qui est déjà en possession d'une partie de la terre, se solidariserait au besoin avec la propriété féodale contre les paysans pauvres. Les revendications proprement ouvrières sont absentes. Ce sont des « maîtres » qui ont tenu la plume. Le prolétariat des villes n'a pas encore voix au chapitre. En revanche, les vœux des industriels et des commerçants, leurs protestations contre les pernicieux effets du traité de commerce avec l'Angleterre, l'exposé des besoins des différentes branches de la production sont l'objet d'études précises fort remarquables. La classe qui va prendre la direction de la Révolution est pleinement consciente de sa force et de ses droits. Il n'est pas vrai qu'elle se laisse séduire par une idéologie vide, elle connaît à fond les réalités et elle possède les moyens d'y conformer ses intérêts.

4

LA RÉVOLTE PARISIENNE

Les élections avaient affirmé avec une aveuglante clarté la ferme volonté du pays. La royauté, étant restée neutre, avait les mains libres. Mais elle ne pouvait homologuer les vœux du tiers qu'au prix de sa propre abdication. Louis XVI continuerait de régner, mais à la façon d'un roi d'Angleterre, en acceptant auprès de lui le contrôle permanent de la représentation nationale. Pas un moment l'époux de Marie-Antoinette n'envisagea ce renoncement. Il avait la fierté de son sacerdoce. Il ne voulait pas l'amoindrir. Pour le défendre, une seule voie s'ouvrait à lui, où le poussèrent les princes, l'entente étroite avec les privilégiés et la résistance.

Necker, paraît-il, quinze jours avant la réunion des états, lui avait conseillé de faire les sacrifices nécessaires, afin de garder la direction des événements. Le roi aurait ordonné aux trois ordres de délibérer en commun et par tête sur toutes les questions d'impôts. Il aurait en même temps fusionné la noblesse et le haut clergé dans une chambre haute, comme en Angleterre, et créé une chambre basse par la réunion du tiers et de la plèbe cléricale. Il est douteux que le tiers se fût satisfait de ce système qui ne lui aurait donné que le contrôle de l'impôt. Mais il est certain qu'une marque non équivoque de la bonne volonté royale eût amorti les conflits et préservé la couronne.

Necker eût voulu que les états se réunissent à Paris, sans doute pour donner confiance au monde de la Bourse. Le roi se prononça pour Versailles, « à cause des chasses ». Première maladresse, car les hommes du tiers allaient avoir constamment sous les yeux ces palais somptueux, cette Cour ruineuse qui dévoraient la nation. Puis Paris n'était pas si loin de Versailles qu'il ne pût faire sentir son action sur l'assemblée.

La Cour s'ingénia dès le début à maintenir dans toute sa rigueur la séparation des ordres, même dans les plus petits détails. Alors que le roi recevait avec prévenance, dans son cabinet, les députés du clergé et de la noblesse, les députés du tiers lui étaient présentés en troupe et au galop dans sa chambre à coucher. Le tiers se vit imposer un costume officiel, tout en noir, qui contrastait par sa sévérité avec les chamarrures dorées des députés des deux premiers ordres. C'est tout juste si on ne lui ordonna pas d'écouter le discours d'ouverture du roi à genoux, comme en 1614. On le fit du moins pénétrer dans la salle des états par une petite porte de derrière, tandis que la grande porte s'ouvrait à deux battants pour les deux premiers ordres. Déjà les curés avaient été blessés de ce qu'à la procession de la veille, les prélats, au lieu d'être confondus avec eux à leur rang de bailliages, avaient été groupés à part et séparés d'eux par un long intervalle rempli par la musique du roi.

La séance d'ouverture, le 5 mai, aggrava la mauvaise impression créée par ces maladresses. Sur un ton de larmoiement sentimental, Louis XVI mit en garde les députés contre l'esprit d'innovation et il les invita à s'occuper avant tout des moyens de remplir le Trésor. Le garde des sceaux Barentin, qui parla ensuite et qui fut à peine entendu, ne fit guère que célébrer les vertus et les bienfaits du monarque. Necker enfin, dans un long rapport de trois heures, tout hérissé de chiffres, se borna à traiter de la situation financière. A l'en croire, le déficit, dont il atténuait l'importance, était facile à réduire par quelques mesures de détail, des retenues, des économies, etc. On crut entendre le discours d'un administrateur de société anonyme. Les députés se demandèrent à quoi bon on les avait fait venir de leurs lointaines provinces. Necker ne se prononça pas sur la question capitale du vote par tête, et il ne dit rien des réformes politiques. Le tiers manifesta sa déception par son silence. Pour triompher des privilégiés, il ne devrait compter que sur lui-même.

Son parti fut vite pris. Ses membres se concertèrent le soir même, province par province : les Bretons, qui étaient les plus animés contre les nobles, autour de Chapelier et de Lanjuinais, les Francs-Comtois autour de l'avocat Blanc, les Artésiens autour de Robespierre, les Dauphinois autour de Mounier et de Barnave, etc. De tous ces conciliabules particuliers sortit une résolution identique : le tiers, ou plutôt les Communes, appellation nouvelle par laquelle il évoquait sa volonté d'exercer les droits des communes anglaises, inviterait les deux autres ordres à se réunir avec lui pour vérifier en commun les pouvoirs de tous les députés sans distinction, et, jusqu'à ce que cette vérification en commun fût effectuée, les Communes refuseraient de se constituer en chambre particulière. Elles n'auraient ni bureau ni procès-verbal, simplement un doyen pour faire régner l'ordre dans leur assemblée. Ainsi fut fait. Dès le premier jour les Communes affirmaient, par un acte, leur résolution d'obéir aux vœux de la France en considérant comme inexistante la vieille division des ordres.

Un mois se passa en pourparlers inutiles entre les trois chambres, qui siégeaient séparément. Sous la pression des curés, le clergé, qui avait déjà suspendu la vérification des pouvoirs de ses membres, s'offrit pour conciliateur. On nomma de part et d'autre des commissaires pour rechercher un accord impossible. Le roi intervint à son tour et chargea le garde des sceaux de présider lui-même les conférences de conciliation. Le tiers profita habilement des réserves que fit la noblesse pour rejeter sur elle la responsabilité de l'échec. Puis, ayant bien fait constater à la France que les privilégiés restaient irréductibles, il sortit de son attitude expectante. Il adressa aux deux premiers ordres une dernière invitation à se réunir à lui, et, le 12 juin, il procéda seul à la vérification des pouvoirs des députés des trois ordres en procédant à l'appel général de tous les bailliages convoqués. Le lendemain, trois curés du Poitou,

Lecesve, Ballard et Jallet, répondaient à l'appel de leur nom, et, les jours suivants, seize autres curés les imitaient. L'appel terminé, les Communes décidèrent, par 490 voix contre 90, de se constituer en Assemblée nationale. Elles affirmèrent ainsi qu'elles suffisaient à elles seules à représenter la nation, puis, faisant un pas de plus, elles décidèrent en même temps que les impôts cesseraient d'être perçus le jour où, pour une raison quelconque, elles seraient forcées de se séparer. Ayant ainsi braqué contre la Cour la menace de la grève de l'impôt, elles rassurèrent les créanciers de l'État en les plaçant sous la garde de l'honneur français, et enfin, par un acte plus hardi peut-être que tout le reste, elles dénièrent au roi le droit d'exercer son veto sur les délibérations qu'elles venaient de prendre, comme sur toutes celles qu'elles prendraient à l'avenir. Deux jours plus tard, le 19 juin, après des débats violents et à une petite majorité (149 contre 137), l'ordre du clergé décidait à son tour de se réunir au tiers. Si le roi n'intervenait pas au plus vite pour empêcher cette réunion, les privilégiés perdaient la partie.

Princes, grands seigneurs, archevêques, magistrats poussaient Louis XVI à agir. D'Esprémesnil offrit de faire juger par le Parlement de Paris les meneurs du tiers et Necker lui-même comme coupables de lèse-majesté. Le roi décida, le 19 au soir, de casser les délibérations du tiers dans une séance solennelle qu'il tiendrait comme un lit de justice, et, en attendant, pour rendre impossible la réunion annoncée du clergé aux Communes, il ordonna de faire fermer immédiatement la salle des états, sous prétexte d'aménagements intérieurs. Petits moyens dans de telles circonstances !

Le 20 juin au matin, les députés du tiers, qui se réunissaient dans cette salle, trouvèrent les portes fermées et environnées de soldats. Ils se rendirent à deux pas de là, dans la salle du jeu de paume qui servait aux divertissements des courtisans. Quelques-uns proposèrent de se transporter à Paris pour délibérer en sûreté. Mais Mounier rallia tous les suffrages en demandant à chacun de s'engager, par son serment et par sa signature, « à ne jamais se séparer et à se rassembler partout où les circonstances l'exigeraient jusqu'à ce que la Constitution fût établie et affermie sur des fondements solides ». Tous, sauf un seul, Martin Dauch, député de Carcassonne, jurèrent le serment immortel, au milieu d'un grand enthousiasme.

La séance royale avait été fixée au 22 juin. Elle fut reculée d'un jour pour donner le temps de faire disparaître les travées des tribunes publiques où pouvaient prendre place trois mille spectateurs dont on redoutait les manifestations. Cette remise fut une faute, car elle permit à la majorité du clergé d'exécuter son arrêté du 19. Elle se réunit au tiers le 22 juin, dans l'église Saint-Louis. Cinq prélats, ayant à leur tête l'archevêque de Vienne, en Dauphiné, et 144 curés grossirent ainsi les rangs de l'Assemblée nationale. Deux nobles du Dauphiné, le marquis de Blacons et le comte d'Agoult, vinrent prendre également séance. Dès lors le résultat de la séance royale était bien compromis.

La Cour accumula les maladresses. Alors que les députés privilégiés étaient directement introduits dans la salle des états, les gens du tiers durent attendre sous la pluie devant la petite porte. Le déploiement des troupes, loin de les intimider, accrut leur irritation. Le discours du roi les indigna. C'était une aigre mercuriale que suivit une série de déclarations brutales et impératives. Le monarque ordonnait le maintien des trois ordres et leurs délibérations en chambres séparées. Il cassait les arrêtés du tiers. S'il consentait à l'égalité en matière d'impôts, il prenait soin de spécifier le maintien absolu de toutes les propriétés, « et Sa Majesté entend expressément sous le nom de propriétés les dîmes, cens, rentes et devoirs féodaux et seigneuriaux et généralement tous les droits et prérogatives utiles ou honorifiques attachés aux terres et fiefs appartenant aux personnes ». Qu'importait ensuite qu'il promît vaguement de consulter à l'avenir les états généraux sur les questions financières ? La réforme politique et sociale s'évanouissait.

Louis XVI, reprenant la parole, termina le lit de justice par ces menaces : « Si, par une fatalité loin de ma pensée, vous m'abandonniez dans une si belle entreprise, seul je ferais le bien de mes peuples, seul je me considérerais comme leur véritable représentant... Réfléchissez, messieurs, qu'aucun de vos projets, aucune de vos dispositions ne peut avoir force de loi sans mon approbation spéciale... Je vous ordonne, messieurs, de vous séparer tout de suite et de vous rendre demain matin chacun dans les chambres affectées à votre ordre, pour y reprendre vos séances. J'ordonne en conséquence au grand maître des cérémonies de faire préparer les salles. »

Obéissant à un mot d'ordre que leur avaient fait passer les députés de Bretagne, réunis à leur club, la veille au soir, les Communes immobiles restèrent à leurs bancs, pendant que la noblesse et une partie du clergé se retiraient. Les ouvriers envoyés pour enlever l'estrade royale suspendirent leur travail de peur de gêner l'assemblée qui continuait. Le maître des cérémonies, de Brézé, vint rappeler à Bailly, qui présidait, l'ordre du roi. Bailly lui répondit sèchement que la nation assemblée ne pouvait pas recevoir d'ordre, et Mirabeau lui lança de sa voix tonnante la fameuse apostrophe : « Allez dire à ceux qui vous envoient que nous sommes ici par la volonté du peuple et que nous ne quitterons nos places que par la puissance des baïonnettes. » Camus, appuyé par Barnave et par Sieyès, fit décréter que l'Assemblée nationale persistait dans ses arrêtés. C'était récidiver la désobéissance. Mirabeau, prévoyant que des lettres de cachet allaient être signées contre les meneurs du tiers, proposa en outre de décréter que les membres de l'Assemblée étaient inviolables et que quiconque porterait atteinte à cette inviolabilité commettrait un crime capital. Mais, telle était la froide résolution qui animait tous les cœurs et leur défiance de Mirabeau, dont l'immoralité rendait suspectes toutes les intentions, que plusieurs députés voulurent faire écarter la motion comme pusillanime. Elle fut cependant votée.

Résolutions mémorables, plus courageuses certes que celle du 20 juin ; car, le 20 juin, le tiers était censé ignorer les volontés du roi qui ne s'étaient pas encore manifestées. Le 23 juin, il réédite et aggrave sa rébellion dans la salle même où vient de retentir la parole royale.

La Révellière, qui siégeait dans l'Assemblée comme député de l'Anjou, raconte que Louis XVI, sur le rapport du marquis de Brézé, donna l'ordre aux gardes du corps de pénétrer dans la salle et de disperser les députés par la force. Comme les gardes s'avançaient, plusieurs députés de la minorité de la noblesse, les deux Crillon, d'André, La Fayette, les ducs de la Rochefoucault et de Liancourt, d'autres encore mirent l'épée à la main et empêchèrent les gardes de passer. Louis XVI, prévenu, n'insista pas. Il aurait fait volontiers sabrer la canaille du tiers état. Il recula devant la nécessité de faire subir le même traitement à une partie de sa noblesse.

Necker n'avait pas paru au lit de justice. Le bruit courait qu'il était démissionnaire ou renvoyé. Une foule immense manifesta devant son domicile et dans les cours du château. Le roi et la reine le firent appeler et le prièrent de rester à son poste. Le couple royal dissimulait pour mieux préparer sa vengeance.

Une violente fermentation régnait à Paris, comme à Versailles, et dans les provinces qui étaient régulièrement tenues au courant par les lettres de leurs représentants qu'on lisait publiquement. Depuis le début de juin, la Bourse baissait sans cesse. A l'annonce du lit de justice, toutes les banques de Paris avaient fermé leurs guichets. La Caisse d'escompte avait envoyé ses administrateurs à Versailles exposer les dangers dont elle était menacée. La Cour avait contre elle toute la finance.

Dans ces conditions, les ordres du roi étaient inexécutables. Les humbles crieurs publics eux-mêmes refusèrent de les proclamer dans les rues. Le 24 juin, la majorité du clergé, désobéissant à son tour, se rendit à la délibération du tiers et, le lendemain, quarante-sept membres de la noblesse, à la suite du duc d'Orléans, en firent autant.

Louis XVI dévora l'affront, mais le soir même, il décida en secret d'appeler vingt mille hommes de troupe, de préférence des régiments étrangers qu'il croyait plus sûrs. Les ordres partirent le 26. Le lendemain, afin d'endormir les défiances, il invitait les présidents de la noblesse et du clergé à se réunir, à leur tour, à l'Assemblée nationale, et, pour les décider, il leur faisait dire, par le comte d'Artois, que cette réunion était nécessaire pour protéger sa vie menacée.

Aucune émeute ne se préparait contre le roi, mais les patriotes, depuis la séance royale, restaient en éveil. Le 25 juin, les quatre cents électeurs parisiens, qui avaient nommé les députés aux états généraux, s'étaient réunis spontanément au Musée de Paris, d'où ils passèrent, un peu plus tard, à l'Hôtel de Ville, pour surveiller les menées des aristocrates et se tenir en rapports étroits avec l'Assemblée nationale. Dès le 29 juin, ils jetaient les bases d'un projet de garde bourgeoise qui comprendrait les principaux habitants de chaque quartier. Le Palais-Royal, qui appartenait au duc d'Orléans, était devenu un club en plein air qui ne désemplissait ni le jour ni la nuit. Les projets de la Cour y étaient connus et commentés aussitôt que formés.

Déjà les patriotes travaillaient la troupe. Les gardes-françaises, le premier régiment de France, furent vite gagnés. Ils étaient mécontents de leur colonel, qui les astreignait à une discipline sévère, et ils comptaient parmi leurs bas officiers des hommes comme Hulin, Lefebvre, Lazare Hoche, qui n'auraient jamais l'épaulette tant que le règlement de 1781 resterait en vigueur. Le 30 juin, quatre mille habitués du Palais-Royal délivraient une dizaine de gardes-françaises enfermés à l'Abbaye pour désobéissance et les promenaient en triomphe. Les hussards et les dragons envoyés pour rétablir l'ordre criaient : Vive la nation ! et refusaient de charger la foule. Les gardes du corps eux-mêmes avaient donné à Versailles des signes d'indiscipline. Les régiments étrangers seraient-ils plus obéissants ?

Si Louis XVI était monté à cheval, s'il avait pris en personne le commandement des troupes, comme l'aurait fait Henri IV, peut-être aurait-il réussi à les maintenir dans le devoir et à faire aboutir son coup de force. Mais Louis XVI était un bourgeois.

L'arrivée des régiments qui campèrent à Saint-Denis, à Saint-Cloud, à Sèvres et jusque sur le Champ-de-Mars, fut accueillie par de vives protestations. Toutes ces bouches de plus à nourrir allaient aggraver la disette ! Plus de doute, on voulait disperser par la force l'Assemblée nationale ! Des motionnaires du Palais-Royal proposèrent, le 2 juillet, de détrôner Louis XVI et de le remplacer par le duc d'Orléans. Les électeurs parisiens réclamèrent à l'Assemblée le renvoi des troupes. Mirabeau fit voter leur motion, le 8 juillet, après un terrible discours où il dénonçait les mauvais conseillers qui ébranlaient le trône. Louis XVI répondit à la démarche de l'Assemblée qu'il avait appelé des régiments pour protéger sa liberté, mais que si elle craignait pour sa sécurité, il était prêt à la transférer à Noyon ou à Soissons. C'était ajouter l'ironie à la menace. Le soir de cette réponse, cent députés se réunirent au club breton, avenue de Saint-Cloud, pour concerter la résistance.

Louis XVI brusqua les choses. Le 11 juillet, il renvoya Necker en grand secret et reconstitua le ministère avec le baron de Breteuil, contre-révolutionnaire déclaré. Le bruit courut le lendemain que la banqueroute allait être proclamée. Aussitôt les agents de change se réunirent et décidèrent de fermer la Bourse en signe de protestation contre le renvoi de Necker. De l'argent fut répandu pour gagner les soldats. Des banquiers, comme Etienne Delessert, Prévoteau, Coindre, Boscary, s'enrôlèrent avec leur personnel dans la garde bourgeoise en formation. Les bustes de Necker et du duc d'Orléans furent promenés dans Paris. On fit fermer les spectacles. Sur l'invitation de Camille Desmoulins, qui annonça au Palais-Royal une prochaine Saint-Barthélemy des patriotes, on arbora la cocarde verte, qui était la couleur de la livrée de Necker. Enfin, à la nouvelle que le Royal allemand du prince de Lambesc chargeait la foule au jardin des Tuileries, on sonna le tocsin, on réunit la population dans les églises pour l'enrôler et l'armer, à l'aide des armes prises dans les boutiques des armuriers. Les gens sans aveu furent écartés avec soin. L'armement continua le lendemain 13 juillet par la prise de vingt-huit mille fusils et de quelques canons trouvés aux Invalides. De son côté, l'Assemblée décréta que Necker emportait les regrets et l'estime de la nation. Elle siégea en permanence et rendit les nouveaux ministres responsables des événements.

Chose étrange, la Cour interdite laissait faire. Bezenval, qui commandait les régiments massés au Champ-de-Mars, attendant des ordres, n'osa pas pénétrer dans Paris.

Le 14 juillet, les électeurs qui avaient formé à l'Hôtel de Ville, avec l'ancienne municipalité, un *Comité permanent,* firent demander à plusieurs reprises au gouverneur de la Bastille de livrer des armes à la milice et de retirer les canons qui garnissaient les tours de la forteresse. Une dernière députation ayant été reçue à coups de fusil, bien qu'elle portât le drapeau blanc des parlementaires, le siège commença. Renforçant les artisans du faubourg Saint-Antoine, les gardes-françaises, conduits par Hulin et Elie, amenèrent un canon et le braquèrent contre le pont-levis pour briser les portes. Après une action très vive, au cours de laquelle les assiégeants perdirent une centaine de morts, les invalides, qui avec quelques Suisses formaient la garnison et qui n'avaient pas mangé faute de vivres, forcèrent le gouverneur de Launay à capituler. La foule se livra à de terribles représailles. De Launay, qui avait, croyait-on, ordonné de tirer sur les parlementaires, le prévôt des marchands Flesselles, qui avait essayé de tromper les électeurs sur l'existence des dépôts d'armes, furent massacrés sur la place de Grève et leurs têtes portées au bout des piques. Quelques jours plus tard le conseiller d'État Foullon, chargé du ravitaillement de l'armée sous Paris, et son gendre l'intendant Berthier furent pendus à la lanterne de l'Hôtel de Ville. Babeuf, qui assista à leur supplice, le cœur serré, faisait cette réflexion dans une lettre à sa femme : « Les supplices de tout genre, l'écartèlement, la torture, la roue, les bûchers, les gibets, les bourreaux multipliés partout nous ont fait de si mauvaises mœurs ! Les maîtres, au lieu de nous policer, nous ont rendus barbares, parce qu'ils le sont eux-mêmes. Ils récoltent et récolteront ce qu'ils ont semé. »

On ne pouvait soumettre Paris qu'au prix d'une guerre de rues, et les troupes étrangères elles-mêmes n'étaient pas sûres. Louis XVI, chapitré par le duc de Liancourt qui revenait de Paris, se rendit à l'Assemblée le 15 juillet, pour lui annoncer le renvoi des troupes. L'Assemblée insista pour le rappel de Necker. Mais le roi n'était pas encore décidé à une capitulation complète. Pendant qu'une députation de l'Assemblée se rendait à Paris et que les Parisiens vainqueurs nommaient Bailly, l'homme du Jeu de paume, maire de la ville, et La Fayette, l'ami de Washington, commandant de la garde nationale, pendant que l'archevêque de Paris faisait chanter un *Te Deum* à Notre-Dame en l'honneur de la prise de la Bastille et que déjà le marteau des démolisseurs s'acharnait sur la vieille prison politique, les princes s'efforçaient de décider le faible monarque à s'enfuir à Metz d'où il serait revenu à la tête d'une armée. Mais le maréchal de Broglie, commandant des troupes, et le comte de Provence s'opposèrent au départ. Louis XVI craignait-il qu'en son absence l'Assemblée proclamât le duc d'Orléans ? Ce n'est pas impossible. Il resta et il dut boire le calice jusqu'à la lie. Il éloigna Breteuil et rappela Necker et, le lendemain, 17 juillet, ayant donné des gages, il se rendit à Paris sanctionner, par sa présence à l'Hôtel de Ville, l'œuvre de l'émeute et souligner sa propre déchéance, en acceptant du maire Bailly la nouvelle cocarde tricolore.

Indignés de la lâcheté royale, le comte d'Artois et les princes, Breteuil et les chefs du parti de la résistance s'enfuyaient à l'étranger, donnant ainsi le branle à l'émigration.

Louis XVI humilié gardait sa couronne, mais il avait dû reconnaître au-dessus de lui un nouveau souverain, le peuple français, dont l'Assemblée était l'organe. Personne en Europe ne se méprit sur l'importance de l'événement. « De ce moment, écrivit à la cour le duc de Dorset, ambassadeur d'Angleterre, nous pouvons regarder la France comme un pays libre, le roi comme un monarque dont les pouvoirs sont limités et la noblesse comme réduite au niveau de la nation. » La bourgeoisie universelle, comprenant que son heure sonnait, tressaillit de joie et d'espérance.

5

LA RÉVOLTE DES PROVINCES

Les provinces avaient été tenues régulièrement au courant des événements par leurs députés, dont les lettres, comme celles des Bretons, étaient souvent imprimées dès leur réception. Elles avaient suivi, avec la même anxiété que la capitale, le développement de la lutte du Tiers contre les privilégiés. Elles saluèrent la prise de la Bastille du même cri de triomphe.

Certaines villes n'avaient même pas attendu l'éclatante nouvelle pour se dresser contre le régime abhorré. A Lyon, dès le début de juillet, les artisans en chômage brûlaient les barrières et les bureaux de l'octroi pour diminuer le prix de la vie. La municipalité aristocratique, le consulat, dirigé par Imbert-Colomès, était obligée de jeter du lest. Le 16 juillet, elle acceptait de partager l'administration de la ville avec un comité permanent formé des représentants des trois ordres. Quelques jours plus tard, le comité permanent organisait, à l'instar de Paris, une garde nationale d'où furent exclus les prolétaires.

Dans toutes les villes, petites ou grandes, il en fut de même, à quelques différences près. Tantôt, comme à Bordeaux, ce furent les électeurs qui avaient nommé les députés aux états généraux qui constituèrent le noyau du comité permanent, c'est-à-dire de la municipalité révolutionnaire. Tantôt, comme à Dijon, à Montpellier, à Besançon, le nouveau comité fut élu par l'assemblée générale des citoyens. Tantôt, comme à Nîmes, à Valence, à Tours, à Evreux, le comité permanent sortit de la collaboration de l'ancienne municipalité avec les électeurs nommés par les corporations. Il arriva que dans une même ville plusieurs comités permanents se succédèrent rapidement suivant des formes d'élections variées, comme à Evreux. Quand les autorités anciennes firent mine de résister, comme à Strasbourg, à Amiens, à Vernon, une émeute populaire eut tôt fait de les mettre à la raison.

Partout le premier soin des comités permanents fut de mettre sur pied une garde nationale pour maintenir l'ordre. Celle-ci, à peine formée, se fit remettre les châteaux forts et les citadelles, les bastilles locales, par leurs commandants qui la plupart cédèrent de bonne grâce. Les Bordelais s'emparèrent du Château-Trompette, les Caennais de la Citadelle et de la Tour-Lévi, prison des faux-sauniers, etc.

On se procurait de cette façon des armes, on s'assurait contre un retour offensif du despotisme et on satisfaisait aussi ses vieilles rancunes.

Commandants militaires et intendants, en général, laissèrent faire. A Montpellier, le comité permanent vota des remerciements à l'intendant. Les comités permanents et les états-majors des gardes nationales groupaient avec l'élite du Tiers tous les notables de la région. Très souvent il y avait à leur tête des agents du roi. A Evreux, le lieutenant général du bailliage, le conseiller au grenier à sel, le procureur du roi y coudoyèrent des avocats, des tanneurs, des épiciers ou des médecins. Comment les hommes du roi auraient-ils essayé de résister ? Les troupes étaient aussi douteuses en province qu'à Paris. A Strasbourg, elles avaient assisté au pillage de l'hôtel de ville sans broncher. L'ordre ancien disparaissait sans effort comme un édifice ruiné et vermoulu qui s'affaisse tout d'un coup.

Pendant que les bourgeois s'armaient de toutes parts et prenaient hardiment en main l'administration locale, comment les paysans seraient-ils restés passifs ? Après la grande fermentation des élections, ils s'étaient un peu calmés. Les bourgeois, qu'ils avaient délégués à Versailles, leur avaient dit de patienter et que les demandes des cahiers seraient exaucées. Ils attendaient depuis trois mois et aux prises avec la disette. La révolte de Paris et des villes leur mit, à eux aussi, les armes entre les mains. Ils décrochèrent leur fusil de chasse, leurs faux, leurs fourches, leurs fléaux et, mus par un sûr instinct, ils s'attroupèrent au son du tocsin autour des châteaux de leurs maîtres. Ils exigèrent qu'on leur livrât les chartes en vertu desquelles ceux-ci percevaient les innombrables droits seigneuriaux et ils brûlèrent dans les cours les parchemins maudits. Parfois, quand le seigneur était impopulaire, quand il refusait d'ouvrir son chartrier, quand il se mettait en défense avec ses gens, les manants brûlaient le château et se vengeaient du châtelain. Un M. de Montesson fut fusillé près du Mans, par un de ses anciens soldats qui le punissait de ses sévérités ; un M. de Barras périt dans le Languedoc, un chevalier d'Ambly fut traîné sur un tas de fumier, etc. Les privilégiés payèrent cher la faute d'avoir exploité Jacques Bonhomme pendant des siècles et de l'avoir laissé dans la barbarie.

La révolte paysanne commença dans l'Ile-de-France dès le 20 juillet et s'étendit de proche en proche, avec rapidité, jusqu'aux extrémités du royaume. Comme il était naturel, les excès des émeutiers furent grossis par la voix publique. On racontait que des brigands coupaient les blés en vert, qu'ils marchaient sur les villes, qu'ils ne respectaient aucune propriété. Ainsi se propagea une terreur panique qui contribua puissamment à la formation des comités permanents et des gardes nationales. Grande Peur et jacquerie se confondirent et furent simultanées.

Les brigands, dont l'irruption imminente hantait les imaginations, ne se distinguaient pas d'ordinaire de ces artisans qui brûlaient les barrières de l'octroi et qui taxaient le blé dans les marchés, ou de ces paysans qui forçaient les châtelains à livrer leurs titres. Mais, que la foule des misérables de la terre et des faubourgs ait vu dans l'anarchie montante l'occasion d'exercer une reprise sur l'ordre social, c'était chose trop naturelle pour qu'on puisse la mettre en doute. Le soulèvement n'était pas dirigé uniquement contre le régime seigneurial, mais contre les accapareurs de denrées, contre les impôts, contre les mauvais juges, contre tous ceux qui exploitaient la population et vivaient de son travail. En Haute-Alsace, les paysans se précipitaient sur les marchands juifs en même temps que sur les châteaux et sur les couvents. Par centaines, à la fin de juillet, les juifs d'Alsace furent obligés de se réfugier à Bâle.

La bourgeoisie possédante aperçut tout à coup la figure farouche du quatrième état. Elle ne pouvait laisser exproprier la noblesse sans craindre pour elle-même, car elle détenait une bonne part des terres nobles et elle percevait sur ses manants des rentes seigneuriales. Ses comités permanents et ses gardes nationales se mirent immédiatement en devoir de rétablir l'ordre. Des circulaires furent envoyées aux curés pour les inviter à prêcher le calme. « Craignons, disait l'appel du comité de Dijon en date du 24 juillet, de donner l'exemple d'une licence dont nous pourrions tous devenir les victimes. » Mais la force fut employée sans tarder. Dans le Mâconnais et le Beaujolais, où soixante-douze châteaux avaient été livrés aux flammes, la répression fut rapide et vigoureuse. Le 29 juillet, une bande de paysans fut battue près du château de Cormatin et perdit vingt tués et soixante prisonniers. Une autre bande, battue près de Cluny, perdit cent tués et cent soixante-dix prisonniers. Le comité permanent de Mâcon, s'érigeant en tribunal, condamna à mort vingt émeutiers. Dans cette province du Dauphiné, où l'union des trois ordres s'était maintenue intacte, les troubles avaient pris l'aspect très net d'une guerre de classes. Paysans et ouvriers faisaient cause commune contre la bourgeoisie alliée aux nobles. La garde nationale de Lyon prêta main-forte aux gardes nationales dauphinoises contre les insurgés avec qui sympathisaient les ouvriers lyonnais.

L'Assemblée assistait effrayée à cette terrible explosion qu'elle n'avait pas prévue. Elle ne pensa d'abord qu'à organiser la répression et les plus prompts à pousser aux rigueurs ne furent pas des privilégiés mais des députés du tiers. L'abbé Barbotin, un de ces curés démocrates qui détestaient les évêques, écrivait de Versailles, à la fin de juillet, au capucin qui le remplaçait dans sa cure du Hainaut, des lettres inquiètes et menaçantes : « Inculquez fortement que sans obéissance, aucune société ne peut subsister. » C'étaient les aristocrates, à l'en croire, qui agitaient le peuple : « Tout cela n'a commencé que depuis que les ennemis que nous avons à la Cour sont dispersés. » Évidemment, c'étaient les émigrés, les amis du comte d'Artois et de la reine qui se vengeaient de leur défaite en lançant les malheureux contre les propriétés ! Combien de députés du tiers pensaient comme cet obscur curé ? Le 3 août, le rapporteur du Comité chargé de proposer les mesures à prendre, Salomon, ne sut que dénoncer avec violence les fauteurs de désordre et que proposer une répression aveugle sans aucun mot de pitié pour les souffrances des misérables, sans la moindre promesse pour l'avenir. Si l'Assemblée avait suivi cet inexorable propriétaire, elle eût créé une situation dangereuse. La répression à outrance et généralisée eût dû être confiée au roi. C'était lui rendre le moyen d'enrayer la Révolution. Et d'autre part, çeût été creuser un fossé infranchissable entre la bourgeoisie et la classe paysanne. A la faveur de la guerre civile qu'on prolongerait, l'Ancien Régime pourrait se perpétuer.

Les nobles libéraux, plus politiques et plus généreux aussi que les bourgeois, comprirent qu'il fallait sortir de l'impasse. L'un d'eux, le vicomte de Noailles, beau-frère de La Fayette, proposa, le 4 août au soir, pour faire tomber les armes des mains des paysans :

1° Qu'il fût dit dans une proclamation que dorénavant « l'impôt sera payé par tous les individus du royaume, dans la proportion de leurs revenus ». C'était la suppression de toutes les exemptions fiscales.

2° Que « tous les droits féodaux seront rachetables par les communautés [c'est-à-dire par les communes] en argent ou échangés sur le prix d'une juste estimation ». C'était la suppression des rentes seigneuriales contre indemnité.

3° Que « les corvées seigneuriales, les mainmortes et autres servitudes personnelles seront détruites sans rachat ».

Ainsi Noailles faisait deux parts dans le système féodal. Tout ce qui pesait sur la personne était supprimé purement et simplement. Tout ce qui pesait sur la propriété serait rachetable. Les hommes seraient libérés, mais la terre resterait grevée.

Le duc d'Aiguillon, un des plus grands noms et un des plus riches propriétaires du royaume, appuya avec chaleur les propositions de Noailles : « Le peuple cherche à secouer enfin un joug qui, depuis tant de siècles, pèse sur sa tête, et, il faut l'avouer, cette insurrection quoique coupable (toute agression violente l'est), peut trouver son excuse dans les vexations dont il est la victime. » Ce noble langage produisit une vive émotion, mais, à cette minute pathétique, un député du tiers, un économiste qui avait été le collaborateur et l'ami de Turgot, Dupont (de Nemours) persista encore à réclamer des mesures de rigueur. Les nobles s'ouvraient à la pitié, le bourgeois blâmait l'inaction des autorités et il parlait d'envoyer des ordres sévères aux tribunaux.

L'élan cependant était donné. Un obscur député breton, Leguen de Kerangal, qui avait vécu de la vie rurale dans le petit bourg où il était marchand de toile, vint dire avec une éloquence émouvante dans sa simplicité les peines des campagnards : « Soyons justes, Messieurs,

Albert Mathiez

qu'on nous apporte ici les titres qui outragent non seulement la pudeur, mais l'humanité même. Qu'on nous apporte ces titres qui humilient l'espèce humaine, en exigeant que les hommes soient attelés à une charrue comme les animaux du labourage. Qu'on nous apporte ces titres qui obligent les hommes à passer les nuits à battre les étangs pour empêcher les grenouilles de troubler le sommeil de leurs voluptueux seigneurs. Qui de nous, Messieurs, dans ce siècle de lumières, ne ferait pas un bûcher expiatoire de ces infâmes parchemins et ne porterait pas la flamme pour en faire un sacrifice sur l'autel de la patrie ? Vous ne ramènerez, Messieurs, le calme dans la France agitée que quand vous aurez promis au peuple que vous allez convertir en prestation en argent, rachetables à volonté, tous les droits féodaux quelconques, que les lois que vous allez promulguer anéantiront jusqu'aux moindres traces dont il se plaint justement. » La hardiesse, à coup sûr, était grande de justifier le brûlement des chartriers devant une assemblée de propriétaires, mais la conclusion était modérée, puisque en somme l'orateur breton acceptait le rachat de droits dont il proclamait l'injustice.

Le rachat rassura les députés. Le sacrifice qu'on leur demandait était plus apparent que réel. Ils continueraient de percevoir leurs rentes ou leur équivalent. Ils ne perdraient rien ou presque à l'opération et ils y gagneraient de reconquérir leur popularité auprès des masses paysannes. Alors, ayant compris la savante manœuvre de la minorité de la noblesse, ils se livrèrent à l'enthousiasme. Successivement les députés des provinces et des villes, les prêtres et les nobles vinrent sacrifier « sur l'autel de la patrie » leurs antiques privilèges. Le clergé renonça à ses dîmes, les nobles à leurs droits de chasse, de pêche, de garenne et de colombier, à leurs justices, les bourgeois à leurs exemptions particulières. L'abjuration grandiose du passé dura toute la nuit. A l'aube une nouvelle France était née sous l'ardente poussée des gueux.

L'unité territoriale et l'unité politique étaient enfin achevées. Il n'y aurait plus désormais de pays d'états et de pays d'élections, de provinces réputées étrangères, de douanes intérieures et de péages, de pays de droit coutumier et de pays de droit romain. Il n'y aurait plus de Provençaux et de Dauphinois, un peuple breton et un peuple béarnais. Il n'y aurait plus en France que des Français soumis à la même loi, accessibles à tous les emplois, payant les mêmes impôts. La Constituante supprimera bientôt les titres de noblesse et les armoiries, jusqu'aux décorations des anciens ordres royaux du Saint-Esprit et de Saint-Louis. Le niveau égalitaire passa subitement sur une nation parquée depuis des siècles en castes étroites.

Les provinces et les villes sanctionnèrent avec empressement le sacrifice de leurs anciennes franchises qui d'ailleurs n'étaient plus bien souvent que des mots pompeux et vides. Personne ou presque ne regretta le vieux particularisme régional, bien au contraire ! Dans la crise de la Grande Peur, pour se défendre à la fois contre les « brigands » et contre les aristocrates, les villes d'une même province s'étaient promis secours et appui mutuel. Ces fédérations se succédèrent d'abord en Franche-Comté, en Dauphiné, dans le Rouergue, à partir du mois de novembre 1789. Puis ce furent des fédérations de province à province, de belles fêtes à la fois militaires et civiles où les délégués des gardes nationales réunis aux représentants de l'armée régulière juraient solennellement de renoncer aux anciens privilèges, de soutenir le nouvel ordre, de réprimer les troubles, de faire exécuter les lois, de ne plus former enfin qu'une immense famille de frères. Ainsi se fédérèrent les Bretons et les Angevins à Pontivy du 15 au 19 janvier 1790, les Francs-Comtois, les Bourguignons, les Alsaciens, les Champenois à Dole le 21 février, au milieu d'une exaltation patriotique qui prit la forme d'une religion. Puis toutes ces fédérations régionales se confondirent dans la grande Fédération nationale qui eut lieu à Paris, au Champ-de-Mars, le 14 juillet 1790, jour anniversaire de la prise de la Bastille.

Sur un immense amphithéâtre de terre et de gazon édifié par les corvées volontaires des Parisiens de toutes les classes, depuis les moines et les acteurs jusqu'aux bouchers et aux charbonniers, prirent place plus de 500 000 spectateurs qui applaudirent avec transport les délégués des gardes nationales des 83 départements et des troupes de ligne. Après que l'évêque d'Autun Talleyrand, environné des soixante aumôniers des districts parisiens en aubes tricolores, eut dit la messe sur l'autel de la patrie, La Fayette prononça en leur nom à tous le serment non seulement de maintenir la Constitution, mais « de protéger la sûreté des personnes et des propriétés, la libre circulation des grains et subsistances et la perception des contributions publiques, sous quelque forme qu'elles existent ». Tous répétèrent : je le jure ! Le roi jura à son tour de respecter la Constitution et de faire exécuter les lois. Joyeuse mais trempée jusqu'aux os, la foule se retira sous les ondées au chant du *Ça ira !*

Les bonnes âmes crurent la Révolution terminée dans la fraternité. Illusion trompeuse. La fête des gardes nationales n'était pas la fête du peuple entier. La formule même du serment qui avait été prononcée laissait entrevoir que l'ordre n'était pas assuré, qu'il restait des mécontents aux deux bouts opposés de l'horizon, en haut les aristocrates dépossédés, en bas la foule des paysans.

Ceux-ci s'étaient d'abord réjouis de la suppression des dîmes et des servitudes féodales. Après les arrêtés du 4 août, ils avaient cessé de brûler les châteaux. Prenant à la lettre la première phrase du décret : « L'Assemblée nationale abolit entièrement le régime féodal », ils n'avaient pas pris garde aux dispositions qui prolongeaient indéfiniment la perception des rentes jusqu'à leur rachat. Quand ils s'aperçurent, par les visites des porteurs de contraintes, que la féodalité seigneuriale était toujours debout et qu'il leur fallait comme devant acquitter les champarts, les terrages, les cens, les lods et ventes et même les dîmes inféodées, ils éprouvèrent une surprise amère. Ils ne comprirent pas qu'on les dispensât de racheter les dîmes ecclésiastiques et qu'on leur fît une obligation d'indemniser les seigneurs. Ils se liguèrent par endroits pour ne plus rien payer et ils accusèrent les bourgeois, dont beaucoup possédaient des fiefs, de les avoir trompés et trahis. L'accusation ne manquait pas d'une certaine justesse. Les sacrifices consentis dans la chaleur communicative de la mémorable séance du 4 août avaient laissé des regrets à bien des députés : « J'ai été chagrin tout mon soûl depuis le 4 août », écrivait naïvement le curé Barbotin, qui regrettait ses dîmes et qui ne songeait pas sans angoisse qu'il allait désormais devenir un créancier de l'État, d'un État prêt à faire banqueroute. Il y eut beaucoup de Barbotins, même parmi le tiers, qui commencèrent à se dire tout bas qu'ils avaient fait « des sottises ». Dans les lois complémentaires qui eurent pour objet de régler les modalités du rachat des droits féodaux, un esprit réactionnaire se fit jour. L'Assemblée s'efforça visiblement d'atténuer dans la pratique la portée de la grande mesure qu'elle avait dû voter précipitamment à la lueur sinistre des incendies.

Elle supposa que les droits féodaux, dans leur masse, étaient le résultat d'une transaction qui aurait été passée autrefois entre les tenanciers et leurs seigneurs pour représenter la cession de la terre. Elle admit sans preuves que le seigneur avait primitivement possédé les tenures de ses manants. Bien mieux, elle dispensa les seigneurs de fournir la preuve que ces conventions entre eux et leurs paysans avaient réellement existé. Une jouissance de quarante années suffisait pour légitimer la possession. Ce fut aux censitaires à faire la preuve qu'ils ne devaient rien. Preuve impossible ! Puis les modalités du rachat furent stipulées de telle sorte que, les paysans l'eussent-ils voulu, ils n'auraient pu, en fait, y procéder. Tous les manants d'un même fief étaient déclarés solidaires de la dette due au seigneur. « Nul redevable ayant des obligations solidaires ne peut se libérer si tous ses codébiteurs ne le font avec lui ou s'il ne paye pas pour tous. » En outre, la loi ordonne que nulle charge ou redevance *fixe* ne serait rachetée si en même temps on ne rachetait les droits *casuels* du fond, c'est-à-dire les droits qui auraient été dus en cas de mutation par vente ou autrement. Non seulement l'obligation du rachat maintenait indéfiniment le joug féodal sur tous les paysans sans aisance, mais encore les conditions mises au rachat étaient impraticables même pour ceux qui posséderaient quelques avances. Enfin la loi n'obligeait pas le seigneur à accepter le rachat et inversement le seigneur ne pouvait contraindre le paysan à l'effectuer. On comprend qu'un historien, M. Doniol, ait pu se demander si la Constituante avait voulu sincèrement l'abolition du régime seigneurial. « La forme féodale, dit-il, disparaissait, mais les effets de la féodalité mettraient beaucoup de temps à s'éteindre, dureraient par la difficulté de s'y soustraire ; on aurait donc conservé les intérêts seigneuriaux sans manquer en apparence aux engagements du 4 août. »

Il se peut que la Constituante ait fait ce calcul, mais les événements allaient le déjouer. Les paysans recommençaient à s'assembler. Ils envoyèrent à Paris des pétitions véhémentes contre les décrets et, en attendant qu'on fît droit à leurs réclamations, ils cessèrent dans plus d'un canton de payer les redevances légalement maintenues. Leur résistance sporadique dura trois ans. Les troubles qu'elle engendra ont permis à M. Taine de peindre la France de cette époque comme en proie à l'anarchie. Si anarchie il y eut, l'Assemblée

Albert Mathiez

en fut grandement responsable, car elle ne fit rien pour donner satisfaction aux légitimes revendications des paysans. Jusqu'à son dernier jour, elle maintint sa législation de classe. Grâce aux gardes nationales des villes en majorité bourgeoises, grâce aussi au peu d'entente des paysans, elle parvint à empêcher les troubles de dégénérer en une vaste insurrection comme en juillet 1789, mais elle ne put jamais faire régner une tranquillité absolue. Les municipalités des campagnes et des bourgs mettaient parfois une mauvaise volonté évidente à prêter main-forte aux agents de la loi. Certaines cessaient d'exiger les redevances féodales dues par les paysans des domaines ecclésiastiques confisqués par la nation. « Et ainsi, dit Jaurès, elles créaient un précédent formidable, une sorte de jurisprudence d'abolition complète, que les paysans appliquaient ensuite aux redevances dues par eux aux seigneurs laïques. » Il est vrai que là où la haute bourgeoisie dominait, comme dans le Cher et l'Indre, les rentes féodales continuèrent d'être exigées et perçues. Il paraît bien que ce fut le cas le plus fréquent. La régie des domaines se montra très exigeante pour faire rentrer les droits seigneuriaux qui appartenaient à la nation.

L'abolition totale des dernières rentes féodales ne s'opérera que progressivement, par les votes de la Législative, après la déclaration de guerre à l'Autriche et après la chute de la royauté, et par les votes de la Convention après la chute de la Gironde.

6

LA FAYETTE MAIRE DU PALAIS

Les hiérarchies sociales sont plus solides que les hiérarchies légales. Les mêmes bourgeois qui avaient fait la Révolution pour s'égaler aux nobles continuèrent longtemps encore à choisir des nobles pour guides et pour chefs. Le marquis de La Fayette sera leur idole pendant presque toute la durée de la Constituante.

Pourvu d'une belle fortune, dont il faisait un usage généreux, très épris de popularité, jeune et séduisant, La Fayette se croyait prédestiné à remplir dans la révolution de France le rôle que Washington, son ami, avait joué dans la révolution d'Amérique. Il avait le premier réclamé les états généraux à l'assemblée des notables convoquée par Calonne. Sa maison avait été le centre de la résistance à la Cour au temps où les parlementaires et les patriotes luttaient ensemble contre les édits de Brienne et de Lamoignon. Louis XVI l'avait relevé de son commandement aux armées pour le punir d'avoir inspiré la protestation de l'assemblée provinciale d'Auvergne. Aussitôt après la réunion des ordres, il s'était empressé de déposer sur le bureau de la Constituante un projet de déclaration des droits imité de la déclaration américaine. Avec Mirabeau il avait demandé, le 8 juillet, le renvoi des troupes. Le 13 juillet, l'Assemblée l'avait porté à la vice-présidence. Deux jours plus tard le comité permanent parisien, sur la proposition du district des Filles-Saint-Thomas inspirée par Brissot, le nommait commandant de la garde nationale nouvellement formée. Il avait la force en main, la seule force qui compte en un temps de révolution, la force révolutionnaire. Pour en augmenter la puissance, il eut soin d'accoupler aux compagnies bourgeoises des compagnies soldées et casernées où entrèrent les anciens gardes-françaises. L'ordre reposait sur lui et par conséquent le sort de l'Assemblée et de la monarchie. Pour l'instant son ambition n'allait pas au-delà de faire sentir qu'il était l'homme nécessaire, le médiateur et l'intermédiaire entre le roi, l'Assemblée et le peuple.

Louis XVI, qui le craignait, le ménageait. Il crut certainement lui plaire en appelant, au ministère, le 4 août, trois hommes qui lui étaient dévoués : les deux archevêques de Bordeaux et de Vienne, Champion de Cicé et Lefranc de Pompignan, et le comte de Saint-Priest, celui-ci particulièrement lié avec La Fayette qu'il tenait au courant de ce qui se passait au conseil. « Les choix que je fais dans votre assemblée même, écrivit Louis XVI aux députés, vous annoncent le désir que j'ai d'entretenir avec elle la plus confiante et la plus amicale harmonie. » Il semblait que, selon les vœux de La Fayette, l'expérience du gouvernement parlementaire commençait. Le tout était maintenant de grouper dans l'Assemblée une majorité solide et dévouée. La Fayette s'y employa de son mieux. Mais il n'était pas orateur et sa charge le retenait souvent à Paris. Il ne put agir que dans les coulisses et par l'organe de ses amis dont les plus intimes étaient Lally Tollendal et La Tour Maubourg, hommes de second plan l'un et l'autre.

Déjà des signes de division se faisaient jour dans les rangs du parti patriote lors de la discussion de la déclaration des droits. Des modérés comme l'ancien intendant de la marine Malouet et comme l'évêque de Langres La Luzerne, effrayés par les désordres, estimaient cette déclaration inutile ou même dangereuse. D'autres comme le janséniste Camus, ancien avocat du clergé, et l'abbé Grégoire, ancien curé d'Embermesnil en Lorraine, auraient voulu tout au moins la compléter par une déclaration des devoirs. La majorité, une majorité de 140 voix seulement, passa outre, entraînée par Barnave.

La déclaration fut à la fois la condamnation implicite des anciens abus et le catéchisme philosophique de l'ordre nouveau.

Née dans le feu de la lutte, elle garantit « la résistance à l'oppression », autrement dit elle justifie la révolte qui venait de triompher, sans craindre de justifier d'avance d'autres révoltes. Elle proclame les droits naturels et imprescriptibles : liberté, égalité, propriété, vote et contrôle de l'impôt et de la loi, jury, etc. Elle oublie le droit d'association, par haine des ordres et des corporations. Elle met la majesté du peuple à la place de la majesté du roi et le magistère de la loi à la place de l'arbitraire.

Œuvre de la bourgeoisie, elle porte sa marque. Elle proclame l'égalité, mais une égalité restreinte, subordonnée à « l'utilité sociale ». Elle ne reconnaît formellement que l'égalité devant l'impôt et devant la loi et l'admissibilité de tous aux emplois sous la réserve des capacités. Elle oublie que les capacités sont elles-mêmes en fonction de la richesse, elle-même fonction de la naissance par le droit d'héritage.

La propriété est proclamée un droit imprescriptible sans souci de ceux qui n'ont pas de propriété et sans égards à la propriété féodale et ecclésiastique dont une partie venait d'être confisquée ou supprimée.

Enfin la déclaration est d'un temps où la religion paraît encore indispensable à la société. Elle se place sous les auspices de l'Être suprême. Elle n'accorde aux cultes dissidents qu'une simple tolérance dans les limites de l'ordre public établi par la loi. Le *Courrier de Provence*, journal de Mirabeau, protesta en termes indignés : « Nous ne pouvons dissimuler notre douleur que l'Assemblée nationale, au lieu d'étouffer le germe de l'intolérance, l'ait placé comme en réserve dans une déclaration des droits de l'homme. Au lieu de prononcer sans équivoque la liberté religieuse, elle a déclaré que la *manifestation* des opinions de ce genre pouvait être gênée ; qu'un *ordre public* pouvait s'opposer à cette liberté ; que la *loi* pouvait la restreindre. Autant de principes faux, dangereux, intolérants, dont les Dominiques et les Torquemadas ont appuyé leurs doctrines sanguinaires. » Le catholicisme gardait en effet son caractère de religion dominante. Seul il émargeait au budget. Seul il déroulait ses cérémonies sur la voie publique. Les protestants et les juifs durent se contenter d'un culte privé, dissimulé. Les juifs de l'Est, considérés comme des étrangers, ne furent assimilés aux Français que le 27 septembre 1791, quand l'Assemblée allait se séparer.

Pas plus qu'elle n'accordait la liberté religieuse complète et sans réserves, la déclaration des droits n'accordait la liberté d'écrire sans limitations. Elle subordonnait la liberté de la presse aux caprices du législateur. Telle quelle cependant, elle fut une page magnifique de droit public, la source de tous les progrès politiques qui se réaliseront dans le monde au siècle suivant. Ce n'est pas par rapport au futur qu'il faut la juger, mais en considération du passé.

La discussion de la Constitution commença aussitôt après le vote de la déclaration qui en était le préambule. Ici les divisions s'accentuèrent et devinrent irrémédiables. Les rapporteurs du comité de Constitution Mounier et Lally Tollendal proposèrent de créer une chambre haute à côté de la chambre populaire et d'armer le roi d'un veto absolu sur les délibérations des deux chambres. Une pensée de conservation sociale les animait. Mounier avait exprimé la crainte que la suppression de la propriété féodale ne portât un coup redoutable à la propriété tout court. Pour réprimer la jacquerie et défendre l'ordre, il voulait rendre au pouvoir exécutif, c'est-à-dire au roi, la force dont il avait besoin. C'était aussi l'avis de Necker et du garde des sceaux Champion de Cicé. Ils conseillèrent au roi d'ajourner son acceptation des arrêtés du 4 août et jours suivants et ils lui firent signer un message où ces arrêtés étaient longuement et minutieusement critiqués. C'était remettre en question toute l'œuvre de pacification entreprise depuis la Grande Peur. C'était risquer de rallumer l'incendie à peine éteint. C'était procurer à la féodalité l'espoir d'une revanche. Le veto absolu, lettre de cachet

Albert Mathiez

contre la volonté générale disait Sieyès, mettrait la Révolution à la discrétion de la Cour. Quant au Sénat, il serait le refuge et la citadelle de l'aristocratie, surtout si le roi le composait à sa guise.

Le club des députés bretons, qui s'était grossi peu à peu des représentants les plus énergiques des autres provinces, décida de s'opposer à tout prix au plan des modérés. Chapelier organisa la résistance de la Bretagne. Rennes envoya une adresse menaçante contre le veto. Mirabeau, qui entretenait à son service toute une équipe de publicistes, remua les districts parisiens. Le Palais-Royal fulmina. Les 30 et 31 août, Saint-Huruge et Camille Desmoulins essayèrent d'entraîner les Parisiens sur Versailles pour exiger la sanction immédiate des arrêtés du 4 août, protester contre le veto et la seconde chambre et ramener à Paris le roi et l'Assemblée afin de les soustraire à la séduction des aristocrates. La garde nationale eut beaucoup de peine à contenir l'agitation.

La Fayette, dont les deux partis invoquaient l'arbitrage, essaya de chercher un terrain d'entente. Il avait des amis dans l'un et dans l'autre. Il réunit, chez lui et chez l'ambassadeur américain Jefferson, les plus notoires, d'un côté Mounier, Lally et Bergasse et de l'autre Adrien Duport, Alexandre et Charles Lameth et Barnave. Il leur proposa de substituer au veto absolu du roi un veto suspensif valable pour deux législatures, de réserver à la chambre populaire l'initiative des lois et de limiter enfin à un an seulement la durée du veto de la chambre haute sur les délibérations de la chambre basse. On ne put s'entendre. Mounier voulait une chambre haute héréditaire ou tout au moins à vie. La Fayette proposait de la faire élire pour six ans par les assemblées provinciales. Quant au triumvirat Lameth, Duport et Barnave, il ne voulait à aucun prix d'une seconde chambre, il refusait de diviser le pouvoir législatif, c'est-à-dire de l'affaiblir et il craignait de reconstituer sous un autre nom la haute noblesse. Il savait qu'en Angleterre les lords étaient à la discrétion du roi. On se quitta plein de rancune. Barnave rompit avec Mounier, dont il avait été jusque-là le lieutenant. « J'ai déplu aux deux partis, écrivait La Fayette à Maubourg, et il m'est resté des regrets inutiles et des tracasseries qui me tourmentent. » Il s'imagina que les Lameth, militaires et nobles comme lui, le jalousaient et cherchaient à le supplanter à la tête de la garde nationale. Il crut que les troubles de Paris étaient excités sous main par le duc d'Orléans, dont les factieux, c'est ainsi qu'il appelait maintenant dans le privé les députés bretons, n'auraient été que des instruments.

La seconde chambre fut repoussée par l'Assemblée, le 10 septembre, à l'énorme majorité de 849 voix contre 89 et 122 abstentions. Les nobles de province avaient mêlé leurs bulletins à ceux du tiers et du bas clergé par défiance de la haute noblesse. Mais, le lendemain, le veto suspensif était accordé au roi pour deux législatures, c'est-à-dire pour quatre ans au moins à la majorité de 673 voix contre 325. Barnave et Mirabeau avaient entraîné le vote. Le premier, parce qu'il avait négocié avec Necker et que celui-ci lui avait promis la sanction des arrêtés du 4 août, le second parce qu'il ne voulait pas se fermer le chemin du ministère. Jusqu'à la fin, Robespierre, Petion, Buzot, Prieur de la Marne persistèrent dans une opposition irréductible. Le vote enlevé, Necker ne put pas tenir la promesse faite à Barnave. Le roi continua d'éluder la sanction des arrêtés du 4 août et de la Déclaration des droits sous divers prétextes. Les Bretons se crurent joués et l'agitation reprit de plus belle.

Malgré la défaite retentissante qu'il avait subie sur la seconde chambre, le parti de Mounier se fortifiait tous les jours. Dès la fin d'août, il s'était coalisé avec une bonne partie de la droite. Un comité directeur de trente-deux membres, où figuraient Maury, Cazalès, d'Esprémesnil, Montlosier à côté de Mounier, Bergasse, Malouet, Bonnal, Virieu, Clermont-Tonnerre, avait été formé pour prendre en main la résistance. Ce comité résolut de demander au roi le transfert du gouvernement et de l'Assemblée à Soissons ou à Compiègne pour la mettre à l'abri des entreprises du Palais-Royal. Montmorin et Necker appuyèrent la demande. Mais le roi, qui avait une sorte de courage passif, éprouvait comme de la honte à s'éloigner de Versailles. Tout ce qu'il accorda aux « monarchiens » fut de faire venir quelques troupes de cavalerie et d'infanterie et entre autres le régiment de Flandre vers la fin de septembre.

L'appel des troupes parut au côté gauche une provocation. La Fayette lui-même fit des représentations. Il s'étonna qu'on ne l'eût pas consulté avant de prendre une mesure qui rallumerait l'agitation dans Paris.

La capitale manquait de pain. On se battait pour en avoir aux portes des boulangeries. Les artisans commençaient à souffrir du départ des nobles pour l'étranger. Garçons perruquiers, garçons cordonniers, garçons tailleurs en proie au chômage s'assemblaient pour demander du travail ou des augmentations de salaire. Les députations se succédaient à la Commune. Marat, qui vient de lancer son *Ami du Peuple*, Loustalot, qui rédige *Les Révolutions de Paris*, soufflent sur le feu. Les districts, la Commune réclament, comme La Fayette, le renvoi des troupes. Les députés « bretons », Chapelier, Barnave, Alexandre Lameth, Duport renouvellent cette demande au ministre de l'Intérieur Saint-Priest. Déjà les anciens gardes-françaises parlaient de se rendre à Versailles pour reprendre leurs postes dans la garde du roi. La Fayette multiplie les avis alarmants.

Mais les ministres et les monarchiens se croient maîtres de la situation parce que l'Assemblée vient de porter au fauteuil présidentiel Mounier lui-même, comme si en temps de révolution le pouvoir parlementaire pouvait quelque chose, si la force populaire lui manquait. Or, l'opinion s'insurgeait et La Fayette, qui commandait les baïonnettes, boudait. Pour calmer La Fayette et le ramener, le ministre des Affaires étrangères, Montmorin, lui fit offrir l'épée de connétable et même le titre de lieutenant général. Il refusa dédaigneusement en ajoutant : « Si le roi craint une émeute, qu'il vienne à Paris, il y sera en sûreté au milieu de la garde nationale. »

Une dernière imprudence hâta l'explosion. Le 1ᵉʳ octobre, les gardes du corps offrirent au régiment de Flandre un banquet de bienvenue dans la salle de l'Opéra du château. Le roi et la reine, celle-ci tenant le dauphin dans ses bras, vinrent saluer les convives, tandis que l'orchestre attaquait l'air de Grétry : O Richard ! Ô mon Roi ! l'univers t'abandonne ! Les convives, échauffés par la musique et les libations, poussèrent des acclamations délirantes, foulèrent aux pieds la cocarde nationale pour prendre la cocarde blanche ou la cocarde noire (celle de la reine). On omit, de dessein prémédité, dans les toasts la santé de la nation.

Au récit de ces faits, apporté à Paris, le 3 octobre, par le *Courrier de Gorsas*, le Palais-Royal s'indigna. Le dimanche 4 octobre, *La Chronique de Paris, L'Ami du peuple* dénoncèrent le complot aristocrate, dont le but manifeste était de renverser la Constitution, avant qu'elle fût achevée. Le refus réitéré du roi de sanctionner les arrêtés du 4 août et les articles constitutionnels déjà votés attestait la réalité du complot mieux encore que le banquet où la nation avait été méprisée. Marat appela les districts aux armes et les invita à retirer leurs canons de l'Hôtel de Ville pour marcher sur Versailles. Les districts s'assemblèrent et députèrent à la Commune. Sur la motion de Danton celui des Cordeliers somma la Commune d'enjoindre à La Fayette l'ordre de se rendre le lendemain, lundi, auprès de l'Assemblée nationale et du roi pour réclamer le renvoi des troupes.

Le 5 octobre, une foule de femmes de toutes les conditions forcèrent l'Hôtel de Ville mal défendu par des gardes nationaux qui sympathisaient avec l'émeute. L'huissier Maillard, un des vainqueurs de la Bastille, se mit à leur tête et les conduisit à Versailles où elles arrivèrent dans l'après-midi. La garde nationale s'ébranla à son tour quelques heures plus tard. La Fayette, sommé par les grenadiers de partir pour Versailles, menacé de la lanterne, se fit autoriser par la Commune à obéir au vœu populaire. Il partit, parce qu'il craignait, dit-il, que l'émeute, si elle se faisait sans lui, ne tournât au bénéfice du duc d'Orléans. Il arriva à Versailles dans la nuit.

Ni la Cour ni les ministres ne s'attendaient à cette irruption. Le roi était à la chasse, mais le côté gauche de l'Assemblée était vraisemblablement au courant de ce qui allait se passer. Le matin même du 5 octobre, un vif débat s'était engagé à l'Assemblée sur un nouveau refus que le roi avait opposé à une nouvelle demande de sanction des décrets. Robespierre et Barère avaient déclaré que le roi n'avait pas le droit de s'opposer à la Constitution, car le pouvoir constituant était au-dessus du roi. Celui-ci, dont l'existence était en quelque sorte recréée par la Constitution, ne pourrait user de son droit de veto qu'à l'égard des lois ordinaires, mais les lois constitutionnelles, soustraites à son atteinte par définition, devaient être, non pas sanctionnées, mais acceptées par lui purement et simplement. L'Assemblée avait fait sienne cette thèse, sortie en droite ligne du *Contrat social,* et, sur la motion de Mirabeau et de Prieur de la Marne, elle avait décidé que son président Mounier ferait sur-le-champ une nouvelle démarche auprès du roi pour exiger une acceptation immédiate. Les choses en étaient là quand, dans l'après-midi, une députation des femmes de Paris parut à la barre. Leur orateur, l'huissier Maillard, se plaignit de la cherté des vivres et des manœuvres des spéculateurs, puis de l'outrage fait à la cocarde nationale. Robespierre appuya Maillard et l'Assemblée décida d'envoyer au roi une délégation pour lui faire part des réclamations des Parisiens. Déjà des rixes avaient éclaté entre la garde nationale de Versailles et les gardes du corps devant le château. Le régiment de Flandre rangé en bataille sur la place d'armes montrait par son attitude qu'il ne tirerait pas sur les manifestants et commençait à fraterniser avec eux.

Le roi, revenu enfin de la chasse, tint conseil. Saint-Priest, porte-parole des monarchiens, fut d'avis que le roi devait se retirer à Rouen plutôt que de donner sa sanction aux décrets sous la pression de la violence. L'ordre fut donné de faire les préparatifs du départ. Mais Necker et Montmorin firent revenir sur la décision prise. Ils représentèrent que le Trésor était vide et que la disette les mettait hors d'état d'approvisionner une concentration de troupes tant soit peu importante. Ils ajoutèrent enfin que le départ du roi laisserait le champ libre au duc d'Orléans. Louis XVI se rendit à leurs raisons. Il sanctionna les décrets la mort dans l'âme. La Fayette arriva avec la garde nationale parisienne vers les minuit. Il se rendit chez le roi pour lui offrir ses services et ses regrets plus ou moins sincères. Les postes extérieurs du château furent confiés aux gardes nationaux parisiens, tandis que les postes intérieurs restaient aux gardes du corps.

Le 6 au matin, à l'aube, pendant que La Fayette prenait quelque repos, une troupe de Parisiens pénétra dans le château par une porte mal gardée. Un garde du corps voulut les repousser. Il fit feu. Un homme tomba dans la cour de marbre. Alors la foule se rua sur les gardes du corps qui furent forcés dans leur corps de garde. Les cours et les escaliers furent envahis. La reine dut s'enfuir précipitamment chez le roi à peine vêtue. Plusieurs gardes du corps périrent et leurs têtes furent placées au bout des piques.

Pour faire cesser le massacre, le roi accompagné de la reine et du dauphin dut consentir à se montrer avec La Fayette au balcon de la cour de marbre. Il fut accueilli par le cri de : *Le roi à Paris !* Il promit de se rendre dans la capitale et il vint coucher le soir même aux Tuileries. L'Assemblée décréta qu'elle était inséparable du roi. Elle alla s'établir à Paris quelques jours plus tard.

Le changement de capitale avait plus d'importance encore que la prise de la Bastille. Le roi et l'Assemblée sont désormais sous la main de La Fayette et du peuple de Paris. La Révolution est assurée. La Constitution, « acceptée » et non sanctionnée, est soustraite à l'arbitraire royal. Les monarchiens, qui depuis la nuit du 4 août avaient organisé la résistance, étaient les vaincus de la journée. Leur chef Mounier abandonne la présidence de l'Assemblée et se rend dans le Dauphiné pour essayer de l'insurger. Mais il ne rencontre que froideur et hostilité. Découragé, il passe bientôt à l'étranger. Ses amis, comme Lally Tollendal et Bergasse, ne réussirent pas davantage à émouvoir les provinces contre le nouveau coup de force parisien. Une seconde émigration, composée celle-ci d'hommes qui avaient d'abord contribué à la Révolution, alla rejoindre la première, sans d'ailleurs se confondre avec elle.

La Fayette manœuvra très habilement pour recueillir le bénéfice d'une journée à laquelle il n'avait participé, en apparence tout au moins, qu'à son corps défendant. A son instigation, la Commune et les districts multiplièrent dans des adresses les démonstrations de leur loyalisme monarchique. Les scènes d'horreur du matin du 6 octobre furent désavouées, une instruction ouverte contre leurs auteurs. Le tribunal du Châtelet qui en fut chargé la prolongea très longtemps et essaya de la faire tourner contre le duc d'Orléans et contre Mirabeau, c'est-à-dire contre les rivaux de La Fayette. Un agent de La Fayette, le patriote Gonchon, organisa le 7 octobre une manifestation de dames de la Halle qui se rendirent aux Tuileries pour acclamer le roi et la reine et pour leur demander de se fixer définitivement à Paris. Marie-Antoinette, qui n'était plus habituée depuis longtemps à entendre crier *Vive la reine !* fut émue jusqu'aux larmes et, le soir même, elle exprima naïvement sa joie dans une lettre à son confident et mentor, l'ambassadeur d'Autriche, Mercy-Argenteau. Le mot d'ordre fut donné à la presse de répéter que le roi restait à Paris volontairement, librement. Des mesures furent prises contre les « libellistes », c'est-à-dire contre les publicistes indépendants. Marat fut décrété de prise de corps, c'est-à-dire frappé d'un mandat d'arrêt le 8 octobre. Après la mort du boulanger François, massacré par la foule parce qu'il avait refusé du pain à une femme, l'Assemblée vota la loi martiale contre les attroupements (21 octobre).

Albert Mathiez

La Fayette s'empressait autour du couple royal. Il l'assurait que l'émeute avait été provoquée malgré lui, contre lui, par des *factieux* qu'il désignait. Il inculpait leur chef le duc d'Orléans. Il intimidait celui-ci et, au cours d'une entrevue qu'il eut avec lui, le 7 octobre, chez la marquise de Coigny, il obtenait du faible prince la promesse de quitter la France, sous le prétexte d'une mission diplomatique en Angleterre. Le duc, après quelques hésitations, partit pour Londres vers le milieu d'octobre. Sa fuite le déconsidéra. Il ne fut plus pris au sérieux même par ses anciens amis. « On prétend que je suis de son parti, disait Mirabeau, qui avait essayé de le retenir, je ne voudrais pas de lui pour mon valet. »

S'étant ainsi débarrassé de son rival le plus dangereux, La Fayette remit au roi un mémoire où il essayait de lui démontrer qu'il avait tout à gagner à se réconcilier franchement avec la Révolution et à rompre toute solidarité avec les émigrés et les partisans de l'Ancien Régime. Une démocratie royale, lui disait-il, augmenterait son pouvoir, loin de le restreindre. Il n'aurait plus à lutter contre les parlements et contre le particularisme provincial. Il tiendrait désormais son autorité du libre consentement de ses sujets. La suppression des ordres et des corporations tournerait à son avantage. Rien ne s'interposerait plus entre sa personne et le peuple français. La Fayette ajoutait qu'il défendrait la royauté contre les factieux. Il répondait de l'ordre, mais il demandait en revanche une confiance entière.

Louis XVI n'avait renoncé à rien. Il rusa pour gagner du temps. En même temps qu'il dépêchait à Madrid un agent secret, l'abbé de Fonbrune, pour intéresser à sa cause son cousin le roi catholique et pour déposer entre ses mains une déclaration qui annulait d'avance tout ce qu'il pourrait faire et signer sous la pression des révolutionnaires, il accepta l'offre de la Fayette. Il s'engagea à prendre et à suivre ses conseils et pour lui donner un gage de sa confiance, il l'investit, le 10 octobre, du commandement des troupes régulières à quinze lieues de la capitale. Le comte d'Estaing avait assuré la reine, le 7 octobre, que La Fayette lui avait juré que les atrocités de la veille avaient fait de lui un royaliste et d'Estaing ajoutait que La Fayette l'avait prié de persuader au roi d'avoir en lui pleine confiance.

La Fayette gardait rancune à certains ministres de n'avoir pas

I - LA CHUTE DE LA ROYAUTÉ

suivi ses conseils avant l'émeute. Il essaya de s'en débarrasser. Il eut une entrevue avec Mirabeau, vers le milieu d'octobre, chez la comtesse d'Aragon. Les chefs du côté gauche, Duport, Alexandre Lameth, Barnave, Laborde, étaient présents. Il s'agissait de former un nouveau ministère où seraient entrés des amis de La Fayette comme le lieutenant criminel au Châtelet Talon et le conseiller au Parlement Sémonville. Le garde des sceaux Champion de Cicé menait l'intrigue. La Fayette offrit à Mirabeau 50 000 livres pour l'aider à payer ses dettes et une ambassade. Mirabeau accepta l'argent et refusa l'ambassade. Il voulait être ministre. Les pourparlers finirent par s'ébruiter. L'Assemblée, qui méprisait Mirabeau autant qu'elle le redoutait, y coupa court en votant, le 7 novembre, un décret qui interdisait au roi de choisir désormais les ministres dans son sein. « Si un génie éloquent, dit Lanjuinais, peut entraîner l'Assemblée quand il n'est que l'égal de tous ses membres, que serait-ce s'il joignait à l'éloquence l'autorité d'un ministre ? »

Mirabeau irrité se rejeta dans une nouvelle intrigue avec le comte de Provence, Monsieur, frère du roi. Il s'agissait, cette fois, de faire sortir Louis XVI de Paris en protégeant sa fuite par un corps de volontaires royalistes que le marquis de Favras fut chargé de recruter. Mais Favras fut dénoncé par deux de ses agents qui racontèrent à La Fayette que le projet avait été formé de le tuer lui et Bailly. Sur Favras on trouva, au moment de son arrestation, une lettre qui compromettait Monsieur. La Fayette chevaleresque la rendit à son auteur et n'en divulgua pas l'existence. Monsieur vint lire à la Commune un discours rédigé par Mirabeau où il désavouait Favras. Celui-ci se laissa condamner à mort en gardant le silence sur ses hautes complicités. Marie-Antoinette pensionna sa veuve.

Ce complot avorté accrut encore l'importance de La Fayette. Le maire du palais, comme l'appelait Mirabeau, remontra au roi qu'il fallait couper court par une démarche décisive aux espoirs des aristocrates. Louis XVI docile se rendit à l'Assemblée, le 4 février 1790, pour donner lecture d'un discours que Necker avait rédigé sous l'inspiration de La Fayette. Il déclara que lui et la reine avaient accepté sans aucune arrière-pensée le nouvel ordre de choses et il invita tous les Français à en faire autant. Les députés enthousiasmés prêtèrent le serment d'être fidèles à la Nation, à la Loi et au Roi et tous les fonctionnaires, ecclésiastiques compris, durent répéter le même serment.

Les émigrés s'indignèrent du désaveu que leur infligeait le roi. Le comte d'Artois, réfugié à Turin chez son beau-père le roi de Sardaigne, avait des correspondants dans les provinces au moyen desquels il s'efforçait d'exciter des soulèvements. Fort peu croyant, il ne s'était pas d'abord rendu compte de l'appui précieux que pouvait fournir à sa cause le sentiment religieux convenablement exploité. Mais son ami, le comte de Vaudreuil, qui séjournait à Rome, se chargea de lui ouvrir les yeux. « La quinzaine de Pâques, lui écrivait-il le 20 mars 1790, est un temps dont les évêques et les prêtres peuvent tirer un grand parti pour ramener à la religion et à la fidélité au roi des sujets égarés. J'espère qu'ils entendront assez leur intérêt et celui de la chose publique pour ne pas négliger cette circonstance et s'il y a de l'ensemble dans leur démarche, le succès m'en paraît sûr. » Le conseil fut suivi. Un vaste soulèvement fut préparé dans le Midi. La présence d'un petit noyau de protestants au pied des Cévennes et dans les campagnes du Quercy permettait de représenter les révolutionnaires comme les alliés ou les prisonniers des hérétiques. On exploita la nomination du pasteur Rabaut de Saint-Etienne à la présidence de la Constituante, le 16 mars, et surtout le refus de l'Assemblée de reconnaître le catholicisme comme religion d'État le 13 avril. On distribua une véhémente protestation du côté droit de l'Assemblée. L'agent du comte d'Artois, Froment, mit en branle les confréries de pénitents. A Montauban, les vicaires généraux ordonnèrent pour la religion en péril des prières de quarante heures. La municipalité royaliste de cette ville choisit, pour procéder aux inventaires des maisons religieuses supprimées, la date du 10 mai, jour des Rogations. Les femmes s'attroupèrent sur le devant de l'église des Cordeliers. Un combat s'engagea au cours duquel les protestants eurent le dessous. Plusieurs d'entre eux furent tués, blessés, les autres désarmés et forcés de demander pardon à genoux sur le pavé ensanglanté des églises. Mais les gardes nationales de Toulouse et de Bordeaux accoururent pour rétablir l'ordre. A Nîmes, les troubles furent plus graves encore. Les compagnies royalistes de la garde nationale, les Cébets ou mangeurs d'oignons, arborèrent la cocarde blanche puis un pouf rouge. Il y eut des bagarres le 1er mai. Le 13 juin,

Froment occupa, après un combat, une tour sur les remparts et le couvent des Capucins. Les protestants et les patriotes appelèrent à leur secours les paysans des Cévennes. Accablés sous le nombre, les royalistes furent vaincus et massacrés. Il y eut trois cents morts environ en trois jours.

Avignon, qui avait secoué le joug du pape, formé une municipalité révolutionnaire et demandé sa réunion à la France, fut vers le même temps le théâtre de scènes sanglantes. Des aristocrates, accusés d'avoir tourné en ridicule les nouveaux magistrats, ayant été acquittés par le tribunal, les patriotes s'opposèrent à leur mise en liberté. Le 10 juin, les compagnies papalines de la garde nationale se soulevèrent, s'emparèrent d'un couvent et de l'hôtel de ville. Mais les patriotes renforcés par les paysans pénétraient dans le palais pontifical, chassaient leurs adversaires de l'hôtel de ville et se livraient à de terribles représailles.

Le roi, qui avait blâmé l'essai de contre-révolution du Midi, puisa dans son échec une raison de plus de suivre le plan de conduite que La Fayette lui avait exposé dans un nouveau mémoire remis le 16 avril. Il écrivit de sa main sur ce document : « Je promets à M. de La Fayette la confiance la plus entière sur tous les objets qui peuvent regarder l'établissement de la Constitution, mon autorité légitime, telle qu'elle est énoncée dans le mémoire, et le retour de la tranquillité publique. » La Fayette s'était engagé à employer toute son influence à fortifier ce qui restait de l'autorité royale. Au même moment, Mirabeau faisait offrir ses services par l'intermédiaire du comte de La Marck, pour travailler dans le même sens. Le roi le prit à sa solde, le 10 mai, moyennant 200 000 livres pour payer ses dettes, 6 000 livres par mois et la promesse d'un million payable à la clôture de l'Assemblée nationale. Il essaya de coaliser La Fayette et Mirabeau et il y réussit jusqu'à un certain point.

Mirabeau jalousait sans doute et méprisait La Fayette, il le criblait d'épigrammes, l'appelant Gilles César ou Cromwell-Grandisson, il essayait de le diminuer et de le perdre dans la faveur royale afin de l'évincer, mais en même temps il le flattait et il lui faisait de continuelles promesses de collaboration : « Soyez Richelieu sur la Cour pour la nation, lui écrivait-il, le 1er juin 1790, et vous referez la monarchie en agrandissant et consolidant la liberté publique. Mais Richelieu avait son capucin Joseph ; ayez donc aussi votre

Éminence grise ou vous vous perdrez en ne vous sauvant pas. Vos grandes qualités ont besoin de mon impulsion ; mon impulsion a besoin de vos grandes qualités. » Et, le même jour, dans la première note qu'il rédigeait pour la Cour, le cynique aventurier indiquait à celle-ci la marche à suivre pour ruiner la popularité de l'homme dont il ne voulait être que l'éminence grise. Mais La Fayette ne se faisait aucune illusion sur la moralité de Mirabeau.

Tous les deux, ils s'employèrent de concert à défendre la prérogative royale quand se posa devant l'Assemblée, en mai 1790, la question du droit de paix et de guerre, à l'occasion d'une rupture imminente entre l'Angleterre et l'Espagne. L'Espagne protestait contre la prise de possession par les Anglais de la baie de Nootka sur le Pacifique, dans l'actuelle Colombie britannique. Elle réclamait l'aide de la France en invoquant le pacte de famille. Alors que le côté gauche ne voulait voir dans le conflit qu'une intrigue contre-révolutionnaire destinée à jeter la France dans une guerre étrangère qui donnerait au roi le moyen de ressaisir son pouvoir ; alors que Barnave, les deux Lameth, Robespierre, Volney, Petion dénonçaient les guerres dynastiques, la diplomatie secrète, demandaient la révision de toutes les vieilles alliances et réclamaient pour la représentation nationale le droit exclusif de déclarer la guerre, de surveiller la diplomatie et de conclure les traités, Mirabeau et La Fayette et tous leurs partisans, Clermont-Tonnerre, Chapelier, Custine, le duc du Châtelet, Dupont de Nemours, le comte de Sérent, Virieu, Cazalès, exaltaient la fibre patriotique, dénonçaient l'ambition anglaise et concluaient pour que la diplomatie restât le domaine propre du roi. Ils firent valoir que les assemblées étaient trop nombreuses et trop impressionnables pour exercer un droit aussi redoutable que celui de faire la guerre. Ils citèrent à l'appui de leur opinion l'exemple du Sénat de Suède ou de la Diète de Pologne corrompus par l'or étranger, ils vantèrent la nécessité du secret, ils mirent en garde contre le danger d'isoler le roi de la nation, d'en faire un figurant sans prestige, ils remarquèrent encore que, d'après la Constitution, aucun acte du corps législatif ne pouvait avoir son plein effet que de la sanction du roi. Les orateurs de gauche répliquèrent que si le droit de paix et de guerre continuait d'être exercé par le roi seul « les caprices des maîtresses, l'ambition des ministres décideraient [comme auparavant] du sort de la nation » (d'Aiguillon), qu'on aurait toujours des guerres dynastiques, que le roi n'était que le commis de la nation pour exécuter ses volontés, que les représentants du pays « auraient toujours un intérêt direct et même personnel à empêcher la guerre ». Ils raillèrent les secrets des diplomates, ils nièrent qu'il y eût une analogie quelconque entre une assemblée élue à un suffrage très étendu comme celle de France et des assemblées féodales comme la Diète de Pologne ou le Sénat de Suède. Plusieurs attaquèrent avec violence le pacte de famille et l'alliance autrichienne et rappelèrent les tristes résultats de la guerre de Sept Ans. Tous dénoncèrent le piège où le conflit anglo-espagnol pouvait entraîner la Révolution : « On veut que les assignats ne prennent pas faveur, que les biens ecclésiastiques ne se vendent pas : voilà la véritable cause de cette guerre » (Charles Lameth).

Pendant ce grand débat, Paris fut en proie à une vive agitation. On cria dans les rues un pamphlet, que les Lameth avaient inspiré : *La Grande Trahison du comte de Mirabeau*. La Fayette fit entourer la salle des séances par des forces imposantes. Mirabeau prit prétexte de cette fermentation pour faire à Barnave, le dernier jour, une réplique célèbre : « Et moi aussi, on voulait, il y a peu de jours, me porter en triomphe, et maintenant on crie dans les rues *La Grande Trahison du comte de Mirabeau*. Je n'avais pas besoin de cette leçon pour savoir qu'il est peu de distance du Capitole à la roche Tarpéienne, mais l'homme qui combat pour la raison, pour la patrie, ne se tient pas si aisément pour vaincu. Que ceux qui prophétisaient depuis huit jours mon opinion sans la connaître, qui calomnient en ce moment mon discours sans l'avoir compris, m'accusent d'encenser des idoles impuissantes au moment où elles sont renversées ou d'être le vil stipendié de ceux que je n'ai pas cessé de combattre ; qu'ils dénoncent comme un ennemi de la Révolution celui qui peut-être n'y a pas été inutile et qui, fût-elle étrangère à sa gloire, pourrait, là seulement, trouver sa sûreté ; qu'ils livrent aux fureurs du peuple trompé celui qui, depuis vingt ans, combat toutes les oppressions et qui parlait aux Français de liberté, de Constitution, de résistance, lorsque ces vils calomniateurs vivaient de tous les préjugés dominants. Que m'importe ? Ces coups de bas en haut ne m'arrêteront pas dans ma carrière, je leur dirai : répondez, si vous pouvez, calomniez ensuite tant que vous voudrez. »

Albert Mathiez

Cette superbe audace réussit. Mirabeau gagna ce jour-là l'argent de la Cour. L'Assemblée, subjuguée par son génie oratoire, refusa la parole à Barnave pour répliquer. Elle vota la priorité pour le projet de décret présenté par Mirabeau et couvrit d'applaudissements une courte déclaration de La Fayette. Mais, au moment du vote des articles, la gauche ressaisit la majorité. Elle fit voter des amendements qui changeaient le sens du décret. Le roi n'eut que le droit de proposer la paix ou la guerre. L'Assemblée statuerait ensuite. En cas d'hostilités imminentes, le roi serait tenu d'en faire connaître sans délai les causes et les motifs. Si le corps législatif était en vacances, il s'assemblerait sur-le-champ et siégerait en permanence. Les traités de paix, d'alliance ou de commerce ne seraient valables qu'après ratification du corps législatif. Les traités existants continueraient d'être provisoirement en vigueur, mais un comité de l'Assemblée, qu'on appela le comité diplomatique, fut nommé pour les reviser, les mettre en harmonie avec la Constitution et suivre les affaires extérieures. Enfin, par un article spécial, l'Assemblée déclara au monde que « la nation française renonçait à entreprendre aucune guerre dans la vue de faire des conquêtes et qu'elle n'emploierait jamais ses forces contre la liberté d'aucun peuple ».

Les patriotes saluèrent le vote du décret comme un triomphe. « Nous n'aurons pas la guerre », écrivait Thomas Lindet au sortir de la séance. Lindet avait raison. Par le décret qui venait d'être rendu, la direction exclusive de la politique extérieure échappait au roi. Il était désormais obligé de la partager avec la représentation nationale. Mais si sa prérogative n'avait pas subi un plus grand dommage encore, il le devait à La Fayette et à Mirabeau.

La grande fête de la Fédération que La Fayette présida manifesta d'une façon éclatante l'immense popularité dont il jouissait ; les fédérés lui baisaient les mains, l'habit, les bottes, ils baisaient les harnais de son cheval, la bête elle-même. On frappa des médailles à son effigie.

L'occasion était belle pour Mirabeau d'exciter la jalousie du roi contre « l'homme unique, l'homme des provinces ». Mais Louis XVI et Marie-Antoinette avaient recueilli, eux aussi, les acclamations des provinciaux. La presse démocratique nota avec chagrin que les cris de *Vive le roi !* avaient étouffé ceux de *Vive l'Assemblée !* et de *Vive la nation !* Louis XVI écrivait à Mme de Polignac : « Croyez,

Madame, que tout n'est pas perdu. » Le duc d'Orléans, qui était revenu tout exprès de Londres pour assister à la cérémonie, était passé inaperçu.

Si le duc d'Orléans n'était plus à craindre, si « tout n'était pas perdu », c'était à La Fayette qu'on le devait pour une bonne part. Sans doute le roi gardait rancune au marquis de sa rébellion passée et de son attachement présent pour le régime constitutionnel, et il espérait bien qu'un jour viendrait où il pourrait se passer de ses services. En attendant, il y recourait d'autant plus volontiers que son agent secret Fonbrune, qu'il avait envoyé à Vienne pour sonder l'empereur son beau-frère, lui apprenait, vers le milieu de juillet, qu'il ne fallait pas compter pour le moment sur le concours des puissances étrangères.

D'ailleurs La Fayette lui était toujours indispensable, car il était seul en état de maintenir l'ordre dans le royaume troublé. Le comte d'Artois incorrigible essayait de nouveau après la Fédération d'insurger le Midi. Des agents, des prêtres, comme le chanoine de la Bastide de la Mollette et le curé Claude Allier, ou des nobles, comme le maire de Berrias, Malbosc, convoquèrent pour le 17 août 1790 au château de Jalès, près des limites des trois départements du Gard, de l'Ardèche et de la Lozère, les gardes nationales de leur parti. 20 000 gardes nationaux royalistes parurent au rendez-vous en portant la croix pour drapeau. Avant de se séparer, les chefs qui avaient organisé cette démonstration menaçante, formèrent un comité central chargé de coordonner leurs efforts. Ils lancèrent ensuite un manifeste où ils déclaraient « qu'ils ne déposeraient les armes qu'après avoir rétabli le roi dans sa gloire, le clergé dans ses biens, la noblesse dans ses honneurs, les parlements dans leurs antiques fonctions ». Le camp de Jalès resta organisé pendant plusieurs mois. Il ne sera dissous par la force qu'en février 1791. L'Assemblée envoya trois commissaires pour pacifier la contrée.

Plus graves peut-être que les complots aristocrates étaient les mutineries militaires. Les officiers, tous nobles et presque tous aristocrates, ne pouvaient souffrir que leurs soldats fréquentent les clubs et fraternisent avec les gardes nationales qu'ils méprisaient. Ils accablaient les soldats patriotes de punitions et de mauvais traitements. Ils les renvoyaient de leurs corps avec des « cartouches jaunes », c'est-à-dire avec des congés infamants qui les gênaient

Albert Mathiez

pour trouver de l'embauche. En même temps ils s'amusaient à narguer et à provoquer les bourgeois déguisés en soldats sous l'uniforme de gardes nationaux. Les soldats patriotes se sentant soutenus par la population se lassèrent assez vite des brimades de leurs chefs. Ils prirent à leur tour l'offensive. Ils réclamèrent les décomptes de leurs masses sur lesquelles les officiers exerçaient un pouvoir sans contrôle. Très souvent les masses n'étaient pas en règle. Les comptables y puisaient pour leurs besoins personnels. Aux demandes de vérification ils répondaient par des punitions. Partout des mutineries éclatèrent.

A Toulon, l'amiral d'Albert empêchait les travailleurs du port de s'enrôler dans la garde nationale et de porter la cocarde dans l'arsenal. Il renvoya, le 30 novembre 1789, deux maîtres de manœuvre pour ce seul délit. Le lendemain, les matelots et les ouvriers s'insurgèrent, assiégèrent son hôtel avec l'appui de la garde nationale et finalement le conduisirent en prison, parce qu'il aurait donné l'ordre aux troupes régulières de faire feu. Il ne fut relâché que sur un décret formel de l'Assemblée. Nommé à Brest, ses équipages se révoltèrent quelques mois plus tard.

Dans toutes les garnisons il y eut des faits du même genre, à Lille, à Besançon, à Strasbourg, à Hesdin, à Perpignan, à Gray, à Marseille, etc. Mais la mutinerie la plus sanglante fut celle dont Nancy fut le théâtre au mois d'août 1790. Les soldats de la garnison, particulièrement les Suisses du régiment vaudois de Châteauvieux, réclamèrent à leurs officiers les décomptes de leurs masses qui étaient en retard depuis plusieurs mois. Au lieu de faire droit aux réclamations justifiées de leurs soldats, les officiers les punirent pour indiscipline. Deux d'entre eux furent passés aux courroies et fouettés honteusement. L'émotion fut grande dans la ville où Châteauvieux était aimé parce qu'au moment de la prise de la Bastille il avait refusé de tirer sur le peuple. Les patriotes et les gardes nationaux de Nancy allèrent chercher les deux victimes, les promenèrent dans les rues et forcèrent les officiers coupables à leur verser à chacun cent louis d'indemnité. Les soldats vérifièrent la caisse du régime et, la trouvant à moitié vide, crièrent qu'on les avait volés. Les autres régiments de Nancy exigèrent également leurs comptes et envoyèrent des délégations à l'Assemblée nationale pour faire entendre leurs plaintes.

Déjà La Fayette, dans les mutineries précédentes, avait pris le parti des chefs contre les soldats. Il était intervenu par des lettres pressantes auprès des députés de son parti pour que le comte d'Albert, auteur responsable de la mutinerie de Toulon, fût mis non seulement hors de cause, mais couvert de fleurs.

Cette fois, il résolut de frapper un grand coup, c'est son mot. En même temps qu'il fait arrêter les huit soldats que le régiment du roi a délégués à Paris, il obtient de l'Assemblée, le 16 août, le vote d'un décret qui organise une répression sévère. Il écrit deux jours plus tard au général Bouillé, son cousin, qui commandait à Metz, de se montrer énergique contre les mutins. Enfin il fait nommer, pour vérifier les comptes de la garnison de Nancy, M. de Malseigne, un officier de Besançon, qui passait pour « le premier crâne de l'armée ». Bien que les soldats aient fait acte de repentir à l'arrivée du décret, Malseigne les traita en criminels. Ses provocations raniment les troubles. Au quartier des Suisses, il tire l'épée et blesse plusieurs hommes, puis se réfugie à Lunéville en disant qu'on avait attenté à sa vie. Alors Bouillé rassemble la garnison de Metz et quelques gardes nationales, et marche sur Nancy. Il refuse de parlementer aux portes de la ville avec les députations qui lui sont envoyées. Un terrible combat s'engage le 31 août à la porte de Stainville. Les Suisses finirent par être vaincus. Une vingtaine furent pendus et quarante et un, traduits en conseil de guerre, condamnés sur-le-champ aux galères. Bouillé ferma le club de Nancy et fit régner dans toute la région une sorte de terreur.

Ce massacre de Nancy, hautement approuvé par La Fayette et par l'Assemblée, eut les conséquences les plus graves. Il rendit courage aux contre-révolutionnaires qui partout relevèrent la tête. Le roi félicita Bouillé et lui donna ce conseil, le 4 septembre 1790 : « Soignez votre popularité, elle peut m'être bien utile et au royaume. Je la regarde comme l'ancre de salut et que ce sera elle qui pourra servir un jour à rétablir l'ordre. » La garde nationale parisienne fit célébrer une fête funèbre au Champ-de-Mars en l'honneur des morts de l'armée de Bouillé. Des cérémonies analogues se déroulèrent dans la plupart des villes.

Mais les démocrates, qui étaient instinctivement de cœur avec les soldats, protestèrent dès le premier jour contre la cruauté d'une répression préméditée. Il y eut à Paris des manifestations tumul-

Albert Mathiez

tueuses en faveur des Suisses de Châteauvieux les 2 et 3 septembre. Le jeune journaliste Loustalot, qui les avait défendus, mourut subitement. On dit qu'il succombait au chagrin que lui avait causé le massacre qu'il avait flétri dans son dernier article des *Révolutions de Paris*. La popularité de La Fayette, qui avait été jusque-là aussi grande dans le peuple que dans la bourgeoisie, ne fit plus que décliner.

Pendant plus d'un an, « le héros des deux Mondes » a été l'homme le plus considérable de la France, parce qu'il a rassuré la bourgeoisie contre le double péril qui la menaçait, à droite contre les complots aristocrates, à gauche contre les aspirations confuses des prolétaires. Là fut le secret de sa force. La bourgeoisie se mit sous la protection de ce soldat, parce qu'il lui garantissait les conquêtes de la Révolution. Elle ne répugnait pas à un pouvoir fort pourvu que ce pouvoir s'exerçât à son avantage.

L'autorité qu'exerce La Fayette est essentiellement une autorité morale, librement consentie. Le roi consent à lui abandonner son sceptre, comme le bourgeois consent à lui obéir. Il s'abrite derrière le trône. Il dispose des places, aussi bien de celles qui sont à la nomination du peuple que de celles qui sont à la nomination du roi, car sa recommandation auprès des électeurs est souveraine. Par là il a une cour ou plutôt une clientèle.

Il ne manque pas d'esprit politique. Il a appris à connaître en Amérique le pouvoir des clubs et des journaux. Il les ménage et s'en sert.

Après les journées d'octobre, le club des députés bretons s'est transporté à Paris avec l'Assemblée. Il siège maintenant dans la bibliothèque du couvent des Jacobins de la rue Saint-Honoré, à deux pas du manège où l'Assemblée tient ses séances. Il s'intitule la société des Amis de la Constitution. Il s'ouvre non plus seulement aux députés, mais aux bourgeois aisés qui y sont admis par cooptation. On y trouve des littérateurs et des publicistes, des banquiers et des négociants, des nobles et des prêtres. Le duc de Chartres, fils du duc d'Orléans, s'y fait admettre dans l'été de 1790. Le droit d'inscription est de douze livres et la cotisation annuelle de vingt-quatre livres payables en quatre fois. Dès la fin de 1790 le nombre des membres dépasse le millier. Il correspond avec les clubs qui se sont fondés dans les principales villes et jusque dans les bourgs. Il leur délivre des lettres d'affiliation, il leur distribue ses publications, il leur passe des mots d'ordre, il les imprègne de son esprit. Il groupe ainsi autour de lui toute la partie militante et éclairée de la bourgeoisie révolutionnaire. Camille Desmoulins, qui en fait partie, définit assez bien son rôle et son action quand il écrit : « Non seulement c'est le grand inquisiteur qui épouvante les aristocrates, c'est encore le grand réquisiteur qui redresse tous les abus et vient au secours de tous les citoyens. Il semble en effet que le club exerce le ministère public auprès de l'Assemblée nationale. C'est dans son sein que viennent de toutes parts se déposer les doléances des opprimés avant d'être portées à l'auguste assemblée. A la salle des Jacobins affluent sans cesse des députations, ou pour les féliciter, ou pour demander leur communion, ou pour éveiller leur vigilance, ou pour le redressement des torts » (14 février 1791). Le club ne possède pas encore d'organe attitré, mais l'écho de ses discussions retentit dans de nombreux journaux, tels que le *Courrier* de Gorsas, les *Annales patriotiques* de Carra, *Le Patriote français* de Brissot, *Les Révolutions de Paris* de Prudhomme, rédigées par Loustalot, Silvain Maréchal, Fabre d'Eglantine, Chaumette, *Les Révolutions de France et de Brabant* de Camille Desmoulins, le *Journal universel* d'Audouin, etc. Les Jacobins deviennent une puissance.

La Fayette n'a garde de les négliger. Il s'est fait inscrire parmi leurs membres. Mais il n'est pas orateur. Il sent que le club menace de lui échapper. Ses rivaux, les Lameth, grands seigneurs comme lui et infiniment mieux doués pour la parole, s'y sont créé une clientèle. Ils ont avec eux le dialecticien Adrien Duport, très versé dans la science juridique autant qu'habile manœuvrier parlementaire, et le jeune Barnave, à l'éloquence nerveuse, aux connaissances étendues, à l'esprit de promptitude et de repartie. L'inflexible Robespierre, de plus en plus écouté, parce qu'il est l'homme du peuple et que son éloquence, toute de sincérité, sait élever le débat et démasquer les ruses, le philanthrope abbé Grégoire, l'ardent Buzot, le solennel et vaniteux Petion, le courageux Dubois Crancé, l'énergique Prieur de la Marne sont à la gauche des « triumvirs », mais marchent longtemps avec eux de conserve.

Sans rompre avec les Jacobins, tout en leur prodiguant au contraire

Albert Mathiez

en public les bonnes paroles, La Fayette, aidé de ses amis, le marquis de Condorcet et l'abbé Sieyès, fonde bientôt la Société de 1789, qui est une académie politique et un salon plutôt qu'un club. Elle n'admet pas le public à ses séances qui se tiennent dans un local fastueux du Palais-Royal, depuis le 12 mai 1790. La cotisation, plus élevée qu'aux Jacobins, éloigne les gens de peu. Le nombre des membres est d'ailleurs limité à six cents. Là se réunissent autour de La Fayette et de Bailly, dans de grands dîners d'apparat, les révolutionnaires modérés, également attachés au roi et à la Constitution. On y voit l'avocat breton Chapelier, âpre et rude, qui fut, l'année précédente, un des adversaires de la Cour les plus déterminés, mais qui depuis s'est sérieusement apaisé parce qu'il aime le jeu et la bonne chère ; Mirabeau lui-même ; le publiciste Brissot qui a des obligations particulières à La Fayette et que le banquier genevois Clavière, agent de Mirabeau, a conduit dans ce milieu fortuné ; d'André, ancien conseiller au parlement d'Aix, rompu aux affaires et jouissant d'une réelle autorité sur le centre de l'Assemblée ; des députés encore comme le duc de La Rochefoucauld et son cousin le duc de Liancourt, les avocats Thouret et Target, qui prendront une part importante au vote de la Constitution, les comtes de Custine et de Castellane, Démeunier, Roederer, Dupont de Nemours ; des financiers comme Boscary, Dufresne Saint-Léon, Huber, Lavoisier ; des littérateurs comme les deux Chénier, Suard, De Pange, Lacretelle, des évêques comme Talleyrand. L'équipe est nombreuse et ne manque pas de talent. Le club patronne un journal, le *Journal de la société de 1789,* que dirige Condorcet, mais qui est plutôt une revue. Il dispose au-dehors d'une bonne partie de la grande presse, du *Moniteur* de Panckoucke, le journal le plus complet et le mieux informé de l'époque ; du *Journal de Paris,* vieille feuille qui date du début du règne de Louis XVI et qui est lue par l'élite intellectuelle ; de *La Chronique de Paris* de Millin et François Noël ; de *L'Ami des patriotes* que rédigent deux amis de la liste civile, les députés Adrien Duquesnoy et Regnaud de Saint-Jean-d'Angély. La Fayette et Bailly auront un peu plus tard, pour entretenir la petite guerre contre les feuilles d'extrême gauche, des périodiques éphémères et violents, *L'Ami de la Révolution ou les Philippiques,* particulièrement consacrées, comme l'indique le sous-titre, à la polémique contre le duc d'Orléans ; *La Feuille du jour* de Parisau, *Le Babillard,*

Le Chant du coq, etc.

A la droite du parti fayettiste, l'ancien parti monarchien se survit sous un autre titre. Stanislas de Clermont-Tonnerre, qui le dirige depuis le départ de Mounier, a fondé en novembre 1790 le club des Amis de la Constitution monarchique qui publie un journal dont Fontanes fut le premier rédacteur. Il siège, lui aussi, près du Palais-Royal, rue de Chartres, dans un local appelé le Panthéon. Presque tous les députés de la droite s'y rencontrent, à l'exception de l'éloquent abbé Maury et du cynique vicomte de Mirabeau, dont l'aristocratie est trop voyante. Les amis de Clermont-Tonnerre, Malouet, Cazalès, l'abbé de Montesquiou, Virieu, qui ne manquent ni de talent ni d'habileté, se défendent en effet d'être des réactionnaires. Ils s'intitulent les impartiaux. Ils essaient de prendre pied dans les faubourgs en distribuant aux pauvres des billets de pain à prix réduit, mais l'entreprise, aussitôt dénoncée comme une manœuvre de corruption, doit être abandonnée et le club monarchique, objet de manifestations hostiles, sera obligé de suspendre ses séances au printemps de 1791.

Quant aux aristocrates purs, aux intransigeants qui applaudissent l'abbé Maury, ils se rencontrent d'abord au couvent des Capucins, puis au Salon français, pour rêver à la contre-révolution violente.

Toute la gamme des opinions royalistes est représentée par de nombreuses feuilles alimentées par la liste civile : *L'Ami du roi* de l'abbé Royou, dont le ton généralement sérieux contraste avec les violences du *Journal général de la Cour et de la Ville* de Gauthier ou de la *Gazette de Paris* de Durozoy, avec les diffamations parfois spirituelles des *Actes des Apôtres* où collaborent Champcenetz et Rivarol.

Jusqu'au grand débat du mois de mai 1790 sur le droit de paix et de guerre, les relations entre le club de 89 et les Jacobins, c'est-à-dire entre les fayettistes et les lamethistes, gardaient une apparente cordialité et même après elles furent encore empreintes d'une réserve de bon goût. Des hommes comme Brissot et Roederer avaient un pied dans les deux camps. La Fayette s'efforçait même au mois de juillet de faire la conquête de quelques meneurs qu'il savait accessibles à l'argent, comme Danton. Mirabeau et Talon lui servaient d'intermédiaires et Danton se calmait. Mais si des deux côtés les grands chefs se réservaient, déjà les enfants perdus des deux partis échangeaient des horions. Marat, dont la clairvoyance politique fut rarement en défaut, fut le premier à attaquer « le divin Mottier » et Riquetti l'infâme, qu'il dénonçait comme vendu à la Cour dès le 10 août 1790. Mal lui en prit, car son journal fut saisi par la police, lui-même frappé de décrets de prise de corps, auxquels il sut se soustraire grâce à la protection du district des Cordeliers. Après Marat, Loustalot et Fréron, celui-ci dans *L'Orateur du peuple,* entrèrent en ligne contre les fayettistes. Camille Desmoulins ne se décida qu'un peu plus tard, en révélant à ses lecteurs qu'on lui avait promis, au nom de Bailly et de La Fayette, une place de 2 000 écus s'il voulait garder le silence. Tous connurent les démêlés avec l'Hôtel de Ville ou avec le Châtelet. Au début, leurs campagnes ne trouvèrent de l'écho que dans la petite bourgeoisie et chez les artisans, dans cette classe qu'on commence à désigner sous le vocable de sans-culottes, parce qu'elle porte le pantalon. Robespierre était à peu près le seul, aux Jacobins et à l'Assemblée, à protester contre les persécutions qu'on leur infligeait et à porter à la tribune quelques-unes de leurs campagnes.

C'est qu'entre les Jacobins et 89 il n'y a pas, au début tout au moins, de divergences doctrinales essentielles, mais plutôt des rivalités de personnes. La Fayette veut fortifier le pouvoir exécutif, mais parce que le pouvoir exécutif c'est lui-même. Les triumvirs Lameth-Duport-Barnave l'accusent de sacrifier les droits de la nation, mais c'est qu'ils ne participent pas encore aux grâces ministérielles. Quand la Cour, un an plus tard, fera appel à leurs conseils, ils s'empresseront d'adapter à leur usage l'opinion de La Fayette et de pratiquer sa politique. Pour l'instant la majorité de l'Assemblée appartient à leurs rivaux qui sont presque exclusivement en possession de la présidence depuis un an [1]. Entre 89 et les

---

1   Liste des présidents de l'Assemblée depuis les journées d'octobre : Camus, 28 octobre 1789 ; Thouret, 12 novembre ; Boisgelin, 23 novembre ; Montesquiou, 4 janvier 1790 ; Target, 18 janvier ; Bureau de Pusy, 3 février ; Talleyrand, 18 février ; Montesquiou, 2 mars ; Rabaut, 16 mars ; De Bonnai, 13 avril ; Virieu, 27 avril ; Thouret, 10 mai ; Beaumetz, 27 mai ; Sieyès, 8 juin ; Saint-Fargeau, 27 juin ; De Bonnai, 5 juillet ; Treilhard, 20 juillet ; D'André, 2 août ; Dupont de Nemours, 16 août ; De Gessé, 30 août ; Bureau de Pusy, 13 septembre ; Emmery, 27 septembre ; Merlin de Douai, 11 octobre ; Barnave, 25 octobre.

Jacobins il n'y a en somme que l'épaisseur du pouvoir. Les uns sont ministériels et les autres veulent le devenir. Les choses changeront à l'automne de 1790 quand le roi, se ravisant, retirera sa confiance à La Fayette. Alors les lamethistes reprendront l'avantage. Ils feront nommer Barnave président de l'Assemblée le 25 octobre 1790. Les journalistes d'extrême gauche se féliciteront de cette élection comme d'une victoire de la démocratie. Marat seul ne partagea pas leur illusion. Il écrivit sagement : « Riquetti ne fut jamais à nos yeux qu'un redoutable suppôt du despotisme. Quant à Barnave et aux Lameth, j'ai peu de foi en leur civisme. » Marat était dans le vrai. L'idée démocratique n'eut jamais la majorité à la Constituante ? Ce fut jusqu'à la fin une assemblée bourgeoise et c'est sur un plan bourgeois qu'elle reconstruisit la France.

7

LA RECONSTRUCTION DE LA FRANCE

Aucune assemblée peut-être n'a été plus respectée que celle qui s'est appelée la Constituante et qui eut en effet l'honneur de « constituer » la France moderne. L'émeute n'a pas troublé ses délibérations. Les tribunes du Manège, où elle siège depuis son transfert à Paris, à partir de novembre 1789, sont remplies d'une foule élégante où domine la haute société. Les femmes de l'aristocratie libérale y exhibent leurs toilettes et ne se permettent que des applaudissements discrets. On s'y montre la princesse d'Hénin, la marquise de Chastenois, la comtesse de Chalabre (celle-ci a voué un culte à Robespierre), Mmes de Coigny et de Piennes dont le patriotisme est exalté, la maréchale du Beauveau, la princesse de Poix, la marquise de Gontaud, Mmes de Simiane et de Castellane, la belle Mme de Gouvernet, la fraîche Mme de Broglie, la piquante Mme d'Astorg, la gracieuse Mme de Beaumont, fille de Montmorin qui sera aimée de Chateaubriand, bref une bonne partie du faubourg Saint-Germain. Toutes vont à l'Assemblée comme au spectacle. La politique a pour elles l'attrait de la nouveauté, du fruit défendu. Ce n'est qu'à la fin de la session, quand la guerre religieuse d'abord, la fuite à Varennes ensuite remueront le peuple dans son fond, que le public des tribunes

Albert Mathiez

changera et que les artisans s'efforceront d'y pénétrer. Mais, même alors, la prévoyance de La Fayette et de Bailly saura disposer aux bonnes places soixante mouchards aux claquoirs énergiques pour soutenir la cause de l'ordre. Les votes de la Constituante ont été émis en toute liberté.

Une pensée unique anime son œuvre de reconstruction politique et administrative et c'est une pensée tirée des circonstances : il faut empêcher le retour de la féodalité et du despotisme, assurer le règne paisible de la bourgeoisie victorieuse.

A la tête de la nation, la Constitution conserve un roi héréditaire. Mais ce roi est recréé en quelque sorte par la Constitution elle-même. Il lui est subordonné. Il lui prête serment. Il était auparavant « Louis, par la grâce de Dieu, roi de France et de Navarre », il est maintenant, depuis le 10 octobre 1789, « Louis par la grâce de Dieu et la Constitution de l'État, roi des Français ». Le délégué de la Providence est devenu un délégué de la nation. Le sacerdoce gouvernemental s'est laïcisé. La France n'est plus la propriété du roi, une propriété qui se transmettait par héritage. Roi des Français, le nouveau titre implique un chef et non un maître.

Les précautions sont prises pour que le roi constitutionnel ne puisse pas se transformer en despote. Fonctionnaire appointé, il ne pourra plus puiser librement dans le Trésor de l'État. Il devra se contenter désormais, comme le roi d'Angleterre, d'une liste civile qui lui sera votée au début de chaque règne et que la Constituante fixe à 25 millions. Encore est-il obligé de confier l'administration de cette liste civile à un fonctionnaire spécial qui est responsable de sa gestion au besoin sur ses biens propres, ceci afin d'empêcher le monarque de contracter des dettes qui retomberaient à la charge de la nation.

Le roi pourra être déchu par l'Assemblée en cas de haute trahison ou s'il quitte le royaume sans sa permission. S'il est mineur, et s'il n'a aucun parent mâle ayant prêté le serment civique, le régent du royaume sera à la nomination du peuple. Chaque district élira un électeur et ces électeurs réunis dans la capitale désigneront le régent sans être obligés de le prendre dans la famille royale. Correctif grave à l'hérédité. Un tel régent ne sera qu'un président de République à terme.

Le roi conserve le droit de choisir ses ministres, mais, pour l'empêcher de semer la corruption parmi les députés, on lui interdit de les prendre dans l'Assemblée, et, dans le même esprit, on interdit aussi aux députés sortants d'accepter toute charge quelconque à la nomination du pouvoir exécutif. Il fallait préserver les représentants de la nation de la tentation des honneurs et des places, les maintenir rigoureusement dans leur rôle de surveillants indépendants et désintéressés !

Les ministres sont soumis à une responsabilité très stricte qui est judiciairement organisée. Non seulement l'Assemblée peut les mettre en accusation devant une haute cour, mais elle exige chaque mois un état de distribution des fonds destinés à leurs départements et cet état mensuel, examiné par le comité de Trésorerie, ne devient exécutoire qu'après l'approbation formelle de l'Assemblée. Tout virement, tout dépassement de crédit est ainsi rendu impossible. Les ministres sont tenus, en outre, de rendre compte à l'Assemblée, à toute réquisition, « tant de leur conduite que de l'état des dépenses et affaires », et on les oblige à présenter les pièces comptables, les rapports administratifs, les dépêches diplomatiques. Les ministres ne seront plus des vizirs ! On exigera bientôt de ceux qui sortent de charge un compte de leur gestion, un compte moral et un compte financier. Tant que ces comptes ne sont pas approuvés les ministres examinés ne peuvent quitter la capitale. Le ministre de la Justice Danton n'obtiendra sous la Convention que très difficilement un vote approbatif de son compte financier qui fut sévèrement critiqué par l'intègre Cambon. Le ministre de l'Intérieur Roland, démissionnaire après la mort du roi, ne put jamais obtenir le quitus qui lui aurait permis de quitter Paris.

Le roi ne peut rien faire sans la signature de ses ministres et cette obligation du contreseing lui enlève tout pouvoir de décision propre, le place constamment dans la dépendance de son conseil qui est lui-même dans la dépendance de l'Assemblée. Afin que les responsabilités de chaque ministre soient facilement établies, on prescrit de porter toutes les délibérations du conseil sur un registre spécial tenu par un fonctionnaire *ad hoc*, mais Louis XVI éluda cette obligation qui ne devint effective qu'après sa chute.

Les six ministres sont chargés à eux seuls de toute l'administration centrale. Les anciens conseils ont disparu, ainsi que le ministre de la Maison du roi, remplacé par l'intendant de la liste civile. Le contrôle général des finances est divisé maintenant en deux départements ministériels : Contributions publiques d'une part et Intérieur de l'autre. Le ministre de l'Intérieur correspond seul avec les autorités locales. Il a dans ses attributions les travaux publics, la navigation, les hôpitaux, l'assistance, l'agriculture, le commerce, les fabriques et manufactures, l'instruction publique. Pour la première fois toute l'administration provinciale est rattachée à un centre unique.

Le roi nomme les hauts fonctionnaires, les ambassadeurs, les maréchaux et amiraux, les deux tiers des contre-amiraux, la moitié des lieutenants généraux, maréchaux de camp, capitaines de vaisseau et colonels de la gendarmerie, le tiers des colonels et lieutenants-colonels, le sixième des lieutenants de vaisseau, le tout en se conformant aux lois sur l'avancement et avec le contreseing de ses ministres. Il continue à diriger la diplomatie, mais nous avons vu qu'il ne peut plus déclarer la guerre ou signer des traités d'aucune sorte sans le consentement préalable de l'Assemblée nationale, dont le comité diplomatique collabore étroitement avec le ministre des Affaires étrangères.

En théorie, le roi reste le chef suprême de l'administration civile du royaume, mais, en fait, cette administration lui échappe, car les administrateurs et les juges eux-mêmes sont élus par le nouveau souverain qui est le peuple.

En théorie encore, le roi garde une part du pouvoir législatif, par son droit de veto suspensif. Mais ce veto ne pouvait s'appliquer ni aux lois constitutionnelles, ni aux lois fiscales, ni aux délibérations qui concernaient la responsabilité des ministres et l'Assemblée avait encore la ressource de s'adresser directement au peuple par des proclamations soustraites au veto. C'est ainsi que la patrie sera proclamée en danger, le 11 juillet 1792, et cette proclamation, qui mobilisa toutes les gardes nationales du royaume et mit en état d'activité permanente toutes les administrations, fut le moyen détourné par lequel l'Assemblée législative brisa le veto que Louis XVI avait mis précédemment à quelques-uns de ses décrets.

Pour mettre le roi dans l'impossibilité de recommencer sa tentative du mois de juillet 1789, la Constitution stipule qu'aucune troupe ne pourra séjourner à une distance de moins de trente milles du lieu des séances de l'Assemblée sans son autorisation. L'Assemblée a en outre la police de ses séances et le droit de disposer pour sa sûreté des forces en garnison dans sa résidence. Le roi conserve une garde, mais qui ne pourra dépasser 1 200 hommes à pied et 600 à cheval et qui prêtera le serment civique.

Les attributions législatives des anciens conseils supprimés sont passées à une assemblée unique, élue par la nation. Cette assemblée, le corps législatif, est nommée pour deux ans seulement. Elle se réunit de plein droit, sans convocation royale, le premier lundi du mois de mai. Elle fixe elle-même le lieu de ses séances, la durée de ses sessions que le roi ne peut abréger. A plus forte raison le roi ne peut-il la dissoudre. Les députés sont inviolables. Toute poursuite contre l'un d'eux doit d'abord être autorisée par l'Assemblée qui ne se prononce que sur le vu du dossier judiciaire et qui désigne le tribunal chargé des poursuites. Quand le Châtelet sollicitera la levée de l'immunité parlementaire contre Mirabeau et le duc d'Orléans, que le tribunal voulait impliquer dans les poursuites commencées contre les auteurs des événements du 6 octobre 1789, la Constituante répondra par un refus.

Par son droit de regard sur la gestion des ministres, par ses prérogatives financières, par son contrôle de la diplomatie, par les immunités judiciaires de ses membres, etc., le corps législatif est le premier pouvoir de l'État. Sous des apparences monarchistes, la France était devenue en fait une république, mais c'était une république bourgeoise.

La Constitution supprima les privilèges fondés sur la naissance, mais elle respecta et consolida ceux qui étaient fondés sur la richesse. Malgré l'article de la Déclaration des droits qui proclamait : « La loi est l'expression de la volonté générale. Tous les citoyens ont droit de concourir personnellement ou par leurs représentants à sa formation », elle partagea les Français en deux classes au regard du droit électoral, les citoyens passifs et les citoyens actifs. Les premiers étaient exclus du droit électoral, parce qu'ils étaient exclus de la propriété. C'était, dit Sieyès, qui a inventé cette nomenclature, « des machines de travail ». On craignait qu'ils ne fussent des instruments dociles entre les mains des aristocrates et on ne croyait pas au reste qu'ils fussent capables, étant la plupart

Albert Mathiez

illettrés, de participer, si peu que ce fût, aux affaires publiques.

Les citoyens actifs, au contraire, étaient, d'après Sieyès, « les vrais actionnaires de la grande entreprise sociale ». Ils payaient au minimum une contribution directe égale à la valeur locale de trois journées de travail. Seuls ils participeraient activement à la vie publique.

Les serviteurs à gages furent placés comme les prolétaires dans la classe des citoyens passifs, parce qu'on préjugeait qu'ils manquaient de liberté.

Les citoyens actifs furent au nombre de 4 298 360 en 1791, sur une population totale de 26 millions d'âmes. Trois millions de pauvres restaient en dehors de la cité. C'était un recul sur le mode électoral qui avait présidé à l'élection des députés du tiers aux États généraux, car, à ce moment aucune autre condition n'avait été exigée que l'inscription sur le rôle des contributions. Robespierre, Duport, Grégoire protestèrent en vain. Ils ne trouvèrent de l'écho qu'au-dehors de l'Assemblée, dans l'ardente presse démocratique qui se publiait à Paris. C'est un fait significatif que, dès le 29 août 1789, 400 ouvriers parisiens venaient réclamer à la Commune « la qualité de citoyens et la faculté de s'introduire dans les assemblées des divers districts et l'honneur de faire partie de la garde nationale ». La protestation prolétarienne, encore bien faible, ne cessera de s'accentuer avec les événements.

Dans le bloc des citoyens actifs, la Constitution établissait de nouvelles hiérarchies. Les assemblées primaires qui se réunissaient dans les campagnes au chef-lieu de canton — afin d'écarter les moins aisés par les frais de déplacement — ne pouvaient choisir comme électeurs au second degré, à raison d'un sur cent membres, que ceux des citoyens actifs qui payaient une contribution égale à la valeur de dix journées de travail. Ces *électeurs,* qui se réunissaient ensuite au chef-lieu du département comme les délégués sénatoriaux de nos jours, formaient l'assemblée électorale qui choisissait les députés, les juges, les membres des assemblées de département et de district, l'évêque, etc. Mais les députés ne pouvaient être pris que parmi les électeurs qui payaient au moins une contribution directe égale à la valeur d'un marc d'argent (50 francs environ) et qui posséderaient en outre une propriété foncière. Dans l'aristocratie des électeurs on créait ainsi une aristocratie d'éligibles. Les électeurs n'étaient pas très nombreux, 300 à 800 par département. Les éligibles à la députation l'étaient encore moins. A l'aristocratie de la naissance succédait l'aristocratie de la fortune.

Les citoyens actifs faisaient seuls partie de la garde nationale, c'est-à-dire qu'ils portaient les armes, tandis que les citoyens passifs étaient désarmés.

Contre le marc d'argent, c'est-à-dire contre le cens d'éligibilité, Robespierre mena une ardente campagne qui le popularisa. Marat dénonça l'aristocratie des riches. Camille Desmoulins fit observer que J.-J. Rousseau, Corneille, Mably ne pourraient pas être éligibles. Loustalot rappela que la Révolution avait été faite « par quelques patriotes qui n'avaient pas l'honneur de siéger dans l'Assemblée nationale ». La campagne porta : vingt-sept districts parisiens protestèrent dès le mois de février 1790.

Mais l'Assemblée, sûre de sa force, ne prit pas garde à ces plaintes. Ce n'est qu'après la fuite du roi à Varennes, le 27 août 1791, qu'elle se résigna à supprimer l'obligation du marc d'argent pour les éligibles à la députation, mais, par compensation, elle aggrava les conditions censitaires que devraient remplir les électeurs désignés par les citoyens actifs. Désormais il faudrait être propriétaire ou usufruitier d'un bien évalué sur les rôles de l'impôt à un revenu égal à la valeur locale de 200 journées de travail dans les villes au-dessus de 6 000 âmes, de 150 dans les villes au-dessous de 6 000 âmes et dans les campagnes, ou encore être locataire d'une habitation de même valeur ou métayer ou fermier d'un domaine évalué à la valeur de 400 journées de travail. Il est vrai que ce décret voté *in extremis* resta lettre morte. Les élections à la Législative étaient terminées et elles étaient faites sous le régime du marc d'argent.

La Constitution fit disparaître tout le chaos enchevêtré des anciennes divisions administratives superposées au cours des âges : bailliages, généralités, gouvernements, etc. A la place elle mit une division unique, le département, subdivisé en districts, en cantons et en communes.

On dit parfois qu'en créant les départements, la Constituante voulut abolir le souvenir des anciennes provinces, briser à jamais l'esprit particulariste et fixer en quelque sorte l'esprit de la Fédération. Il se peut, mais il faut observer que la délimitation des départements respecta autant que possible les cadres anciens. Ainsi la Franche-Comté fut divisée en trois départements, la Normandie et la Bretagne chacune en cinq, etc. La vérité, c'est qu'on s'inspira surtout des nécessités d'une bonne administration. L'idée primordiale fut de tracer une circonscription telle que tous les habitants pussent se rendre au chef-lieu en une seule journée. On voulut rapprocher les administrés et les administrateurs. Il y eut 83 départements dont les frontières furent fixées après un accord amiable entre les représentants des diverses provinces. On leur donna des noms empruntés aux fleuves et aux montagnes.

Alors que les anciennes généralités étaient administrées par un intendant nommé par le roi et tout-puissant, les nouveaux départements eurent à leur tête un conseil de trente-six membres élus au scrutin de liste par l'assemblée électorale du département et choisis obligatoirement parmi les citoyens payant au moins une contribution directe égale à dix journées de travail. Ce conseil, qui était un organe délibérant, se réunissait une fois par an pendant un mois. Comme les fonctions de ses membres étaient gratuites, seuls pouvaient accepter d'en faire partie les citoyens riches ou aisés. Le conseil était nommé pour deux ans et renouvelable par moitié tous les ans. Il choisissait dans son sein un directoire de huit membres qui siégeaient en permanence et étaient appointés. Ce directoire était l'agent d'exécution du conseil. Il répartissait entre les districts les contributions directes, surveillait leur rentrée, payait les dépenses, administrait l'assistance, les prisons, les écoles, l'agriculture, l'industrie, les ponts et chaussées, faisait exécuter les lois, etc., bref il héritait des anciens pouvoirs des intendants. Auprès de chaque directoire un procureur général syndic, élu par l'assemblée électorale départementale pour quatre ans, était chargé de requérir l'application des lois. Il siégeait au directoire, mais sans voix délibérative. Il avait le droit de se faire communiquer toutes les pièces de toutes les affaires et aucune délibération ne pouvait être prise, sans qu'il fut admis à présenter ses observations. Il était, en un mot, l'organe de la loi et de l'intérêt public et il communiquait directement avec les ministres.

Le département était donc une petite république qui s'administrait librement... L'autorité centrale n'y était représentée par aucun agent direct. L'application des lois était remise à des magistrats qui, tous, tenaient leurs pouvoirs de l'élection. Le roi était sans doute muni du droit de suspendre les administrateurs départementaux et d'annuler leurs arrêtés, mais ceux-ci avaient la ressource d'en appeler à l'Assemblée qui prononçait en dernier ressort. On passait brusquement de la centralisation bureaucratique étouffante de l'Ancien Régime à la décentralisation la plus large, à une décentralisation américaine.

Les districts étaient organisés à l'image du département avec un conseil, un directoire et un procureur syndic également élus. Ils seront spécialement chargés de la vente des biens nationaux et de la répartition des impôts entre les communes.

Les cantons étaient l'unité électorale élémentaire en même temps que le siège des justices de paix.

Mais c'est surtout par l'intensité de la vie municipale que la France révolutionnaire reflète l'image de la libre Amérique.

Dans les villes, les anciennes municipalités oligarchiques, composées de maires et d'échevins qui achetaient leurs offices, avaient déjà disparu en fait presque partout avant que la loi ne les remplaçât par des corps élus. Mais, alors que les administrations de département et de district sortaient d'un suffrage censitaire à deux degrés, les nouvelles municipalités procédèrent d'un suffrage direct. Le maire et les « officiers municipaux », ceux-ci en nombre variable selon la population, furent élus pour deux ans par tous les citoyens actifs, mais pris obligatoirement parmi les censitaires à dix journées de travail. Chaque quartier formait une section de vote. Il y avait autant d'officiers municipaux que de sections, et ces officiers qui étaient chargés d'administrer avec le maire ressemblaient beaucoup plus à nos adjoints actuels qu'à nos conseillers municipaux. Le rôle de ceux-ci était rempli par les notables élus en nombre double des officiers municipaux. On réunissait les notables pour toutes les affaires importantes. Ils formaient alors avec les officiers municipaux le conseil général de la commune. A côté du maire, un procureur de la commune, pourvu de substituts dans les villes importantes, était chargé de défendre les intérêts de la communauté. Il représentait les contribuables et était leur avocat d'office. Enfin il faisait fonction d'accusateur public devant le tribunal de simple police formé par le bureau municipal.

Les communes avaient des attributions très étendues. C'était par leur intermédiaire que le département et les districts faisaient exécuter les lois, que l'impôt était réparti et recouvré. Elles avaient le droit de requérir la garde nationale et la force armée. Elles jouissaient d'une large autonomie sous l'inspection et la surveillance des corps administratifs qui autorisaient leurs délibérations financières et apuraient leurs comptes. Les maires et procureurs syndics pouvaient être suspendus, mais l'assemblée municipale ne pouvait être dissoute.

Renouvelables tous les ans par moitié, le dimanche après la Saint-Martin, les communes étaient en perpétuel contact avec la population, dont elles reflétaient fidèlement les sentiments. Dans les villes au-dessus de 25 000 âmes, les sections, analogues aux cantons des campagnes, avaient des bureaux et des comités permanents et pouvaient tenir des assemblées qui contrôlaient l'action de la municipalité centrale. Au début, on choisit les maires et les officiers municipaux dans la bourgeoisie riche, mais ceux-ci subirent beaucoup plus que les directoires de département et de district la pression continue des populations, si bien qu'en 1792, surtout après la déclaration de guerre, un désaccord se fit jour entre les communes plus démocratiques et les corps administratifs plus conservateurs. Ce désaccord s'aggrava dans la suite quand, après le 10 août, les nouvelles municipalités s'imprégnèrent d'éléments populaires. De là sortira l'insurrection girondine ou fédéraliste. Dans les campagnes et dans les bourgs, ce furent les petits-bourgeois et même les artisans qui prirent le pouvoir. Il ne fut pas rare que le curé se trouvât porté à la mairie.

L'organisation judiciaire fut réformée dans le même esprit que l'organisation administrative. Toutes les juridictions anciennes, justices de classe et justices d'exception, furent anéanties et, à leur place, on établit une hiérarchie de justices nouvelles égales pour tous et émanées de la souveraineté populaire.

A la base les juges de paix, élus pour deux ans parmi tous les éligibles à dix journées de travail et assistés de quatre ou six prud'hommes assesseurs qui forment le bureau de paix. Leur fonction est moins de rendre des jugements que de concilier les plaideurs. Ils prononcent, en dernier ressort, sur les petites causes, quand le litige ne dépasse pas 50 livres, et en première instance jusqu'à 100 livres. Justice rapide et peu coûteuse qui rendit de grands services et fut très vite populaire.

Les tribunaux de district, composés de cinq juges élus pour six ans, mais pris obligatoirement parmi les professionnels comptant au moins cinq ans d'exercice, jugent sans appel les causes inférieures à 1 000 livres.

En matière pénale, la justice de simple police est attribuée aux municipalités, la justice correctionnelle aux juges de paix, la justice criminelle à un tribunal spécial qui siège au chef-lieu du département et qui est composé d'un président et de trois juges pris dans les tribunaux de district. Un accusateur public, élu comme les juges, requiert l'application de la loi. Les accusés ont la ressource d'un double jury. Le jury ou *juré* d'accusation, composé de huit membres présidés par un juge de district, décide s'il y a lieu à poursuites. Le jury de jugement, composé de douze citoyens, prononce sur le fait reproché à l'accusé, les juges prononcent ensuite sur la peine. Une minorité de trois voix sur douze suffit à l'acquittement. Les membres des deux jurys sont tirés au sort sur une liste de deux cents noms dressée par le procureur général syndic du département parmi les citoyens actifs éligibles, c'est-à-dire payant une imposition directe égale à dix journées de travail. Ainsi le jury n'est composé que de citoyens riches ou aisés et la justice criminelle reste une justice de classe. Robespierre et Duport auraient voulu introduire le jury même en matière civile. Mais Thouret fit repousser leur projet.

Les peines furent dorénavant proportionnées aux crimes et soustraites à l'arbitraire des juges. « La loi, avait dit la Déclaration des droits, ne doit établir que des peines strictement et évidemment nécessaires. » On supprima donc la torture, le pilori, la marque, l'amende honorable, on maintint cependant le carcan pour les peines infamantes et la chaîne, autrement dit les fers. Robespierre ne parvint pas à faire supprimer la peine de mort.

Il n'y a pas de tribunaux d'appel. L'Assemblée, qui a dû frapper quelques parlements rebelles, craint de les ressusciter sous un autre nom. Les tribunaux de district font l'office de tribunaux d'appel les uns à l'égard des autres, d'après un système ingénieux qui permet aux parties de récuser trois tribunaux sur les sept qui leur sont proposés. Le privilège des avocats fut supprimé sur la motion de Robespierre. Chaque plaideur peut défendre lui-même sa cause ou se choisir un défenseur officieux. Mais les anciens procureurs furent maintenus sous le nouveau nom d'avoués.

Des tribunaux de commerce, formés de cinq juges élus parmi et par les patentés, jugèrent en dernier ressort jusqu'à 1 000 livres. Un tribunal de cassation, élu à raison d'un juge par département, peut annuler les jugements des autres tribunaux, mais seulement pour vice de forme. Il ne peut interpréter la loi. L'Assemblée s'est réservé ce pouvoir. Le contentieux administratif n'est attribué à aucun tribunal spécial, mais il est tranché par les directoires départementaux, sauf en matière d'impôts où les tribunaux de district interviennent. Il n'y a pas de Conseil d'État, le Conseil des ministres et, dans certains cas, l'Assemblée elle-même en tiennent lieu.

Enfin, une Haute Cour, formée de juges du tribunal de cassation et de hauts jurés tirés au sort sur une liste de cent membres, élus à raison de deux par département, connaît des délits des ministres et des hauts fonctionnaires et des crimes contre la sûreté de l'État. Les accusés lui sont renvoyés par le corps législatif qui choisit dans son sein deux Grands Procurateurs chargés d'organiser les poursuites.

Ce qui frappe dans cette organisation judiciaire, c'est qu'elle est indépendante du roi et des ministres. La Haute Cour est dans la main de l'Assemblée comme une arme dirigée contre le pouvoir exécutif, car l'Assemblée est seule en possession du droit d'accusation. Le roi n'est représenté dans les tribunaux que par des commissaires nommés par lui et inamovibles. Ces commissaires doivent être entendus dans les causes qui intéressent les pupilles, les mineurs. Ils doivent défendre les propriétés et les droits de la nation et maintenir dans les tribunaux la discipline et la régularité du service. Mais ils n'ont pas de pouvoir propre, ils ne peuvent que requérir ceux qui ont le droit d'agir. On rend toujours la justice au nom du roi, mais, en fait, elle est devenue la chose de la nation.

Tous les juges sont élus obligatoirement parmi les gradués en droit. Les ouvrages de Douarche et de Seligman permettent de se rendre compte que les choix des électeurs furent en général très heureux. Les plaintes fréquentes des Jacobins, au temps de la Convention, contre leurs jugements « aristocrates » suffisent à attester leur indépendance. On dut les épurer sous la Terreur.

Si les constituants établirent une République de fait, mais une République bourgeoise, c'est qu'ils avaient trop de raisons de se défier de Louis XVI, dont le ralliement au nouveau régime ne leur semblait pas très sincère. Ils n'avaient pas oublié qu'il n'avait sanctionné les arrêtés du 4 août que contraint par l'émeute. Ils soupçonnaient avec raison qu'il profiterait de l'occasion pour ruiner leur œuvre. D'où les précautions qu'ils prirent pour lui enlever toute autorité réelle.

S'ils confièrent le pouvoir politique, administratif et judiciaire à la bourgeoisie, ce n'est pas seulement par intérêt de classe, mais ils pensaient que le peuple, encore illettré dans sa masse, n'aurait pas été capable de prendre le gouvernail. Son éducation était à faire.

Les institutions nouvelles étaient libérales. Partout le pouvoir appartient à des corps élus. Mais si ces corps fléchissent, s'ils tombent aux mains des adversaires secrets ou avoués de l'ordre nouveau, tout est compromis. Les lois ne s'exécuteront plus ou s'exécuteront mal. Les impôts ne rentreront plus, le recrutement des soldats deviendra impossible, ce sera l'anarchie. C'est une loi de la démocratie qu'elle ne peut fonctionner normalement que si elle est librement acceptée.

Aux États-Unis les mêmes institutions donnèrent d'excellents résultats parce qu'elles étaient pratiquées dans un esprit de liberté par des populations depuis longtemps déjà rompues au *self government*. La France était un vieux pays monarchique, habitué depuis des siècles à tout attendre de l'autorité et jeté tout d'une pièce dans un moule nouveau. En Amérique, la démocratie n'était pas discutée. Le peuple là-bas méritait qu'on lui fit confiance et qu'on lui remît en main le soin de ses destinées. En France une bonne partie de la population ne comprenait rien aux institutions nouvelles ou ne voulait rien y comprendre. Elle ne se servit des libertés qui lui étaient accordées que pour leur faire échec. Elle redemanda ses chaînes. Ainsi, la décentralisation inaugurée par la Constituante, loin de consolider l'ordre nouveau, l'ébranla et faillit le renverser. La bourgeoisie révolutionnaire avait cru se mettre à l'abri derrière la souveraineté populaire, organisée à son profit, contre un retour offensif de la féodalité, et la souveraineté populaire menaça de faciliter ce retour en affaiblissant partout l'autorité de la loi.

Pour défendre l'œuvre révolutionnaire ébranlée par la guerre civile et la guerre étrangère, les Jacobins, deux ans plus tard, devront revenir à la centralisation monarchique. Mais, sur le moment, personne n'avait prévu cette nécessité. Seul Marat, qui était une tête politique, avait compris, dès le premier jour, qu'il faudrait organiser le pouvoir révolutionnaire sous la forme d'une dictature, afin d'opposer au despotisme des rois le despotisme de la liberté.

8

LA QUESTION FINANCIÈRE

L'explosion de la Révolution, loin de consolider le crédit de l'État, consomma sa ruine. Les anciens impôts furent supprimés. Ceux qui furent établis en remplacement, la contribution foncière qui frappait la terre, la contribution mobilière qui frappait le revenu attesté par le loyer, la patente qui frappait les bénéfices du commerce et de l'industrie, rentrèrent difficilement pour des raisons multiples. Il fallait confectionner les rôles, dresser un nouveau personnel. Les municipalités chargées de la perception n'étaient pas préparées à leur tâche. Puis les contribuables, surtout les aristocrates, n'étaient pas pressés de s'acquitter. L'Assemblée n'avait rien voulu demander aux impôts de consommation. Elle les estimait iniques puisqu'ils frappent également des fortunes inégales. Or, des dépenses supplémentaires s'ajoutaient aux anciennes. Il fallut, en raison de la disette, acheter beaucoup de blé à l'étranger. Les réformes qui s'accomplissaient approfondissaient le gouffre financier. A l'ancienne dette qui se montait à environ 3 milliards 119 millions, dont la moitié en créances exigibles, s'ajouta plus d'un milliard provenant de la liquidation de l'Ancien Régime : 149 millions pour le rachat de la dette du clergé, 450 millions pour le rachat des offices de justice supprimés, 150 millions pour le rachat des charges de finances, 203 millions pour le remboursement des cautionnements, 100 millions pour le rachat des dîmes inféodées, etc. Le capital global de la dette ancienne et nouvelle atteignit ainsi 4 262 millions exigeant un intérêt annuel de 262 millions environ. En outre les frais du culte tombés à la charge de l'État depuis l'abolition de la dîme se montaient à 70 millions et les pensions à servir aux religieux à 50 millions, tandis que les dépenses des divers départements ministériels étaient évaluées à 240 millions seulement.

Aussi longtemps que la Cour restait menaçante, la tactique de l'Assemblée avait été de refuser tout impôt nouveau. Ce sont les difficultés financières autant que les insurrections qui ont forcé Louis XVI à capituler. Mais, en même temps qu'elle coupait tout crédit au roi, l'Assemblée rassurait les rentiers en proscrivant solennellement toute banqueroute.

Pour faire face aux dépenses courantes Necker dut recourir aux expédients. Il implora de nouvelles avances de la Caisse d'escompte déjà surmenée. Il prolongea le cours forcé de ses billets. Il lança, en août 1789, deux emprunts à 4,5 et à 5 pour 100, mais les emprunts ne furent pas couverts. Il fit voter une contribution patriotique qui rentra mal et ne produisit que des ressources insuffisantes. Le roi envoya sa vaisselle à la Monnaie et les particuliers furent invités à en faire autant. Les femmes patriotes offrirent leurs bijoux, les hommes leurs boucles d'argent. Petits moyens ! Le moment était venu où on ne pourrait plus rien tirer de la Caisse d'escompte. Lavoisier, au nom des administrateurs, vint présenter à l'Assemblée le bilan de l'établissement le 21 novembre 1789.

La Caisse avait 114 millions de billets en circulation. Ces billets étaient gagés sur un portefeuille et une encaisse métallique qui, réunis, s'élevaient à 86 790 000 de livres. Le découvert était de 27 510 000 de livres. Mais la Caisse pouvait faire état de son cautionnement de 70 millions déposé au Trésor et des avances qu'elle lui avait consenties et qui s'élevaient à 85 millions. Sur les 114 millions de billets en circulation, 89 avaient été mis à la disposition du Trésor et 25 seulement réservés aux besoins du commerce. A partir du mois de juillet 1789, l'encaisse métallique était descendue au-dessous du quart statutaire.

La simple lecture de ce bilan montrait que la solvabilité de la Caisse dépendait de celle de l'État, puisque son découvert n'était gagé que sur la dette du Trésor. L'État se servait de la Caisse pour écouler un papier qu'il n'avait pas pu placer lui-même dans le public. Necker fut obligé de convenir que « l'édifice de la Caisse était ébranlé et prêt à tomber » (14 novembre 1789). Il se rendit compte qu'elle ne pourrait plus fournir de nouvelles sommes au Trésor sans une augmentation de son capital. Pour lui faciliter cette opération, il proposa de la transformer en Banque nationale. L'émission de ses billets serait portée à 240 millions et les billets nouveaux porteraient l'inscription Garantie nationale.

La Constituante repoussa son projet pour des raisons financières et pour des raisons politiques. Elle crut que la Caisse ne parviendrait pas à placer 50 millions d'actions nouvelles. Talleyrand dit que les billets émis n'étant déjà plus gagés que sur la dette de l'État, les nouveaux qui n'auraient pas d'autre gage, n'auraient pas plus de chances de se maintenir que s'ils étaient directement émis par l'État. Or, la Caisse percevait pour ses avances au Trésor un haut intérêt. Il valait mieux économiser cet intérêt au moyen d'une émission directe, puisqu'il n'y avait plus moyen d'éviter le papier-monnaie. Puis la banque nationale effrayait. Mirabeau fit valoir qu'elle serait un instrument redoutable au service du pouvoir exécutif. La direction des finances échapperait à l'Assemblée. « Que faut-il donc faire, dans un moment où nous n'avons point de crédit, où nous ne voulons ni ne pouvons continuer d'engager nos revenus et où nous voulons au contraire les libérer ? Il faut faire, dit Lecoulteux de Canteleu, le 17 décembre 1789, ce que font les propriétaires qui ont de la probité et qui se trouvent dans un cas semblable ; il faut aliéner les héritages. »

Les héritages, c'étaient les biens d'Église que l'Assemblée venait de mettre, le 2 novembre, « à la disposition de la nation ». La solution était dans l'air depuis longtemps. Calonne l'avait conseillée. De nombreux cahiers la préconisaient. Déjà, sous Louis XV, la commission des réguliers avait supprimé neuf ordres religieux et employé leurs biens à des objets d'utilité générale. Ce fut un évêque, Talleyrand, qui fit la proposition formelle d'employer les biens d'Église au paiement de la dette (10 octobre 1789). Ces biens, disait-il, n'avaient pas été donnés au clergé mais à l'Église, c'est-à-dire à l'ensemble des fidèles, autrement dit à la nation. Les biens avaient été affectés par les donateurs à des fondations charitables ou d'utilité générale. En reprenant les biens, l'assemblée des fidèles, la nation, prendrait à sa charge l'acquittement des fondations, l'instruction, l'assistance, les frais du culte. Treilhard et Thouret ajoutaient que le clergé ne pouvait posséder qu'en vertu de l'autorisation de l'État. L'État avait le droit de retirer son autorisation. Il avait détruit les corps. L'ordre du clergé n'existait plus. Ses biens retournaient à la communauté.

En vain Camus, l'abbé Maury, l'archevêque Boisgelin répliquent que les biens n'avaient pas été donnés au clergé en tant que corps, mais à des établissements ecclésiastiques déterminés, qu'on ne pouvait spolier sans injustice. En vain Maury, essayant d'une diversion, montre que les biens de l'Église étaient convoités par une bande de juifs et d'agioteurs, en vain Boisgelin offre, au nom de ses collègues les évêques, d'avancer à l'État sur la valeur des biens de l'Église une somme de 400 millions, la Constituante avait son siège fait. La question, avait dit Talleyrand, était déjà préjugée par la suppression des dîmes. Sans se prononcer explicitement sur le droit de propriété du clergé, l'Assemblée décide, par 508 voix contre 346, d'affecter ses domaines immenses, évalués à trois milliards, à gager les dettes de l'État.

Ce grand pas franchi, tout devenait facile. L'Assemblée décida, le 19 décembre 1789, de créer une administration financière qui serait sous sa dépendance exclusive et elle donna à cette administration le nom de Caisse de l'extraordinaire. La nouvelle Caisse recevrait le produit des impôts exceptionnels tels que la contribution patriotique, mais elle serait alimentée avant tout par le produit escompté de la vente des biens d'Église. Pour commencer on en mettrait en vente pour 400 millions qui seraient représentés par des assignats d'égale somme, avec lesquels on rembourserait d'abord la Caisse d'escompte de ses 170 millions d'avances. Cette première création d'assignats n'était donc qu'un expédient de trésorerie. L'assignat n'était encore qu'un bon du Trésor. Le billet de la Caisse d'escompte restait le papier-monnaie. *Assignat,* le mot est significatif. C'est une assignation, une lettre de change tirée sur la Caisse de l'extraordinaire, une obligation hypothéquée sur des revenus déterminés.

Un titre, un billet d'achat privilégié sur les terres domaniales, ce n'est pas encore une monnaie. L'assignat créé le 19 décembre 1789 porte intérêt à 5 pour 100 car il représente une créance sur l'État,

Albert Mathiez

qui elle-même portait intérêt, la créance de la Caisse d'escompte. C'est un bon du Trésor qui est remboursable en terres au lieu de l'être en espèces. Au fur et à mesure de leur rentrée, par l'opération des ventes des biens d'Église, les assignats seront annulés et brûlés de manière à éteindre la dette de l'État.

Si l'opération avait réussi, si la Caisse d'escompte avait pu augmenter son capital, négocier et placer les 170 millions d'assignats qui lui avaient été remis, il est à présumer que l'Assemblée n'aurait pas recouru au papier-monnaie pour lequel elle avait une défiance qu'expliquent les souvenirs du système de Law et l'exemple plus récent de la Révolution américaine. Satisfaite d'avoir soutenu le cours du billet et paré aux dépenses urgentes, délivrée des entraves de trésorerie, elle aurait fait sans doute une politique financière différente.

Mais la Caisse d'escompte ne parvint pas à trouver preneurs pour ses assignats. Les capitalistes hésitèrent à les accepter parce qu'à cette époque, dans les premiers mois de 1790, le clergé dépossédé en théorie détenait toujours en fait l'administration de ses biens qui étaient d'ailleurs grevés de dettes particulières, sans compter que la question du traitement des ecclésiastiques et des dépenses jusquelà acquittées par leurs établissements n'était pas encore tranchée. Le public n'eut pas confiance dans des obligations qui n'étaient que des promesses d'achat problématiques sur des biens dont l'acquisition n'était pas purgée de toute hypothèque et pouvait donner lieu à des difficultés inextricables. « Les assignats, dit Bailly, le 10 mars 1790, n'ont pas obtenu la faveur qu'on désirait et le cours dont on avait besoin parce que la confiance ne peut reposer que sur une base établie et visible. » Les actions de la Caisse d'escompte baissèrent et ses billets subirent une dépréciation qui dépassa 6 pour 100. Le louis faisait déjà 30 sous de prime.

L'Assemblée comprit que pour donner confiance aux assignats il fallait enlever au clergé l'administration de ses biens qu'il détenait encore et affranchir ces biens de toute hypothèque, de toute revendication quelconque, en mettant au compte de l'État la dette du clergé et toutes les dépenses du culte (décrets des 17 mars et 17 avril 1790). Cela fait, elle s'imagina avoir suffisamment consolidé l'assignat et facilité son placement pour se dispenser d'avoir recours désormais au billet. Jusque-là l'assignat n'avait été que la couverture du billet. Le billet était déprécié parce que la couverture était aléatoire. Mais l'assignat est maintenant délivré de toute suspicion, de tout embarras, puisque les biens du clergé sont devenus liquides. On est sûr que l'ancien possesseur n'inquiétera pas le nouvel acquéreur. On est sûr que le bon du Trésor payable en terres ne sera pas protesté à l'échéance. L'assignat consolidé et libéré peut avantageusement remplacer le billet. La Caisse de l'extraordinaire placera elle-même dans le public les assignats que la Caisse d'escompte avait été incapable d'écouler. Les assignats de première création qui n'ont pas trouvé preneurs seront annulés et une nouvelle émission sera faite à des conditions différentes. Par surcroît de précaution on décide, le 17 mars 1790, sur la proposition de Bailly, que les biens à vendre le seront par l'intermédiaire des municipalités. « Combien de personnes, dit Thouret, traiteront avec plus de sécurité lorsque les biens ecclésiastiques leur parviendront par cet intermédiaire, après une mutation qui aura purgé leur première nature ! »

Certains auraient voulu que les assignats à recréer fussent des assignats *libres* qu'il serait permis à chacun d'accepter ou de refuser, bref qu'ils gardassent le caractère de bons du Trésor. Mais l'Assemblée se rendit à l'opinion des partisans du cours forcé : « Il serait injuste, dit Martineau, le 10 avril, d'obliger les créanciers de l'État à les recevoir sans qu'ils puissent obliger leurs propres créanciers à les accepter. » Le décret du 17 avril stipula que les assignats « auraient cours de monnaie entre toutes les personnes dans toute l'étendue du royaume et seraient reçus comme espèces sonnantes dans toutes les caisses publiques et particulières ». Il fut cependant permis aux particuliers de les exclure de leurs transactions futures. Ce n'était donc pas un véritable cours forcé qui était édicté. L'Assemblée n'avait pas pris garde qu'une concurrence allait s'exercer fatalement entre la monnaie de papier et la monnaie d'espèces et que la première succomberait forcément dans la lutte. La mauvaise monnaie chasse la bonne ! Elle n'osa pas retirer l'or et l'argent de la circulation. Elle n'en eut pas la pensée. Les assignats n'existent au début que sous forme de grosses coupures de 1 000 livres. L'or et l'argent étaient nécessaires pour faire le complément des comptes et pour les petits achats. Loin d'interdire le commerce des espèces contre l'assignat, l'Assemblée l'encouragea. Elle avait besoin d'écus et de petite monnaie pour la solde des troupes. Le Trésor acheta lui-même des espèces contre des assignats et consentit à perdre à l'échange. La perte subie alla sans cesse s'aggravant. Ainsi le commerce de l'argent monnayé contre le papier-monnaie devint une chose légale. Le décret du 17 mai 1791 consacra et encouragea ce commerce. Le louis et l'assignat furent cotés à la Bourse. L'argent fut considéré comme une marchandise au cours variable. Ainsi le discrédit du papier sur les espèces fut légalisé par l'Assemblée elle-même. Il y avait là dans son système financier une fissure qui devait aller s'élargissant.

Les premiers assignats, créés le 19 décembre 1789, produisaient un intérêt de 5 pour 100. Ceux qui furent émis en remplacement, le 17 avril 1790, ne jouirent plus que d'un intérêt de 3 pour 100. L'intérêt se comptait par jour. L'assignat de 1 000 livres rapportait par jour 1 sou 8 deniers, celui de 300 livres, 6 deniers. Le dernier porteur touchait au bout de l'année le montant de l'intérêt total à une caisse publique. Les porteurs intermédiaires recevaient la fraction qui leur était due des mains de leurs débiteurs qui étaient toujours tenus de faire l'appoint (obligation désuète que l'État applique toujours à tous ses encaissements).

En abaissant le taux de l'intérêt, la Constituante avait voulu détourner les capitalistes de garder leurs assignats en portefeuille au lieu de les échanger contre des terres. Le député Prugnon avait demandé la suppression de tout intérêt puisque l'assignat devenait une monnaie. Les écus ne portaient pas intérêt. « Ou l'assignat est bon, dit-il, ou il ne l'est pas. S'il est bon, comme je n'en doute point, il n'a pas besoin d'intérêt, s'il est mauvais, l'intérêt ne le rendra pas bon, il prouvera qu'il est mauvais et qu'on s'en défie même en le créant.

L'Assemblée n'osa pas du premier coup aller jusqu'au bout de cette logique.

La création des assignats, qui n'avait été dans le principe qu'une simple opération de trésorerie, allait donner à l'Assemblée la tentation d'agrandir son dessein. La Caisse de l'extraordinaire rendait maintenant les mêmes services qu'auparavant la Caisse d'escompte. Les assignats remplaçaient les billets. L'Assemblée battait monnaie. Avec la première émission elle avait réussi à éteindre des dettes criardes, pourquoi l'idée ne lui serait-elle pas venue de se servir du même moyen pour éteindre la dette tout entière, pour liquider d'un coup l'arriéré de l'Ancien Régime ?

Le marquis de Montesquiou-Fezenzac, au nom du comité des finances, proposa à l'Assemblée, le 27 août 1790, le choix entre deux systèmes : ou bien créer des *quittances de finances,* portant intérêt à 5 pour 100, qui seraient reçues en paiement des domaines nationaux et avec lesquelles on rembourserait les offices supprimés et les dettes exigibles ; ou bien recourir à de nouvelles émissions d'assignats au moyen desquelles on amortirait la dette par la vente rapide des biens du clergé.

Après une longue et ardente discussion qui dura plus d'un mois, la Constituante choisit le second parti. Elle décréta, le 29 septembre 1790, le remboursement « en assignats-monnaie sans intérêts » de la dette non constituée de l'État et de celle du clergé et elle porta en même temps à 1 200 millions la limite d'émission des assignats jusque-là fixée à 400.

Les constituants ne se déterminèrent qu'à bon escient et après mûre réflexion. « C'est ici, leur avait dit Montesquiou, la plus grande question politique qui puisse être soumise à des hommes d'État. »

Ils repoussèrent les quittances de finances pour des raisons très fortes. Ces quittances, qui ne seraient reçues qu'en paiement des biens nationaux, avaient l'inconvénient de ne pas améliorer la situation financière jusqu'à ce que la vente des biens eût été opérée. Portant intérêt, elles ne diminuaient pas les dépenses. « La dette ne cesserait pas d'exister » (Beaumetz). « Les quittances permettraient aux capitalistes d'agioter sur les domaines à vendre et de dicter la loi aux campagnes » (Mirabeau). Leurs détenteurs, en effet, seraient maîtres des enchères, puisqu'on ne pourrait acheter qu'au moyen de leur papier. Les rentiers habitaient les villes, ils ne s'intéressaient pas à la terre. Ils ne seraient pas pressés de se défaire des quittances qu'on leur remettrait, puisqu'elles portaient intérêt. Dès lors il y avait lieu de se demander si les ventes seraient facilitées ou au contraire retardées, et c'était la grosse affaire. Tout le monde était convenu dans le comité que « le salut de l'État dépendait de la vente des biens nationaux et que cette vente ne serait rapide qu'autant qu'il serait mis entre les mains des citoyens des valeurs propres à cette acquisition » (Montesquiou).

Les assignats parurent préférables parce qu'ils circuleraient partout et ne s'immobiliseraient pas dans les portefeuilles, ne portant pas intérêt ; parce qu'ils réalisaient une économie sensible que Montesquiou évaluait à 120 millions par an, autant que le peuple n'aurait pas à payer en impôts ; surtout parce que sans eux les biens nationaux ne se vendraient pas : « Depuis plus de vingt ans, dix mille terres sont à vendre, personne ne les achète ; rembourser pour vendre est donc le seul moyen de décider, de hâter les ventes » (Montesquiou).

Les adversaires des assignats firent valoir que le remboursement de la dette par un papier-monnaie équivaudrait à une banqueroute partielle. C'est une illusion de croire, disait Dupont de Nemours, qu'on peut payer la dette avec des assignats. Ce sont des anticipations sur les domaines. Le paiement ne sera véritable que le jour où le domaine représenté par l'assignat sera vendu, et d'ici là l'assignat aura subi une dépréciation fatale, car le papier-monnaie perdra sûrement au change contre le numéraire. Talleyrand montrait que la banqueroute se ferait sentir jusque dans les transactions privées. « Tous les créanciers que l'on rembourse en billets perdent la différence (entre le cours des billets et le cours du numéraire), tous les débiteurs à qui l'on avait prêté en argent la gagnent ; par conséquent renversement dans les propriétés, infidélité universelle dans les paiements et infidélité d'autant plus odieuse qu'elle se trouve légale. » Lavoisier et Condorcet démontrèrent qu'en jetant dans la circulation une masse nouvelle de signes monétaires, les marchandises augmenteraient de prix sur-le-champ. « Si vous doublez les signes représentatifs d'échange, si les objets à échanger restent toujours dans la même proportion, il est évident qu'il faut le double du signe représentatif pour avoir la même quantité de denrée » (Pérès).

Le haut prix des denrées diminuera la consommation, et par conséquent, la production. Les manufactures françaises succomberont à la concurrence des manufactures étrangères, d'autant plus que le change tournera à notre désavantage. Il nous faudra payer nos achats à l'étranger avec des métaux précieux. Notre encaisse métallique disparaîtra. Il s'ensuivra une affreuse crise économique et sociale.

Sans nier absolument ces dangers éventuels, les défenseurs de l'assignat répliquaient qu'il n'y avait pas d'autre solution possible que la leur. Le numéraire ayant déjà disparu, il fallait lui substituer le papier-monnaie pour parvenir à vendre les biens du clergé. « Le papier, dit-on, chasse l'argent. Fort bien, Donnez-nous donc de l'argent, nous ne vous demanderons point de papier » (Mirabeau). Qu'on ne nous parle pas du système de Law. « Le Mississippi sera-t-il opposé à l'abbaye de Cîteaux, à l'abbaye de Cluny ! » (Montesquiou). Puis, en mettant les choses au pire, si les assignats sont discrédités, leurs possesseurs n'en auront que plus d'empressement à les convertir en terres. Or, c'est là le point capital. L'assignat est nécessaire à la vente des biens nationaux. « Il faut déposséder les usufruitiers, il faut détruire un chimérique espoir » (Beaumetz). Autrement dit, la question n'était pas seulement d'ordre financier. Elle était politique au premier chef. « Parlons-nous de la Constitution, l'émission des assignats ne peut être mise en question, c'est l'unique et infaillible moyen d'établir la Constitution. Parlons-nous de finance, il ne faut pas raisonner comme dans une situation ordinaire ; nous ne pouvons faire face à nos engagements, nous pouvons supporter des pertes légères, mais nous ne pouvons pas souffrir que la Constitution ne soit pas assise sur des bases stables et solides » (Chapelier). « Il s'agit, disait Montesquiou, avec plus de précision encore, d'affermir la Constitution, d'ôter toute espérance à ses ennemis, de les enchaîner au nouvel ordre par leur propre intérêt. »

L'assignat était donc une arme politique en même temps qu'un instrument financier. Arme politique, il fit ses preuves, puisqu'il accéléra la vente des biens du clergé et la rendit irrévocable, puisqu'il permit à la Révolution de vaincre ses ennemis intérieurs et extérieurs. Instrument financier, il n'échappa pas aux périls que ses adversaires avaient prévus. Mais ces périls mêmes, c'est la politique qui les fit naître pour la plupart et qui les développa, les aggrava, les rendit irrémédiables.

Les grosses coupures d'assignats perdirent au change contre les espèces dès leur apparition. On ne les échangeait contre les écus qu'en payant une prime de 6 à 7 pour 100 au début, puis de 10, 15, 20 pour 100. Les coupures de 50 livres, au printemps de 1791, firent prime à leur tour contre les grosses coupures, et enfin, quand furent créés les assignats de 5 livres, les *corsets,* qu'on commença à distribuer en juillet 1791, ils gagnèrent à leur tour sur les assignats de 50 livres. L'Assemblée avait hésité longtemps à créer des petites coupures pour des raisons très sérieuses. Les ouvriers étaient payés en écus et en billons. C'étaient leurs employeurs qui jusque-là subissaient la perte du change de l'assignat contre des espèces. Si on créait des coupures de 5 livres, il était à craindre que les écus disparaissent et que les ouvriers, payés désormais en papier, ne supportent la perte qui jusque-là incombait à leurs patrons. Car, déjà, il y avait pour chaque objet, pour chaque denrée deux prix, le prix en espèces et le prix en assignats. Payer les ouvriers en papier revenait à diminuer leurs salaires. C'est bien, en effet, ce qui se produisit. En vain essaya-t-on de parer à la crise en frappant une énorme quantité de billons avec la fonte des cloches des églises supprimées. Les pièces d'argent disparurent parce qu'on avait intérêt à les fondre. Le manque de petite monnaie fut, au début, un sérieux embarras pour les industriels, les commerçants et les ouvriers. Dans beaucoup de villes on remplaça le paiement en espèces par le paiement en nature. On distribua en guise de salaires du blé ou des étoffes. A Besançon, en mars et avril 1792, la rareté de la petite monnaie et le discrédit du papier entraîna des troubles. Les ouvriers employés aux fortifications se mirent en grève en exigeant leur paiement en argent-monnaie. Ils menacèrent les boulangers de piller leurs boutiques. Il en fut de même dans beaucoup d'endroits. Le peuple n'admettait pas la différence de prix entre les espèces et l'assignat. Il s'irritait contre les marchands et les malmenait.

De gros commerçants parisiens, les Monneron, frappèrent des sous à leur marque. Leur exemple fut suivi par d'autres. On appela ce billon émis par les particuliers des médailles de confiance. Des banques à leur tour, à Bordeaux d'abord, semble-t-il, eurent l'idée de mettre en circulation des petites coupures à leur nom, des billets de confiance, qu'elles échangeaient contre les assignats. Dès le début de 1791 ces émissions de billets de confiance se multipliaient. Il y eut des administrations départementales, des municipalités, des sections parisiennes qui y recoururent. A Paris soixante-trois espèces de billets de ce genre circulèrent simultanément.

Les banques émettrices gagnaient à cette opération de deux façons. D'abord elles faisaient payer parfois un courtage, une prime pour l'échange des assignats contre leurs billets. Ensuite, au lieu d'immobiliser les assignats qu'elles recevaient par l'échange, elles profitaient de l'absence de contrôle pour les faire servir à des spéculations commerciales ou financières. Elles spéculaient sur le sucre, le café, le rhum, le coton, la laine, le blé. Le danger était qu'en cas de non-réussite, le billet de confiance, perdant sa couverture, ne pouvait plus être remboursé. La spéculation avait fait évanouir le gage. Les achats en grand de denrées opérés par les banques d'émission qui voulaient placer leurs assignats renchérirent les prix et firent baisser le signe de leur valeur. Quand certaines banques d'émission, comme la Caisse de secours de Paris, eurent suspendu le remboursement de leurs billets, ce krach qui s'éleva à plusieurs millions et d'autres analogues répandirent la panique dans le public. Le discrédit des billets de confiance, qu'il fallut finalement retirer de la circulation, rejaillit sur les assignats. N'oublions pas enfin que des faussaires adroits jetaient sur le marché de grandes quantités d'assignats faux et que Calonne, à l'armée des émigrés, en dirigeait une fabrique spéciale.

D'autres causes encore contribuèrent à la baisse de l'assignat et, par une conséquence fatale, au renchérissement de la vie. Les assignats devaient être brûlés dès qu'ils rentraient dans les caisses du Trésor, soit en paiement des domaines nationaux, soit en paiement des contributions. Il aurait été d'une prudence élémentaire de hâter ces rentrées, afin de diminuer rapidement la masse du papier en circulation. Or la Constituante commit la faute de donner aux acquéreurs de très longs délais pour s'acquitter. Ils purent se libérer en douze annuités.

Une autre faute consista à recevoir en paiement des biens nationaux, en concurrence avec les assignats, les quittances de remboursement des offices supprimés, les titres de propriété des dîmes inféodées, en général tous les papiers au moyen desquels l'État soldait ses dettes (décrets des 30 octobre et 7 novembre 1790). C'était créer à l'assignat une nouvelle concurrence et c'était aussi risquer d'augmenter la circulation fiduciaire.

Enfin l'Assemblée voulut faire marcher de pair la vente des biens nationaux avec le remboursement de la dette. Elle fut ainsi amenée à augmenter sans cesse la masse des assignats et à aggraver d'autant leur dépréciation. A l'émission primitive de 1 200 millions décrétée le 25 septembre 1790 s'ajoutèrent successivement une émission de 600 millions le 18 mai 1791, une de 300 millions le 17 décembre 1791, une de 300 millions le 30 avril 1792, soit 2 500 millions, en un an et demi. Sans doute une partie de ces assignats était rentrée dans le Trésor et avait été brûlée (370 millions au 12 mars 1792). Il n'en restait pas moins que la quantité des assignats en circulation avait grossi avec une régularité inquiétante (980 millions le 17 mai 1791 ; 1 700 millions le 30 avril 1792). Et tout cela avant que la guerre ait été commencée.

Dès le 30 janvier 1792, si on en croit la correspondance de l'internonce du pape, les assignats perdaient à Paris 44 pour 100. Le louis d'or valait 36 livres en assignats. Si le témoignage de l'aristocrate Salamon est suspect, celui des tableaux officiels sur la dépréciation du papier-monnaie ne saurait l'être. Ils nous apprennent qu'à la même date, plus de deux mois avant la déclaration de guerre, 100 livres assignats ne valaient à Paris que 63 livres 5 sous. Dans le Doubs, à la fin de ce même mois de janvier 1792, la perte était de 21 pour 100, de 28 pour 100 dans la Meurthe, de 33 pour 100 dans la Gironde et dans les Bouches-du-Rhône, de 29 pour 100 dans le Nord, etc. On voit par là que si le prix des denrées s'était relevé partout dans la proportion de la baisse du papier-monnaie, le renchérissement aurait dû être du tiers ou du quart.

Si les assignats perdaient en France, au printemps de 1792, de 25 à 35 pour 100 en moyenne, ils perdaient de 50 à 60 pour 100 à Genève, Hambourg, Amsterdam, Londres. D'ordinaire quand le change est au détriment d'un pays, c'est que ce pays produit peu et vend peu, mais achète beaucoup. Pour acquitter ses achats, il est obligé de se procurer des valeurs étrangères qu'il paye d'autant plus cher qu'il en a plus besoin. La France de 1792 vendait beaucoup à l'étranger, elle ne lui achetait guère en grande quantité que du blé. Ce n'était pas la différence entre les achats et les ventes qui pouvait expliquer la baisse des changes. Cette baisse avait d'autres causes. L'Ancien Régime finissant avait contracté, surtout pendant la guerre d'Amérique, de gros emprunts en Hollande, en Suisse et en Allemagne. Quand on remboursa ces emprunts, au début de la Révolution, on dut exporter de grandes quantités de numéraire, d'assignats et d'autres valeurs. Ces brusques remboursements firent affluer sur les marchés étrangers les papiers français qui en furent dépréciés. Les achats de numéraire opérés par le ministre de la Guerre pour la solde des troupes agirent dans le même sens.

Ce sont là les causes purement économiques de la baisse des assignats et des changes qui eut pour résultat la hausse du prix des denrées à l'intérieur de la France. Mais il y en eut d'autres, celles-ci d'ordre politique.

La fuite de Louis XVI à Varennes et les menaces de guerre qui survirent inspirèrent à beaucoup de gens, en France et à l'étranger, des doutes sur le succès de la Révolution. Si on dut créer des billets de confiance pour suppléer au manque de petites coupures d'assignats, c'est que l'ancien numéraire, les louis, les écus, les pièces blanches et jusqu'au menu billon disparurent de la circulation. Les émigrés en avaient emporté avec eux une certaine quantité au-delà des frontières, mais il en était resté beaucoup à l'intérieur. Si le numéraire ne circulait plus, c'est que ses détenteurs n'avaient pas confiance dans la monnaie de la Révolution et craignaient ou espéraient une restauration monarchique. Ils gardaient jalousement et cachaient précieusement la monnaie du roi. Plus tard les assignats royaux feront prime sur les assignats républicains. La France était profondément divisée. Ces divisions sont une des raisons profondes de la crise financière comme de la crise économique.

Certains historiens, pour prouver que la masse des Français avait une confiance inébranlable dans le nouveau régime, citent d'ordinaire le succès indéniable de la vente des biens nationaux. Les ventes furent rapides et trouvèrent acquéreurs à des prix souvent au-dessus des estimations. Ce succès de la grande opération révolutionnaire est dû à des causes diverses, dont une des principales me paraît avoir été précisément le désir très vif que beaucoup d'acquéreurs avaient de trouver un placement pour leurs assignats, de s'en débarrasser au plus vite, en échangeant ce papier contre une propriété solide, contre la terre. Comme l'assignat était reçu à sa valeur nominale en paiement des domaines nationaux, l'acquéreur gagnait toute la différence entre la valeur nominale du papier révolutionnaire et sa valeur réelle. Il est un fait certain, c'est que des aristocrates notoires achetèrent des biens d'Église, des curés réfractaires, des nobles comme d'Elbée et Bonchamp qui participèrent à l'insurrection vendéenne. On compte dans la Vienne cent trente-quatre acquéreurs ecclésiastiques et cinquante-cinq acquéreurs nobles.

D'une façon générale, c'est la bourgeoisie des villes qui acheta la plus grande partie des lots mis aux enchères. Les paysans, faute d'argent, ne recueillirent de ce riche butin qu'une portion médiocre, mais les petits acquéreurs furent nombreux parmi eux et cela suffit pour les attacher à la Révolution.

On a dit aussi que l'assignat avait ranimé au début notre industrie. Pendant quelques mois, en effet, nos fabriques connurent une prospérité factice. Les détenteurs d'assignats s'étaient empressés de s'en défaire non seulement en achetant des biens nationaux, mais aussi en les troquant contre des objets manufacturés. Les malins qui prévoyaient la guerre constituèrent des stocks de marchandises de toutes sortes. Leurs achats répétés stimulèrent la fabrication, mais eurent aussi pour effet inévitable d'augmenter le prix des marchandises et de contribuer au renchérissement de la vie.

Toujours et partout, à l'occasion des crises économiques, les révolutionnaires ont dénoncé les manœuvres des aristocrates. Ils ont prétendu que ceux-ci s'entendaient, se coalisaient pour jeter le discrédit sur la monnaie révolutionnaire, pour accaparer les denrées et les espèces, pour en empêcher la circulation, ce qui créait une disette factice et un renchérissement grandissant. Il est certain que ces manœuvres ont existé. Le club des Jacobins de Tulle dénonça, le 2 février 1792, le président du district de cette ville, un certain Parjadis, qui conseillait aux contribuables de ne pas payer leurs impôts et leur prédisait la prochaine rentrée triomphale des émigrés. Le 18 mars 1792, le directoire du département du Finistère remontra au roi qu'il lui aurait été impossible de percevoir l'impôt s'il n'avait pris le parti de mettre les prêtres réfractaires en réclusion à Quimper. Vers le même temps, un homme considérable, Séguier, parlementaire de vieille souche, lançait dans le public une brochure agressive *La Constitution renversée,* qui avait pour but d'alarmer les Français sur leurs propriétés. « Comment pourrait-on compter sur la propriété, disait-il, dans une crise aussi violente, avec un infernal agiotage, avec une émission incalculable d'assignats et de papiers de toutes sortes, lorsque les colonies sont embrasées et la France menacée du même malheur, lorsque, par une foule de décrets, les propriétés mobilières sont confisquées, soumises à des formalités menaçantes, longues, etc. » Séguier n'hésitait pas à menacer les acquéreurs des biens nationaux en leur disant que les anciens créanciers de l'État et du clergé avaient sur leurs acquisitions une hypothèque qu'ils feraient valoir un jour.

La lutte des deux France s'est exercée sur tous les terrains. Toute crise politique s'est doublée d'une crise économique et sociale. C'est ce qu'il ne faut pas oublier quand on veut juger avec équité les hommes et les choses de cette époque.

La vie chère, conséquence de l'assignat, allait contribuer bientôt à la chute de la riche bourgeoisie qui avait gouverné sous la Constituante, d'autant plus qu'aux troubles politiques et économiques se mêla une agitation religieuse de plus en plus aiguë.

9

LA QUESTION RELIGIEUSE

La réorganisation de l'État entraînait forcément la réorganisation de l'Église, tant les domaines de l'un et de l'autre étaient enchevêtrés depuis des siècles. Il n'était pas possible de les séparer d'un trait de plume. Personne, à part peut-être l'excentrique Anacharsis Cloots, ne désirait cette séparation que l'opinion publique n'aurait pas comprise ou plutôt qu'elle aurait interprétée comme une déclaration de guerre à une religion que les masses pratiquaient toujours avec ferveur. Mais la réforme financière, dont dépendait le salut de l'État, était manquée si tous les établissements ecclésiastiques (et dans ce temps-là les écoles, les universités, les hôpitaux relevaient de l'Église) étaient conservés, car ils auraient consommé comme auparavant les revenus des biens vendus. Il fallait donc, pour réaliser des économies indispensables, supprimer une bonne partie des établissements antérieurs. D'où la nécessité pour les constituants de désigner les établissements à conserver, les établissements à supprimer, autrement dit de réorganiser l'Église de France.

Par mesure d'économie, autant et plus que par mépris de la vie monastique, liberté fut donnée aux moines des ordres mendiants ou contemplatifs de sortir du cloître et beaucoup s'empressèrent d'user de la permission. Ainsi de nombreux couvents purent être supprimés mais les congrégations charitables et enseignantes furent respectées. Il était inutile de recruter des religieux puisqu'on fermait les couvents. Interdiction fut faite de prononcer à l'avenir des vœux perpétuels.

Par mesure d'économie encore, autant que par souci d'une bonne administration, le nombre des évêchés fut réduit à quatre-vingt-trois, un par département. Les paroisses subirent une réduction analogue. Les évêques autrefois nommés par le roi seront désormais élus par le nouveau souverain qui est le peuple comme les autres magistrats. Ne sont-ils pas des « officiers de morale » ? La nation ne se confond-elle pas avec l'assemblée des fidèles ? Sans doute le catholicisme n'a pas été proclamé religion d'État, mais il est le seul culte subventionné. Seul il déroule ses processions dans les rues obligatoirement pavoisées par tous les habitants. Les dissidents, peu nombreux, sont confinés dans un culte privé, dissimulé, simplement toléré. Les curés seront élus par les « électeurs » de leur district comme les évêques le seront par les électeurs du département. Qu'importe que dans le nombre des électeurs il puisse se glisser quelques protestants ? Est-ce qu'auparavant les seigneurs protestants ne désignaient pas aux cures en vertu de leur droit de patronage ? L'élection d'ailleurs ne sera qu'une « présentation ». Les nouveaux élus, pris obligatoirement parmi les prêtres, devront être institués par leurs supérieurs ecclésiastiques. Les évêques seront institués par leurs métropolitains, comme aux premiers temps de l'Église. Ils n'iront plus à Rome acheter le pallium. L'Assemblée a aboli les annates, c'est-à-dire les revenus de la première année des bénéfices vacants que les nouveaux titulaires payaient à Rome. Les nouveaux évêques écriront simplement au pape une lettre respectueuse pour lui dire qu'ils sont dans sa communion. Ainsi l'Église de France deviendra une Église nationale. Elle ne sera plus gouvernée despotiquement. Les chapitres, corps privilégiés, disparaîtront. Ils seront remplacés par des conseils épiscopaux qui auront une part dans l'administration des diocèses.

Un même esprit animera désormais l'Église et l'État rapprochés et confondus, un esprit de liberté et de progrès. Les curés reçoivent la mission de faire connaître au prône et d'expliquer aux fidèles les décrets de l'Assemblée.

Celle-ci était confiante. En donnant une Constitution *civile* au clergé, elle n'avait pas cru avoir outrepassé ses droits. Elle n'avait pas touché au spirituel. Par la dénonciation du concordat, par la suppression des annates elle avait sans doute lésé gravement les intérêts du pape, mais elle n'imaginait pas que le pape prendrait la responsabilité de déchaîner un schisme. En 1790, le pape n'avait pas encore le droit de faire à lui seul le dogme et de l'interpréter, à plus forte raison de trancher souverainement dans les matières de discipline et les matières mixtes comme celles qui étaient en jeu. L'infaillibilité ne sera prononcée qu'au concile du Vatican en 1871.

Les évêques de France étaient alors en très grande majorité gallicans, c'est-à-dire hostiles à l'absolutisme romain. Dans le grand discours qu'il prononça en leur nom, le 29 juin 1790, au moment de la discussion des décrets sur le clergé, l'archevêque d'Aix, Boisgelin, n'avait reconnu au pape qu'une *primauté* et non une *juridiction* sur l'Église et tout son effort s'était borné à demander à l'Assemblée de permettre la réunion d'un concile national qui prendrait les mesures canoniques indispensables pour l'application de ses réformes. La Constituante n'ayant pas permis le concile, qui aurait été une atteinte à sa souveraineté, Boisgelin et les évêques libéraux se tournèrent vers le pape pour obtenir les moyens canoniques sans lesquels ils ne croyaient pas pouvoir en conscience mettre en vigueur la réforme des circonscriptions diocésaines et des conseils épiscopaux. Ils confièrent à Boisgelin la rédaction des propositions d'accord qui furent transmises à Rome par l'intermédiaire du roi. La Constituante connut cette négociation et l'approuva. Elle crut, comme les évêques de l'Assemblée, comme le roi lui-même qui n'avait eu aucune hésitation à accepter les décrets, que le pape ne refuserait pas de leur accorder son visa, de la « baptiser » selon le mot du jésuite Barruel dans son *Journal ecclésiastique*. « Nous croyons prévoir, disait Barruel, que le bien de la paix, que les considérations les plus importantes engageront infailliblement le Saint-Père à seconder ce vœu. » Loin de décourager les évêques partisans de la conciliation, le nonce les rassura : « Ils implorent Sa Sainteté, écrivait-il dans sa dépêche du 21 juin 1790, pour qu'en Père affectueux, elle vienne au secours de cette Église et fasse tous les sacrifices possibles pour conserver l'union essentielle. J'ai cru à ce sujet devoir les assurer que Sa Sainteté, instruite de la déplorable situation que traversent les intérêts de la religion en ce pays, fera de son côté tout le possible pour la conserver. » Le nonce ajoutait que les évêques avaient déjà pris les mesures nécessaires pour remanier les circonscriptions ecclésiastiques selon le décret et que les évêques supprimés donneraient d'eux-mêmes leur démission. « La majeure partie des évêques a chargé Monseigneur d'Aix de pourvoir à la délimitation des évêchés. Le clergé voudrait que le roi suppliât Sa Sainteté de députer seize commissaires apostoliques dans le clergé de France, aux termes des libertés gallicanes, lesquels, distribués en quatre comités, s'occuperaient de fixer les limites des nouveaux diocèses » (dépêche du 21 juin).

Un précédent récent permettait aux évêques et aux constituants de se laisser aller à l'espérance. Quand Catherine II, impératrice de Russie, avait annexé sa part de Pologne, elle avait remanié de sa seule autorité les circonscriptions des diocèses catholiques de ce pays. Elle avait créé en 1774 le siège épiscopal de Mohilev et en avait étendu la juridiction sur tous les catholiques romains de son empire. De sa seule autorité encore, elle avait pourvu ce siège d'un titulaire, l'évêque *in partibus* de Mallo, personnage suspect à Rome, et elle avait fait défense à l'évêque polonais de Livonie de s'immiscer dorénavant dans la partie de son ancien diocèse annexée à la Russie. Pie VI n'avait pas osé soulever de conflit avec la souveraine schismatique, dont les empiétements sur le domaine spirituel étaient sensiblement du même ordre que ceux qu'allaient se permettre les constituants français. Il avait régularisé après coup les réformes accomplies par le pouvoir civil et il avait usé pour cela exactement des mêmes procédés auxquels les évêques de France lui conseillaient de recourir pour « baptiser » la Constitution civile du clergé.

Mais le pape fut poussé à la résistance par des raisons nombreuses dont les plus déterminantes ne furent peut-être pas celles d'ordre religieux. Dès le premier jour, il avait condamné, en consistoire secret, comme impie la Déclaration des droits de l'homme à laquelle pourtant l'archevêque Champion de Cicé, garde des sceaux, avait collaboré. La souveraineté du peuple lui semblait une menace pour tous les trônes. Ses sujets d'Avignon et du Comtat étaient en pleine révolte. Ils avaient chassé son légat, adopté la Constitution française et demandé à être réunis à la France. En réponse aux propositions d'accord que Louis XVI lui fit transmettre pour mettre en vigueur la Constitution civile du clergé, il demanda que les troupes françaises l'aidassent à soumettre ses sujets révoltés. Les constituants se bornèrent à ajourner la réunion réclamée par les habitants [1]. Alors le pape se décida à condamner formellement la Constitution civile. Mais plusieurs mois s'étaient passés en négociations dilatoires. Il faut ajouter qu'il fut encouragé à la résistance, non seulement par les émigrés, mais encore par les puissances catholiques et notamment par l'Espagne qui nous gardait rancune de l'avoir abandonnée au moment de son conflit avec l'Angleterre. Et enfin, il ne faut pas négliger l'action de notre ambassadeur à Rome, le cardinal de Bernis, fougueux aristocrate, qui fit tout au monde pour faire échouer la négociation dont le succès lui avait été confié.

En déclarant au pape qu'à défaut d'un concile national, lui seul avait les moyens canoniques nécessaires pour rendre la Constitution civile du clergé exécutoire, les évêques de France s'étaient mis à la discrétion de la Cour romaine. Quand la Constituante, lasse d'attendre, leur imposa le serment, ils ne pouvaient plus reculer. Ils le refusèrent et le pape s'autorisa de leur refus, que sa tactique dilatoire avait provoqué, pour fulminer enfin une condamnation qui les surprit et qui les offusqua.

Jusqu'à la dernière heure, l'archevêque d'Aix, Boisgelin, qui parlait au nom de la majorité des évêques, avait espéré que le pape hésiterait à jeter la France dans le schisme et dans la guerre civile. Il écrivait à Louis XVI, à la veille du serment, le 25 décembre 1790 : « Le principe de la Cour de Rome devait être de faire tout ce qu'elle devait faire et de ne différer que ce qui pouvait être moins pressant et moins difficile ; quand il ne manque que les formes canoniques, le pape peut les remplir, il le peut, il le doit ; et tels sont les articles que Votre Majesté lui avait proposés. » Même après leur refus de prêter serment, les évêques espéraient encore la conciliation et les brefs du pape les consternèrent. Ils gardèrent secret le premier de ces brefs, celui du 10 mars 1791, pendant plus d'un mois et ils firent au pape une réponse aigre-douce où ils prenaient la défense du libéralisme et où ils lui offraient leur démission collective pour ramener la paix.

La démission fut refusée par le pape et le schisme devint irrémédiable. Tous les évêques, sauf sept, avaient refusé le serment. Environ la moitié des prêtres du second ordre les imitèrent. Si, dans

1 L'annexion d'Avignon, justifiée par le droit des peuples, ne fut votée que le 14 septembre 1791.

Albert Mathiez

beaucoup de régions, comme la Haute-Saône, le Doubs, le Var, l'Indre, les Hautes-Pyrénées, etc., le nombre des jureurs fut très considérable, en revanche dans d'autres, comme les Flandres, l'Artois, l'Alsace, le Morbihan, la Vendée, la Mayenne, il fut très faible. Dans toute une partie du territoire la réforme religieuse ne pouvait être imposée que par la force. La France était coupée en deux.

Le résultat inattendu prit au dépourvu les constituants et surprit les aristocrates eux-mêmes. Jusque-là le bas clergé, dans sa grande masse, avait fait cause commune avec la Révolution qui avait presque doublé le traitement des curés et vicaires (de 700 à 1 200 livres pour les premiers). Mais la vente des biens de l'Église, la fermeture des couvents après la suppression de la dîme avaient déjà inquiété plus d'un prêtre attaché à la tradition. Puis les scrupules rituels avaient fait leur œuvre. Un futur évêque constitutionnel comme Gobel avait exprimé le doute que l'autorité civile eût le droit, à elle seule, de remanier les limites des diocèses et de toucher à la juridiction des évêques. Seule l'Église, avait-il dit, « peut donner au nouvel évêque sur les limites du nouveau territoire la juridiction spirituelle nécessaire à l'exercice du pouvoir qu'il tient de Dieu ». Gobel, pour ce qui le concernait, avait passé outre à l'objection et prêté serment, mais beaucoup de prêtres consciencieux s'y étaient arrêtés.

La Constituante avait voulu créer une Église nationale et faire servir les ministres de cette Église à consolider l'ordre nouveau et elle n'avait créé que l'Église d'un parti, l'Église du parti au pouvoir, en lutte violente avec l'Église ancienne, devenue l'Église du parti provisoirement vaincu. La lutte religieuse s'exaspère dès le premier jour de toute la fureur des passions politiques. Quelle joie, quelle bonne fortune pour les aristocrates ! Le sentiment monarchique avait été jusque-là impuissant à leur fournir une revanche et voilà que le Ciel leur venait en aide ! Le sentiment religieux fut le grand levier dont ils se servirent pour provoquer la contre-révolution. Dès le 11 janvier 1791, Mirabeau conseillait à la Cour, dans sa quarante-troisième note, de souffler sur l'incendie et de pratiquer une politique du pire en poussant les constituants à des mesures extrêmes.

Les constituants virent le piège et essayèrent de l'éviter. Le décret du 27 novembre 1790 sur le serment avait interdit aux prêtres non jureurs de s'immiscer dans aucune fonction publique. Or baptiser, marier, enterrer, donner la communion, confesser, prêcher étaient, en ce temps-là, des fonctions publiques. En prenant le décret à la lettre, les prêtres réfractaires, c'est-à-dire dans certains départements presque tous les prêtres, devaient cesser subitement leurs fonctions. L'Assemblée eut peur de la grève du culte. Elle demanda aux réfractaires de continuer l'exercice de leurs fonctions jusqu'à leur remplacement. Il y en eut qui ne furent pas remplacés avant le 10 août 1792. Elle accorda aux curés destitués une pension de 500 livres. Les premiers évêques constitutionnels furent obligés d'employer les notaires et les juges pour se faire accorder l'institution canonique par les anciens évêques. Un seul de ceux-ci, Talleyrand, consentit à les sacrer. La pénurie des prêtres obligea d'abréger les délais des stages fixés pour les aspirants aux fonctions ecclésiastiques. Comme les séculiers étaient insuffisants, on recourut aux anciens religieux.

En vain les révolutionnaires refusèrent-ils tout d'abord de reconnaître le schisme. Il leur fallut peu à peu se rendre à l'évidence. La guerre religieuse était déchaînée. Les âmes pieuses s'indignent qu'on leur change leur curé, leur évêque. Les nouveaux prêtres élus sont considérés comme des intrus par ceux qu'ils ont évincés. Ils ne peuvent s'installer qu'avec l'appui de la garde nationale et des clubs. Les consciences timorées répugnent à leurs services. Elles préfèrent faire baptiser en cachette par les bons prêtres leurs enfants qui sont ainsi privés d'état civil, car seuls les prêtres officiels sont en possession des registres de baptême, de mariage et de sépulture. Les « bons prêtres » traités en suspects par les révolutionnaires sont des martyrs pour leurs partisans. Les familles se divisent. Les femmes en général vont à la messe du réfractaire, les hommes à celle du constitutionnel. Des bagarres éclatent jusque dans le sanctuaire. Le curé constitutionnel refuse au réfractaire, qui veut dire sa messe dans l'église, l'entrée de la sacristie, l'usage des ornements. Le nouvel évêque Gobel, à Paris, n'est reçu par aucune communauté de femmes. Les réfractaires se réfugient dans les chapelles des couvents et des hôpitaux. Les patriotes en réclament la fermeture. Aux approches de Pâques les bonnes dévotes qui se rendent aux messes romaines sont fouettées, jupes troussées, devant les gardes

Albert Mathiez

nationaux goguenards. Ce divertissement se renouvelle plusieurs semaines à Paris et dans d'autres villes.

Les réfractaires persécutés invoquèrent la Déclaration des droits de l'homme pour obtenir la reconnaissance de leur culte. L'évêque de Langres, La Luzerne, dès le mois de mars 1791, leur conseilla de réclamer formellement le bénéfice de l'édit de 1787 qui avait permis aux protestants de faire enregistrer leur état civil devant les juges des lieux, édit que l'assemblée du clergé avait condamné en son temps. Quelle leçon dans ce simple rapprochement ! Les héritiers de ceux qui ont révoqué, un siècle plus tôt, l'édit de Nantes, qui ont démoli Port-Royal, brûlé les ouvrages des philosophes, se mettent aujourd'hui sous la protection de ces idées de tolérance et de liberté de conscience contre lesquelles ils n'avaient pas, la veille, assez d'anathèmes !

Allant jusqu'au bout de la logique des circonstances, l'évêque La Luzerne réclama la laïcisation de l'état civil afin de soustraire les fidèles de son troupeau au monopole vexatoire des prêtres jureurs. Les patriotes sentaient bien que s'ils retiraient aux prêtres constitutionnels la tenue des registres de l'état civil, ils porteraient à l'Église officielle un coup très rude qui atteindrait par ricochet la Révolution elle-même. Ils refusèrent d'aller du premier coup aussi loin. Ils prétendirent contre l'évidence que les dissidents ne formaient pas une église distincte. Mais les désordres grandissants les obligèrent à des concessions qui leur furent arrachées par La Fayette et son parti.

La Fayette, dont la femme très pieuse protégeait les réfractaires et refusait de recevoir Gobel, avait été obligé d'appliquer la tolérance dans son intérieur. Ses amis du club de 1789 crurent mettre fin à la guerre religieuse en proposant d'accorder aux réfractaires la liberté d'avoir des lieux de culte particuliers. Le directoire du département de Paris, que présidait le duc de La Rochefoucaud et où siégeaient l'abbé Sieyès et l'évêque Talleyrand, organisa, par un arrêté du 11 avril 1791, l'exercice du culte réfractaire dans les conditions d'un culte simplement toléré. Les catholiques romains pourraient acquérir les églises supprimées et s'y réunir entre eux en toute liberté. Ils profitèrent immédiatement de l'autorisation et louèrent l'église des Théatins, mais ils ne s'y installèrent pas sans troubles. Quelques semaines plus tard, après un débat mouvementé, la

Constituante, par son décret du 7 mai 1791, étendit à toute la France la tolérance accordée aux dissidents parisiens.

Il était plus facile d'inscrire la tolérance dans la loi que de la faire passer dans les mœurs. Les prêtres constitutionnels s'indignent. Ils avaient encouru les foudres du Vatican, ils avaient lié leur cause à celle de la Révolution, ils avaient bravé tous les préjugés, tous les dangers, et, en récompense, voilà qu'on les menaçait de les abandonner à leurs seules forces, dès les premières difficultés ! Comment lutteraient-ils contre leurs concurrents, dans cette moitié de la France qui leur échappait déjà, si l'autorité publique maintenant se déclarait neutre après les avoir compromis ? Si le droit était reconnu au prêtre romain d'ouvrir librement une église rivale, qu'allait devenir le prêtre constitutionnel dans son église officielle désertée ? Pour combien de temps garderait-il son caractère privilégié si, dans la moitié des départements, ce privilège ne se justifiait plus par les services rendus ? Un culte déserté est un culte inutile. Le clergé jureur craignit que la politique de liberté ne fût son arrêt de mort. Il la combattit avec une rage furieuse, au nom des principes du catholicisme traditionnel. Il se détacha de plus en plus de La Fayette et de son parti pour se grouper autour des clubs jacobins qui devinrent ses forteresses.

Sous le prétexte, très souvent fondé, que l'exercice du culte réfractaire donnait lieu à des troubles, les autorités favorables aux constitutionnels refusèrent d'appliquer le décret du 7 mai sur la liberté des cultes. Dès le 22 avril 1791, le département du Finistère, à la demande de l'évêque constitutionnel Expilly, prit un arrêté pour ordonner aux prêtres réfractaires de se retirer à quatre lieues de leurs anciennes paroisses. Dans le Doubs, le directoire du département, que présidait l'évêque Seguin, arrêta qu'au cas où la présence des réfractaires donnerait lieu à quelque trouble ou à quelque division, les municipalités pourraient les chasser de la commune. Les arrêtés de ce genre furent très nombreux. Tous affirment dans leurs considérants que la Constitution civile du clergé et la Constitution tout court ne pourraient se maintenir si on ne mettait pas les réfractaires en dehors du droit commun.

Il est certain que dans bien des cas les réfractaires donnèrent prise aux accusations de leurs adversaires. Le pape fit beaucoup pour les pousser dans la voie de la révolte. Il leur interdit de déclarer à l'intrus les baptêmes et mariages qu'ils avaient célébrés. Il leur interdit d'officier dans les mêmes églises, alors que le *simultaneum* s'était d'abord pratiqué un peu partout avec l'approbation de la plupart des anciens évêques. L'abbé Maury se plaignit du décret du 7 mai qui n'accordait aux réfractaires qu'un culte privé, c'est-à-dire un culte diminué. Il réclama l'égalité complète avec les jureurs. L'évêque de Luçon, M. de Merci, dénonça comme un piège la liberté laissée aux dissidents de dire la messe dans les églises nationales. C'est un fait bien établi que, dans les paroisses où les réfractaires dominaient, leurs rivaux n'étaient pas en sûreté. Que de prêtres constitution-nels furent molestés, insultés, frappés, parfois mis à mort ! Tous les rapports sont d'accord pour accuser les réfractaires de faire servir le confessionnal à la contre-révolution. « Les confessionnaux sont les écoles où la rébellion est enseignée et commandée », écrit le directeur du Morbihan au ministre de l'Intérieur le 9 juin 1791. Reubell, député d'Alsace, s'écriera, à la séance du 17 juillet 1791, qu'il n'y a pas un seul prêtre réfractaire dans les départements du Haut et du Bas-Rhin qui ne soit convaincu d'être en insurrection.

La lutte religieuse n'eut pas seulement pour conséquence de dou-bler les forces du parti aristocrate, elle entraîna aussi la formation d'un parti anticlérical qui n'existait pas auparavant. Pour soutenir les prêtres constitutionnels et aussi pour mettre en garde les populations contre les suggestions des réfractaires, les Jacobins attaquèrent avec véhémence le catholicisme romain. Les traits qu'ils dirigent contre « la superstition », contre « le fanatisme » finissent par retomber sur la religion elle-même. « On nous a reproché, disait la philosophique *Feuille villageoise* qui se consacrait à cet apostolat, d'avoir nous-mêmes montré un peu d'intolérance contre la papisme. On nous a reproché de n'avoir pas toujours épargné l'arbre immortel de la foi. Mais, que l'on considère de près cet arbre inviolable, et l'on verra que le fanatisme est tellement entrelacé dans toutes ses branches qu'on ne peut frapper sur l'une sans paraître frapper sur l'autre. » De plus en plus les écrivains anticléricaux s'enhardissent et renoncent à garder à l'égard du catholicisme ou même du christianisme des ménagements hypocrites. Ils attaquent bientôt la Constitution civile du clergé et proposent d'imiter les Américains qui ont eu le bon sens de supprimer le budget des cultes et de séparer l'Église de l'État. Ces idées font peu à peu leur chemin.

Dès 1791, une partie des Jacobins et des fayettistes mêlés, les futurs Girondins en général, Condorcet, Rabaut de Saint-Etienne, Manuel, Lanthenas, imaginent de compléter, puis de remplacer la Constitution civile du clergé par tout un ensemble de fêtes nationales et de cérémonies civiques imitées des Fédérations et d'en faire comme une école de civisme. Et se succèdent des fêtes commémoratives des grands événements révolutionnaires, 20 juin, 4 août, 14 juillet, des fêtes des martyrs de la liberté, fête de Desilles tué dans l'échauffourée de Nancy, fête de la translation des cendres de Voltaire à Paris, fête des Suisses de Châteauvieux libérés du bagne de Brest, fête du maire d'Etampes Simoneau tué dans une émeute pour les subsistances, etc. Ainsi s'élabore peu à peu une sorte de religion nationale, de religion de la patrie encore mêlée à la religion officielle, sur laquelle d'ailleurs elle calque ses cérémonies, mais que les libres esprits s'efforceront plus tard de détacher et de faire vivre d'une vie indépendante. Ils ne croient pas encore que le peuple puisse se passer de culte, mais ils se disent que la Révolution elle-même est une religion qu'il est possible d'élever en la ritualisant au-dessus des anciens cultes mystiques. S'ils veulent séparer l'État nouveau des Églises positives et traditionnelles, ils n'entendent pas que cet État reste désarmé devant elles. Ils veulent au contraire le doter de tous les prestiges, de toutes les pompes esthétiques et moralisatrices, de toutes les forces d'attraction qu'exercent les cérémonies religieuses sur les âmes. Ainsi chemine insensiblement le culte patriotique qui trouvera son expression définitive sous la Terreur et qui est sorti comme la séparation des Églises et de l'État de l'échec de plus en plus irrémédiable de l'œuvre religieuse de la Constituante.

10
LA FUITE DU ROI

Louis XVI n'avait jamais renoncé sincèrement à l'héritage de ses ancêtres. S'il avait consenti, après les journées d'octobre, à suivre les directions de La Fayette, c'est que celui-ci lui avait promis de lui conserver et fortifier ce qui lui restait de pouvoir. Or, en octobre

1790, la Constitution commence à entrer en vigueur, les assemblées de département et de district, les tribunaux s'organisent, les couvents, les chapitres se ferment, les biens nationaux vont être mis en vente. Louis XVI comprend que quelque chose de définitif prend racine. Il constate en même temps que l'autorité de La Fayette s'affaiblit de jour en jour. Les quarante-huit sections, qui ont remplacé dans la capitale, au mois de juin 1790, les soixante anciens districts, sont autant de petites municipalités turbulentes dans la grande. Elles prennent très vite position contre l'Hôtel de Ville. En septembre et octobre 1790, elles votent des blâmes aux ministres qu'elles accusent d'impéritie et de connivence avec les aristocrates. Leur orateur, l'avocat Danton, sans doute soufflé par les Lameth, vient en leur nom exiger le renvoi des ministres à la barre de l'Assemblée. Celle-ci écarte leur motion de blâme, le 20 octobre, mais à une si petite majorité que les ministres visés démissionnent. Seul Montmorin, épargné par Danton, reste en place. Le roi subit avec colère la violence qui lui est faite. Il n'accepte qu'à contrecœur des mains de La Fayette les nouveaux ministres qui lui sont imposés : Duportail à la Guerre, Duport-Dutertre à la Justice, Delessart à l'Intérieur, etc. Il a le sentiment que la Constitution, qui lui donne le droit de choisir librement ses ministres, a été violée. Il ne pardonne pas à La Fayette son attitude ambiguë dans la crise. Il passe décidément à la contre-révolution.

Le 20 octobre, le jour même où s'était terminé le débat sur les ministres devant l'Assemblée, il recevait un des émigrés de la première heure, l'évêque de Pamiers, d'Agout, revenu tout exprès de Suisse pour l'exciter à l'action, et il donnait à d'Agout et au baron de Breteuil pleins pouvoirs pour traiter en son nom avec les cours étrangères dans le but de provoquer leur intervention en faveur du rétablissement de son autorité légitime.

Son plan est simple. Il endormira les révolutionnaires par une apparente résignation à leurs volontés, mais il ne fera rien pour faciliter l'application de la Constitution. Au contraire ! Quand les évêques aristocrates protesteront avec violence contre les décrets sur le clergé, il n'aura pas un mot, pas un geste pour les désavouer et les rappeler au devoir. Il donnera lui-même l'exemple de son hostilité aux décrets qu'il avait acceptés en composant sa chapelle uniquement de prêtres non jureurs. Déjà il s'était arrangé pour que l'acceptation qu'il donna tardivement, le 26 décembre 1790, au décret sur le serment parût un acte forcé. Il avait attendu que la Constituante lui adressât des sommations répétées et que son ministre Saint-Priest lui offrît sa démission, et il s'était écrié devant ses proches en donnant enfin sa signature : « J'aimerais mieux être roi de Metz que de demeurer roi de France dans une telle position, mais cela finira bientôt. »

Il n'encourage pas cependant les insurrections partielles qu'il estime prématurées et vouées à un échec certain et il blâme le comte d'Artois et les émigrés qui continuent à les fomenter contre ses avis (complot de Lyon en décembre 1790). Il n'a confiance que dans une intervention collective des rois appuyée par des démonstrations militaires et tout l'effort de son ministre occulte Breteuil est dirigé en ce sens. Il s'est réjoui du rapprochement qui s'est fait, à la fin de juillet 1790, à Reichenbach, entre la Prusse et l'Autriche, sous la médiation de l'Angleterre. Ce rapprochement va permettre à l'empereur, son beau-frère, de reconquérir la Belgique qui s'est révoltée contre ses réformes à la fin de 1788. Les troupes autrichiennes rentrent, en effet, dans les Pays-Bas le 22 novembre et le 2 décembre tout le pays est pacifié. Quand le moment sera venu, Louis XVI s'enfuira secrètement vers Montmédy rejoindre les troupes de Bouillé. L'armée autrichienne toute proche lui prêtera main-forte.

L'empereur a un prétexte tout trouvé pour faire marcher ses soldats. Les princes allemands qui possèdent en Alsace et en Lorraine des fiefs seigneuriaux ont été lésés par les arrêtés du 4 août qui ont supprimé leurs justices et les servitudes personnelles qui pesaient sur leurs paysans. La Constituante leur a fait offrir des indemnités. Il importe qu'ils les refusent afin de maintenir le conflit ouvert. Louis XVI envoie en Allemagne le fermier général Augeard pour les engager secrètement à porter leurs réclamations à la diète d'Empire. Dès que la conquête des Pays-Bas est achevée, l'empereur prend l'affaire en main. Il adresse à Montmorin, le 14 décembre 1790, une note officielle pour protester, au nom des traités de Westphalie, contre l'application des arrêtés du 4 août aux princes allemands propriétaires en Alsace et en Lorraine.

L'appui de l'empereur était l'appui décisif sur lequel comptait le couple royal pour réussir. Mais Breteuil essayait de faire entrer

Albert Mathiez

dans la Sainte Ligue monarchique outre le pape, l'Espagne, la Russie, la Suède, la Sardaigne, le Danemark et les cantons suisses. On n'escomptait pas le concours de la Prusse et de l'Angleterre, mais on cherchait du moins à les neutraliser. Bouillé conseillait d'abandonner une île à l'Angleterre et Champcenetz fut en effet envoyé à Londres au début de 1791 pour offrir des compensations territoriales aux Indes ou aux Antilles. L'Espagne liquidait son conflit colonial avec l'Angleterre et faisait pression sur le pape pour qu'il déchaînât en France la guerre religieuse. Le roi de Suède Gustave III, paladin du droit divin, faisait sa paix avec la Russie et s'installait à Spa d'où il envoyait ses encouragements à Louis XVI. Le pape protestait par des notes acerbes contre la spoliation de son territoire d'Avignon et du Comtat. Mais tout dépendait de l'empereur et le sage Léopold, plus préoccupé des affaires de Turquie, de Pologne et de Belgique que des affaires de France, se montrait sceptique sur le projet de fuite de son beau-frère, accumulait les objections et les échappatoires, s'abritait derrière le concert préalable des puissances à réaliser et ne promettait qu'un concours conditionnel et à terme. Huit mois furent perdus en vaines négociations avec Vienne. Le secret s'ébruita. Dès le mois de décembre 1790 les journaux démocrates, *L'Ami du peuple* de Marat, *Les Révolutions de Paris* de Prudhomme font allusion à la fuite prochaine du roi et Dubois-Crancé en dénonce le projet aux Jacobins le 20 janvier 1791.

Déjà s'esquisse dans la presse d'extrême gauche, dans *Le Mercure national* de Robert, dans *Le Creuset* de Rutledge, dans *La Bouche de fer* de Bonneville, dans *Les Révolutions de Paris,* une campagne d'inspiration républicaine. On joue *Brutus* de Voltaire au Théâtre-Français en novembre 1790 et la pièce est accueillie « avec ivresse ». La Vicomterie lance son pamphlet républicain *Du Peuple et des Rois.* L'abbé Fauchet termine un de ses discours, en février 1791 devant les Amis de la Vérité, par cette parole dont le retentissement fut grand : « Les tyrans sont mûrs ! »

Le parti démocratique accentue ses progrès. En octobre 1790 le franc-maçon Nicolas de Bonneville, directeur de *La Bouche de fer,* groupe au cirque du Palais-Royal, une fois par semaine, les Amis de la Vérité, devant qui l'abbé Fauchet commente le *Contrat social.* Les Amis de la Vérité sont cosmopolites. Ils rêvent d'éteindre les haines entre les nations et entre les classes. Leurs idées sociales paraissent très hardies aux Jacobins eux-mêmes.

A côté des grands clubs, les clubs de quartier apparaissent. Dans l'été de 1790, l'ingénieur Dufourny, le médecin Saintex, l'imprimeur Momoro fondent dans l'ancien district des Cordeliers, devenu la section du Théâtre-Français, la société des Amis des Droits de l'homme et du citoyen, qu'on appelle aussi d'un nom plus court le club des Cordeliers, parce qu'il siège d'abord dans le couvent des Cordeliers avant d'en être chassé par Bailly et d'émigrer dans la salle du Musée, rue Dauphine. Les Amis des Droits de l'homme ne sont pas une académie politique, mais un groupement de combat. « Leur but principal, dit leur charte constitutive, est de dénoncer au tribunal de l'opinion publique les abus des différents pouvoirs et toute espèce d'atteinte aux Droits de l'homme. » Ils se donnent pour les protecteurs des opprimés, les redresseurs des abus. Leur mission est de surveiller, de contrôler et d'agir. Sur leurs papiers officiels ils arborent « l'œil de la surveillance », grand ouvert sur toutes les défaillances des élus et des fonctionnaires. Ils visitent dans les prisons les patriotes persécutés, ils entreprennent des enquêtes, ils ouvrent des souscriptions, ils provoquent des pétitions, des manifestations, au besoin des émeutes. Par leur cotisation minime, deux sols par mois, ils se recrutent dans la petite bourgeoisie et même parmi les citoyens passifs. C'est ce qui fait leur force. Ils peuvent à l'occasion toucher et émouvoir les masses.

Les Cordeliers ont bientôt derrière eux d'autres clubs de quartier qui se multiplient dans l'hiver de 1790 et 1791 sous le nom de sociétés fraternelles ou de sociétés populaires. La première en date, fondée par un pauvre maître de pension, Claude Dansard, tenait ses séances dans une des salles du couvent des Jacobins où siègent déjà les Amis de la Constitution. Dansard rassemblait à la lueur d'une chandelle qu'il apportait dans sa poche les artisans, les marchands de légumes, les manœuvres du quartier et il leur lisait les décrets de la Constituante qu'il leur expliquait. Marat, toujours clairvoyant, comprit combien ces clubs à l'usage des petites gens pouvaient rendre de services aux démocrates. Il poussa de toutes ses forces à leur création. Il y en eut bientôt dans tous les quartiers de Paris. C'est par eux que se fit l'éducation politique des masses, par eux que furent levés et embrigadés les gros bataillons populaires.

Albert Mathiez

Leurs fondateurs, Tallien, Méhée Latouche, Lebois, Sergent, Concedieu, l'abbé Danjou, étaient tous Cordeliers. Ils joueront un rôle important sous la Terreur. Pour l'instant ils appuient de toutes leurs forces la campagne démocratique contre La Fayette, contre les prêtres réfractaires et contre la Cour. Leur idéal emprunté à Jean-Jacques Rousseau est le gouvernement direct. Ils entendent que la Constitution et les lois elles-mêmes soient soumises à la ratification du peuple et ils expriment de bonne heure leur défiance contre l'oligarchie des politiciens qui succède à l'oligarchie des nobles et des prêtres. Ils reprochent à la Constituante de n'avoir pas soumis au peuple la nouvelle Constitution et d'avoir accumulé les obstacles à sa révision.

Au mois de mai 1791 les Cordeliers et les sociétés fraternelles se rapprochent et se fédèrent. Un comité central, présidé par le journaliste républicain Robert, leur sert de lien. La crise économique provoquée par la baisse de l'assignat commence déjà à se faire sentir. Robert et ses amis comprennent le parti qu'ils pourront en tirer et ils s'efforcent de se concilier le cœur des ouvriers de Paris qui s'agitent pour faire élever leurs salaires. Les grèves éclatent nombreuses, grèves de charpentiers, de typographes, de chapeliers, de maréchaux ferrants, etc. Bailly veut interdire les réunions corporatives. La Constituante vote, le 14 juin 1791, la loi Chapelier qui réprime sévèrement comme un délit toute coalition pour imposer un prix uniforme aux patrons. Robert proteste dans *Le Mercure national* contre la mauvaise volonté des pouvoirs publics à l'égard des ouvriers. Il mêle habilement les revendications démocratiques aux revendications corporatives et reprend, avec l'appui de Robespierre, la campagne contre le cens électoral. L'agitation s'étend aux villes de province. Elle prend manifestement les caractères d'une lutte de classes. Les journaux fayettistes dénoncent avec ensemble les démocrates comme des anarchistes qui en veulent à la propriété.

Si Louis XVI et Marie-Antoinette avaient été attentifs à ces symptômes, ils auraient compris que la force grandissante du mouvement démocratique diminuait de plus en plus les chances d'une contre-révolution même appuyée sur les baïonnettes étrangères. Mais ils fermaient les yeux ou se laissaient endormir par Mirabeau qui leur représentait que les divisions des révolutionnaires travaillaient pour eux. L'antagonisme se faisait en effet plus profond entre les fayettistes et les lamethistes. Les premiers ne mettaient plus les pieds aux Jacobins. Les seconds perdaient de jour en jour leur influence sur le club où ils voyaient se dresser devant eux Robespierre qui leur reprochait leur trahison dans l'affaire du droit de vote des hommes de couleur. Barnave était devenu impopulaire depuis que, pour plaire aux Lameth, grands propriétaires à Saint-Domingue, il s'était fait l'organe des colons blancs contre les Noirs libres. Mirabeau attisait de son mieux ces luttes intestines. Il avait obtenu sur la liste civile une riche dotation pour organiser avec Talon et Sémonville une agence de publicité et de corruption qui répandait les brochures et les journaux royalistes et achetait les clubistes à vendre. La Cour avait des agents jusque dans le comité des Jacobins (Villars, Bonnecarrère, Desfieux, etc.), jusque parmi les Cordeliers (Danton). Cela lui donnait une fausse sécurité. Elle commit des imprudences, dont l'une des plus graves fut le départ de Mesdames, filles de Louis XV, qui quittèrent la France pour se rendre à Rome, au mois de février 1791. Ce départ provoqua une vive agitation dans toute la France. « Le salut de la chose publique, écrivit Gorsas dans son *Courrier,* interdit à Mesdames d'aller porter leurs personnes et leurs millions chez le pape ou ailleurs. Leurs personnes, nous devons les garder précieusement, car elles contribuent à nous garantir contre les intentions hostiles de leur neveu M. d'Artois et de leur cousin Bourbon-Condé. » « Nous sommes en guerre avec les ennemis de la Révolution, ajoutait Marat, il faut garder ces béguines en otages et donner triple garde au reste de la famille. » Cette idée que la famille royale était un otage, qui les protégerait contre les vengeances des émigrés et des rois, s'ancra profondément dans l'esprit des révolutionnaires. Mesdames furent arrêtées à deux reprises, à Moret et à Arnay-le-Duc, au cours de leur voyage. Il fallut un ordre spécial de l'Assemblée pour qu'elles pussent continuer leur route. Des troubles éclatèrent à Paris. Les dames de la Halle se portèrent chez Monsieur, frère du roi, pour lui demander sa parole de rester à Paris. Les Tuileries furent assiégées, le 24 février, et La Fayette eut peine à les dégager.

Mirabeau aurait voulu que le roi s'enfuît vers la Normandie plutôt que vers la Lorraine. Le 28 février, des ouvriers du faubourg Saint-Antoine allèrent démolir le donjon de Vincennes. Pendant que La

Fayette et la garde nationale se rendaient à Vincennes pour faire cesser le désordre, quatre cents nobles, armés de poignards, se donnaient rendez-vous aux Tuileries, mais La Fayette, prévenu à temps, put revenir au château pour désarmer « les chevaliers du poignard ». On soupçonna que l'émeute de Vincennes avait été soudoyée par la Cour et que les chevaliers du poignard s'étaient rassemblés pour protéger la fuite du roi pendant que la garde nationale serait occupée hors de Paris.

L'Assemblée, si hostile qu'elle fût aux factieux, c'est-à-dire aux opposants de gauche, ne laissait pas de s'inquiéter des manœuvres des aristocrates. Lamethistes et fayettistes étaient alors d'accord avec Robespierre et l'extrême gauche pour repousser toute intervention des rois dans nos affaires intérieures. Depuis le congrès de Reichenbach, ils avaient l'œil ouvert sur les frontières. Déjà, à la fin de juillet 1790, quand le gouvernement autrichien avait demandé l'autorisation de faire passer sur notre territoire une partie des troupes qu'il destinait à la répression de la révolte des Belges, ils avaient fait voter par l'Assemblée, le 28 juillet, un décret formel qui refusait cette autorisation, et, le même jour, un autre décret avait invité le roi à fabriquer des canons, des fusils et des baïonnettes. Quand les bruits de la prochaine fuite du roi commencèrent à circuler, l'Assemblée décida, le 28 janvier 1791, que les régiments des frontières seraient renforcés. Au lendemain du départ de Mesdames, le 21 février, elle commença la discussion d'une loi contre l'émigration, à la grande indignation de Mirabeau qui invoqua contre le projet la Déclaration des droits de l'homme. Le 7 mars, son comité des recherches prenait connaissance d'une lettre compromettante que la reine avait adressée à l'ambassadeur autrichien Mercy-Argenteau. Aussitôt elle abordait la discussion de la loi sur la régence. Alexandre Lameth s'écriait, à cette occasion, que la nation avait le droit « de répudier le roi qui abandonnerait la place qui lui est assignée par la Constitution », et il ajoutait, au milieu des interruptions de la droite : « Le comité présente avec raison la désertion possible d'un roi comme une abdication. » Le décret voté exclut les femmes de la régence. Le coup tombait droit sur Marie-Antoinette. Les troupes autrichiennes ayant occupé le pays de Porrentruy, à la fin de mars, le député alsacien Reubell, appuyé par Robespierre, s'éleva vivement contre cette menace et dénonça violemment les rassemblements d'émigrés sur nos frontières.

Mirabeau mourut subitement des suites d'une nuit d'orgie le 2 avril 1791. Les démocrates avertis savaient qu'il était depuis longtemps aux gages de la Cour. Le club des Cordeliers retentit d'imprécations contre sa mémoire, mais la popularité du tribun machiavélique était encore telle dans les milieux populaires que l'Assemblée ne put s'empêcher de lui voter des funérailles nationales dans l'église Sainte-Geneviève transformée en Panthéon.

La Cour ne fut pas longtemps privée de conseillers. Les Lameth et Talleyrand s'offrirent pour tenir le rôle de Mirabeau et leurs services furent agréés. Alexandre Lameth devint le distributeur des fonds de la liste civile. Son frère Charles et Adrien Duport fondèrent aussitôt, avec l'argent de la Cour, un grand journal, *Le Logographe*, destiné à supplanter le fayettiste *Moniteur*. Talleyrand promit de faire reconnaître la liberté du culte réfractaire et nous avons vu qu'il tint sa promesse. Mais Louis XVI ne se servait de ces hommes qu'en les méprisant. Il ne leur confia pas son secret.

Il s'impatientait des atermoiements de Léopold à qui il avait demandé vainement une avance de quinze millions. Il résolut de brusquer les choses. Le 17 avril il communia des mains du cardinal de Montmorency, à la grande indignation des gardes nationaux présents qui firent entendre dans la chapelle des protestations et des murmures. Le lendemain, 18 avril, il devait se rendre à Saint-Cloud pour y passer les fêtes de Pâques, comme il avait fait l'année précédente. Le bruit s'était répandu que le voyage de Saint-Cloud n'était que le début d'un plus long voyage. La foule s'attroupa devant les Tuileries et, quand le roi voulut sortir, les gardes nationaux, au lieu d'ouvrir le passage aux voitures, en empêchèrent le départ. La Fayette a soupçonné que l'affaire avait été arrangée d'avance pour fournir au roi le moyen de démontrer à l'empereur et aux rois de l'Europe qu'il était gardé comme un prisonnier dans son palais. L'émeute aurait été préparée dans ce but par Danton. En remontant au château, la reine dit à ceux qui l'entouraient : « Au moins, vous avouerez que nous ne sommes pas libres. »

Louis XVI n'eut plus dès lors aucun scrupule à tromper les révolutionnaires. Il se rendit le lendemain à l'Assemblée pour déclarer qu'il était libre et que c'était de sa pleine volonté qu'il avait renoncé à son voyage à Saint-Cloud. « J'ai accepté, dit-il, la Constitution, dont la Constitution civile du clergé fait partie. Je la maintiendrai de tout mon pouvoir. » Il se rendit à la messe du curé constitutionnel de Saint-Germain-l'Auxerrois. Il déclara aux souverains, dans une circulation diplomatique, qu'il avait adhéré à la Révolution sans esprit de retour et sans réserves. Mais, en même temps, il faisait avertir les rois par Breteuil de n'attacher aucune importance à ses déclarations publiques. Marie-Antoinette priait l'empereur son frère de faire avancer quinze mille hommes à Arlon et Virton pour prêter main-forte à Bouillé. L'empereur répondit, le 18 mai, au comte de Durfort qui lui avait été envoyé à Mantoue, qu'il enverrait les troupes, mais qu'il ne pourrait intervenir qu'après que le roi et la reine seraient sortis de Paris et auraient répudié la Constitution par un manifeste. Il refusa les quinze millions.

Louis XVI se procura de l'argent au moyen d'emprunts à des banquiers. Il partit le 20 juin, vers minuit, déguisé en valet de chambre, dans une grosse berline fabriquée tout exprès. Le comte de Provence partit en même temps, mais par une autre route. Il atteignit la Belgique sans encombre. Mais Louis XVI, reconnu à Sainte-Menehould par le maître de poste Drouet, fut arrêté à Varennes. L'armée de Bouillé arriva trop tard pour le délivrer. Les hussards stationnés à Varennes passèrent au peuple. La famille royale rentra à Paris au milieu d'une haie de gardes nationales accourues des plus lointains villages pour empêcher ce précieux otage de passer à l'ennemi. Le manifeste que Louis XVI avait lancé au départ pour condamner l'œuvre de la Constituante et appeler ses fidèles à l'aide n'avait eu pour effet que de mettre debout toute la France révolutionnaire. Les aristocrates et les prêtres réfractaires furent mis en surveillance, désarmés, internés. Les plus ardents émigrèrent et cette nouvelle émigration affaiblit encore les forces sur lesquelles la royauté aurait pu compter à l'intérieur. Dans certains régiments tous les officiers désertèrent.

Toute la France crut que la fuite du roi était le prélude de la guerre étrangère. Le premier acte de l'Assemblée, le 21 juin au matin, avait été d'ordonner la fermeture des frontières, l'interdiction de la sortie du numéraire, des armes et des munitions. Elle mobilisa les gardes nationales du Nord-Est et ordonna la levée de 100 000 volontaires recrutés dans les gardes nationales et payés à raison de quinze sols par jour. Elle délégua plusieurs de ses membres, qu'elle investit de pouvoirs presque illimités, pour recevoir dans les départements les serments des troupes de ligne, visiter les forteresses, les arsenaux, les magasins militaires. Sans même attendre l'arrivée de ces commissaires les villes de l'Est s'étaient mises en état de défense.

Les craintes d'une guerre étrangère n'étaient pas chimériques. Déjà les relations diplomatiques étaient rompues avec le pape. Le roi de Suède ordonna à tous les sujets suédois de quitter la France. L'impératrice de Russie, Catherine II, mit en quarantaine notre chargé d'affaire Genêt. L'Espagne expulsa nos nationaux par milliers. Elle ordonna des mouvements de troupes en Catalogne et en Navarre. Quant à l'empereur il lança de Padoue, le 6 juillet, à tous les souverains une circulaire pour les inviter à se joindre à lui « de conseil, de concert et de mesures pour revendiquer la liberté et l'honneur du roi très chrétien et de sa famille et pour mettre des bornes aux extrémités dangereuses de la Révolution française ». De retour à Vienne, il fit dire à notre ambassadeur, le marquis de Noailles, de cesser de paraître à la Cour tant que durerait la suspension de Louis XVI. Son chancelier, le vieux Kaunitz, signait avec la Prusse, le 25 juillet, les préliminaires d'un traité d'alliance offensive et défensive et projetait de convoquer à Spa ou à Aix-la-Chapelle un congrès européen pour s'occuper spécialement des affaires de France.

La guerre cependant fut évitée, en grande partie parce que Louis XVI demanda lui-même à son beau-frère de l'ajourner et parce que les chefs de la Constituante, par crainte de la démocratie, n'osèrent pas détrôner le monarque parjure et fugitif et préférèrent finalement lui rendre la couronne.

Le retour de Varennes, le spectacle des foules armées et frémissantes, le silence impressionnant du peuple de Paris qui resta couvert au passage de la berline royale, la lecture des journaux démocrates remplis d'insultes et de cris de haine, tout cela fit faire de sérieuses réflexions au couple royal. Il comprit toute l'étendue de son impopularité. Il se dit qu'une guerre étrangère augmenterait l'effervescence et menacerait sa sécurité personnelle. Il eut peur.

Déjà Monsieur songeait à se proclamer régent pendant la captivité de son frère. Louis XVI, qui n'avait en ses frères qu'une confiance limitée, ne voulut pas abdiquer entre leurs mains. Il retint l'empereur. « Le roi pense, écrivit Marie-Antoinette à Fersen, le 8 juillet, que la force ouverte, même après une première déclaration, serait d'un danger incalculable non seulement pour lui et sa famille, mais même pour tous les Français qui, dans l'intérieur du royaume, ne pensent pas dans le sens de la Révolution. »

Or, il se trouva que les dirigeants de la Constituante voulurent, eux aussi, conserver la paix pour des motifs multiples et graves. Ils avaient été effrayés de l'explosion démocratique et républicaine qui s'était produite à Paris et dans toute la France à la nouvelle de la fuite du roi. A Paris, le brasseur Santerre avait armé deux mille sans-culottes, citoyens passifs, du faubourg Saint-Antoine. On avait démoli un peu partout les statues des rois. On avait effacé sur toutes les enseignes et jusque sur les plaques des rues le mot royal. De nombreuses et violentes pétitions venues de Montpellier, Clermont-Ferrand, Bayeux, Lons-le-Saunier, etc., exigeaient la punition du roi parjure, son remplacement immédiat et même la république. Les conservateurs de l'Assemblée se réunirent pour enrayer le mouvement démocratique. Dès le 21 juin, Bailly se servit du mot « enlèvement » pour caractériser l'évasion du roi. L'Assemblée s'appropria le mot, voulant par là dégager la responsabilité personnelle de Louis XVI afin de le maintenir éventuellement sur le trône. Le marquis de Bouillé, réfugié en Luxembourg, facilita indirectement la manœuvre par le manifeste insolent où il déclara qu'il était seul responsable de l'événement. Les constituants le prirent au mot.

Il n'y eut guère parmi les patriotes conservateurs que le petit groupe des amis de La Fayette, La Rochefoucaud, Dupont de Nemours, Condorcet, Achille Duchâtelet, Brissot, Dietrich, le maire de Strasbourg, tous membres du club de 1789, pour pencher un instant vers la République sans doute avec l'arrière-pensée de placer à sa tête « le héros des Deux Mondes ». Mais La Fayette n'osa pas se prononcer. Il avait eu besoin de l'appui des Lameth pour faire face aux attaques des démocrates qui l'accusèrent, par l'organe de Danton, de complicité dans la fuite du roi. Il se rallia à l'avis de la majorité.

Quand ils apprirent que Louis XVI était arrêté, les constituants respirèrent. Ils se dirent qu'ils pourraient éviter la guerre. La personne de Louis XVI, l'otage, leur servirait de palladium. Le calcul s'étale dans le journal officieux *La Correspondance nationale* du 25 juin. « Nous devons éviter de donner aux puissances étrangères, ennemies de notre Constitution, des prétextes de nous attaquer. Si nous détrônons Louis XVI, ils armeront toute l'Europe contre nous, sous prétexte de venger un roi outragé. Respectons Louis XVI, quoique coupable envers la nation française d'une trahison infâme, respectons Louis XVI, respectons sa famille, non pour lui, mais pour nous. » Toutes les bonnes gens qui voulaient la paix comprirent ce langage et y applaudirent. D'ailleurs les Lameth avaient, pour ménager le roi, de bonnes raisons, puisqu'ils émargeaient déjà sur la liste civile pour leur journal *Le Logographe*.

Pour maintenir Louis XVI sur le trône, ils firent valoir encore que si on le détrônait, on serait obligé d'établir une régence. Qui serait régent ? Le duc d'Orléans, mais le duc serait-il reconnu sans opposition ? Les frères du roi, quoique émigrés, gardaient des partisans. Ils seraient soutenus par les puissances étrangères. Puis le duc d'Orléans était entouré d'aventuriers. On l'accusait de subventionner les meneurs populaires, notamment Danton qui réclamait, en effet, avec Réal, la déchéance de Louis XVI et son remplacement par un garde de la royauté qui ne pouvait être que le duc ou son fils, le duc de Chartres, le futur Louis-Philippe, dont la candidature fut nettement posée dans la presse. Si on rejetait la régence, irait-on jusqu'à la république ? Mais la république, réclamée par les Cordeliers, c'était non seulement la guerre extérieure, mais la guerre civile, car le peuple ne paraissait pas préparé à ce gouvernement si nouveau pour lui.

Les constituants préférèrent donc garder Louis XVI en prenant quelques précautions. Ils ne le remettraient en fonctions qu'après avoir révisé la Constitution et quand il l'aurait acceptée et jurée de nouveau. Sans doute Louis XVI serait forcément un roi discrédité, sans prestige. Les Lameth et Barnave s'en consolaient aisément. Ils se disaient qu'un fantoche, qui leur devrait la conservation de sa couronne, ne pourrait plus gouverner sans eux et sans la classe sociale qu'ils représentaient. Dès le retour de Varennes, ils offrirent à la reine leurs services qui furent acceptés avec empressement. Alliance sans bonne foi de part et d'autre. Les Lameth et Barnave

Albert Mathiez

pensaient exercer sous le nom du roi la réalité du pouvoir. La reine et le roi se réservaient de rejeter ces instruments dès que le péril serait passé. Le roi fut donc mis hors de cause par l'Assemblée, malgré les vigoureux efforts de Robespierre. On ne fit le procès qu'aux auteurs de son « enlèvement », à Bouillé qui était en fuite et à quelques comparses. Le 15 juillet, Barnave entraîna le vote par un grand discours où il s'attacha à confondre la République avec l'anarchie : « Je place ici la véritable question : Allons-nous terminer la Révolution, allons-nous la recommencer ? Vous avez rendu tous les hommes égaux devant la loi, vous avez consacré l'égalité civile et politique, vous avez repris pour l'État tout ce qui avait été enlevé à la souveraineté du peuple, un pas de plus serait un acte funeste et coupable, un pas de plus dans la ligne de la liberté serait la destruction de la royauté, dans la ligne de l'égalité, la *destruction de la propriété*. »

Cet appel au conservatisme fut entendu de la bourgeoisie. Mais le peuple de Paris, soulevé par les Cordeliers et par les sociétés fraternelles, fut plus difficile à convaincre. Les pétitions et les manifestations menaçantes se succédèrent. Les Jacobins, un instant, se laissèrent entraîner à demander la déchéance du roi et « son remplacement par les moyens constitutionnels », c'est-à-dire par une régence. Mais les Cordeliers désavouèrent cette pétition orléaniste rédigée par Brissot et Danton. Le 17 juillet, ils se réunirent au Champ-de-Mars pour signer sur l'autel de la patrie une pétition franchement républicaine rédigée par Robert. L'Assemblée prit peur. Prétextant quelques désordres étrangers au mouvement qui s'était produit le matin au Gros-Caillou, elle ordonna au maire de Paris de dissiper le rassemblement du Champ-de-Mars. La foule paisible fut fusillée sans sommations, à sept heures du soir, par les gardes nationaux de La Fayette qui entrèrent au pas de course dans l'enceinte. Les morts furent nombreux.

Après le massacre, la répression. Un décret spécial, véritable loi de sûreté générale, fit planer la terreur sur les chefs des sociétés populaires qui furent arrêtés et mis en jugement par centaines. Leurs journaux furent supprimés ou cessèrent de paraître. Il s'agissait de décapiter le parti démocratique et républicain au moment où allaient s'ouvrir les élections à la Législative. Déjà toute la partie conservatrice des Jacobins avait fait scission, le 16 juillet, et avait fondé un nouveau club dans le couvent des Feuillants. A peu près seuls parmi les députés, Robespierre, Anthoine, Petion, Coroller restèrent aux Jacobins, mais furent assez heureux pour maintenir dans leur sillage la plupart des clubs des départements.

Désormais les *Feuillants,* c'est-à-dire les fayettistes et lamethistes réunis, s'opposent avec violence aux Jacobins, épurés de leur aile droite. Pour l'instant les premiers gardent le pouvoir. Adrien Duport, Alexandre Lameth et Barnave négocient secrètement avec l'empereur, par l'intermédiaire de l'abbé Louis qu'ils envoient à Bruxelles, pour maintenir la paix. Léopold conclut de leurs avances que les révolutionnaires ont eu peur de ses menaces de Padoue et qu'ils sont moins dangereux qu'il ne l'avait supposé et, comme ils promettent de sauver la monarchie, il renonce au congrès et à la guerre, d'autant plus aisément qu'il se rend compte, par les réponses très froides faites par les puissances à sa circulaire, que le concert européen contre la France est impossible à réaliser. Pour masquer sa reculade, il convient de signer avec le roi de Prusse une déclaration conjointe qui ne menaçait plus les révolutionnaires qu'au conditionnel. Mais cette déclaration de Pillnitz du 25 août 1791 est exploitée par les princes qui affectent d'y voir une promesse de concours. Ceux-ci lancent, le 10 septembre, un violent manifeste pour adjurer Louis XVI de refuser sa signature à la Constitution.

Nul doute que le triumvirat ne dut faire un sérieux effort pour décider le roi à donner sa signature, car il la fit attendre du 3 au 14 septembre. Les triumvirs lui représentèrent que la Constitution avait été améliorée par la révision à laquelle ils l'avaient soumise après son retour. Ils lui firent valoir notamment que la Constitution civile du clergé n'était plus désormais une loi constitutionnelle, mais une loi ordinaire que le corps législatif pourrait par conséquent modifier. Des restrictions importantes avaient été apportées à la liberté des clubs. Si les conditions censitaires de l'éligibilité (le marc d'argent) avaient été supprimées pour les candidats à la députation, en revanche celles mises à l'électorat avaient été aggravées. Ils ajoutèrent qu'ils s'efforceraient de faire prévaloir à l'avenir le système des deux chambres, qu'ils avaient tant combattu en septembre 1789, et ils s'engagèrent encore à défendre le veto absolu et le droit pour le roi de nommer les juges. Le roi se soumit et très habilement il demanda à l'Assemblée une amnistie générale qui fut votée d'enthousiasme. Aristocrates et républicains furent remis en liberté. Partout des fêtes s'organisèrent pour fêter l'achèvement de la Constitution. La bourgeoisie croyait la Révolution terminée. Elle était à la joie, car le danger de la guerre civile et de la guerre étrangère paraissait écarté. Restait à savoir si ses représentants, les Feuillants, pourraient conduire à la fois la Cour et la nouvelle Assemblée qui allait se réunir. Or, Robespierre, en faisant appel au désintéressement de ses collègues, leur avait fait voter un décret qui les rendait tous inéligibles à la Législative. Un personnel politique nouveau était à la porte. Restait à savoir enfin si le parti démocratique pardonnerait à la bourgeoisie conservatrice la dure répression dont il venait de pâtir et s'il consentirait à subir longtemps la domination des privilégiés de la richesse après avoir renversé les privilégiés de la naissance.

11

LA GUERRE

A ne considérer que les apparences, la Législative, qui se réunit le 1er octobre 1791, semblait devoir continuer la Constituante. 136 de ses membres seulement rallièrent les Jacobins, tandis que 264 s'inscrivirent aux Feuillants. Mais le centre, les indépendants, au nombre de 345, qui forment la majorité, étaient sincèrement attachés à la Révolution. S'ils craignaient de faire le jeu des factions, ils entendaient bien n'être pas dupes de la Cour dont ils se défiaient.

Les Feuillants étaient divisés en deux tendances ou plutôt en deux clientèles. Les uns comme Mathieu Dumas, Vaublanc, Dumolard, Jaucourt, Théodore Lameth (frère d'Alexandre et de Charles) suivaient le mot d'ordre du triumvirat. Les autres comme Ramond, Beugnot, Pastoret, Gouvion, Daverhoult, Girardin (le ci-devant marquis protecteur de Jean-Jacques Rousseau) puisaient leurs inspirations auprès de La Fayette.

La Fayette, qui était odieux à la reine, souffrait dans sa vanité de n'être pas dans le secret des relations des triumvirs avec la Cour. Alors que ceux-ci allaient très loin dans la voie de la réaction, jusqu'à accepter les deux Chambres, le veto absolu, la nomination des juges par le roi, La Fayette s'en tenait à la Constitution et répugnait à sacrifier les principes de la Déclaration des droits qu'il considérait comme son œuvre. Il n'avait pas, autant que les Lameth, un intérêt personnel à restaurer le pouvoir royal depuis que la Cour le tenait à l'écart.

Les divisions intestines des Feuillants leur firent perdre, au mois de novembre 1791, la mairie de Paris. Après la retraite de Bailly, La Fayette, qui s'était démis de ses fonctions de commandant de la garde nationale, se laissa porter comme candidat à la succession. Les journaux de la Cour combattirent sa candidature et le firent échouer. Le Jacobin Petion fut élu, le 16 novembre, par 6 728 voix, tandis que le général au cheval blanc n'en obtint que 3 126. Le nombre des abstentions fut énorme (il y avait 80 000 citoyens actifs à Paris). Le roi et la reine se félicitèrent du résultat. Ils étaient persuadés que les révolutionnaires se perdraient par leurs propres excès. « Même par l'excès du mal, écrivait Marie-Antoinette à Fersen, le 25 novembre, nous pourrons tirer parti plus tôt qu'on ne pense de tout ceci, mais il faut une grande prudence. » C'était la politique du pire.

Peu après La Fayette fut pourvu du commandement d'une armée sur la frontière. Avant de partir il se vengea de sa déconvenue électorale en faisant nommer au poste important de procureur général syndic du département de Paris un ami de Brissot, Roederer, contre le candidat des Lameth, l'ancien constituant d'André.

Pendant que les Feuillants s'affaiblissaient par leurs querelles, les Jacobins prenaient avec hardiesse l'initiative d'une politique d'action nationale contre tous les ennemis de la Révolution, ceux de l'intérieur et ceux de l'extérieur. Élus de la moyenne bourgeoisie, qui achetait les biens nationaux et qui se livrait au négoce, ils avaient pour préoccupation essentielle de relever l'assignat, qui perdait déjà beaucoup sur l'argent, et de restaurer le change dont la hausse nous ruinait au profit de l'étranger. Le problème économique se liait pour eux étroitement au problème politique. Si la monnaie révolutionnaire subissait une dépréciation, c'est que les menaces des émigrés et des rois, c'est que les troubles provoqués par les aristocrates et les prêtres détruisaient la confiance. Il fallait, par des mesures énergiques, couper court aux espérances et aux menées des contre-révolutionnaires et faire reconnaître la Constitution par l'Europe monarchique. C'est à ce prix seulement qu'on ferait

Albert Mathiez

cesser la grave crise économique et sociale qui empirait.

A l'automne les troubles avaient recommencé dans les villes et dans les campagnes. Ils s'aggravèrent avec l'hiver et durèrent plusieurs mois. Dans les villes ils furent causés en premier lieu par le renchérissement excessif des denrées coloniales, sucre, café, rhum, que la guerre de races déchaînée à Saint-Domingue raréfiait. Il y eut des désordres à Paris, à la fin de janvier 1792, autour des magasins et des boutiques des épiciers que la foule obligea, sous menace de pillage, à baisser le prix de leurs marchandises. Les sections des faubourgs commencèrent à dénoncer « les accapareurs » et certains d'entre eux, comme Dandré, Boscary, coururent quelques périls. Pour enrayer la hausse et frapper les spéculateurs à la bourse, les Jacobins firent le serment de se passer de sucre.

Dans les campagnes, le haut prix du blé fut à l'origine des émeutes, mais celles-ci furent aussi une protestation contre le maintien du régime féodal et une réplique violente aux menaces des émigrés qui, de l'autre côté de la frontière, annonçaient l'invasion. L'agitation fut peut-être moins vaste et moins profonde dans l'ensemble que celle de 1789. Elle lui ressemble pourtant par ses causes et par ses caractères. D'abord elle est spontanée comme l'autre. Impossible d'y trouver trace d'une action concertée. Les Jacobins n'ont pas conseillé cette action directe. Ils en sont effrayés. Ils cherchent à prévenir les troubles, puis à les réprimer. Les foules soulevées comptent sur les autorités pour faire baisser le coût de la vie. Elles réclament des réglementations et des taxes. Elles pillent les propriétés des émigrés, elles veulent mettre dans l'impossibilité de nuire les aristocrates et les prêtres réfractaires. Elles formulent ainsi confusément un programme de défense révolutionnaire qui se réalisera plus tard par degrés.

Les attroupements autour des voitures de grains et les pillages des marchés se produisent un peu partout dès le mois de novembre. En février, les maisons de plusieurs négociants de Dunkerque sont saccagées. Un engagement sanglant couche sur le pavé du port quatorze tués, soixante blessés. A Noyon, vers le même temps, 30 000 paysans armés de fourches, de hallebardes, de fusils, de piques, marchant sous la conduite de leurs maires, arrêtent sur l'Oise des bateaux chargés de blé et se les partagent. A la fin du mois les bûcherons et les cloutiers des forêts de Conches et de

Breteuil, tambour battant et drapeau déployé, entraînent les foules sur les marchés de la Beauce et forcent les municipalités à taxer non seulement les grains, mais les œufs, le beurre, les fers, le bois, le charbon, etc. A Etampes, le maire Simoneau, riche tanneur, qui employait soixante ouvriers, voulut résister à la taxation. Il fut tué de deux coups de fusil. Les Feuillants et les Jacobins eux-mêmes le célébrèrent comme un martyr de la loi et firent décréter une fête funèbre en son honneur. Puis ce furent les bûcherons du Morvan qui arrêtèrent le flottage des bûches et désarmèrent la garde nationale de Clamecy. Dans le Centre et le Midi les troubles furent peut-être plus graves encore. Les gardes nationales des villages du Cantal, du Lot, de la Dordogne, de la Corrèze, du Gard, etc., se portèrent, au mois de mars, sur les châteaux des émigrés, les incendièrent ou les dévalisèrent. Chemin faisant, elles forçaient les riches aristocrates à verser des contributions en faveur des volontaires qui partaient pour l'armée. Elles réclamaient la suppression complète du régime seigneurial, elles démolissaient en attendant les girouettes et les pigeonniers.

Il est vrai que, dans les contrées royalistes, comme la Lozère, c'étaient les patriotes qui n'étaient pas en sûreté. Le 26 février 1792 et les jours suivants, les paysans des environs de Mende, fanatisés par leurs prêtres, avaient marché sur la ville, forcé les troupes de ligne à l'évacuer pour se retirer à Marvejols et levé sur les patriotes des contributions pour les indemniser de leurs journées perdues. Dix patriotes avaient été emprisonnés, l'évêque constitutionnel gardé en otage, le club fermé, plusieurs maisons dévastées. Il faut noter enfin que ces troubles royalistes de la Lozère précédèrent les troubles révolutionnaires du Cantal et du Gard qui leur servirent de réplique.

Si on songe que, dans cet hiver de 1791-1792, la vente des biens d'Église est déjà fort avancée, puisqu'il en a été vendu au 1er novembre 1791 pour 1 526 millions, on se rend compte des grands intérêts qui poussent les paysans. La guerre menace. Son enjeu est formidable. Si la Révolution est vaincue, la gabelle, les aides, les tailles, les dîmes, les droits féodaux déjà supprimés seront rétablis, les biens vendus restitués à l'Église, les émigrés reviendront altérés de vengeances. Gare à leurs manants ! Ceux-ci frémissent à cette pensée.

Albert Mathiez

En 1789, la bourgeoisie des villes avait été unanime à s'armer pour réprimer avec la dernière vigueur les jacqueries paysannes et ouvrières. Cette fois, la bourgeoisie est divisée. La partie la plus riche, affolée depuis la fuite à Varennes, voudrait bien se réconcilier avec la royauté. Elle forme le gros du parti feuillant qui se confond de plus en plus avec l'ancien parti monarchien et aristocrate. Elle craint la République et la guerre. Mais l'autre partie de la bourgeoisie, moins peureuse et moins riche, a perdu toute confiance dans le roi depuis Varennes. Elle ne songe qu'à se défendre et elle comprend qu'elle ne pourra le faire qu'en gardant le contact avec la foule des travailleurs. Ceux qui la dirigent s'efforcent donc de prévenir toute scission entre le peuple et la bourgeoisie. Petion se plaint dans une lettre à Buzot, le 6 février 1792, que la bourgeoisie se sépare du peuple : « Elle se place, dit-il, au-dessus de lui, elle se croit au niveau avec la noblesse qui la dédaigne et qui n'attend que le moment favorable pour l'humilier... On lui a tant répété que c'était la guerre de ceux qui avaient contre ceux qui n'avaient pas, que cette idée-là la poursuit partout. Le peuple de son côté s'irrite contre la bourgeoisie, il s'indigne de son ingratitude, et se rappelle les services qu'il lui a rendus, il se rappelle qu'ils étaient tous frères dans les beaux jours de la liberté. Les privilégiés fomentent sourdement cette guerre qui nous conduit insensiblement à notre ruine. La bourgeoisie et le peuple réunis ont fait la Révolution ; leur réunion seule peut la conserver. » Pour arrêter les pillages et les incendies, la Législative se hâta d'ordonner, le 9 février 1792, que les biens des émigrés seraient placés sous la main de la nation. Le 29 mars, ce séquestre fut réglementé. Le rapporteur du décret, Goupilleau, le justifia en disant que les émigrés avaient causé à la France des préjudices énormes dont ils devaient réparation. En s'armant contre elle, ils l'avaient forcée à s'armer à son tour. « Leurs biens sont les garants naturels des pertes et des dépenses de tout genre qu'ils occasionnent. » Gohier ajouta que si on leur laissait l'emploi de leurs revenus, ils s'en serviraient contre leur patrie. La guerre n'était pas encore déclarée, mais déjà elle apparaissait toute proche à l'horizon.

Au milieu même des troubles du centre de la France, le 29 février 1792, un ami de Robespierre, le paralytique Couthon, député du Cantal, déclara à la tribune de l'Assemblée que, pour vaincre la coalition qui se préparait, « il fallait s'assurer la force morale du peuple, plus puissante que celle des armées », et qu'il n'y avait pour cela qu'un moyen : se l'attacher par des lois justes. Il proposa de supprimer sans indemnité tous les droits féodaux qui ne seraient pas justifiés par une concession réelle du fonds aux censitaires. Seuls seraient conservés les droits dont les seigneurs feraient la preuve, en exhibant les titres primitifs, qu'ils réalisaient cette condition. Si on réfléchit que jusque-là c'était aux paysans à prouver qu'ils ne devaient rien et que, maintenant, tout au contraire, ce serait aux seigneurs à prouver qu'on leur devait quelque chose et que la seule preuve admissible serait la production d'un contrat qui n'avait peut-être jamais existé ou qui avait eu le temps de s'égarer et de disparaître, on comprendra toute la portée de la proposition de Couthon. Les Feuillants essayèrent de la faire écarter par une obstruction persistante. L'Assemblée vota seulement, le 18 juin 1792, la suppression sans indemnité de tous les droits casuels, c'est-à-dire des droits de mutation payés aux seigneurs sous le nom de lods et ventes, à toute transmission de propriété censitaire. Et encore, ceux de ces droits casuels qui seraient justifiés par le titre primitif furent-ils conservés. Il faudra que l'opposition des Feuillants fût écrasée par la Révolution du 10 août pour que le reste de la proposition de Couthon passât dans la loi. C'est la guerre qui acheva la libération du paysan.

Cette guerre fut voulue à la fois par la gauche de l'Assemblée, par les fayettistes et par la Cour. Seuls essayèrent de maintenir la paix les Lameth d'une part et de l'autre le petit groupe de démocrates groupés aux Jacobins autour de Robespierre. Partisans de la guerre et partisans de la paix étaient d'ailleurs inspirés par des vues différentes et même opposées.

La gauche était guidée par deux députés de Paris, Brissot et Condorcet, et par de brillants orateurs envoyés par le département de la Gironde, Vergniaud, Gensonné, Guadet, auprès desquels se distinguaient encore le déclamateur Isnard, le pasteur Lasource, l'évêque constitutionnel du Calvados Fauchet, rhéteur grandiloquent qui s'était prononcé après Varennes pour la République. A l'extrême gauche enfin trois députés unis d'une étroite amitié, Basire, Merlin de Thionville et Chabot, hommes de plaisir et d'argent, formaient le trio cordelier. Ils n'avaient pas grande influence sur l'Assemblée, mais ils exerçaient une action considérable sur les clubs et les sociétés populaires.

Brissot fut le directeur de la politique étrangère de la gauche. Il avait vécu longtemps en Angleterre où il avait fondé un journal et un cabinet de lecture qui n'avaient pas réussi et dont la liquidation lui avait attiré un procès scandaleux. Un instant il avait eu maille à partir avec la police de Louis XVI et avait même été emprisonné à la Bastille comme auteur ou colporteur de libelles contre Marie-Antoinette. Un peu plus tard il avait spéculé avec le banquier genevois Clavière sur les titres de la dette des États-Unis et avait fait à cette occasion un bref voyage en Amérique d'où il avait rapporté un livre hâtif. Ses ennemis prétendaient que pressé d'argent il s'était mis avant 1789 aux gages de la police. C'était certainement un homme actif, plein d'imagination et de ressources, peu scrupuleux sur le choix des moyens. Il était passé successivement du service du duc d'Orléans à la suite de La Fayette. Il détestait les Lameth dont il combattait, à la Société des amis des Noirs qu'il avait fondée, la politique coloniale réactionnaire. Les Lameth lui reprochaient d'avoir provoqué par ses campagnes anti-esclavagistes la révolte des îles et le pillage des plantations. Dans la crise de Varennes il avait d'abord soutenu la République comme Achille du Châtelet, l'ami de La Fayette, puis il s'était rallié subitement et sans transition à la solution orléaniste. Son élection à la Législative, très disputée, n'avait été possible, comme celle de Condorcet d'ailleurs, que par l'appoint des voix fayettistes. Bref, un homme équivoque, un intrigant qui allait être le chef le plus en vue de la nouvelle Assemblée, son homme d'État.

Le ci-devant marquis de Condorcet, gros personnage académique, ancien ami de D'Alembert et le survivant le plus notoire de l'école des encyclopédistes, était, comme Brissot, un caractère ondoyant et divers. En 1789 il avait défendu à l'assemblée de la noblesse de Mantes les ordres privilégiés, il s'était ensuite montré hostile à la Déclaration des droits de l'homme. En 1790 il avait écrit contre les clubs et pour la monarchie, protesté contre la suppression des titres de noblesse, contre la confiscation des biens du clergé, contre les assignats. Avec Sieyès il avait été un des fondateurs du club fayettiste de 1789 ce qui ne l'avait pas empêché, après Varennes, d'adhérer bruyamment à la République.

On comprend que Brissot et Condorcet se soient entendus facilement avec les députés de la Gironde qui représentaient les intérêts des négociants bordelais. Le commerce souffrait de la crise économique et appelait des mesures énergiques pour la résoudre. Condorcet, qui était directeur de la Monnaie et qui avait beaucoup écrit sur les assignats, passait pour un financier.

Brissotins et Girondins étaient convaincus que les troubles qui arrêtaient les affaires provenaient essentiellement de l'inquiétude causée par les dispositions présumées des puissances étrangères et les menaces des émigrés. Un seul remède : forcer les rois à reconnaître la Révolution, obtenir d'eux, par une sommation et au besoin par la guerre, la dispersion des rassemblements d'émigrés et en même temps frapper tous leurs complices à l'intérieur, en première ligne les prêtres réfractaires. Brissot montrait les rois désunis, les peuples prêts à se soulever à l'exemple des Français, il prédisait une victoire facile, s'il fallait combattre.

Les fayettistes firent chorus. La plupart étaient d'anciens nobles, militaires dans l'âme. La guerre leur donnerait des commandements et la victoire leur rendrait l'influence et le pouvoir. Appuyés sur leurs soldats, ils seraient assez forts pour maîtriser les Jacobins et dicter leur volonté à la fois au roi et à l'Assemblée. Le comte de Narbonne, qu'ils poussèrent bientôt au ministère de la Guerre, s'efforça de réaliser leur politique. Brissot, Clavière, Isnard se rencontrèrent dans le salon de Mme de Staël avec Condorcet, Talleyrand et Narbonne.

Dans ces conditions, l'Assemblée fut facile à entraîner. La discussion ne fut longue que sur les mesures à prendre contre les prêtres réfractaires, car les fayettistes, partisans de la plus large tolérance religieuse, répugnaient à abandonner la politique qu'ils avaient fait triompher dans le décret du 7 mai 1791. Finalement, le décret du 31 octobre 1791 donna deux mois au comte de Provence pour rentrer en France sous peine de déchéance de ses droits au trône ; le décret du 9 novembre donna aux émigrés jusqu'au 1er janvier pour en faire autant sous peine d'être considérés comme suspects de conspiration et de voir les revenus de leurs terres séquestrés et perçus au profit de la nation ; le décret du 29 novembre priva de leurs pensions les prêtres réfractaires qui ne prêteraient pas un nouveau serment purement civique et donna le droit aux administrations locales de les déporter de leur domicile en cas de troubles et de les frapper en outre d'incapacités variées. Un autre décret enfin du même jour invita le roi à « requérir les électeurs de Trèves et de Mayence et autres princes d'Empire qui accueillent les Français fugitifs de mettre fin aux attroupements et enrôlements qu'ils tolèrent sur la frontière ». Le roi était prié en outre de terminer au plus tôt avec l'empereur et l'Empire les négociations entamées depuis longtemps pour indemniser les seigneurs allemands possessionnés en France et lésés par les arrêtés du 4 août.

Louis XVI et Marie-Antoinette accueillirent avec une joie secrète les initiatives belliqueuses des brissotins. S'ils avaient invité Léopold, après leur arrestation à Varennes, à ajourner son intervention, c'était uniquement pour écarter de leur tête le danger imminent. Mais aussitôt que Louis XVI avait retrouvé sa couronne, ils avaient pressé Léopold avec de vives instances de mettre à exécution ses menaces de Padoue et de Pillnitz en convoquant le plus tôt possible le congrès des rois qui mettrait les révolutionnaires à la raison. « La force armée a tout détruit, il n'y a que la force armée qui puisse tout réparer », écrivait Marie-Antoinette à son frère, dès le 8 septembre 1791. Elle s'imaginait naïvement que la France allait trembler dès que l'Europe monarchique élèverait la voix et brandirait ses armes. Elle connaissait mal et l'Europe et la France, et son erreur vient sans doute de la joyeuse surprise qu'elle éprouva quand elle vit les hommes mêmes qui avaient déchaîné la Révolution, les Barnave, les Duport et les Lameth, se transformer en courtisans, brûler ce qu'ils avaient adoré et s'abaisser au rôle de suppliants et de conseillers. Elle crut que les Feuillants représentaient la nation et qu'ils n'étaient devenus si sages que parce qu'ils avaient eu peur et elle essaya de faire partager sa conviction à Léopold. Celui-ci se montra d'abord très récalcitrant. Sa sœur Marie-Christrine, régente des Pays-Bas, lui signalait le danger d'une nouvelle révolte de la Belgique si la guerre éclatait avec la France. Marie-Antoinette désespérait de venir à bout de l'inertie de l'empereur quand l'Assemblée lui offrit le moyen de ranimer le conflit diplomatique. Aussitôt Louis XVI écrivit, le 3 décembre, une lettre personnelle au roi de Prusse Frédéric-Guillaume, pour lui demander de venir à son secours : « Je viens de m'adresser, lui disait-il, à l'Empereur, à l'impératrice de Russie, aux rois d'Espagne et de Suède et je leur présente l'idée d'un Congrès des principales puissances de l'Europe, appuyé d'une force armée, comme la meilleure manière pour arrêter ici les factieux, donner les moyens de rétablir un ordre de choses plus désirable et empêcher que le mal qui nous travaille puisse gagner les autres États de l'Europe. » Le roi de Prusse ayant réclamé une indemnité pour les dépenses que causerait son intervention, Louis XVI lui promit de le dédommager en argent.

Bien entendu il dissimula aux Lameth ces tractations secrètes, mais il leur demanda cependant conseil au sujet de la sanction des décrets de l'Assemblée. Les Lameth étaient profondément irrités contre une Assemblée rebelle à leurs directions. Les attaques des brissotins contre les ministres de leur parti les avait indignés. Ils se trouvaient rejetés de plus en plus vers la Cour et vers l'Autriche pour chercher un point d'appui contre les Jacobins. Ils conseillèrent au roi de faire deux parts dans les décrets. Il accepterait celui qui privait éventuellement Monsieur de la régence et celui qui l'invitait à lancer un ultimatum aux électeurs de Trèves et de Mayence et à négocier avec l'empereur, mais il opposerait son veto aux mesures contre les émigrés et contre les prêtres. En protégeant les émigrés et les prêtres, les Lameth voulaient sans doute préparer le ralliement à leur parti de tous les éléments conservateurs. Ils voulaient aussi inspirer confiance à l'empereur, en lui prouvant que la Constitution laissait au roi un pouvoir réel. Car toute leur politique reposait sur une entente cordiale et confiante avec Léopold. Ils espéraient que celui-ci, qui était resté pacifique, emploierait ses bons offices auprès des électeurs menacés pour obtenir leur soumission amiable. La guerre serait ainsi évitée, mais l'attitude belliqueuse qu'ils conseillaient à Louis XVI aurait l'avantage de lui ramener la popularité. Ce ne serait qu'une manœuvre de politique intérieure.

Si les Lameth avaient pu lire la correspondance secrète de Marie-Antoinette, ils auraient compris toute la gravité de l'imprudence qu'ils commettaient. « Les imbéciles, écrivait-elle à Mercy, le 9 décembre, ils ne voient pas que s'ils font telle chose [s'ils menacent les électeurs], c'est nous servir, parce qu'enfin il faudra bien, si nous commençons, que toutes les puissances s'en mêlent pour défendre les droits de chacun. » Autrement dit, la reine espérait bien faire sortir de l'incident l'intervention armée qu'elle réclamait vainement à son frère.

Albert Mathiez

Louis XVI suivit de point en point les conseils des Lameth. Il frappa de son veto les décrets sur les prêtres et les émigrés et, le 14 décembre, il vint déclarer solennellement à l'Assemblée que « représentant du peuple, il avait senti son injure » et qu'en conséquence, il avait fait savoir à l'électeur de Trèves que « si, avant le 15 de janvier, il n'avait pas fait cesser dans ses États tout attroupement et toutes dispositions hostiles de la part des Français qui s'y sont réfugiés, il ne verrait plus en lui qu'un ennemi de la France ». Les applaudissements qui avaient salué cette déclaration fanfaronne étaient à peine éteints que, rentré au château, il prescrivait à Breteuil de faire savoir à l'empereur et aux souverains qu'il souhaitait ardemment que l'électeur de Trèves ne fît pas droit à son ultimatum : « Le parti de la Révolution en concevrait trop d'arrogance et ce succès soutiendrait la machine pendant un temps. » Il demandait aux puissances de prendre l'affaire en main. « Au lieu d'une guerre civile, ce sera une guerre politique et les choses en seront bien meilleures... L'état physique et moral de la France fait qu'il lui est impossible de la soutenir [cette guerre] une demi-campagne, mais il faut que j'aie l'air de m'y livrer franchement, comme je l'aurais fait dans des temps précédents... Il faut que ma conduite soit telle que, dans le malheur, la nation ne voie de ressource qu'en se jetant dans mes bras. » Toujours même duplicité naïve et même illusion sur la force de la Révolution. Louis XVI précipitait la France dans la guerre avec l'espoir que cette guerre tournerait mal et que la défaite lui rendrait son pouvoir absolu. Il préparait cette défaite en sabotant de son mieux la défense nationale. Il arrêtait les fabrications et son ministre de la marine Bertrand de Moleville encourageait l'émigration des officiers en leur procurant des congés et des passeports.

La guerre tarda quelque temps encore par suite de la résistance de Robespierre appuyé sur une partie des Jacobins et de la résistance des Lameth appuyés sur la majorité des ministres et sur Léopold.

Depuis le massacre des républicains au Champ-de-Mars, Robespierre se défiait de Brissot et de Condorcet, dont les fluctuations politiques et les attaches fayettistes inquiétaient sa clairvoyance. Les Girondins, les Vergniaud, les Guadet, les Isnard, avec leurs outrances verbales, leurs déclamations creuses, lui paraissaient des rhéteurs dangereux. Il connaissait leurs goûts aristocratiques, leurs liaisons étroites avec le mercantilisme, et il se mettait en garde. Depuis qu'il avait combattu la distinction des citoyens actifs et passifs, le cens électoral et le cens d'éligibilité, les restrictions apportées au droit de réunion, de pétition et d'association, le privilège réservé à la bourgeoisie de porter les armes, depuis qu'il s'était énergiquement prononcé contre le rétablissement du roi parjure dans ses fonctions royales et qu'il avait demandé la réunion d'une convention pour donner à la France une nouvelle Constitution, depuis qu'à peu près seul parmi les constituants il était resté aux Jacobins et qu'il les avait empêchés de se dissoudre en résistant courageusement à la répression feuillantine, il était devenu le chef incontesté du parti démocratique. On connaissait sa probité rigide, son éloignement pour tout ce qui ressemblait à l'intrigue, et son ascendant sur le peuple et sur la petite bourgeoisie était immense.

Or Robespierre, servi par sa défiance, comprit tout de suite qu'en proposant la guerre, la Cour n'était pas sincère puisqu'en frappant de son veto les décrets sur les prêtres et sur les émigrés et en encourageant ainsi indirectement la continuation des troubles, elle enlevait à la Révolution le moyen de conduire cette guerre à la victoire. Dès le 10 décembre, dans une adresse aux sociétés affiliées qu'il rédigea au nom des Jacobins, il dénonça à la France la manœuvre des Lameth et de la Cour qui voulaient prolonger l'anarchie pour ramener le despotisme. Il se demanda bientôt si Brissot et ses amis, qui poussaient à la guerre, désirée par la Cour, ne se livraient pas à une surenchère savamment combinée pour orienter la Révolution dans une voie dangereuse. « A qui confierez-vous, leur disait-il le 12 décembre aux Jacobins, la conduite de cette guerre ? Aux agents du pouvoir exécutif ? Vous abandonnerez donc la sûreté de l'empire à ceux qui veulent vous perdre. De là résulte que ce que nous avons le plus à craindre, c'est la guerre. » Et, comme s'il avait lu dans la pensée de Marie-Antoinette, il ajoutait : « On veut vous amener à une transaction qui procure à la Cour une plus grande extension de pouvoir. On veut engager une guerre simulée, qui puisse donner lieu à une capitulation. »

En vain Brissot essaya-t-il, le 16 décembre, de dissiper les préventions de Robespierre et de lui démontrer que la guerre était nécessaire pour purger la liberté des vices du despotisme et pour la consolider. « Voulez-vous, dit Brissot, détruire d'un seul coup l'aristocratie, les réfractaires, les mécontents, détruisez Coblentz. Le chef de la nation sera forcé de régner par la Constitution, de ne voir son salut que dans l'attachement à la Constitution, de ne diriger sa marche que d'après elle. » En vain Brissot essaya-t-il de faire vibrer la corde de l'honneur national et de faire appel à l'intérêt : « Peut-on balancer de les attaquer [les princes allemands] ? Notre honneur, notre crédit public, la nécessité de moraliser et de consolider notre Révolution, tout nous en fait la loi. »

Robespierre, le 2 janvier 1792, soumit son système à une critique aiguë et spirituelle. Il constata que la guerre plaisait aux émigrés, qu'elle plaisait à la Cour et aux fayettistes. Brissot ayant dit qu'il fallait bannir la défiance, il lui décocha ce trait, qui porta : « Vous étiez destiné à défendre la liberté sans défiance, sans déplaire à ses ennemis, sans vous trouver en opposition ni avec la Cour, ni avec les ministres, ni avec les modérés. Comme les routes du patriotisme sont devenues pour vous faciles et riantes ! » Brissot avait dit que le siège du mal était à Coblentz. « Il n'est donc pas à Paris ? interrogeait Robespierre. Il n'y a donc aucune relation entre Coblentz et un autre lieu qui n'est pas loin de nous ? » Avant d'aller frapper la poignée d'aristocrates du dehors, Robespierre voulait qu'on réduisît à merci ceux du dedans et qu'avant de propager la Révolution chez les autres peuples, on l'affermît d'abord en France même. Il raillait les illusions de la propagande et ne voulait pas croire que les peuples étrangers fussent mûrs pour se soulever à notre appel contre leurs tyrans. « Les missionnaires armés, disait-il, ne sont aimés par personne. » Il craignait que la guerre ne finît mal. Il montrait l'armée sans officiers ou avec des officiers aristocrates, les régiments incomplets, les gardes nationales sans armes et sans équipements, les places sans munitions. Il prévoyait qu'en cas de guerre victorieuse, la liberté risquerait de tomber sous les coups des généraux ambitieux. Il annonçait César.

Pendant trois mois Robespierre et Brissot se livrèrent à la tribune du club et dans les journaux une lutte ardente qui divisa à jamais le parti révolutionnaire. Du côté de Robespierre se groupèrent tous les futurs Montagnards, Billaud-Varenne, Camille Desmoulins, Marat, Panis, Santerre, Anthoine. Danton, selon son habitude, équivoqua. Après avoir d'abord suivi Robespierre, il se rangea finalement du côté de Brissot quand il vit que décidément la majorité du club et des sociétés affiliées penchait pour la guerre.

Entre Robespierre et Brissot le désaccord était fondamental. Robespierre ne croyait pas qu'aucune conciliation fût possible entre le roi parjure et la Révolution. Il attendait le salut d'une crise intérieure qui renverserait la monarchie traîtresse, et cette crise il voulait la provoquer en se servant de la Constitution elle-même comme d'une arme légale. Il conseillait à l'Assemblée d'annuler le veto royal pour cette raison que le veto ne pouvait s'appliquer qu'aux lois ordinaires et non aux mesures de circonstance. L'annulation du veto aurait donné le signal de la crise qu'il espérait. Brissot, au contraire, ne voulait pas engager contre la Cour un combat à mort. Il se proposait seulement de la conquérir à ses vues par une tactique d'intimidation. Il n'était révolutionnaire qu'à l'extérieur. Il craignait, avec les Girondins, la domination de la rue, l'assaut contre les propriétés. Il ne voulait pas d'une crise sociale. Robespierre, à l'opposé, tout en affichant un grand respect pour la Constitution, cherchait dans ses dispositions les moyens de la réformer et de vaincre le roi.

Les Lameth et le ministre des Affaires étrangères Delessart se flattaient cependant qu'ils éviteraient la guerre, grâce à Léopold avec lequel ils correspondaient secrètement. L'empereur fit en effet pression sur l'électeur de Trèves pour qu'il dispersât les rassemblements d'émigrés et l'électeur s'exécuta. Léopold en avisa la France par une note du 21 décembre, qui arriva à Paris au début de janvier. Le prétexte de guerre s'évanouissait. Mais l'empereur, dans cette même note, avait justifié son attitude au moment de Varennes. Il s'était refusé à désavouer sa déclaration de Pillnitz et il avait ajouté que si on attaquait l'électeur de Trèves, il viendrait à son secours. Brissot releva cette fin de la note autrichienne pour réclamer de nouvelles explications. Le ministre de la Guerre Narbonne, qui venait d'inspecter les places de l'Est, affirma que tout était prêt. L'Assemblée invita le roi, le 25 janvier 1792, à demander à l'empereur « s'il renonçait à tout traité et convention dirigés contre la souveraineté, l'indépendance et la sûreté de la nation », autrement dit à exiger le désaveu formel de la déclaration de Pillnitz. Aussitôt l'Autriche resserra son alliance avec la Prusse, et la Prusse fit savoir à la France, le 20 février, qu'elle considérerait l'entrée des Français en Allemagne comme un *casus belli*. Brissot n'en fut que plus ardent à prêcher la guerre offensive et l'attaque brusquée. Son allié, le ministre Narbonne, appuyé par les généraux d'armée, demanda à Louis XVI le renvoi de son collègue Bertrand de Moleville qu'il accusait de trahir son devoir, et il lui demanda aussi de chasser de son palais les aristocrates qui s'y trouvaient encore. Louis XVI, outré de son audace, lui retira son portefeuille.

Aussitôt la Gironde prit feu. La Constitution ne permettait pas à l'Assemblée de forcer le roi à changer ses ministres, mais elle lui donnait le droit d'accuser ceux-ci devant la Haute Cour pour haute trahison. Brissot prononça, le 10 mars, contre le ministre des Affaires étrangères Delessart, attaché à la paix, un violent réquisitoire. Il lui reprocha d'avoir dérobé à la connaissance de l'Assemblée des pièces diplomatiques importantes, de n'avoir pas exécuté ses décisions et d'avoir apporté dans la négociation avec l'Autriche « une lâcheté et une faiblesse indignes de la grandeur d'un peuple libre ». Vergniaud appuya Brissot dans une harangue fougueuse où il menaçait la reine à mots couverts. Le décret d'accusation traduisant Delessart devant la Haute Cour fut voté à une grande majorité. Narbonne était vengé et la guerre devenait inévitable.

Les Lameth conseillèrent au roi la résistance. Ils lui firent craindre le sort de Charles Ier, qui avait abandonné son ministre Strafford dans des circonstances analogues. Ils lui conseillèrent de dissoudre l'Assemblée et de maintenir Delessart en fonctions. Mais les brissotins restèrent maîtres de la situation. Ils firent courir le bruit qu'ils allaient dénoncer la reine, suspendre le roi et proclamer le dauphin. Ce n'était qu'une adroite manœuvre pour s'emparer du pouvoir, car ils négociaient en même temps avec la Cour par l'intermédiaire de Laporte, intendant de la liste civile.

Louis XVI se résigna à renvoyer ses ministres feuillants pour prendre des ministres jacobins, presque tous amis de Brissot ou des Girondins : Clavière aux Finances, Roland à l'Intérieur, Duranthon à la Justice, Lacoste à la Marine, De Grave à la Guerre, Dumouriez aux Affaires étrangères. Dumouriez, ancien agent secret de Louis XV, aventurier vénal et discrédité, était l'homme fort du cabinet. Il avait promis au roi de le défendre contre les factieux en achetant ou en paralysant leurs chefs. Son premier soin fut de se rendre aux Jacobins coiffé du bonnet rouge pour endormir leurs défiances. Il se créa habilement parmi eux une clientèle par des places distribuées à propos. Il fit de Bonnecarrère, ancien président du comité de correspondance du club, un directeur des services de son ministère, du journaliste Lebrun, ami de Brissot, du journaliste Noël, ami de Danton, des chefs de bureau, etc. Les attaques contre la Cour cessèrent dans la presse girondine. Louis XVI et Marie-Antoinette reprirent confiance. Puis Dumouriez voulait la guerre. Par là il allait au devant de leurs vœux.

Léopold mourut subitement le 1er mars. Son successeur, le jeune François II, militaire dans l'âme, était bien décidé à en finir. Aux dernières notes françaises il répondit par des refus secs et péremptoires, mais il se garda bien de déclarer la guerre, parce que, suivant le conseil de Kaunitz, en mettant le bon droit de son côté, il se réserverait le droit de faire des conquêtes à titre d'indemnités. Le 20 avril, Louis XVI se rendit à l'Assemblée pour proposer, du ton le plus indifférent, de déclarer la guerre au roi de Bohême et de Hongrie. Seul le lamethiste Becquey essaya courageusement de lutter pour la paix. Il montra la France divisée et troublée, les finances en mauvais état. Cambon l'interrompit : « Nous avons de l'argent plus qu'il n'en faut ! » Becquey continua en décrivant la désorganisation de la marine et de l'armée. Il affirma que la Prusse, dont Dumouriez n'avait rien dit dans son rapport, soutiendrait l'Autriche et que si la France pénétrait dans le Brabant, la Hollande et l'Angleterre se joindraient à la coalition. Il fut écouté avec impatience et souvent interrompu. Mailhe, Daverhoult, Guadet réclamèrent un vote immédiat et unanime. Seules une dizaine de voix votèrent contre.

Cette guerre, désirée par tous les partis, à l'exception des Montagnards et des lamethistes, comme une manœuvre de politique intérieure, allait déjouer tous les calculs de ses auteurs.

12

LE RENVERSEMENT DU TRÔNE

Brissot et ses amis, en déchaînant la guerre, avaient réussi à s'emparer du pouvoir. Ils ne pouvaient le garder qu'à une condition : la victoire prompte et décisive sur l'ennemi.

Dumouriez ordonna l'offensive aux trois armées déjà concentrées sur la frontière. Les Autrichiens n'avaient à opposer à nos 100 000 hommes que 35 000 soldats en Belgique et 6 000 dans le Brisgau. Les Prussiens commençaient seulement leurs préparatifs. Une attaque brusquée nous vaudrait l'occupation de toute la Belgique qui se soulèverait à la vue des trois couleurs.

Mais nos généraux, La Fayette, Rochambeau et Luckner, qui avaient applaudi aux fanfaronnades de Narbonne, étaient devenus tout à coup très circonspects. Ils se plaignaient que leurs armées n'étaient pas pourvues de tous leurs équipages. Rochambeau surtout n'avait pas confiance dans les bataillons de volontaires qu'il jugeait indisciplinés. Il mit beaucoup de mauvaise volonté à exécuter l'offensive qui lui était prescrite. La colonne de gauche, partie de Dunkerque, arriva devant Furnes où il n'y avait personne. Elle n'osa entrer et s'en retourna. La colonne du centre, partie de Lille pour prendre Tournai, se replia précipitamment sans avoir combattu, à la vue de quelques uhlans. Deux régiments de cavalerie qui la précédaient se débandèrent en criant à la trahison. Ils refluaient jusqu'à Lille et mettaient à mort leur général Théobald Dillon ainsi que quatre individus soupçonnés d'espionnage. Seul le 2e bataillon des volontaires parisiens fit bonne contenance. Il protégea la retraite et ramena un canon pris à l'ennemi. La colonne principale enfin, commandée par Biron, s'empara du Quiévrain devant Mons, le 28 avril, mais battit en retraite le lendemain en grand désordre sous le prétexte que les Belges n'accouraient pas à son appel. La Fayette, qui de Givet devait donner la main à Biron vers Bruxelles, suspendit sa marche à l'annonce de sa retraite. Seul Custine, avec une colonne formée à Belfort, atteignit l'objectif fixé. Il s'empara de Porrentruy et des gorges du Jura qui commandaient l'accès de la Franche-Comté.

Robespierre, qui, le jour même de la déclaration de guerre, avait sommé les Girondins de nommer des généraux patriotes et de renvoyer La Fayette, s'écria que les revers justifiaient ses prévisions : « Non ! je ne me fie point aux généraux et, faisant quelques exceptions honorables, je dis que presque tous regrettent l'ancien ordre de choses, les faveurs dont dispose la Cour, je ne me repose que sur le peuple, sur le peuple seul. » (1er mai, aux Jacobins.) Marat et les Cordeliers crièrent à la trahison. Et, de fait, Marie-Antoinette avait communiqué à l'ennemi le plan de campagne.

Les généraux rejetèrent hautement toutes les responsabilités sur l'indiscipline des troupes. Rochambeau donna brusquement sa démission. De nombreux officiers désertèrent. Trois régiments de cavalerie, les hussards de Saxe et de Bercheny, le 12 mai, le Royal Allemand, le 6 mai, passèrent à l'ennemi. Le ministre de la Guerre de Grave, donnant raison aux généraux, ne voulut plus entendre parler d'offensive. N'ayant pu convaincre ses collègues, il donna sa démission, le 8 mai, et fut remplacé par Servan, plus docile aux directions de Dumouriez.

En vain, les brissotins s'efforcèrent de rassurer et d'apaiser les généraux. Ils prononcèrent dans la presse et dans l'Assemblée une vigoureuse attaque contre Robespierre et ses partisans, qu'ils représentèrent comme des anarchistes. Le 3 mai, Lasource et Guadet s'unirent à Beugnot et à Viennot-Vaublanc pour faire décréter Marat d'accusation devant la Haute Cour. Par compensation l'abbé Royou, rédacteur de *L'Ami du roi*, eut le même sort que Marat. Une loi renforça la discipline militaire, et les assassins de T. Dillon furent recherchés et sévèrement punis. Mais La Fayette, qui, dès le premier jour, avait émis la prétention de traiter avec les ministres sur le pied d'égalité, repoussa toutes les avances des brissotins. Le remplacement de De Grave par Servan, sur lequel il n'avait pas été consulté, l'avait aigri contre Dumouriez. Il se rapprocha définitivement des Lameth pour tenir tête aux menaces des démocrates. Il prit Charles et Alexandre Lameth dans son armée, leur confia des commandements, il eut une entrevue, vers le 12 mai, à Givet, avec Adrien Duport et Beaumetz et il se décida ensuite à une démarche qui, de la part d'un chef d'armée devant l'ennemi, était une trahison. Il envoya à Bruxelles auprès de l'ambassadeur autrichien, Mercy-Argenteau, un émissaire, l'ex-jésuite Lambinet, pour lui déclarer que, d'accord avec les autres généraux, il était prêt à marcher sur Paris avec ses troupes pour disperser les Jacobins, rappeler les princes et les émigrés, supprimer la garde nationale, établir une seconde chambre. Il sollicitait auparavant une suspension d'armes et une déclaration de neutralité de la part de l'empereur. Mercy-Argenteau, qui partageait les préventions de la reine contre le général, crut que ses propositions cachaient un piège. Il le renvoya s'adresser à la Cour de Vienne.

Albert Mathiez

Les trois généraux décidèrent alors dans une conférence tenue à Valenciennes le 18 mai, d'arrêter en fait les hostilités. Ils firent tenir aux ministres un mémoire pour leur représenter que toute offensive était impossible. Les aides de camp de La Fayette, La Colombe et Berthier, déclaraient à Roland que les soldats étaient des lâches. Roland indigné dénonçait leurs propos alarmistes à La Fayette lui-même, qui couvrit ses aides de camp et répondit à Roland sur le ton le plus méprisant. Le général écrivait alors à Jaucourt qu'il aspirait à la dictature et qu'il s'en croyait digne. Ce fut la rupture entre La Fayette et les brissotins. Roland n'osa ou ne put obtenir de ses collègues et du roi la révocation de La Fayette. Mais, dès lors, les Girondins se dirent que la Cour était derrière les généraux et qu'il fallait par conséquent intimider le château. Ils se mirent à dénoncer le comité autrichien qui, sous la direction de la reine, préparait la victoire de l'ennemi. Ils firent voter, le 27 mai, un nouveau décret contre les prêtres perturbateurs pour remplacer celui que Louis XVI avait frappé de son veto en décembre. Deux jours plus tard, l'Assemblée prononça la dissolution de la garde du roi, formée d'aristocrates qui se réjouissaient de nos revers. Son chef le duc de Cossé-Brissac fut déféré à la Haute Cour. Le 4 juin enfin Servan proposait de constituer sous Paris un camp de 20 000 fédérés pour couvrir la capitale en cas d'avance de l'ennemi et, ce qu'il ne disait pas, pour résister éventuellement au coup d'État des généraux. Son projet fut voté le 8 juin.

Par ces vigoureuses attaques, les Girondins espéraient forcer la Cour à capituler et les généraux à obéir. Servan renouvela l'ordre formel à Luckner et à La Fayette d'avancer hardiment dans les Pays-Bas.

Louis XVI s'était soumis au mois de mars parce que les généraux s'étaient prononcés pour Narbonne. Mais, cette fois, les généraux étaient contre le ministre et cherchaient à rentrer dans ses bonnes grâces. Il venait de réorganiser, avec le concours de l'ancien ministre Bertrand de Moleville, son agence d'espionnage et de corruption. Bertrand avait fondé avec le juge de paix Buob le Club national fréquenté par 700 ouvriers payés sur la liste civile à raison de deux à cinq livres par jour et recrutés principalement dans la grande fabrique métallurgique Périer. Il avait osé commencer des poursuites contre le journaliste Carra, qui l'avait accusé de faire partie du comité autrichien, et il avait trouvé un juge de paix plein de zèle royaliste pour suivre sa plainte et décerner des mandats d'amener contre les députés Basire, Chabot et Merlin de Thionville, informateurs de Carra. Il est vrai que l'Assemblée avait désavoué le juge de paix Larivière et l'avait même traduit devant la Haute Cour pour l'attentat qu'il n'avait pas hésité à commettre contre l'inviolabilité parlementaire. Mais la Cour pouvait compter comme un succès la fête en l'honneur du martyr de la loi Simoneau, que les Feuillants avaient organisée en réplique à la fête des Suisses de Châteauvieux. C'est même le succès de cette fête qui porta Adrien Duport à conseiller à Louis XVI de frapper de son veto les derniers décrets votés par l'Assemblée.

Le roi s'y décida, mais, pour user de son veto, il lui fallait le contre-seing ministériel. Tous les ministres refusèrent de contresigner la lettre qu'il avait préparée pour notifier son veto au décret sur le licenciement de sa garde. Il dut sanctionner ce décret la rage au cœur. Si les ministres étaient restés fermement unis, peut-être Louis XVI eût-il sanctionné également les autres décrets. Mais Dumouriez, qui avait été ministre de la Guerre de Servan, se plaignit que celui-ci eût proposé à l'Assemblée le camp de 20 000 hommes sans avoir pris la peine de le consulter. Il y eut entre les deux ministres une scène violente en plein conseil. Ils se menacèrent et faillirent tirer l'épée sous les yeux du roi. Ces divisions permirent à Louis XVI d'éluder la sanction. Roland lui remontra, le 10 juin, dans une longue mise en demeure à peine polie que son veto provoquerait une explosion terrible, parce qu'il laisserait croire aux Français que le roi était de cœur avec les émigrés et avec l'ennemi. Louis XVI tint bon. Adrien Duport lui avait dit que le camp sous Paris serait un instrument aux mains des Jacobins qui avaient le dessein de s'emparer de sa personne en cas de revers et de l'emmener comme otage dans les départements du Midi. Les gardes nationaux fayettistes pétitionnèrent contre le camp, qu'ils considéraient comme une injure faite à leur patriotisme. Après deux jours de réflexion, le roi fit venir Dumouriez, dont il se croyait sûr, car il l'avait nommé sur la recommandation de Laporte. Il le pria de rester en fonctions avec Lacoste et Duranthon et de le débarrasser de Roland, Servan et Clavière. Dumouriez accepta. Il conseilla à Louis XVI de remplacer Roland par un ingénieur qu'il avait connu à Cherbourg, Mourgues, et il prit pour lui-même le portefeuille de la guerre. Le renvoi de Roland, Clavière et Servan était la contrepartie de la mise en accusation de Delessart. Une bataille décisive s'engageait.

Les Girondins firent décréter par l'Assemblée que les trois ministres révoqués emportaient les regrets de la nation, et quand Dumouriez se présenta à la même séance, le 13 juin, pour lire un long rapport pessimiste sur la situation militaire, il fut couvert de huées. Séance tenante, l'Assemblée nomma une commission de douze membres pour faire une enquête sur la gestion des ministres successifs de la guerre et pour vérifier particulièrement les affirmations de Dumouriez. Celui-ci put craindre que l'enquête ne fût le prélude de sa propre mise en accusation devant la Haute Cour. Il se hâta de faire pression sur le roi pour obtenir qu'il donnât sa sanction aux deux décrets restés en suspens. Il lui écrivit qu'en cas de refus il courrait le risque d'être assassiné.

Mais Louis XVI, qui ne s'était pas laissé intimider par Roland, ne voulut pas capituler devant Dumouriez qui employait les mêmes procédés. Il lui déclara, le 15 juin au matin, qu'il refusait sa sanction. Dumouriez offrit sa démission. Il le prit au mot et l'envoya commander une division à l'armée du Nord.

Duport et les Lameth, désignèrent au roi les nouveaux ministres qui furent pris dans leur clientèle et dans celle de La Fayette : Lajard à la Guerre, Chambonas aux Affaires étrangères, Terrier de Monciel à l'Intérieur, Beaulieu aux Finances. Lacoste resta à la Marine et Duranthon à la Justice.

Le renvoi de Dumouriez succédant au renvoi de Roland, le refus de sanction accompagné de la formation d'un ministère purement feuillant, cela signifiait que la Cour, appuyée sur les généraux, allait s'efforcer de réaliser le programme de Duport et de La Fayette, c'est-à-dire briser les Jacobins, disperser au besoin l'Assemblée, réviser la Constitution, rappeler les émigrés et terminer la guerre par une transaction avec l'ennemi. Le bruit courut, dès le 16 juin, que le nouveau ministère allait suspendre les hostilités et, quelques jours plus tard, on précisa que le roi profiterait de la Fédération du 14 juillet pour réclamer une amnistie pleine et entière en faveur des émigrés. Duport, dans son journal *L'Indicateur*, subventionné par la liste civile, conseilla au roi de dissoudre l'Assemblée et de s'emparer de la dictature. La Fayette, dès le 16 juin, de son camp de Maubeuge, envoyait au roi et à l'Assemblée une diatribe violente contre les clubs, contre les ministres renvoyés et contre Dumouriez. Il ne craignait pas d'invoquer les sentiments de ses soldats à l'appui de ses sommations. Sa lettre fut lue à l'Assemblée le 18 juin. Vergniaud déclara qu'elle était inconstitutionnelle, Guadet compara le général à Cromwell. Mais les Girondins, qui avaient fait traduire Delessart à Orléans pour un crime beaucoup moins grave, n'osèrent pas engager contre le général factieux qui avait été leur complice la procédure de mise en accusation. Leur riposte fut la manifestation populaire du 20 juin, jour anniversaire du serment du Jeu de paume et de la fuite à Varennes.

Les faubourgs, conduits par Santerre et par Alexandre, se rendirent à l'Assemblée d'abord, au château ensuite, pour protester contre le renvoi des ministres patriotes, contre l'inaction de l'armée et contre le refus de sanction des décrets. Le maire de Paris, Petion, et le procureur syndic de la Commune, Manuel, ne firent rien pour gêner la manifestation. Ils ne parurent aux Tuileries que très tard, quand le roi avait déjà subi pendant deux heures, avec un courage tranquille, l'assaut des manifestants. Serré dans l'embrasure d'une fenêtre, il coiffa le bonnet rouge et but à la santé de la nation, mais refusa catégoriquement de donner sa sanction et de rappeler les ministres qui n'avaient plus sa confiance. Les Montagnards, sur le conseil de Robespierre, s'étaient abstenus. Ils n'avaient pas confiance dans les Girondins et ils ne voulaient participer qu'à une action décisive et non à une simple démonstration.

L'échec de la manifestation girondine tournait au profit du royalisme. Le département de Paris, entièrement feuillant, suspendit Petion et Manuel. De toutes les provinces affluèrent aux Tuileries et à l'Assemblée des pétitions menaçantes contre les Jacobins et des adresses de dévouement au roi. L'une d'elles, déposée chez un notaire de Paris, Guillaume, se couvrit de 20 000 signatures. De nombreuses assemblées départementales blâmèrent le 20 juin. Le chef royaliste Du Saillant assiégea avec 2 000 royalistes le château de Jalès, dans l'Ardèche, et prit le titre de lieutenant général de l'armée des princes. Une autre insurrection royaliste éclata dans le Finistère, vers la même date, au début de juillet.

Albert Mathiez

La Fayette, quittant son armée devant l'ennemi, parut à la barre de l'Assemblée, le 28 juin, pour la sommer de dissoudre sans délai les clubs des Jacobins et de punir exemplairement les auteurs des violences commises le 20 juin aux Tuileries. La réaction royaliste était si forte que La Fayette fut couvert d'applaudissements. Une motion de blâme à son endroit proposée par Guadet fut rejetée par 339 voix contre 234, et la pétition du général fut simplement renvoyée à la Commission des douze qui jouait déjà le rôle que remplira plus tard le Comité de salut public. La Fayette n'entendait pas cette fois s'en tenir à la menace. Il comptait entraîner la garde nationale parisienne, dont une division commandée par son ami Acloque devait être passée en revue le lendemain par le roi. Mais Petion, averti par la reine qui craignait plus encore La Fayette que les Jacobins, décommanda la revue. En vain La Fayette sonna le ralliement de ses partisans. Il leur donna rendez-vous le soir aux Champs-Elysées. Une centaine seulement s'y trouvèrent. Il dut retourner à son armée sans avoir rien tenté.

Il échouait parce que ses ambitions se heurtaient au sentiment national. L'inaction dans laquelle il avait tenu les armées depuis plus de deux mois semblait inexplicable. Elle avait donné le temps aux Prussiens d'achever leurs préparatifs et de se concentrer tranquillement sur le Rhin. Luckner, après un simulacre d'offensive en Belgique, abandonnait sans nécessité Courtrai et reculait sous les murs de Lille. La lutte allait être portée sur le territoire français. Le 6 juillet, Louis XVI informa l'Assemblée de l'approche des troupes prussiennes.

Devant l'imminence du péril, les Jacobins oublièrent leurs divisions pour ne plus songer qu'au salut de la Révolution et de la patrie. Brissot et Robespierre firent tous deux appel à l'union, le 28 juin devant le club, et tous deux réclamèrent le prompt châtiment de La Fayette. A l'Assemblée, les Girondins brandirent contre les ministres feuillants la menace du décret d'accusation, ils prirent l'initiative de nouvelles mesures de défense nationale et ils battirent le rappel des forces populaires. Le 1er juillet, ils faisaient décréter la publicité des séances de tous les corps administratifs, ce qui était les mettre sous la surveillance populaire. Le 2 juillet, ils tournaient le veto, que le roi avait opposé au décret du camp de 20 000 hommes, en faisant voter un nouveau décret qui autorisait les gardes nationaux des départements à se rendre à Paris pour la Fédération du 14 juillet et accordait à ces fédérés des frais de route et des billets de logement.

Le 3 juillet, Vergniaud, élevant le débat, fit planer une terrible menace contre le roi lui-même : « C'est au nom du roi que les princes français ont tenté de soulever contre la nation toutes les Cours de l'Europe, c'est pour venger la dignité du roi que s'est conclu le traité de Pillnitz et formée l'alliance monstrueuse entre les Cours de Vienne et de Berlin ; c'est pour défendre le roi qu'on a vu accourir en Allemagne sous les drapeaux de la rébellion les anciennes compagnies des gardes du corps ; c'est pour venir au secours du roi que les émigrés sollicitent et obtiennent de l'emploi dans les armées autrichiennes et s'apprêtent à déchirer le sein de leur patrie... ; c'est au nom du roi que la liberté est attaquée... or, je lis dans la Constitution, chapitre II, section I, article 6 : Si le *roi se met à la tête d'une armée et en dirige les forces contre la nation, ou s'il ne s'oppose pas, par un acte formel, à une telle entreprise qui s'exécuterait en son nom, il sera censé avoir abdiqué la royauté.* » Et Vergniaud, rappelant le veto royal, cause des désordres des provinces, et l'inaction voulue des généraux qui préparait l'invasion, demandait à l'Assemblée, sous une forme dubitative il est vrai, si Louis XVI ne tombait pas sous le coup de l'article constitutionnel. Il jetait ainsi l'idée de la déchéance aux quatre vents de l'opinion. Son discours, qui fit une énorme impression, fut envoyé par l'Assemblée à tous les départements.

Le 11 juillet, l'Assemblée proclama la patrie en danger. Tous les corps administratifs et les municipalités durent siéger en permanence. Toutes les gardes nationales furent appelées sous les armes. De nouveaux bataillons de volontaires furent levés. En quelques jours, 15 000 Parisiens s'enrôlèrent.

Des grandes villes, de Marseille, d'Angers, de Dijon, de Montpellier, etc. ;, des adresses menaçantes réclamaient la déchéance. Le 13 juillet, l'Assemblée cassait la suspension de Petion et le rendait à ses fonctions. A la Fédération du lendemain, on n'entendit pas de cris de *Vive le roi !* Les spectateurs portaient sur leur chapeau, écrits à la craie, les mots *Vive Petion !*

La grande crise s'annonçait. Pour la conjurer il aurait fallu que

Albert Mathiez

le parti feuillant formât un bloc compact et qu'il fût assuré de l'appui formel et sans réserves du château. Mais les Feuillants s'entendaient mal. Bertrand se défiait de Duport. Les ministres, pour prévenir la proclamation du danger de la patrie, avaient conseillé au roi de se rendre à leur tête devant l'Assemblée et de lui dénoncer le péril que les factieux faisaient courir à la France en conspirant ouvertement le renversement de la monarchie. Louis XVI refusa, sur les conseils de Duport qui ne voyait le salut que dans une intervention de La Fayette. Alors les ministres donnèrent tous ensemble leur démission, le 10 juillet, la veille même du jour où l'Assemblée proclama la patrie en danger.

La Fayette, qui s'était entendu avec Luckner, proposa au roi de le faire sortir de Paris et de l'amener à Compiègne où il avait préparé des troupes pour le recevoir. Le départ, d'abord fixé au 12 juillet, fut reculé au 15. Mais Louis XVI finalement refusa l'offre de La Fayette. Il craignit de n'être plus qu'un otage entre les mains du général. Il se souvenait qu'au temps des guerres de Religion, les factions s'étaient disputées la personne royale. Il n'avait confiance que dans les baïonnettes étrangères, et Marie-Antoinette insistait auprès de Mercy pour que les souverains coalisés fissent paraître le plus tôt possible un manifeste capable d'en imposer aux Jacobins et même de les terrifier. Ce manifeste, au bas duquel le duc de Brunswick, généralissime des troupes alliées, mit sa signature, au lieu de sauver la Cour, devait causer sa ruine. Il menaçait de passer par les armes tous les gardes nationaux qui essaieraient de se défendre et de démolir et d'incendier Paris si Louis XVI et sa famille n'étaient pas remis immédiatement en liberté.

Cependant la démission des ministres feuillants jeta de nouveau la division dans le parti patriote. Les Girondins s'imaginèrent que l'occasion était excellente pour s'imposer au roi désemparé et réoccuper le pouvoir. Ils entrèrent en négociations secrètes avec la Cour. Vergniaud, Guadet, Gensonné écrivirent au roi, par l'intermédiaire du peintre Boze et du valet de chambre Thierry, entre le 16 et le 18 juillet. Guadet vit le roi, la reine et le dauphin.

Aussitôt les Girondins changèrent d'attitude à l'Assemblée. Ils se mirent à désavouer l'agitation républicaine et à menacer les factieux.

La section parisienne de Mauconseil, ayant pris un arrêté par lequel elle déclarait qu'elle ne reconnaissait plus Louis XVI comme roi des Français, Vergniaud fit annuler cette délibération, le 4 août. Dès le 25 juillet, Brissot jetait l'anathème sur le parti républicain : « S'il existe des hommes, disait-il, qui tendent à établir à présent la République sur les débris de la Constitution, le glaive de la loi doit frapper sur eux comme sur les amis actifs des deux Chambres et sur les contre-révolutionnaires de Coblentz. » Et, le même jour, Lasource essayait de convaincre les Jacobins qu'il fallait éloigner les fédérés de Paris en les dirigeant sur le camp de Soissons ou sur les frontières. Il devenait évident que les Girondins ne voulaient point d'insurrection ni de déchéance.

Mais le mouvement était lancé et rien ne pouvait plus l'arrêter. Les sections parisiennes siégeaient en permanence. Elles formaient entre elles un comité central. Plusieurs admettaient à délibérer dans leurs assemblées les citoyens passifs, elles les autorisaient à entrer dans la garde nationale et elles les armaient avec des piques. Aux Jacobins Robespierre et Anthoine, à l'Assemblée le trio cordelier prenaient la direction du mouvement populaire. Le rôle de Robespierre surtout fut considérable. Il harangua les fédérés aux Jacobins dès le 11 juillet, il les coléra : « Citoyens, êtes-vous accourus pour une vaine cérémonie, le renouvellement de la Fédération du 14 juillet ? » Il leur dépeignit la trahison des généraux, l'impunité de La Fayette : « L'Assemblée nationale existe-t-elle encore ? Elle a été outragée, avilie et ne s'est point vengée ! » Puisque l'Assemblée se dérobait, c'était aux fédérés à sauver l'État. Il leur conseilla de ne pas prêter serment au roi. La provocation était si flagrante que le ministre de la Justice dénonça son discours à l'accusateur public et demanda contre lui des poursuites. Robespierre, sans s'intimider, rédigea les pétitions de plus en plus menaçantes que les fédérés présentèrent coup sur coup à l'Assemblée. Celle du 17 juillet réclamait la déchéance. Sous son impulsion, les fédérés nommaient un directoire secret où figurait son ami Anthoine, et ce directoire se réunit parfois dans la maison du menuisier Duplay où il logeait, comme Anthoine.

Quand il vit les Girondins pactiser de nouveau avec la Cour, Robespierre reprit contre eux le combat. Dès le 25 juillet, répondant à Lasource, il déclara aux Jacobins qu'aux grands maux il fallait les grands remèdes. La destitution du roi ne lui parut pas une mesure suffisante : « La suspension, qui laisserait sur la tête du roi le titre et les droits de la puissance exécutive, ne serait évidemment qu'un jeu concerté entre la Cour et les intrigants de la Législative pour la lui rendre plus étendue au moment où il serait réintégré. La déchéance ou la destitution absolue serait moins suspecte, mais seule elle laisserait encore la porte ouverte aux inconvénients que nous avons développés. » Robespierre craint donc que « les intrigants de la Législative », autrement dit les brissotins, ne jouent avec Louis XVI une nouvelle édition de la comédie que les Feuillants avaient déjà jouée une première fois après Varennes. Il ne veut pas être dupe et il réclame la disparition immédiate de la Législative et son remplacement par une convention qui réformera la Constitution. Il condamne du même coup l'Assemblée et le roi. Il veut que la convention soit élue par tous les citoyens sans distinction d'actifs et de passifs. Autrement dit, il en appelle aux masses contre la bourgeoisie. Par là, il coupait court aux dernières manœuvres des Girondins pour remonter au pouvoir sous le nom du roi. Le plan qu'il proposait s'exécuta.

Brissot s'efforça vainement de répliquer à Robespierre, le 26 juillet, dans un grand discours devant l'Assemblée. Il dénonça l'agitation des factieux qui réclamaient la déchéance. Il condamna le projet de convoquer les assemblées primaires pour nommer une nouvelle assemblée. Il insinua que cette convocation ferait le jeu des aristocrates. La lutte entre Robespierre et les Girondins s'envenima. Isnard dénonça Anthoine et Robespierre comme des conspirateurs et prit l'engagement, au club de la Réunion où se concertaient les députés de la gauche, de les faire traduire devant la Haute Cour. Petion s'efforçait d'empêcher l'insurrection. Le 7 août encore, il se rendit chez Robespierre pour lui demander de calmer le peuple. Pendant ce temps Danton se reposait à Arcis-sur-Aube d'où il ne revint que la veille du grand jour.

Robespierre, qui était admirablement renseigné, dénonça, le 4 août, un complot formé par les aristocrates pour faire évader le roi. La Fayette fit, en effet, une nouvelle tentative en ce sens. Il avait envoyé, à la fin de juillet, à Bruxelles un agent, Masson de Saint-Amand, solliciter de l'Autriche une suspension d'armes et la médiation de l'Espagne en vue de négocier la paix. En même temps il faisait filer en secret de la cavalerie sur Compiègne pour protéger le départ du roi. Mais tous ses efforts furent inutiles. Louis XVI, une fois encore, refusa de partir. Les négociations secrètes des Girondins l'avaient rendu optimiste. Puis, il avait répandu de grosses sommes d'argent parmi les meneurs populaires. Duport avait été chargé de corrompre Petion, Santerre et Delacroix (d'Eure-et-Loir). Un million, dit Bertrand de Moleville, avait été mis à sa disposition. La Fayette déclare que Danton reçut 50 000 écus. Le ministre de l'Intérieur Terrier de Monciel distribua, à lui seul, 547 000 livres à la fin de juillet et 449 000 au début d'août. Westermann, un soudard alsacien qui faisait partie du directoire des fédérés, déclara, en avril 1793 devant une commission d'enquête de la Convention, qu'on lui avait offert trois millions et qu'il en donna avis à Danton. Fabre d'Eglantine, poète décavé, essaya de soutirer des sommes importantes au ministre de la Marine Dubouchage. Le couple royal était persuadé qu'il n'avait rien de sérieux à craindre d'hommes qui voulaient seulement gagner de l'argent. Il n'avait pas réfléchi que ces mêmes hommes sans scrupules étaient capables de prendre l'argent et de trahir ensuite. La garnison du château fut renforcée. Le commandant de la garde nationale Mandat de Grancey était un royaliste zélé.

L'Assemblée ayant définitivement absous La Fayette, le 8 août, le directoire secret d'insurrection se partagea les rôles. Dans la nuit du 9 au 10 août, Carra et Chaumette se rendirent à la caserne des fédérés marseillais dans la section des Cordeliers pendant que Santerre soulevait le faubourg Saint-Antoine et Alexandre le faubourg Saint-Marceau. Le tocsin sonna. Les sections envoyèrent à l'Hôtel de Ville des commissaires qui s'installèrent en municipalité révolutionnaire à la place de la municipalité légale. Petion fut consigné bientôt dans son hôtel sous la garde d'un détachement. Mandat, appelé à l'Hôtel de Ville, fut convaincu d'avoir donné l'ordre d'attaquer les fédérés par derrière. La Commune révolutionnaire ordonna son arrestation et pendant qu'on le conduisait en prison, un coup de pistolet l'étendait raide mort sur la place de Grève. Mandat supprimé, la défense du château était désorganisée.

Louis XVI manqua de résolution. Dès l'approche des manifestants, il se laissa convaincre par le procureur général du département Roederer qu'il devait quitter le château avec sa famille pour se mettre à l'abri dans l'Assemblée qui siégeait tout près, dans la salle du Manège. Quand il eut quitté les Tuileries, la plupart des gardes nationaux des sections royalistes (Filles-Saint-Thomas et Petits-Pères) et la totalité des canonniers passèrent à l'insurrection. Seuls les Suisses et les gentilshommes firent une belle défense. Ils balayèrent de leur feu meurtrier les cours du château. Les insurgés durent amener des canons et donner l'assaut. Les Suisses forcés furent massacrés en grand nombre. On compta du côté du peuple cinq cents tués et blessés.

L'Assemblée suivait avec inquiétude les péripéties de la lutte. Tant que l'issue en fut douteuse, elle traita Louis XVI en roi. Quand il s'était présenté pour demander un refuge, Vergniaud, qui présidait, lui déclara que l'Assemblée connaissait son devoir et qu'elle avait juré de maintenir « les autorités constituées ». Guadet proposa peu après de nommer un gouverneur au « prince royal ». Mais, quand l'insurrection fut décidément victorieuse, l'Assemblée prononça la suspension du roi et vota la convocation de cette convention qu'avait réclamée Robespierre, au grand courroux de Brissot. Le roi suspendu fut placé sous bonne garde. L'Assemblée aurait voulu lui réserver le palais du Luxembourg. La Commune insurrectionnelle exigea qu'il fût conduit au Temple, prison plus étroite et plus facile à garder.

Le trône était renversé, mais avec le trône tombaient aussi ses derniers défenseurs, cette minorité de la noblesse qui avait déchaîné la Révolution et qui s'était flattée de la modérer et de la conduire et qui avait eu l'illusion un temps qu'elle gouvernait, avec La Fayette d'abord, avec les Lameth ensuite.

La Fayette tenta de soulever son armée contre Paris. Il réussit d'abord à entraîner le département des Ardennes et quelques municipalités ; mais, abandonné par la majorité de ses troupes, il dut bientôt s'enfuir en Belgique, le 19 août, suivi d'Alexandre Lameth et de Latour Maubourg. Les Autrichiens lui firent mauvais accueil et l'enfermèrent au château d'Ollmutz. Son ami le baron de Dietrich, le célèbre maire de Strasbourg dans le salon duquel Rouget de Lisle avait déclamé le chant de marche de l'armée du Rhin devenu ensuite *La Marseillaise,* ne réussit pas davantage à soulever l'Alsace. Révoqué par l'Assemblée, il passa lui aussi la frontière.

I - LA CHUTE DE LA ROYAUTÉ

Mais ce n'était pas seulement le parti feuillant, c'est-à-dire la haute bourgeoisie et la noblesse libérale, qui était écrasé avec la royauté sous le canon du 10 août, le parti girondin lui-même, qui avait transigé avec la Cour *in extremis* et qui s'était efforcé d'empêcher l'insurrection, sortait amoindri d'une victoire qui n'était pas son œuvre et qui lui avait été imposée.

Les artisans et les citoyens passifs, c'est-à-dire les prolétaires, enrôlés par Robespierre et les Montagnards, avaient pris largement leur revanche du massacre du Champ-de-Mars de l'année précédente. La chute du trône avait la valeur d'une Révolution nouvelle. La démocratie pointait à l'horizon.

Albert Mathiez

II - LA GIRONDE ET LA MONTAGNE

1. — La fin de la Législative
(10 août-20 septembre 1792)

1
LA COMMUNE ET L'ASSEMBLÉE

Les six semaines qui s'écoulent depuis le 10 août 1792 jusqu'au 21 septembre de la même année — c'est-à-dire depuis la prise des Tuileries et l'internement de Louis XVI au Temple jusqu'à la réunion de la Convention — ont une importance capitale dans l'histoire de la Révolution.

Jusque-là, les délégués réguliers de la nation ne s'étaient pas vu contester leurs pouvoirs. Même dans la crise de juillet 1789, qui aboutit à la prise de la Bastille, les émeutiers parisiens s'étaient docilement soumis aux directions de la Constituante. Ils n'avaient voulu que seconder son action et la mettre à l'abri des coups de force de l'absolutisme. Deux ans plus tard, après Varennes, quand les républicains avaient prétendu exiger la consultation du pays sur le maintien de Louis XVI au trône, la Constituante avait eu facilement raison de leur résistance. La sanglante répression du Champ-de-Mars avait consacré sa victoire, qui était celle de la légalité et du parlementarisme.

Mais l'insurrection du 10 août, toute différente des précédentes, n'a pas été seulement dirigée contre le trône. Elle a été un acte de défiance et de menace contre l'Assemblée elle-même qui vient d'absoudre le général factieux La Fayette et qui a désavoué formellement les pétitions pour la déchéance. Une situation nouvelle a été créée. Un pouvoir révolutionnaire est apparu en face du pouvoir légal. La lutte de ces deux pouvoirs emplit les six semaines qui précèdent la réunion de la Convention.

Cette lutte se continuera, après le 20 septembre, dans l'opposition des deux partis qui se disputeront la majorité dans la nouvelle assemblée. Le parti montagnard sera essentiellement le parti de l'ancienne Commune révolutionnaire, tandis que le parti girondin sera formé des députés qui avaient siégé au côté gauche de la Législative avant de former le côté droit de la Convention.

Les deux partis, notons-le tout de suite avant d'y revenir plus en détail, sont séparés par des conceptions radicalement différentes sur tous les problèmes essentiels. Les Girondins, parti de la légalité, répugnent aux mesures exceptionnelles, « révolutionnaires », dont la Commune a donné l'exemple et que la Montagne recueille dans son héritage. Ce sont, dans le domaine économique et social : les réglementations, les recensements, les réquisitions, le cours forcé de l'assignat, bref la limitation de la liberté commerciale ; dans le domaine politique : la mise en suspicion de tous les adversaires du régime, la suspension de la liberté individuelle, la création de juridictions exceptionnelles, la concentration du pouvoir par la subordination étroite des autorités locales, bref la politique du salut public. Programme qui ne sera réalisé pleinement qu'un an plus tard, avec la Terreur, mais qui fut ébauché et défini par la Commune du 10 août.

L'opposition des programmes traduit une opposition foncière d'intérêts et presque une lutte de classes. La Commune et la Montagne, qui en dérive, représentent les classes populaires (artisans, ouvriers, consommateurs) qui souffrent de la guerre et de ses conséquences : cherté de la vie, chômage, déséquilibre des salaires. L'Assemblée et la Gironde, son héritière, représentent la bourgeoisie commerçante et possédante qui entend défendre ses propriétés contre les limitations, les entraves, les confiscations dont elle se sent menacée. Lutte dramatique qui revêt toutes les formes et qu'il faut suivre dans le détail pour en saisir toute la complexité.

Le trône renversé, les difficultés commençaient pour les vainqueurs. Il leur fallait faire accepter le fait accompli par la France et par l'armée, prévenir ou écraser les résistances possibles, repousser l'invasion qui entamait déjà les frontières, constituer enfin sur les débris de la royauté un gouvernement national. Problèmes ardus qui ne furent pas résolus sans d'affreux déchirements !

Les commissaires des sections parisiennes, constitués dans la nuit du 9 au 10 août en Commune révolutionnaire à l'Hôtel de Ville, tenaient leurs pouvoirs du choix direct du peuple. En face de l'Assemblée, issue d'un suffrage indirect et censitaire, discréditée

Albert Mathiez

par le désaveu et les menaces qu'elle avait lancés aux républicains, par les tractations secrètes de ses chefs avec la Cour, la Commune représentait une légalité nouvelle. Forte du prestige de la sanglante victoire remportée sur les défenseurs du château, consciente de l'immense service qu'elle avait rendu à la Révolution et à la France en écrasant la trahison royale, elle n'entendait pas limiter son action dans le cercle étroit de ses attributions municipales. Elle avait incarné, pensait-elle, l'intérêt public, elle avait agi au nom de la France révolutionnaire tout entière et la présence des fédérés des départements aux côtés des révolutionnaires parisiens dans l'assaut des Tuileries avait scellé l'alliance fraternelle de la capitale avec la nation.

Du haut de la tribune des Jacobins, Robespierre conseillait à la Commune, le soir même du 10 août, de prendre hardiment ses responsabilités. Il n'y avait, à l'en croire, qu'un moyen de tirer tout l'avantage possible de la victoire, c'était de recommander au peuple « de mettre ses mandataires dans l'impossibilité absolue de nuire à la liberté », autrement dit de ligoter l'Assemblée, sinon de la supprimer. Il démontrait « combien il serait imprudent au peuple de mettre bas les armes avant d'avoir assuré la liberté. La Commune, ajoutait-il, doit prendre, comme mesure importante, celle d'envoyer des commissaires dans les 83 départements pour leur exposer notre situation. » Ce n'était pas seulement exprimer une défiance invincible à l'égard de l'Assemblée, c'était conseiller à la Commune de s'emparer de la dictature en correspondant sans intermédiaire avec les départements.

La Commune n'avait pas attendu les exhortations de Robespierre pour affirmer son droit à exercer la dictature. Mais, le droit affirmé, elle n'avait pas osé cependant le mettre en pratique dans sa plénitude. Pas plus que, dans le feu de la lutte, elle n'avait révoqué le maire Petion qui lui était légitimement suspect de tiédeur, elle n'osa prononcer la dissolution de l'Assemblée qu'elle savait hostile à ses desseins. C'est que ces petites gens, artisans en majorité, publicistes, avocats, maîtres de pension, qui n'avaient pas craint d'exposer leur vie en s'insurgeant, restaient malgré tout impressionnés par le prestige parlementaire des brillants orateurs girondins. Ils n'étaient connus, eux, que dans leur quartier. Leurs noms obscurs ne disaient rien à la France. En chassant l'Assemblée, ne risquaient-ils pas de compromettre la cause qu'ils voulaient servir ? Ils se résignèrent à composer. Ils laisseraient vivre l'Assemblée à condition qu'elle consentît à disparaître promptement en convoquant à bref délai les citoyens pour élire une Convention, c'est-à-dire une nouvelle Constituante qui réviserait dans un sens démocratique la Constitution monarchique désormais périmée.

Le 10 août, à onze heures, quand le canon eut cessé de tonner contre le château conquis, une délégation de la Commune, conduite par l'ancien commis d'octroi Huguenin, se présenta à la barre de la Législative. « Le peuple, qui nous envoie vers vous, dit Huguenin, nous a chargés de vous déclarer qu'il vous investissait de nouveau de sa confiance, mais il nous a chargés en même temps de vous déclarer qu'il ne pouvait reconnaître pour juges des mesures extraordinaires auxquelles la nécessité et la résistance à l'oppression l'ont porté, que le peuple français, votre souverain et le nôtre, réuni dans ses assemblées primaires. »

L'Assemblée fit la grimace à ce langage impérieux. La réinvestiture conditionnelle et à terme qu'on lui offrait la mettait dans la dépendance du pouvoir irrégulier sorti de l'émeute.

Il fallut bien cependant qu'elle consentît à reconnaître la légitimité de l'insurrection et lui donnât des gages. Elle confirma la Commune révolutionnaire, mais affecta de la considérer comme un pouvoir provisoire et passager qui devait disparaître avec les circonstances qui lui avaient donné naissance. Elle accepta de convoquer une Convention qui serait élue au suffrage universel sans distinction de citoyens actifs et passifs, mais toujours par un scrutin à deux degrés. Elle suspendit le roi — provisoirement — jusqu'à la réunion de cette nouvelle Constituante, mais elle se refusa à prononcer la déchéance pure et simple que réclamaient les insurgés. Il était évident que la Gironde cherchait à sauver le plus possible de la Constitution monarchique. La suspension conservait implicitement la royauté. Par un nouveau vote qu'elle rapporta deux jours plus tard, l'Assemblée décida même, sur la motion de Vergniaud, de nommer un gouverneur au « prince royal ».

Le roi était suspendu, mais la Constitution restait en vigueur. Comme après Varennes, le pouvoir exécutif fut remis entre les mains des six ministres qu'on choisit en dehors de l'Assemblée par respect pour le principe de la séparation des pouvoirs, mais qu'on nomma par un vote public à haute voix, par désir de calmer les défiances. Roland, Clavière et Servan reprirent les portefeuilles de l'Intérieur, des Finances et de la Guerre que le roi leur avait enlevés le 13 juin précédent. On leur adjoignit, par appel nominal, à la Justice l'équivoque Danton, sur lequel Brissot et Condorcet comptaient pour contenir l'émeute ; le mathématicien Monge, indiqué par Condorcet, fut nommé à la Marine ; le journaliste Lebrun, ami de Brissot, dont Dumouriez avait fait un chef de bureau, aux Affaires étrangères.

Ainsi le pouvoir se trouva partagé entre trois autorités distinctes : la Commune, l'Assemblée et le Ministère formant le Conseil exécutif, trois autorités qui empiétaient continuellement les unes sur les autres. Les circonstances, la lutte contre le double péril extérieur et intérieur, exigeaient une dictature, mais cette dictature ne parvint pas à prendre une forme définie, à s'incarner dans une institution, dans un homme, dans un parti ou dans une classe. Elle resta inorganique et confuse. Aucun texte n'en régla l'exercice. Ce fut une dictature impersonnelle exercée tour à tour par des autorités rivales, au hasard des événements, une dictature chaotique et mobile comme l'opinion elle-même qui lui donnait la force.

« Le peuple français a vaincu dans Paris l'Autriche et la Prusse », écrivait à son mari la femme du futur conventionnel Julien de la Drôme, le jour même du 10 août. Et la même s'était écriée, trois jours auparavant, à l'annonce que le roi de Sardaigne allait se joindre aux coalisés : « Je n'ai pas plus peur des Savoyards que des Prussiens et des Autrichiens. Je n'ai peur que des traîtres ! » C'était le sentiment général des révolutionnaires. Ils craignaient que les généraux ne fussent tentés d'imiter La Fayette qui avait soulevé contre l'Assemblée la municipalité de Sedan et le département des Ardennes et qui tentait d'entraîner son armée contre Paris. Ils prévoyaient des résistances dans les contrées gagnées aux prêtres réfractaires. Ils savaient qu'un grand nombre d'administrations départementales avaient protesté contre le 20 juin. Ils se défiaient des tribunaux, de la Haute Cour d'Orléans qui mettait une lenteur suspecte à juger les prévenus de crimes contre la sûreté de l'État. L'Assemblée partageait ces craintes. Le jour même du 10 août, elle délégua douze de ses membres, trois auprès de chacune des quatre

II - LA GIRONDE ET LA MONTAGNE

armées, « avec le pouvoir de suspendre provisoirement tant les généraux que tous autres officiers et fonctionnaires publics, civils et militaires, et même les faire mettre en état d'arrestation, si les circonstances l'exigent, ainsi que de pourvoir à leur remplacement provisoire ». C'était conférer aux députés choisis comme commissaires une partie importante de la puissance exécutive et ces commissaires de la Législative annoncent déjà les proconsuls de la Convention.

L'Assemblée ordonnait ensuite à tous les fonctionnaires et pensionnés de l'État, aux prêtres eux-mêmes, de prêter le serment de maintenir la liberté et l'égalité ou de mourir à leur poste. Elle confiait aux municipalités, dès le 11 août, sur la motion de Thuriot, la mission de rechercher les crimes contre la sûreté de l'État et les autorisait à procéder à l'arrestation provisoire des suspects. Le 15 août, à la nouvelle de l'investissement de Thionville, elle consignait dans leurs communes les pères, mères, femmes et enfants des émigrés, pour servir d'otages. Elle ordonnait de mettre les scellés sur les papiers des anciens ministres contre lesquels la Commune avait déjà lancé des mandats d'arrestation, elle les décrétait d'accusation les uns après les autres. Le Conseil exécutif, de son côté, suspendait les administrations départementales de Rhône-et-Loire, de la Moselle, de la Somme. Inversement, les magistrats qui avaient été destitués ou suspendus pour excès de civisme, comme le maire de Metz Anthoine ou l'officier municipal lyonnais Chalier, étaient réintégrés dans leurs fonctions.

Bientôt étaient livrées à la publicité les pièces trouvées chez l'intendant de la liste civile Laporte. Ces pièces prouvaient que le roi n'avait cessé d'entretenir des intelligences secrètes avec les émigrés, qu'il avait continué notamment à payer leur solde à ses anciens gardes du corps passés à Coblentz, que la plupart des journaux et pamphlets aristocrates avaient été payés sur sa cassette.

Toutes ces mesures, dont la plupart avaient été arrachées sous la pression de la Commune, semblaient insuffisantes à l'opinion exaspérée. Thomas Lindet s'étonnait, le 13 août, que La Fayette n'eût pas été immédiatement destitué. Or, la Gironde, malgré l'évidente rébellion du général, hésitait à le frapper, elle négociait secrètement avec lui et elle ne se décida à le décréter d'accusation que le 19 août, quand il eut passé la frontière. Les soupçons montaient, entretenus par cette indulgence inexplicable. L'ère des conflits entre la Commune et la Législative n'était pas loin.

La Commune, qui avait renoncé à gouverner la France, entendait du moins administrer Paris en toute souveraineté. Elle ne voulait supporter entre elle et l'Assemblée aucun intermédiaire. Elle envoya Robespierre à l'Assemblée réclamer en son nom la suspension des élections déjà commencées pour le renouvellement de l'assemblée administrative du département de Paris. « Le conseil général de la Commune, dit Robespierre, a besoin de conserver tout le pouvoir dont le peuple l'a investi dans la nuit du 9 au 10 pour assurer le salut public et la liberté. La nomination des membres d'un nouveau Département, dans les circonstances actuelles, tend à élever une autorité rivale de celle du peuple même... » Thuriot appuya Robespierre, mais Delacroix fit décréter simplement que le nouveau Département n'exercerait plus son contrôle sur les opérations de la Commune qu'en ce qui concernait les contributions publiques et les domaines nationaux. La Commune s'inclina, mais, le 22 août, Robespierre présenta en son nom à l'Assemblée les membres du nouveau Département qui exprimèrent par sa bouche le vœu de ne plus porter d'autre titre que celui de commission des contributions. Sur ce, Delacroix, tout changé depuis le 12 août, protesta avec violence qu'il n'appartenait pas à la Commune de destituer le Département de ses fonctions administratives : « Ce serait culbuter dans un instant tous les Départements du royaume ! »

Petits conflits à côté d'autres plus graves.

La victoire du 10 août avait été sanglante. Les sectionnaires et les fédérés avaient perdu un millier des leurs, tués ou blessés devant le château. Ils voulaient les venger. Les Suisses avaient tiré les premiers, au moment même où les gardes nationaux essayaient de fraterniser avec eux. Après le combat, les Suisses furent massacrés en grand nombre. Ceux qui s'échappèrent se réfugièrent dans l'Assemblée, qui ne put les sauver qu'en promettant de les faire passer en jugement. On n'accusait pas seulement les Suisses de déloyauté. On disait que les insurgés tombés sous leurs balles avaient reçu des blessures horribles causées par des débris de verre, des boutons, du plomb mâché. Le 11 août, Santerre déclara à l'Assemblée qu'il ne pouvait répondre de l'ordre que si on constituait promptement une *Cour martiale* pour juger les Suisses. On lui donna satisfaction par un vote de principe. Mais la foule grondante réclamait un jugement immédiat. Danton dut se mettre à la tête des Suisses pour les conduire à la prison de l'Abbaye. Il ne réussit pas du premier coup à fendre les rangs des manifestants. Les Suisses durent rentrer dans le local de l'Assemblée pour se mettre à l'abri. Petion intervint à son tour. Il réclama, pour calmer le peuple, l'institution d'un tribunal extraordinaire qui punirait sommairement non seulement les Suisses, mais tous les ennemis de la Révolution. Le soir même, les administrateurs de police de l'Hôtel de Ville écrivaient à Santerre le billet suivant : « On nous apprend, Monsieur, que l'on forme le projet de se transporter dans les prisons de Paris pour y enlever tous les prisonniers et en faire une *prompte justice* [sic] ; nous vous prions d'étendre votre surveillance promptement sur celles du Châtelet, de la Conciergerie et de la Force. » C'est exactement le projet de massacre qui sera exécuté trois semaines plus tard. Marat n'a pas encore écrit. Il ne fera que s'emparer de l'idée qu'il trouva dans l'air.

L'Assemblée n'eût évité la catastrophe que si elle eût donné à la foule l'impression qu'elle était sincère quand elle avait voté l'institution d'un tribunal extraordinaire pour juger les crimes de contre-révolution. Il eût fallu qu'elle organisât promptement ce tribunal. Elle rusa et perdit du temps. Le décret qu'elle vota le 14 août parut insuffisant à la Commune, qui délégua Robespierre à la barre, le lendemain, pour se plaindre de ses lacunes. Le décret ne visait que les crimes commis à Paris dans la journée du 10. Il fallait l'étendre aux crimes du même genre commis dans toute la France, il fallait qu'on pût frapper légalement La Fayette ! Et Robespierre demandait que le tribunal fût formé de commissaires désignés par les sections et qu'il jugeât souverainement et en dernier ressort. L'Assemblée décréta que les jugements des crimes du 10 août ne seraient pas sujets à cassation, mais elle maintint son décret de la veille par lequel elle avait renvoyé l'instruction et le jugement de ces crimes aux tribunaux ordinaires. La Commune, qui tenait ces tribunaux pour suspects et qui en demandait le renouvellement, s'exaspéra. Elle réclama de nouveau, le 17 août, un tribunal spécial, dont les juges comme les jurés seraient choisis à l'élection par le peuple réuni en ses sections. Un de ses membres, Vincent Ollivault, tint à l'Assemblée un langage menaçant : « Comme citoyen, comme magistrat du peuple, je viens vous annoncer que ce soir, à minuit, le tocsin sonnera, la générale battra. Le peuple est las de n'être point vengé. Craignez qu'il ne fasse justice lui-même. Je demande que, sans désemparer, vous décrétiez qu'il sera nommé un citoyen par chaque section pour former un tribunal criminel. Je demande qu'au château des Tuileries soit établi ce tribunal. Je demande que Louis XVI et Marie-Antoinette, si avides du sang du peuple, soient rassasiés en voyant couler celui de leurs infâmes satellites. » L'Assemblée regimba. Déjà, le jour même du 10 août, Vergniaud s'était écrié : « Paris n'est qu'une section de l'Empire ! » Cette fois, ce fut un homme qui siégeait d'ordinaire à la Montagne et qui avait pris une part active à l'insurrection, Choudieu, qui protesta contre la violence qu'on voulait faire à la représentation nationale : « Tous ceux qui viennent crier ici ne sont pas les amis du peuple. Je veux qu'on l'éclaire et non qu'on le flatte. On veut établir un tribunal inquisitorial. Je m'y opposerai de toutes mes forces. » Un autre Montagnard, Thuriot, joignit ses protestations à celles de Choudieu, mais l'Assemblée finalement s'inclina, encore que de mauvaise grâce. Par ses lenteurs et ses résistances elle avait perdu le bénéfice moral de ses concessions. Son impopularité s'aggravait.

Le tribunal extraordinaire fut formé de juges et de jurés élus par les sections parisiennes. Robespierre refusa les fonctions de président par une lettre rendue publique où il déclarait que la plupart des criminels politiques étant ses ennemis personnels, il ne pouvait être juge et partie dans leur cause. A son refus il y avait peut-être aussi des motifs qu'il ne disait pas. Déjà la Gironde avait commencé, contre l'homme qui lui portait ombrage et qu'elle considérait comme le véritable chef de la Commune, de violentes attaques. Une affiche *Les Dangers de la Victoire,* placardée dans Paris et vraisemblablement inspirée par Roland, le représentait comme « un homme ardemment jaloux », qui voulait « dépopulariser Petion, se mettre à sa place et parvenir au milieu des ruines à ce tribunat, objet continuel de ses vœux insensés ». En refusant de présider le tribunal du 17 août, Robespierre opposait son désintéressement à l'accusation d'ambition dictatoriale que la Gironde forgeait contre lui.

Les sections où la bourgeoisie marchande dominait ne tardèrent pas à entrer en opposition avec la Commune. Celle des Lombards, entraînée par Louvet, protesta dès le 25 août contre ses usurpations, contre la défiance qu'elle témoignait à Petion, contre la limitation des pouvoirs du Département. Elle rappela ses représentants de l'Hôtel de Ville, et quatre autres sections l'imitèrent (Maison Commune, Ponceau le 27 août, Marché des Innocents et Halle au Blé, le 29). Le mouvement contre la Commune s'étendait en province et prenait la forme d'une campagne contre Paris. Le 27 août, le Montagnard Albitte dénonçait à l'Assemblée une circulaire du département des Côtes-du-Nord qui demandait aux autres départements de se concerter pour obtenir que la Convention se réunît ailleurs que dans la capitale. Or l'Assemblée refusait de s'associer à l'indignation d'Albitte. Elle passait simplement à l'ordre du jour. Le projet de transférer la Convention en province avait de la consistance, car le Montagnard Chabot avait adjuré les fédérés, le 20 août, de rester à Paris « pour inspecter la Convention nationale », l'empêcher de rétablir la royauté et de quitter Paris.

Le conflit était arrivé à l'état aigu. La Commune avait mis les scellés sur les papiers du directeur de la Caisse de l'Extraordinaire, Amelot, aristocrate notoire, qu'elle avait fait conduire en prison. Cambon irrité demanda « si la Commune de Paris pouvait faire arrêter sous prétexte de malversations des administrateurs et fonctionnaires immédiatement soumis à la surveillance de l'Assemblée nationale » (21 août). Un décret ordonna la levée immédiate des scellés.

Le 27 août, un jour après la nouvelle de la prise de Longwy, la Commune avait ordonné des visites domiciliaires chez les citoyens suspects pour leur enlever leurs armes. Un journaliste girondin qui rédigeait la feuille de Brissot, Girey-Dupré, annonça que la Commune s'apprêtait à perquisitionner chez tous les citoyens sans distinction. La Commune cita Girey-Dupré à sa barre pour lui demander compte de son erreur malveillante. La Gironde vit dans l'incident le moyen de se défaire de sa rivale.

Roland commença l'attaque à la séance du 30 août. Il déclara que la Commune, ayant cassé le comité des subsistances de la ville qui avait sa confiance, il ne pouvait plus répondre de l'approvisionnement de Paris. Choudieu fit une charge contre cette Commune qui désorganisait tout et qui n'était pas légale. Cambon renchérit. Roland reprit la parole pour raconter que l'inspecteur du garde-meuble Restout s'était plaint qu'un agent de la Commune avait enlevé dans son dépôt un petit canon garni d'argent (l'objet avait été porté au comité de la section du Roule). Choudieu remonta à la tribune pour dénoncer le mandat de comparution décerné l'avant-veille contre Girey-Dupré. Grangeneuve demanda que l'ancienne municipalité reprît ses fonctions et enfin Guadet conclut en faisant voter sans débat un décret qui ordonnait le renouvellement immédiat de toute la Commune. Chabot et Fauchet firent cependant décréter que cette même Commune, illégale et désorganisatrice, avait bien mérité de la patrie.

L'offensive girondine s'était produite dans la fièvre patriotique déchaînée par les progrès de l'invasion. Le 19 août, les troupes prussiennes, conduites par Frédéric-Guillaume en personne et commandées par le duc de Brunswick, avaient franchi la frontière, suivies par une petite armée d'émigrés qui mettaient à exécution dès les premiers pas les menaces du célèbre manifeste. Le 23 août, Longwy se rendait après un bombardement de quinze heures. On soupçonnait avec raison le commandant de la place, Lavergne, que l'ennemi avait laissé en liberté, de n'avoir pas fait tout son devoir. On apprenait bientôt que Verdun allait être assiégé et, coup sur coup, que les royalistes du district de Châtillon-sur-Sèvre, en Vendée, s'étaient insurgés le 24 août, à l'occasion du recrutement, au nombre de plusieurs milliers. Avec Baudry d'Asson à leur tête, ils s'étaient emparés de Châtillon et avaient marché sur Bressuire. Les patriotes ne les avaient repoussés qu'avec peine, en amenant du canon et en leur livrant trois combats au cours desquels ils avaient eu 15 morts et 20 blessés, les insurgés perdant de leur côté 200 morts et 80 prisonniers. On venait de découvrir une vaste conspiration royaliste prête à éclater dans le Dauphiné, on savait que les nobles de Bretagne s'agitaient. On craignit que l'invasion ne fût le signal d'un vaste soulèvement clérical et nobiliaire.

Cette situation tragique n'avait donc pas empêché les Girondins de se dresser contre la Commune du 10 août ! Alors que celle-ci se donnait tout entière à la défense nationale, alors qu'elle poussait avec activité les travaux de retranchement en avant de la ville pour y établir un camp, alors qu'elle invitait tous les citoyens à travailler à la tranchée comme ils avaient fait au champ de la Fédération, alors qu'elle faisait forger trente mille piques et qu'elle procédait, dès le 27 août, à de nouveaux enrôlements effectués au milieu d'un grand enthousiasme et que, pour procurer des fusils à ceux qui partaient, elle désarmait les suspects, l'Assemblée ne songeait qu'à prendre sa revanche de ses humiliations antérieures et qu'à écraser des rivaux politiques afin de s'emparer plus aisément des élections à la Convention qui allaient commencer ! Les colères grondaient et elles auraient grondé davantage si la Commune avait su que les chefs les plus notoires de la Gironde, perdant la tête, jugeaient la situation militaire désespérée et ne songeaient plus qu'à fuir Paris avec le gouvernement pour échapper à la fois aux Prussiens et aux « anarchistes ». Roland et Servan préparaient l'évacuation derrière la Loire. C'était chez eux projet déjà ancien. Roland avait dit à Barbaroux, le 10 août, qu'il faudrait sans doute se retirer dans le plateau Central et constituer une république du Midi. D'autres avaient conseillé de traiter avec les Prussiens. Le journaliste Carra avait écrit, le 25 juillet, dans ses *Annales patriotiques,* très lues, un article étrange qui suait la peur et l'intrigue. Il y faisait l'éloge de Brunswick, « le plus grand guerrier, disait-il, et le plus grand politique de l'Europe... S'il arrive à Paris, je gage que sa première démarche sera de venir aux Jacobins, et d'y mettre le bonnet rouge. » Carra avait eu autrefois des relations avec le roi de Prusse, qui lui avait fait cadeau d'une tabatière en or avec son portrait. Il avait déjà lancé précédemment aux Jacobins, dès le 4 janvier 1792, l'idée d'appeler au trône de France un prince anglais. Son éloge de Brunswick ne pouvait signifier qu'une chose, c'est qu'il croyait inévitable la victoire des armées ennemies et qu'il conseillait de s'entendre à l'amiable avec la Prusse. Son opinion n'était pas isolée dans son parti, car Condorcet avait fait, lui aussi, l'éloge de Brunswick, au mois de mai, dans son journal *La Chronique de Paris.* Il est certain qu'il régnait parmi les Girondins, qui avaient si légèrement déchaîné la guerre, un état d'esprit que nous appellerions défaitiste. Après la capitulation de Longwy, les ministres et quelques députés influents se réunirent dans le jardin du ministère des Affaires étrangères pour entendre Kersaint, qui revenait de Sedan et qui prédit que Brunswick serait à Paris dans quinze jours « aussi certainement que le coin entre dans la bûche quand on frappe dessus ». Roland, pâle et tremblant, déclara qu'il fallait partir pour Tours ou Blois en emmenant le trésor et le roi. Clavière et Servan l'appuyèrent. Mais

Albert Mathiez

Danton s'emporta : « J'ai fait venir, dit-il, ma mère qui a soixante-dix ans. J'ai fait venir mes deux enfants, ils sont arrivés hier. Avant que les Prussiens entrent dans Paris, je veux que ma famille périsse avec moi, je veux que vingt mille flambeaux en un instant fassent de Paris un monceau de cendres. Roland, garde-toi de parler de fuite, crains que le peuple ne t'écoute ! »

Certes la vaillance de Danton n'était pas sans calcul et sans arrière-pensée. C'était à Paris qu'il était populaire, que son action s'exerçait sur les sections et sur les clubs. A Blois ou à Tours, il n'aurait plus été l'homme capable de déchaîner et de retenir tour à tour les forces de l'émeute. Puis il avait un autre motif encore pour s'opposer à la fuite girondine. Il n'avait jamais perdu le contact avec les royalistes, dont il avait été l'agent stipendié. Il venait de procurer à Talon, l'ancien distributeur des fonds de la liste civile, le passeport qui lui permit d'échapper à la police de la Commune et de s'enfuir en Angleterre. Par l'intermédiaire du médecin Chèvetel, son instrument, il se tenait en rapport avec le marquis de La Rouarie qui organisait, en ce moment même, le soulèvement de la Bretagne. En s'opposant au transfert du gouvernement en province, il faisait d'une pierre deux coups. Si l'ennemi était victorieux, s'il terminait la guerre par la restauration de la monarchie, Danton serait en mesure d'invoquer auprès des royalistes ses relations avec La Rouarie par l'intermédiaire de Chèvetel, la protection qu'il accordait aux Lameth, à Adrien Duport, à Talon et à bien d'autres royalistes, il revendiquerait sa part dans la victoire de l'ordre. Si, au contraire, les Prussiens étaient repoussés, il se glorifierait auprès des révolutionnaires de n'avoir pas désespéré au plus fort du péril, il serait le sauveur de la patrie !

Mais, quel que fût son ascendant, il n'aurait pas réussi à empêcher l'évacuation de la capitale, si des hommes aussi influents que Petion, Vergniaux et Condorcet n'eussent joint leurs efforts aux siens. La Gironde décida donc de rester à Paris, mais de briser la Commune à la faveur de l'émotion patriotique provoquée par les mauvaises nouvelles rapportées par Kersaint. Seulement elle avait compté sans Danton.

Le 28 août au soir, à l'issue de la délibération où il a fait rejeter l'avis pusillanime de Roland, il s'élance à la tribune. De sa voix tonnante, il annonce qu'il va parler « en ministre du peuple, en ministre révolutionnaire ». « Il faut, dit-il, que l'Assemblée se montre digne de la nation ! C'est par une convulsion que nous avons renversé le despotisme, ce n'est que par une grande convulsion nationale que nous ferons rétrograder les despotes. Jusqu'ici nous n'avons fait que la guerre simulée de La Fayette, il faut faire une guerre plus terrible. Il est temps de dire au peuple qu'il doit se précipiter en masse sur ses ennemis. Quand un vaisseau fait naufrage, l'équipage jette à la mer tout ce qui l'exposait à périr ; de même tout ce qui peut nuire à la nation doit être rejeté de son sein et tout ce qui peut lui servir doit être mis à la disposition des municipalités, sauf à indemniser les propriétaires. » Du principe posé il tire immédiatement les conséquences : le Conseil exécutif va nommer des commissaires « pour aller exercer dans les départements l'influence de l'opinion », aider à la levée des hommes, à la réquisition des choses, procéder à la surveillance et à l'épuration des autorités, rejeter du vaisseau de la Révolution tout ce qui l'exposerait à périr. Puis Danton fait l'éloge de la Commune de Paris, qui a eu raison de fermer les portes de la capitale et d'arrêter les traîtres. « Y en eût-il trente mille à arrêter, il faut qu'ils soient arrêtés demain et que demain Paris communique avec la France entière ! » Il demande enfin un décret qui autorise les visites domiciliaires chez tous les citoyens et il propose encore que l'Assemblée nomme quelques-uns de ses membres pour accompagner les commissaires du Conseil exécutif dans l'œuvre du recrutement des hommes et de la réquisition des choses.

L'Assemblée vote sans débat le décret demandé sur les visites domiciliaires, mais Cambon, appuyé par les Girondins, voit des inconvénients à mêler les commissaires de l'Assemblée aux commissaires de la Commune et du Conseil exécutif. Il invoque la séparation des pouvoirs. Il faut que Basire intervienne pour que l'Assemblée consente à déléguer six de ses membres aux opérations de recrutement.

Le lendemain, 29 août, comme pour sceller plus étroitement son alliance avec la Commune, Danton se rendait à l'Hôtel de Ville et y prenait la parole sur « les moyens de vigueur à prendre dans les circonstances actuelles [1] ». Les visites domiciliaires commencèrent

---

1 D'après Barrière, p. 18, et Buchez et Roux, (texte inconnu à MM. Tourneux et André Fribourg).

Albert Mathiez

le 30 août, à 10 heures du matin, et durèrent deux jours sans désemparer. Chaque section y employa trente commissaires. Toutes les maisons furent fouillées une à une. Leurs habitants avaient reçu l'ordre de ne pas sortir tant qu'ils n'auraient pas reçu la visite des commissaires. Trois mille suspects furent conduits en prison.

L'opération était en pleine activité quand la Commune apprit, le 30 au soir, le vote par lequel elle était cassée et renouvelée. Un membre obscur, Darnauderie, traduisit en termes éloquents l'émotion de ses collègues et il conclut qu'il fallait résister à un décret qui perdait la chose publique, convoquer le peuple sur la Grève et se présenter, escorté du nombre, à la barre de l'Assemblée. Robespierre, à son tour, magnifia l'œuvre de la Commune du 10 août et flétrit ses ennemis, les Brissot et les Condorcet. Mais, à l'inverse de Darnauderie, il conclut que la Commune devait en appeler aux sections, leur remettre ses pouvoirs et leur demander les moyens de se maintenir à son poste ou d'y mourir.

Tallien présenta la défense de la Commune à la barre de la Législative, le lendemain : « Tout ce que nous avons fait, le peuple l'a sanctionné. » Et il énuméra fièrement les services rendus : « Si vous nous frappez, frappez aussi ce peuple qui a fait la Révolution le 14 juillet, qui l'a consolidée le 10 août et qui la maintiendra. » Le Président Delacroix répondit que l'Assemblée examinerait la pétition. La journée du 1er septembre s'écoula sans que rien fût tenté pour mettre à exécution le décret cassant la Commune. Robespierre fit adopter ce soir-là par la Commune une adresse apologétique qui était un réquisitoire vigoureux contre la Gironde, mais il conclut qu'il fallait obéir à la loi et réclamer au peuple une nouvelle investiture. Pour la première fois, la Commune ne suivit pas son guide habituel. Son procureur syndic, Manuel, s'opposa à toute démission collective. Il rappela au Conseil le serment qu'il avait fait de mourir à son poste et de ne point l'abandonner que la patrie ne fût plus en danger. La Commune décida de rester en fonctions, et déjà son Comité de surveillance, qui venait de se renforcer par l'adjonction de Marat, méditait de faire à la Gironde une terrible réplique.

2
SEPTEMBRE

Le 2 septembre au matin arrive à Paris la nouvelle que Verdun est assiégé. Un volontaire du bataillon de Maine-et-Loire apporte le texte de la sommation adressée par Brunswick au commandant de la place, Beaurepaire. Le volontaire ajoute que Verdun, la dernière forteresse entre Paris et la frontière, ne pourra pas se défendre plus de deux jours. Un autre courrier annonce que les uhlans sont entrés à Clermont-en-Argonne sur la route de Châlons. Aussitôt la Commune lance une proclamation aux Parisiens : « Aux armes, citoyens, aux armes, l'ennemi est à nos portes. Marchez à l'instant sous vos drapeaux, allons nous réunir au Champ-de-Mars ! Qu'une armée de soixante mille hommes se forme à l'instant ! » Par ordre de la Commune, on tire le canon d'alarme, on bat la générale, on sonne le tocsin, on ferme les barrières, on réquisitionne tous les chevaux en état de servir à ceux qui partent pour la frontière, on appelle les hommes valides au Champ-de-Mars pour les former sur-le-champ en bataillons de marche. Les membres de la Commune se dispersent dans leurs sections respectives : « Ils peindront avec énergie à leurs concitoyens, dit le procès-verbal, les dangers imminents de la patrie, les trahisons dont nous sommes environnés ou menacés, le territoire français envahi ; ils leur feront sentir que le retour à l'esclavage le plus ignominieux est le but de toutes les démarches de nos ennemis et que nous devons, plutôt que de le souffrir, nous ensevelir sous les ruines de notre patrie et ne livrer nos villes que lorsqu'elles ne seront plus qu'un monceau de cendres. »

La Commune, tant décriée, avait une fois encore devancé l'Assemblée dans l'accomplissement du devoir patriotique. Quand sa députation parut à la barre vers midi pour rendre compte des mesures qu'elle avait prises, Vergniaud ne put s'empêcher de lui rendre un hommage solennel. Après un vif éloge des Parisiens, il jeta le mépris sur les lâches qui semaient l'alarme et il engagea tous les bons citoyens à se rendre au camp sous Paris pour achever par des corvées volontaires les fortifications commencées, « car il n'est plus temps de discourir ; il faut piocher la fosse de nos ennemis, ou chaque pas qu'ils font en avant pioche la nôtre ! » L'Assemblée entendit cet appel à l'union. Sur la proposition de Thuriot, elle vota un décret qui maintenait la Commune en fonctions tout en autorisant les sections à la renforcer par la nomination de nouveaux membres. On lut ensuite une lettre de Roland annonçant la découverte d'un complot royaliste dans le Morbihan.

Puis, Danton, qu'accompagnaient tous les ministres, se présentait à la tribune : « Tout s'émeut, tout s'ébranle, tout brûle de combattre. Une partie du peuple va se porter aux frontières, une autre va creuser des retranchements et la troisième avec des piques défendra l'intérieur des villes. » Paris avait bien mérité de la France entière. Danton demandait à l'Assemblée de déléguer douze de ses membres pour concourir avec le Conseil exécutif à l'exécution des grandes mesures de salut public. Il fallait décréter que quiconque refuserait de servir de sa personne ou de remettre ses armes serait puni de mort. Danton terminait enfin sa courte et brûlante harangue par les phrases fameuses qui ont conservé sa mémoire : « Le tocsin qu'on va sonner n'est point un signal d'alarme, c'est la charge sur les ennemis de la patrie. Pour les vaincre, Messieurs, il nous faut de l'audace, encore de l'audace, toujours de l'audace et la France est sauvée ! » Il se rassit au milieu d'une double salve d'applaudissements et toutes ses propositions furent adoptées sans débat.

Grâce à Vergniaud, à Thuriot et à Danton, l'union semblait rétablie devant le danger entre tous les pouvoirs révolutionnaires. Mais une sombre défiance subsistait au fond des cœurs. Au bruit du canon d'alarme et du tocsin, la hantise des traîtres grandissait. On se croyait environné d'embûches. Le bruit se répandait comme une traînée de poudre que les suspects entassés dans les prisons complotaient de se révolter avec l'appui des complicités de l'extérieur. Les volontaires, qui s'enrôlaient au Champ-de-Mars, avaient lu sur les murs les placards affichés par Marat quelques jours auparavant pour leur conseiller de ne pas partir avant de s'être portés aux prisons et d'y avoir fait justice des ennemis du peuple. Ils avaient lu aussi les affiches encore toutes fraîches, où, sous le titre de *Compte rendu au peuple souverain,* Fabre d'Eglantine publiait les principales pièces du dossier des crimes de la cour et du roi. Ils avaient encore les nerfs ébranlés par les nombreuses cérémonies funèbres par lesquelles chaque section, puis la Commune tout entière, avaient

II - LA GIRONDE ET LA MONTAGNE

célébré les morts du 10 août victimes de la déloyauté des Suisses. La dernière de ces cérémonies, qui s'était déroulée dans le cadre des Tuileries, sur les lieux mêmes du combat, datait de huit jours à peine et s'était accompagnée de discours violents terminés par des appels à la vengeance.

Cette vengeance, qu'on lui avait promise, le peuple parisien ne la voyait pas venir. Le tribunal extraordinaire, créé après tant d'hésitations et de mauvais vouloirs, ne fonctionnait qu'avec une grande lenteur. Il n'avait encore condamné à mort que trois agents de la cour, l'embaucheur Collenot d'Angremont, chez qui on avait trouvé des listes d'enrôlement de tape-durs royaux, l'intendant de la liste civile Laporte, payeur en chef des agents secrets, le journaliste de Rozoy, qui se réjouissait dans sa *Gazette de Paris* des succès de l'ennemi. Mais, après le 25 août, l'activité du tribunal s'était ralentie. Il avait acquitté, le 27 août, le policier Dossonville dont le nom s'était trouvé inscrit sur les listes de d'Angremont. Il avait acquitté encore, le 31 août, le gouverneur du château de Fontainebleau, Montmorin, dont une note suspecte avait été découverte dans les papiers des Tuileries. Ce dernier acquittement avait soulevé une tempête de protestations. La foule avait hué les juges, menacé de mort l'accusé qui n'avait pu être sauvé qu'à grand-peine. Danton, d'autorité, avait annulé le jugement, ordonné la réouverture des débats et révoqué le commissaire national Botot-Dumesnil, qu'il fit arrêter à son tour. « J'ai lieu de croire, avait écrit rudement Danton à l'accusateur public Réal, que le peuple outragé, dont l'indignation est soutenue contre ceux qui ont attenté à la liberté et qui annonce un caractère digne enfin d'une éternelle liberté, ne sera plus réduit à se faire justice lui-même, mais l'obtiendra de ses représentants et de ses magistrats. » Danton trouvait naturel que le peuple « se fît justice lui-même », quand les magistrats et les jurés se refusaient à frapper légalement ses ennemis.

Le nouveau comité de surveillance de la Commune, où siégeait maintenant son ancien clerc Deforgues, s'occupait déjà de faire un tri parmi les prisonniers. Il relâchait les prévenus de petits délits, les pauvres débiteurs, les prisonniers pour rixes, etc. Enflammées par les harangues de leurs représentants à la Commune, les sections, en même temps qu'elles organisaient le recrutement, brandissaient la vengeance nationale contre les conspirateurs. Celle du faubourg Poissonnière délibérait que tous les prêtres et personnes suspectes enfermés dans les prisons seraient mis à mort, avant le départ des volontaires pour l'armée. Son sinistre arrêté était approuvé par les sections du Luxembourg, du Louvre et de la Fontaine-Montmorency.

L'action suivait. Dans l'après-midi, des prêtres réfractaires conduits à l'abbaye furent massacrés en route par leurs gardiens, des fédérés marseillais et bretons. Un seul d'entre eux fut sauvé, l'abbé Sicard, l'instituteur des sourds-muets, qu'un homme de la foule reconnut. Une bande, formée de boutiquiers et d'artisans, de fédérés et de gardes nationaux mêlés, se rendit aux Carmes où étaient enfermés de nombreux prêtres réfractaires. Ceux-ci furent immolés à coups de fusil, de pique, de sabre et de bâton. Puis, à la tombée de la nuit, ce fut le tour des prisonniers de l'abbaye. Ici le comité de surveillance de la Commune intervint : « Mes camarades, il vous est ordonné de juger tous les prisonniers de l'Abbaye, sans distinction, à l'exception de l'abbé Lenfant que vous mettrez en lieu sûr. — Panis, Sergent. » L'abbé Lenfant, ancien confesseur du roi, avait un frère qui siégeait au comité de surveillance. Un simulacre de tribunal, présidé par Stanislas Maillard, s'improvisa. Maillard, le registre d'écrou en main, interrogeait les prévenus et consultait ses assesseurs sur la peine. « Élargissez ! » prononçait Maillard en cas de condamnation et les victimes s'entassaient. Petion, qui se rendit à La Force, le 3 septembre, nous apprend que « les hommes qui jugeaient et les hommes qui exécutaient avaient la même sécurité que si la loi les eût appelés à remplir ces fonctions ». « Ils me vantaient, dit-il, leur justice, leur attention à distinguer les innocents des coupables, les services qu'ils avaient rendus. »

La tuerie continua les jours suivants dans les autres prisons : à La Force à une heure du matin, à la Conciergerie dans la matinée du 3, à la tour Saint-Bernard, puis au Châtelet, à Saint-Firmin, à la Salpêtrière, le 4 septembre, enfin à Bicêtre. La griserie du meurtre était telle qu'on tuait indistinctement les prisonniers de droit commun et les prisonniers politiques, les enfants et les femmes. Certains cadavres, comme celui de la princesse de Lamballe, subirent d'affreuses mutilations. Le chiffre des morts, selon les estimations, varie de 1 100 à 1 400.

La population assistait indifférente ou satisfaite à ces scènes d'horreur. Mme Julien de la Drôme écrivait à son mari, le soir même du 2 septembre : « Le peuple est levé, le peuple terrible dans sa fureur venge les crimes de trois ans des plus lâches trahisons ! La fureur martiale qui a saisi tous les Parisiens est un prodige. Des pères de famille, des bourgeois, des troupes, des sans-culottes, tout part. Le peuple a dit : Nous laissons dans nos foyers nos femmes, nos enfants au milieu de nos ennemis, purgeons la terre de la liberté. Les Autrichiens et les Prussiens seraient aux portes de Paris que je ne ferais point un pas en arrière. J'en crierais avec plus de sécurité : la victoire est à nous ! » Qu'on juge par l'exaltation de cette bonne bourgeoise, disciple de Jean-Jacques, des sentiments des autres classes.

La fièvre patriotique, l'approche de l'ennemi, le son du tocsin endormaient les consciences. Pendant que les massacreurs se livraient à leur horrible besogne, les femmes passaient la nuit dans les églises à coudre des vêtements pour les volontaires, à faire de la charpie pour les blessés. C'était à la Commune et dans les sections un défilé ininterrompu de citoyens qui venaient offrir leurs bras ou leurs dons à la patrie. Plusieurs se chargeaient des enfants de ceux qui partaient. Les jeux de hasard étaient fermés par ordre de la mairie. On fondait le plomb des cercueils pour faire des balles. Tous les charrons étaient employés à fabriquer des affûts et des caissons. L'élan était magnifique. Le sublime côtoyait l'immonde.

Les autorités avaient laissé faire. Aux réquisitions que lui adressait la Commune, le commandant en chef de la garde nationale Santerre avait répondu qu'il ne pouvait faire fond sur l'obéissance de ses gardes nationaux. La Commune indemnisa les massacreurs de leurs journées perdues. L'Assemblée envoya sur le théâtre du meurtre des députations impuissantes. Le ministre de l'Intérieur Roland lui écrivit le 3 septembre : « Hier fut un jour sur les événements duquel il faut jeter un voile. Je sais que le peuple, terrible en sa vengeance, y porte encore une sorte de justice ! » Les journaux girondins — c'était alors presque toute la presse — firent au moment même l'apologie des massacres ou plaidèrent en leur faveur les circonstances atténuantes.

Quant au ministre de la Justice, Danton, il ne fit pas le moindre geste pour protéger les prisons. Au commis de Roland, Grandpré, qui lui demandait d'agir, il répondit, d'après Mme Roland : « Je me

fous bien des prisonniers, qu'ils deviennent ce qu'ils pourront ! »
Et quelques jours plus tard, quand Alquier, président du tribunal
criminel de Seine-et-Oise, vint le trouver pour l'intéresser au
sort des prisonniers de la Haute Cour d'Orléans que la bande de
Fournier conduisait à Versailles pour les y massacrer, Danton lui
dit en haussant les épaules : « Ne vous mêlez pas de ces gens-là. Il
pourrait en résulter pour vous de grands désagréments. » On sait
les propos qu'il tint au duc de Chartres, le futur Louis-Philippe,
dans les premiers jours de la Convention : « Au moment où toute
la partie virile de la population se précipitait aux armées et nous
laissait sans force dans Paris, les prisons regorgeaient d'un tas de
conspirateurs et de misérables qui n'attendaient que l'approche
de l'étranger pour nous massacrer nous-mêmes. Je n'ai fait que
les prévenir. J'ai voulu que toute la jeunesse parisienne arrivât en
Champagne couverte d'un sang qui m'assurât de sa fidélité. J'ai
voulu mettre entre eux et les émigrés un fleuve de sang. » Faut-il
encore rappeler que le secrétaire de Danton, Fabre d'Églantine, fit
hautement l'apologie des massacres et les présentait en exemple
au reste de la France ? Depuis le 28 août, depuis le jour où Roland
et les Girondins avaient proposé de quitter Paris, Danton s'était
solidarisé hautement avec la Commune. Il en épousait les haines.
Les massacres, dans sa pensée, n'avaient pas seulement pour but de
faire trembler les complices de l'ennemi, mais aussi de faire réfléchir
les Girondins. Les élections commençaient. L'occasion était bonne
pour frapper des rivaux politiques. Le calcul de Danton fut celui
de tout son parti.

Le jour même du 2 septembre, dans la séance du soir à la Commune, Billaud-Varenne et Robespierre dénoncèrent « la conspiration en faveur de Brunswick qu'un parti puissant veut porter au
trône des Français ». Ils ne faisaient pas allusion seulement à la
campagne équivoque de Carra, ils visaient aussi celle que l'abbé
Danjou avait faite en plein club des Jacobins, au mois de mai, en
faveur du duc d'York. Ils songeaient sans doute aux graves propos
que Brissot lui-même aurait tenus au sein de la Commission des
Douze et que rapporte Barère : « Je vous ferai voir ce soir, avait
dit Brissot à un de ses collègues, le 17 juillet précédent, dans une
correspondance avec le cabinet de Saint-James, qu'il dépend de
nous d'amalgamer notre Constitution avec celle de l'Angleterre

en mettant le duc d'York roi constitutionnel à la place de Louis XVI. » Le lendemain de l'attaque de Robespierre à la Commune, Brissot fut perquisitionné par ordre du Comité de surveillance et le surlendemain des mandats d'arrêt étaient signés contre Roland et contre huit députés girondins. Cette fois Danton estima qu'on allait trop loin. Il devait son portefeuille à Brissot et à Condorcet. Il se rendit à l'Hôtel de Ville et, après une explication fort vive avec Marat, il fit révoquer les mandats d'arrêt. Danton méprisait trop la vie humaine pour être avide de sang. Le coup frappé, le but atteint, il ouvrait son cœur à la pitié. Il facilita l'évasion d'Adrien Duport, de Talleyrand et de Charles Lameth, de plusieurs autres [1]. Il répugnait aux cruautés inutiles. S'il avait laissé frapper Roland et Brissot, il se serait rendu impossible au ministère et il ne voulait pas rompre encore avec l'Assemblée. Il lui suffisait de lui faire peur et il trouvait même une âpre satisfaction à jouer envers elle au protecteur.

Au moment même, la France révolutionnaire ne désavoua pas les massacres. Le même esprit, la même fièvre régnaient d'un bout à l'autre du territoire. Dans une circulaire fameuse qui fut envoyée aux départements sous le contreseing de Danton, le comité de surveillance de la Commune avait justifié son œuvre et l'avait proposée en exemple dès le 3 septembre : « La Commune de Paris se hâte d'informer ses frères des départements qu'une partie des conspirateurs féroces détenus dans ses prisons a été mise à mort par le peuple ; actes de justice qui lui ont paru indispensables pour retenir par la terreur des légions de traîtres cachés dans ses murs, au moment où il allait marcher à l'ennemi ; et, sans doute, la nation entière, après la longue suite de trahisons qui l'ont conduite sur les bords de l'abîme, s'empressera d'adopter ce moyen si nécessaire de salut public... »

Circulaire superflue. Les provinciaux n'avaient pas besoin qu'on leur proposât Paris en exemple. Ils l'avaient parfois devancé. Deux prêtres avaient été massacrés dans l'Orne le 19 août, un autre dans l'Aube le 21 août, un huissier à Lisieux le 23 août, etc. Partout où passaient les volontaires en marche vers la frontière, les aristocrates n'avaient qu'à bien se tenir. A Reims le 3 septembre, à Meaux le 4, dans l'Orne les 3 et 6, à Lyon le 9, à Caen le 7, à Vitteaux le 12,

---

1 Il est vrai que Brissot, dans son pamphlet contre les Jacobins, paru après sa radiation, en octobre 1792, insinue que Talleyrand paya son passeport 500 louis.

des officiers, des prêtres, des suspects de tout genre trouvèrent la mort jusque dans les prisons. A l'assemblée électorale des Bouches-du-Rhône, présidée par Barbaroux, la nouvelle des massacres de Paris fut vivement applaudie. Le « patriotisme », dieu nouveau, réclamait des victimes humaines comme les dieux anciens.

Les suspects considérés comme les plus dangereux, ceux qui fournirent le plus de victimes, avaient été partout les prêtres réfractaires. Sur un seul point peut-être, l'accord des trois pouvoirs, Commune, Législative et Conseil exécutif, était complet, sur la nécessité de mettre le clergé réfractaire dans l'impossibilité de nuire à la défense révolutionnaire comme à la défense nationale.

La Constituante n'avait supprimé qu'une partie des maisons religieuses. Elle n'avait pas touché notamment à celles qui étaient vouées à la charité ou à l'enseignement. Un député déclara, le 31 juillet, que ces maisons étaient « des bastilles monarchiques dont les prêtres réfractaires sont les guichetiers » et, le 4 août, l'Assemblée décréta que les maisons appartenant aux ordres religieux déjà supprimés seraient toutes évacuées pour le 1er octobre et mises en vente. Il restait des congrégations dites séculières que la Constituante avait épargnées, associations dans lesquelles on ne prononçait pas de vœux solennels, comme l'Oratoire, qui dirigeait de nombreux collèges, les Lazaristes, les Sulpiciens, les Eudistes, ou congrégations laïques comme les frères des Écoles chrétiennes, ou congrégations féminines comme les Filles de la Sagesse, de la Providence, de la Croix, du Bon Pasteur, etc. Toutes furent supprimées, le 18 août, et leurs biens liquidés. On autorisa cependant les religieuses employées dans les hôpitaux à continuer leurs services à titre individuel.

Plus dangereux que les moines et les religieux paraissaient les prêtres réfractaires dont beaucoup s'étaient maintenus dans leurs anciennes paroisses. Au bruit même du canon du 10 août, l'Assemblée avait décrété que tous les décrets frappés du veto royal seraient immédiatement exécutoires. Le décret du 27 mai sur l'internement et la déportation des prêtres réfractaires perturbateurs fut donc mis en vigueur. Dès le 10 août au soir, la Commune adressa aux sections la liste des évêques et prêtres suspects. Ils furent sans délai enfermés à l'Abbaye, aux Carmes, au séminaire Saint-Magloire, proie future pour les septembriseurs. Mais le décret du 27 mai ne frappait que les prêtres anciens fonctionnaires publics, les seuls qui eussent été astreints au serment par la Constituante. Pour atteindre les autres, très nombreux, l'Assemblée les obligea, le 14 août, de jurer le serment de fidélité à la liberté et à l'égalité. Un certain nombre se soumirent afin de garder leurs pensions et de continuer l'exercice de leur culte. Le décret du 27 mai avait un autre défaut aux yeux des révolutionnaires. Il n'atteignait que les prêtres qui seraient l'objet d'une dénonciation signée de vingt citoyens actifs. Dans beaucoup de contrées, où la population tout entière était complice des réfractaires, la réunion de vingt signatures était chose impossible. Cambon et Lanjuinais réclamèrent, le 19 août, une nouvelle loi qui permettrait de frapper tous les réfractaires indistinctement et sommairement. Le girondin Larivière stimula, le 23 août, la commission extraordinaire chargée de préparer la loi nouvelle : « Si vous ne pouvez pas supporter plus longtemps la vue des emblèmes de la tyrannie, je ne conçois pas comment vous supportez depuis si longtemps la vue des auteurs fanatiques de nos discordes intérieures, la vue des maux, des désastres que tous les jours ils occasionnent. Je demande qu'on fasse à l'instant un rapport sur le mode de leur déportation, car chaque instant de retard est un véritable assassinat. » *(Vifs applaudissements.)* Les révolutionnaires avaient une raison grave d'en finir. Les élections à la Convention étaient imminentes. Les assemblées primaires devaient se réunir le 26 août et les assemblées électorales le 2 septembre. Il fallait se hâter d'expulser de France les prêtres réfractaires afin de les empêcher d'exercer une influence quelconque sur les choix qui allaient être faits. Marans, Delacroix, Cambon dirent crûment leurs craintes. Marans, le 24 août : « Des curés aristocrates, d'abord dispersés par la crainte, osent déjà rentrer dans leur paroisse et travailler à nous donner de mauvais électeurs. Il faut que la déportation soit signifiée avant le 28. » Delacroix : « De peur que se glissant dans les assemblées du peuple ils ne portassent sur l'élection des députés à la Convention nationale leur influence pestilentielle [...], chassons, chassons les prêtres. » Cambon, aux applaudissements frénétiques des tribunes, proposa de les déporter tous sur-le-champ à la Guyane, où l'agriculture, dit-il, manquait de bras. Delaunay l'appuya, mais sur l'observation de l'ancien pasteur protestant Lasource, soutenu par l'évêque Fauchet et par Vergniaud, que les expédier à la Guyane, c'était les vouer à une mort certaine, l'Assemblée laissa aux réfractaires le choix du pays où ils se rendraient. Le décret du 26 août leur donna quinze jours pour quitter la France. Le délai passé, ils seraient déportés à la Guyane. Cependant, les prêtres sexagénaires ou infirmes étaient exceptés formellement de la déportation et le décret ne s'appliquait pas non plus aux ecclésiastiques qui n'avaient pas été astreints au serment. Ceux-ci ne seraient déportés que s'ils étaient dénoncés par six citoyens domiciliés. Des milliers de prêtres (peut-être vingt-cinq mille) se mirent en route pour les pays étrangers où ils ne trouvèrent pas toujours un accueil cordial et empressé. En Espagne, notamment, ils furent presque traités en suspects. C'est en Angleterre qu'ils furent le mieux reçus.

Malgré l'importance de cette émigration forcée, l'Église romaine ne disparut pas entièrement. Les prêtres non astreints au serment, les réfractaires sexagénaires et infirmes étaient encore nombreux. L'évêque de Sarlat continua à vivre à Sarlat dont il fut même maire jusqu'au moment de la Terreur où il fut incarcéré. L'évêque de Riez se retira à Autun sa ville natale ; l'évêque de Marseille, de Belloy, dans un village des environs de Paris d'où il continua à administrer son ancien diocèse ; l'évêque d'Angers, Couet de Lorry, dans un village de Normandie ; l'évêque de Saint-Papoul, Maillé de La Tour Landry, à Paris où il fit des ordinations ; l'évêque de Senlis, à Crépy-en-Valois, etc. Il est vrai que la plupart de ces prélats et des prêtres réfractaires qui restèrent en France prêtèrent le serment de liberté et d'égalité, à la grande indignation de leurs confrères émigrés qui les considérèrent parfois comme des demi-schismatiques. Mais le pape n'osa pas les condamner.

La conséquence inévitable de la déportation des prêtres réfractaires fut la sécularisation de l'état civil que l'Assemblée vota dans sa dernière séance le 20 septembre 1792. Il y avait de nombreux départements, comme les Côtes-du-Nord, où les prêtres réfractaires étaient restés en fonctions dans leurs paroisses jusqu'au 10 août, parce qu'on manquait de prêtres constitutionnels. Ils tenaient dans ces paroisses les registres de l'état civil. Eux partis, il n'y avait personne pour les remplacer à la fois dans leurs fonctions civiles et dans leurs fonctions religieuses jusque-là confondues. On fut bien forcé de confier les registres aux municipalités. La mesure était depuis longtemps réclamée par les Feuillants ou monarchistes constitutionnels qui faisaient valoir la répugnance qu'éprouvaient les fidèles des prêtres romains à s'adresser pour le baptême, le mariage, les sépultures aux prêtres officiels considérés par eux comme schismatiques. Bien des familles préféraient priver leurs nouveau-nés d'état civil plutôt que de recourir aux intrus. Longtemps les révolutionnaires avaient résisté à la pression des réfractaires et des Feuillants de crainte d'affaiblir la position du clergé constitutionnel en lui enlevant le droit de constater les naissances, mariages et décès.

Mais, depuis que les prêtres réfractaires sont déportés en masse, les révolutionnaires n'ont plus à craindre, en votant la mesure réclamée, de grossir le troupeau des fidèles de la contre-Révolution. Ils laïcisent donc l'état civil parce qu'ils sont maintenant convaincus qu'ils peuvent le faire sans péril. Dans bien des endroits, ce sont les curés constitutionnels eux-mêmes qui seront transformés en officiers de l'état civil. Il n'en est pas moins vrai que cette séparation du sacrement et de l'acte civil était une nouveauté considérable grosse de conséquences pour l'avenir. L'État perdait de plus en plus son caractère religieux. La même loi qui sécularisait l'état civil autorisait le divorce, interdit par l'Église.

Les prêtres constitutionnels s'étaient sans doute réjouis d'être débarrassés de leurs rivaux, mais ceux d'entre eux qui savaient réfléchir n'étaient pas sans appréhension. Dès le 11 août, l'évêque de l'Eure Thomas Lindet écrivait à son frère : « Bientôt vous ne voudrez plus ni rois ni prêtres. » Comment la chute du roi terrestre n'ébranlerait-elle pas en effet le roi du ciel ? Le même Thomas Lindet expliquait ainsi sa pensée le 30 août : « Les Parisiens finiront comme les Anglais par crier : Point d'évêques ! Le théisme et le protestantisme ont plus de liaisons avec le républicanisme. Le catholicisme a toujours été attaché à la monarchie et il a dans ce moment le malheur de coûter fort cher. » Quelques semaines plus tard, l'évêque de l'Ardèche, Lafont de Savine, écrivait de même à Roland : « Je crois devoir vous observer que la Constitution civile du clergé touche à sa fin. Il est évident par la conséquence nécessaire de ses principes que l'État va devenir tout à fait étranger aux choses de la religion, que le salaire attribué aux ministres catholiques ne sera regardé que comme une pension de retraite et une représentation des biens dont ils jouissaient ; que les lois de la tolérance universelle sont incompatibles avec la faveur d'une dépense publique accordée exclusivement à un seul culte ainsi qu'avec des dispositions hiérarchiques déterminées par les lois... » Les deux évêques voyaient clair. Les jours du clergé constitutionnel étaient en effet comptés. La logique de ses principes comme la pression des faits entraînait la Révolution vers des solutions hardies devant lesquelles elle aurait reculé avec épouvante deux ans plus tôt.

L'Église constitutionnelle est traitée avec une désinvolture croissante. Ce n'est pas assez qu'elle soit obligée de mettre son influence spirituelle, ses sermons et ses bénédictions au service de l'État nouveau, elle doit encore lui faire le sacrifice de son superflu. Dès le 19 juillet, un décret rendu sur le rapport du comité des finances mit en vente les ci-devant palais épiscopaux et les jardins qui en dépendaient. Les évêques se logeront désormais à leurs frais, comme ils l'entendront, en chambre garnie. Une allocation spéciale d'un dixième de leur traitement y pourvoira. Un des considérants du décret dit que « la somptuosité des palais épiscopaux est peu convenable à la simplicité de l'état ecclésiastique ». On les dépouille et on leur fait la leçon.

Après le 10 août, ces tendances s'accentuent. Le 14 août, sur la proposition de Delacroix et de Thuriot, l'Assemblée décrète que tous les objets et monuments en bronze rappelant la féodalité et existant dans les églises seront convertis en canons. La Commune de Paris, dont l'exemple fut suivi par d'autres, donna la plus grande extension à ce décret et s'en servit pour dépouiller les lieux saints de la plupart de leurs ornements. Le 17 août, « jalouse, dit son arrêté, de servir la chose publique par tous les moyens qui sont en sa puissance » et « considérant qu'on peut trouver de grandes ressources pour la défense de la patrie dans la foule de tous les simulacres qui ne doivent leur existence qu'à la fourberie des prêtres et à la barbarie du peuple », elle fit main basse sur « tous les crucifix, lutrins, anges, diables, séraphins, chérubins de bronze », pour les employer à la fonte des canons et sur les grilles pour en faire des piques. Le 18 août, une députation de la confrérie de Saint-Sulpice offrit à l'Assemblée une statue de saint Roch en argent et son orateur accompagna l'offre d'un discours qu'on dirait déjà daté du temps de la Terreur : « Les diverses confréries formaient dans l'empire les anneaux de cette chaîne sacerdotale par laquelle le peuple était esclave ; nous les avons brisés et nous nous sommes associés à la grande confrérie des hommes libres. Nous avons invoqué notre saint Roch contre la peste politique qui a fait tant de ravages en France.

Il ne nous a pas exaucés. Nous avons pensé que son silence tenait à sa forme. Nous vous l'apportons pour qu'il soit converti en numéraire. Il concourra, sans doute, sous cette forme nouvelle, à détruire la race pestiférée de nos ennemis. » L'Assemblée suivait le mouvement. Le 10 septembre, elle réquisitionnait tous les ustensiles d'or et d'argent des églises, à l'exception des soleils, ciboires et calices et elle ordonnait de les convertir en monnaie pour le prêt des troupes. Ainsi, le culte constitutionnel perdait tous les jours le prestige extérieur qu'il exerçait sur l'âme des simples. Il était de plus en plus réduit à la nudité évangélique.

Dès le 12 août, la Commune avait fait défense à tous les prêtres de porter le costume religieux en dehors de leurs fonctions. L'Assemblée une fois encore suivit la Commune. Elle renouvela six jours plus tard la prohibition du costume ecclésiastique déjà décrétée en principe le 6 avril précédent.

La Commune posait déjà la règle que la religion doit rester une affaire privée. Le 16 août, elle enjoignait « à toutes les sectes religieuses de ne point obstruer la voie publique dans l'exercice de leurs fonctions », autrement dit elle supprimait les processions et les cérémonies extérieures. Elle généralisait ainsi hardiment le décret par lequel l'Assemblée avait révoqué l'avant-veille l'édit de Louis XIII sur la procession du 15 août. Elle excluait les prêtres de la fête funèbre qu'elle célébra en l'honneur des morts du 10 août.

Peu soucieuse de logique, elle entendait cependant intervenir dans l'administration intérieure du culte constitutionnel. Le lendemain de l'insurrection, elle supprimait le casuel, « sur les plaintes faites par plusieurs citoyens d'exactions exercées par le clergé constitutionnel », et, par le même arrêté, elle instituait l'égalité des funérailles et supprimait les marguilliers et leurs bancs. Désormais, tous les citoyens seraient enterrés avec le même cérémonial avec deux prêtres. Il n'y aurait plus de tentures aux portes des églises.

Albert Mathiez

La Législative, docile, décrétait à son tour, le 7 septembre, que les ecclésiastiques salariés par l'État qui recevaient un casuel, sous quelque dénomination que ce fût, seraient condamnés par les tribunaux à la perte de leur place et de leur traitement.

Déjà le mariage des prêtres était honoré par l'Assemblée et présenté par elle comme un exemple à suivre. Le 14 août, le député Lejosne demanda que l'évêque de la Seine-Inférieure, Gratien, qui avait rappelé ses prêtres dans une pastorale au devoir de continence, fût poursuivi devant les tribunaux et que les prêtres fussent avertis qu'ils seraient privés de leur traitement s'ils publiaient des écrits contraires aux droits de l'homme. Les deux propositions furent renvoyées au comité de législation.

On voit poindre ici la théorie qui fera fortune sous la Convention. Le clergé constitutionnel, par le seul fait qu'il est constitutionnel, doit s'incorporer en quelque sorte à la Constitution. Les droits de l'homme ne reconnaissent pas de vœux perpétuels. Donc, défense aux prêtres d'enseigner que ces vœux doivent être respectés, défense aux évêques non seulement de déplacer, de révoquer, d'inquiéter ceux de leurs prêtres qui prendront femme, mais défense de les blâmer publiquement par parole ou par écrit. Les lois de l'État s'imposent souverainement au clergé constitutionnel, même quand ces lois sont contraires à la discipline ou aux dogmes du catholicisme. Autrement dit, le clergé constitutionnel est dépouillé de tout statut propre. Il n'en a plus d'autre que celui de l'État.

Sous la Convention, des sanctions interviendront. Une proclamation du Conseil exécutif, en date du 22 janvier 1793, fera défense à tous évêques d'ordonner aux curés de tenir des registres de baptêmes, de mariages et sépultures, de proclamer des bans, « d'exiger, avant de donner la bénédiction nuptiale, des conditions que la loi civile ne commandait pas », autrement dit, elle leur fit une obligation de marier sans explication quiconque se présentera pour recevoir le sacrement, même les divorcés, même les prêtres, même les athées. Des jugements de tribunaux obligèrent des curés à marier leurs confrères. Des évêques furent mis en prison pour avoir opposé des empêchements à ces mariages. Le 19 juillet 1793, un décret punira de la déportation les évêques qui commettraient ce délit. A cette occasion, Delacroix s'écria : « Les évêques sont nommés par les assemblées électorales, ils sont salariés par la nation, ils doivent obéir à toutes les lois de la république. » Et Danton ajouta : « Nous avons conservé les traitements des évêques, qu'ils imitent leurs fondateurs ; ils rendaient à César ce qui appartient à César. Eh bien ! la nation est plus que tous les Césars. » En d'autres termes, la nation commande même dans le domaine religieux. Elle est la source de tout droit, de toute autorité, de toute vérité. Thomas Lindet avait eu raison d'écrire au lendemain du 10 août que la chute du roi faisait présager celle des prêtres.

3
LES ÉLECTIONS À LA CONVENTION

Si la Législative et la Commune révolutionnaire s'entendaient assez facilement sur la question religieuse, sur toutes les autres questions elles entraient en opposition, sourde ou ouverte.

La Commune considérait la chute du trône comme un acte définitif impliquant la République. L'Assemblée évitait de se prononcer et ajournait la solution.

Pour empêcher la royauté de renaître, la Commune s'efforçait d'écarter des urnes tous ceux qu'elle suspectait de regretter Louis XVI. Le 11 août, elle décidait de faire imprimer la liste des électeurs parisiens qui, l'année précédente, s'étaient réunis au club de la Sainte-Chapelle pour préparer les élections à la Législative. Elle supprimait le lendemain tous les journaux royalistes et distribuait leurs presses aux journaux patriotes, sans que l'Assemblée osât protester contre ce coup de force, dont les conséquences furent graves. Le royalisme, privé d'organes, ne pourra plus se faire entendre à la France au moment même où allait s'ouvrir la campagne électorale. Le 13 août, la Commune data ses actes de l'an 1er de l'égalité, voulant signifier par là qu'une ère nouvelle commençait.

L'Assemblée ne suivait qu'à petits pas. Le 11 août, un de ses membres, Sers, protestait contre la démolition des statues des rois qu'on abattait dans Paris et dans toutes les grandes villes. Il n'invoquait, il est vrai, que la crainte des accidents pour venir au secours des augustes effigies en péril. Mais un autre député, Marans, versait une larme sur la statue de Henri IV. En vain ! car Thuriot fit décréter que tous ces bronzes seraient convertis en monnaie ou en canons.

Albert Mathiez

Deux jours plus tard, Robespierre venait demander l'érection, sur l'emplacement de la statue de Louis XV, d'un monument aux morts du 10 août.

La Commune allait de l'avant. Le 14 août, elle députait à l'Assemblée pour lui demander de rayer le nom du roi de la liste des fonctionnaires publics, et le lendemain Gensonné faisait décréter que les jugements et les lois seraient rendus désormais au nom de la nation. Ducos faisait recouvrir par la déclaration des droits de l'homme l'effigie « scandaleuse » de Louis XVI qui ornait encore la salle des séances.

La Commune décidait d'instituer pour les élections le vote par appel nominal et à haute voix et l'Assemblée laissait faire. Robespierre protestait dans sa section contre le maintien du scrutin à deux degrés et la Commune s'empressait de corriger la loi en arrêtant, sous sa dictée, que les choix de l'assemblée électorale seraient soumis à la ratification des assemblées primaires. Le 17 août, la Commune décidait de livrer à la publicité la liste des signataires des pétitions royalistes des 8 000 et 20 000, postérieures au 20 juin. Le 22 août, elle invitait les ministres à remplacer le Monsieur par le Citoyen. Les démocrates de la Commune et des Jacobins réclamaient pour le peuple le droit de sanctionner la Constitution et les lois et de révoquer les députés, c'est-à-dire qu'ils voulaient appliquer à la lettre les préceptes du *Contrat social* en instituant le référendum et le mandat impératif.

Le mouvement républicain se propageait rapidement en province. Dans les Vosges, les volontaires, en apprenant la suspension de Louis XVI, criaient : *Vive la Nation sans Roi !* Les juges de La Rochelle terminaient leurs félicitations à l'Assemblée par ce vœu : *La nation souveraine et rien de plus !* Les Jacobins de Strasbourg s'écriaient : *Vive l'Égalité et point de roi !* Les Jacobins de Paris, dans leur circulaire électorale, prônaient hautement la république.

Il devenait évident que le maintien de la forme monarchique se heurtait à un fort courant contraire. Les députés s'inclinèrent. Cambon prononça le 22 août : « Le peuple ne veut plus de royauté, rendons-en le retour impossible. » Carra, pour montrer qu'il ne songeait plus à Brunswick, conseilla à ses lecteurs d'exiger des futurs députés « le serment de ne jamais proposer ni roi ni royauté, sous peine d'être enterrés tout vifs dans leurs départements, à leur retour » (1er septembre). Condorcet, à son tour, se proclama républicain, le 3 septembre, en expliquant qu'un changement de dynastie serait une folie. Le lendemain, 4 septembre, émus par « la calomnie atroce » qui les représentait comme méditant l'accession au trône du duc de Brunswick ou du duc d'York, les députés firent le serment de combattre de toutes leurs forces les rois et la royauté et ils adressèrent à la nation, mais à titre individuel, une proclamation républicaine.

Il est difficile de savoir jusqu'à quel point ces manifestations tardives étaient sincères. Le même Chabot qui, le 3 septembre, traitait de « calomnie atroce » le prétendu projet de couronner un prince étranger, avait donné aux fédérés, du haut de la tribune des Jacobins, le 20 août, le conseil de rester à Paris, pour inspecter la Convention, l'empêcher de rétablir la royauté et de quitter Paris. Et le même Chabot, quelques jours plus tard, donnera sa voix dans l'Assemblée électorale de Paris au duc d'Orléans qui sera nommé député à la Convention en queue de liste malgré l'opposition de Robespierre. Danton et ses amis votèrent avec Chabot pour le duc d'Orléans. Celui-ci ambitionnait-il autre chose qu'un mandat législatif ? Sa correspondance prouve qu'il chercha à faire nommer à la Convention son fils aîné, le duc de Chartres, le futur Louis-Philippe, bien qu'il n'eût pas encore l'âge légal. Mais finalement le duc de Chartres n'osa pas et son père se mit sur les rangs. Avant de solliciter les suffrages des électeurs parisiens, il adressa une requête à la Commune pour la prier de lui donner un nouveau nom, et la Commune, par un arrêté formel, lui attribua celui d'Égalité, qu'il accepta avec « une reconnaissance extrême » (14 septembre). Les contemporains ont cru que Danton, peu capable de s'échauffer pour la métaphysique politique, était secrètement gagné à la maison d'Orléans. On a exhumé naguère des notes manuscrites où le roi Louis-Philippe a raconté qu'après Valmy Danton lui offrit sa protection et lui conseilla de se populariser à l'armée : « Cela est essentiel pour vous, pour les vôtres, même pour nous et surtout pour votre père. » Danton finit ainsi l'entretien : « Vous avez de grandes chances de régner. » La république ne lui apparaissait donc que comme une solution provisoire.

Pour l'instant la royauté fut condamnée. Les Girondins, sentant

Paris et certaines grandes villes leur échapper, s'efforcèrent de s'assurer le vote des campagnes. Dès le 14 août, l'un d'eux, François (de Neufchâteau), avait fait décréter par l'Assemblée le partage des biens communaux entre tous les citoyens et la division des biens des émigrés en petites parcelles qui seraient payées en quinze annuités afin que les pauvres pussent les acquérir facilement. Le 16 août, toutes les poursuites pour cause de ci-devant droits féodaux furent suspendues. Le 25 août enfin, l'Assemblée supprima sans indemnité tous les droits féodaux dont les propriétaires ne pourraient pas exhiber le titre primitif. La chute de la féodalité accompagnait la chute du trône. Le paysan ne regretterait plus le roi.

Les assemblées électorales, qui se réunirent le 2 septembre, siégèrent plusieurs jours et même parfois plusieurs semaines. Malgré l'octroi du droit de vote aux citoyens passifs, l'empressement à se rendre aux urnes fut très faible. Les pauvres n'aimaient pas perdre leurs journées à des opérations fatigantes pour lesquelles ils étaient mal préparés. Les royalistes, les Feuillants, les aristocrates, les timides s'abstinrent par prudence ou par scrupule. On n'était admis à voter qu'après avoir prêté le serment d'être fidèle à la liberté et à l'égalité. Dans l'Oise il y eut moins de votants aux assemblées primaires de 1792 qu'à celles de 1791 ou de 1790. Dans une dizaine de départements au moins, dans les Bouches-du-Rhône, le Cantal, la Charente, la Corrèze, la Drôme, l'Hérault, le Lot, le Gers, l'Oise, les Hautes-Pyrénées, la Seine-et-Marne, on imita Paris, on procéda au vote par appel nominal et à haute voix. Il en fut de même dans les assemblées primaires du Mans. Souvent enfin, les assemblées électorales s'épurèrent elles-mêmes en expulsant de leur sein les citoyens suspects d'opinions anticiviques. La prédominance des bourgeois et propriétaires s'affirma partout presque sans conteste. Sauf à Paris et dans quelques autres villes, les artisans et ouvriers s'effacèrent quand ils ne se laissèrent pas docilement conduire au scrutin. A Quingey, dans le Doubs, le maître de forges Louvot s'empara du bureau de l'assemblée primaire avec ses ouvriers qu'il avait amenés en troupe derrière un joueur de clarinette. Il chassa de la salle de vote les opposants et se fit nommer électeur. Le cas ne dut pas être isolé. Les députés à la Convention furent élus par une minorité résolue. La plupart appartiennent à la bourgeoisie

II - LA GIRONDE ET LA MONTAGNE

dont les intérêts sont liés à ceux de la Révolution. Il y aurait lieu de rechercher dans quelle proportion les acquéreurs de biens nationaux figurèrent parmi les électeurs. Cette recherche n'a pas été faite. Sur les 750 députés on compta en tout et pour tout deux ouvriers, l'armurier Noël Pointe, élu du Rhône-et-Loire, et le cardeur de laine Armonville, élu de la Marne.

Sauf à Paris, où toute la représentation appartient au parti de la Commune, Robespierre nommé en tête, les élections ne furent pas influencées pour ainsi dire par l'antagonisme encore mal connu de la Législative et de la Commune, de la Gironde et de la Montagne. Dans les départements, les révolutionnaires, qui se sentaient peu nombreux, songeaient moins à se diviser qu'à s'unir. Le futur Girondin Buzot était élu dans l'Eure en même temps que les futurs Montagnards Robert et Thomas Lindet, avec lesquels il vivait alors en parfaite intelligence. Les électeurs se préoccupèrent avant tout de choisir des hommes capables de défendre la Révolution contre ses ennemis du dehors et du dedans. La monarchie ne trouva point de défenseurs. Comme les Girondins étaient plus connus, comme ils possédaient la presse et la tribune de la Législative, comme ils étaient encore en force aux Jacobins, ils furent élus en grand nombre. Brissot chanta victoire dans son numéro du 10 septembre. Mais les électeurs n'avaient pas émis un vote de parti. Ils n'avaient pas donné à leurs élus le mandat de venger les blessures que la Commune du 10 août avait faites à leur orgueil.

Les Girondins hélas ! ne furent pas capables de faire le sacrifice de leurs rancunes. Petion avait été cruellement atteint dans sa vanité par l'échec qu'il avait éprouvé à l'assemblée électorale de Paris qui lui avait préféré Robespierre. Mme Roland, qui dirigeait son vieux mari, souffrait de la place prépondérante que Danton avait prise au Conseil exécutif. Brissot, Carra, Louvet, Guadet, Gensonné, Condorcet, tous les chefs du parti détestaient en Robespierre l'homme qui s'était mis en travers de leur politique belliqueuse, l'homme qui avait dénoncé leurs hésitations et leurs manœuvres avant et après l'insurrection, l'homme qui leur avait prêté le dessein de pactiser avec la Cour et avec l'ennemi, l'homme qui inspirait l'insolente Commune usurpatrice ; ils avaient leur revanche à prendre.

Les lettres intimes de Mme Roland révèlent toute la profondeur de sa haine et de sa peur. Elle était convaincue que le vol des diamants de la couronne, opéré en réalité par des cambrioleurs de profession, au Garde-Meuble, était dû à Danton et à Fabre d'Eglantine. Elle méprisait et haïssait Danton qui pourtant venait de faire révoquer le mandat d'arrêt lancé par la Commune contre son mari. Elle ne voyait le salut que dans la formation d'une garde départementale qui tiendrait garnison dans Paris et protégerait l'Assemblée : « Nous ne sommes point sauvés, écrivait-elle à Bancal, et si les départements n'envoient une garde à l'Assemblée et au Conseil, vous perdez l'une et l'autre. Travaillez donc rapidement à nous l'envoyer, *sous le prétexte des ennemis extérieurs,* au-devant desquels on fait aller les Parisiens capables de défense, et pour que toute la France concoure à la conservation des deux pouvoirs qui lui appartiennent et qui lui sont chers. » On saisit ici, à son origine, la funeste politique qui, en dressant les départements contre Paris, devait aboutir quelques mois plus tard à l'agitation fédéraliste et à la guerre civile.

Mme Roland malheureusement fut écoutée, surtout de ceux qui, pris de peur après la prise de Longwy, avaient projeté le transfert des pouvoirs publics dans les départements du Centre et du Midi. Dès le 4 septembre, Cambon, qui marche alors avec les Girondins et qui ne cessera jamais de se défier de la Commune, même quand il se ralliera à la Montagne, menaçait Paris de la vengeance des Méridionaux : « Si ces méprisables calomniateurs devenaient, par notre aveuglement et notre faiblesse, des dominateurs féroces, croyez-le, Messieurs, les citoyens généreux du Midi qui ont juré de maintenir la liberté et l'égalité dans leur pays viendraient au secours de la capitale opprimée [vifs applaudissements]... Si, par malheur, une fois la liberté vaincue, ils étaient forcés de rétrograder, sans pouvoir porter contre les nouveaux tyrans la haine, la soif de la vengeance et la mort, je n'ai pas de doute qu'ils n'ouvrissent dans leurs foyers impénétrables un asile sacré aux malheureux qui pourraient échapper à la hache des Sylla français. » Ainsi, pour Cambon, si le secours départemental qu'il appelait restait insuffisant, on reprendrait le projet de république du Midi déjà médité en secret les jours précédents dans les conciliabules de Kersaint et de Roland. Et Cambon justifiait ses menaces par les bruits de dictature qu'il recueillait : accusations meurtrières qui feraient leur chemin !

Le projet de sécession porté à la tribune par les paroles véhémentes de Cambon avait une telle consistance qu'il effraya jusqu'à Anacharsis Cloots. Celui-ci n'hésita pas à le désavouer, quoiqu'il eût alors la Commune en horreur : « Français, écrivait-il dans les *Annales patriotiques* du 10 septembre, ne songeons jamais à nous réfugier dans les montagnes méridionales, ce serait accélérer notre ruine, ce serait appeler le coup de pied de tous les tyrans de l'Europe et notamment du sultan de Madrid... Paris est la ville des Français ; la conquête du chef-lieu désorganiserait complètement le corps politique. » Un tel article devait brouiller Cloots avec les Roland et bientôt avec les autres Girondins.

Pour obtenir la garde départementale qui les tranquilliserait, les Roland mirent tout en œuvre pour affoler l'Assemblée à ses derniers instants. Ils excitèrent l'horreur contre la Commune qu'ils représentèrent comme une bande de sicaires et de bandits. Roland annonça à l'Assemblée, le 17 septembre, que le vol du Garde-Meuble tenait « à une grande machination », et il dénonça sans transition l'assemblée électorale de Paris qui avait proposé la veille, à l'en croire, la loi agraire, c'est-à-dire le partage des terres. Il prétendit que les massacreurs n'étaient pas satisfaits et qu'ils allaient recommencer leurs exploits : « Dans quelques affiches, on conseille au peuple de se lever encore, s'il n'a point perdu ses poignards ; je connais les auteurs de ces affiches et ceux qui les paient. » Cette dernière insinuation visait certainement Danton qui était toujours le collègue de Roland au ministère. Et tout ce réquisitoire, construit sur des faits faux ou dénaturés, avait pour but d'amener cette conclusion : « Il faut, Messieurs, que vous appeliez une garde nombreuse autour de vous, il faut qu'elle soit à votre réquisition. » Tragique, Roland déclarait qu'en attendant il bravait la mort. Il revint encore à la charge le lendemain.

Ce fut un grand malheur que les chefs de la Gironde suivirent ce vieillard rogue, peureux et borné. Lasource, le 17 septembre, renchérit sur ses sombres prophéties dans un rapport officiel présenté au nom de la commission des Douze. « Il existe, dit-il, un projet pour empêcher la Convention de s'assembler... Je dénonce cet infâme projet... On se propose pour dernière ressource d'incendier ou de piller la ville de Paris afin que le camp ne puisse se former », et il peignit les révolutionnaires parisiens comme des alliés ou des agents de Brunswick. Vergniaud, d'ordinaire plus sensé, garantit l'exactitude du roman de Lasource. Il dénonça le Comité de surveillance de la Commune, défia les assassins et fit décréter que les membres de la Commune répondraient sur leur tête de la vie des prisonniers ! Puis Petion, à son tour, fit le procès des patriotes exagérés et perfides qui préparaient d'après lui de nouveaux massacres. Le lendemain, un nouveau décret, voté sur le rapport de Guadet, cassait, cette fois définitivement, la Commune révolutionnaire, ordonnait son renouvellement et rétablissait le maire Petion dans l'exercice de toutes les attributions que lui avait enlevées l'insurrection. Les mandats d'arrêt ne pourraient plus être délivrés désormais que par le maire et les administrateurs de police. Le tocsin et le canon d'alarme ne seraient plus mis en action que par l'ordre formel du corps législatif. Dans ce long duel de six semaines que s'étaient livré la Commune et l'Assemblée, celle-ci avait le dernier mot.

Sa victoire finale ne s'explique pas seulement par le résultat des élections à la Convention qui avait réjoui, « ranimé » Mme Roland, elle s'explique surtout par la réaction de sensibilité qui s'était produite après les massacres dans la population parisienne elle-même et ensuite dans toute la France. Cette réaction, les Girondins, qui s'étaient tus pendant les massacres et qui d'ailleurs avaient amnistié quelques mois plus tôt les atrocités de la glacière d'Avignon, s'empressèrent de l'exciter et de l'exploiter avec art. Dès le 10 septembre, Brissot présente les massacres, dans son journal, comme l'effet d'un complot montagnard, et ce complot, d'après lui, a pour but final la loi agraire, c'est-à-dire le partage des terres et des fortunes. A sa voix et à l'exemple de Roland, les publicistes du parti, dont beaucoup, comme Louvet, sont subventionnés sur la caisse de propagande du ministère de l'Intérieur, sonnent contre les Montagnards le ralliement des propriétaires. La Gironde se donne dès lors comme le parti de l'ordre et de la conservation sociale. Elle prend déjà sous sa protection les anciens Feuillants. A Paris, la section des Lombards, qu'inspire Louvet, suivie des sections du Mail et du Marais, toutes trois composées de riches commerçants, se portèrent au secours des signataires des pétitions royalistes des 8 000 et 20 000 que la Commune avait traités en suspects et que l'Assemblée électorale avait exclus. La section des Lombards annonça, le 8 septembre, à l'Assemblée, qu'elle avait pris l'initiative de former

entre tous les bons citoyens de toutes les sections « une confédéra-
tion sainte et conservatrice » pour la sauvegarde des personnes
et des propriétés. Sur la demande formelle des pétitionnaires,
l'Assemblée décréta que les originaux des pétitions des 8 000 et des
20 000 seraient détruits. La réaction était si forte que la Commune
elle-même jura, le 19 septembre, de défendre les propriétés.

Les propriétés étaient-elles réellement menacées ? Les craintes
des Girondins justifiées ? C'est le moment de jeter un coup d'œil
sur la question économique et sociale telle qu'elle se posait alors.

Avec la guerre, la situation des artisans et des ouvriers et en général des consommateurs avait empiré. Les industries de luxe chômaient. L'assignat perdait en août à Paris 41 et à peu près autant
à Marseille, Lille, Narbonne, Bordeaux. Les salaires n'avaient pas
monté assez vite pour compenser la hausse des denrées.

Malgré la belle apparence de la nouvelle récolte qui fut généralement
plus abondante que celle de l'année 1791, les marchés étaient mal
approvisionnés. Le grain se cachait, le pain était rare et très cher.
Manœuvres des aristocrates, disaient les révolutionnaires ! Les
fermiers préféraient garder leur blé que de l'échanger contre des
assignats. Ils savaient qu'une forte armée prussienne s'avançait
vers Paris. L'avenir leur paraissait peu sûr et ils se méfiaient, se
réservaient. Ils pouvaient le faire plus facilement qu'autrefois, car
la Révolution, en les débarrassant de la gabelle et des dîmes, leur
avait permis de mettre de côté quelques économies. Ils n'étaient
plus obligés de vendre à tout prix pour payer leurs impôts et leurs
fermages. D'ailleurs, les propriétaires de leurs fermes, qui n'avaient
aucune hâte de recevoir des assignats en paiement de leurs loyers,
les priaient d'attendre, de ne pas se presser. Les achats immenses de
la guerre et de la marine contribuaient encore à raréfier la denrée
et à élever les cours. Le pain de troupe avait été jusque-là mélangé
de blé et de seigle. Pour que les soldats se réjouissent, eux aussi, de
la chute du trône, la Législative avait décrété, le 8 septembre, que le
pain de munition serait de pur froment. D'où une consommation
de blé accrue. La cherté de la vie augmentait juste au moment où
le développement de la Révolution ouvrait au peuple de plus larges
perspectives d'espérances.

La Commune révolutionnaire représentait les intérêts des petites

Albert Mathiez

gens. Dès le 11 août, elle décida de solliciter de l'Assemblée des lois sévères contre les vendeurs d'argent. Elle réclama la suppression du décret de la Constituante qui autorisait la concurrence de l'assignat contre les espèces monnayées. « La peine de mort, dit son procès-verbal, ne lui paraissait pas trop rigoureuse contre les hommes qui spéculent sur les calamités publiques. » Mais l'Assemblée, où la richesse dominait, fit la sourde oreille. Une députation de citoyens qui renouvela, le 13 août, la demande de la Commune ne fut pas plus heureuse. Mais la Commune trouva le moyen de porter secours à la classe indigente en utilisant ses bras à remuer la terre des tranchées du camp sous Paris moyennant quarante-deux sous par jour. Les artisans s'employèrent aux travaux de la guerre. Les jeunes gens s'enrôlèrent dans les volontaires.

Dans les autres villes, on n'eut pas toujours les mêmes ressources. A Tours, les fabriques de soieries ayant fermé, beaucoup d'ouvriers étaient tombés dans l'indigence. Ils s'agitèrent au début de septembre, réclamant la taxe du pain. Le 8 et le 9 septembre, ils assiégèrent le directoire du département et l'obligèrent à fixer le prix du pain à deux sous, c'est-à-dire à moitié du cours. Le directoire demanda son renouvellement au corps électoral et protesta contre la taxe qui était de nature, dit-il, à faire le vide dans les marchés.

A Lyon, les troubles furent plus graves, trente mille canuts chômaient. Pour les tirer de la misère, un ami de Chalier, Dodieu, qui présidait la section de la Juiverie, proposa, vers la fin d'août, de procéder, à l'instar de Paris, disait-il, « à la perquisition des grains et farines accaparés », de les vendre à un prix imposé, et, enfin, de nommer un tribunal spécial chargé de punir les accapareurs de toutes sortes. Son but était « de pulvériser le sordide intérêt, la cupidité des accapareurs favorisée par la faiblesse ou la complicité morale des juges aristocrates ». Le club central, apprenant que la Commune parisienne avait dressé la guillotine en permanence, réclama aux autorités la même mesure, afin d'en imposer aux agioteurs, aux boulangers qui font de mauvais pain ou qui menacent de quitter leur état. La municipalité se refusa d'abord aux demandes du club central. Mais un attroupement, dans la nuit du 25 au 26 août, s'empara de la machine et la monta sur la place des Terreaux, face à l'hôtel de ville. L'émeute envahit la prison. Dans la bagarre furent blessés grièvement deux prisonniers, un fabricant de faux assignats et un boulanger inculpé de malfaçon. L'idée prenait corps qu'il fallait instituer la terreur contre les accapareurs et se servir de la guillotine pour résoudre les difficultés économiques. En attendant, les Jacobins lyonnais recoururent à l'action directe. En septembre, l'un d'eux, le commissaire de police Bussat, qui deviendra juge au tribunal du district présidé par Chalier, rédigea un tarif de denrées et objets de consommation portant sur soixante articles. Les femmes s'attroupèrent menaçantes, et la municipalité ratifia le tarif qui fut exécuté pendant trois jours.

Les campagnes étaient à peine moins troublées que les villes, car il s'y trouvait à cette époque un grand nombre de manouvriers réduits à acheter leur pain.

Le 11 août 1792, d'importants convois de blé destinés au ravitaillement du Gard et de l'Hérault furent arrêtés par un attroupement populaire sur le canal du Midi, près de Carcassonne. Les gardes nationaux appelés par le département de l'Aude pour rétablir l'ordre firent cause commune avec les émeutiers. L'attroupement grandit les jours suivants, six mille hommes se réunirent au son du tocsin. Le 17 août, sur le bruit que les autorités avaient appelé des troupes de ligne, une colonne d'émeutiers marcha sur Carcassonne, s'empara des canons et des fusils emmagasinés dans la ville, égorgea le procureur général syndic Verdier et finalement débarqua les grains qui furent entreposés à Carcassonne. Pour rétablir l'ordre, il fallut envoyer quatre mille soldats.

Vers le même temps, on fut obligé de déployer des forces importantes le long de la Seine pour empêcher les riverains de s'emparer des convois de blé qui remontaient du Havre ou de Rouen vers Paris. Les autorités locales débordées durent édicter un peu partout des mesures de réglementation analogues à celles de l'Ancien Régime. Ainsi, le département de la Haute-Garonne, par un arrêté du 14 août, ordonna aux municipalités de surveiller les accapareurs de grains, notamment « ceux qui, n'ayant jamais fait jusqu'ici ce genre de commerce, se répandent dans les campagnes pour faire des achats de blé ». C'était dire que le commerce du blé cessait d'être libre et qu'on ne pourrait plus l'exercer désormais qu'avec la permission et sous la surveillance des autorités. L'arrêté de la Haute-Garonne faisait un devoir à celles-ci de s'assurer de la personne des acheteurs non autorisés et de les traduire devant les tribunaux « pour y être punis suivant la rigueur des lois », des lois qui n'existaient pas. Elles devaient encore arrêter « les malintentionnés qui se glissent dans les marchés et y achètent secrètement les grains non pour leur provision mais pour les revendre et font ainsi renchérir les denrées ». Le 14 septembre, le même département de la Haute-Garonne décida le cours forcé des billets de confiance.

Ces exemples suffisent pour faire comprendre l'inquiétude qui s'empare des commerçants et des propriétaires devant les suites de la Révolution du 10 août. Ils sentaient monter autour d'eux la haine sourde des prolétaires. Puis on les mettait sans cesse à contribution. Les volontaires ne consentaient à s'enrôler que si on leur remettait au moment du départ une sorte de prime d'engagement dont les riches faisaient les frais. Ils exigeaient en outre pour leurs femmes et leurs enfants des secours en argent. Les municipalités se procuraient les sommes nécessaires par des collectes plus ou moins volontaires. On trouvait naturel que les riches qui ne partaient pas fussent tenus d'indemniser ceux qui se dévouaient pour défendre leurs biens. Mais les riches, la loi en main, estimaient qu'ils n'étaient pas tenus à ces contributions répétées qu'on leur infligeait. Pour protester et regimber, ils n'attendaient déjà qu'un signal et qu'un prétexte.

Au moment de l'émotion provoquée par la nouvelle de la prise de Verdun, quand déjà les massacres des prisons commençaient, dans la nuit du 2 au 3 septembre, la Commune révolutionnaire, pour nourrir l'armée de volontaires qu'elle levait, avait décidé de demander à la Législative un décret qui obligerait les fermiers à battre leurs grains qu'on réquisitionnerait au besoin. Danton, selon son habitude, s'empara de l'idée émise par la Commune et le lendemain, 4 septembre, il fit signer à ses collègues du Conseil, à l'exception de Roland, une proclamation qui ordonnait des mesures extraordinaires pour contraindre les propriétaires à vendre leurs grains aux agents militaires et à leur fournir les charrois nécessaires par voie de réquisition. Les prix devaient être fixés par les corps administratifs. Ce n'était plus seulement la vente forcée, c'était la taxation.

Peu après, la Législative était obligée, par ses décrets des 9 et 16 septembre, d'étendre au ravitaillement civil les principes déjà posés pour le ravitaillement militaire. Les municipalités furent autorisées à réquisitionner les ouvriers pour battre les grains, et cultiver les terres, les corps administratifs à approvisionner les marchés par le moyen de réquisitions adressées aux particuliers. Des recensements furent ordonnés. Les individus qui refusaient d'obéir aux réquisitions seraient passibles de la confiscation de leurs grains et d'une peine pouvant aller jusqu'à un an de gêne (travaux forcés). On n'osa pas cependant prescrire la taxation pour le ravitaillement civil. Ces lois ne faisaient guère que légaliser un état de fait, car beaucoup de municipalités et de corps administratifs avaient déjà prescrit de leur propre autorité les mesures qu'elles ordonnaient. Ainsi, dès le 3 septembre, le district de Chaumont avait invité toutes les communes de son ressort à faire battre le blé de la nouvelle récolte et à le conduire au marché.

Les commissaires, que le Conseil exécutif avait décidé d'envoyer dans les départements pour accélérer les levées d'hommes, surveiller les suspects, imprimer l'élan à la défense nationale, partirent le 5 septembre en emportant la proclamation du 4 qui prescrivait la réquisition des subsistances. Leurs opérations n'allaient pas tarder à soulever de vives critiques.

La plupart d'entre eux avaient été désignés par Danton et pris parmi les membres de la Commune. Le Conseil exécutif leur remit les pouvoirs les plus étendus. Ils reçurent le droit « de faire auprès des municipalités, des districts et des départements, telles réquisitions qu'ils jugeront nécessaires pour le salut de la patrie », formule très élastique qui comportait toutes les initiatives. Dans l'Yonne, Chartrey et Michel crurent indispensable, « d'après le mécontentement que leur avaient témoigné les habitants des districts de Sens, Villeneuve-sur-l'Yonne, Joigny et ceux d'Auxerre à l'égard des administrateurs du département de l'Yonne et de ses directoires de districts », de former une commission de surveillance de quinze membres qui fut chargée de prendre connaissance de toutes les opérations des administrateurs des districts du ressort, de recevoir les plaintes de toute nature des administrés et leurs réclamations contre les tribunaux et d'en tenir registre. Cette commission de surveillance extra-légale, dont les membres furent désignés par le club local, fut présidée par le négo-

Albert Mathiez

ciant Villetard et installée, le 10 septembre, dans une des salles de l'administration départementale. Ses membres prêtèrent serment, entre les mains de Chartrey et Michel, « de dénoncer, sous leur responsabilité respective, tous ceux qui entraveraient la chose publique ». Ils prirent leur mission au sérieux et ils l'exerçaient encore à la fin du mois d'octobre, à la satisfaction, semble-t-il, des autorités elles-mêmes. J'ignore si des initiatives semblables furent prises par les commissaires qui opérèrent dans les autres départements. Mais certains de ceux-ci ne se résignèrent pas de bonne grâce à des mesures extraordinaires qu'ils considérèrent comme des empiétements intolérables et vexatoires.

Le département de la Haute-Saône refusa de recevoir les commissaires Danjou et Martin, les fit mettre en arrestation et reconduire à Paris par la gendarmerie nationale de brigade en brigade. Ils n'avaient pourtant commis aucun abus de pouvoir, car le Conseil exécutif les fit remettre en liberté, le 5 octobre, et ordonna une enquête sur la conduite du département.

Dans l'Eure, les commissaires Momoro et Dufour, pour justifier les réquisitions, distribuèrent une déclaration des droits de leur composition, où on lisait : « 1° la nation reconnaît les propriétés industrielles ; elle en assure la garantie et l'inviolabilité ; 2° la nation assure également aux citoyens la garantie et l'inviolabilité de ce qu'on appelle faussement propriétés territoriales, jusqu'au moment où elle aura établi des lois sur cet objet. » Cette menace de loi agraire, d'atteinte aux propriétés foncières provoqua contre les commissaires une sorte d'émeute. La municipalité de Bernay les fit arrêter le 8 septembre et les conduisit devant l'assemblée électorale de l'Eure, dont le président Buzot les remit en liberté après les avoir invités à se comporter avec circonspection et à se borner à l'objet de leur mission.

Quelques jours plus tard, dans le Calvados, les commissaires Goubeau et Cellier étaient arrêtés par la municipalité de Lisieux qui leur reprochait d'avoir alarmé la population et commis des actes arbitraires.

Le département du Finistère, enfin, fit arrêter Guermeur que le Conseil exécutif avait envoyé à Brest et à Lorient « pour rechercher dans les arsenaux les armes destinées à l'armement des volontaires ».

Guermeur avait tenu des propos contre Roland, contre Guadet et contre Vergniaud, il avait fait l'éloge de Robespierre et distribué des pamphlets de Marat. Il fut privé de sa liberté pendant plusieurs mois. Il faudra un décret formel de la Convention, le 4 mars 1793, pour obliger les autorités du Finistère à le relâcher.

Bien entendu, la Gironde exploita ces incidents pour alimenter sa campagne contre la Commune et contre la Montagne. Roland saisit l'occasion d'atteindre Danton derrière les malheureux commissaires. Il écrivit à l'Assemblée, le 13 septembre, pour se plaindre de leurs abus de pouvoir. Ils semaient l'inquiétude, ils avaient opéré une perquisition arbitraire à Ancy-le-Franc pour y découvrir de l'argenterie. Ils s'étaient présentés à l'assemblée électorale de Seine-et-Marne qui, sous leur impulsion, avait adopté le vote à haute voix, la nomination des curés par les communes et émis le vœu qu'il fût fondu une pièce de canon du calibre de la tête de Louis XVI afin qu'en cas d'invasion on pût envoyer aux ennemis la tête de ce traître. L'Assemblée s'était émue, et, le lendemain, Vergniaud avait fait voter un décret qui limitait les pouvoirs des commissaires aux seules opérations de recrutement, leur faisait défense de procéder à des réquisitions ou à des destitutions. On annulait les destitutions déjà prononcées par eux et on ordonnait aux autorités locales de les mettre en arrestation, en cas de désobéissance. Le 22 septembre, tous les commissaires furent rappelés par un arrêté du Conseil exécutif et Roland leur adressa, dans une circulaire, un blâme collectif pour avoir occasionné des troubles, exposé la sûreté des personnes et des biens.

Avec un ensemble admirable, toute la presse girondine dénonçait les gens de la Commune et les Montagnards comme des « anarchistes » et des partisans de la loi agraire, Brissot, dans son journal, dès le 17 septembre, Carra, le 19, dans les *Annales patriotiques*. « Tout homme qui parle de loi agraire, disait celui-ci, de partage des terres est un franc aristocrate, un ennemi public, un scélérat à exterminer. » Et Carra faisait observer qu'une telle prédication, en épouvantant les propriétaires, empêcherait la vente des biens des émigrés. Keralio, dans la *Chronique* du 22, dénonçait avec violence Momoro et ses émules « qui veulent dégrader les hommes en les abaissant à l'état de brutes et rendre la terre commune entre eux ». Cloots, le banquier cosmopolite, lançait aux perturbateurs une mercuriale bien sentie : « Des hommes absurdes ou perfides se plaisent à répandre la terreur dans l'âme des propriétaires. On voudrait semer la zizanie entre les Français qui vivent du produit de leurs terres et les Français qui vivent du produit de leur industrie. Ce projet de désorganisation sort de la boutique de Coblentz. » Brissot dira plus nettement que les désorganisateurs étaient les agents des Prussiens.

Exagérées, affectées ou sincères, les alarmes des Girondins reposaient cependant sur quelques faits précis. Rien ne prouve que les commissaires du Conseil exécutif aient imité Momoro et distingué, à son exemple, les propriétés industrielles et les propriétés territoriales pour faire retomber sur celles-ci une menace d'ailleurs vague et lointaine. Mais, qu'il y ait eu, çà et là, des révolutionnaires qui demandaient un supplément de révolution sociale et qui, pour mettre fin à la crise économique, proposaient des mesures à caractère plus ou moins communiste, des restrictions plus ou moins étendues au droit de propriété, cela n'est guère douteux.

Le curé de Mauchamp, Pierre Dolivier, après les graves émeutes de la Beauce au printemps de 1792, dans une pétition à l'Assemblée où il réclamait l'amnistie pour les paysans arrêtés à l'occasion du meurtre du maire d'Etampes, Simoneau, s'était risqué à opposer le droit naturel au droit de propriété, la justice primitive à la justice légale. « Sans remonter aux véritables principes d'après lesquels la propriété peut et doit avoir lieu, il est certain que ceux que l'on appelle propriétaires ne le sont qu'à titre du bénéfice de la loi. La nation est seule véritablement propriétaire de son terrain. Or, en supposant que la nation ait pu et dû admettre le mode qui existe pour les propriétés particulières et pour leur transmission, a-t-elle pu le faire tellement qu'elle se soit dépouillée de son droit de suzeraineté sur les produits, et a-t-elle pu tellement accorder de droits aux propriétaires qu'elle n'en ait laissé aucun à ceux qui ne le sont point, pas même ceux de l'imprescriptible nature ? » Mais il y aurait un autre raisonnement à faire bien plus concluant que tout cela. Pour l'établir, il faudrait examiner en soi même ce qui peut constituer le droit réel de propriété, et ce n'est pas ici le lieu. Rousseau a dit quelque part que « quiconque mange un pain qu'il n'a pas gagné le vole ». On trouvera singulièrement hardi le langage du curé jacobin. On dira qu'il est socialiste. Mais ce socialisme-là ne puise pas seulement sa source dans l'extrême philosophie et le droit naturel, il est dans un sens très archaïque. Dolivier faisait-il autre chose que reprendre au profit de la nation le droit éminent que les anciens rois exerçaient sur toutes les terres de leur royaume ? La nation succédait à Louis XIV. Le socialisme de Dolivier n'avait d'ailleurs pour but que de justifier, en cas de disette seulement, le retour à la taxation et à la réglementation anciennes abolies par la Constituante. Il est moderne, si on veut, par son accent, il est très ancien dans sa forme juridique, dans son esprit évangélique, dans son objet comme dans ses moyens.

Il est à remarquer que toutes les manifestations, plus ou moins socialistes, qui se font jour sont inspirées par la préoccupation de résoudre la crise des subsistances.

A Lyon, un officier municipal du nom de Lange, que Michelet considère avec Babeuf comme un des précurseurs du socialisme moderne, avait proposé, dès l'été de 1792, tout un système de nationalisation générale des subsistances dans une brochure intitulée : *Moyens simples et faciles de fixer l'abondance et le juste prix du pain.* Lange posait en principe que le prix des denrées devait être réglé non sur les prétentions des propriétaires, mais sur les ressources des consommateurs. L'État achèterait toute la récolte aux cultivateurs moyennant un prix fixe qui les garantirait contre les fluctuations des cours. Une compagnie fermière, formée par actions au capital de 1 milliard 200 millions sous le contrôle de l'État et administrée par les récoltants et les consommateurs eux-mêmes qui posséderaient un certain nombre d'actions, emmagasinerait la moisson dans trente mille greniers d'abondance et fixerait le prix moyen du pain qui serait uniforme dans toute la France. Ce n'était pas une vue théorique, mais un système très étudié jusque dans les moindres détails. La compagnie serait en même temps une compagnie d'assurances contre la grêle, l'incendie, les dommages de toutes sortes. Lange avait déjà fait l'année précédente une profession de foi socialiste.

C'étaient surtout des prêtres qui répandaient les idées subversives. A Paris, se révélait, dès l'été de 1792, l'abbé Jacques Roux, vicaire de Saint-Nicolas-des-Champs, qui prononçait, le 17 mai 1792, un discours très violent sur les moyens de sauver la France et la liberté : « Demandez, disait-il, que la peine de mort soit prononcée contre les accapareurs de comestibles, contre ceux qui, par le commerce de l'argent, par la fabrication des pièces de monnaie au-dessous de leur valeur naturelle, discréditent nos assignats, portent les denrées à un prix excessif et nous font arriver, à grands pas, au port de la contre-Révolution. » Il voulait des règlements sévères sur la police des denrées et qu'on établît des magasins publics où le prix des marchandises serait au concours. Pas de communisme chez lui, mais des menaces terroristes contre les abus de la propriété.

Déjà les campagnes étaient atteintes par cette propagande. Dans le Cher, le curé d'Epineuil, Petitjean, disait à ses paroissiens, après le 10 août : « Les biens vont être communs, il n'y aura qu'une cave, qu'un grenier où chacun prendra tout ce qui lui est nécessaire. » Il conseillait de former des dépôts dans les caves ou les greniers où on puiserait en communauté, de telle façon qu'on n'aurait plus besoin d'argent. Moyen radical de remédier à la crise monétaire ! Il invitait encore ses paroissiens à « consentir librement l'abandon de toutes leurs propriétés et le partage général de tous leurs biens ». Il les exhortait enfin à ne plus payer leurs fermages. Sa propagande « incendiaire » lui valut d'être décrété d'arrestation le 23 septembre 1792 et condamné par contumace à six ans de gêne le 18 décembre 1792 par le tribunal criminel de son département. La peine fut réduite en appel à un an de prison.

Un publiciste fameux mais fécond qui avait fondé, en 1790, le journal *La Bouche de fer* et qui réunissait à cette époque au Cercle social les Amis de la Vérité que prêchait l'abbé Fauchet, Nicolas de Bonneville, en rapport sans doute avec les francs-maçons illuminés d'Allemagne, réédita après le 10 août un livre singulier *De l'esprit des religions,* dont la première édition, parue au lendemain de Varennes, n'avait pas alors attiré l'attention, mais qui cette fois tombait dans une atmosphère préparée. On y trouvait exposée, au milieu d'un plan de cité future, la nécessité de la loi agraire, dans des passages d'allure sibylline, mais de signification très nette : « Jehova ! Jehova ! Les hommes intègres te rendent un culte éternel. *Ta loi* [1] est un culte éternel. *Ta loi* est la terreur des superbes. Ton nom et le mot d'ordre et la Loi des Francs... *Agraire !* » On lisait encore dans le chapitre 39, *D'un moyen d'exécution pour préparer le partage universel des terres :* « Le seul moyen possible d'arriver à la

---

1 Souligné dans le texte, ainsi que la suite.

grande *Communion* sociale est de diviser les héritages territoriaux en parts égales et déterminées pour les enfants du défunt et d'appeler au partage du reste tous les autres parents. Fixez dès aujourd'hui l'héritage à cinq ou six arpents pour chaque enfant ou petit-enfant et que les autres parents se partagent également les restes de l'héritage. Vous serez encore bien loin de la justice et des aveux que vous avez faits sur les droits égaux et imprescriptibles de tous les hommes... »

La loi agraire, dont s'effrayaient les Girondins, n'était donc pas un mythe, un fantôme. D'obscurs révolutionnaires, prêtres pour la plupart, rêvaient bien d'une nouvelle révolution, plus profonde que celle qui avait été accomplie, et dont la classe des bourgeois et des propriétaires ferait les frais. Les contre-révolutionnaires alarmaient ceux-ci depuis longtemps déjà en leur représentant que la suppression du privilège de la fortune suivrait logiquement et fatalement la suppression du privilège de la naissance. Et les faits ne commençaient-ils pas à leur donner raison ? On avait supprimé sans indemnité les droits féodaux non fondés sur le titre primitif, et, au moment de la discussion, le 14 juin 1792, un député du nom de Chéron s'était avisé d'une manœuvre habile pour écarter la mesure qu'il redoutait : « On ne peut se dissimuler, avait-il dit, que plusieurs propriétés foncières ont été usurpées. Je demande, comme extension du principe décrété, que toutes les propriétés foncières dont les titres primitifs ne pourront pas être reproduits, soient déclarées biens nationaux. » L'argument avait porté et l'Assemblée n'avait statué qu'après le 10 août. Mais voilà que les riches sont accablés de contributions, que leur droit de propriété est limité par les réquisitions et les taxes, comment n'auraient-ils pas cru que la loi agraire était un péril sérieux, surtout quand les Girondins, qui passaient encore pour révolutionnaires, jetaient l'anathème aux communistes ? La crainte de la loi agraire agita en effet plusieurs départements. Dans le Lot, l'assemblée électorale lança un appel aux paysans pour les détourner de partager entre eux les domaines des émigrés.

La Législative avait exigé de tous les fonctionnaires, de tous les magistrats, de tous les électeurs le serment d'être fidèles à la liberté et à l'égalité. Les administrateurs du département de la Marne exprimèrent la crainte qu'en prêtant serment à l'égalité, ils ne consentissent au partage égal des fortunes, ils ne jurassent, en un mot, ce que l'on appelait alors l'égalité de fait. Plusieurs assemblées électorales, comme celles de l'Eure, du Cantal, de l'Indre, protestèrent contre la prédication de la loi agraire et réclamèrent le maintien de la propriété. Le Montagnard Thomas Lindet, évêque de l'Eure, avait écrit à son frère Robert, le 20 août 1792 : « La Révolution nous mène loin. Gare la loi agraire ! »

Accordons donc aux Girondins que leurs alarmes n'étaient pas tout à fait sans fondement. Mais demandons-nous s'ils étaient dans leur droit en confondant les Montagnards avec les communistes.

Or, les communistes ne formaient pas un parti. C'étaient des individus isolés, sans lien les uns avec les autres. Le Lyonnais Lange était à peine connu, même à Lyon. La notoriété de Jacques Roux n'avait pas encore dépassé le sombre quartier des Gravilliers aux ruelles étroites. Quand il essaiera, après le 10 août, de se faire nommer député à la Convention, il recueillera tout juste deux voix et il dut se contenter d'une écharpe municipale. Dolivier, Petitjean étaient plus obscurs encore. Seuls Momoro et Bonneville avaient quelque réputation. Momoro était un des membres les plus influents du club des Cordeliers. Il siégera bientôt au nouveau directoire du département de Paris. Il sera plus tard un des chefs de l'hébertisme. Bonneville dirigeait un journal et une imprimerie. Mais, hardi la plume à la main, il était très timide dans l'action pratique. Toutes ses relations, toutes ses amitiés le liaient avec les Girondins. Il recevra des missions de Roland, se rangera parmi ses partisans et attaquera les Montagnards dans son *Bulletin des Amis de la Vérité*. Ce théoricien de la loi agraire n'inspirait aux Girondins que confiance et sympathie. Brissot, qui l'appelait son ami, l'avait recommandé aux électeurs pour une place de député à la Convention.

La Commune avait juré de respecter les personnes et les propriétés. Rien ne permet de la solidariser avec Momoro. Quant aux chefs montagnards, si leurs sympathies, comme leurs intérêts, les portaient à satisfaire leur clientèle de sans-culottes, s'ils étaient prêts à adopter les mesures même les plus radicales pour atténuer la crise des subsistances et la cherté de la vie, rien ne prouve qu'ils nourrissaient des arrière-pensées communistes. Ils accepteront les réquisitions parce que la situation leur parut l'exiger, mais ils résisteront longtemps aux taxations que les agitateurs populaires

II - LA GIRONDE ET LA MONTAGNE

réclamaient. Ils voulaient prendre des précautions contre les abus du droit de propriété, le subordonner à l'intérêt public, ils ne songeaient pas à le supprimer.

Dès le mois de juillet 1792, Marat avait dénoncé la richesse, l'inégalité sociale comme la source de la servitude des prolétaires : « Avant de songer à être libres, disait-il, il faut songer à vivre. » Il s'était élevé avec indignation contre ces ploutocrates insolents qui dévoraient en un repas la subsistance de cent familles. Il règne dans tous ses écrits un accent sincère et attendri sur la misère des pauvres qu'il connaît bien. Il vitupère les accapareurs, il les menace de la justice populaire, mais on chercherait en vain sous sa plume ardente l'exposé d'un système social.

Hébert, dont le *Père Duchesne* commence à se répandre, répète aux riches que sans les sans-culottes, sans les volontaires et les fédérés, ils seraient déjà tombés sous les coups des Prussiens. Il leur fait honte de leur avarice, mais il est, à cette date, aussi dépourvu que Marat de tout plan de réforme économique.

Robespierre était depuis longtemps le chef incontesté du parti montagnard. Sous la Constituante il avait pris, à toute occasion, la défense des faibles et des déshérités. Il avait protesté le premier, avec une ardeur inlassable, contre le régime électoral censitaire qui s'était enfin écroulé sous ses coups redoublés ; il avait protesté contre la loi martiale, réclamé l'armement du peuple ; il s'était écrié à propos de la suppression du droit d'aînesse : « Législateurs, vous n'avez rien fait pour la liberté, si vos lois ne tendent pas à diminuer, par des moyens doux et efficaces, l'extrême inégalité des fortunes » ; il voulait limiter l'héritage, et un communiste aussi avéré que Babeuf mettait en lui son espoir (dans sa lettre à Coupé de l'Oise du 10 septembre 1791). C'est un fait significatif que Robespierre reproduisit en entier, dans son journal, le *Défenseur de la Constitution,* la pétition du curé de Mauchamp contre Simoneau et qu'il la fit suivre de commentaires sympathiques. Il se plaignit, à cette occasion, que les bénéficiaires de la Révolution méprisaient les pauvres. Il attaqua avec une froide violence l'oligarchie bourgeoise. Mais il répudia formellement le communisme. Il traita la loi agraire « d'absurde épouvantail présenté à des hommes stupides par des hommes pervers », « comme si les défenseurs de la liberté étaient des insensés capables de concevoir un projet également dangereux,

Albert Mathiez

injuste et impraticable ». Sur ce point Robespierre n'a jamais varié. Il a toujours considéré le communisme comme un rêve impossible et insensé. Il voulait mettre des bornes au droit de propriété, en prévenir les abus. Il ne songea jamais à le supprimer.

Quant à Danton, à la première séance de la Convention, il se précipitera à la tribune pour désavouer les commissaires du Conseil exécutif, ces Momoro et ces Dufour qui avaient ameuté les propriétaires par leurs prédications subversives. Il n'y eut pas à la Convention un seul communiste déclaré.

Est-ce à dire, comme on l'a assuré avec légèreté, qu'il n'y avait entre Girondins et Montagnards aucun désaccord de principe, que les uns et les autres n'étaient séparés que par des rivalités de personnes et par leur conception du rôle que la capitale devait jouer dans la direction des affaires publiques ? Rien ne serait plus inexact. Entre Girondins et Montagnards, le conflit est profond. C'est presque un conflit de classe. Les Girondins, comme l'a remarqué Daunou, comprenaient « un grand nombre de propriétaires et de citoyens éclairés » ; ils avaient le sentiment des hiérarchies sociales qu'ils voulaient conserver et fortifier. Ils éprouvaient un dégoût instinctif pour le peuple grossier et inculte. Ils considéraient le droit de propriété comme un absolu intangible. Ils croyaient le peuple incapable et ils réservaient à leur classe le monopole gouvernemental. Tout ce qui était de nature à entraver l'action de la bourgeoisie propriétaire leur paraissait un mal. Ils professaient avec Roland le libéralisme économique le plus entier. L'État le plus parfait était pour eux l'État le moins armé contre l'individu.

Les Montagnards, au contraire, représentaient les petites gens, ceux qui souffraient de la crise de la guerre, ceux qui avaient renversé le trône, ceux qui s'étaient élevés au droit politique par l'insurrection. Moins férus de théories que les Girondins, plus réalistes parce que plus près des réalités, ils comprenaient que la situation terrible que la France traversait réclamait des remèdes extraordinaires. Au droit à la propriété ils opposaient facilement le droit à la vie, à l'intérêt individuel l'intérêt public. Ils ne comprenaient pas que, sous prétexte de respect des principes, on pût mettre en balance une classe et la patrie. Ils étaient prêts à recourir, au besoin, à des limitations de la liberté et de la propriété individuelles si l'intérêt supérieur des masses l'exigeait.

II - LA GIRONDE ET LA MONTAGNE

Les Girondins ne détestaient pas seulement dans Paris la ville qui les avait défiés et répudiés, mais la ville qui, la première, avait fait cette politique de salut public, qui avait formulé et mis en œuvre les mesures dictatoriales dont leur classe devait faire les frais. Moins encore que la peur, c'était l'instinct de conservation qui les dressait contre les Montagnards.

Cette opposition fondamentale des deux partis éclate dans les écrits que firent paraître simultanément, en octobre, Brissot d'une part, Robespierre de l'autre.

Brissot écrivit dans son *Appel à tous les républicains de France,* au sujet de sa radiation des Jacobins : « Les désorganisateurs sont ceux qui veulent tout niveler, les propriétés, l'aisance, le prix des denrées, les divers services à rendre à la société, etc., qui veulent que l'ouvrier du camp reçoive l'indemnité du législateur, qui veulent niveler même les talents, les connaissances, les vertus, parce qu'ils n'ont rien de tout cela ! » Et Brissot, après avoir pris ainsi sous sa protection tous ceux qui avaient quelque chose à conserver, nommait, parmi les « désorganisateurs », Marat, Chabot, Robespierre, Collot d'Herbois. il ne désignait pas Danton.

Robespierre, lui, dans le premier numéro de ses *Lettres à ses commettants,* développait nettement le programme diamétralement opposé : « La royauté est anéantie, disait-il, la noblesse et le clergé ont disparu, le règne de l'égalité commence. » Et il se livrait aussitôt à une vive attaque contre les faux patriotes « qui ne voulaient constituer la république que pour eux-mêmes », « qui n'entendaient gouverner que dans l'intérêt des riches et des fonctionnaires publics ». A ces faux patriotes il opposait les vrais patriotes « qui chercheront à fonder la république sur les principes de l'égalité et de l'intérêt général ». « Observez, disait-il encore, ce penchant éternel à lier l'idée de sédition et de brigandage avec celle de peuple et de pauvreté. »

Personne ne pouvait s'y tromper. La rivalité de la Gironde et de la Montagne, née sur la question de la guerre, envenimée sur la question de la déchéance, n'était plus, depuis le 10 août, une rivalité purement politique. La lutte des classes s'ébauchait. Mais Baudot a bien vu que, pour beaucoup de Montagnards, dont il était, la politique de rapprochement et de collaboration avec les masses

Albert Mathiez

fut surtout une tactique imposée par les nécessités de la guerre. La plupart des Montagnards étaient, en effet, d'origine bourgeoise comme les Girondins. La politique de classe qu'ils inaugurent ne sortait pas pleinement des entrailles du peuple. Ce fut une politique de circonstance, une manière plébéienne, dit Karl Marx, d'en finir avec les rois, les prêtres, les nobles, avec tous les ennemis de la Révolution. Cela suffit à l'opposer radicalement à la politique girondine.

4

VALMY

La chute de la royauté, de même qu'un an auparavant la fuite à Varennes, devait nécessairement augmenter la tension entre la France révolutionnaire et les puissances monarchiques encore en paix avec elle.

L'Angleterre rappela de Paris son ambassadeur lord Gower et celui-ci remit au Conseil exécutif, avant son départ, le 23 août, une note assez raide par laquelle le roi George, tout en confirmant sa neutralité, exprimait « sa sollicitude pour la situation de leurs Majestés très chrétiennes et de la famille royale », sous une forme qui avait quelque chose de blessant et de menaçant pour les nouveaux maîtres de la France. Quelques jours plus tard, le 2 septembre, le chargé d'affaires anglais W. Lindsay demandait à son tour ses passeports et partait pour Londres. Grenville avertissait notre ambassadeur Chauvelin qu'il ne serait plus reçu à la Cour.

Catherine de Russie expulsait notre chargé d'affaires, Genêt.

On apprenait que les deux Hesse joignaient leurs troupes à celles de l'Autriche et de la Prusse et on s'attendait d'un jour à l'autre à voir la diète d'Empire nous déclarer la guerre.

Le meurtre des soldats suisses chargés de la défense des Tuileries avait provoqué au-delà du Jura une vive indignation contre les Français. Les Messieurs de Berne levaient des régiments et, sous prétexte que la neutralité de la ville libre de Genève était menacée par les troupes que Montesquiou concentrait sur l'Isère, ils envoyaient une garnison dans cette ville, au mépris des traités qui régissaient ses rapports avec la France. On pouvait craindre que les Bernois et les Zurichois n'entraînassent derrière eux les autres cantons.

Dès le 11 août, l'ambassadeur d'Espagne à Paris, Yriarte, demandait ses passeports, et son gouvernement informait bientôt l'Autriche qu'il procédait à des mouvements de troupes le long des Pyrénées.

Il n'était pas jusqu'aux puissances minuscules qui ne se permissent de nous manquer d'égards ou même de nous provoquer. Le prince évêque de Liège, membre du Saint Empire germanique, refusait de recevoir Pozzi d'Aubignan que nous avions envoyé à sa Cour, en qualité de ministre plénipotentiaire.

Dans son rapport du 23 août, le ministre Lebrun était réduit à constater que nous ne gardions de relations satisfaisantes qu'avec le Danemark et la Suède et à se féliciter que l'ambassadeur de Hollande fût toujours à Paris, et encore celui-ci ne tarda pas à être rappelé.

Le cercle se resserrait contre la France révolutionnaire mise au ban de l'Europe monarchique.

La Commune et les Montagnards acceptaient cette situation sans trembler. Le procureur de la Commune, Manuel, annonce à l'Assemblée, le 21 août, que l'ambassadeur de Venise allait quitter Paris au cours de la nuit avec quatorze personnes. « L'Assemblée, interroge-t-il, doit-elle laisser aller les ambassadeurs des puissances étrangères avant qu'elle soit sûre que ceux de la France seront respectés dans les diverses Cours de l'Europe ? » C'était conseiller de garder en otages les ministres des rois et de pratiquer la politique préventive des représailles. L'Assemblée n'osa pas prendre de décision. Elle laissa, en fait, la conduite de la diplomatie au Conseil exécutif.

Le Conseil avait d'abord penché pour la manière forte. Le 24 août, au lendemain du départ de lord Gower, il décidait de rappeler Chauvelin, notre ambassadeur à Londres. Mais, le 6 septembre, il revenait sur sa décision et maintenait Chauvelin à son poste. Dans l'intervalle, la prise de Longwy et de Verdun avait amorti son ardeur. Danton lui-même, qui s'était opposé pourtant à l'évacuation de Paris proposée par Roland et Servan, donnait son adhésion et sa participation active à une politique de concessions et de négociations avec les puissances monarchiques. Le 28 août, il faisait envoyer à Londres, pour négocier secrètement avec Pitt, l'ancien abbé Noël, un de ses amis, qui s'était fait journaliste en 1789 et avait été pourvu par Dumouriez, au printemps de 1792, d'une place de chef de division aux Affaires étrangères. Noël emmena avec lui à Londres deux parents de Danton, son demi-frère Recordain et son parent Mergez. Il correspondit assidûment avec lui. Ses instructions lui prescrivaient de s'efforcer de maintenir à tout prix la Grande-Bretagne dans la neutralité. Il était autorisé à lui offrir à cet effet la cession de l'île de Tabago qui nous avait été rendue par le récent traité de Versailles. Il devait la rassurer sur les intentions du Conseil exécutif à l'égard de la Hollande. A peine arrivé, Noël, qu'alla bientôt rejoindre un autre agent secret également très lié avec Danton, Benoist, réclama de l'argent, beaucoup d'argent pour acheter des concours. Lebrun lui conseilla de propager dans le public anglais l'idée que le moment était propice pour la Grande-Bretagne de s'emparer de la Louisiane et des colonies espagnoles d'Amérique. La France laisserait faire et donnerait même son consentement. Mais Pitt refusa dédaigneusement de se mettre en rapport avec Noël.

Ce qui montre mieux encore à quel point les ministres étaient désemparés, c'est une autre mission secrète dont Lebrun chargea en même temps un autre agent de Danton, Félix Desportes, un jeune homme sans expérience, mais non sans appétit, qui avait été envoyé à la Cour du duc de Deux-Ponts. Desportes fut invité, le 3 septembre, à engager avec la Prusse des pourparlers secrets pour la détacher de la coalition : « On m'a vanté, lui écrivait sans rire le ministre, votre génie et votre patriotisme. Vous pourrez faire briller l'un et l'autre et vous couvrir d'une gloire immortelle en entraînant aux pieds de la France le plus redoutable de ses ennemis. » Et Lebrun affirmait ensuite dans la même dépêche que le duc de Brunswick, ce « héros », ainsi qu'il l'appelait après Carra et Condorcet, nous faisait la guerre à contrecœur et que, par son influence, on pourrait obtenir la paix non seulement avec la Prusse, mais avec l'Autriche. Bien entendu, Desportes, malgré son génie, ne fut pas plus heureux que Noël.

Plus que sur ces obliques intrigues, les Girondins comptaient pour écarter le péril extérieur sur l'action toute-puissante, croyaient-ils, des principes révolutionnaires au-delà de nos frontières. En vain Robespierre les avait mis en garde, dès avant la déclaration de guerre, contre cette périlleuse illusion. Ils s'imaginaient toujours naïvement que les peuples étrangers n'attendaient qu'un signal pour imiter les Français et se délivrer à leur tour de leurs nobles, de leurs prêtres et de leurs « tyrans ».

Comme la Révolution française avait été l'œuvre de la bourgeoisie éduquée par les philosophes, ils estimaient que la Révolution européenne aurait pour principaux agents les écrivains et les penseurs. Le 24 août, Marie-Joseph Chénier, accompagné de plusieurs hommes de lettres, vint demander à la Législative de regarder comme « alliés du peuple français » les publicistes étrangers qui auraient déjà sapé, par leurs écrits, « les fondements de la tyrannie et préparé les voies de la liberté ». Il proposa de les déclarer citoyens français, afin que « ces bienfaiteurs de l'humanité » pussent être élus députés. « Si le choix du peuple portait ces hommes illustres à la Convention nationale, quel spectacle imposant et solennel offrirait cette assemblée qui va déterminer de si grands destins ! L'élite des hommes réunis de tous les points de la terre ne semblerait-elle pas le Congrès du monde entier ? » Deux jours plus tard, la proposition de Chénier, malgré une timide opposition de Lasource, de Thuriot et de Basire, était convertie en décret, sur le rapport de Guadet, et le droit de cité accordé aux Anglais Priestley, l'illustre chimiste, Jérémie Bentham, le célèbre philosophe de l'utilitarisme, Clarkson et Wilberforce, les éloquents défenseurs des Noirs, Jacques Mackintosh et David Williams, qui avaient réfuté les pamphlets de Burke contre la Révolution ; aux Américains Washington, Hamilton, Thomas Paine ; aux Allemands Schiller, Klopstock, Campe, Anarcharsis Cloots ; au Suisse Pestalozzi ; à l'Italien Gorani ; au Polonais Thadée Kosciusko ; au Hollandais Corneille Pauw. Ainsi que l'avait désiré M.-J. Chénier, Priestley, Cloots et Thomas Paine furent élus à la Convention ; le premier refusa sa nomination, mais les deux autres prirent séance.

Depuis longtemps déjà les révolutionnaires avaient accueilli avec empressement les réfugiés étrangers qui étaient venus en France pour se mettre à l'abri des vengeances aristocratiques. Ils les avaient admis non seulement dans les clubs, mais dans les gardes nationales, dans les administrations, dans les corps élus, jusque dans les bureaux du ministère des Affaires étrangères. Ces réfugiés politiques formèrent après la déclaration de guerre le noyau de légions étrangères qui devaient libérer après la victoire leurs patries d'origine. Il y avait une légion liégeoise à l'armée du Centre, une légion belge à l'armée du Nord. Une légion batave s'organisa après le 10 août, puis une légion allobroge, composée de Savoyards et aussi de Genevois, de Neuchâtelois et de Vaudois, enfin une légion germanique, dont le chef, le colonel Dambach, avait servi sous le grand Frédéric.

Le Conseil exécutif s'efforçait d'entretenir à l'étranger de nombreux agents secrets qui propageraient les idées révolutionnaires. Il subventionnait des journaux à Londres, il faisait distribuer en Suisse, en Belgique, en Allemagne, en Italie, en Espagne, tout un flot de brochures. Les réfugiés de chaque nation avaient leurs clubs et comités spéciaux qui publiaient des gazettes à l'usage de leurs compatriotes. Ainsi l'Espagnol Marchena, ami de Brissot, rédigeait à Bayonne en français et en espagnol une *Gazette de la liberté et de l'égalité.*

Les Girondins se flattaient même de provoquer des défections en masse dans les troupes autrichiennes et prussiennes. Le 2 août, Guadet fit voter un décret qui accordait aux déserteurs ennemis une pension viagère de cent livres réversible sur leurs femmes et une gratification de cinquante livres. Le décret fut répandu à foison sur toutes nos frontières du Nord et de l'Est. On le traduisit en plusieurs langues. On s'imaginait que les armées ennemies allaient se dissoudre à leur entrée en France. On recueillit aux avant-postes quelques dizaines de pauvres diables parmi lesquels s'était glissé plus d'un espion qui trouvait commode d'exercer son métier à l'abri de la cocarde tricolore, et du bonnet rouge. Cela était d'autant plus facile qu'aucune mesure n'avait été prise contre les sujets ennemis depuis la déclaration de guerre. Alors qu'en Prusse et en Autriche les sujets français avaient été expulsés ou reclus, en France les sujets autrichiens et prussiens circulaient librement, honorés d'une protection particulière pour peu qu'ils affichassent des sentiments civiques.

La croyance en la vertu de la propagande était telle que Dumouriez, qui passait pourtant pour réaliste, envoyait à Lebrun, le 24 août, tout un plan pour révolutionner la Suisse à l'aide des réfugiés

II - LA GIRONDE ET LA MONTAGNE

qui avaient fondé à Paris le club helvétique. Les réfugiés savoyards, dirigés par le médecin Doppet, fondateur de la légion allobroge, persuadèrent au Conseil exécutif que la conquête de la Savoie ne serait qu'une promenade militaire. Le 8 septembre, la petite armée de Montesquiou reçut l'ordre secret d'attaquer le roi de Sardaigne avec lequel nous étions encore en paix. Le ministre Lebrun justifia, après coup, le 15 septembre, cette attaque brusquée et préventive en exposant que le roi de Sardaigne avait toléré des rassemblements d'émigrés, qu'il avait massé des troupes à Montmélian, permis aux Autrichiens de passer sur son territoire (?), et refusé enfin de recevoir nos agents diplomatiques. L'Assemblée accueillit son rapport par de vifs applaudissements.

Autrichiens et Prussiens avaient mis à profit les trois mois de répit que leur avaient généreusement accordés nos généraux politiciens. Pendant que ceux-ci, désobéissant aux ordres reçus, étaient restés l'arme au pied et avaient occupé leurs loisirs à comploter avec la Cour ou avec les Feuillants, laissant passer l'occasion d'envahir la Belgique dégarnie, ils avaient pu rattraper le retard de leur mobilisation et de leur concentration.

Le méthodique Brunswick avec la principale armée, forte de 42 000 Prussiens et de 5 000 Hessois, s'était mis en marche de Coblentz, le 30 juillet, en remontant la Moselle vers la frontière. Un corps d'émigrés de 5 000 hommes le flanquait à droite avec le corps autrichien de Clerfayt fort de 15 000 hommes. A gauche, un autre corps autrichien de 14 000 hommes sous Hohenlohe-Kirchberg marchait vers Thionville et Metz. Enfin, une armée autrichienne forte de 25 000 hommes et de 4 000 émigrés se concentrait en Belgique, face à Lille, sous le duc de Saxe Teschen.

L'opinion générale à l'étranger était que Brunswick serait à Paris au début d'octobre. L'armée française n'était-elle pas désorganisée par l'émigration en masse de la plupart de ses officiers ? N'était-elle pas paralysée par la rivalité des soldats de ligne, les culs blancs, et des volontaires, les bleuets ? Ceux-ci, les soldats de quinze sols, élisaient leurs officiers. Comment des civils, nommés officiers sans préparation, pourraient-ils se faire obéir ? L'élection tenait-elle lieu de compétence et d'expérience ? Les bleuets n'avaient pas encore — les plus anciens — un an de présence sous les drapeaux. Ils se disperseraient en criant à la trahison au premier choc, comme ils avaient fait dans les rencontres du début de la guerre, à Tournai, à Mons. Les émigrés criaient sur les toits qu'ils avaient des intelligences dans toutes les places fortes. Ils répétaient que la masse de leurs anciens vassaux et sujets restait profondément royaliste et qu'elle se soulèverait contre la tyrannie de la minorité jacobine dès qu'elle apercevrait leurs cocardes blanches. La campagne serait très courte, une vraie partie de plaisir.

Les premiers succès des coalisés répondirent à ces espérances. Les Prussiens franchirent la frontière le 16 août. Ils assiégèrent Longwy, dont le commandant Lavergne se rendit le 23 août, après un simulacre de défense et fut laissé par eux en liberté. Ils assiégèrent Verdun, dont le district avait blâmé le 10 août. Le commandant de la place Beaurepaire, lieutenant-colonel du bataillon de Maine-et-Loire, était un patriote. Il voulait combattre. Les royalistes de la ville l'assassinèrent et firent courir le bruit qu'il s'était suicidé. Verdun se rendit le 1er septembre. Des dames de la ville visitèrent les vainqueurs dans leur camp.

Les Autrichiens de Hohenlohe-Kirchberg investissaient Thionville le 4 septembre et le commandant de la place, l'ancien constituant Félix Wimpfen prêtait l'oreille aux propositions des princes que lui soumettait le juif Godchaux. Mais l'attitude résolue de la population et des troupes ne lui permettait pas de capituler.

Si Brunswick, après la prise de Verdun, avait été plus confiant, s'il avait immédiatement marché sur Châlons, il n'aurait rencontré sur son passage aucun obstacle sérieux. Mais Brunswick méprisait l'ennemi et ne se pressa pas.

Le Conseil exécutif avait perdu quinze jours en hésitations et en flottements. Quand La Fayette, abandonné par ses troupes, fut réduit à s'enfuir, le 19 août, il lui donna comme remplaçant Luckner. C'était un vieux reître allemand, légitimement suspect aux patriotes pour ses intrigues avec La Fayette. On l'éleva presque aussitôt au rang de généralissime, on le transféra le 21 août à Châlons et on le confina dans la charge exclusive d'organiser les volontaires de la nouvelle levée qui affluaient de tous les points de la France. Pour le surveiller on lui adjoignit deux agents du Conseil, Laclos et Billaud Varenne qui le dénoncèrent aussitôt comme incapable et malveillant. Il fut rappelé à Paris le 13 septembre.

Kellermann avait reçu le commandement de l'armée du Centre, Biron le commandement de l'armée du Rhin, Dumouriez le commandement de l'armée du Nord. Ces trois armées, alignées en cordon le long de la frontière, n'avaient pas quitté leurs positions. Biron avait sous ses ordres environ 25 000 hommes derrière la Lauter, Kellermann 28 000 en Lorraine à Metz et à Thionville. L'armée du Nord était répartie en deux groupes, le plus nombreux dans le département du Nord, de Dunkerque à Maubeuge, l'autre, autour de Sedan, celui-ci fort de 19 000 hommes. En arrière, une cohue de gardes nationaux et de volontaires se concentrait entre Reims et Châlons pour couvrir Paris.

Des préoccupations politiques dominaient les considérations stratégiques. Dans la crainte d'un soulèvement de Paris, Servan et le Conseil exécutif voulaient à tout prix arrêter l'avance de Brunswick. Ils prescrivaient à Dumouriez d'accourir en toute hâte prendre le commandement du groupe de Sedan et de faire sa jonction avec Kellermann sur l'Argonne. Mais Dumouriez rêvait de conquérir la Belgique. Il accumula les objections. Il n'arriva à Sedan que le 28 août et, même alors, il proposa encore à Servan d'envahir la Belgique en remontant la Meuse. Ce n'est que le 1er septembre, le jour même de la prise de Verdun, qu'il se décida enfin à quitter Sedan pour occuper les passages de l'Argonne. Brunswick, qui avait moins de chemin à parcourir, aurait pu le devancer ou tout au moins l'inquiéter sérieusement dans sa marche de flanc. Brunswick ne bougea pas et Dumouriez était à Grandpré le 3 septembre. Appelant des renforts des Flandres, il barricada les routes à travers la forêt et il attendit que Kellermann vînt le rejoindre de Metz par Bar-le-Duc. Brunswick n'attaqua la ligne française que le 12 septembre. Il la força au Nord à la Croix-aux-Bois. Dumouriez, au lieu de battre en retraite sur Châlons, comme le voulait Servan, se retira au Sud sur Sainte-Menehould. La route de Paris était ouverte. Mais, le 19 septembre, Kellermann avec l'armée de Metz faisait enfin sa jonction avec Dumouriez. Les Français étaient désormais 50 000 contre 34 000 Prussiens.

Brunswick n'avait pas poursuivi Dumouriez pendant sa retraite de Grandpré sur Sainte-Menehould. Toujours lent et compassé, il pensait à débusquer les Français de leur position par une savante manœuvre d'enveloppement sur Vienne-le-Château et La Chalade.

Albert Mathiez

Mais le roi de Prusse s'impatientait de toutes ces longueurs. Il ordonna à Brunswick d'attaquer de front les sans-culottes sans plus tarder. Le 20 septembre donc, vers midi, l'infanterie prussienne se déploya comme à la manœuvre devant le mont d'Yvron et la butte de Valmy qu'occupait l'armée de Kellermann. Le roi de Prusse s'attendait à la fuite éperdue des carmagnoles. Ils firent bonne contenance. Un instant, l'explosion de trois caissons mit quelque trouble dans leur seconde ligne. Mais Kellermann, brandissant son chapeau au bout de son épée, cria *Vive la Nation !* Le cri se répéta de bataillon en bataillon. L'infanterie prussienne s'arrêta. Brunswick n'osa pas lui ordonner l'assaut. La journée se termina par un duel d'artillerie où les Français manifestèrent leur supériorité. Une pluie diluvienne se mit à tomber vers les six heures du soir. Les deux armées couchèrent sur leurs positions. Elles n'avaient fait l'une et l'autre que des pertes légères, 200 hommes pour les Prussiens, 300 pour les Français.

Valmy n'était pas une victoire stratégique, puisque l'armée prussienne restait intacte et se trouvait toujours entre Paris et l'armée française. Mais c'était une victoire morale. Les sans-culottes si méprisés avaient tenu au feu. Les Prussiens et les Autrichiens perdirent l'illusion qu'ils pourraient les vaincre sans peine en rase campagne.

Ces hommes de tradition avaient cru naïvement qu'en dehors de l'ordre monarchique il n'y avait place que pour l'anarchie et l'impuissance. La Révolution se révéla à eux pour la première fois sous sa face organique et constructive. Ils en éprouvèrent un ébranlement profond, que Goethe, qui était présent au bivouac prussien, aurait traduit, dit-on, par le mot fameux : « De ce lieu et de ce jour, date une ère nouvelle dans l'histoire du monde. » Au grand poète philosophe la vérité était apparue subitement. L'ordre ancien, qui reposait sur le dogme et sur l'autorité, faisait place à un ordre nouveau, dont la liberté était la base. Aux armées de métier dressées par la discipline passive succédait une armée nouvelle vivifiée par le sentiment de la dignité humaine et de l'indépendance nationale. D'un côté le droit divin des rois, de l'autre les droits des hommes et des peuples. Valmy signifiait que, dans la lutte si étourdiment engagée, les droits de l'homme n'auraient pas nécessairement le dessous.

Brunswick, qui ne s'était avancé en Champagne qu'à contrecœur, aurait préféré se borner à conquérir méthodiquement toutes les places frontières afin d'y prendre tranquillement ses quartiers d'hiver. Il ne se pressa pas de recommencer l'attaque. Ses soldats étaient harassés par les marches pénibles dans des sols détrempés. Le raisin de Champagne avait répandu parmi eux une dysenterie épidémique. Puis ses convois, obligés de faire un grand détour de Verdun par Grandpré, n'arrivaient qu'irrégulièrement. Enfin les paysans, lorrains et champenois, au lieu d'accueillir les alliés comme des bienfaiteurs, résistaient à leurs réquisitions, s'enfuyaient dans les bois, faisaient le coup de feu contre les traînards. Il était évident que les masses détestaient les émigrés et qu'elles n'accepteraient qu'en frémissant le rétablissement de la féodalité. Brunswick représenta au roi que sa position était aventurée et qu'il ne fallait plus songer à marcher sur Paris. Les conseillers du roi hostiles à l'alliance autrichienne, Lucchesini, Manstein, ajoutèrent que la guerre contre la France ne lui rapporterait que des dépenses et des pertes, qu'il tirerait les marrons du feu pour l'empereur.

Dumouriez, de son côté, désirait reprendre le plus promptement possible ses plans sur la Belgique. Il avait toujours cru qu'entre la Prusse et la France l'intérêt commun était de s'allier contre l'Autriche. Il ne fit rien pour transformer sa victoire morale de Valmy en victoire stratégique. Bien mieux, sous prétexte d'échanger le secrétaire du roi de Prusse, Lombard, qui avait été fait prisonnier, le 20 septembre, contre le maire de Varennes, Georges, gardé en otage par l'ennemi, il envoya l'agent du Conseil exécutif Westermann au camp prussien, le 22 septembre, et des pourparlers secrets s'ouvrirent qui durèrent plusieurs jours. Dumouriez se flattait de détacher la Prusse de l'Autriche. Brunswick et le roi de Prusse espéraient gagner Dumouriez, qu'ils savaient ambitieux et vénal, et en faire l'instrument sinon d'une restauration monarchique, du moins de la libération de Louis XVI et de sa famille. Manstein, aide de camp de Frédéric-Guillaume, dîna avec Dumouriez et Kellermann au quartier général de Dampierre-sur-Auve, le 23 septembre. Il leur remit une note intitulée : *Points essentiels pour trouver le moyen d'accommoder à l'amiable tout malentendu entre les deux royaumes de France et de Prusse* : « 1° Le roi de Prusse ainsi que ses alliés désirent un représentant de la nation française dans la personne de son roi pour pouvoir traiter avec lui. Il ne s'agit pas de remettre les choses sur l'ancien pied, mais, au contraire, de donner à la France un gouvernement qui soit propre au bien du royaume. 2° le roi ainsi que ses alliés désirent que toute propagande cesse ; 3° l'on désire que le roi soit mis en entière liberté. »

Manstein était à peine parti que Dumouriez et Kellermann apprenaient la proclamation de la République. Les bases des négociations entamées ne pouvaient plus servir. On convint cependant d'une suspension d'armes et Westermann fut envoyé à Paris, porteur des propositions prussiennes. le Conseil exécutif, où Danton siégeait encore, les examina le 25 septembre. Il fut d'avis que les pourparlers devaient être continués. Il demanda à Manuel, qui était encore procureur de la Commune, de réunir les extraits des délibérations que celle-ci avait prises pour assurer à Louis XVI et à sa famille une existence décente au Temple. Mais la Commune, surprise de la demande de Manuel, ne s'exécuta pas sans en référer à la Convention qui donna carte blanche au Conseil exécutif après un léger débat au cours duquel Manuel qualifia inconsidérément Westermann d'agent du roi de Prusse. Westermann repartit pour le camp de Dumouriez avec les procès-verbaux de la Commune qui devaient rassurer Frédéric-Guillaume sur le sort de Louis XVI et avec une lettre de Lebrun qui persistait à offrir aux Prussiens non seulement une paix séparée, mais l'alliance de la France, à la seule condition qu'ils reconnaîtraient la République.

En attendant, Dumouriez prolongeait la suspension d'armes et échangeait politesses et visites avec les généraux ennemis. Le 27 septembre, il envoyait du sucre et du café à Frédéric-Guillaume qui en manquait, le tout accompagné d'une aimable lettre au « ver-tueux Manstein ». Mais Dumouriez lui déclarait en même temps qu'il fallait traiter avec la Convention et reconnaître la République. Frédéric-Guillaume n'était pas encore disposé à franchir ce grand pas. Il fit répondre sèchement à Dumouriez que ses présents étaient superflus : « J'ose vous prier de ne plus vous donner de pareilles peines », et il fit signer à Brunswick, le 28 septembre, un manifeste violent où il dénonçait à l'univers « les scènes d'horreur » qui avaient précédé l'emprisonnement du roi de France, les attentats inouïs et l'audace des factieux, enfin « le dernier crime de l'Assemblée natio-nale », c'est-à-dire la proclamation de la République.

Ce fut le tour de Dumouriez d'être déçu et irrité en recevant ce manifeste. Il y répondit par une proclamation où il disait à ses troupes : « Plus de trêve, mes amis, attaquons ces tyrans et faisons-les repentir d'être venus souiller une nation libre ! » Phrases pour la galerie. Dumouriez n'attaqua pas les Prussiens. Il continua d'avoir avec eux des communications fréquentes. Frédéric-Guillaume, qui n'avait plus que 17 000 hommes valides, profita de ses bonnes dispositions pour lever son camp le 30 septembre et effectuer sans encombre une retraite qui eût pu se changer en désastre. Dumouriez le suivit lentement et poliment sans essayer de l'accabler au passage des défilés de l'Argonne, en prescrivant même à ses lieutenants de faux mouvements pour les empêcher de harceler l'ennemi de trop près. Dans ces premiers jours de la Convention, tout souriait aux Girondins. L'invasion était repoussée et nos troupes allaient bientôt prendre l'offensive sur les autres frontières. De ces succès inattendus les Girondins, qui avaient pourtant désespéré au plus fort du péril, recueilleraient le bénéfice. Mais ils ne songeaient déjà qu'à s'en armer contre leurs adversaires politiques. Brissot dira que ces succès « faisaient le tourment et le désespoir des agitateurs ». Ainsi, la victoire, loin de calmer les luttes des partis, les exaspéra.

II - LA GIRONDE ET LA MONTAGNE

2. — Le gouvernement de la Gironde

1

LA TRÊVE DE TROIS JOURS

Nouvelle Constituante, la Convention renfermait par définition tous les pouvoirs. Seule, elle avait qualité pour interpréter le vœu de la Nation. La Commune de Paris ne pouvait donc que s'effacer devant elle. Le temps était révolu de la rivalité de la représentation nationale et d'une municipalité insurrectionnelle. On rentrait dans la légalité souveraine.

Il n'aurait dépendu que de la Gironde que la lutte stérile des partis fît place à l'émulation féconde de tous les révolutionnaires pour le bien public. La Commune, sentant son discrédit depuis les massacres de septembre, s'assagissait, désavouait son comité de surveillance qu'elle renouvelait, apurait ses comptes avant de disparaître, bref, s'efforçait de prouver à la province qu'on l'avait calomniée en la représentant comme un pouvoir anarchique et désorganisateur.

Marat, enregistrant la défaite des Montagnards aux élections, annonçait dans son journal, dès le 22 septembre, qu'il allait suivre « une nouvelle marche ». Il faisait confiance à la Convention, il promettait de mettre une sourdine à ses défiances, de marcher d'accord avec les défenseurs du peuple.

Marat, il le dit lui-même, ne faisait qu'obéir à la tactique de tout son parti. Danton, quelques jours avant la réunion de la Convention, était allé trouver Brissot et avait tenté auprès de lui une réconciliation et un accord : « Il me fit, dit Brissot, quelques questions sur ma doctrine républicaine, il craignait, disait-il, avec Robespierre, que je ne voulusse établir la République fédérative, que ce fût l'opinion de la Gironde. Je le rassurai [1]. » Les Montagnards firent donc les premières avances et leurs actes montrent qu'ils s'efforcèrent loyalement de tenir leurs promesses.

Quand la Convention se réunit, le 21 septembre 1792, un jour

---

1 Brissot à tous les Républicains de France, pamphlet daté du 24 octobre 1792.

après Valmy, deux jours après l'entrée triomphale de Montesquiou en Savoie, Paris était calme, d'un calme qui surprit les nouveaux députés habitués à considérer la capitale, d'après les tableaux de Roland et de ses journalistes, comme un foyer de meurtre et d'anarchie. « Il nous faut la paix dans l'intérieur, écrivait, le 23 septembre Jean-bon Saint-André à la municipalité de Montauban, et surtout que les bons citoyens ne se laissent pas égarer par les hypocrites de patriotisme comme il est arrivé à Lyon, où le peuple, dans son aveuglement, s'est permis de taxer les comestibles à un prix ruineux pour les vendeurs et qui les éloigne nécessairement de cette malheureuse ville livrée par cette cruelle méprise aux horreurs de la famine [1]. » Saint-André, qui figurera parmi les Montagnards les plus résolus, n'est pas suspect. Le voilà qui désavoue les exagérés, les hypocrites de patriotisme, les taxateurs lyonnais amis de Chalier !

Rien n'était donc plus facile aux Girondins que de gouverner dans une atmosphère de confiance et de concorde. Leurs anciens adversaires leur tendaient la main et leur donnaient des gages.

Mais les Girondins, grisés par la victoire de nos armées qui justifiait leur politique extérieure, forts de leur majorité, qui s'élevait, d'après Brissot, dans la nouvelle assemblée, aux deux tiers des sièges, ne se contentèrent pas de dominer dans le Conseil exécutif, de s'emparer exclusivement du bureau de l'Assemblée, de placer leurs partisans dans toutes les grandes commissions, ils se laissèrent emporter presque aussitôt par leurs rancunes passionnées et se jetèrent à fond dans la politique des représailles. La trêve ménagée entre Danton et Brissot ne dura pas plus de trois jours, trois jours qui furent remplis d'ailleurs par des résolutions mémorables.

Dès le 20 septembre, alors que la Législative siégeait encore, la Convention s'était constituée. Elle avait nommé pour son président Jérôme Petion, par 235 voix sur 253 votants, puis elle avait complété son bureau en choisissant pour secrétaires Condorcet, Brissot, Rabaut de Saint-Etienne, Vergniaud, Camus. Choix significatifs. Petion était vengé du dédain des électeurs de Paris qui lui avaient préféré Robespierre. Tous les secrétaires étaient des chefs girondins, sauf Camus qui passait pour feuillant. Bentabolle lui reprochera, aux Jacobins, le 24 octobre, d'avoir signé la pétition

1 Lettres de Jeanbon Saint-André dans la *Révolution française,* 1895.

Albert Mathiez

royaliste des 20 000. Par le choix de Camus, les Girondins tendaient la main aux anciens royalistes.

Le lendemain, 21 septembre, la Convention tint sa première séance. François de Neufchâteau, au nom de la Législative expirante, lui souhaita la bienvenue en faisant appel à l'union : « Les motifs de division doivent cesser », et en condamnant les projets de république fédérative qui déjà avaient inquiété Danton et Robespierre : « Vous maintiendrez surtout entre toutes les parties de l'empire l'unité de gouvernement, dont vous êtes le centre et le lien. »

Manuel proposa ensuite de loger le président de l'Assemblée, qu'il appela *président de la France,* dans un palais et de l'entourer d'honneurs. Aussitôt Chabot protesta en rappelant que les membres de la Législative avaient prêté individuellement le serment de combattre les rois et la royauté. Ce n'est pas seulement le nom de roi que la France voulait abolir, mais tout ce qui pouvait rappeler le pouvoir royal. Il conclut que le premier acte de la Convention devait être de déclarer au peuple qu'elle soumettrait ses décrets à son acceptation. Tallien appuya Chabot : « Ce n'est pas sans étonnement que j'entends discuter ici sur un cérémonial. »

La proposition de Manuel fut rejetée à l'unanimité. Et ce vote signifiait que la Convention n'imiterait pas l'Amérique, qu'elle ne nommerait pas, pour remplacer le roi, un président investi du pouvoir exécutif.

Couthon, reprenant l'idée de Chabot, demanda que la constitution nouvelle, que l'Assemblée avait mandat d'élaborer pour remplacer la Constitution monarchique, fût soumise à la ratification du peuple : « J'ai entendu parler non sans horreur, dit-il ensuite, de la création d'un triumvirat, d'une dictature, d'un protectorat... Ces bruits sont sans doute un moyen de troubles imaginé par les ennemis de la Révolution. » Il demanda à ses collègues de jurer une égale exécration à la royauté, à la dictature, au triumvirat. Il fut vigoureusement applaudi.

Basire, renchérissant sur sa motion, réclama une loi portant la peine de mort contre « quiconque oserait proposer la création d'une puissance individuelle et héréditaire ». Rouyer, Mathieu acquiescèrent, puis Danton, pour exorciser « les vains fantômes de dictature, les idées extravagantes de triumvirat, toutes ces absurdités inventées pour effrayer le peuple », proposa, à son tour, de décréter que la Constitution nouvelle serait soumise à l'acceptation des assemblées primaires. Répudiant toute exagération, c'est-à-dire désavouant Momoro, il proposa encore, afin de rassurer les possédants, de décréter le maintien *éternel* de toutes les propriétés territoriales, individuelles et industrielles. Le mot éternel parut un peu fort à Cambon qui déjà se défiait de la démagogie de Danton. Il demanda qu'on ne fît pas un décret irrévocable, et, après une légère discussion, la Convention adopta la rédaction de Basire : « 1° Il ne peut y avoir de Constitution que celle qui est acceptée par le peuple ; 2° les personnes et les propriétés sont sous la sauvegarde de la nation. »

L'Assemblée avait été unanime à désavouer à la fois la dictature et la loi agraire. Elle le fut aussi pour abolir la royauté.

Collot d'Herbois en fit la proposition. L'évêque Grégoire l'appuya en s'écriant que « les dynasties n'avaient jamais été que des races dévorantes qui dévoraient le sang des peuples ». D'un mouvement spontané tous les députés se levèrent et protestèrent de leur haine contre la royauté. Seul, Basire, tout en rappelant qu'il avait, le premier, élevé la voix contre Louis XVI et tout en déclarant qu'il ne serait pas le dernier à voter l'abolition de la royauté, voulut mettre en garde l'Assemblée contre un vote d'enthousiasme. Des murmures l'interrompirent. Grégoire lui répliqua avec véhémence : « Les rois sont dans l'ordre moral ce que les monstres sont dans l'ordre physique. Les Cours sont l'atelier du crime, le foyer de la corruption et la tanière des tyrans. L'histoire des rois est le martyrologe des nations. » L'abolition de la royauté fut décrétée à l'unanimité au milieu des transports de joie des députés et des auditeurs des tribunes.

Séance tenante, le décret fut proclamé à Paris, en grand apparat, le soir tombant, à la lueur des torches. Monge, accompagné des autres ministres, vint féliciter l'Assemblée d'avoir, par son décret, proclamé la République et il prit en leur nom l'engagement de mourir, s'il le fallait, en dignes républicains pour la liberté et pour l'égalité. Le jour même, Roland, dans une circulaire aux corps administratifs, justifiait la grande mesure attendue : « Veuillez, Messieurs, proclamer la République, proclamez donc la fraternité, ce n'est qu'une même chose. » Partout la République fut proclamée

Albert Mathiez

avec solennité en même temps que l'abolition de la royauté. Le mot de République n'était pas dans le décret, il n'y fut inscrit que le lendemain par une rectification au procès-verbal de la veille, mais le mot n'avait pas besoin d'être écrit, puisque la chose était dans les cœurs et dans les faits.

L'ennemi reculait. Les royalistes atterrés se taisaient. La République apparaissait auréolée de la gloire d'avoir sauvé la Révolution et la Patrie.

En ce jour du 21 septembre, Roland faisait appel à la fraternité. Il semblait que la trêve des partis allait continuer. Le 22 septembre, la séance de la Convention s'ouvrit dans un accord parfait. Une députation des sections d'Orléans vint se plaindre de la municipalité de cette ville qui favorisait les riches et qui avait blâmé lg 20 juin. La députation ajouta que les sections avaient suspendu la municipalité, mais que celle-ci refusait d'abandonner ses fonctions. On vit alors le Montagnard Danton et le Girondin Masuyer proposer tous les deux d'envoyer à Orléans trois membres de l'Assemblée pour enquêter sur les faits et prendre toutes les mesures qui leur paraîtraient nécessaires. La Convention adopta leur proposition. Puis Couthon, élargissant le débat, frappa de suspicion tous les corps administratifs et municipaux, dont il demanda le renouvellement. Le Girondin Louvet appuya chaudement Couthon et proposa que les juges eux-mêmes fussent renouvelés. Plusieurs orateurs parlèrent encore dans le même sens. Mais brusquement Billaud-Varenne proposa la suppression des juges et leur remplacement par de simples arbitres. Sur quoi le modéré Chasset s'écria : « Je demande que l'opinant soit rappelé à l'ordre. Veut-il tout désorganiser, veut-il nous jeter dans l'anarchie ? » Le débat prit désormais un tour plus passionné. Les divisions latentes se firent jour. Montagnards et Girondins commencèrent à s'affronter. « Si, dit Lasource, vous détruisez les corps administratifs, les tribunaux, vous allez vous entourer de débris, vous ne verrez partout que des ruines. » Léonard Bourdon lui répliqua qu'il fallait avant tout chasser les royalistes des administrations. La Convention décréta que tous les corps administratifs, municipaux et judiciaires, seraient renouvelés en entier, à l'exception de ceux qui l'avaient déjà été exceptionnellement depuis le 10 août. On applaudit vivement.

Mais la discussion rebondit sur une motion de Tallien qui demanda que tout citoyen pût être juge sans qu'il fût inscrit obligatoirement sur le tableau des hommes de loi. Lanjuinais, Goupilleau réclamèrent l'ajournement que Danton combattit avec vigueur : « Tous les hommes de loi, dit Danton, sont d'une aristocratie révoltante ; si le peuple est forcé de choisir parmi ces hommes, il ne saura où reposer sa confiance. Je pense que si l'on pouvait, au contraire, établir dans les élections un principe d'exclusion, ce devrait être contre les hommes de loi qui se sont jusqu'ici arrogé un privilège exclusif qui a été une des grandes plaies du genre humain. Que le peuple choisisse à son gré les hommes de talent qui méritent sa confiance... Ceux qui se sont fait un état de juger les hommes étaient comme les prêtres, les uns et les autres ont éternellement trompé le peuple. La justice doit se rendre par les simples lois de la raison. »

Chasset cria de nouveau à l'anarchie et à la désorganisation : « Ceux qui veulent placer dans les tribunaux des hommes dépourvus de connaissances veulent mettre la volonté du juge à la place de celle des lois. Avec ces flagorneries continuelles envers le peuple, on remettrait son sort à l'arbitraire d'un homme qui aurait usurpé sa confiance. Ce sont des flagorneries, je le répète. » Danton, fouetté, riposta par une attaque personnelle contre l'orateur : « Vous ne flagorniez pas le peuple lors de la révision ! » Chasset, ancien constituant, était de ceux qui, derrière Barnave et les Lameth, avaient contribué, après Varennes, à faire réviser la Constitution dans un sens monarchique. Des rumeurs prolongées s'élevèrent contre Danton. Masuyer demanda qu'il fût rappelé à l'ordre. Petion, qui présidait, se contenta de le blâmer. La discussion continua assez âpre. Finalement les Girondins furent battus, la proposition de Danton décrétée.

Est-ce cet échec qui alarma les Girondins et qui leur fit dénoncer la trêve ? C'est très probable, car le lendemain, 23 septembre, Brissot accusait les Montagnards, dans son journal, de vouloir la destruction de toutes les autorités existantes, de tendre au nivellement général, d'être les flagorneurs du peuple. Choisir indistinctement les juges parmi tous les citoyens parut au parti de l'ordre une menace très grave. Qui tient la justice tient la sauvegarde de la propriété. Les Montagnards n'allaient-ils pas s'emparer des tribunaux ? Brissot lança le signal d'alarme, ce qui ne l'empêchera

Albert Mathiez

pas plus tard d'accuser Robespierre, dans l'écrit que nous avons cité, d'avoir fait échouer le pacte d'apaisement et de conciliation qu'il avait conclu avec Danton.

Ce qui prouve que l'initiative de Brissot n'était pas isolée, c'est que le jour même où il lançait son attaque, Roland rentrait en scène. Dans un long rapport à la Convention, il dénonçait les anarchistes vendus à Brunswick et il s'appliquait à convaincre l'Assemblée qu'elle ne pourrait délibérer librement et qu'elle ne serait en sûreté qu'autant qu'elle s'environnerait d'une force armée imposante : « Je crois que cette force doit être composée d'hommes qui n'aient d'autre destination que le service militaire et qui le fassent avec une constante régularité ; une troupe soldée peut seule atteindre ce but. » Le lendemain, Roland semait de nouveau l'alarme à propos d'un fait insignifiant, l'arrestation d'un courrier sur la route de Châlons. Aussitôt le Girondin Kersaint, prenant texte de la lettre de Roland, réclamait, dans un discours véhément, des mesures extraordinaires pour faire cesser les excès et les violences : « Il est temps, disait-il, d'élever des échafauds pour ceux qui commettent des assassinats et pour ceux qui les provoquent... Nommez quatre commissaires pour méditer une loi sur cet objet ; qu'ils soient chargés de vous la présenter demain ; car vous ne pouvez pas tarder plus longtemps à venger les droits de l'homme violés par tout ce qui se passe en France. » Une discussion très vive s'engagea. Les Montagnards, Billaud-Varenne, Basire, Tallien protestèrent que Kersaint et Roland exagéraient l'état de la France : « Les lois existent, dit Tallien, le Code pénal a des dispositions contre les assassinats, c'est aux tribunaux à en faire l'application. » Mais Vergniaud déclara qu'ajourner le vote du projet de Kersaint, c'était « proclamer hautement qu'il est permis d'assassiner, proclamer hautement que les émissaires prussiens peuvent travailler dans l'intérieur, armer le père contre les enfants ! » Garran de Coulon, plus violent encore, prétendit qu'il n'y avait dans les lois aucune disposition contre ceux qui provoquent les assassinats, contre les agitateurs qui égarent le peuple : « Chaque jour les murs sont tapissés d'affiches incendiaires ; on y prêche l'incendie, on y lit des listes de proscription, on y calomnie les meilleurs citoyens, on y désigne de nouvelles victimes. » Collot d'Herbois s'étonna que, trois jours seulement après la réunion de l'Assemblée, on

montrât une défiance injurieuse, on proposât des lois de sang !
Lanjuinais lui répliqua que les citoyens de Paris étaient dans « la
stupeur et l'effroi ». Mais cette allégation était si contraire aux faits
que l'Assemblée murmura. Puis Buzot monta à la tribune. Il avait
siégé à la Constituante aux côtés de Robespierre. Il passait pour
démocrate aux yeux de ceux qui ignoraient encore que la beauté et
les cajoleries de Mme Roland, dont il fréquentait le salon, avaient
séduit ce cœur vain et cet esprit inquiet. Buzot apporta à la tribune
toutes les rancunes du ménage Roland.

Il commença par évoquer les massacres de septembre. « Et si ces
scènes avaient été retracées au fond de nos provinces dans leur
horrible vérité, peut-être, législateurs, nos assemblées électorales
nous auraient commandé d'aller siéger ailleurs. » Cette menace
lancée, il s'efforça de justifier la proposition de Kersaint en faisant
l'éloge de Roland et en jetant l'outrage aux Montagnards, « cette
tourbe d'hommes, dont je ne connais, dit-il, ni les principes ni le
but ». Il ne fallait pas seulement une loi contre les provocateurs à
l'assassinat, il fallait entourer la Convention d'une garde tellement
formidable que les départements fussent rassurés sur la sûreté de
leurs députés. Par là seulement ceux-ci pourraient voter en toute
indépendante, ils ne deviendraient pas les esclaves de certains
députés de Paris.

Buzot fut très applaudi. Basire, qui voulait lui répondre, en fut
empêché par la clôture. La Convention décréta qu'une commission
serait nommée pour rendre compte de la situation de la République
et particulièrement de la capitale et pour présenter un projet de
loi contre les provocateurs au meurtre et à l'assassinat, enfin pour
proposer les moyens nécessaires pour donner à la Convention une
garde prise dans les 83 départements.

Le sort en était jeté. La Gironde déclarait la guerre à Paris.

Les Montagnards provoqués ne pouvaient que relever le défi. La
veille déjà, l'un d'eux, Chabot, à la séance des Jacobins, avait discuté le violent article de Brissot paru le matin. Il avait demandé que
Brissot fût sommé d'expliquer ce qu'il entendait par l'expression de
« parti désorganisateur » qu'il avait employée. Mais visiblement
le club n'avait encore aucun désir d'engager les hostilités. Il élut
Petion pour son président dans cette même séance.

Albert Mathiez

Mais, le 24 septembre, après la séance de la Convention, les Jacobins prirent une autre attitude. Chabot dénonça « la secte endormeuse » qui nourrissait, à l'en croire, le dessein d'établir le gouvernement fédératif. Puis Fabre d'Eglantine releva les attaques de Roland et de Buzot contre Paris. Petion, qui présidait, ayant voulu défendre Buzot, déchaîna le tumulte. Fabre protesta contre les préventions et les outrages dont on abreuvait la députation de Paris. La garde départementale, mesure de défiance inquisitoriale, pouvait provoquer la guerre civile. Fabre, cependant, fidèle à la pensée conciliatrice de son ami Danton, conclut en demandant aux bons citoyens de déposer leurs haines réciproques. Petion fit sienne cette conclusion. Mais Billaud-Varenne, qui succéda à Fabre, ne se contenta pas de repousser les attaques des Girondins. Il les inculpa à son tour. Il rappela leurs fautes, il les accusa d'arrière-pensées inavouables : « Aujourd'hui que l'ennemi s'avance et que nos forces ne sont pas suffisantes pour l'arrêter, on vous propose une loi de sang et on vous représente les hommes les plus purs comme ayant des intelligences avec l'ennemi, nous qui avons sans relâche combattu contre la guerre offensive ! Et qui sont ceux qui nous accusent ? Ce sont les hommes qui ont attiré cette guerre offensive ; ils nous accusent sans doute de leurs propres trahisons. » Collot appuya Billaud. Le Girondin Grangeneuve voulut répondre. Il défendit Brissot contre Chabot. Aussitôt le tumulte éclata de nouveau. La séance se termina par une menace jetée par Barbaroux : « Huit cents Marseillais sont en marche pour Paris et ils arrivent incessamment. Ce corps est composé d'hommes entièrement indépendants du côté de la fortune ; chaque homme a reçu de ses père et mère deux pistolets, un sabre, un fusil et un assignat de mille livres. » Merveilleux effet de l'esprit de parti ! Le même Barbaroux, qui appelait maintenant les fils de famille de Marseille au secours de la Convention, avait présidé l'assemblée électorale des Bouches-du-Rhône et cette assemblée, il nous le dit lui-même dans ses mémoires, avait applaudi à la nouvelle des massacres de Paris !

Au club comme à la Convention, les positions maintenant sont prises. Les deux partis se dressent, agitant entre eux le spectre de la patrie trahie !

A cette date les Girondins étaient nombreux encore aux Jacobins.

II - LA GIRONDE ET LA MONTAGNE

Petion, qui présidait le club, était de plus en plus leur homme, malgré les airs d'impartialité qu'il affectait toujours. Les Girondins auraient pu essayer de disputer le club à leurs rivaux. Mais ils s'avisèrent d'adopter, à son égard, une dédaigneuse tactique d'abstention que leur conseilla Brissot. Celui-ci, invité à s'expliquer devant les Jacobins sur les attaques qu'il avait insérées dans son journal contre les désorganisateurs, refusa de se rendre à la convocation et fut rayé, le 10 octobre, à la presque unanimité. Il répliqua par un violent pamphlet dans lequel il invita les clubs de province à rompre leur affiliation avec le club central. Quelques clubs, comme ceux de Marseille et de Bordeaux, suivirent son conseil, quelques autres, comme ceux de Châlons, Le Mans, Valognes, Nantes, Lorient, Bayonne, Perpignan, Angers, Lisieux menacèrent de rompre leur affiliation, mais ce fut tout. La masse des révolutionnaires resta fidèle aux Jacobins parisiens. Les Girondins les ayant désertés [1], les Montagnards y régnèrent sans conteste. Le club leur tint lieu d'organisation de parti. Ils s'y concertèrent librement et en pleine lumière.

Les Girondins, qui se donnaient de plus en plus comme des hommes d'ordre et de bon ton, préféraient aux réunions publiques, trop bruyantes et trop indiscrètes, à leur gré, les conversations privées, les conciliabules autour d'une table bien servie ou dans un salon élégant, au milieu des parfums féminins. Ils auraient pu rassembler leurs partisans dans un nouveau club. Les Feuillants l'avaient fait après le massacre des républicains au Champ-de-Mars. Mais les Feuillants avaient lamentablement échoué dans leur entreprise et Brissot, qui s'efforçait cependant d'attirer à lui les débris du parti feuillant, se défendait comme d'une injure du reproche de feuillantisme. Les députés les plus marquants de son parti, Guadet, Gensonné, Vergniaud, Ducos, Condorcet, Fauchet, prirent l'habitude de se rencontrer avant les séances presque tous les jours dans le salon de Mme Dodun, la femme d'un riche administrateur de la Compagnie des Indes, qui habitait 5, place Vendôme, dans la même maison que Vergniaud. Les mêmes députés auxquels se joignaient Buzot, Barbaroux, Grangeneuve, Bergoeing, Hardy, Salle, Deperret, Lidon, Lesage, Mollevault se rencontraient encore

---

1 Le 5 octobre, 113 députés seulement restaient inscrits aux Jacobins (Buchez et Roux, t. XIX, p. 234).

Albert Mathiez

chez Dufriche-Valazé, rue d'Orléans-Saint-Honoré, n° 19. On dînait aussi chez Clavière, chez Petion, chez un restaurateur du Palais-Royal, chez Mme Roland. Les dîners de Mme Roland, qui avaient lieu régulièrement deux fois par semaine au ministère de l'Intérieur, réunissaient l'élite du parti, les matadors. C'était là qu'on préparait les grands coups.

Dans un temps où tout ce qui sentait l'intrigue et l'esprit de faction soulevait une réprobation générale, les conciliabules secrets où se complaisaient les chefs girondins ne pouvaient manquer de les diminuer dans la considération publique. Les Montagnards, qui, eux, délibéraient au grand jour du club, eurent beau jeu pour accuser leurs rivaux de manœuvres et d'intrigues. Et Brissot dut défendre de bonne heure ses amis et lui-même contre le reproche de former un parti, une faction. « Guadet à l'âme trop fière, écrivit-il dans son pamphlet contre les Jacobins, Vergniaud porte à un trop haut degré cette insouciance qui accompagne le talent et le fait aller seul, Ducos a trop d'esprit et de probité et Gensonné pense trop profondément pour jamais s'abaisser à combattre sous les drapeaux d'aucun chef. » Brissot jouait habilement sur les mots. Sans doute, il était vrai que les Girondins ne formaient pas un parti analogue à nos groupes actuels. Ils n'avaient pas de président ni de chefs. Ils n'obéissaient qu'à une discipline toute morale. Mais ce n'était pas la question. Ce qu'on leur reprochait, c'était de se voir entre eux avant les séances, de se distribuer confidentiellement des rôles, d'essayer d'imposer à l'Assemblée un plan arrêté et prémédité. Reproche qui paraîtrait singulier aujourd'hui, mais qui, en ce temps, était grave, car le représentant du peuple était alors environné d'un prestige tout neuf et paraissait une sorte de prêtre du bonheur social. On considérait qu'il ne devait suivre que les impulsions de sa conscience et que la garantie du bien public était dans son indépendance absolue.

Tous les députés ne participaient pas aux conciliabules des chefs girondins. Ceux qui en étaient écartés souffraient dans leur vanité et ils s'aperçurent bien vite que les commensaux de Mme Roland ou de Mme Dodun ne se bornaient pas à s'emparer de la tribune, mais qu'ils réservaient pour eux et leurs amis tous les postes importants dans les comités comme au bureau de l'Assemblée. Le 11 octobre, fut nommé le Comité de Constitution. Sur les neuf membres qui le composaient, sept au moins étaient des familiers de Mme Roland : Thomas Paine, Brissot, Petion, Vergniaud, Gensonné, Barère, Condorcet. Le huitième, Sieyès, passait pour un modéré tout à fait gagné au parti. Le neuvième était Danton.

Le lendemain un député, qui avait affecté jusque-là d'être neutre au milieu de factions et qui avait montré de la défiance à l'égard de la Commune, Couthon, monta à la tribune des Jacobins pour commenter le résultat du vote. « Il existe à la Convention, dit-il, deux partis... il y a un parti de gens à principes exagérés, dont les moyens faibles tendent à l'anarchie, il y en a un autre de gens fins, subtils, intrigants et surtout extrêmement ambitieux, ils veulent la République, ceux-ci ; ils la veulent parce que l'opinion publique s'est expliquée, mais ils veulent l'aristocratie, ils veulent se perpétuer dans leur influence, avoir à leur disposition les places, les emplois, surtout les trésors de la République... Voyez les places, elles coulent toutes de cette faction ; voyez la composition du Comité de Constitution, c'est cela surtout ce qui m'a dessillé les yeux. C'est sur cette faction qui ne veut la liberté que pour elle, qu'il faut tomber à bras raccourcis. »

Et Couthon, devenu Montagnard, malgré qu'il se défendît encore de faiblesse à l'égard des exagérés, se mit à déclarer que quiconque se séparait des Jacobins était un faux frère que la patrie devait maudire. Il ajouta qu'il voyait bien maintenant que le projet de garde départementale n'était destiné qu'à favoriser une faction : « La souveraineté du peuple serait annulée et l'on verrait naître l'aristocratie des magistrats. » Plus d'une conversion s'explique par les mêmes motifs que celle de Couthon. Les Girondins ne ménagèrent pas assez les susceptibilités ombrageuses de leurs collègues non initiés dans leurs conciliabules. Ils prêtèrent trop facilement le flanc à l'accusation de former une secte, un syndicat comme nous dirions aujourd'hui. Mais ce fut encore la moindre de leurs erreurs.

2

L'ASSAUT CONTRE LES « TRIUMVIRS »

La lutte entre ceux qui avaient fait le 10 août et ceux qui n'avaient pu l'empêcher emplit les huit premiers mois de la Convention. Elle fut tout de suite d'une violence extrême. Prenant l'offensive les Girondins s'efforcèrent, par un coup d'audace, dès le 25 septembre, d'exclure de l'Assemblée les chefs montagnards qu'ils redoutaient par dessus tout et contre lesquels ils nourrissaient les plus vives rancunes : Robespierre et Marat. Ils voulaient ainsi frapper l'opposition à la tête et régner ensuite sur une Assemblée docile.

Le pasteur Lasource, qui avait déjà tenté de faire traduire Robespierre devant la Haute Cour, à la veille du 10 août, commença l'assaut. « Je ne veux pas que Paris, dirigé par des intrigants, devienne dans l'Empire français ce que fut Rome dans l'Empire romain. Il faut que Paris soit réduit à un 83e d'influence comme chacun des autres départements. » Et Lasource exhala ses rancunes contre « ces hommes, dit-il, qui n'ont cessé de provoquer les poignards contre les membres de l'Assemblée législative qui ont le plus fermement défendu la cause de la liberté... contre ces hommes qui veulent amener l'anarchie par les désordres des brigands envoyés par Brunswick et, par cette anarchie, parvenir à la domination dont ils ont soif ». Lasource n'avait nommé personne, mais, Osselin, ayant défendu la députation de Paris, dont il était membre, et ayant demandé, pour dissiper les soupçons, que tous les Conventionnels fussent tenus de jurer anathème à l'oligarchie et à la dictature, le jeune Rebecqui, député de Marseille, lança cette interruption : « Le parti qu'on vous a dénoncé, dont l'intention est d'établir la dictature, c'est le parti de Robespierre, voilà ce que la notoriété publique nous a appris à Marseille. J'en atteste mon collègue M. Barbaroux, et c'est pour le combattre que nous avons été envoyés, je vous le dénonce. » Ainsi perçait tout à coup le dessein de la Gironde.

Alors Danton, sentant tout le danger politique d'un débat personnel et rétrospectif qui opposerait en ennemis irréductibles les chefs des deux partis, Danton, qui d'ailleurs pouvait craindre pour lui-même une enquête trop poussée sur ses actes et sur son entourage, Danton essaya fort habilement de noyer les accusations réciproques sous le double désaveu théorique de la dictature et du fédéralisme. Pour inspirer confiance il commença son apologie personnelle en rompant toute solidarité avec Marat, « un homme dont les opinions sont pour le parti républicain ce qu'étaient celles de Royou pour le parti aristocratique ». « Assez et trop longtemps l'on m'a accusé d'être l'auteur des écrits de cet homme ; [...] mais n'accusons pas, pour quelques individus exagérés, une députation tout entière. » Et Danton, ayant jeté par dessus bord l'Ami du peuple, conclut par une double proposition de nature à satisfaire les deux parties opposées de l'Assemblée. Il demanda la peine de mort contre quiconque réclamerait la dictature ou le triumvirat et la même peine contre ceux qui voudraient morceler la France. Il descendit de la tribune sur un patriotique appel à l'union : « Ce ne sera pas sans frémir que les Autrichiens apprendront cette sainte harmonie, alors, je vous jure, nos ennemis sont morts. » Il fut vivement applaudi.

Après que Buzot, qui craignait le vote immédiat des propositions de Danton, eut présenté audacieusement son propre projet de garde départementale comme inspiré par une pensée d'union et d'unité, Robespierre prononça une longue et hautaine apologie toute remplie de ses services passés : « Je ne me regarde pas comme un accusé, mais comme le défenseur de la cause du patriotisme... Loin d'être ambitieux, j'ai toujours combattu les ambitieux. » Il s'indigna des calomnies girondines qui l'avaient représenté avant le 10 août en conférence avec la reine et la princesse de Lamballe. Il avoua qu'il avait soupçonné ses adversaires « de vouloir faire de la République un amas de républiques fédératives », quand il les avait vus se dresser en accusateurs des héros du 10 août et transformer faussement ceux-ci en champions de la loi agraire. Il défia ses adversaires d'apporter contre lui la moindre inculpation fondée et il conclut en demandant le vote des deux propositions de Danton.

Barbaroux voulut relever le défi de Robespierre. Pour prouver que celui-ci avait aspiré à la dictature, il invoqua une conversation qu'il avait eue avec Panis quelques jours avant l'insurrection : « Le citoyen Panis nous désigna nominativement Robespierre comme l'homme vertueux qui devait être dictateur de la France. » Cette singulière preuve fit murmurer l'Assemblée. Panis démentit Barbaroux : « D'où a-t-il pu inférer une pareille accusation ? Quels sont ses témoins ? — Moi, monsieur, interrompit Rebecqui. — Vous êtes son ami, je vous récuse », répliqua Panis qui ajouta : « Quoi ! Dans l'instant où les patriotes étaient prêts à être immolés, où notre seul soin, notre seule pensée étaient de faire le siège des Tuileries, nous aurions songé à la dictature dans un moment où

Albert Mathiez

nous étions trop persuadés de l'insuffisance de notre force... Dans un moment où je crois à chaque instant voir Paris égorgé, j'aurais songé à établir une autorité dictatoriale ! »

Sentant que l'accusation contre Robespierre faisait long feu, d'autres Girondins, comme Boileau et Cambon, firent diversion en se livrant à une vive attaque rétrospective contre la dictature, plus réelle celle-ci, de la Commune de Paris. Brissot rappela le mandat de perquisition qu'elle avait lancé contre lui pendant les massacres. Ce fut l'occasion pour Panis de justifier le Comité de surveillance : « Qu'on se représente notre situation, nous étions entourés de citoyens irrités des trahisons de la Cour... Beaucoup de citoyens vinrent nous dire que Brissot partait pour Londres avec les preuves écrites de ses machinations : je ne croyais pas sans doute à cette inculpation, mais je ne pouvais répondre personnellement et sur ma tête qu'elle ne fût pas vraie. J'avais à modérer l'effervescence des meilleurs citoyens reconnus pour tels par Brissot lui-même. Je ne crus pouvoir mieux faire que d'envoyer chez lui des commissaires pour lui demander fraternellement la communication de ses papiers, convaincus que cette communication ferait éclater son innocence et dissiperait tous les soupçons, ce qui, en effet, est arrivé... » Cette explication portait le caractère de la vérité. L'accusation de la Gironde, toute rétrospective d'ailleurs, s'effondrait.

Marat demanda la parole. Les Girondins poussèrent des clameurs : « A bas de la tribune ! » Marat, calme et dédaigneux, leur lança : « J'ai donc, dans cette Assemblée, un grand nombre d'ennemis personnels ! — Tous, tous », crièrent les Girondins. Il reprit, sans s'émouvoir : « Si j'ai dans cette Assemblée un grand nombre d'ennemis, je les rappelle à la pudeur et à ne pas opposer de vaines clameurs, des huées ni des menaces à un homme qui s'est dévoué pour la patrie et pour leur propre salut. » Cette attitude en imposa. Il put parler. Allant droit à l'accusation de dictature, il plaida coupable et, avec autant d'adresse que de crânerie, il s'empressa de mettre hors de cause Robespierre et Danton : « Je dois à la justice de déclarer que mes collègues, nommément Robespierre, Danton, ainsi que tous les autres, ont constamment improuvé l'idée soit d'un tribunat, soit d'une dictature. Si quelqu'un est coupable d'avoir jeté dans le public ces idées, c'est moi, je crois être le premier écrivain politique, et peut-être le seul en France depuis la Révolution, qui ait proposé un tribun militaire, un dictateur, des triumvirats comme le seul moyen d'écraser les traîtres et les conspirateurs. » Il invoqua pour sa défense la liberté de la presse et, sans rien renier de ses opinions, sans se diminuer par une rétractation, exposa de nouveau sa théorie du dictateur, « homme sage et fort, qui n'aurait d'autorité que pour abattre les têtes criminelles et serait enchaîné à la patrie par un boulet au pied ». Très habilement, il mit en garde l'Assemblée contre ceux qui voulaient y jeter la discorde et la distraire des grands objets qui devaient l'occuper.

Visiblement, le langage de Marat fit impression par sa sincérité et Vergniaud souleva des murmures quand, montant ensuite à la tribune, il affecta de lui jeter une injure méprisante : « Si c'est un malheur pour un représentant du peuple, c'est pour mon cœur celui d'être obligé de remplacer à cette tribune un homme contre lequel il a été rendu un décret d'accusation et qui a élevé sa tête au-dessus des lois, un homme enfin tout dégouttant de calomnie, de fiel et de sang. » Cette indignation de mélodrame parut déplacée. Vergniaud fut interrompu et Petion dut intervenir pour lui maintenir la parole. Vergniaud donna lecture de la fameuse circulaire par laquelle le Comité de surveillance de la Commune avait conseillé aux départements de généraliser les massacres. Or, au moment même où cette circulaire était rédigée, Robespierre dénonçait à la Commune le prétendu complot formé par les chefs girondins pour livrer la France à Brunswick. « Cela est faux, interrompit Robespierre. — J'en ai la preuve », répliqua Lasource. Au lieu d'exiger que la question fût vidée sur-le-champ, Vergniaud n'insista pas : « Comme je parle sans amertume, je me féliciterai d'une dénégation qui me prouvera que Robespierre aussi a pu être calomnié. » Vergniaud conclut son réquisitoire passionné contre la Commune en réclamant une punition exemplaire pour les signataires de la circulaire du Comité de surveillance, au nombre desquels étaient Panis, Sergent et Marat.

Pour accabler Marat, le Girondin Boileau donna lecture d'un article où Marat avait fait appel à une nouvelle insurrection et préconisé l'établissement d'un dictateur. De nombreux députés crièrent qu'il fallait envoyer Marat à l'Abbaye. Le décret d'accusation allait être voté quand Marat, très calme, avoua qu'il était l'auteur de cet article dénoncé par Boileau, mais il ajouta que cet article, déjà

Albert Mathiez

ancien, avait été écrit dans un moment d'indignation. Depuis il avait changé d'avis, il avait rendu hommage à la Convention, et, pour preuve, il fit lire l'article récent où il exposait « sa nouvelle marche ». L'effet produit fut considérable. Marat conclut en tirant de sa poche un pistolet qu'il appliqua à son front : « Je dois déclarer que si le décret d'accusation eût été lancé contre moi, je me brûlais la cervelle au pied de la tribune. Voilà donc le fruit de trois années de cachots et de tourments essuyés pour sauver la patrie ! Voilà le fruit de mes veilles, de mes travaux, de ma misère, de mes souffrances, des dangers que j'ai courus ! Eh bien ! je resterai parmi vous pour braver vos fureurs ! »

Les Girondins avaient manqué leur coup. Impuissants à atteindre Robespierre, ils avaient grandi Marat en lui donnant l'occasion de se révéler tel qu'il était devant la Convention et devant la France. Finalement, Couthon tira la conclusion du débat en proposant de décréter l'unité de la République. On ne discuta que sur la rédaction et on adopta la formule célèbre : *La République française est une et indivisible.* C'était la répudiation du fédéralisme, du projet prêté aux Girondins de vouloir appliquer à la France la Constitution des États-Unis. Couthon demanda ensuite qu'on décrétât la peine de mort contre quiconque proposerait la dictature. Marat réclama une addition « et contre le machinateur qui se déclarera inviolable ». « Si vous vous élevez au-dessus du peuple, le peuple déchirera vos décrets. » L'addition visait à la suppression de l'immunité parlementaire. Cambon et Chabot combattirent à leur tour la proposition de Couthon au nom de la liberté des opinions, du droit imprescriptible de la pensée. Et l'Assemblée se rendit à leurs raisons. Elle voulait bien condamner le fédéralisme, elle se refusait à condamner l'idée de la dictature.

A cette grande séance du 25 septembre, Danton s'était révélé comme un manœuvrier remarquable, possédant parfaitement l'art de conduire les Assemblées en parlant à leurs passions autant qu'à leur raison. C'était lui qui avait mis en déroute le plan de la Gironde. Celle-ci ne pouvait pas manquer de lui en garder du ressentiment. Elle l'avait d'abord écarté de ses attaques. Elle comprit qu'elle n'aurait pas raison de la Montagne sans le mettre lui-même en cause.

Danton aurait voulu que le premier soin de la Convention fût de renouveler le ministère pour le composer d'hommes nouveaux, étrangers aux querelles passées. La loi de la Constituante toujours en vigueur stipulait l'incompatibilité des fonctions de ministre et de député. Il déclara dès la première séance qu'il optait pour le mandat législatif. Son geste entraînait celui de Roland. Le poste de ministre était beaucoup mieux rétribué que celui de député. Roland serait-il moins désintéressé que l'agitateur que les Girondins s'efforçaient de mépriser ? Après quelques hésitations, car son élection dans la Somme était contestée, Roland s'exécuta dans une langue prudhommesque émaillée de maximes comme celle-ci : « Il est facile d'être grand quand on s'oublie soi-même et l'on est toujours puissant quand on ne craint pas la mort. » Après avoir tracé les devoirs de son successeur, il recommandait à la Convention un de ses anciens commis, Pache, dont il faisait un éloge emphatique : « Nouvel Abdolonyme, il doit être placé au poste où sa sagesse peut opérer le plus grand bien. » Mais Roland n'avait démissionné que pour la forme. Ses amis de l'Assemblée considérèrent sa retraite comme une « calamité publique » et ils s'efforcèrent d'obtenir un vote l'invitant à rester en fonctions. Au cours d'une discussion très vive qui s'engagea à ce sujet, le 27 septembre, Danton s'emporta jusqu'à dire : « Si vous faites cette invitation, faites-la donc aussi à Mme Roland, car tout le monde sait que Roland n'était pas seul dans son département. Moi, j'étais seul dans le mien et la nation a besoin de ministres qui puissent agir sans être conduits par leur femme. » L'Assemblée avait beau savoir que Danton ne disait que la vérité, elle éclata en murmures prolongés. En ce XVIIIe siècle si policé, s'attaquer à une femme était un geste inélégant que toute la presse, presque sans exception, releva sans ménagement. Mais Danton ne se piquait pas d'être un homme du monde. Les murmures ne firent que le rendre plus brutal. Il porta à Roland un nouveau coup terrible en révélant, ce qu'on ignorait encore, que le vertueux vieillard avait voulu évacuer Paris après la prise de Longwy. Les comptes rendus notent que les paroles de Danton provoquèrent une vive agitation. Il conclut qu'il fallait sans plus tarder remplacer Roland par Pache. Ce fut le contraire qui arriva. Le lendemain, dans une longue épître moralisante, dénuée de toute modestie, le mari de Mme Roland déclara qu'il gardait son portefeuille : « J'y reste, parce qu'il y a des dangers ; je les brave,

Albert Mathiez

parce que je n'en crains aucun, dès qu'il s'agit de servir ma patrie. »
Et il se lança dans une attaque vague et perfide contre les Sylla
et les Rienzi du jour, affirmant avec intrépidité que les projets de
dictature et de triumvirat avaient existé. Sa lettre déchaîna quatre
salves d'applaudissements et fut envoyée aux départements.

Servan, ayant quitté le ministère de la Guerre pour aller commander l'armée en formation sur les Pyrénées, fut remplacé par Pache,
mais Pache était un révolutionnaire sincère, étranger aux intrigues
et encore plus aux factions. Il devait cruellement décevoir l'attente
des Girondins et justifier l'éloge que Danton avait spontanément
donné à son patriotisme. Quant à Danton lui-même, il fut définitivement remplacé au ministère de la Justice, le 9 octobre, par un
homme de lettres inconsistant, Garat, très lié avec les chefs girondins. Mais il ne suffisait pas à ceux-ci d'avoir placé au Conseil
exécutif des hommes qu'ils croyaient être à leur dévotion. Ils
avaient des rancunes à satisfaire, des représailles à exercer.

Déjà Roland, dans la lettre du 30 septembre qu'il avait écrite à
la Convention pour reprendre sa démission, avait inséré une
phrase pleine de sous-entendus : « Je suis intimement convaincu
qu'il ne peut exister un véritable patriotisme là où il n'y a pas de
moralité. » La moralité, c'était le point faible de Danton, le défaut
de sa cuirasse.

Un ministre sorti de charge devait, en ce temps-là, rendre de sa
gestion non seulement un compte moral, mais un compte financier.
Ce n'était pas une simple formalité. Les mémoires des ministres
étaient examinés avec soin, sur pièces justificatives. Quand les
comptes de Danton vinrent en discussion, le 10 octobre, sur un
rapport de Mallarmé, Cambon, qui était toujours très hostile à la
Commune, s'exprima en termes sévères : « J'observe que le mode
suivi par le ministre de la Justice détruit tout ordre de comptabilité,
car les dépenses faites par les ministres doivent être payées au fur
et à mesure et sur les ordonnances, et, par conséquent, il ne doit
jamais leur rester de sommes en caisse. » Cambon ne s'en tint pas
à ce blâme, il conclut qu'il fallait obliger les ministres à rendre
compte non seulement de leurs dépenses extraordinaires — ce
que Danton avait fait —, mais aussi de leurs dépenses secrètes
— ce qu'il s'était dispensé de faire —. Ainsi mis en cause, Danton
se retrancha derrière le Conseil exécutif, auquel il avait rendu

compte, dit-il, de ses dépenses secrètes. Cambon avait été vivement applaudi. Danton descendit de la tribune au milieu d'un silence glacial. La Convention l'invita, par un vote, à justifier de nouveau devant le Conseil exécutif de l'emploi des 200 000 livres qui avaient été mises à sa disposition pour dépenses secrètes. Comme il ne bougea pas, Roland vint présenter avec affectation à l'Assemblée, le 18 octobre, ses propres comptes avec des commentaires qui visaient directement son ancien collègue : « Comme je ne connais rien de secret et que je désire que mon administration soit mise au grand jour, je prie l'Assemblée de se faire lire ces comptes. » Alors Rebecqui : « Je demande que tous les ministres rendent compte comme Roland. » Danton, de nouveau, dut monter à la tribune pour se justifier. Il s'embarrassa dans les distinguo et finit par des aveux : «... Lorsque l'ennemi s'empara de Verdun, lorsque la consternation se répandait même parmi les meilleurs et les plus courageux citoyens, l'Assemblée législative nous dit : n'épargnez rien, prodiguez l'argent, s'il le faut, pour ranimer la confiance et donner l'impulsion à la France entière. Nous l'avons fait, nous avons été forcés à des dépenses extraordinaires ; et, pour la plupart de ces dépenses, j'avoue que nous n'avons point de quittances bien légales. Tout était pressé, tout s'est fait avec précipitation ; vous avez voulu que les ministres agissent tous ensemble, nous l'avons fait et voilà notre compte. » Des murmures éclatèrent. Cambon somma Roland de dire s'il avait vérifié les comptes des dépenses secrètes de Danton. Roland répondit « qu'il en avait cherché les traces sur les registres du Conseil et qu'il ne les avait point trouvées ». Une vive émotion agita l'Assemblée. Camus proposa « le décret d'accusation contre les ministres qui ont dilapidé les finances de l'État ». Finalement, un décret, rendu sur la motion de Larivière, ordonna au Conseil de justifier dans les 24 heures « de la délibération qu'il avait dû prendre à l'effet d'arrêter le compte des sommes mises à sa disposition pour dépenses secrètes ».

Le Conseil était dans l'impossibilité d'exhiber une délibération qui n'existait pas. Il prit le parti de faire le mort. Mais, le 25 octobre, Danton ayant voulu prendre la parole, les Girondins étouffèrent sa voix sous les clameurs et lui réclamèrent ses comptes. Le 30 octobre, un nouveau décret mit les ministres en demeure de s'exécuter. Le 7 novembre, Monge, Clavière, Lebrun se résignèrent à obéir. Ils exposèrent que, le 6 octobre, Danton et Servan leur avaient donné connaissance en détail de l'emploi de leurs dépenses secrètes, mais qu'ils n'avaient pas cru devoir en tenir registre. Ni Cambon ni Brissot ne désarmèrent. Ils reprirent leurs critiques et la Convention refusa de donner quitus à Danton. Il est vrai qu'elle refusa aussi de le condamner. Mais, dès lors, à toutes les occasions, les Girondins brandirent contre Danton l'histoire de ses comptes. Ils avaient malheureusement la partie belle pour incriminer sa probité. Danton protégeait des fournisseurs aussi véreux que le fameux abbé d'Espagnac. Il avait pris comme secrétaire au ministère de la Justice le poète décavé Fabre d'Eglantine qui, pour se refaire, s'était improvisé fournisseur aux armées et s'exposait aux critiques de Pache parce qu'il n'exécutait pas ses marchés, tout en empochant les avances qu'il se faisait remettre. Danton avait accru sa fortune d'une façon inexplicable. Il menait grand train, achetait des biens nationaux dans l'Aube, possédait trois domiciles à Paris et dans les environs. Il était vulnérable. Les journaux girondins, les pamphlets de Brissot, les mémoires de Mme Roland sont remplis d'allusions très claires à sa vénalité. Roland enrôla dans sa police un aventurier du nom de Roch Marcandier, ancien secrétaire de Camille Desmoulins, et le chargea de déshonorer Danton et ses amis dans un pamphlet périodique très violent, mais où tout n'était pas inventé, l'*Histoire des hommes de proie*. Soit lassitude, soit dédain, soit tactique, crainte d'aggraver son cas, Danton ne répliqua rien aux attaques furieuses dont il fut l'objet. Il en sortit diminué dans l'esprit de beaucoup de conventionnels et il ne put faire tout le bien qu'il s'était promis de sa politique de conciliation et d'union qui n'était pas seulement avantageuse à son repos, mais à la république. En diminuant Danton, les Girondins grandirent encore Robespierre.

3

LA FORMATION DU TIERS PARTI

En se livrant à une politique de représailles contre les Montagnards, les Girondins devaient, par la force des choses, encourager le réveil des forces conservatrices. Dans le domaine politique, comme dans le domaine social, leur glissement à droite fut très rapide. Ils s'acharnèrent d'abord contre les institutions de surveillance et de répression que la Révolution du 10 août avait créées pour mettre à la raison les royalistes complices ou agents de l'ennemi.

Violemment mis en cause par Vergniaud, le 25 septembre, le Comité de surveillance de la Commune vint présenter sa défense à l'Assemblée cinq jours plus tard. Prenant à son tour l'offensive, il exhiba de ses dossiers des pièces troublantes, une lettre de Laporte, intendant de la liste civile, qui réclamait au trésorier du roi Septeuil 1 500 000 livres pour acheter des concours au comité de liquidation de la législative et obtenir que les pensions de la maison militaire du monarque fussent mises à la charge de la nation ; — des reçus qui constataient que des sommes très importantes, 500 000 livres et 550 000 livres, avaient été distribuées à la veille même du 10 août ; — d'autres pièces qui prouvaient que le *Logographe* de Duport et des Lameth et d'autres journaux avaient été subventionnés par la liste civile, etc. Robert Lindet, Tallien appuyèrent le Comité de surveillance, mais les Girondins, soutenus par des députés d'affaires comme Reubell et Merlin (de Thionville), firent décider que les papiers du Comité de surveillance seraient transférés à une commission de vingt-quatre membres pris dans la Convention. En vain Panis, Marat, Billaud-Varenne tentèrent-ils de s'opposer à la nomination de cette commission et au dessaisissement du Comité de surveillance. Les « 24 » furent choisis séance tenante et presque uniquement dans le côté droit. En outre on leur donna le pouvoir de décerner des mandats d'arrêt. A peine constitués, ils nommèrent Barbaroux pour les présider. Il répondait à leur politique de démontrer que le Comité de surveillance de la Commune avait reçu des dénonciations mal fondées, qu'il avait procédé à des arrestations d'innocents, inquiété des gens paisibles. La Commission des 24 ne suivit que pour la forme les instructions et les poursuites déjà commencées par le Comité de surveillance dépossédé. Elle décerna quelques mandats d'arrêt, mais remit aussitôt les prévenus en liberté, après un semblant d'enquête. Ainsi elle accepta pour argent comptant les dénégations d'un sieur Durand, qui avait été l'agent de Montmorin et de la Cour auprès des Jacobins et de Danton. Elle ne fit rien pour contrôler ses dires, elle ne procéda à aucune confrontation, à aucune expertise d'écriture. Elle mit de même au panier une plainte qui lui parvint, le 4 octobre, contre un banquier anglais Boyd, fortement soupçonné d'être en France l'agent de Pitt et contre lequel s'élèveront plus tard de graves accusations. Elle n'inquiéta pas sérieusement les membres du Comité de liquidation de la Législative très compromis par les papiers de Laporte. Elle ne fit rien pour tirer au clair l'affaire du *Logographe* où étaient mêlés les principaux chefs feuillants, etc.

En attaquant et en paralysant le Comité de surveillance de la Commune, les Girondins n'avaient pas voulu seulement venger leurs injures personnelles. Ils désarmaient les organes de la répression révolutionnaire pour inspirer confiance aux Feuillants, leurs adversaires de la veille. Ils les protégeaient et leur donnaient des gages. Aussi les aristocrates et les riches qui s'étaient enfuis de Paris au mois d'août y rentraient-ils en foule au milieu d'octobre.

Le tribunal extraordinaire, créé le 17 août pour réprimer les complots royalistes et les crimes contre la patrie, faisait consciencieusement son devoir. Il avait acquitté, faute de preuves suffisantes, des royalistes avérés, dont certains tenaient de près à la Cour, comme le notaire de la liste civile Gibé. En revanche, il avait sévi avec vigueur contre les voleurs du Garde-Meuble qui lui avaient été déférés. Mais il ne pouvait trouver grâce devant les Girondins. L'un d'eux le traita de tribunal de sang, à la séance du 26 octobre. Le tribunal voulut se défendre. Lanjuinais fit refuser l'impression à son apologie le 28 octobre. Puis, le ministre Garat vint l'accuser, le 15 novembre, d'avoir outrepassé ses pouvoirs, ce qui donna prétexte à Buzot de réclamer sa suspension : « C'est un instrument révolutionnaire, il faut qu'il soit brisé après la Révolution. » Tallien répliqua vainement : « Vous ne pouvez pas suspendre un tribunal qui tient le fil des conspirations du 10 août, un tribunal qui doit juger les crimes de la femme de Louis XVI, un tribunal qui a si bien mérité de la patrie. » Barère fit décréter que les jugements du tribunal seraient désormais sujets à cassation et, quinze jours plus tard, sa suppression était prononcée sur un rapport de Garran de Coulon. Mesure grave, qui n'était pas seulement un désaveu nouveau de la politique et des hommes du 10 août, mais qui avait pour conséquence d'accroître la sécurité des ennemis du régime qui s'agitaient plus que jamais. La Haute Cour ayant déjà été supprimée, il n'existait plus désormais de tribunal pour juger les crimes contre la sûreté de l'État. Or la guerre étrangère continuait et la guerre civile couvait.

Les Girondins essayèrent de s'emparer de la Commune, dont la Législative finissante avait ordonné le renouvellement. Peut-être y auraient-ils réussi avec un peu plus de promptitude et de résolution. Petion fut réélu maire sans concurrent, le 9 octobre, par 13 899 voix sur 15 474 votants. Mais il refusa. Les élections traînèrent parce que le scrutin était compliqué, parce que le maire et le bureau municipal étaient nommés à part et avant le conseil général, parce que les candidats girondins se récusèrent l'un après l'autre. D'Ormesson, un Feuillant qu'ils avaient soutenu, finit par être élu après trois ballottages, le 21 novembre, par 4 910 voix contre le Montagnard Lullier qui en obtint 4 896. Il refusa. Le médecin Chambon, patronné par Brissot, fut élu à son tour, le 30 novembre, par 7 358 voix contre Lullier qui n'en eut plus que 3 906. Il accepta ; il expliquera plus tard, en 1814, qu'il n'avait accepté la mairie que pour mieux servir la cause royaliste sous un masque républicain. Par Chambon, les Girondins tenaient la mairie, mais le bureau municipal et le conseil général leur échappèrent. Bien qu'ils eussent obtenu de la Convention un décret interdisant le vote à haute voix, la nouvelle Commune, constituée à la fin de novembre, fut aussi révolutionnaire que l'ancienne, dans laquelle elle se recruta d'ailleurs pour une bonne part. Le bureau municipal, élu ensuite au début de décembre, fut encore plus montagnard, si possible. Chaumette, qui avait présidé la Commune du 10 août, fut élu procureur syndic et il eut pour substituts Réal et Hébert. Quant à Lullier, candidat malheureux à la mairie, il fut élu procureur général syndic du département de Paris.

La garde départementale, dont ils voulaient entourer la Convention avait été la grande pensée des Girondins. Ils ne parvinrent pas à la réaliser. Le rapport que Buzot présenta à l'Assemblée, le 8 octobre, ne put pas être discuté. La majorité répugna à voter une mesure d'exception dirigée contre Paris, dont le calme contrastait avec les furieuses attaques du groupe Roland.

Buzot, qui avait plus de souplesse et de ruse encore que de téna-cité, ne s'entêta pas à faire voter son projet. Il préféra tourner ingé-nieusement la résistance. Dès le 12 octobre, il annonça à l'Assem-blée que plusieurs départements, parmi lesquels figurait le sien, l'Eure, recrutaient des contingents de fédérés qu'ils s'apprêtaient à envoyer à Paris pour protéger leurs représentants. La loi n'était pas votée et déjà elle s'exécutait.

Déjà, comme Buzot l'avait annoncé, les départements girondins envoyaient des fédérés à Paris. Les fédérés des Bouches-du-Rhône, appelés par Barbaroux, arrivèrent le 19 octobre, et, deux jours plus tard, leur orateur venait menacer à la barre « les agitateurs avides de tribunat et de dictature ». Ils parcouraient les rues de Paris, le 3 novembre, en chantant une chanson qui se terminait par ce refrain :

La tête de Marat, Robespierre et Danton

Et de tous ceux qui les défendront, ô gué !

Et de tous ceux qui les défendront !

L'attroupement, grossi de simples particuliers, se porta au Palais-Royal en poussant des cris de mort contre Marat et Robespierre, entremêlés de « Point de procès à Louis XVI ! » Le bruit courut que les fédérés se proposaient d'enlever le roi au Temple avec l'aide de nombreux émigrés qui étaient rentrés.

Au milieu de novembre, il y avait à Paris près de 16 000 fédérés, venus des Bouches-du-Rhône, de Saône-et-Loire, du Calvados, de l'Hérault, de la Manche, de l'Yonne, etc. Ils réclamèrent le droit de faire le service de garde à l'Assemblée, concurremment avec les Parisiens. Si ceux-ci avaient manqué de sang-froid, s'ils avaient répondu aux manifestations des fédérés par des contre-manifestations, des bagarres auraient éclaté qui auraient fourni aux Girondins le prétexte qu'ils cherchaient pour transférer l'Assemblée dans une autre ville. Mais Robespierre, dans un grand discours prononcé aux Jacobins dès le 29 octobre, les avait mis en garde contre « les pièges des intrigants ». Il leur avait recommandé la patience et le sang-froid. Marat avait donné les mêmes conseils. Il s'était rendu hardiment, le 23 octobre, à la caserne des Marseillais. Il s'était inquiété de leur bien-être et, les trouvant mal logés, leur avait promis de leur faire donner ce qui leur manquait. En attendant, il offrait à dîner à trois d'entre eux par compagnie. La population parisienne, non seulement ne répondit pas aux provocations des fédérés, mais les enjôla afin de dissiper leurs préventions.

La Commune et les sections furent puissamment aidées par le

ministre de la Guerre Pache qui, dans une lettre publique, déclara, le 1er novembre, qu'il n'avait appelé aucune force à Paris et ajouta : « Je ne connais aucune cause qui y rende leur séjour nécessaire et le premier ordre qu'elles recevront de moi sera celui de leur départ. » Pache n'hésitait pas à flétrir ensuite ceux qui avaient jeté des semences de haine et de division entre les Parisiens et les volontaires fédérés. Il fit plusieurs tentatives pour expédier ceux-ci au front. Le rapporteur du Comité de la guerre, Letourneur, adopta ses vues et proposa, le 10 novembre, un décret qui supprimait la solde des volontaires qui ne quitteraient pas la capitale dans les quinze jours. Mais Buzot, appuyé par Barère, invoqua le maintien de l'ordre et réussit à obtenir de l'Assemblée l'autorisation pour les fédérés de rester à Paris. Le calcul de la Gironde ne s'en trouva pas moins déjoué. Au contact des Parisiens, les provinciaux abandonnèrent leurs préventions et insensiblement ils passèrent au parti de la Montagne. Vers la fin de décembre, ils se groupèrent dans une société de fédérés des 83 départements, sorte de club militaire qu'inspiraient les Jacobins.

Dans les premiers jours de confiance et d'illusion que lui avait causées l'arrivée des fédérés, la Gironde avait tenté un dernier effort contre les chefs de la Montagne. Le 29 octobre, après que Roland eut transmis à l'Assemblée une note de police de Roch Marcandier où Robespierre était de nouveau accusé indirectement de briguer la dictature, après que Robespierre se fut dédaigneusement justifié au milieu des clameurs de la droite encouragée par l'attitude du président Guadet, le romancier Louvet vint donner lecture à la tribune d'un immense réquisitoire laborieusement préparé où la rhétorique ne suffisait pas à tenir lieu des arguments absents : « Robespierre, je t'accuse d'avoir longtemps calomnié les plus purs patriotes... dans un temps où les calomnies étaient de véritables proscriptions ; [...] je t'accuse de t'être continuellement produit comme un objet d'idolâtrie ; je t'accuse d'avoir tyrannisé par tous les moyens d'intrigue et d'effroi l'assemblée électorale du département de Paris ; je t'accuse enfin d'avoir évidemment marché au suprême pouvoir... » Mais, comme s'il reconnaissait lui-même la fragilité de sa démonstration, Louvet se bornait à réclamer en conclusion que la conduite de Robespierre fût examinée par une commission d'enquête. Il est vrai, que par compensation, il demandait le décret d'accusation contre Marat, dont il n'avait pour ainsi dire rien dit. La Convention ne voulut rien prononcer avant de permettre à Robespierre de répondre à son accusateur, et, huit jours plus tard, la pauvre catilinaire de Louvet était mise en pièces. La Convention, d'abord prévenue et hostile, fut peu à peu conquise par la logique et la franchise de Robespierre. Elle passa à l'ordre du jour.

Déjà Buzot avait subi un grave échec. Le projet de loi, qu'il avait déposé pour mater la presse montagnarde, sous prétexte de réprimer la provocation au meurtre et à l'assassinat, était venu en discussion le 30 octobre. Un ami maladroit, Bailleul, voulut aggraver son texte par un amendement qui autorisait l'arrestation immédiate de quiconque provoquerait à la désobéissance aux lois ou à l'insurrection contre les fonctionnaires publics. Des murmures s'élevèrent contre une disposition qu'on considéra comme arbitraire et vague. Le Girondin Ducos lui-même s'écria : « Je demande le renvoi de cet article au grand inquisiteur. » Bailleul eut l'imprudence d'avouer : « C'est une loi de circonstance. » Alors l'ancien constituant Lepelletier de Saint-Fargeau prononça contre le projet un discours solide qui fut très applaudi : « Le projet de loi, dit-il, atteint la liberté de la presse. » « La liberté ou la mort ! » cria Danton. En vain, Barbaroux essaya d'une diversion en demandant à la Convention de décréter qu'elle quitterait Paris dès qu'elle estimerait que sa sécurité n'y serait plus assurée, ses propositions parurent excessives et injustifiées à Petion lui-même. Les Girondins ne purent obtenir le vote des mesures d'exception qu'ils avaient forgées contre la Montagne.

Leur action sur l'Assemblée déclinait tous les jours. Leurs perpétuelles dénonciations, leurs ardentes récriminations sur le passé semblaient cacher des desseins secrets étrangers au bien public. Les députés indépendants, d'abord pleins de préventions contre la Commune, commencent à se demander si on ne les a pas trompés.

Fabre d'Eglantine constate, aux Jacobins, le 24 octobre, le changement qui s'est fait dans les dispositions de l'Assemblée : « Les premiers jours, dit-il, toute la Convention était réunie contre la députation de Paris, mais nous en sommes venus à une espèce d'équilibre, de manière que déjà plusieurs épreuves ont été douteuses. » Fabre n'exagérait pas. Le 18 octobre, les Girondins avaient failli perdre la présidence. Sur 466 votants, Guadet n'avait obtenu au premier tour que 218 voix. Danton, que lui opposaient les Montagnards, en avait recueilli 207. Guadet fut élu au second tour par 336 voix.

Déjà Cloots, qui avait longtemps suivi les Girondins et qui avait été un des commensaux de Mme Roland, se séparait avec éclat de ses anciens amis dans une brochure retentissante qu'il intitulait *Ni Marat ni Roland,* mais où il attaquait exclusivement les Girondins. Il révélait qu'il avait entendu Buzot, à la table de Roland, prétendre « qu'une république ne devait pas être plus étendue que son village ». Il accusait Roland de prêcher le fédéralisme. Ces attaques portaient parce que Cloots s'était révélé en septembre un ennemi résolu de la loi agraire.

L'apparition d'un tiers parti entre Girondins et Montagnards fut un fait accompli, le 5 novembre, après que Robespierre eut répondu à Louvet. La liste des orateurs inscrits pour prendre la parole dans le débat se divisa en trois parties. Il y eut ceux qui demandèrent à parler *pour* l'ordre du jour, c'est-à-dire pour que l'accusation de Louvet fût écartée. Il y eut ceux qui demandèrent à parler *sur* l'ordre du jour, c'est-à-dire qui ne voulurent pas se prononcer sur le fond du débat. Il y eut enfin ceux qui demandèrent à parler *contre* l'ordre du jour, c'est-à-dire pour que l'accusation de Louvet fût retenue. La presse girondine ne fut pas unanime à approuver les attaques de Louvet. Condorcet les désavoua. Son journal *La Chronique* refusait de croire à la réalité des affreux complots que Roland dénonçait journellement.

Camille Desmoulins nota, comme Fabre d'Eglantine, dans le n° 25 de sa *Tribune des patriotes,* paru au début de novembre, la formation d'un tiers parti détaché de la Gironde : « Je dois apprendre ici au lecteur que depuis quelque temps il s'est formé dans la Convention un troisième parti qui vaut la peine qu'on le définisse... On pourrait l'appeler le parti des *flegmatiques.* Petion, Barère, Rabaud, Condorcet, et je crois même, Lacroix et Vergniaud sont ceux qui m'ont paru faire le noyau de ce parti..., véritables agioteurs qui se sont placés entre Brissot et Robespierre comme l'abbé d'Espagnac entre la hausse et la baisse... »

C'était là un événement important. La Gironde ne dominerait plus seule la Convention. Dès le 15 novembre, elle perdait la présidence de l'Assemblée, qui était échue, ce jour-là, à l'évêque Grégoire, un indépendant qui venait de prononcer un discours véhément contre l'inviolabilité royale. (Il fut élu par 246 voix sur 352 votants.)

La Gironde ne garderait le gouvernement que si elle abandonnait sa politique haineuse, que si elle consentait à faire leur part aux justes préoccupations d'intérêt public que personnifiaient ces indépendants, appelés dédaigneusement les flegmatiques par Camille Desmoulins ; mais était-elle capable d'un vigoureux rétablissement qui sauverait sa situation déjà ébranlée ? Son rôle équivoque dans le procès du roi acheva de rendre suspects son patriotisme et son républicanisme.

4

LE PROCÈS DU ROI

On avait trouvé aux Tuileries, dans les papiers du trésorier de la liste civile, la preuve que Louis XVI avait continué à payer ses gardes du corps licenciés et passés à Coblentz, la preuve qu'il avait institué à Paris une agence de corruption et d'espionnage et qu'il subventionnait les journaux aristocrates. Le tribunal criminel extraordinaire du 17 août frappa quelques agents subalternes, Laporte, Collenot d'Angremont, Cazotte, De Rozoy. Mais la Gironde, maîtresse de l'Assemblée après le 10 août, ne fit rien pour préparer l'instruction du procès du monarque suspendu. Elle ne chargea aucun enquêteur de rassembler des pièces nouvelles, de procéder à des perquisitions, à des recherches chez les complices de ceux qui avaient déjà été condamnés. Elle laissa passer le moment favorable pour réunir un important faisceau de preuves.

Après la réunion de la Convention, la Gironde ne montre pas plus d'empressement. Quand Bourbotte, le 16 octobre, s'étonne qu'on hésite à aborder la grande question des responsabilités du roi, Barbaroux, qui préside la Commission des 24, en possession des pièces, lui répond qu'il faut suivre une marche grave et réfléchie et il demande qu'on renvoie au Comité de législation l'examen des formes à instituer pour juger ce grand procès. Manuel a peur que cette marche ne soit encore trop rapide. Il propose qu'auparavant le peuple soit consulté dans ses assemblées primaires sur la suppression de la royauté. Lehardy l'appuie et il faut que Danton fasse observer que la suppression de la royauté étant une disposition constitutionnelle, on ne pourra consulter le peuple à ce sujet qu'en lui présentant la Constitution elle-même. Il est visible que la Gironde ne pensait qu'à gagner du temps. Le procès du roi l'épouvantait. Elle affectait de craindre de recevoir du peuple un désaveu. Au lieu de prendre une attitude franche et nette, d'expliquer hautement les raisons pour lesquelles elle croyait le procès inopportun, elle se réfugia dans des habiletés procédurières et elle prêta ainsi le flanc aux accusations de ses adversaires.

La Révolution pourtant avait un immense intérêt à aller vite, à juger le monarque sous l'impression de la journée du 10 août et de la victoire de Valmy. « Le monde, dit un historien, aurait été comme surpris par la rapidité de l'événement et immobilisé sous les éclats de la foudre. » Mais la Gironde, qui avait essayé d'empêcher l'insurrection du 10 août, semblait douter de la Révolution et d'elle-même. Elle se débattait dans les contradictions. Voulant frapper les Montagnards comme complices des massacreurs de septembre, elle s'interdisait par là même de faire appel à la pitié pour le roi.

Saisi, le 16 octobre, le Comité de législation étudia longuement la question de la procédure à suivre pour juger Louis XVI. A la fin du mois il finit pourtant par choisir un rapporteur, Mailhe, qu'on disait favorable aux Montagnards. Aussitôt, sentant que le Comité de législation lui échappait, la Gironde voulut prévenir le rapport de Mailhe. Le 6 novembre, Valazé, au nom de la Commission des 24, présenta un rapport hâtif et mal digéré sur les crimes du roi. Il ne relevait contre lui que quelques faits déjà connus et assez peu significatifs, mais il s'étendait avec complaisance sur une correspondance commerciale que le trésorier de la liste civile, Septeuil, avait entretenue avec des banquiers et des négociants étrangers pour acheter et vendre différentes denrées, blé, café, sucre, rhum. Il prétendait tirer de ces opérations commerciales la preuve que Louis XVI n'avait pas hésité à spéculer sur la vie chère et il ajoutait à ses crimes contre la patrie le crime imprévu d'accaparement. Petion lui-même ne put s'empêcher d'estimer que le rapport était insuffisant et l'Assemblée partagea son avis.

Mailhe avait visiblement d'autres préoccupations que Valazé. Son rapport du 7 novembre, solide et clair, fit faire un grand pas au procès. Écartant l'objection de ceux qui invoquaient la Constitution de 1791 pour refuser de juger le roi, il enlevait au roi, qui l'avait violée, le bénéfice de cette Constitution qui était d'ailleurs devenue caduque avec la réunion de la Convention. On ne pouvait opposer la Constitution à la Nation qui avait repris ses droits. Louis XVI, depuis le 10 août, était redevenu un simple citoyen qui était justiciable du Code pénal comme les autres citoyens. Mais il n'était pas possible cependant de le faire juger par les tribunaux ordinaires car son inviolabilité constitutionnelle ne disparaissait que devant la nation tout entière. La Convention seule représentait la nation. Seule elle pouvait juger le premier des fonctionnaires. Il ne pouvait être question de renvoyer le jugement à un tribunal spécial. Le dogme de la séparation des pouvoirs ne s'appliquait pas en l'espèce. La Convention, étant chargée de donner une nouvelle Constitution à la France, confondait en elle toute l'autorité de la nation. Renvoyer le jugement à un tribunal spécial, c'eût été diminuer la toute-puissance de la Convention, nier qu'elle fût la Convention, lui créer des embarras et des entraves. Prétendre que les députés ne pouvaient juger parce qu'ils étaient à la fois accusateurs et juges, n'était pas un raisonnement admissible car, dans la cause de Louis XVI, tout Français était juge et partie. « Faudra-t-il donc, s'écria un conventionnel, chercher des juges dans une autre planète ? » Mailhe conclut que l'Assemblée nommât trois commissaires pour recueillir les preuves des crimes imputés à Louis et pour dresser l'acte d'accusation. C'était dire que, pour le Comité de législation, le rapport de Valazé était inexistant.

La discussion, qui s'ouvrit le 13 novembre, traîna plusieurs jours avec des interruptions nombreuses. Les chefs de la Gironde évitèrent de s'engager sur la question de l'inviolabilité. Ils laissèrent parler à leur place des orateurs de second ordre : Morisson qui soutint qu'en l'absence de loi positive le procès était impossible ; Fauchet, qui montra que le supplice de Louis XVI se retournerait contre la Révolution en provoquant une réaction de la pitié ; Rouzet, qui rappela courageusement que Louis XVI avait aboli la mainmorte dans ses domaines, pris des ministres philosophes, convoqué les états généraux. Saint-Just leur fit une foudroyante réplique. Il admit que le roi ne pouvait pas être jugé au regard du droit. Il ne s'agissait pas d'un procès à faire mais d'un acte politique à accomplir. Louis XVI n'était pas un accusé mais un ennemi. Il n'y avait qu'une loi à lui appliquer, celle du droit des gens, autrement dit du droit de la guerre. « Louis a combattu le peuple, il est vaincu. C'est un barbare, c'est un étranger prisonnier de guerre ; vous avez vu ses desseins perfides ; vous avez vu son armée, il est le meurtrier de la Bastille, de Nancy, du Champ-de-Mars, de Tournay, des Tuileries, quel ennemi, quel étranger vous a fait plus de mal ! »

Le discours de Saint-Just avait fait d'autant plus d'impression qu'il était prononcé par un homme à peine sorti de l'adolescence et la veille encore absolument inconnu. L'Assemblée allait voter les conclusions de Mailhe et se proclamer Cour de justice quand Buzot, qui jusque-là s'était tu, intervint par une motion de sa façon. Il demanda brusquement que l'Assemblée rapportât son décret du 13 novembre par lequel elle avait décidé de statuer d'abord sur la question de savoir si Louis XVI était jugeable. « Vous me parlez, dit-il, que de Louis XVI et non de sa famille ; or, moi, républicain, je ne veux point de la race des Bourbons. » Autrement dit, Buzot entendait jeter dans le débat le procès de Marie-Antoinette et aussi le procès de Philippe Égalité qui siégeait sur la Montagne. Diversion astucieuse qui ne pouvait avoir pour but que de troubler la discussion et, sous prétexte de rigueur, de sauver Louis XVI, à la faveur de l'élargissement de l'accusation.

Chose étrange et qui donne à réfléchir, Danton appuya la motion de Buzot qui fut votée. Le débat ne serait plus limité désormais à la question de l'inviolabilité, il embrasserait le fond comme la forme du procès.

Les révélations des mémoires de Théodore Lameth nous expliquent l'attitude de Danton. Théodore Lameth avait quitté Londres au milieu d'octobre et, bravant les pénalités terribles de la loi contre les émigrés, il était revenu à Paris s'entretenir avec Danton, qui lui avait des obligations, au sujet des moyens de sauver Louis XVI avec son concours. Danton lui promit de faire tout ce qui dépendait de lui pour empêcher le jugement, car, « s'il est jugé, si le procès commence, lui dit-il, il est mort ».

Mais le calcul de Buzot et de Danton se trouva déjoué par un coup de théâtre qui remit tout en question, la découverte de l'armoire de fer le 20 novembre. C'était un placard secret que le serrurier Gamain, sur l'ordre de Louis XVI, avait pratiqué dans une paroi du château.

Albert Mathiez

Roland, averti par Gamain qui s'imaginait être empoisonné par les royalistes, commit dans son orgueil une terrible imprudence. Il fit ouvrir l'armoire sans témoins et il apporta lui-même à l'Assemblée les pièces qu'elle renfermait, s'exposant ainsi au soupçon de les avoir triées au préalable et d'avoir fait disparaître celles qui concernaient ses amis les Girondins. On découvrit dans l'armoire de fer la correspondance du roi avec Mirabeau, avec Talon, le chef de sa police secrète, avec l'évêque de Clermont, son directeur de conscience, avec Dumouriez, avec La Fayette, avec Talleyrand, avec d'autres encore. Les Jacobins brisèrent le buste de Mirabeau qui ornait leur salle et la Convention fit voiler son effigie. Talon, qui remplissait auprès de Pitt une mission secrète dont l'avait chargé Danton, fut décrété d'accusation, mais il était hors d'atteinte. Ses agents et parents, Dufresne Saint-Léon, Sainte-Foy furent arrêtés, mais on ne mit aucune hâte à leur faire leur procès, parce qu'il aurait fallu atteindre leurs complices, notamment Dumouriez. Brissot se hâta de disculper celui-ci dans son journal et Rühl le blanchit peu après à la tribune.

Il était de plus en plus impossible désormais d'éviter le procès de Louis XVI. L'Assemblée institua, le 21 novembre, une Commission nouvelle de douze membres pour inventorier les pièces de l'armoire de fer. Cette commission fut tirée au sort et l'influence girondine y fut beaucoup plus faible que dans l'ancienne Commission des 24. Puis l'opinion, surexcitée par le mystère, commençait à manifester. Le 2 décembre, les délégués des quarante-huit sections parisiennes vinrent à la barre protester contre les lenteurs du jugement : « Que de vaines terreurs ne vous fassent pas reculer. Aujourd'hui que nos armées marchent de triomphe en triomphe, que craignez-vous ? Les forfaits de Louis le parjure ne sont-ils pas encore assez manifestes ? Pourquoi donner le temps aux factions de renaître ? »

La Commune, succédant aux sections, apporta ensuite une violente dénonciation contre Roland qui avait pu soustraire une partie des pièces enlevées aux Tuileries, contre Roland qui faisait circuler dans les départements, aux frais de la République, une multitude de libelles où Paris était diffamé. De la défensive où ils s'étaient confinés jusque-là, les Montagnards passaient à l'offensive.

La Gironde ne pouvait plus espérer noyer le procès du roi dans le procès général des Bourbons. Le 3 décembre, Barbaroux lui-même demanda qu'on mît enfin Louis XVI en jugement. Robespierre reprit alors la thèse de Saint-Just en l'élargissant et en l'appuyant de considérations politiques : « Le roi n'est point un accusé, vous n'êtes point des juges. Vous n'êtes, vous ne pouvez être que des hommes d'État et des représentants de la nation. Vous n'avez point une sentence à rendre pour ou contre un homme, mais une mesure de salut public à prendre, un acte de providence nationale à exercer. Un roi détrôné dans la République n'est bon qu'à deux usages : ou à troubler la tranquillité de l'État et à ébranler la liberté ou à affermir l'un et l'autre à la fois... Or, quel est le parti qu'une saine politique prescrit pour cimenter la République naissante ? C'est de graver profondément dans les cœurs le mépris de la royauté et de frapper de stupeur tous les partisans du roi... » Robespierre décrivait ensuite les progrès de la réaction qu'il imputait aux lenteurs calculées du procès du roi et il accusait nettement la Gironde d'arrière-pensées royalistes : « Quels autres moyens pourrait-on employer si on voulait rétablir la royauté ? »

L'attaque était si directe qu'une fois de plus la Gironde plia et rusa. Fidèle à sa tactique démagogique, l'astucieux Buzot demanda, le lendemain, que pour écarter tout soupçon, la Convention décrétât que « quiconque proposera de rétablir en France les rois ou la royauté sera puni de mort... J'ajoute *sous quelque dénomination que ce soit,* et je demande l'appel nominal. » C'était insinuer qu'il y avait dans la Convention des gens qui voulaient rétablir la royauté, sous une dénomination quelconque, et c'était justifier en même temps les lenteurs de la Gironde. Car à quoi servait de se hâter de faire tomber la tête du monarque si son supplice ne devait servir qu'à ceux qui songeaient à faire revivre la royauté sous la forme de la dictature ? Merlin de Thionville ayant commis l'imprudence de proposer, sous prétexte de respect de la souveraineté du peuple, d'ajouter à la motion de Buzot cette réserve : « à moins que ce ne soit dans les assemblées primaires », Guadet saisit l'occasion de préciser et d'aggraver la terrible insinuation de Buzot. Il vit dans la motion de Merlin la preuve que le projet existait bien « de substituer un despotisme à un autre, je veux dire, d'élever un despote sous l'égide duquel ceux qui l'auraient porté à cette usurpation seraient sûrs d'acquérir à la fois l'impunité de leurs forfaits et la certitude d'en pouvoir commettre de nouveaux ». Toute la Monta-

Albert Mathiez

gne était ainsi accusée de royalisme déguisé. Et le plus urgent n'était plus de juger le roi détrôné mais de conduire à l'échafaud les royalistes en bonnet rouge. Comme Robespierre persistait à réclamer le jugement immédiat de Louis XVI, Buzot lui répliqua que ceux qui voulaient brusquer le procès avaient sans doute intérêt à empêcher que le roi ne parlât. Cela ne tendait rien moins qu'à transformer Robespierre en complice apeuré de Louis XVI. Buzot triompha ce jour-là. Sa motion fut votée.

Mais, le 6 décembre, les Montagnards prirent leur revanche. Il fut décidé que la Commission des 12, déjà chargée de classer les papiers de l'armoire de fer, serait renforcée par 9 nouveaux membres, pris trois par trois dans la Commission des 24 et dans les comités de législation et de sûreté générale, et que cette nouvelle Commission des 21 présenterait dans le plus bref délai l'acte d'accusation de Louis XVI. La Convention décréta en outre que tous les scrutins du procès auraient lieu par appel nominal. C'était Marat, appuyé par Quinette, qui avait formulé cette demande. Avantage énorme pour le parti de la mort ! La Convention allait voter sous les yeux et sous la pression des tribunes. Il n'y eut pas de débat. Aucun Girondin n'osa avouer qu'il craignait la publicité de son vote.

Guadet tenta une nouvelle diversion le 9 décembre. Il proposa de convoquer les assemblées primaires « pour prononcer sur le rappel des membres qui auront trahi la patrie ». Mais Prieur de la Marne, soutenu par Barère, fit rapporter la motion d'abord votée d'enthousiasme. Si la motion eût passé, la Gironde aurait tenu à sa merci les députés qui votaient avec la Montagne en suspendant sur eux la menace de leur rappel par les assemblées primaires.

Robert Lindet, au nom de la Commission des 21, déposa, dès le 10 décembre, son rapport sur les crimes de Louis XVI. C'était une sorte d'historique de la Révolution tout entière dans lequel la duplicité royale était mise en lumière à toutes les époques critiques. Le roi fut interrogé le lendemain par Barère. Aux questions posées il se borna à opposer son manque de mémoire ou des dénégations pures et simples quand il ne se retranchait pas derrière la responsabilité de ses ministres. Valazé lui présenta ensuite les pièces à conviction qui portaient sa signature. Il refusa de les reconnaître. Il nia avoir fait construire l'armoire de fer. Il ne reconnut pas la clef qui l'ouvrait et qui provenait de son valet de chambre Thierry.

Ce manque évident de bonne foi détruisit l'impression d'abord favorable qu'avaient produite sa bonhomie et son calme apparent.

Mais plus le péril grandissait pour Louis XVI, plus les Girondins s'ingéniaient à le détourner ou à l'ajourner. Le 16 décembre, tentant une nouvelle manœuvre, Buzot proposait, pour empêcher à jamais le rétablissement de la royauté, de bannir les Bourbons et notamment la branche d'Orléans, qui « par cela même qu'elle fut plus chérie, est plus inquiétante pour la liberté ».

Manœuvre hardie et profonde ! Si la Montagne repoussait la motion de Buzot, elle donnait créance à l'accusation d'orléanisme. Si elle sacrifiait Philippe Égalité, elle proclamait que Louis XVI n'était pas le seul péril pour la République et elle avouait que les Girondins avaient mieux défendu qu'elle-même la liberté républicaine. Puis, à quoi servirait la mort de Louis XVI, si, sous son échafaud, le péril royaliste subsistait dans la personne d'Égalité ?

La Montagne exaspérée se dressa. Chabot trouva un argument topique. Philippe Égalité était représentant du peuple. Le bannir c'était violer en lui la souveraineté populaire, c'était mutiler la Convention. Saint-Just démasqua la pensée secrète de la Gironde : « On affecte en ce moment de lier le sort de d'Orléans à celui du roi, c'est pour les sauver tous peut-être, ou du moins amortir le jugement de Louis Capet. » Les Jacobins et les sections parisiennes prirent hautement parti contre la motion de Buzot, malgré Robespierre qui aurait voulu la voter pour désolidariser la Montagne d'avec l'orléanisme. Le procès du roi dut suivre son cours. La Gironde n'avait réussi, en essayant de l'entraver, qu'à se compromettre sans résultat, par une politique sans franchise.

Le 26 décembre, Louis XVI comparut une seconde fois devant la Convention. Son avocat, De Sèze, lut une plaidoirie bien ordonnée, élégante, consciencieuse, mais sans grand éclat. Il s'attacha à prouver, dans une première partie, ce qui n'était pas difficile, que tout était exceptionnel et illégal dans le procès, et, dans une seconde, il discuta les charges de l'accusation en essayant de mettre à couvert la responsabilité personnelle du monarque. Dans une péroraison pathétique il fit l'éloge de ses vertus et il rappela les bienfaits de ses premières années. Le courageux Lanjuinais voulut profiter de l'émotion produite pour faire rapporter le décret d'accusation.

Albert Mathiez

Mais il fut maladroit. Il parla avec ironie « des conspirateurs qui se sont déclarés les acteurs de l'illustre journée du 10 août ». La Montagne le traita de royaliste et il se rétracta.

Pas plus qu'ils n'avaient voulu se compromettre en prenant position dans la question de l'inviolabilité, les chefs girondins n'osèrent combattre directement la peine de mort. Laissant à des comparses plus courageux qu'eux-mêmes l'honneur dangereux de proposer le bannissement ou la réclusion, ils se réfugièrent dans le biais de l'appel au peuple qu'ils s'efforcèrent de justifier par des raisons théoriques et pratiques. Vergniaud invoqua la Constitution de 1791 qui avait accordé au roi l'inviolabilité. Le peuple seul pouvait lui retirer cette inviolabilité. Mais Vergniaud oubliait que le peuple n'avait pas été consulté sur cette Constitution. Salle montra que la mort du roi nous aliénerait les nations étrangères et soulèverait jusqu'aux peuples réunis à la République par nos victoires. « Dans nos débats, dit Brissot, nous ne voyons pas assez l'Europe. » Brissot et Salle oubliaient qu'ils avaient, quelques mois plus tôt, déchaîné la guerre en vantant le rapide progrès des idées révolutionnaires. Mais pourquoi prenaient-ils ce détour de l'appel au peuple s'ils croyaient que la mort de Louis XVI soulèverait l'Europe contre la République ? Pourquoi ne disaient-ils pas nettement que la vie du roi était nécessaire à la défense de la France ? Quelle étrange idée que de faire plébisciter par le peuple français la guerre européenne !

Mais la Gironde ne comptait pas seulement sur des discours et des votes pour sauver Louis XVI. Le ministre des Affaires étrangères Lebrun, son homme, avait assuré aux puissances neutres que la Convention se montrerait clémente et magnanime. Le 28 décembre, il annonça à l'Assemblée qu'il avait réussi à mener à bonne fin les négociations entamées avec l'Espagne pour obtenir à la fois la neutralité de celle-ci et un désarmement réciproque de part et d'autre de la frontière. Il ajouta que s'il avait obtenu ce résultat, c'est que le roi d'Espagne prenait un intérêt très vif au sort de son cousin, l'ex-roi de France. Il communiquait enfin une lettre du chargé d'affaires d'Espagne, Ocariz, qui invitait la Convention à faire acte de générosité pour maintenir la paix. Lettre maladroite qui faisait la leçon à une Assemblée ombrageuse et fière. Elle fut renvoyée sans débat au Comité diplomatique.

Les libéraux anglais, avec lesquels les Girondins étaient en correspondance, Lansdowne, Fox, Sheridan, demandèrent à Pitt aux Communes, le 21 décembre, d'intervenir en faveur du roi de France. Et, deux jours plus tard, aux Jacobins, un ami de Danton, François Robert, suggéra qu'il serait d'une bonne politique de surseoir à la condamnation de Louis Capet.

Nous savons aujourd'hui par les mémoires de Théodore Lameth, par les lettres d'un agent de Pitt, Miles, par le témoignage de Talon, par les mémoires de Godoy, que des efforts énergiques furent faits pour obtenir le concours des gouvernements européens d'une part et pour acheter des voix en faveur de Louis XVI d'autre part. Talon déposera, en 1803, devant la justice du Consulat, que « Danton avait accepté de faire sauver par un décret de déportation la totalité de la famille royale ». « Mais, dit-il, les puissances étrangères, à l'exception de l'Espagne, se refusèrent aux sacrifices pécuniaires demandés par Danton. »

Les menaces de l'étranger ou les intrigues de la corruption ne réussirent pas à entraîner la majorité de l'Assemblée. Robespierre, dans un admirable discours prononcé le 28 décembre, développa les périls que ferait courir au pays l'appel au peuple. Quoi ! C'était en pleine guerre, quand les royalistes déjà se ressaisissaient et complotaient dans l'Ouest, qu'on prétendait consulter les assemblées primaires ! Mais qui se rendrait à ces assemblées ? Pas les travailleurs, à coup sûr, absorbés par leur besogne journalière et incapables encore de suivre des débats longs et compliqués. Et pendant que les Français discuteraient et se querelleraient d'un bout du territoire à l'autre, les ennemis avanceront ! Et, comme si Robespierre avait pénétré les tentatives de corruption ébauchées dans l'ombre, il dénonçait les fripons qui s'agitaient et prononçait le mot fameux : « La vertu fut toujours en minorité sur la terre. » Quant à l'argument tiré de la situation diplomatique, il répondit que plus la Révolution semblerait avoir peur, plus elle serait menacée et attaquée : « La victoire décidera si vous êtes des rebelles ou des bienfaiteurs de l'humanité et c'est la grandeur de votre caractère qui décidera de la victoire ! »

La Montagne ne se borna pas à réfuter à la tribune la thèse de l'appel au peuple. Pour ruiner l'autorité des Girondins auprès des députés indépendants elle révéla, ce qu'on ignorait encore, la compromission de trois de leurs chefs, Guadet, Gensonné et

Vergniaud avec la Cour, à la veille même du 10 août. La révélation fut faite à la tribune, le 3 janvier, par le député Gasparin, ami du peintre Boze, qui avait servi d'intermédiaire entre les Girondins et le valet de chambre du roi Thierry. Boze appelé à la barre confirma le récit de Gasparin.

Le lendemain, 4 janvier, Barère, qui voulait peut-être effacer les soupçons que les pièces de l'armoire de fer avaient suscités contre lui, porta à l'appel au peuple le dernier coup par une critique d'autant plus redoutable qu'elle venait d'un homme qui se défendait d'être Montagnard et qui exprimait de sa voix douce le regret d'être pour une fois d'accord avec Marat. « On peut, dit-il, soumettre à la ratification du peuple une loi, mais le procès du roi n'est pas une loi... Le procès est en réalité un acte de salut public ou une mesure de sûreté générale, mais un acte de salut public n'est pas soumis à la ratification du peuple. »

Le scrutin commença le 14 janvier, scrutin interminable, puisqu'il se faisait par appel nominal et que chaque député avait toute latitude pour développer les raisons de son vote. Sur la culpabilité le vote fut unanime (sauf quelques abstentions). Sur l'appel au peuple, les Girondins furent battus par 424 voix contre 287. Plusieurs dissidents de leur parti, Carra, Boyer-Fonfrède, Condorcet, Daunou, Debry, Ducos, La Révellière, Mercier, Paine, avaient voté avec la Montagne. Les partisans de l'appel au peuple se recrutaient surtout dans les départements de l'Ouest. Dans le scrutin décisif sur la peine, 361 députés votèrent pour la mort sans réserve et 26 votèrent également pour la mort, mais en posant la question de savoir s'il n'y avait pas lieu d'examiner l'octroi d'un sursis, 334 voix se prononcèrent pour les fers, la détention ou la mort conditionnelle. La majorité absolue était de 361. On demanda aux 26 députés qui avaient exprimé le désir que la question du sursis fût examinée s'ils faisaient dépendre de l'examen de ce sursis leur vote de mort. Le député Mailhe, qui avait eu le premier l'idée de cette réserve, répéta textuellement ses paroles. Les autres déclarèrent que leur vote pour la mort était indépendant de leur demande de sursis. Les votes pour la mort furent ainsi portés à 387.

On soupçonna que Mailhe avait reçu du ministre d'Espagne Ocariz une somme de 30 000 francs pour son amendement et qu'il s'était réservé intérieurement d'interpréter sa pensée selon la façon dont tournerait le scrutin. Parmi les Girondins, Vergniaud, Guadet, Buzot, Petion votèrent comme Mailhe ; Ducos, Boyer-Fonfrède, Carra, Lasource, Debry, Isnard, La Révellière votèrent la mort pure et simple.

Buzot, Condorcet, Brissot, Barbaroux proposèrent de surseoir à l'exécution du jugement, en raison de la situation extérieure. Barère leur répondit que le sursis rouvrait la question de l'appel au peuple, qu'il mettait la Révolution en état de faiblesse devant l'étranger, qu'il prolongeait les dissensions à l'intérieur et le sursis fut rejeté par 380 voix contre 310.

Dans leur colère, les Girondins firent voter, le 20 janvier, sur la motion de Guadet, des poursuites contre les auteurs des massacres de septembre. Mais le décret fut rapporté dès le lendemain, sous le coup de l'émotion provoquée par l'assassinat du conventionnel Le Pelletier de Saint-Fargeau par le garde du corps Pâris.

L'assassinat de Le Pelletier précédant d'un jour le supplice du roi calma les obscures inquiétudes que pouvaient avoir conçues les régicides timides. Il constituait une tragique réponse aux calomnies des Girondins qui, depuis trois mois, traitaient les Montagnards d'assassins. « Ce sont ces assassins qu'on égorge », écrivait Saint-André. Ils firent au « martyr de la liberté » de grandioses funérailles. Bientôt son buste ornera leurs salles de réunions et leurs fêtes civiques. A part l'assassinat de Le Pelletier, acte de désespoir impuissant, les royalistes n'avaient rien fait de sérieux pour sauver Louis XVI. Des brochures, des pièces de circonstance, des attentats contre les arbres de la liberté, un mystérieux complot du baron de Batz pour délivrer le roi le jour où il fut conduit à l'échafaud, un complot plus réel organisé en Bretagne depuis plusieurs mois par l'aventureux marquis de la Rouarie qui mourut avant d'avoir mis ses projets à exécution, de vagues intrigues enfin de Dumouriez qui séjourna à Paris du 1er au 24 janvier, et ce fut tout.

L'assassinat de Le Pelletier et le supplice de Louis XVI commençaient une période nouvelle dans l'histoire de la Convention. « Le règne des fripons politiques est fini », écrivait Le Bas à son père, le jour même du 21 janvier. Et le même, expliquant sa pensée, ajoutait le 19 février : « Pour moi, je crois que cet acte (le supplice du roi) a sauvé la République et nous répond de l'énergie de la Con-

Albert Mathiez

vention... » Tous les représentants qui ont voté la mort ont maintenant un intérêt personnel à empêcher à tout prix une restauration qui leur ferait expier chèrement leur vote. Ils se lancent dans la lutte contre l'Europe monarchique avec une énergie redoublée. « C'est maintenant, avait dit Le Bas, le 21 janvier, que les représentants vont déployer un grand caractère, il faut vaincre ou mourir ; tous les patriotes en sentent la nécessité. » Et le même avait écrit la veille : « Nous voilà lancés, les chemins sont rompus derrière nous, il faut aller de l'avant, bon gré, mal gré, et c'est à présent surtout qu'on peut dire : vivre libre ou mourir. »

La mort de Louis XVI enfin atteignit la royauté elle-même dans son prestige traditionnel et mystique. Les Bourbons pourront revenir. Ils ne seront plus environnés dans le cœur des peuples de l'auréole divine.

5

FINANCES ET VIE CHÈRE

Plus encore que son attitude équivoque dans le procès du roi, sa politique sociale a dépopularisé la Gironde dans l'esprit des masses. Cette politique a été purement négative. Elle s'est résumée dans la défense de la propriété entendue au sens étroit et absolu.

Les victoires sur lesquelles les Girondins avaient compté pour résoudre la crise économique n'avaient rien résolu du tout. Les quelques contributions levées par Custine sur les villes du Rhin n'étaient qu'une goutte d'eau devant l'océan des dépenses. Le 13 novembre, Cambon déclare que pour le mois de novembre la recette prévue est de 28 millions et la dépense de 138 ; déficit : 116 millions. Jacob Dupont expose, le même jour, que sur les 300 millions de la contribution foncière et mobilière de 1791 il n'est rentré que 124 millions. En décembre 1792, les recettes du Trésor sont de 39 millions et les seules dépenses de la guerre s'élèvent à 228 millions. Comment combler ce gouffre énorme qui s'élargit sans cesse ?

Si la Gironde n'avait pas été inspirée par une politique de classe, elle aurait songé à répartir les frais de la guerre sur la fortune acquise, elle aurait procédé à des emprunts, elle aurait voté des impôts nouveaux. Elle aurait essayé à tout prix de mettre une digue à l'émission des assignats qui avait pour conséquence un renchérissement rapide du prix de la vie. Marat, Saint-Just, Chabot, Jacob Dupont conseillaient cette politique d'assainissement financier. Ils ne furent pas écoutés.

Le grand financier de l'Assemblée est à ce moment et pour longtemps le négociant Cambon qui déteste la Commune et les anarchistes et qui recourt à la solution facile, à la planche aux assignats. Le 13 novembre, il propose contre Jacob Dupont de diminuer les impôts existants, de supprimer l'impôt mobilier et la patente et de réduire de 40 millions l'impôt foncier ! Il est vrai que, par compensation, il veut supprimer le budget des cultes, dont tout le fardeau retomberait par suite sur la classe populaire, car le peuple de cette époque ne peut pas se passer de prêtres.

Jacob Dupont et les Montagnards auraient voulu qu'on retirât les assignats de la circulation en abrégeant les longs délais laissés aux acquéreurs de biens nationaux pour s'acquitter, qu'on remboursât la dette par des quittances de finances qui n'auraient trouvé leur emploi que dans l'achat des biens des émigrés, qu'on procédât à des emprunts forcés et progressifs et qu'on stipulât le paiement de l'impôt foncier en nature. Cette politique anti-inflationniste ne fut même pas examinée sérieusement.

Les biens d'Église, estimés à 2 milliards et demi, sont déjà vendus pour la plus grande part. Mais il reste les biens des émigrés, que certains estiment à 2 milliards au moins, les forêts qui valent 1 200 000 000, les biens de l'ordre de Malte, 400 millions. C'est plus de 3 milliards en réserve. Au 5 octobre 1792, 2 milliards 589 millions d'assignats avaient déjà été émis sur les biens du clergé. 617 millions étaient rentrés et avaient été brûlés. Les assignats en circulation montaient donc à cette date à 1 972 millions. Cambon fit décréter, le 17 octobre, une nouvelle émission qui porta la limite de la circulation à 2 milliards 400 millions. D'autres émissions devaient suivre. Déjà, la Législative, au moment de la déclaration de guerre, a dû suspendre le remboursement de la dette de l'Ancien Régime, sauf pour les petites créances inférieures à 10 000 livres et jusqu'à concurrence de 6 millions par mois. Les rentiers, qui avaient contribué si puissamment à la Révolution, sont sacrifiés aux nécessités militaires. Mais les rentiers habitent presque tous à

Paris. La Gironde s'en soucie peu. Elle préfère servir les intérêts du commerce et de l'agriculture.

Le papier-monnaie fait son œuvre. Les salariés souffrent. Ils gagnent 20 sous par jour en moyenne à la campagne, 40 à Paris. Or le pain coûte, par endroits, à Montpellier par exemple, 8 sous la livre et toutes les autres denrées subissent de pareilles augmentations.

Non seulement le pain est cher, mais les gens des villes ont peine à s'en procurer. Le blé pourtant ne manque pas. La récolte a été bonne ; tous les témoignages sont d'accord là-dessus. Mais les propriétaires et fermiers n'ont aucune hâte de conduire leur grain au marché pour l'échanger contre un papier dont ils se méfient. Le grand ébranlement du 10 août, le procès du roi, les menaces de bouleversement agraire amplifiées à l'extrême par la presse girondine, la guerre étrangère enfin, tous ses événements extraordinaires qui se succèdent avec rapidité causent une inquiétude vague aux propriétaires. Ils conservent jalousement leur blé qui est une richesse réelle bien préférable à tous les signes monétaires.

Le blé ne circule plus. Les grandes villes manquent de pain. A la fin de septembre, Rouen n'avait plus de farine que pour trois jours et sa municipalité était obligée de réquisitionner les grains des magasins militaires. Elle demandait à la Convention l'autorisation d'emprunter un million pour faire des achats à l'étranger. L'emprunt fut autorisé le 8 octobre. Il dut porter sur les habitants payant un loyer d'au moins cinq cents livres. Il faut autoriser Lyon, où 30 000 canuts chôment devant leurs métiers arrêtés par la mévente des soieries, à contracter en novembre un emprunt de 3 millions. Même dans les campagnes, les journaliers agricoles ont de la peine à se procurer du pain, car les fermiers préfèrent garder leur blé en gerbe plutôt que de le battre. Comme le grain ne circule plus, les prix varient à l'extrême d'un département à l'autre. Le setier de 220 livres se vend, au début d'octobre, 25 livres dans l'Aube, 43 dans l'Ain, 53 dans les Basses-Alpes et dans l'Aveyron, 26 dans l'Eure, 58 dans l'Hérault, 42 dans le Gers, 34 dans la Haute-Marne, 47 dans le Loir-et-Cher. Chaque région s'isole et garde jalousement ses denrées. Si Rouen a eu faim, c'est que Le Havre a intercepté les convois qui lui étaient destinés.

La législation, forgée dans la crise qui suivit la prise de Verdun,

II - LA GIRONDE ET LA MONTAGNE

permettait de briser le mauvais vouloir des propriétaires en ordonnant les recensements et en autorisant les réquisitions. Mais le ministre chargé de l'appliquer, Roland, est un économiste orthodoxe qui considère toute intervention du pouvoir comme une hérésie, toute réglementation et toute réquisition comme une atteinte à la propriété, une concession coupable à l'anarchie. Non seulement il ne fait rien pour la mettre en vigueur, mais il la déconsidère par ses attaques véhémentes et il la paralyse avant de la faire abroger.

La législation était d'ailleurs insuffisante, car elle n'avait pas institué d'organe central pour répartir les grains entre les départements producteurs et les départements déficitaires. Les départements s'administraient comme de petites républiques et fermaient souvent leurs frontières. D'où la hausse rapide des prix.

Aux souffrances des classes populaires les Girondins ne proposaient aucun remède. Ils professaient que la libre concurrence était une panacée souveraine. Si les denrées haussaient, c'était aux ouvriers à augmenter leurs salaires. Mais les ouvriers n'étaient pas groupés. Ils ne pouvaient exercer sur leurs employeurs une pression suffisante. Ils étaient réduits à implorer des augmentations de salaires comme une aumône. Ils s'adressaient en suppliant aux pouvoirs publics. Ils ne pouvaient s'imaginer que les autorités nouvelles qu'ils avaient élues seraient plus insensibles à leur misère que les autorités anciennes qui, elles, intervenaient dans des cas analogues.

Dans les villes la crise était plus aiguë qu'ailleurs. Là où elles étaient administrées par des municipalités populaires, celles-ci s'ingéniaient à chercher des palliatifs. A Paris, les travaux du camp ordonnés après le 10 août eurent un but charitable autant que militaire. Mais ces travaux s'effectuaient aux frais du Trésor. Les Girondins, sous prétexte d'économie, commencèrent par ordonner la substitution du travail à la tâche au travail à la journée, dès le 25 septembre. Puis ils abaissèrent les salaires. Les ouvriers protestèrent, en invoquant la cherté des vivres. La Commune les appuya. Aussitôt les Girondins, particulièrement Rouyer et Kersaint, dénoncèrent les ateliers du camp comme « un foyer d'intrigues et de cabales, le rendez-vous d'agitateurs perfides ». La Convention décréta, le 15 octobre, la cessation des travaux et le licenciement des ouvriers.

Albert Mathiez

A Lyon, où la crise était beaucoup plus grave qu'à Paris, le procureur de la Commune, Nivière-Chol, quoique ami des Girondins, s'entremit en novembre auprès des fabricants pour faire rouvrir les manufactures. N'ayant pas réussi, il demanda à la Convention, le 21 novembre, une avance de 3 millions pour remettre en marche quelques métiers qui fabriqueraient au compte de la nation. Les trois commissaires que la Convention avait envoyés sur place, Vitet, Alquier et Boissy-d'Anglas, voulurent bien transmettre sa demande, mais ils déclarèrent que la somme réclamée était excessive. La Convention n'accorda rien.

La Gironde qui gouvernait restait insensible aux plaintes des travailleurs. Elle justifiait son inaction ou son hostilité par un argument mille fois répété à la tribune et dans la presse : les auteurs des plaintes n'étaient que des « anarchistes » ou des égarés trompés par eux. Brissot attribuait la cherté des grains « aux seuls agitateurs », ce en quoi il n'était que l'écho de Roland dont toute la politique sociale consistait à opposer des baïonnettes aux foules affamées.

Or, les travailleurs pouvaient opposer leur misère au luxe insolent des nouveaux riches qui s'étalait. C'est le moment où affluent de toutes parts les plaintes contre les fournisseurs, où l'honnête Pache dénonce les scandaleux marchés passés par son prédécesseur Servan avec le fameux abbé d'Espagnac, protégé de Danton et de Dumouriez, avec le juif Jacob Benjamin, avec Lajard, avec Fabre d'Eglantine, avec Cerfbeer, etc. « La Révolution, s'écriait Cambon, le 1er novembre, a atteint tout le monde, excepté les financiers et les partisans. Cette race dévorante est pire encore que sous l'Ancien Régime. Nous avons des commissaires ordonnateurs, des commissaires des guerres, dont les brigandages sont épouvantables. J'ai frémi d'horreur lorsque j'ai vu, pour l'armée du Midi, des marchés de lard à 34 sous la livre. » La Convention faisait arrêter quelques-uns de ces fournisseurs, mais la plupart, d'Espagnac en tête, furent aussitôt remis en liberté. Ce spectacle de l'impunité assurée aux nouveaux traitants ne pouvait qu'aiguiser le mécontentement populaire.

Il y eut des troubles graves dans les campagnes et dans les villes dès le début de l'automne, à Lyon, où les trois commissaires envoyés par l'Assemblée durent lever une compagnie de gendarmerie soldée et procéder à des arrestations ; à Orléans, où un portefaix fut tué, sept

II - LA GIRONDE ET LA MONTAGNE

maisons pillées au moment du départ d'une voiture de grains pour Nantes, à la fin de septembre ; à Versailles, Etampes, Rambouillet, en octobre, dans toute la Beauce enfin et de proche en proche dans les autres provinces, en novembre. Le 22 novembre, les bûcherons de la forêt de Vibraye dans la Sarthe entraînaient les ouvriers de la verrerie de Montmirail et se portaient avec eux dans les bourgs voisins pour taxer les comestibles. Les jours suivants, des bandes conduites par les autorités locales opérèrent en tous sens dans la Sarthe, l'Eure, l'Eure-et-Loir, le Loir-et-Cher, l'Indre-et-Loire, le Loiret. Le 28 novembre, les taxateurs précédés par une troupe à cheval étaient trois mille au marché de Vendôme. Le même jour, au Mans, l'administration départementale et la municipalité signaient le tarif. Il en fut de même à Nogent-le-Rotrou, à La Ferté-Bernard, à Brou, Cloyes, Mer, Bonnétable, Saint-Calais, Blois. A Blois, le blé fut taxé à 20 sols le boisseau du poids de 12 livres, le seigle à 16 sols, l'orge à 12 sols, le beurre à 10 sols la livre, la douzaine d'œufs à 5 sols. Les taxateurs portaient au chapeau une branche de chêne, ils dansaient autour des arbres de la liberté au cri de « Vive la Nation ! Le blé va diminuer ! » Au début de décembre, dix à douze mille hommes marchèrent sur Tours, mais ils se dispersèrent sur la promesse que la municipalité et le département appuieraient leurs revendications.

Les trois commissaires que la Convention avait envoyés en Eure-et-Loir, Birotteau, Maure et Lecointe-Puyraveau, se virent environnés, le 29 novembre, au gros marché de Courville, par six mille hommes en armes qui menacèrent de les jeter à la rivière ou de les pendre s'ils ne sanctionnaient pas la taxe, non seulement du blé et de l'orge, mais de la chandelle, du bœuf, de la toile, des souliers et du fer. Les commissaires s'exécutèrent ; mais, à leur retour, les Girondins les accablèrent de leur mépris. Petion cria à l'anarchie et à la loi agraire. Il condamna toute taxe comme conduisant fatalement à la famine et il réclama une prompte et vigoureuse répression. Malgré Buzot et Robespierre, qui voulaient que la répression fût confiée à des commissaires civils qui tenteraient d'abord l'emploi de la douceur, la Convention décida que les troupes seraient commandées par un général. Elle blâma en outre la conduite des trois députés qui avaient cédé aux émeutiers et une répression aussi énergique que celle du mois d'avril précédent

Albert Mathiez

rétablit l'ordre dans la Beauce.

Comment les masses ouvrières des villes et des champs n'auraient-elles pas gardé rancune à la Gironde de sa politique de classe ? Mais il est significatif que la Montagne elle-même n'est pas loin de devenir suspecte aux yeux des chefs obscurs qui servent les revendications populaires. Quand le procureur général syndic de Seine-et-Oise, Goujon, au nom de l'assemblée électorale de ce département, était venu, le 19 novembre, réclamer à la Convention non seulement la taxe des denrées, mais l'institution d'une administration centrale des subsistances, sa pétition n'avait rencontré que peu d'écho sur les bancs de la Montagne. Fayau avait bien appuyé la création d'une commission centrale des subsistances. Mais les Montagnards ne s'étaient pas souciés de remettre au ministre de l'Intérieur Roland, leur ennemi, une arme aussi puissante, et Thuriot, en leur nom, pour faire écarter la proposition, avait rappelé aux Jacobins l'exemple de Terray et de Necker.

Aucun député montagnard n'avait réclamé la taxe, même Fayau, qui avait dit le 19 novembre : « Si les riches, qui n'aiment pas trop la Révolution, pouvaient fermer leurs greniers pendant huit jours, les Français seraient dans les fers... Quelle serait donc cette République où la vie du pauvre serait au pouvoir du riche ? » ; même Beffroy, qui avait réfuté vigoureusement, le 8 décembre, les théories libérales de Turgot et d'Adam Smith ; même Levasseur (de la Sarthe), qui avait dit, le 2 décembre : « Lorsqu'une ville est assiégée, le magistrat a certainement le droit de forcer les habitants qui ont plusieurs fusils à les partager avec leurs concitoyens pour concourir à la défense commune et, lorsque les citoyens sont menacés de mourir de faim, le magistrat ne pourra forcer les cultivateurs à vendre l'excédent de leur approvisionnement ! » Même Robespierre qui, le même jour, avait posé ces principes : « Les aliments nécessaires à l'homme sont aussi sacrés que la vie elle-même. Tout ce qui est nécessaire pour la conserver est une propriété commune. Il n'y a que l'excédent qui soit une propriété individuelle. » Les Montagnards s'étaient bornés à réclamer le maintien de la réglementation du mois de septembre et ils avaient été battus. La Convention avait donné raison aux orateurs girondins, Féraud, Serre, Creuzé-Latouche, qui avaient dénoncé les manœuvres des anarchistes et soutenu que la disette avait eu pour cause les recensements et les réquisitions qui avaient effrayé les cultivateurs. Si on ne protège pas ceux-ci contre l'inquisition, avait dit Creuzé-Latouche, on ne pourra plus vendre les biens des émigrés, qui sont l'unique gage des nouveaux assignats, et cet argument avait entraîné le vote.

Les Jacobins, pendant toute la crise, avaient gardé une sorte de neutralité prudente et réservée. Quand la Commune et les sections de Paris avaient réclamé la taxe le 29 novembre, ils avaient refusé de se prononcer. Aussi n'est-il pas étonnant que les meneurs populaires leur en aient gardé rancune. L'abbé Jacques Roux, porte-parole des petits artisans de la section des Gravilliers à Paris, dans un violent discours, prononcé le 1er décembre sur le *jugement de Louis le dernier, sur la poursuite des agioteurs, des accapareurs et des traîtres,* n'hésitait pas à attaquer la Convention dans son ensemble et à dénoncer ce qu'il appelait le « despotisme sénatorial ». « Le despotisme qui se propage sous le gouvernement de plusieurs, le despotisme sénatorial est aussi terrible que le sceptre des rois, puisqu'il tend à enchaîner le peuple sans qu'il s'en doute, puisqu'il se trouve avili et subjugué par les lois qu'il est censé dicter lui-même. » Et Jacques Roux avait sommé la Convention de réprimer l'accaparement et de faire baisser le prix de la vie. Son discours obtint un tel succès que la section de l'Observatoire délibéra d'en donner lecture deux fois par semaine pendant un mois.

Jacques Roux n'était déjà plus seul. A côté de lui, un jeune commis des postes, Jean Varlet, qui possédait une certaine aisance et qui avait fait de bonnes études au collège d'Harcourt, enfiévrait les passions. Dès le 6 août 1792, il avait proposé des lois contre les accapareurs et réclamé le cours forcé de la monnaie révolutionnaire. Un peu plus tard, il avait installé à deux pas de l'Assemblée, sur la terrasse des Feuillants, une tribune roulante du haut de laquelle il haranguait la foule. Bien vite, sa prédication « d'apôtre de la Liberté », comme il s'intitulait, s'était faite antiparlementaire. Comme Jacques Roux, il accusait les Conventionnels, les Montagnards comme les Girondins, de former une oligarchie de politiciens qui dérivaient à leur profit exclusif la souveraineté du peuple. A la fin de décembre, les Jacobins lui ayant refusé la parole, il se retirait de leur club ; il leur reprochait de ne pas instruire le peuple, de ne pas fréquenter les sociétés fraternelles formées d'artisans. Il s'intitulait maintenant « apôtre de l'Égalité ». Déjà les émeutiers de la Beauce avaient répété que les députés de la Convention étaient tous riches et que leur richesse provenait du pillage du trésor national.

La propagande de Varlet et de Jacques Roux — *les Enragés* — progressait rapidement dans les sections parisiennes, comme l'attestent leurs pétitions de plus en plus nombreuses et menaçantes, ainsi que les pamphlets dirigés contre Roland, rendu responsable de la cherté de la vie. L'un de ces pamphlets faisait de Mme Roland une autre Marie-Antoinette : « Égorger, dis-je, avec le glaive de la famine, le bon peuple français, est une idée agréable dans laquelle elle se complaît, et l'honnête Convention nationale, également altérée de sang, accorde à ce monstre, à cette autre Galigaï, douze millions pour acheter du grain chez l'étranger, lorsque la France en abonde, selon tous les rapports.

Les taxateurs, les Enragés, ne sont plus isolés les uns des autres comme dans la période antérieure. Ils communiquent de ville à ville et cherchent visiblement à concerter leur action. Les Lyonnais sont en contact fréquent avec les Parisiens. L'un deux, Dodieu, qui avait proposé dès le mois d'août d'instituer un tribunal spécial pour punir les accapareurs, vint à Paris en octobre présenter un mémoire que la Convention rejeta sommairement. Un autre, Hidins, commissaire national près le tribunal du district, présenta à la Commune de Lyon, en décembre, un projet d'arrêté en vingt-cinq articles, qui abolissait le commerce des grains, créait une régie nationale des subsistances, nationalisait les moulins et réglementait la boulangerie. Les Jacobins lyonnais adoptèrent ses vues et déléguèrent à Paris, en janvier, plusieurs des leurs pour réclamer à la Convention la taxation de toutes les denrées de première nécessité.

A Orléans, un certain Taboureau, secrétaire de la section de l'Hôpital, avait joué le même rôle que Dodieu et Hidins à Lyon, que Varlet et Jacques Roux à Paris. Après les émeutes de la Beauce, il fut l'objet d'un mandat d'amener. Mais le jour où le juge de paix voulut l'arrêter, deux cents personnes s'attroupèrent pour le défendre et il réussit à s'échapper.

Sans doute, les Enragés ne disposent pas encore de journaux à eux. Silvain Maréchal, aux *Révolutions de Paris,* ne leur prête qu'un appui intermittent. Marat leur est hostile, Hébert se réserve et ménage la Montagne. Mais les Enragés ont pour eux l'instinct secret des foules, et la continuation ou plutôt l'aggravation de la crise économique travaille en leur faveur. Pour lutter contre la Gironde, les Montagnards sont obligés de leur faire des concessions, de leur donner des satisfactions. Le 6 janvier 1793, l'un d'eux, le député Duroy, constata devant la Convention l'échec complet de la politique économique de Roland : « Le prix des denrées n'a point diminué. Malheureusement, au contraire, il n'a fait qu'augmenter et le décret que vous avez rendu (le 8 décembre) n'a pas produit l'effet que vous en attendiez. Le blé qui est extrêmement cher chez moi (dans l'Eure) n'y valait que 30 livres, il vaut actuellement 36 livres. » Roland ne fut que faiblement défendu par les Girondins eux-mêmes. Quand il donna sa démission, le 22 janvier 1793, il était à prévoir que sa politique économique de non-intervention aurait peine à lui survivre. La Convention lui donna comme successeur le prudent Garat, très soucieux de ne pas se compromettre et toujours prêt à se ranger du côté du plus fort. La vie chère sera pour beaucoup dans la chute de la Gironde.

6

LA CONQUÊTE DES FRONTIÈRES NATURELLES

La Gironde se soutint au gouvernement par les succès militaires. Quand ceux-ci lui manquèrent et se changèrent en revers, elle fut perdue. Valmy fut suivi d'une série de victoires qui portèrent nos armes, avec une rapidité inouïe, jusqu'aux Alpes et jusqu'au Rhin.

Entrant en Savoie, dans la nuit du 21 au 22 septembre, avec dix-huit mille hommes, en grande partie formés de volontaires, Montesquiou s'emparait sans coup férir des redoutes de Chapareillan, du château des Marches, de la forteresse de Montmélian. « La marche de son armée, mandait-il à la Convention le 25 septembre, est un triomphe. Le peuple des campagnes, celui des villes accourent au-devant de nous ; la cocarde tricolore est arborée partout... » Ce n'était pas une conquête, mais une libération.

Les aristocrates genevois, apeurés, appelèrent à leur secours les cantons de Zurich et de Berne, qui leur envoyèrent un renfort de 1 600 hommes. Aussitôt le Conseil exécutif, inspiré par Clavière, que les aristocrates de Genève avaient banni dix ans auparavant, ordonna à Montesquiou de sommer la ville libre de renvoyer les Bernois et les Zurichois. La Convention, sur la motion de Brissot et de Guadet, confirma l'ordre du Conseil exécutif, malgré l'opposition de Tallien, de Barère, de Danton, de Garran de Coulon et de Petion lui-même, après deux épreuves douteuses. Mais Montesquiou ne remplit pas l'attente des Girondins. Au lieu d'entrer dans Genève, il négocia. Les aristocrates genevois promirent de renvoyer les Suisses. Ce n'était pas ce que voulait Clavière. La Convention refusa de ratifier la convention négociée par Montesquiou et celui-ci fut mis en accusation le 9 novembre et réduit à émigrer. Genève resta indépendante, mais la révolution n'y était qu'ajournée.

D'Anselme, avec l'armée du Var, composée de 9 bataillons de nouvelle levée et de 6 000 gardes nationaux de Marseille, s'était mis en marche huit jours après Montesquiou, son chef. Appuyé par la flotte de l'amiral Truguet, il entrait à Nice, sans combat, le 29 septembre, s'emparait de la forteresse de Villefranche le lendemain et y trouvait une nombreuse artillerie, de grands approvisionnements, une frégate et une corvette.

Offensive sur le Rhin comme sur les Alpes. Custine, qui commandait à Landau, voyant les Autrichiens et les Prussiens engagés dans l'Argonne et leurs magasins dépourvus d'une garde suffisante, se mettait en marche avec 14 300 hommes, volontaires pour les deux tiers, s'emparait de Spire, le 25 septembre, après un combat assez vif, faisait 3 000 prisonniers et ramenait à Landau un butin considérable. Mis en goût par ce succès, il se remettait en marche quelques jours plus tard, entrait à Worms le 5 octobre et se présentait devant Mayence, le 19 octobre, avec 13 000 hommes et 45 canons de campagne, mais sans une pièce de siège. La place, très forte, était défendue par une garnison de 3 000 hommes, bien pourvue d'artillerie et d'approvisionnements. Mais Custine avait des intelligences dans la ville, dont les bourgeois avaient refusé, dès le 5 octobre, le service des remparts et arboré la cocarde tricolore. A la deuxième sommation Mayence capitula. Le chef du génie de la place Eckmeyer passa aussitôt au service de la France. Deux jours plus tard, les carmagnoles entraient à Francfort.

Si Custine avait été un tacticien, au lieu de s'éloigner du Rhin, il aurait descendu le fleuve et se serait emparé de Coblentz, coupant ainsi la retraite aux troupes prussiennes, qui, à ce moment même, évacuaient Longwy devant les troupes de Kellermann.

Ayant laissé passer l'occasion, Custine écrivit vainement à Kellermann de poursuivre vigoureusement les Prussiens afin de faire sa jonction avec lui. Mais Kellermann invoqua la fatigue de ses troupes pour refuser de marcher sur Trèves. Le Conseil exécutif l'envoya à l'armée des Alpes et le remplaça par Beurnonville qui ne se mit en marche que tardivement, se fit battre devant Trèves par Hohenlohe du 6 au 15 décembre et fut finalement refoulé en désordre sur la Sarre. Déjà Custine avait subi un premier échec à Francfort le 2 décembre. Les Hessois avaient attaqué la ville à l'improviste et les habitants soulevés contre les Français leur en avaient ouvert les portes. Custine avait parlé d'évacuer Mayence, mais le Conseil exécutif lui avait donné l'ordre d'y rester et lui avait envoyé des renforts pris sur l'armée que Biron commandait en Alsace.

La Belgique avait été conquise en même temps que la Savoie et que le Rhin moyen. Après Valmy, les Autrichiens de Saxe-Teschen avaient dû lever le siège de Lille, qu'ils avaient vainement essayé de terroriser par un bombardement intense qui dura du 29 septembre au 5 octobre. Dumouriez, après avoir reçu, le 11 octobre, les félicitations de la Convention, puis celles des Jacobins par la bouche de Danton, était entré en Belgique de Valenciennes sur Mons, le 27 octobre avec notre meilleure armée, composée surtout de troupes de ligne. Il se heurta, le 6 novembre, aux Autrichiens de Clerfayt et de Saxe-Teschen qui s'étaient fortifiés devant Mons par des redoutes élevées à la hâte sur des collines boisées. La bataille fut âprement disputée, surtout au centre, autour du village de Jemappes. Sur le soir les Autrichiens, qui étaient moitié moins nombreux que les Français, se retirèrent, laissant sur le champ de bataille 4 000 morts et 13 canons. Dumouriez n'osa les poursuivre. Leur défaite ne se changea pas en désastre. L'impression n'en fut pas moins profonde en France et en Europe : « Valmy n'était qu'un combat de poste, Jemappes fut une affaire générale, la première bataille mémorable que la France eût livrée depuis longtemps et comme le Rocroi de la République » (A. Chuquet). Puis Jemappes eut des résultats que n'avait pas eus Valmy. En moins d'un mois les Autrichiens furent chassés de toute la Belgique : de Bruxelles le 14 novembre, de Liège le 28, d'Anvers le 30, de Namur enfin le 2 décembre. Au lieu de poursuivre les Autrichiens en retraite derrière la Roer, afin de les anéantir et de dégager Beurnonville et Custine aux prises avec les Prussiens, comme le Conseil exécutif lui en donna l'ordre, Dumouriez brusquement s'arrêta.

Dumouriez était déjà en guerre ouverte avec le ministre de la Guerre Pache et avec la Trésorerie nationale qui surveillait de trop près ses opérations financières. Il était entouré d'une légion d'agioteurs, avec lesquels il passait des marchés illégaux, comme le célèbre abbé d'Espagnac ou le banquier bruxellois Simon. Le scandale fut tel que Cambon fit décréter d'arrestation d'Espagnac et l'ordonnateur en chef Malus. Mais Dumouriez prit hautement la défense de ses agents, il offrit sa démission. La Gironde vint à son secours. Des commissaires, dont Delacroix et Danton, furent envoyés en Belgique pour le calmer. Malus, d'Espagnac furent relâchés, les scandales étouffés. Déjà la Gironde ne tenait plus les généraux en main. C'est qu'elle se réservait de se servir de leur popularité contre les Montagnards. Ayant besoin d'eux, elle n'osait plus les forcer à l'obéissance.

Ferait-on la paix ? Garderait-on les conquêtes ? Les Girondins flottèrent un instant. Certains d'entre eux se rendirent compte que pour conserver les pays conquis il faudrait prolonger et généraliser la guerre. Le 28 septembre, à la lecture d'une lettre de Montesquiou qui annonçait que les Savoisiens lui avaient fait part de leur désir de former un 84e département, plusieurs Girondins, Bancal, Louvet, Lasource, appuyés d'ailleurs par Camille Desmoulins, se prononcèrent contre toute conquête. « La France est assez vaste », dit Bancal. « Craignons de ressembler aux rois en enchaînant la Savoie à la République », ajouta Camille Desmoulins. Quand Delacroix l'interrompit par cette réflexion d'ordre pratique : « Qui paiera les frais de la guerre ? » Louvet lui répliqua aux vifs applaudissements de l'Assemblée : « Les frais de la guerre ? Vous en trouverez l'ample dédommagement dans la jouissance de votre liberté pour toujours assurée, dans le spectacle du bonheur des peuples que vous aurez affranchis ! » Mais cette générosité ne fut pas du goût de Danton : « En même temps que nous devons donner aux peuples voisins la liberté, je déclare que nous avons le droit de leur dire : vous n'aurez plus de rois, car, tant que vous serez entourés de tyrans, leur coalition pourra mettre notre propre liberté en péril... En nous députant ici la nation française a créé un grand comité d'insurrection générale des peuples contre tous les rois de l'univers. » L'Assemblée ne voulut pas se prononcer sur le fond du débat, mais elle penchait visiblement pour la création de républiques sœurs indépendantes. La démocratisation des pays conquis paraissait même à la majorité du Comité diplomatique une politique aventureuse, à laquelle il fallait renoncer. Le 24 octobre, dans un grand rapport qu'il fit au nom du comité, le Girondin Lasource combattit avec force l'opinion de Danton et de ceux qui comme lui ne voulaient promettre aide et protection au peuple de Savoie qu'autant qu'il consentirait d'abord à abolir la royauté et la féodalité : « N'est-ce pas, dit-il, porter quelque atteinte à la liberté d'un peuple que d'exclure de son choix une forme de gouvernement ? » Lasource blâma Anselme d'avoir municipalisé le comté de Nice en y installant de nouvelles administrations et de nouveaux tribunaux : « Donner des lois, c'est conquérir ! »

L'opinion de Lasource était celle du gouvernement. Lebrun écrivait à notre agent en Angleterre, Noël, le 30 octobre : « La France a renoncé aux conquêtes et cette déclaration doit rassurer le gouvernement anglais sur l'entrée de Dumouriez en Belgique », et il lui répétait, le 11 novembre, après Jemappes : « Nous ne voulons pas nous ingérer à donner à aucun peuple telle ou telle forme de gouvernement. Les habitants de la Belgique choisiront celle qui leur conviendra le mieux, nous ne nous en mêlerons pas. »

Robespierre et une bonne partie des Jacobins étaient ici d'accord avec le Comité diplomatique et le Conseil exécutif. Le 9 novembre, contre Lullier et contre Dubois-Crancé, Chabot exposa devant le club, aux applaudissements de la majorité, les inconvénients des conquêtes. Bentabole, le 12 décembre, déchaîna les acclamations des tribunes en réclamant la paix : « Gardons-nous de continuer une guerre dont nous serons la dupe ! » Robespierre réclama, dans ses lettres à ses commettants, qu'on « mît des bornes sages à nos entreprises militaires » et il signala bientôt « le danger de recommencer avec les Belges la lutte pénible et sanglante que nous avons eu à soutenir contre nos propres prêtres ».

Mais il y avait au Conseil exécutif et au Comité diplomatique deux hommes influents, tout dévoués l'un et l'autre, et pour des raisons personnelles, à la politique des conquêtes, le Genevois Clavière et le Clévois, sujet prussien, Anacharsis Cloots. Tous deux réfugiés politiques, ils ne pouvaient rentrer dans leur patrie d'origine que si elle était affranchie du joug de ses anciens tyrans, leurs persécuteurs, et ils ne voyaient pas d'autre moyen de la mettre à l'abri que de la réunir à la France. Dès 1785, dans ses *Vœux d'un gallophile* imprimés l'année suivante, Cloots avait écrit : « Un objet que la Cour de Versailles ne doit pas perdre de vue, c'est de reculer les frontières de la France jusqu'à l'embouchure du Rhin. Ce fleuve est la borne naturelle des Gaules ainsi que les Alpes, les Pyrénées, la Méditerranée et l'Océan. » Et il avait réclamé l'annexion de la Savoie dès le 29 septembre.

Or, derrière Cloots et derrière Clavière, il y avait un puissant parti, formé de ces nombreux réfugiés étrangers qui étaient venus chercher en France la fortune et la liberté : Savoisiens autour du médecin Doppet, fondateur du club de la légion des Allobroges, et autour de l'abbé Philibert Simond, député du Bas-Rhin à la Convention ; Genevois et Suisses autour de Clavière, de Desonnaz, de Grenus ; Neuchâtelois autour de Castella, de J.-P. Marat, de Roullier, fondateur du club helvétique ; Hollandais autour des banquiers de Kock, Van den Yver, Abbéma ; Liégeois autour de Fabry, de Bassenge, de Fyon, de Ransonnet ; Belges du parti statiste réfugiés à Douai autour du jeune comte de Béthune-Charost : Belges du parti vonckiste réfugiés à Paris autour des banquiers Proli et Walckiers ; Allemands des pays du Rhin enfin, la plupart réfugiés à Strasbourg autour du capucin Euloge Schneider, du libraire Cotta, du négociant Boehmer, du médecin Wedekind, etc. Intelligents et actifs, ces réfugiés étaient très nombreux dans les clubs, particulièrement aux Cordeliers où ils formeront le noyau du parti hébertiste. Beaucoup étaient entrés dans les administrations et dans l'Armée. Les victoires si rapides de l'automne de 1792 semblaient en grande partie leur œuvre.

Il vint un moment, après Jemappes, où les Girondins du Comité diplomatique et du Conseil exécutif se laissèrent déborder et où ils adoptèrent à leur tour la politique annexionniste des réfugiés. Ce fut un tournant décisif. A la guerre de défense succéda non seulement la guerre de propagande mais la guerre de conquêtes. Cela se fit insensiblement pour des raisons multiples, d'ordre diplomatique, d'ordre militaire, d'ordre administratif et financier.

Si les dirigeants du Conseil exécutif et du Comité diplomatique s'étaient d'abord montrés prudents et réservés devant la politique expansionniste, c'est qu'ils ne désespéraient pas d'obtenir une paix rapide en disloquant la Coalition. L'échec des négociations entreprises avec les Prussiens après Valmy ne les avait pas découragés. Par leurs ordres, Valence et Kellermann se rencontrèrent le 26 octobre 1792 à Aubange avec Brunswick, Lucchesini, Hohenlohe et le prince de Reuss. Aux Prussiens, ils proposèrent l'alliance de la France contre la reconnaissance de la République, aux Autrichiens, la paix moyennant le troc de la Bavière contre les Pays-Bas et le démantèlement du Luxembourg. Mais Frédéric-Guillaume fit savoir, le 1er novembre, à l'agent français Mandrillon qu'il exigeait avant toute négociation l'évacuation par les Français du territoire de l'Empire et des garanties sur le sort de Louis XVI et de sa famille. Quant à l'Autriche elle décida, sur le conseil de Kaunitz, de mettre comme conditions préalables à la paix : la mise en liberté de la famille royale qui serait reconduite à la frontière, la constitution d'apanages pour les princes français, le rétablissement de l'autorité pontificale à Avignon, des indemnités enfin pour les princes allemands lésés par les arrêtés du 4 août. Tout espoir d'une paix prochaine s'évanouissait.

Bien mieux, l'entrée en guerre de l'Espagne paraissait probable. Brissot et Lebrun, pour répondre à cette éventualité, songeaient déjà à déchaîner la révolte dans les colonies de l'Amérique du Sud, au moyen du créole Miranda, qui servait dans l'armée de Dumouriez. La guerre de propagande, la guerre révolutionnaire apparaissait ici comme le prolongement indiqué de la guerre de défense.

Les pays conquis étaient très différents les uns des autres par la structure sociale, par la langue, par la civilisation. Pouvait-on leur appliquer des règles communes d'administration ?

La Savoie, pays de langue et de civilisation françaises, était gênée dans son développement économique par les douanes qui la séparaient à la fois de la France et du Piémont. Sa bourgeoisie détestait le régime de basse police et de tyrannie militaire du roi sarde. Ses paysans, astreints par les édits de Victor-Amédée à racheter les

Albert Mathiez

droits féodaux, enviaient les paysans français qui s'étaient délivrés gratis du fardeau seigneurial. A l'arrivée des Français, la Savoie se couvrit de clubs qui exprimèrent immédiatement leur vœu « de se jeter dans le sein de la République française et ne plus faire avec elle qu'un peuple de frères ». L'Assemblée nationale des Allobroges, réunie à Chambéry le 20 octobre et formée des délégués de toutes les communes, proclama la déchéance de Victor-Amédée et de sa postérité, abolit ensuite la noblesse et le régime seigneurial, confisqua les biens du clergé et exprima enfin, le 22 octobre, le vœu du pays d'être réuni à la France. C'était un peuple presque unanime qui s'offrait, qui se donnait.

L'ancien évêché de Bâle, occupé dès la déclaration de guerre, était dans une situation assez analogue à celle de la Savoie. La plus grande partie des seigneuries et communautés qui le composaient étaient peuplées par des populations de langue française qui s'agitaient depuis 1789 pour abolir le régime féodal. Les habitants de Porrentruy, capitale du prince-évêque en fuite, avaient planté l'arbre de la liberté en octobre et fondé un club. Délémont, Saint-Ursanne, Seignelegier avaient fait de même. Un parti demandait la réunion à la France tandis qu'un autre préférait former une république indépendante.

A Nice, pays de langue italienne, les amis de la France étaient beaucoup moins nombreux qu'en Savoie. Quand les troupes d'Anselme étaient arrivées, toutes les boutiques avaient fermé leurs volets. Les soldats se vengèrent en pillant la ville et ce pillage qu'Anselme toléra augmenta encore le nombre des ennemis de la France. Pour constituer le club et les administrations provisoires, il fallut faire appel à la colonie marseillaise assez nombreuse à Nice. Le vœu de réunion, émis le 21 octobre, ne représentait certainement que la volonté d'une faible partie de la population.

Les pays rhénans, de langue allemande, ne renfermaient de sincères amis de la France ou plutôt de la Révolution que dans les villes et particulièrement à Mayence, parmi les professeurs de l'Université, les hommes de loi, les ecclésiastiques libéraux et les marchands qui se réunissaient, la plupart, dans les cabinets littéraires pour lire les journaux de Paris. Le plat pays, divisé en nombreuses seigneuries laïques et ecclésiastiques, dont toutes n'étaient pas en guerre avec la France, était indifférent ou hostile. A l'inverse de Montesquiou, de Dumouriez et d'Anselme, qui n'exigeaient rien des populations, Custine, dès son entrée à Spire, avait levé des contributions sur les privilégiés. Il avait beau dire qu'il ne frappait que les privilégiés, selon la formule : Paix aux chaumières, guerre aux châteaux ; mais, à Francfort, c'étaient les banquiers qui étaient imposés et il se trouvait que les magistrats de Worms, frappés eux aussi, étaient des artisans assez peu fortunés, si bien que Custine inquiétait une partie de la bourgeoisie elle-même. Lebrun applaudissait à cette méthode de guerre qui faisait vivre l'armée sur le pays. Il recommandait même à Custine, dans une lettre du 30 octobre, d'envoyer à Paris les beaux ouvrages des bibliothèques des villes occupées « et notamment la Bible de Gutenberg ». Déjà s'annonçait la politique de rapines du Directoire et de Napoléon.

Custine se rendait compte que ses proclamations ronflantes accompagnées de plantations d'arbres de la liberté ne suffisaient pas à concilier aux Français l'opinion publique. Il voulut donner aux Allemands des satisfactions plus substantielles. N'osant pas supprimer de son chef la dîme, les corvées, les droits seigneuriaux, les privilèges de toute sorte, il demanda à la Convention d'ordonner elle-même ces suppressions qu'il n'osait espérer de l'action spontanée des Rhénans eux-mêmes. « Les régences, les baillis, les prévôts, écrivait-il le 4 novembre, toutes les administrations composées des agents subalternes des petits despotes qui tiennent dans l'oppression ce malheureux pays, n'ont pas perdu un seul instant pour relever leur crédit auprès du peuple. »

La conduite de Dumouriez en Belgique contrastait avec celle de Custine sur le Rhin. Dumouriez connaissait bien le pays où il avait été envoyé en mission par La Fayette en 1790, quand la révolte contre l'Autriche était encore victorieuse. Il savait que les Belges, alors au nombre de deux millions et demi, étaient divisés en deux partis, les Statistes ou aristocrates, très férus des vieilles libertés féodales et appuyés sur un clergé très riche, très fanatique et très puissant sur les misérables, les Vonckistes ou démocrates que les premiers avaient persécutés parce qu'ils étaient hostiles au clergé et qu'ils désiraient une réforme profonde des vieilles institutions. Il savait que la principauté ecclésiastique de Liège, membre du Saint Empire et peuplée de 500 000 âmes, renfermait de nombreux démocrates très décidés à renverser le régime seigneurial. Il prenait conseil du Comité des Belges et Liégeois unis, composé surtout de Vonckistes. Il se donna pour tâche de fusionner la Belgique et le pays de Liège dans une république indépendante, en ménageant le plus possible les susceptibilités nationales des Belges et des Liégeois. Les réfugiés qui suivaient son armée convoquèrent le peuple des villes conquises dans les églises et lui firent nommer des administrateurs provisoires qui proclamèrent la rupture des liens avec l'Autriche. Partout s'installèrent des clubs. Mais quand le général La Bourdonnaye voulut imiter Custine et imposer une contribution au Tournaisis, Dumouriez lui fit des reproches sévères : « Attribuer à la France les contributions publiques de la Belgique, c'est jeter la méfiance contre nos opérations et les entacher d'un vernis de bassesse et de vénalité ! C'est établir une tyrannie militaire sur les ruines du despotisme autrichien ! » Il fit rappeler La Bourdonnaye qui fut remplacé par Miranda.

Dumouriez ménageait les Belges. Il faisait acquitter par ses convois les droits de péage, il ne touchait pas aux lois existantes. Bien qu'il eût autorisé les réquisitions, il n'y recourait pas volontiers. Il préférait passer des marchés dont il acquittait le montant en numéraire, et non en assignats. Il se procurait l'argent nécessaire par des emprunts qu'il obtenait des corps ecclésiastiques. Ainsi, au moyen de deux millions empruntés au clergé de Gand, il s'efforçait de lever une armée belge qui aurait renforcé la sienne.

Dans toutes les contrées occupées, il y avait un noyau plus ou moins nombreux d'habitants qui s'étaient compromis avec les Français, en se faisant inscrire dans les clubs, en acceptant des places dans les administrations nouvelles. Ces complices des Français craignaient le retour des princes dépossédés. Les Français leur avaient conseillé de former des républiques, mais ces petites républiques pourraient-elles se maintenir, après la paix, quand les carmagnoles ne seraient plus là ? « Pourrions-nous être libres sans être Français ? disaient les délégués de Nice à la Convention, le 4 novembre. Non ! Des obstacles insurmontables s'y opposent ; notre position est telle que nous ne pouvons être que Français ou esclaves. » Ils avaient donné les richesses de leurs églises, les biens de leurs couvents. Que penserait l'Europe du peuple français « si, après avoir tari la source de nos trésors par l'appât de la liberté, il nous repoussait ensuite de son sein, livrés dans l'indigence à la merci des tyrans implacables » ? Les révolutionnaires rhénans exprimaient les mêmes craintes.

En appelant les peuples à la révolte, la France républicaine avait contracté envers eux des obligations morales qu'elle ne pouvait éluder. La propagande conduisait logiquement à la protection des révoltés et la meilleure protection à leur accorder, n'était-ce pas l'annexion ?

Encouragés par le club de Landau, les habitants du bailliage de Bergzabern dans le duché de Deux-Ponts, pays neutre, avaient planté l'arbre de la liberté, supprimé les droits féodaux et réclamé leur réunion à la France. La révolte s'était étendue dans le reste du duché et le duc avait dû envoyer des troupes, arrêter les meneurs. Rühl exposa les faits et demanda à la Convention, le 19 novembre, si elle allait abandonner à la merci des despotes les patriotes qui appliquaient ses principes. « Je demande que vous déclariez que les peuples qui voudront fraterniser avec nous seront protégés par la nation française. » De nombreux orateurs, Defermon, Legendre, Reubell, Mailhe, Birotteau, Carra, Dentzel, Treilhard, L. Bourdon, Saint-André appuyèrent Rühl. Vainement Brissot et Lasource essayèrent de gagner du temps en renvoyant la décision après le rapport dont était chargé le Comité diplomatique sur la conduite des généraux en pays ennemi. La Convention adopta d'enthousiasme un projet de décret que lui soumit La Réveillère-Lepeaux : « La Convention nationale déclare, au nom de la nation française, qu'elle accordera fraternité et secours à tous les peuples qui voudront recouvrer leur liberté et charge le pouvoir exécutif de donner aux généraux les ordres nécessaires pour porter secours à ces peuples et défendre les citoyens qui auraient été vexés ou qui pourraient l'être pour la cause de la liberté. »

Décret mémorable qui proclamait la solidarité de tous les révolutionnaires dans le monde entier, qui menaçait par conséquent tous les trônes et tous les pouvoirs du passé et qui risquait de provoquer une guerre universelle, non plus une guerre de puissance à puissance, mais une guerre sociale soutenue et entretenue par la nation déjà émancipée qui s'instituait la protectrice et la tutrice de toutes les autres encore opprimées. La Révolution, qui avait répudié au début les conquêtes et le militarisme, allait, par la force des choses, se présenter au monde casquée et cuirassée. Elle propagerait son nouvel Évangile comme les religions anciennes avait propagé le leur, par la force du glaive.

La première annexion suivit de près. Le 27 novembre, l'évêque Grégoire proposa, dans un grand rapport, de ratifier le vœu des Savoisiens. Il justifia la mesure non seulement par le droit imprescriptible d'un peuple à choisir librement sa nationalité, mais encore par des considérations d'intérêt. Notre frontière serait raccourcie et consolidée. Economie dans le personnel douanier. Les Savoisiens pourraient, grâce aux capitaux français, tirer parti de leurs richesses naturelles, etc. Aux cœurs pusillanimes qui objectaient que la réunion de la Savoie allait éterniser la guerre, Grégoire répondait avec superbe : « Elle n'ajoute rien à la haine des oppresseurs contre la Révolution française, elle ajoute aux moyens de puissance par lesquels nous romprons leur ligue. D'ailleurs, le sort en est jeté : nous sommes lancés dans la carrière, tous les gouvernements sont nos ennemis, tous les peuples sont nos amis. » L'annexion fut votée à l'unanimité moins la voix du Girondin Penières qui essaya en vain de protester en séance et celle de Marat qui protesta ensuite dans sa feuille. Il est vrai que l'ingénieux Buzot ménagea à ses amis une porte de sortie, en demandant que le décret fût déclaré *article constitutionnel,* c'est-à-dire qu'il serait soumis, comme la Constitution elle-même, à la ratification du peuple. Il fut interrompu par des murmures et retira d'abord son amendement. Mais Danton le reprit : « Je dis qu'un pareil contrat ne deviendra éternel que quand la nation française l'aura accepté. » Appuyé par Barère, l'amendement fut voté. L'annexion de la Savoie n'était donc que provisoire. Moyen habile pour donner satisfaction aux habitants tout en se ménageant pour l'avenir incertain la possibilité de négocier avec leurs anciens maîtres !

Mais, sur le moment, la plupart des Conventionnels se laissèrent emporter par l'enthousiasme de Grégoire. La politique expansionniste fit brusquement explosion.

Brissot, qui dirigeait le Comité diplomatique, écrivait à Servant, le 26 novembre : « Je tiens que notre liberté ne sera jamais tranquille tant qu'il restera un Bourbon sur le trône. Point de paix avec les Bourbons et, dès lors, il faut songer à l'expédition pour l'Espagne. Je ne cesse de la prêcher aux ministres. » Ce n'était pas seulement l'Espagne et ses colonies qu'il voulait insurger mais l'Allemagne et l'Europe entière : « Nous ne pouvons être tranquilles que lorsque l'Europe et toute l'Europe sera en feu... Si nous reculons nos barrières jusqu'au Rhin, si les Pyrénées ne séparent plus que des peuples libres, notre liberté est assise. » Brissot affublait du bonnet rouge la vieille politique monarchique des frontières naturelles.

La politique expansionniste de la Gironde se rattachait étroitement à sa politique de conservation sociale. Clavière, dit M. Chuquet, avait peur de la paix. Il écrivait à Custine, le 5 décembre : « On doit se maintenir dans l'état guerrier ; le retour de nos soldats augmenterait partout le trouble et nous perdrait. » C'était aussi l'opinion de Roland. « Il faut, avouait-il un jour, faire marcher les milliers d'hommes que nous avons sous les armes, aussi loin que les porteront leurs jambes, ou bien ils reviendront nous couper la gorge. »

Mais cette politique coûtait cher. « Plus nous avançons dans le pays ennemi, gronda Cambon le 10 décembre, plus la guerre devient ruineuse, surtout avec nos principes de philosophie et de générosité. Notre situation est telle que nous devons prendre un parti décisif. On dit sans cesse que nous portons la liberté chez nos voisins. Nous y portons aussi notre numéraire, nos vivres, on n'y veut pas de nos assignats ! » Cambon fut chargé de proposer un projet de décret sur la conduite à prescrire aux généraux dans les pays occupés. Il fut prêt dès le 15 décembre. Il posa, en principe, que le but de la guerre révolutionnaire était l'anéantissement de tous les privilèges : « Tout ce qui est privilégié, tout ce qui est tyran doit être traité en ennemi dans les pays où nous entrons. » C'était pour avoir oublié ce principe, pour avoir tardé d'accorder à Custine l'autorisation de détruire le régime seigneurial que les Rhénans, d'abord enthousiastes, s'étaient refroidis et que les Vêpres siciliennes de Francfort avaient été possibles. Si le peuple belge restait passif ou hostile, c'est que Dumouriez n'avait pas *fait cesser* l'oppression dont il était victime. Sans doute, il serait beau que les peuples des pays occupés, imitant l'exemple des Français, abattent d'eux-mêmes la féodalité. Mais puisque cela n'est malheureusement pas possible, il faut que nous nous déclarions *pouvoir révolutionnaire* et que nous détruisions l'ancien régime qui les tient asservis. La France exercera à leur profit la dictature révolutionnaire et elle l'exercera au grand jour : « Il serait inutile de déguiser notre marche et nos principes : déjà les tyrans les connaissent... Lorsque nous entrons dans un pays, c'est à nous à sonner le tocsin. » Les généraux français supprimeront donc sur-le-champ la dîme et les droits féodaux, toute espèce de servitude. Ils détruiront toutes les autorités existantes et feront élire des administrations provisoires d'où seront exclus les ennemis de la République, car seuls participeront à l'élection les citoyens qui prêteront le serment d'être fidèles à la liberté et à l'égalité et de renoncer aux privilèges. Les impôts anciens seront supprimés, mais les biens appartenant au fisc, aux princes, aux communautés laïques et ecclésiastiques, à tous les partisans de la tyrannie seront séquestrés pour gager l'assignat, qui aura cours forcé. Si les administrations nouvelles croient devoir imposer des contributions, celles-ci ne seront pas supportées par les classes laborieuses. « C'est par là que nous ferons aimer au peuple la liberté ; il ne paiera plus rien, il administrera tout. » Quand Anacharsis Cloots, le 20 octobre précédent, avait proposé des mesures analogues, il n'avait obtenu aucun succès. Les idées ont marché depuis deux mois. Cette fois, Cambon fut frénétiquement applaudi et son décret voté sur-le-champ.

Les décrets du 19 novembre et du 15 décembre résument la politique étrangère de la Gironde. Ils sont complémentaires l'un de l'autre. Le premier accorde protection aux peuples, le second met à cette protection une condition préalable : les peuples accepteront la dictature révolutionnaire de la France.

Pour qu'une telle politique réussît, il aurait fallu que le gouvernement qui la formulait eût la force de l'imposer aux peuples qui ne l'avaient pas réclamée, aux puissances ennemies dont elle brisait l'intégrité territoriale, aux neutres enfin qu'elle menaçait dans leurs intérêts vitaux. Autrement dit, il aurait fallu que l'armée française fût un instrument docile dans la main de la Gironde et un instrument tellement puissant qu'il pût briser les résistances de l'Europe presque entière.

On peut se demander si la guerre universelle, qui était en germe dans ces deux décrets, a été la conséquence fatale de la marche des événements. Il est certain que la Gironde a tenté un moment d'obtenir la paix en négociant avec la Prusse et l'Autriche. Mais elle n'aurait pu réussir à traiter avec les rois que si elle avait pris dans le procès de Louis XVI une attitude nette et résolue. Si elle avait,

II - LA GIRONDE ET LA MONTAGNE

dès le premier jour, invoqué l'intérêt national pour pardonner au roi, si elle avait hautement déclaré que son procès empêcherait la paix, si elle avait pris courageusement la responsabilité de proposer, dès le premier jour de la proclamation de la République, de reconduire la famille royale à la frontière, alors peut-être aurait-elle pu mener à bien les négociations entamées. La paix eût été possible sur la base du *statu quo*. L'Autriche et la Prusse ne demandaient qu'à sortir honorablement du guêpier français pour s'occuper de leurs intérêts en Pologne, menacés par la Russie. Mais la Gironde n'eut pas le courage nécessaire pour mettre à la paix le prix qu'il fallait. Elle n'eût pas été obligée seulement de réclamer l'impunité pour Louis XVI, il lui eût fallu renoncer aussi à ce propagandisme révolutionnaire qu'elle avait tant encouragé. Elle n'osa pas rompre avec son passé. Elle finit par se laisser entraîner par la griserie des victoires.

Quant à la Montagne, qui s'était, un an plus tôt, courageusement opposée à la guerre avec Robespierre, si elle essaya de modérer la Gironde dans sa politique annexionniste, si elle fit entendre quelques avertissements clairvoyants, si Marat protesta dans son journal contre l'annexion de la Savoie, elle s'abstint cependant de formuler des propositions précises et concrètes en opposition à la politique de la Gironde. Et comment l'aurait-elle fait, quand elle poursuivait avec âpreté le procès de Louis XVI, quand elle accueillait dans ses rangs les transfuges de la Gironde, comme Anacharsis Cloots, l'avocat des réfugiés politiques et l'apôtre des annexions ?

On peut donc dire que les luttes des partis contribuèrent autant que le développement de la situation extérieure à empêcher la paix et à intensifier la guerre.

7

LA PREMIÈRE COALITION

Par ses décrets des 19 novembre et 15 décembre la Convention avait cru fortifier la position de la France dans les pays occupés en liant à sa cause la masse des opprimés. L'événement tourna contre son attente. Les populations s'effrayèrent du « pouvoir révolutionnaire » qu'on leur imposait. Elles n'y virent qu'un moyen de spoliation de leurs richesses, qu'un instrument d'arbitraire et de domination, qu'un attentat intolérable à leur indépendance.

En Belgique, la plupart des administrations provisoires, créées au moment de la conquête, étaient composées d'anciens Statistes. Ceux-ci voulurent arborer à Bruxelles les couleurs brabançonnes. A l'interdiction qui leur en fut faite, ils répondirent par de grandes manifestations. Celle du 7 décembre se termina par une échauffourée sérieuse. Quand le décret du 15 décembre fut connu, de nombreux Vonckistes joignirent leurs protestations à celles des Statistes. Ceux qui composaient l'administration du Hainaut déclarèrent à la Convention, dans une adresse du 21 décembre, que le pouvoir révolutionnaire annoncé ne serait jamais à leurs yeux « qu'un pouvoir usurpé, le pouvoir de la force ». La résistance fut à peu près unanime, parce qu'elle mettait en jeu les intérêts. Personne ne voulait recevoir les assignats au cours forcé et nombreux étaient ceux que lésait le séquestre des biens du fisc ou de l'Église.

Devant cette résistance imprévue, certains ministres comme Lebrun et Roland, certains députés comme Brissot, Guadet, Gensonné, inspirés par Dumouriez, se demandèrent s'il ne valait pas mieux revenir en arrière et rapporter le décret du 15 décembre. Mais les commissaires à l'armée de Belgique, particulièrement Camus, Danton et Delacroix, soutenus par Cambon et Clavière exigèrent l'application immédiate du décret, au besoin par la force. Ce désaccord entre les dirigeants fit perdre un temps précieux et donna aux opposants le temps de se concerter. Le Comité diplomatique, dirigé par Brissot, retarda autant qu'il put, pendant plus d'un mois, la nomination des agents que le Conseil exécutif devait envoyer en Belgique pour procéder aux élections et aux séquestres. Ces agents ne quittèrent Paris qu'après la mi-janvier. Mais Cambon força toutes les résistances en s'adressant directement à la Convention qui lui donna raison, le 31 janvier.

Alors le décret du 15 décembre s'exécuta, mais par la violence. Des simulacres d'assemblées populaires délibérèrent sous la garde des baïonnettes la réunion des villes et du plat pays à la France. On n'osa pas convoquer, comme on l'avait fait en Savoie, une assemblée générale de toute la Belgique. Les réunions furent prononcées successivement, ville par ville, dans le courant de mars, au milieu d'une fermentation menaçante qui se traduisit par des attentats contre nos soldats à Bruges, par des cris séditieux un peu partout. Dès le 17 février, les commissaires en Belgique avertissaient la Convention que si nos troupes subissaient des échecs, « très certainement alors les Vêpres siciliennes sonneraient dans toute la Belgique sur les Français, sans que les patriotes Belges, tremblant pour eux-mêmes, puissent leur être d'aucun secours ».

Le pays rhénan, partagé entre plus de vingt États et seigneuries différents entrecroisés les uns dans les autres, ignorait le patriotisme local si vivace en Belgique. Mais il souffrait des maux de la guerre. Les paysans se plaignaient des taxes, des réquisitions, des corvées. Leurs prêtres leur faisaient peur de l'enfer s'ils rompaient le serment qui les liait à leurs anciens princes dont ils prédisaient le retour. Personne ne voulait des assignats. Tous craignaient que la réunion à la France ne leur imposât le service militaire dont ils avaient horreur. Il n'y eut bientôt plus pour rester fidèles à la France que les plus compromis des clubistes des villes et encore ceux-ci se divisèrent-ils comme à Mayence.

Le décret du 15 décembre ne put être appliqué que par la force. Les commissaires de la Convention, Reubell, Merlin de Thionville et Haussmann violèrent la neutralité du duché de Deux-Ponts et le firent occuper, le 8 février, par le général Landremont. Le duc s'enfuit mais son ministre d'Esebek fut jeté dans la prison militaire de Metz d'où on le conduisit ensuite à Paris où allèrent bientôt le rejoindre les princes de Linange. Les clubistes, appuyés de détachements de soldats, se répandirent dans les campagnes pour diriger les élections. Les abstentions furent très nombreuses. Il y eut par endroits des essais de résistance, dont on ne vint à bout que par des arrestations et des déportations en masse au-delà du Rhin. Et cependant des villages entiers refusèrent le serment. Il y eut des révoltes partielles dès qu'on apprit le recul des Français en Belgique. Nommée dans ces conditions, la Convention rhénane, qui se réunit à Mayence le 17 mars, vota quatre jours plus tard, après un discours de Forster, la réunion du pays à la France.

Les autres territoires conquis furent réunis d'après des procédés analogues. Le Porrentruy, devenu déjà la République rauracienne en décembre, fut transformé en département du Mont-Terrible le 23 mars, malgré l'opposition des bailliages allemands et même de plusieurs villages français.

Nice avait été réunie par décret du 31 janvier 1793. Aux réserves formulées par Ducos, Lasource, converti maintenant à la politique de Cambon, avait répondu que les Alpes étaient la frontière de la République et que d'ailleurs la rade de Villefranche nous serait indispensable au cas d'une rupture avec l'Angleterre. Les Niçois nous devenaient de plus en plus hostiles. Le bourg de Sospello se soulevait au mois de mars. Les campagnes n'étaient pas sûres. On assassinait nos courriers. Les conscrits se formaient en bandes et ces *Barbets* terrorisaient les environs des villes.

La Savoie elle-même, si unanime en octobre, commençait à donner des signes de lassitude et de désaffection.

Tels étaient les fruits amers de la politique impérialiste dans les pays occupés. Ailleurs, dans les pays neutres, elle nous aliéna de nombreuses sympathies et surtout elle servira de prétexte aux gouvernements absolus pour exercer une surveillance et une répression de plus en plus rigoureuses sur les journaux et les livres suspects de répandre les principes français. Les plus timorés des écrivains étrangers qui avaient d'abord applaudi à la Révolution s'en détachèrent avec éclat, Klopstock, Wieland, Koerner, Stolberg, Schlosser en Allemagne, Arthur Young, Watson en Angleterre, Alfieri, Pindemonte en Italie. Les prétextes ne leur manquaient pas, mais les massacres de septembre et le supplice de Louis XVI furent les plus fréquemment invoqués. Ceux qui malgré tout nous restèrent fidèles, comme les Allemands Fichte et Reichardt, les Anglais Wordsworth, Coleridge, Godwin, Robert Burns durent ou se réfugier dans l'anonymat et le silence ou se résigner à la persécution.

Après la conquête de la Belgique, qui lui parut une menace pour l'indépendance de la Hollande, Pitt commença à se détourner peu à peu de la politique de neutralité qu'il avait imposée jusque-là à la Cour et à une partie de ses collègues du cabinet. Dès le 13 novembre, il fit dire au stathouder qu'en cas d'invasion du territoire hollandais par les Français le gouvernement anglais remplirait tous ses devoirs d'allié. L'invasion qu'il craignait ne se produisit pas, mais, le 16 novembre, le Conseil exécutif proclama la liberté de l'Escaut et, mettant immédiatement cette proclamation en vigueur, une escadrille française remonta les bouches du fleuve et parut devant Anvers. C'était une violation caractérisée du traité de Munster, confirmé maintes fois dans la suite. Les partisans de la guerre en Angleterre possédaient dès lors un grief précis contre la France. Elle avait violé la neutralité hollandaise garantie par les traités ! Le décret du 19 novembre, qui promettait aide et secours aux peuples en révolte, leur fournit un second grief.

Les libéraux anglais s'étaient félicités des victoires françaises. Leurs sociétés politiques, société de la Révolution de 1688, société des Amis du peuple, société de la réforme constitutionnelle, avaient envoyé des députations à la Convention pour lui présenter des adresses enthousiastes revêtues de milliers de signatures recueillies surtout dans les régions manufacturières. Aux deux députations qui parurent à la barre le 28 novembre, le président de l'Assemblée qui était Grégoire fit une réponse imprudente : « Les ombres de Pym, de Hampden, de Sidney planent sur vos têtes, et, sans doute, il approche le moment où des Français iront féliciter la Convention nationale de la Grande-Bretagne ! » Tous les Anglais qui tenaient à la monarchie, et ils étaient nombreux, virent dans ces démonstrations la preuve que la France entretenait l'agitation dans leur pays et y préparait une révolution.

Pitt convoqua les chambres en session extraordinaire pour le 13 décembre et le discours du trône réclama le vote des mesures de défense à l'intérieur contre les malintentionnés et des armements pour parer aux menaces d'agrandissement de la France. En vain l'agent secret de Lebrun, Maret, reçu par Pitt le 2 et le 14 décembre, expliqua que le décret du 19 novembre n'avait pas la portée qu'on lui attribuait mais qu'il ne s'appliquait qu'aux nations en guerre avec la France. Pitt resta en défiance, parce que Lebrun voulut l'obliger à continuer la négociation par l'intermédiaire de Chauvelin, notre ambassadeur en titre, auquel la Cour ne reconnaissait plus de caractère officiel depuis le 10 août. Puis Lebrun fut maladroit. Rendant compte, le 19 décembre, de l'état de nos relations avec l'Angleterre, il affecta de distinguer le ministère anglais de la nation anglaise et il menaça de faire appel à celle-ci contre celui-là ! Pitt ressentit vivement l'offensive et la menace. Il fit voter facilement, le 26 décembre, un bill d'exception contre les étrangers résidant en Angleterre, l'Alienbill, qui les plaçait sous la surveillance de la police, les gênait dans leurs déplacements et permettait de les expulser. Aussitôt Lebrun protesta contre cette violation du traité de commerce de 1786 qui garantissait aux Français résidant en Angleterre les mêmes droits qu'aux Anglais résidant en France. Pitt écarta la protestation et mit l'embargo sur des cargaisons de blé à destination de la France.

A la nouvelle du supplice de Louis XVI, la Cour de Londres prit le deuil et Chauvelin reçut l'ordre de quitter immédiatement le pays. Déjà la Convention, sur un rapport de Kersaint, avait décrété, le 13 janvier, un armement de trente vaisseaux et de vingt frégates. Cependant, à la dernière minute, Lebrun et le Comité diplomatique essayèrent de maintenir la paix. Maret retourna à Londres et tenta de voir Pitt. Il était autorisé, paraît-il, si l'on en croit l'agent de Pitt, Miles, à promettre que la France restituerait toutes ses conquêtes sur le Rhin et qu'elle se contenterait de l'indépendance de la Belgique érigée en république. Maret pouvait même faire entrevoir que la France chercherait le moyen de revenir sur l'annexion de la Savoie. Mais Pitt refusa de recevoir Maret, tout en s'abstenant de prendre l'initiative de la déclaration de guerre. Brissot la fit voter, à la fois contre l'Angleterre et contre la Hollande, par la Convention, le 1er février.

Il était impossible cette fois d'imputer la guerre aux intrigues monarchistes. Pitt et Grenville ne s'étaient pas laissé guider par des préférences politiques. Le conflit qui surgissait était d'un tout autre ordre. Il appartenait à l'ancienne famille des guerres d'intérêt, des guerres pour le maintien de l'équilibre européen. Comme aux temps de Louis XIV et de Louis XV, les marchands de la Cité, dont Pitt n'était que l'interprète, ne pouvaient supporter qu'Anvers tombât aux mains de la France. Et d'autre part les Conventionnels voyaient surtout dans la guerre contre la Hollande un moyen de réaliser une opération financière en s'emparant de la banque d'Amsterdam. Brissot avait eu raison d'avertir ses compatriotes qu'un combat à mort s'engageait. La lutte n'était plus comme auparavant une guerre contre les rois, les nobles et les prêtres, mais une guerre de nation à nation. Les rois traiteront de bonne heure avec la France révolutionnaire. La nation anglaise sera la dernière à poser les armes.

La rupture avec l'Espagne n'eut pas le même caractère que la rupture avec l'Angleterre. Ce fut essentiellement une question de point d'honneur monarchique et familial qui la provoqua. Le roi Charles IV et son indigne femme étaient pacifiques, parce que leur trésor était vide et que la guerre troublerait leur tranquillité. Charles IV avait essayé sans succès de sauver son cousin Louis XVI en négociant avec la France un désarmement simultané. Après le 21 janvier, le chargé d'affaires de France Bourgoing reçut du Premier ministre Godoy, amant de la reine, l'avis de s'abstenir de lui rendre visite. Bourgoing lui fit remettre une note de Lebrun réclamant une réponse définitive au sujet des armements commencés par l'Espagne. Il reçut ses passeports. La Convention vota la guerre par acclamation, le 7 mars, sur un rapport de Barère. « Un ennemi de plus pour la France, dit Barère, n'est qu'un triomphe de plus pour la liberté. » Les Conventionnels parlaient aux rois le langage du Sénat romain.

La Cour bourbonnienne de Naples avait refusé de reconnaître notre agent diplomatique Mackau. Son représentant à Constantinople avait desservi auprès du sultan l'ambassadeur Sémonville que la République se proposait de lui envoyer en remplacement de Choiseul-Gouffier passé à l'émigration. Aussitôt notre flotte de Toulon se présenta devant Naples. Ferdinand IV qui régnait sur les Deux Siciles était aussi avili que son cousin qui régnait sur l'Espagne. Sa femme Marie-Caroline, sœur de Marie-Antoinette s'affichait publiquement avec le Premier ministre Acton. Le couple royal trembla dès qu'il vit la flotte française, le 17 décembre 1792. Il se soumit à tout ce qu'on exigea de lui. « Encore un Bourbon au nombre des vaincus ! Les rois sont ici à l'ordre du jour », s'écria le président de la Convention Treilhard, quand le grenadier Belleville apporta les triomphantes dépêches de Mackau.

Le pape avait fait emprisonner deux artistes français, élèves de notre École de Rome, Chinard et Rater, sous prétexte qu'ils appartenaient à la franc-maçonnerie et pour des propos malsonnants. Ordre fut donné à notre flotte de croiser sur les côtes des États de l'Église à son retour de Naples. Le pape s'empressa de mettre les artistes en liberté. Mais le secrétaire de Mackau, Hugon de Bassville, qui s'était rendu à Rome pour rendre courage à nos compatriotes, fut massacré le 13 janvier, par la populace qui tenta le lendemain de brûler le ghetto dont les habitants étaient considérés comme les

Albert Mathiez

complices des Français. La Convention adopta l'enfant de Bassville et ordonna de tirer une vengeance écrasante de son assassinat. Mais la flotte de Toulon venait de subir un échec cuisant en Sardaigne où elle avait tenté de débarquer des troupes à la Maddalena. Il fallut remettre à plus tard le moment de venger Bassville.

Survenant un mois après les Vêpres siciliennes de Francfort, cet incident montrait assez que dans la campagne qui allait s'ouvrir, la France révolutionnaire ne pouvait compter que sur elle-même. Les peuples n'étaient pas mûrs pour la révolte. La France expiait son avance intellectuelle sur les autres nations. Quand les opérations militaires recommencèrent, elle restait sans alliés. Elle était trop heureuse d'avoir conservé la neutralité des Suisses, des Scandinaves et des États italiens. Seule contre les plus grandes puissances de l'Europe, jamais, même au temps de Louis XIV, elle n'avait eu à soutenir une lutte aussi gigantesque, car, au temps de Louis XIV, à l'époque la plus critique, elle avait eu du moins l'Espagne à ses côtés. Mais, sous Louis XIV, elle se battait pour soutenir l'orgueil d'une maison royale. Cette fois, ce n'était pas seulement son indépendance qui était en jeu, mais sa dignité nationale, son droit de se gouverner elle-même, et surtout les immenses avantages qu'elle avait retirés de sa Révolution.

8

LA TRAHISON DE DUMOURIEZ

Les frontières naturelles, conquises à l'automne de 1792, furent perdues au printemps de 1793 en quelques semaines. Toute la Belgique était évacuée à la fin du mois de mars, après la défaite de Neervinden, et la rive gauche du Rhin avait le même sort quelques jours plus tard. Au début d'avril nous ne possédions plus au-delà de la frontière du N.-E. que la place de Mayence assiégée. Comment expliquer ces rapides revers après les prodigieux succès qui les avaient précédés ?

Par la faute de Dumouriez qui avait refusé de faire marcher ses soldats jusqu'au Rhin, l'armée de Custine était séparée de l'armée de Belgique par toute une zone de territoire occupée par les Autrichiens et les Prussiens. Ceux-ci s'avançaient comme un coin entre les deux principales armées françaises tout le long de la Moselle, depuis Coblentz jusqu'à Luxembourg. Ils avaient ainsi une position centrale très forte qui leur permettait de manœuvrer par les lignes intérieures.

Puis les coalisés avaient profité du répit que Dumouriez leur avait accordé pour renforcer leurs effectifs et resserrer leur alliance. Frédéric-Guillaume avait à cœur de venger l'échec de Valmy et il avait donné l'ordre à ses généraux de collaborer plus étroitement avec les Autrichiens. Dans la phase précédente, les armées françaises n'avaient vaincu que grâce à leur supériorité numérique et aux complicités d'une partie des populations belges et rhénanes. Ce double avantage leur fait maintenant défaut. Mal nourris et mal vêtus, par suite des vols des fournisseurs protégés par Dumouriez, beaucoup de volontaires, usant du droit que leur conférait la loi, sont rentrés dans leurs foyers. Le territoire étant délivré, ils ont cru leur mission terminée. Les armées françaises n'ont plus sur les armées adverses la supériorité du moral et elles n'ont plus davantage la supériorité du nombre.

Au 1er décembre, elles comptaient environ 400 000 hommes. Au 1er février 1793, elles n'en ont plus que 228 000. L'armée de Belgique a peut-être été plus éprouvée que les autres. « Il y a tel bataillon de volontaires, dit Dubois-Crancé le 7 février, auquel il ne reste pas cent hommes. » Des compagnies comptaient cinq hommes. Ceux qui restent sont des pauvres diables ou des professionnels qui s'adonnent au pillage et à la maraude et qui ne brillent pas par la discipline, s'ils se comportent encore en braves.

Si, du moins, le Gouvernement et le commandement étaient restés unis ! Mais jamais les divisions et les rivalités n'avaient été plus aiguës parmi les hommes qui dirigeaient l'État. Le Comité de défense générale, institué le 1er janvier 1793, trop nombreux (24 membres), délibérant en public, n'était qu'une pétaudière. Le Conseil exécutif, qui lui était maintenant subordonné, ne parvenait à rien résoudre. Les affaires traînaient. Les généraux, forts de leurs victoires passées, obéissaient de moins en moins. Custine, longtemps respectueux, imitait maintenant Dumouriez et dénonçait à son tour, dans ses lettres à Lebrun, la soi-disant incapacité de Pache. Lebrun laissait dire sans rappeler le général à l'obéissance et aux convenances. Dumouriez faisait à Paris un long séjour rempli d'intrigues

Albert Mathiez

louches du 1ᵉʳ au 26 janvier, pendant le procès du roi. Si Cambon qu'il essaya de circonvenir resta irréductible, Danton, Cloots, les chefs girondins lui prêtaient le plus cordial appui. Danton n'hésita pas, le 21 janvier, à prendre position contre Pache, quoique avec des ménagements hypocrites. Sous prétexte que le ministère de la Guerre était trop lourd pour un seul homme, Pache fut renvoyé le 4 février et remplacé par Beurnonville, l'ami et l'instrument de Dumouriez, et Beurnonville fut pourvu de six adjoints qui se partagèrent les différents services. L'administration de la guerre était ainsi en pleine réorganisation à la veille de la reprise des hostilités. C'était le gâchis. Les généraux ayant fait sauter Pache n'étaient guère disposés à se montrer plus dociles à l'égard de son successeur. Custine n'aimait pas Beurnonville.

Une des grandes faiblesses de l'armée, c'est qu'elle était partagée en régiments de ligne et en bataillons de volontaires ayant les uns et les autres un statut distinct et se jalousant réciproquement. Les volontaires élisaient leurs officiers, ils avaient une solde plus élevée, ils étaient soumis à une discipline moins rigoureuse. Pour faire cesser cette dualité fâcheuse de recrutement et de législation, Dubois-Crancé proposa, le 7 février, une réforme profonde, l'amalgame, qui consistait à réunir dans un même corps appelé demi-brigade, deux bataillons de volontaires avec un bataillon de ligne. Les soldats de ligne obtiendraient les mêmes avantages et les mêmes droits que les volontaires. Ils concourraient comme eux aux emplois vacants. Un tiers des places leur serait réservé et pour les deux autres tiers les nominations seraient faites par un ingénieux système de cooptation. Dès qu'un emploi serait vacant, les hommes des grades immédiatement inférieurs désigneraient trois candidats entre lesquels choisiraient les officiers ou sous-officiers du grade à pourvoir. Ainsi l'armée serait « nationalisée », animée d'un même esprit, pourvue de droits égaux, soumise aux mêmes lois. La ligne se pénétrerait de l'esprit civique des volontaires et ceux-ci s'aguerriraient au contact des vieux soldats. Tous les généraux, sauf Valence, se montrèrent hostiles à la réforme. La plupart des Girondins et Barère lui-même la combattirent à la tribune. Elle fut cependant votée grâce aux Montagnards et surtout à Saint-Just, mais trop tard pour être mise en vigueur avant la reprise de la campagne. Elle ne s'exécutera que dans l'hiver de 1793-1794 et

II - LA GIRONDE ET LA MONTAGNE

elle donnera alors les meilleurs résultats. En attendant, régiments de ligne et bataillons de volontaires restèrent séparés.

Malgré les conditions d'infériorité manifeste dans lesquelles se trouvaient les armées françaises, le Comité de défense générale et le Conseil exécutif adoptèrent le plan d'offensive préconisé par Dumouriez. Offensive de désespoir. Dumouriez écrivait d'Anvers, le 3 février : « Si l'armée de Belgique ne prévient pas l'ennemi, elle est perdue. » Il ajoutait : « Si on nous aide et surtout si on traite les Belges avec sagesse et fraternité, j'ose encore promettre de vaincre ; sinon je saurai mourir comme soldat. » Il n'avait nulle envie de mourir, mais il voulait qu'on ménageât les Belges de crainte d'une révolte sur les derrières de ses troupes. Pendant qu'il laisserait sur sa droite le corps de Miranda assiéger Maëstricht et garder les passages de la Roer, pendant qu'un autre corps sous Valence se tiendrait sur la Meuse moyenne prêt à faire face soit aux Autrichiens du Luxembourg soit à ceux de la Roer, lui, Dumouriez, avec une troisième armée, dite de Hollande ou du Nord, se jetterait d'Anvers sur la Hollande par la basse Meuse droit vers Dordrecht et Amsterdam. Les autres armées du Rhin, de la Moselle, des Alpes, d'Italie, des Pyrénées resteraient sur la défensive. Dumouriez explique dans ses mémoires que s'il avait été victorieux, il aurait réuni la Belgique à la Hollande dans un seul État, dont il aurait proclamé l'indépendance, et qu'ensuite il aurait marché sur Paris pour dissoudre la Convention et anéantir le jacobinisme. Il n'aurait confié son projet qu'à quatre personnes, parmi lesquelles, dit Miranda, figuraient Danton, Delacroix et Westermann.

Le plan de Dumouriez avait le défaut de disperser les forces déjà si faibles de la République au lieu de les concentrer sur un seul point. Si Miranda cédait sous la pression autrichienne, les communications de Dumouriez étaient menacées et son expédition de Hollande arrêtée net.

D'abord tout alla bien. Avec 20 000 hommes, il entra en Hollande le 16 février et s'empara rapidement des trois places de Bréda, Gertruydenberg et Klundert qui se rendirent presque sans résistance. Mais, le 1er mars, l'armée de Cobourg se jetait sur l'armée de Belgique dispersée dans ses cantonnements de la Roer et surprise presque sans chefs. Le désastre fut effroyable. Les troupes en débandade évacuèrent Aix-la-Chapelle sans combat. Miranda leva précipitamment le siège de Maëstricht. Liège, à son tour, fut évacuée dans un désordre inexprimable. Valence, qui était accouru, eut grand-peine à rallier les débris des armées.

Après le désastre, dont ils avaient été témoins, Danton et Delacroix se rendirent à Paris moins pour rassurer les esprits que pour sonner l'alarme. Le 8 mars, Delacroix, démentant brutalement l'optimisme de Beurnonville, fit de la situation militaire la plus sombre peinture et Danton renchérit sur Delacroix. Ils firent décider que la Convention enverrait immédiatement dans les sections de Paris et dans les départements des commissaires pris parmi ses membres pour hâter le recrutement des 300 000 hommes dont la levée venait d'être ordonnée. Le soir même, les sections de Paris s'assemblèrent au milieu d'une fièvre patriotique analogue à celle qui les avait secouées à la fin d'août, au moment de la prise de Longwy. Plusieurs, comme celle du Louvre, à l'instigation d'un ami de Danton, Desfieux, réclamèrent l'institution d'un tribunal révolutionnaire pour punir les agents de l'ennemi à l'intérieur. Carrier en fit la proposition le lendemain 9 mars. Danton l'appuya avec force et la fit voter malgré l'opposition violente des Girondins. Le soir même, l'agitation s'intensifiait dans Paris. La société des défenseurs de la République, la section des Quatre-Nations, le club des Cordeliers lançaient un manifeste menaçant contre Dumouriez et contre les Girondins rendus responsables des défaites. Un comité insurrectionnel se formait et essayait d'entraîner les Jacobins et la Commune qui résistaient. Des bandes pillaient les imprimeries de la *Chronique de Paris* et du *Patriote français*.

Le lendemain, 10 mars, Danton remonta à la tribune pour attaquer le ministère et demander qu'il fût renouvelé et qu'on pût le composer de membres de la Convention. Les Girondins l'accusèrent d'aspirer à la dictature et sa proposition fut repoussée. Mais le soir même les troubles recommencèrent. Des agitateurs connus par leurs liaisons avec Danton essayèrent de soulever les sections. La pluie, le refus de Santerre et de Pache de seconder l'insurrection, la ferme attitude des fédérés du Finistère dispersèrent les émeutiers.

Les contemporains ont cru que ces journées des 9 et 10 mars avaient été organisées par Danton d'accord avec Dumouriez. Pendant que Danton attaquait les ministres à la Convention, un agent de Dumouriez, de Maulde, les attaquait aux Jacobins.

II - LA GIRONDE ET LA MONTAGNE

Danton cependant faisait un vif éloge de Dumouriez, tandis que les émeutiers demandaient sa destitution et l'expulsion des « appelants » de la Convention. Contradiction apparente et voulue. Les émeutiers étaient conduits par des hommes, comme Desfieux et comme Proli, qui naguère avaient été les prôneurs attitrés de Dumouriez et qui seront mêlés dans de louches intrigues avec lui, à la veille de sa trahison toute proche. On ne les crut pas sincères quand on les entendit vitupérer le général qu'ils élevaient la veille au pinacle et avec lequel ils s'entendront le lendemain. On connaissait leur passé trouble. On crut que ces gens sans aveu jouaient pour de l'argent le rôle que Danton, qui les payait, leur avait assigné.

Ce qui acheva de donner corps aux soupçons, ce fut l'attitude arrogante que prit Dumouriez, au moment même des troubles. Valence éperdu l'avait rappelé à son secours le 2 mars : « Venez ici, il faut changer le plan de campagne, les minutes sont des siècles. » Il n'avait d'abord rien voulu entendre. Il prétendait que le meilleur moyen de défendre la Belgique, c'était de continuer sa marche sur Rotterdam. Quand il partit enfin pour rejoindre Miranda, le 10 mars, sur l'ordre exprès du Conseil exécutif, il partit seul, laissant en Hollande son armée qui eût été indispensable pour réparer le désastre. Or, pendant que Danton rassurait la Convention sur son compte, il se conduisait en dictateur, se mettant au-dessus des lois. Par une série de proclamations qui se succédèrent coup sur coup, le 11 mars, il ordonnait la restitution de l'argenterie enlevée aux églises belges, la fermeture de tous les clubs, dont certains avaient reçu sa visite, l'arrestation de plusieurs commissaires du Conseil exécutif, comme Chépy. Bref, il anéantissait d'un trait de plume toute l'œuvre révolutionnaire accomplie depuis le décret du 15 décembre. Comme les commissaires de la Convention, Camus et Treilhard, qui le joignaient à Louvain, lui reprochaient sa conduite, il écrivait à la Convention, le 12 mars, la lettre la plus insolente. Il rendait les bureaux de la guerre responsables de la défaite, il déclarait que les réunions avaient été opérées en Belgique à coups de sabre et il évoquait jusqu'au souvenir du duc d'Albe. Sa lettre fut lue au Comité de défense générale, le 15 mars, en même temps qu'une dépêche de Treilhard et de Camus qui attiraient l'attention sur les actes et les menaces du général qu'ils qualifiaient « d'événements graves ». Barère demanda aussitôt au Comité le

Albert Mathiez

décret d'accusation contre Dumouriez. Mais Danton s'opposa à cette mesure qui s'imposait et qui aurait sauvé l'armée. Il dit que Dumouriez avait la confiance du soldat et que sa destitution serait désastreuse. Le Comité se laissa convaincre. Danton et Delacroix repartirent pour la Belgique : « Nous le guérirons ou nous le garrotterons ! » avaient-ils dit. Paroles vaines.

Dumouriez, regroupant les armées de Valence et de Miranda, avait d'abord chassé les Impériaux de Tirlemont, le 16 mars, mais, deux jours plus tard, il subissait une grave défaite à Neervinden sur la Geete. Ses troupes démoralisées battaient en retraite sur Bruxelles quand Danton et Delacroix le rejoignirent à Louvain, dans la nuit du 20 au 21 mars. Ils lui demandèrent de rétracter sa lettre du 12 mars à la Convention. Dumouriez s'efforça de les animer contre les Girondins. Il refusa de se rétracter. Tout ce que les commissaires obtinrent, ce fut un court billet par lequel il priait l'Assemblée de ne rien préjuger sur sa lettre du 12 mars avant qu'elle eût reçu le résultat de ses conférences avec ceux-ci, qui s'en contentèrent. Pendant que Delacroix restait au quartier général, Danton retourna à Paris pour informer le Comité. Il plane sur son retour une étrange obscurité. Il aurait dû avoir hâte de rentrer le plus tôt possible pour rendre compte du désastre de Neervinden et de la rébellion de Dumouriez. Or, il ne reparut au Comité que le 26 mars au soir, quand il ne fallait que deux jours au grand maximum pour faire le trajet de Bruxelles et il était parti le 21 de grand matin. Pendant cinq longs jours il disparut, il resta introuvable. Et Dumouriez mettait à profit ce répit pour jeter le masque et changer sa rébellion en trahison. Le 23 mars, il entrait en rapport avec Cobourg par l'intermédiaire de son aide de camp Montjoye. Il lui exposait son projet de dissoudre la Convention par la force et de rétablir la monarchie. Il s'engagea à évacuer toute la Belgique et à remettre à l'ennemi les trois places d'Anvers, de Bréda et de Gertruydenberg. Ce qui fut immédiatement exécuté. Le 26 mars, Dumouriez se rencontrait à Tournai avec trois Jacobins très suspects, agents secrets employés par Lebrun, Dubuisson, Pereira et Proli, qui avaient joué un rôle dans les troubles de Paris des 9 et 10 mars et qui avaient très probablement conféré avec Danton avant de voir Dumouriez. D'après celui-ci, ces trois hommes étaient venus lui proposer de s'entendre avec les Jacobins pour dissoudre la Convention. D'après leur version, ce serait Dumouriez lui-même qui aurait fait cette proposition qu'ils auraient rejetée. Il fut question au cours de l'entretien de la délivrance de la reine.

Or, pendant que Dumouriez conférait à Tournai avec ces trois émissaires suspects, Danton persistait à le défendre devant le Comité de défense générale contre Robespierre qui réclamait en vain sa révocation immédiate, ce jour même du 26 mars. Ce ne fut que le 29 mars au soir que le Comité se décida enfin à prendre la mesure que Danton avait retardée depuis quinze jours. Il décida d'envoyer à l'armée quatre nouveaux commissaires, Camus, Quinette, Lamarque et Bancal, avec le ministre de la Guerre Beurnonville, pour destituer Dumouriez et le mettre en arrestation. Ce furent les commissaires et le ministre qui furent arrêtés. Dumouriez les livra à l'ennemi le 1er avril au soir. Ils resteront deux ans en captivité.

Dumouriez essaya d'entraîner son armée sur Paris pour rétablir la monarchie. Mais tous les commissaires de la Convention n'avaient pas été arrêtés. Ceux qui étaient restés à Lille le mirent hors la loi et défendirent à ses lieutenants de lui obéir. Le Veneur, qui commandait au camp de Maulde, se hâta d'envoyer son aide de camp Lazare Hoche pour avertir la Convention des ordres donnés par Dumouriez. Davout, qui commandait le 3e bataillon des volontaires de l'Yonne, ordonna à ses hommes de tirer sur celui-ci le 4 avril. Pour échapper aux balles, Dumouriez dut s'enfuir à bride abattue chez les Autrichiens et, quand il revint au camp de Maulde, le 5 avril, escorté par des dragons impériaux, sa trahison flagrante souleva contre lui l'armée qui se mit d'elle-même en marche vers Valenciennes. Dumouriez se réfugia chez les Autrichiens avec Égalité fils, Valence et un millier d'hommes.

Les Comités crurent que Dumouriez avait des complices à Paris même et jusque dans la Convention. Réunis dans la nuit du 31 mars au 1er avril, les Comités de défense et de sûreté générale firent arrêter Philippe Égalité et le marquis de Sillery son ami, également député. Ils invitèrent en même temps Danton à venir leur donner des éclaircissements sur la situation de la Belgique. C'était presque un mandat d'amener, car semblable lettre avait été écrite à Philippe Égalité et à Sillery. Le bruit courut que Danton était lui aussi arrêté. Marat lui avait reproché le soir même aux Jacobins ce qu'il appelait son imprévoyance. Le 1er avril, à la Convention, Lasource accusa nettement Danton de s'être entendu avec Dumouriez pour faire réussir son coup d'État monarchique. Birotteau prétendit que Fabre d'Eglantine avait proposé au Comité de sûreté générale de rétablir la royauté. Ni Lasource ni Birotteau ne connaissaient les relations secrètes que Danton avait entretenues au moment même avec l'émigré Théodore Lameth qui les a racontées dans ses mémoires. Danton paya d'audace. D'accusé, il se fit accusateur. Les amis de Dumouriez, dit-il, c'étaient Brissot, Guadet, Gensonné, qui correspondaient régulièrement avec lui. Les amis de la royauté, c'étaient ceux qui avaient voulu sauver le tyran, ceux qui calomniaient Paris, citadelle de la Révolution. La Montagne coupait sa violente attaque d'applaudissements frénétiques. Marat lui soufflait de nouvelles accusations : « Et leurs petits soupers ? » disait Marat, et Danton reprenait : « Il n'y a que ceux qui ont fait des soupers clandestins avec Dumouriez, quand il était à Paris... — Marat : Lasource ! Lasource en était ! — Danton : Oui, eux seuls sont les complices de la conjuration ! » La manœuvre réussit. La commission d'enquête que les Girondins avaient d'abord fait voter ne fut jamais formée. Bien mieux, Danton entrait avec Delacroix au Comité de salut public, créé, le 5 avril, en remplacement du Comité de défense générale et sur des bases nouvelles. Le nouveau Comité n'aurait plus que neuf membres, délibérerait en secret et aurait des pouvoirs accrus.

Un an plus tard, les mêmes Montagnards, qui avaient porté Danton en triomphe parce qu'il les avait vengés de la Gironde, reprendront contre lui les accusations de Birotteau et de Lasource. Ils croiront eux aussi à sa complicité avec Dumouriez et ils le feront traduire pour royalisme au tribunal révolutionnaire.

La Coalition avait vengé ses revers de l'année précédente. Ses armées allaient de nouveau porter la guerre sur le territoire français. Et devant l'immense péril, la France se déchirait elle-même. Déjà la Vendée faisait rage !

9

LA VENDÉE

L'insurrection cléricale et royaliste, qui éclate le 10 mars 1793 dans le département de la Vendée et les départements limitrophes, n'est que la manifestation suprême, l'épisode le plus redoutable des résistances et des mécontentements qui travaillaient les masses populaires dans toute la France. La fermentation fut, en effet, à peu près générale et partout elle eut en premier lieu des causes d'ordre économique et social. Les raisons d'ordre politique et religieux ne vinrent qu'ensuite, comme le corollaire des premières. L'abolition de la réglementation des subsistances par le décret du 8 décembre, la mort du roi étaient suivies d'un renchérissement rapide des denrées et d'une recrudescence de misère.

L'assignat perdait en février 50 en moyenne. Tous les témoignages concordent pour établir que la disproportion entre les salaires et le prix de la vie s'était aggravée d'une façon prodigieuse.

Le 25 février le député Chambon déclare, sans être démenti, que dans la Corrèze, la Haute-Vienne et la Creuse, le pain noir vaut de 7 à 8 sols la livre, et il ajoute : « La classe indigente, dans ces départements malheureux, ne gagne que 9 ou 10 sols par jour », c'est-à-dire que son salaire lui permettait tout juste d'acheter une livre de pain ! Dans l'Yonne, le prix du blé a triplé et les salaires, ici encore, suffisent à peine à l'achat du pain. « Une preuve, dit M. Porée, que la nourriture absorbait à elle seule presque tout le gain de l'ouvrier, c'est que, s'il était nourri par le patron ou le client, son salaire se trouvait réduit des deux tiers. Le serrurier qui gagnait 3 l. 10 s. sans la nourriture ne touchait que 1 l. 10 s. s'il était nourri. La maigre paye qu'il rapportait le soir au logis s'écoulait tout entière pour le pain de la femme et des enfants. »

Les villes souffrent plus encore que les campagnes. A Paris, la disette est presque à l'état permanent. Les troubles recommencent après le procès du roi. Ceux des 24, 25 et 26 février sont d'une gravité particulière. Ils commencent par une émeute de blanchisseuses qui se plaignent de ne plus pouvoir acheter de savon, dont le prix a passé de 14 à 22 sous la livre. On pille des épiceries. On taxe révolutionnairement les objets de première nécessité. Les pétitions menaçantes se succèdent pour réclamer de la Convention le cours forcé de l'assignat, la peine de mort contre les accapareurs, le maximum. Jacques Roux, au milieu des troubles, le 25 février, justifie le pillage des épiceries : « Je pense, dit-il à la Commune, que les épiciers n'ont fait que restituer au peuple ce qu'ils lui faisaient payer beaucoup trop cher depuis longtemps. »

A Lyon, la situation est plus alarmante encore. Le 26 janvier, quatre mille canuts demandent à la municipalité d'imposer un tarif de façons aux fabricants. Pour résister aux ouvriers qui sont appuyés par la municipalité, les fabricants et les riches s'organisent. Le maire girondin Nivière-Chol démissionne. Il est réélu le 18 février, et, à cette occasion, le club central dirigé par Chalier, président du tribunal du district, est saccagé, la statue de J.-J. Rousseau brisée, l'arbre de la liberté brûlé. Les troubles sont si sérieux que la Convention envoie à Lyon trois commissaires, Basire, Rovère et Legendre, qui essaient vainement de tenir la balance entre les deux partis ou plutôt entre les deux classes en lutte. Les ouvriers, qui payaient le pain six sous la livre, réclamaient un impôt progressif sur le capital, en même temps que la taxe des salaires et la taxe des denrées et l'institution d'une armée révolutionnaire pour exécuter les taxes.

Sans attendre que leurs demandes fussent converties en lois, les autorités locales dévouées au peuple et ensuite les commissaires de la Convention vont de l'avant, sous l'aiguillon de la nécessité. Le district de Chaumont, malgré la loi du 8 décembre, continue à approvisionner ses marchés par la voie des réquisitions. Dans l'Aveyron, les représentants Bô et Chabot soumettent les riches à une taxe de guerre pour nourrir les nécessiteux. Saint-André, dans le Lot, remet en vigueur les lois abrogées en ordonnant des recensements et des réquisitions de grains.

Les commissaires signalent tous que le renchérissement est la cause profonde des troubles et de la désaffection grandissante des populations pour le régime : « *Il faut très impérieusement faire vivre le pauvre si vous voulez qu'il vous aide à achever la Révolution,* écrit Saint-André à Barère le 26 mars. Dans les cas extraordinaires, il ne faut voir que la grande loi du salut public. » Sa lettre est très intéressante, parce qu'elle souligne, en même temps que les raisons économiques, les raisons politiques du mécontentement général. Celles-ci ne sont pas difficiles à définir. Les luttes violentes des Girondins et des Montagnards ont propagé l'incertitude, la défiance, le découragement. Les propriétaires n'ont pas mieux demandé que de croire les Girondins quand ceux-ci leur répétaient depuis plusieurs mois que les Montagnards en voulaient à leurs biens.

Par crainte de l'anarchie et de la loi agraire, ils se sont rejetés à droite. Ils ne sont pas loin de regretter la monarchie qui commence à leur apparaître maintenant comme la plus sûre garantie de l'ordre. Quant aux artisans des villes et aux manœuvres des campagnes, la gêne et la misère où ils se débattent les prédisposent à entendre alternativement et les sollicitations de la réaction et les appels d'une révolution nouvelle. La formation de la première coalition, suivie immédiatement des défaites de Belgique et du Rhin, a rendu enfin au parti royaliste la confiance et l'énergie. Telle est l'atmosphère économique et morale dans laquelle a couvé l'insurrection de la Vendée, dont la levée de 300 000 hommes fut le signal.

Il faut dire tout de suite que la loi du recrutement prêtait par son arbitraire aux critiques les plus justifiées. « Dans le cas où l'inscription volontaire, disait l'article 11, rédigé par Prieur de la Marne, ne produirait pas le nombre d'hommes fixé pour chaque commune, les citoyens seront tenus de le compléter sans désemparer et, pour cet effet, ils adopteront le mode qu'ils trouveront le plus convenable à la pluralité des voix. » « Quel que soit le mode adopté, disait l'article 13, par les citoyens assemblés pour compléter leur contingent, le complément en sera pris parmi les garçons et veufs sans enfants, depuis l'âge de dix-huit jusqu'à quarante ans accomplis. » C'était introduire la politique et les cabales dans la désignation des recrues. Le Montagnard Choudieu avait même proposé, lors du débat, que les recrues fussent obligatoirement choisies à l'élection. « J'ai proposé l'élection, avait-il dit, parce que j'ai pensé que les citoyens assemblés choisiraient de préférence les riches, ceux dont les familles sont dans l'aisance et peuvent se passer de leur travail, j'observe d'ailleurs que les riches ont encore peu fait pour la Révolution et qu'il serait peut-être temps qu'ils paient de leur personne. C'est, après tout, un honneur de servir son pays, et puisqu'on accorde par un article subséquent de se faire remplacer, j'estime que ce sera double bénéfice pour le citoyen pauvre de ne pas être choisi en première ligne, puisque, avec cette prime d'enrôlement versée par le riche, il pourra être utile davantage aux siens, tout en servant son pays. » Infidèle aux principes de la déclaration des droits, la Convention se refusa en effet à imposer aux riches le service personnel, un Montagnard faisait l'éloge du remplacement !

Mais ce privilège accordé à la richesse ne pouvait manquer de paraître insupportable et abusif à un peuple qui avait fait depuis le 10 août de grands progrès dans le sentiment de l'égalité. Puis, en laissant à l'arbitraire des majorités le soin de désigner les recrues, la Convention livrait le recrutement à toutes les passions locales déchaînées. Jusque dans les départements les plus patriotes, il y eut des plaintes et des résistances fort vives provoquées par des abus criants. Dans la Sarthe, qui avait pourtant levé quatorze compagnies en août 1792, au lieu de six qui lui étaient demandées, les jeunes gens protestèrent contre l'exemption dont jouissaient les fonctionnaires élus et les hommes mariés. Dans beaucoup de communes, ils voulurent exiger que les acquéreurs de biens nationaux, autrement dit les profiteurs de la Révolution, fussent désignés d'office pour partir avant tous les autres. Dans presque tous les départements, les abus furent très graves. Tantôt les aristocrates ayant la majorité désignèrent les républicains pour partir. Tantôt ce fut l'inverse. Il y eut des coalitions de riches ou de pauvres. Il ne fut pas rare que les partisans des prêtres réfractaires, comme dans le Bas-Rhin, fissent désigner les curés constitutionnels. C'est seulement dans les communes unies qu'on procéda à l'enrôlement par le moyen du tirage au sort qui rappelait l'ancienne milice, mais ne prêtait pas aux mêmes abus. Dans les villes et les bourgs, on imposa assez souvent des taxes aux riches et, au moyen de l'argent ainsi obtenu, on acheta les hommes qui formèrent le contingent. Frappé des inconvénients de la loi, le département de l'Hérault, par son arrêté du 19 avril 1793, voulut y couper court, en confiant à un comité spécial formé par les autorités locales le droit de désigner les recrues par une réquisition personnelle et directe. Une taxe sur les riches permit d'indemniser les citoyens ainsi réquisitionnés. Ce mode de recrutement n'avait pas été prévu par la loi, mais il avait le grand avantage de mettre la levée dans la main des autorités révolutionnaires. Aussi fut-il approuvé par la Convention, sur le rapport de Barère, le 13 mai 1793, et proposé en exemple. De nombreux départements, le Doubs, le Cher, l'Allier, la Corrèze, la Haute-Vienne, l'adoptèrent. Paris fit de même quand il lui fallut lever 12 000 volontaires pour combattre les Vendéens. Chacun de ces volontaires ou plutôt de ces réquisitionnaires reçut une prime de 500 livres, d'où leur nom de « héros à 500 livres ».

Dans l'Ouest, les résistances à la loi sur le recrutement provoquèrent une insurrection terrible. Le jour fixé pour le tirage, le dimanche 10 mars, et les jours suivants, les paysans se soulevèrent simultanément depuis les côtes à l'Ouest jusqu'aux villes de Cholet et de Bressuire à l'Est. Armés de fléaux, de broches, de quelques fusils, souvent conduits par leurs maires, ils entrent dans les bourgs aux cris de *la paix ! la paix ! pas de tirement !* Les gardes nationaux sont désarmés, les curés constitutionnels et les municipaux exécutés sommairement, les papiers officiels brûlés, les maisons des patriotes dévastées.

A Machecoul, ancienne capitale du pays de Retz, les massacres ordonnés par un ancien receveur des gabelles, Souchu, durent plus d'un mois et font 545 victimes. Le président du district Joubert eut les poignets sciés avant d'être tué à coups de fourche et de baïonnette. Il y eut des patriotes enterrés vivants. En un seul jour, 23 avril, cinquante bourgeois liés deux à deux en chapelets furent fusillés dans une prairie voisine.

Le paysan vendéen tuait avec joie le bourgeois révolutionnaire qu'il avait rencontré souvent au champ de foire, le monsieur dont il sentait le mépris indulgent, l'incrédule qui allait au club satanique, l'hérétique qui suivait les mauvaises messes. « Telle était la fureur populaire, dit le prêtre réfractaire Chevalier, qu'il suffisait d'avoir été à la messe des intrus pour être emprisonné d'abord et ensuite assommé ou fusillé sous prétexte que les prisons étaient pleines comme au 2 septembre. »

Les premières bandes avaient à leur tête d'anciens soldats, des contrebandiers ou faux-sauniers, d'anciens gabelous que la suppression de leur emploi avait tournés contre la Révolution, des valets de nobles. Les chefs étaient d'abord des hommes du peuple : dans les Mauges le voiturier Cathelineau, sacristain de sa paroisse, le garde-chasse Stofflet, ancien soldat ; dans le Marais breton, le perruquier Gaston, le procureur Souchu, le chirurgien Joly. Les nobles, beaucoup moins religieux que leurs métayers, n'apparurent qu'ensuite, après s'être fait prier parfois, le cruel Charette, ancien lieutenant de vaisseau, dans le Marais, le chevaleresque Bonchamp dans les Mauges, dans les Mauges aussi d'Elbée, un Saxon naturalisé français en 1757, dans le Bocage, un ancien lieutenant-colonel, Royrand, le garde du corps Sapinaud, Baudry d'Asson, Du Retail, dans le Poitou proprement dit Lescure et La Rochejaquelein, mais ceux-ci furent les derniers à se rallier à la révolte, seulement au début d'avril, après la trahison de Dumouriez, qui les décida.

Les prêtres réfractaires sortirent presque aussitôt de leurs cachettes pour enflammer le zèle des combattants. L'un d'eux, l'abbé Bernier, siégea au conseil de l'armée catholique et royale. Un autre, l'aventurier Guillot de Folleville, se fit passer pour l'évêque *in partibus* d'Agra et présida en cette qualité aux *Te Deum.*

Les rapides succès des insurgés ne s'expliquent pas seulement par le fanatisme, la soif du martyre qui les animait. Ils habitaient un pays d'accès difficile, un bocage coupé de haies, favorable aux embuscades, presque dépourvu de routes et de chemins, où les agglomérations étaient rares, la population étant disséminée dans une foule de métairies isolées. Les bourgeois patriotes qui habitaient les rares bourgs n'étaient qu'une petite minorité.

L'action des prêtres sur le soulèvement n'est pas niable, mais ne fut qu'indirecte. Le quart à peine de ceux qui étaient en fonctions au moment de la Constitution civile du clergé avaient prêté le serment. Une infinité de paroisses n'avaient pu être pourvues de prêtres constitutionnels. Une congrégation de missionnaires, les Mulotins, dont le siège était au cœur du Bocage, à Saint-Laurent-sur-Sèvre, avait organisé de nombreux pèlerinages en 1791 et 1792. Il y avait eu des miracles dans plus d'une chapelle. En se soulevant, le paysan vendéen ne voulait pas seulement éviter l'odieux service militaire, mais se battre encore pour son Dieu et pour son roi. Les révoltés arborèrent presque aussitôt un Sacré-Cœur d'étoffe qu'ils portaient sur leur courte veste. La jacquerie prit l'aspect d'une croisade.

Dès le début les paysans s'avançaient à l'assaut à l'abri du mur vivant de leurs prisonniers, qu'ils poussaient devant eux. Habiles à se dissimuler et bons tireurs, ils employaient de préférence l'ordre dispersé, cherchaient à déborder les Bleus et à les envelopper par leurs lignes de tirailleurs. Les nobles qui les commandaient avaient fait la guerre. Ils surent s'emparer des points stratégiques, ils coupèrent les ponts. Ils essayèrent de mettre de l'ordre dans la cohue de leurs hommes. Ils organisèrent des conseils de paroisse et de district, une comptabilité, des réserves. Ils se procurèrent des armes, des canons, des équipements dans les bourgs qu'ils prirent par surprise. Ils essayèrent de recruter, à l'aide des déserteurs républicains et parmi leurs prisonniers, un noyau d'armée permanente. Mais ils ne réussirent jamais que très imparfaitement à coordonner leurs efforts. Charette répugnait à toute discipline. Il ne voulait pas sortir de son Marais. Les autres chefs se jalousaient. Pour se mettre d'accord, ils élevèrent au rang de généralissime le saint de l'Anjou, Cathelineau, qui ne fut jamais qu'un chef nominal. Les paysans répugnaient à s'éloigner de leurs paroisses et à laisser leurs champs en souffrance. D'ailleurs l'intendance ne fut jamais qu'embryonnaire. Quand le paysan avait consommé ses vivres, il était obligé de quitter l'armée. Aussi les chefs eurent-ils beaucoup de peine à combiner de grandes opérations suivies et méthodiques. Ils furent réduits à des coups de main. C'est ce qui sauva la République.

A la première nouvelle des troubles, la Convention vota, le 19 mars, un décret terrible qui punissait de mort tous les rebelles qui seraient pris les armes à la main et qui ordonnait la confiscation de leurs biens. Le vote fut unanime. Lanjuinais fit même renforcer le premier texte que Marat au contraire trouvait trop sévère. Mais les Girondins, dans leur ensemble, affectèrent ensuite de ne pas prendre le soulèvement très au sérieux. Déjà, ils avaient essayé de cacher la gravité des défaites de Belgique. Brissot, dans son journal, redoubla sa campagne contre les anarchistes et, dans son numéro du 19 mars, il représenta les Vendéens comme mis en mouvement par les émissaires secrets des Montagnards, eux-mêmes agents de Pitt. La Gironde endormait la vigilance des révolutionnaires et ne semblait plus capable de sacrifier ses rancunes à l'intérêt national.

La défense des frontières, fort compromise, absorbait presque toute l'armée de ligne. On ne put détacher en Vendée, à la première heure, qu'un régiment de cavalerie, un peu d'artillerie et la 35e légion de gendarmerie composée d'anciens gardes françaises et des vainqueurs de la Bastille. La plus grande partie des forces républicaines, qui ne dépassaient pas quinze à seize mille hommes, furent formées de gardes nationaux hâtivement levés dans les départements voisins.

Heureusement, les bourgeois des ports firent une belle et victorieuse résistance. Ceux des Sables-d'Olonne repoussèrent à deux reprises, les 23 et 29 mars, les assauts furieux des rebelles.

Albert Mathiez

Ceux de Pornic et de Paimbœuf firent de même. Ainsi la Vendée ne put communiquer avec l'Angleterre et avec les princes, qui ignorèrent d'abord toute son importance.

Après les victoires de Cathelineau et d'Elbée à Chemillé, le 11 avril, de La Rochejaquelein aux Aubrais, le 13 avril, de l'armée d'Anjou à Coron, le 19 avril ; après la capitulation du général républicain Quétineau dans Thouars, le 5 mai, avec 4 000 fusils et 10 canons, le Conseil exécutif se décida enfin à envoyer dans l'Ouest des troupes régulières, d'abord la légion du Nord commandée par Westermann, puis des bataillons spéciaux formés d'un prélèvement de six hommes par compagnie, opéré dans toutes les armées. Deux armées furent alors organisées : celle des côtes de Brest au nord de la Loire, sous Canclaux, celle des côtes de La Rochelle, au sud, sous Biron.

On avait pu craindre pendant les premiers temps que l'incendie ne se généralisât dans toute la France. Les royalistes firent un grand effort à l'occasion du recrutement. En Ille-et-Vilaine, vers le 20 mars, des rassemblements nombreux et armés se formèrent un peu partout au cri de : *Vivent le roi Louis XVII, les nobles et les prêtres !* Dans le Morbihan, la situation fut plus critique encore. Deux chefs-lieux de district, La Roche-Bernard et Rochefort, tombèrent au pouvoir des insurgés qui y commirent des horreurs. Heureusement les commissaires de la Convention, délégués par le décret du 9 mars, étaient déjà à leur poste quand la révolte éclata. Sevestre et Billaud-Varenne déployèrent une telle vigueur que les paysans furent écrasés par les gardes nationales des villes à Redon et à Rochefort, et leurs chefs arrêtés. La Vendée bretonne fut ainsi étouffée dès sa naissance. Elle devait se rallumer plus tard dans la chouannerie.

Dans l'Indre-et-Loire, Goupilleau et Tallien durent faire reclure tous les prêtres perturbateurs et les hommes suspects, assujettir tous les parents d'émigrés à un appel au chef-lieu du district. Dans la Vienne, il y eut des attroupements qu'il fallut disperser par la force. Dans le Bas-Rhin, pays très fanatique, il y eut un soulèvement grave à Molsheim, qui dura deux jours, les 25 et 26 mars. Mais c'est dans la Lozère et dans les départements voisins que le royalisme fit son plus grand effort après la Vendée. Les mêmes prêtres et nobles qui avaient déjà organisé, à la fin de 1790 et 1791, le camp de Jalès, les prieurs Claude Allier et Solier, l'ancien Constituant Marc Charrier levèrent, à la fin de mai, une troupe de deux mille hommes et tinrent la campagne pendant plusieurs jours. Un instant Marvéjols et Mende tombèrent en leur pouvoir, et leurs bourgeois patriotes furent pillés et massacrés. Mais un renfort vint de l'armée des Pyrénées. Les républicains rentrèrent dans ces villes presque aussitôt. Ils s'emparèrent de Charrier qui fut envoyé à l'échafaud.

La Vendée et les émeutes royalistes connexes eurent sur le développement ultérieur de la Révolution les conséquences les plus graves. Les républicains effrayés quittèrent en grand nombre le parti girondin, qui répugnait aux mesures énergiques, pour passer au parti montagnard qui apparaissait, de plus en plus, comme le parti de la résistance révolutionnaire. Les Montagnards eux-mêmes évoluèrent plus à gauche. Ils avaient jusque-là repoussé les taxes réclamées par les Enragés. Marat lui-même avait attaqué Jacques Roux à l'occasion des troubles alimentaires du 25 février à Paris. Les Montagnards comprennent maintenant la gravité de la crise économique. Pour maintenir leur contact avec les masses, ils adoptent, un peu à contrecœur sans doute, et ils font voter la plupart des mesures proposées par les Enragés : d'abord le cours forcé de l'assignat, le 11 avril, puis le maximum des grains, le 4 mai.

Mais ce n'est pas seulement dans le domaine économique que se succèdent les mesures extraordinaires ou « révolutionnaires », mais aussi dans le domaine politique. Pour tenir en respect et pour surveiller les aristocrates et les agents de l'ennemi, sont créés, le 20 mars, les comités de surveillance, qui seront les pourvoyeurs du tribunal révolutionnaire, déjà institué dix jours plus tôt. Pour permettre aux représentants en mission d'étouffer toutes les résistances, on accroît leurs pouvoirs, on en fait des proconsuls, des dictateurs.

La Vendée eut pour contrepartie la Terreur. Mais la Terreur ne pouvait fonctionner que par les Montagnards qui en avaient créé les rouages et à leur profit. La Vendée creusa ainsi la chute de la Gironde.

Albert Mathiez

10

LA CHUTE DE LA GIRONDE

Les défaites de Belgique et du Rhin, la trahison de Dumouriez, l'insurrection de la Vendée exaspérèrent la lutte entre la Gironde et la Montagne. Les deux partis se renvoyaient à l'envi l'accusation de trahison. Lasource l'avait lancée contre Danton dans la tragique séance du 1er avril. Danton et les Jacobins la reprirent pour la retourner contre leurs adversaires.

Dès le 5 avril, les Jacobins invitaient leurs sociétés affiliées à faire pleuvoir des pétitions pour demander la destitution, le rappel des conventionnels qui avaient trahi leur devoir en essayant de sauver le tyran. L'idée du rappel des *appelants* n'était pas nouvelle. Déjà les émeutiers du 10 mars, les Varlet, les Desfieux, les Fournier, autrement dit les Enragés, l'avaient formulée à diverses reprises. Mais jusque-là ils avaient été désavoués par les Montagnards. Maintenant, cinq jours après la dénonciation de Lasource contre Danton, les Jacobins donnent à l'idée le poids de leur autorité. Il est facile de conjecturer qu'entre les Enragés et les Jacobins Danton s'était entremis pour un rapprochement nécessaire. Et le rapprochement se fortifia dans la suite. Les Jacobins et les Montagnards, pour acheter l'appui des Enragés contre la Gironde, se rallièrent au maximum des grains.

L'adresse des Jacobins du 5 avril était donc un acte grave par ses conséquences. Jusque-là c'étaient les Girondins qui avaient pris l'initiative des demandes d'exclusion contre leurs adversaires, contre Robespierre, contre Marat, contre le duc d'Orléans, contre Danton. Maintenant c'est la Montagne qui prend l'offensive à son tour. Et elle a derrière elle les meneurs et les agitateurs mêlés à toutes les émeutes antérieures, les guides habituels des foules affamées.

Si la position morale de la Gironde a déjà été fortement entamée depuis les insuccès répétés de sa politique intérieure et extérieure, sa position parlementaire reste encore très forte. Sans doute elle n'est plus en possession exclusive du gouvernement. Le Conseil exécutif, qu'elle avait formé à son image dans les premiers jours, a été presque entièrement renouvelé. Roland a quitté l'Intérieur au lendemain du supplice du roi, et son successeur Garat est un homme prudent qui évite de se compromettre. Gohier, qui tient le portefeuille de la Justice depuis le 20 mars, n'est pas plus brave que Garat. Le successeur de Beurnonville à la Guerre, le colonel Bouchotte est un autre Pache, qui peuple ses bureaux d'Enragés. Enfin le nouveau ministre de la Marine, Dalbarade, nommé le 10 avril, en remplacement de Monge, a été désigné par Danton.

La Gironde ne peut plus compter absolument que sur Lebrun et sur Clavière, qui sont aux Affaires étrangères et aux Finances. Mais le Conseil exécutif n'a plus de pouvoir de décision. Il est étroitement subordonné au Comité de salut public auquel il rend des comptes, et le Comité de salut public, formé le 5 avril, échappe à la Gironde. Des neuf membres qui le composent au début, sept appartiennent au Centre et deux à la Montagne, Danton et Delacroix, et encore ce dernier est-il une recrue toute récente pour le parti jacobin.

C'est donc le Centre, ceux qui se targuent d'indépendance, ceux qui refusent d'épouser les passions des deux partis, qui tiennent le gouvernement. Barère et Cambon sont leurs chefs. Ils votent avec la Montagne toutes les fois qu'il s'agit de mesures rigoureuses à prendre pour le salut de la Révolution. Mais ils gardent la défiance invincible de la Commune de Paris et de Danton qui fut souvent son inspirateur. Dans presque tous les scrutins, où il s'agit de questions de personnes et où la politique parisienne est en cause, ils votent avec la Gironde. Et il se trouve que la Gironde, qui n'est plus au gouvernement, possède encore la majorité dans l'Assemblée. Avant la trahison de Dumouriez, celle-ci choisissait encore assez souvent ses présidents parmi les hommes du Centre. Après le 1er avril jusqu'au 31 mai, tous les présidents qui se succèdent sont Girondins ; 18 avril, Lasource ; 2 mai, Boyer-Fonfrède ; 16 mai, Isnard. C'est que la circulaire des Jacobins du 5 avril a eu pour résultat d'apeurer la Plaine et de la dresser défiante contre la Montagne. Quand la Gironde, pour sauver le roi, avait fait appel aux départements, la Plaine lui avait donné tort et elle avait voté avec la Montagne contre l'appel au peuple. Maintenant, c'est la Montagne qui s'adresse aux assemblées primaires pour leur demander d'exclure les Girondins de la Convention. La Plaine, fidèle à elle-même, lui donne tort à son tour comme elle a donné tort à la Gironde. La Plaine a pour raison d'être de représenter et de défendre l'intérêt

Albert Mathiez

public contre les factions.

La Montagne est d'ailleurs affaiblie par le départ des 86 commissaires à la levée des 300 000 hommes. Presque tous ces commissaires ont été pris dans ses rangs, à dessein diront bientôt les Montagnards, afin d'éloigner de la tribune quelques-uns de leurs meilleurs orateurs. Et il est de fait que Brissot écrivait, le 14 mars, dans son journal : « Dans la Convention nationale, l'absence des têtes les plus effervescentes permet de délibérer avec plus de tranquillité et, par conséquent, avec plus de vigueur. » La Gironde avait tort pourtant de se réjouir du départ des commissaires montagnards. Elle ne voyait pas que ceux-ci allaient prendre contact dans les départements avec ses anciens partisans, dissiper leurs préventions contre Paris et les attirer peu à peu dans leur parti.

La Gironde aurait pu mépriser la circulaire des Jacobins du 5 avril. Mais la Gironde n'était pas seulement impatiente de se justifier de l'accusation de complicité avec Dumouriez, elle croyait l'occasion propice pour abattre ses rivaux. Elle ne voulait voir dans les Montagnards que des agents masqués du duc d'Orléans. Or, Philippe Égalité venait d'être arrêté comme complice de Dumouriez. Cela lui donnait confiance.

Le 12 avril, Guadet donna lecture à la Convention de la circulaire des Jacobins du 5 avril, et il réclama le décret d'accusation contre Marat, qui l'avait signée en qualité de président du club. Après de violents débats, la mise en accusation de Marat fut votée le lendemain à l'appel nominal par 226 voix contre 93 et 47 abstentions. Triomphe sans lendemain ! Les juges et les jurés du tribunal révolutionnaire étaient tout acquis à la Montagne. La Commune, de nombreuses sections parisiennes manifestèrent en faveur de « l'Ami du peuple », ainsi que plusieurs clubs de province, comme ceux de Beaune et d'Auxerre. Un peuple immense l'accompagna au tribunal. Interrogé pour la forme, il fut acquitté, le 24 avril, par les considérants les plus élogieux. La foule le couronna de fleurs et le ramena sur ses épaules jusqu'à son siège de député, en défilant au milieu de la Convention. Marat était plus populaire, plus redoutable que jamais. La répression girondine impuissante n'avait fait que stimuler l'ardeur des représailles.

Dès le 15 avril, deux jours après la mise en accusation de Marat, 35 sections parisiennes (sur 48), accompagnées par la municipalité avec le maire Pache, venaient apporter à la Convention une pétition menaçante contre les 22 chefs girondins les plus marquants : Brissot, Guadet, Vergniaud, Gensonné, Grangeneuve, Buzot, Barbaroux, Salle, Birotteau, Petion, Lanjuinais, Valazé, Lehardy, Louvet, Gorsas, Fauchet, Lasource, Pontécoulant, etc. La pétition avait été lue par le jeune Rousselin, notoirement connu par ses liaisons avec Danton. Aussi Lasource ne se fit pas faute d'accuser celui-ci d'avoir dressé la liste des 22.

Les Girondins répliquèrent à l'adresse des sections en demandant, par la bouche de Lasource et de Boyer-Fonfrède, que les assemblées primaires fussent convoquées pour prononcer sur tous les députés sans distinction. Mais Vergniaud lui-même fit écarter leur motion comme dangereuse. Elle aurait pu généraliser la guerre civile.

La Gironde fit un grand effort pour ressaisir la majorité à Paris même, et pour dresser de nouveau les départements contre la Montagne. Petion, dans une *Lettre aux Parisiens,* parue à la fin d'avril, appela tous les hommes d'ordre à la lutte : « Vos propriétés sont menacées et vous fermez les yeux sur ce danger. On excite la guerre entre ceux qui ont et ceux qui n'ont pas, et vous ne faites rien pour la prévenir. Quelques intrigants, une poignée de factieux vous font la loi, vous entraînent dans des mesures violentes et inconsidérées, et vous n'avez pas le courage de résister ; vous n'osez pas vous présenter dans vos sections pour lutter contre eux. Vous voyez tous les hommes riches et paisibles quitter Paris, vous voyez Paris s'anéantir et vous demeurez tranquilles... Parisiens, sortez enfin de votre léthargie et faites rentrer ces insectes vénéneux dans leurs repaires... » Le même Petion, un an plus tôt, dans une *Lettre à Bruzot,* avait exhorté au contraire riches et pauvres, les deux factions du Tiers État, à s'unir contre l'ennemi commun. Mais, pour Petion, l'ennemi n'était plus l'aristocratie, mais l'anarchie.

Son appel tombait dans une atmosphère propice. Les riches étaient exaspérés par les sacrifices pécuniaires qu'on leur imposait à l'occasion du recrutement. Les comités révolutionnaires, nouvellement institués, commençaient à fonctionner et les soumettaient à une surveillance rigoureuse, à des vexations répétées. Ils se rendirent aux assemblées de sections, ils essayèrent de s'emparer des bureaux, de faire entrer dans les comités révolutionnaires des hommes à eux et de se délivrer des taxes de guerre dont les sans-culottes les avaient chargés. Pendant la semaine, les ouvriers retenus par leurs occupations n'avaient pas la possibilité de fréquenter les réunions politiques. Les riches parvinrent à s'emparer de la majorité dans plusieurs sections (Butte des Moulins, Mail, Champs-Elysées). Il y eut au Luxembourg et aux Champs-Elysées des manifestations de muscadins contre le recrutement. Le journal de Brissot les félicita d'avoir protesté contre « les arrêtés iniques de la municipalité ».

Mais les sans-culottes se ressaisirent. Ils se portèrent mutuellement secours d'une section à l'autre. Et ils furent vigoureusement et habilement soutenus par les Jacobins et par la Commune. Celle-ci ordonna de nombreuses arrestations. Elle s'attacha en même temps à ranimer les glorieux souvenirs de l'époque du 10 août. Un des vainqueurs des Tuileries, Lazowski, ancien inspecteur des manufactures et capitaine des canonniers du faubourg Saint-Marceau, étant mort, la Commune lui fit, le dimanche 28 avril, des funérailles imposantes, dont le peintre David fut l'ordonnateur, et ce fut l'occasion de passer la revue des forces montagnardes.

Robespierre, qui n'était pas un idéologue mais un esprit réaliste très attentif aux moindres manifestations de l'opinion, avait compris, dès le premier jour, qu'on ne pourrait vaincre la Gironde qu'en intéressant directement les sans-culottes à la victoire. Il avait donné lecture, aux Jacobins d'abord, à la Convention ensuite, à la fin avril, d'une déclaration des droits qui subordonnait la propriété à l'intérêt social et qui légitimait théoriquement par conséquent la politique de réquisitions chère aux Enragés. Contre les « culottes dorées », comme il les appelait, qui s'efforçaient de s'emparer des sections, il ne cessait d'exciter la foule des travailleurs. « Vous avez des aristocrates dans les sections, leur disait-il le 8 mai aux Jacobins, chassez-les ! Vous avez la liberté à sauver, proclamez les droits de la liberté et déployez toute votre énergie. Vous avez un peuple immense de sans-culottes, bien purs, bien vigoureux, ils ne peuvent quitter leurs travaux, faites-les payer par les riches ! » Et il conseillait aux sections de lever aux dépens des riches, d'après le procédé du département de l'Hérault, une armée révolutionnaire qui contiendrait les malveillants. Il demandait encore dans le même discours l'arrestation des suspects et, pour faciliter aux prolétaires l'accomplissement de leur devoir civique, que les indigents fussent indemnisés pour le temps passé aux assemblées de section. Le même jour, 8 mai, Robespierre avait proposé à la Convention de garder les suspects en otages et d'indemniser les pauvres qui montaient la garde.

Cette politique sociale, exposée par Robespierre avec une précision remarquable, était bien une politique de classe. Sous la Constituante et la Législative, les sans-culottes avaient mis gratis leurs bras au service de la bourgeoisie révolutionnaire contre l'Ancien Régime. Le temps est passé de cette ferveur idéaliste. Les sans-culottes ont vu les propriétaires s'enrichir par l'achat des biens nationaux ou par la vente de leurs denrées et marchandises à des prix exorbitants, ils ont fait leur profit de la leçon. Ils ne veulent plus être dupes. Ils entendent que la Révolution nourrisse ceux qui l'ont faite et qui la soutiennent.

Robespierre n'est que l'écho de la voix populaire. La politique sociale, le plan d'organisation soldée des prolétaires, qu'il a développé aux Jacobins, le 8 mai, a déjà été formulé par les démocrates lyonnais amis de Chalier, quelques jours plus tôt. Ceux-ci ont arraché, le 3 mai, au département du Rhône-et-Loire, un arrêté qui ordonne la formation d'une armée révolutionnaire de 5 000 hommes payés à raison de vingt sous par jour au moyen d'une taxe extraordinaire de cinq millions sur les riches. Chalier songeait à enrôler dans cette armée les ouvriers en chômage.

Il est vraisemblable que Robespierre, qui connaissait le révolutionnaire lyonnais, a été informé aussitôt de la mesure. Mais, alors qu'à Paris, les sans-culottes eurent le dessus, à Lyon, ce fut l'inverse. C'est qu'à Lyon les riches avaient pour eux le département qui mit beaucoup de lenteur et de mauvaise volonté à lever l'armée révolutionnaire, qui n'exista jamais que sur le papier. Les Girondins lyonnais ne répugnèrent pas à s'allier aux anciens aristocrates. Grâce à leur renfort, ils parvinrent à s'emparer de la majorité des sections et des comités révolutionnaires et à annihiler l'action de la municipalité montagnarde, qu'ils renversèrent bientôt.

A Paris, il en fut tout autrement, parce que les sans-culottes, soutenus par la Commune et le département, réussirent à se maintenir en possession des comités révolutionnaires, c'est-à-dire des organes de surveillance et de répression.

Mais les Girondins ne triomphèrent pas seulement à Lyon, ils s'emparèrent aussi des pouvoirs locaux dans de nombreuses villes commerçantes, notamment à Marseille, à Nantes, à Bordeaux.

A Marseille, comme à Lyon, les Girondins firent alliance avec les aristocrates. Maîtres des sections, ils protestèrent contre la révocation du maire Mouraille et du procureur de la commune Seytres, prononcée inconsidérément par les représentants Moïse Bayle et Boissel. Ayant mis ensuite la main sur l'hôtel de ville, ils expulsèrent de Marseille les naïfs représentants qui avaient été dupes de leur manœuvre. Ils formèrent un tribunal révolutionnaire qui se mit à frapper les Montagnards.

A Nantes et à Bordeaux, au contraire, la proximité de la Vendée empêcha l'alliance des Girondins et des aristocrates. La bourgeoisie marchande, qui savait qu'elle serait pillée et massacrée en cas de victoire des paysans vendéens, resta fidèle à la République. Mais elle envoya à la Convention des adresses menaçantes contre les anarchistes dc la Montagne.

Il est impossible de douter que la résistance ou plutôt l'offensive girondine dans les départements n'ait été le résultat d'un plan concerté, à Paris même, par les députés du parti. Vergniaud écrivit aux Bordelais, le 4 et le 5 mai, des lettres véhémentes pour leur reprocher leur indifférence et les appeler à son secours : « Si on m'y force, je vous appelle à la tribune pour venir nous défendre, s'il en est temps, pour venger la liberté en exterminant les tyrans. Hommes de la Gironde ! Levez-vous ! Frappez de terreur nos Marius. » L'appel fut entendu. Les Bordelais envoyèrent immédiatement une délégation à Paris pour lire à la barre de la Convention une violente philippique contre les anarchistes, et Vergniaud en obtint l'affichage. Barbaroux adressa à ses amis de Marseille des lettres semblables à celles que Vergniaud écrivait à ses compatriotes.

La résistance girondine entravait de plus en plus l'action des représentants à l'intérieur. Elle prenait déjà la forme du fédéralisme, c'està-dire du particularisme local en lutte contre le pouvoir central. Garrau mandait d'Agen, le 16 mai : « Il n'est pas rare d'entendre dire, même publiquement, que puisque Paris veut dominer, il faut s'en

II - LA GIRONDE ET LA MONTAGNE

séparer et former des États particuliers. De là la difficulté de procurer des armes aux recrues qui se rendent aux frontières. Personne ne veut s'en dessaisir. » La lutte des classes primait les nécessités patriotiques. Dartigoyte et Ichon se plaignaient, de Lectoure, le 23 mai, de la mauvaise volonté des autorités départementales du Gers. Levasseur et ses collègues dénonçaient, le 26 mai, la malveillance du département de la Moselle et son indulgence pour les ennemis de la Révolution. La lutte des deux partis paralysait la défense révolutionnaire. Il fallait en finir.

Au début de mai, la Gironde arrêta définitivement son plan de campagne. Elle caressait les autorités de Paris, elle appellerait des départements des forces armées pour briser une résistance possible, enfin elle se retirerait à Bourges en cas d'échec. Plan absurde ! Casser les autorités parisiennes, c'était risquer de faire entrer à l'Hôtel de Ville, par de nouvelles élections, les Enragés eux-mêmes qui se plaignaient déjà de la mollesse et de la faiblesse des Montagnards (par la voix de Leclerc de Lyon, le 16 mai, aux Jacobins). Engager la lutte contre la Commune était une folie quand la Commune avait en main la seule force organisée, c'est-à-dire la garde nationale et les comités révolutionnaires de section. Compter sur un secours des départements était une espérance vaine quand la levée de 300 000 hommes soulevait déjà tant de résistances, quand la bourgeoisie manifestait tant de répugnances à s'enrôler. Le plan girondin s'exécuta néanmoins.

Le 17 mai, la Commune prenant acte de la démission de Santerre, qui annonçait son départ pour la Vendée, nommait pour le remplacer provisoirement à la tête de la garde nationale, Boulanger, commandant en second d'une des sections les plus révolutionnaires, celle de la Halle au Blé, d'où était partie l'initiative de la célèbre pétition du 15 avril contre les 22. Le même jour, aux Jacobins, Camille Desmoulins faisait applaudir son *Histoire des Brissotins,* sanglant pamphlet dans lequel, sur les plus légers indices, il représentait les Girondins comme des agents stipendiés de l'Angleterre et de la Prusse. Aussitôt, dès le lendemain, 18 mai, Guadet dénonça à la Convention les autorités de Paris, « autorités anarchiques, avides à la fois d'argent et de domination ». Il proposa leur cassation immédiate, dans les vingt-quatre heures, et le remplacement de la municipalité par les présidents de section. Il proposa enfin de réunir à Bourges les députés suppléants pour remplacer la Convention, au cas où elle serait violentée. Mais Barère, au nom du Comité de salut public, s'interposa. Il estima impolitiques les mesures proposées par Guadet. Puisque la Commune complotait contre la Convention, il fallait enquêter la Commune, et Barère proposa de nommer, à cet effet, une Commission de 12 membres.

La Commission des 12 ne comprit que des Girondins dont plusieurs avaient été rangés parmi les 22 dénoncés comme traîtres par la Commune : Boyer-Fonfrède, Rabaut Saint-Etienne, Kervélégan, Larivière, Boileau, etc. Elle commença immédiatement son enquête. Au cours d'une réunion des délégués des comités révolutionnaires à la marrie, un officier municipal du nom de Marino avait conseillé de massacrer les 22. Sa motion avait été repoussée par Pache avec indignation. Mais l'incident avait été dénoncé à la Convention par la section girondine de la Fraternité. Ce fut l'occasion pour la Commission des 12 de prendre des mesures de rigueur. Elle ordonna, le 24 mai, à tous les comités révolutionnaires des sections de lui apporter leurs registres. Prélude d'une instruction judiciaire contre les plus chauds révolutionnaires. Le même jour la Commission fit voter, sur le rapport de Viger, un décret qui cassait implicitement la nomination irrégulière du remplaçant de Santerre. Le plus ancien des commandants de bataillon exercerait le commandement. Le même décret renforçait la garde de la Convention et fixait à 10 heures du soir l'heure de fermeture des assemblées de sections.

Le décret voté, sans grande résistance de la part de la Montagne, la Commission des 12 ordonna l'arrestation d'Hébert par un article du *Père Duchesne* où il avait accusé « les hommes d'État » d'avoir organisé le pillage des épiceries et des boulangeries pour provoquer le désordre et avoir l'occasion de calomnier les Parisiens. Varlet, apôtre de l'Égalité, qui depuis plusieurs mois ne cessait d'exciter le peuple contre la Gironde, alla rejoindre Hébert en prison, le même soir, ainsi que Marino. Deux jours plus tard, Dobsen, président de la section de la Cité et juge au tribunal révolutionnaire, était arrêté à son tour avec le secrétaire de sa section pour avoir refusé à la Commission des 12 communication de ses registres. Un nouveau décret, voté le 26 mai, cassait le comité révolutionnaire de la section de l'Unité et interdisait aux comités de surveillance de prendre désormais le nom de révolutionnaires, limitait leurs fonctions à la surveillance des étrangers, chargeait enfin le ministre de l'Intérieur de faire une enquête sur leurs opérations.

Ces mesures de répression déchaînèrent la crise qui couvait depuis la trahison de Dumouriez. La Commune et les sections montagnardes se solidarisèrent immédiatement avec Hébert, avec Varlet, avec Marino, avec Dobsen. Dès le 25 mai, la Commune vint réclamer la mise en liberté de son substitut. « Les arrestations arbitraires, dit-elle, sont pour les hommes de bien des couronnes civiques. » Isnard, qui présidait la Convention, fit aux pétitionnaires une réponse d'une violence aussi déclamatoire que maladroite : « Écoutez les vérités que je vais vous dire... Si jamais la Convention était avilie, si jamais, par une de ces insurrections qui, depuis le 10 mars, se renouvellent sans cesse et dont les magistrats n'ont jamais averti la Convention, si par ces insurrections toujours renaissantes il arrivait qu'on portât atteinte à la représentation nationale, je vous le déclare, au nom de la France entière, Paris serait anéanti ; bientôt, on chercherait sur les rives de la Seine si Paris a existé. » C'était renouveler contre la ville révolutionnaire les menaces de Brunswick.

Dès que la réponse d'Isnard fut connue, l'agitation redoubla dans Paris. Le 26 mai, le club des Femmes républicaines révolutionnaires, que présidait Claire Lacombe, manifesta dans la rue en faveur d'Hébert. Seize sections réclamèrent à la Convention sa mise en liberté. Le soir, aux Jacobins, Robespierre, qui n'avait envisagé jusque-là qu'avec répugnance l'idée de porter atteinte à l'intégrité de la représentation nationale et d'y ramener l'union par la violence, Robespierre appelle le peuple à l'insurrection : « Quand le peuple est opprimé, quand il ne lui reste plus que lui-même, celui-là serait un lâche qui ne lui dirait pas de se lever. C'est quand toutes les lois sont violées, c'est quand le despotisme est à son comble, c'est quand on foule aux pieds la bonne foi et la pudeur que le peuple doit s'insurger. Ce moment est arrivé. » Les Jacobins se déclarèrent en insurrection contre les députés corrompus.

L'intervention de Robespierre et des Jacobins fut le fait décisif. Le lendemain, 27 mai, la Montagne, qui avait retrouvé son énergie, fit un grand effort à la Convention. Marat réclama la cassation de la Commission des 12 « comme ennemie de la liberté et comme

Albert Mathiez

tendant à provoquer l'insurrection du peuple qui n'est que trop prochaine par la négligence avec laquelle vous avez laissé porter les denrées à un prix excessif ». La section de la Cité vint réclamer la mise en liberté de son président Dobsen et la mise en accusation de la Commission des 12. Isnard leur fit une réponse hautaine et moqueuse. Robespierre voulut lui répliquer. Isnard lui refusa la parole et un violent tumulte éclata qui dura plusieurs heures. De nombreuses députations stimulèrent l'ardeur de la Montagne. La Montagne, restée seule avec la Plaine, vota au milieu de la nuit, sur la proposition de Delacroix, la cassation de la Commission des 12 et la liberté des patriotes incarcérés. Hébert, Dobsen, Varlet rentrèrent en triomphe à la Commune et dans leurs sections. La Gironde n'avait plus une seule faute à commettre.

Elle s'obstina. Le 28 mai, Lanjuinais protesta contre le décret, illégalement rendu, dit-il, qui cassait la Commission des 12. Guadet l'appuya. A l'appel nominal, la Commission des 12 fut rétablie par 279 voix contre 238. Danton commenta le vote en ces termes : « Après avoir prouvé que nous passons nos ennemis en prudence, nous leur prouverons que nous les passons en audace et en vigueur révolutionnaire. »

Le jour même, la section de la Cité, la section de Dobsen, convoquait les autres sections pour le lendemain à l'Évêché, afin d'organiser l'action insurrectionnelle. La réunion de l'Évêché, présidée par l'ingénieur Dufourny, un ami de Danton qui avait été le fondateur du club des Cordeliers, décida de nommer un Comité insurrectionnel secret, composé de six, puis de neuf membres, aux décisions duquel on promit obéissance absolue. Parmi les neuf figuraient Dobsen et Varlet.

Le 30 mai, le Département adhérait au mouvement en convoquant pour le lendemain une Assemblée générale des autorités parisiennes, à neuf heures du matin, dans la salle des Jacobins. Marat se rendit à l'Évêché et le Comité insurrectionnel décida de faire sonner le tocsin le lendemain à la première heure.

L'insurrection commença donc le 31 mai et se déroula, sous la direction du Comité secret de l'Évêché, selon les méthodes déjà éprouvées au 10 août. A six heures du matin, les délégués de trente-trois sections montagnardes, conduites par Dobsen, se présentent à l'Hôtel de Ville, exhibent les pouvoirs illimités de leurs commettants, cassent la Commune, dont les membres se retirent dans une salle voisine ; puis les délégués révolutionnaires réintègrent provisoirement la Commune dans ses fonctions. Le Comité insurrectionnel, qui siège maintenant à l'Hôtel de Ville, prescrit à la Commune, réinvestie par le peuple, les mesures à prendre. Il fait ainsi nommer Hanriot, commandant du bataillon du Jardin des Plantes, chef unique de la Garde nationale parisienne. Il est décidé que les gardes nationaux pauvres, qui sont sur pied, recevront une indemnité de quarante sous par jour. Le canon d'alarme est tiré vers midi. L'Assemblée des autorités convoquée par le Département, aux Jacobins, décide de coopérer avec la Commune et le Comité d'insurrection, dont le nombre des membres est porté à vingt et un par l'adjonction des délégués de la réunion des Jacobins. Le Comité des 21 met immédiatement les propriétés sous la garde des citoyens.

Les Girondins menacés ont pris peur. Plusieurs n'ont pas osé coucher chez eux dans la nuit du 30 au 31. Ils s'abstiennent d'assister à la séance du 30, à la Convention, et leur absence permet à la Montagne de s'emparer de la majorité. Les pouvoirs d'Isnard étant expirés, le Montagnard Mallarmé est porté, le 30 mai, à la présidence par 189 voix contre 111 à Lanjuinais.

La Convention se réunit le 31 mai au bruit du tocsin et de la générale. Cette fois, les Girondins étaient venus plus nombreux que la veille. Ils protestèrent contre la fermeture des barrières et contre le tocsin, contre le canon d'alarme.

L'Assemblée flottait désemparée quand les pétitionnaires des sections et de la Commune parurent à la barre vers cinq heures du soir. Ils réclamèrent l'accusation des 22 et des 12, et des ministres Lebrun et Clavière, la levée d'une armée révolutionnaire centrale, le pain à trois sous la livre dans toute la république au moyen d'une taxe sur les riches, le licenciement de tous les nobles occupant les grades supérieurs dans l'armée, la création d'ateliers d'armes pour armer les sans-culottes, l'épuration de toutes les administrations, l'arrestation des suspects, le droit de vote réservé provisoirement aux seuls sans-culottes, des allocations pour les parents des défenseurs de la patrie, des secours aux vieillards et aux infirmes.

Albert Mathiez

C'était tout un vaste programme de défense révolutionnaire et mesures sociales. Une nouvelle députation, composée des délégués des autorités parisiennes et conduite par Lullier, vint ensuite protester contre les menaces d'Isnard contre Paris. Les pétitionnaires pénétrèrent dans l'enceinte et s'assirent à côté des Montagnards. La Gironde protesta contre cette intrusion et Vergniaud sortit de la salle avec ses amis, mais pour rentrer presque aussitôt. Robespierre monta à la tribune pour appuyer la suppression de la Commission des 12 déjà demandée par Barère, qui l'avait fait instituer, mais Robespierre combattit la motion présentée par le même Barère de donner à la Convention le droit de réquisitionner directement la force armée. Comme Vergniaud l'invitait à conclure, Robespierre se tournant vers lui : « Oui, je vais conclure et contre vous ! Contre vous qui, après la révolution du 10 août, avez voulu conduire à l'échafaud ceux qui l'ont faite, contre vous, qui n'avez cessé de provoquer la destruction de Paris, contre vous qui avez voulu sauver le tyran, contre vous qui avez conspiré avec Dumouriez, contre vous qui avez poursuivi avec acharnement les mêmes patriotes dont Dumouriez demandait la tête... Eh bien ! ma conclusion, c'est le décret d'accusation contre tous les complices de Dumouriez et contre tous ceux qui ont été désignés par les pétitionnaires... » A cette terrible apostrophe, Vergniaud ne répliqua point. La Convention supprima la Commission des 12 et approuva, sur la motion de Delacroix, l'arrêté de la Commune qui accordait deux livres par jour aux ouvriers sous les armes. Les sections montagnardes fraternisaient autour des Tuileries avec la section girondine de la Butte des Moulins, accusée faussement d'avoir arboré la cocarde blanche.

Cette journée du 31 mai s'achevait dans l'équivoque. Le soir même, à la Commune, Chaumette et Dobsen furent accusés de faiblesse par Varlet. Hébert constata que la journée était manquée, par la faute, dit-il, de l'Evêché qui avait agi avec trop de hâte. Billaud-Varenne dit aux Jacobins sa déception : « La patrie n'est pas sauvée, il y avait de grandes mesures de salut public à prendre ; c'est aujourd'hui qu'il fallait porter les derniers coups à la faction. Je ne conçois pas comment les patriotes ont pu quitter leur poste sans avoir décrété d'accusation les ministres Lebrun et Clavière. » Chabot déplora ensuite que Danton eût manqué de vigueur.

Le 1er juin, la garde nationale resta sous les armes, la Commune et le Comité insurrectionnel, qui reçurent la visite de Marat, préparèrent une nouvelle adresse qui fut portée à la Convention sur le soir par Hassenfratz. Elle concluait à la mise en accusation de vingt-sept députés. Legendre renchérit et réclama la mise en accusation de tous les appelants. Cambon et Marat firent renvoyer la pétition au Comité de salut public. Barère conseilla aux députés désignés sur la liste de proscription « d'avoir le courage de donner leur démission ». La plupart des Girondins n'avaient pas paru à la séance. Les chefs s'étaient rendus chez l'un d'eux, Meillan, où ils s'étaient efforcés vainement de se mettre d'accord sur un plan de résistance.

Pendant que les Girondins, selon leur habitude, tergiversaient, le Comité insurrectionnel allait de l'avant. Dans la nuit du 1er au 2 juin, il ordonnait l'arrestation de Roland et de Clavière. Roland parvenait à s'enfuir, mais sa femme était arrêtée à sa place. Le Comité insurrectionnel, d'accord avec la Commune, ordonna à Hanriot de faire « environner la Convention d'une force armée respectable, de manière que les chefs de la faction puissent être arrêtés dans le jour, dans le cas où la Convention refuserait de faire droit à la demande des citoyens de Paris ». Des ordres sont donnés pour supprimer les journaux girondins et arrêter leurs rédacteurs.

Le 2 juin était un dimanche. Les ouvriers en foule obéirent aux ordres d'Hanriot et 80 000 hommes armés, les canons en tête, environnèrent bientôt les Tuileries. La séance de la Convention avait débuté par une série de mauvaises nouvelles. Le chef-lieu du département de la Vendée, Fontenay-le-Peuple, venait de tomber aux mains des révoltés. Il en était de même de Marvejols dans la Lozère, Mende était menacé. A Lyon, les sections royalistes et girondines s'étaient emparées de l'hôtel de ville, après un sanglant combat où huit cents républicains, disait-on, avaient trouvé la mort. La municipalité montagnarde et Chalier étaient prisonniers. Saint-André tira en quelques mots la leçon de ces graves événements : « Il faut de grandes mesures révolutionnaires. Dans les temps de calme, on peut arrêter une sédition par les lois ordinaires ; lorsqu'il y a un grand mouvement, lorsque l'audace de l'aristocratie est portée à son comble, il faut avoir recours aux lois de la guerre ; cette mesure est sans doute terrible, mais elle est nécessaire ; vainement

Albert Mathiez

vous en emploieriez d'autres... » Toujours courageux, Lanjuinais, mal soutenu par le côté droit très éclairci, dénonça la révolte de la Commune et demanda sa cassation. Legendre voulut le jeter à bas de la tribune. Une députation du Comité insurrectionnel vint demander en termes menaçants l'arrestation immédiate des 22 et des 12. La demande fut renvoyée au Comité de salut public.

Les pétitionnaires sortirent en montrant le poing à l'Assemblée et en criant aux armes ! Aussitôt des consignes sévères données par Hanriot prescrivirent aux gardes nationaux de ne laisser sortir ou entrer aucun député. Levasseur de la Sarthe justifia l'arrestation des Girondins, puis Barère, sans doute d'accord avec Danton, proposa, au nom du Comité de salut public, une transaction. Les 22 et les 12 ne seraient pas mis en arrestation, mais ils seraient invités à se suspendre volontairement de leurs fonctions. Isnard, Fauchet, obéirent sur-le-champ. Mais Lanjuinais et Barbaroux refusèrent avec énergie d'adopter cette solution bâtarde : « N'attendez de moi, dit Lanjuinais, ni démission ni suspension. » Et Barbaroux répéta en écho : « Non, n'attendez de moi aucune démission. J'ai juré de mourir à mon poste, je tiendrai mon serment. » Marat et Billaud-Varenne, à leur tour, rejetèrent toute transaction : « La Convention n'a pas le droit de provoquer la suspension d'aucun de ses membres, dit Billaud. S'ils sont coupables, il faut les renvoyer devant les tribunaux. »

La discussion fut interrompue par plusieurs députés qui se plaignirent des consignes d'Hanriot. Barère déclama contre la tyrannie du Comité insurrectionnel. Delacroix et Danton appuyèrent Barère. Delacroix fit voter un décret ordonnant à la force armée de s'éloigner. Danton en fit voter un autre qui ordonnait au Comité de salut public de rechercher l'auteur des consignes données à la garde nationale et de venger vigoureusement la majesté nationale outragée.

Puis, à la voix de Barère, la Convention tout entière s'ébranla derrière Hérault de Séchelles, qui la présidait, pour essayer, dans une sortie théâtrale, de forcer le cercle de fer qui l'entourait. Hérault s'avança vers Hanriot qui lui fit une réponse ironique et qui commanda : « Canonniers, à vos pièces ! » L'Assemblée fit le tour du palais, partout repoussée par les baïonnettes. Elle rentra humiliée dans sa salle et se soumit. Sur la motion de Couthon, elle livra ses membres, mais stipula qu'ils seraient consignés en arrestation à leur domicile sous la garde d'un gendarme. Marat fit rayer de la liste Dussault « vieillard radoteur », dit-il, Lanthenas, « pauvre d'esprit » et Ducos « qui s'était trompé de bonne foi ».

Ainsi finit, par le triomphe de la Montagne, la lutte commencée dès la Législative. Les Girondins furent vaincus, parce que ayant déchaîné la guerre étrangère, ils ne surent pas procurer la victoire de la paix ; parce que ayant les premiers dénoncé le roi et réclamé la république, ils ne surent pas se résoudre à renverser l'un et à proclamer l'autre ; parce qu'ils hésitèrent à tous les moments décisifs, à la veille du 10 août, à la veille du 21 janvier ; parce qu'ils donnèrent l'impression, par leur politique équivoque, qu'ils nourrissaient des arrière-pensées égoïstes, arrière-pensées de maroquins ministériels, arrière-pensées de régence, de changement de dynastie ; parce que, au milieu de la terrible crise économique qui sévissait, ils ne surent proposer aucun remède et s'élevèrent avec étroitesse et amertume contre toutes les revendications de la classe des sans-culottes, dont ils méconnurent la force et les droits, parce qu'ils s'opposèrent avec une obstination aveugle à toutes les mesures extraordinaires que la situation exigeait ; parce que, après s'y être opposés par leur vote, ils essayèrent de les entraver dans leur application ; parce que, en un mot, ils négligèrent le salut public et qu'ils s'enfermèrent dans une politique de classe au service de la seule bourgeoisie.

Le 2 juin, par suite, fut plus qu'une révolution politique. Ce que les sans-culottes renversent, ce n'est pas seulement un parti, c'est jusqu'à un certain point une classe sociale. Après la minorité de la noblesse qui succomba avec le trône, la haute bourgeoisie a son tour.

Déjà la Révolution du 10 août avait été empreinte d'une défiance évidente du parlementarisme. Mais la révolution du 10 août avait épargné l'Assemblée. Cette fois, instruits par l'expérience, les sans-culottes font un pas de plus. Ils n'hésitent pas à mutiler la représentation nationale, suivant d'ailleurs l'exemple que leur avaient donné leurs adversaires en mettant Marat en accusation. La politique de la classe que les auteurs du 2 juin inaugurent à leur tour était mal à l'aise dans le cadre de la légalité antérieure. La fiction du parlementarisme est ébranlée. Les temps de la dictature sont

Albert Mathiez

proches.

III - LA TERREUR

1

LA RÉVOLTE FÉDÉRALISTE

La Révolution du 2 juin était, comme la Révolution du 10 août, avant tout une révolution patriotique. Les sans-culottes de Paris, soutenus par les sans-culottes des grandes villes, avaient abattu la Gironde pour les mêmes raisons qu'ils avaient renversé la royauté : parce qu'ils l'accusaient d'entraver la défense révolutionnaire. Alors que la Révolution du 10 août avait été sanglante, la Révolution du 2 juin n'avait pas coûté une seule vie humaine. Les hommes du 10 août n'avaient pas hésité à s'emparer de tout le pouvoir municipal. Les hommes du 2 juin au contraire, après avoir affirmé leur droit de renouveler les autorités de l'Hôtel de Ville, les avaient maintenues en fonctions. Leur Comité insurrectionnel s'était laissé noyer dans de nouvelles recrues désignées par les autorités départementales et communales. La Commune légale réinvestie par lui avait pris à tâche de modérer son action et de rester en liaison avec le gouvernement qui avait financé les fonds nécessaires à la solde des gardes nationaux restés sous les armes pendant trois jours. Un historien a pu écrire, avec quelque exagération, que le 2 juin était moins une insurrection qu'un coup d'État.

Situation fort différente de celle de l'année précédente. Au 10 août, le gouvernement tout entier avait été renouvelé en même temps que la Commune. Et, si ce renouvellement n'avait pas suffi à satisfaire le pouvoir révolutionnaire, si l'antagonisme avait éclaté presque aussitôt entre la Législative et la nouvelle Commune, celle-ci avait gardé, du moins, par la possession de l'Hôtel de Ville, un moyen de pression permanent sur le pouvoir légal. Au 2 juin, le Comité insurrectionnel disparut presque sans résistance. La plupart de ses membres se laissèrent domestiquer dans un organisme créé à leur intention, le Comité de surveillance du département de Paris, chargé de la police politique dans la ville et dans la banlieue sous la direction et à la solde du Comité de salut public. Les insurgés de la veille deviennent les policiers du lendemain.

Au 10 août, l'insurrection avait atteint immédiatement son

Albert Mathiez

objet principal : le roi avait été enfermé au Temple. Au 2 juin au contraire, les insurgés n'avaient remporté qu'une victoire partielle et précaire. Les vingt-neuf chefs de la Gironde, théoriquement consignés à leur domicile, chacun sous la garde d'un gendarme, allaient et venaient dans la ville, recevaient des visites, donnaient des soupers. Douze d'entre eux s'enfuirent dès le premier jour, huit les jours suivants. Ceux qui étaient restés ne considéraient pas la partie comme perdue. Valazé refusait d'avance, le 5 juin, dans une lettre hautaine, l'amnistie dont le bruit courait et, le lendemain, Vergniaud réclamait des juges en termes impérieux et menaçait ses accusateurs de l'échafaud.

Le Comité de salut public qui n'avait su, pendant les trois jours de l'insurrection, que proposer de molles transactions, semble écrasé par le poids des responsabilités accrues qui lui incombent. Ayant payé les frais de l'émeute et fourni des sinécures à ses meneurs, il s'imagine qu'il pourra éviter de réaliser leur programme et il ne rêve rien moins que de réintégrer dans la Convention les vingt-neuf membres décrétés d'arrestation. Il invite Pache, le 5 juin, à lui remettre, dans le jour, les pièces à charge contre les détenus « faute de quoi il sera forcé d'annoncer à la Convention qu'il n'en existe aucune ». Pache, bien entendu, fit la sourde oreille. Le Comité ne comprit pas que le meilleur moyen d'empêcher les Girondins de recourir à la révolte, c'était encore de les rappeler avec fermeté au devoir patriotique et de refuser de mettre en question les faits accomplis. Il maintint d'abord en fonctions les ministres Clavière et Lebrun, tout décrétés d'arrestation qu'ils fussent. Clavière ne fut remplacé que le 13 juin par Destournelles et Lebrun que le 21 juin par Deforgues. En même temps, comme s'il voulait donner des gages aux modérés, le Comité « démissionnait » Bouchotte, le ministre de la Guerre cher aux Montagnards, et le faisait remplacer, malgré Robespierre, par Beauharnais, un noble, qui eut d'ailleurs le bon esprit de refuser. Toutes ces nominations portaient la marque de fabrique de Danton. Le ministre de l'Intérieur Garat, un autre protégé de Danton, nous dit que celui-ci accueillit l'idée qu'il soumit au Comité de négocier avec les vaincus pour éviter la guerre civile et qu'une amnistie fut envisagée dans ces négociations.

Le 6 juin, dans un grand rapport à la Convention, Barère proposa de supprimer les Comités de salut public départementaux formés après la trahison de Dumouriez pour appliquer la loi sur le recrutement, « instruments d'anarchie et de vengeance », disait-il, de renouveler sans délai l'état-major de la garde parisienne, de destituer Hanriot son chef, de rétablir la liberté de la presse, d'envoyer dans les départements d'origine des députés détenus des otages pris dans la Convention. « Danton a ouvert le premier cet avis », disait-il, et, en effet, Danton appuya la mesure le lendemain, en même temps qu'il prononça un éloge sans réserve des citoyens de Bordeaux. Cette politique trop habile ne pouvait qu'encourager les résistances girondines et que faire renaître à Paris même, par contrecoup, une vive agitation difficile à calmer. Dès le 6 juin, 75 députés de la droite signaient une protestation contre l'attentat commis contre la Convention. Plusieurs des signataires quittaient aussitôt Paris pour aider les Girondins fugitifs à soulever les départements. L'Assemblée dut ordonner, le 15 juin, un appel nominal et menacer les absents d'appeler leurs suppléants. A Paris, les hommes qui avaient fait l'insurrection disaient qu'on les trompait. Danton était attaqué avec vigueur aux Cordeliers le 4 juin, aux Jacobins le 7. Robespierre était convaincu qu'on perdait son temps en négociant avec les Girondins. Puisque la guerre civile était inévitable, il fallait la faire, pensait-il, avec le maximum de chances en intéressant les sans-culottes à la bataille.

Sur son carnet aide-mémoire, il avait griffonné pendant l'insurrection cette note remarquable : « Il faut une volonté *une*. Il faut qu'elle soit républicaine ou royaliste. Pour qu'elle soit républicaine, il faut des ministres républicains, des papiers [c'est-à-dire des journaux] républicains, des députés républicains, un gouvernement républicain. Les dangers intérieurs viennent des bourgeois, pour vaincre les bourgeois, il faut rallier le peuple. Tout était disposé pour mettre le peuple sous le joug des bourgeois et faire périr les défenseurs de la République sur l'échafaud. Ils ont triomphé à Marseille, à Bordeaux, à Lyon. Ils auraient triomphé à Paris sans l'insurrection actuelle. Il faut que l'insurrection actuelle continue jusqu'à ce que les mesures nécessaires pour sauver la République aient été prises. Il faut que le peuple s'allie à la Convention et que la Convention se serve du peuple. Il faut que l'insurrection s'étende de proche en proche sur le même plan, que les sans-culottes soient payés et restent dans les villes. Il faut leur procurer des armes, les colérer, les éclairer, il faut exalter l'enthousiasme républicain par tous les moyens possibles. »

Ce programme d'action, Robespierre s'efforça de le mettre en œuvre et de l'imposer, par morceaux, au Comité de salut public et à la Convention.

Le 8 juin, il combattit vigoureusement les mesures proposées par Barère, l'avant-veille, et soutenues par Danton. Il montra que la contre-Révolution régnait déjà à Marseille, à Lyon, à Bordeaux, qu'elle était antérieure aux événements de Paris. Révoquer Hanriot, changer son état-major, c'était désavouer l'insurrection du 2 juin, c'était risquer d'en provoquer une nouvelle. Supprimer les Comités de salut public c'était donner une revanche à l'aristocratie, désarmer les républicains. D'abord accueilli par de violents murmures, son discours finit par soulever les applaudissements. Saint-André l'appuya sans réserves : « Il faut savoir si, sous le prétexte de la liberté, on peut tuer la liberté elle-même. » Lejeune reprocha au Comité de salut public sa faiblesse et son aveuglement. Barère et Danton battirent en retraite et demandèrent eux-mêmes l'ajournement des mesures qu'ils avaient proposées. « Vouloir que la Convention, a dit Michelet, réformât le 2 juin, c'était vouloir qu'elle s'avilît, qu'elle avouât avoir succombé à la crainte, à la violence, qu'elle annulât tout ce qu'elle avait fait ce jour. »

Quand les faits justifièrent les appréhensions de Robespierre, quand on apprit, le 13 juin, la révolte des départements normands, quand il fallut songer à la répression, Danton prononça un brûlant éloge de Paris et fit décréter que Paris avait sauvé la République. De ce jour, le côté droit fut réduit au silence ; mais les lenteurs et les hésitations du Comité de salut public avaient permis le développement de la révolte girondine.

Cette révolte fut concertée et préméditée, même avant le 31 mai. Dès le 24 mai, le département du Jura avait invité les députés suppléants à se rendre à Bourges pour y former une assemblée de remplacement. Le département de l'Ain adopta son arrêté le 27 mai. Le député de Lyon Chasset avait écrit, le 15 mai, à son ami Dubost : « Il s'agit de la vie et puis des biens. Marchez donc, animez vos amis. » Le 25 mai, les sections de Bordeaux, dans une assemblée générale, avaient discuté le projet de lever des troupes pour les diriger sur Paris, etc.

La nouvelle de l'insurrection parisienne ne fit que précipiter et élargir un mouvement déjà commencé. Les chefs girondins se partagèrent les rôles. « Leurs fuites, dit Claude Perroud leur historien, résultaient d'un plan concerté, débattu entre eux, ils l'ont avoué. »

Buzot, réfugié dans l'Eure, son département, lui annonçait la dictature prochaine de Marat et de nouveaux massacres. Il le décidait, le 7 juin, à lever un corps de quatre mille hommes. Le Calvados suivit le 9 juin. Il fit mettre en arrestation les conventionnels Romme et Prieur (de la Marne), chargés d'organiser la défense des côtes contre l'Angleterre. Soulevés par Duchâtel, Meilhan, Kervélégan, les départements bretons, Finistère, Ille-et-Vilaine, Côtes-du-Nord, Morbihan, Mayenne se fédéraient avec l'Eure et le Calvados dans une assemblée générale de résistance à l'oppression. Caen devenait la capitale de l'Ouest girondin. Félix Wimpfen, commandant de l'armée des côtes de Cherbourg, passait à l'insurrection avec deux régiments de cavalerie. Il recevait le renfort de trois superbes bataillons levés en Bretagne, composés, dit un contemporain qui combattit à côté d'eux, Vaultier, « non de Bretons échevelés et déguenillés, mais tous de jeunes gens des meilleures familles de Rennes, Lorient, Brest, et tous en uniforme habillés de drap fin et parfaitement équipés ». Bordeaux expulsait, le 7 juin, les représentants Ichon et Dartigoyte, ordonnait, le 9 juin, la levée d'une force départementale de 1 200 hommes, convoquait pour le 16 juillet à Bourges une assemblée des représentants de tous les départements insurgés, s'emparait de 350 000 piastres destinées aux paiements de la marine et des colonies, expulsait de nouveau, le 27 juin, les représentants Mathieu et Treilhard envoyés par le Comité de salut public avec des propositions d'accord, écrivait enfin, le 30 juin, par la plume de Grangeneuve, une lettre à Custine, commandant notre principale armée, pour l'inviter à se rallier à la bonne cause. Mais Custine répondit à Grangeneuve par une semonce patriotique.

L'insurrection gagna un moment tout le Midi. Toulouse mettait en liberté les royalistes et les remplaçait dans les prisons par les maratistes. Elle levait une force de mille hommes. A Nîmes, où s'était rendu Rabaut Saint-Etienne, le club était fermé, les maratistes désarmés et emprisonnés. Marseille, déjà en pleine révolte avant le 31 mai, retenait six mille hommes destinés à l'armée d'Italie, et se mettait en rapport avec les villes du Midi.

Toulon se souleva, le 12 juillet, contre les représentants Pierre Bayle et Beauvais, qui furent emprisonnés au fort Lamalgue, après avoir été contraints à une amende honorable, cierges en main. Les amiraux Trogoff et Chaussegros adhérèrent au mouvement. Dès le milieu de mai, la Corse, soulevée par Paoli, avait élu une consulte extraordinaire et les Français ne se maintenaient plus que dans Bastia et dans quelques ports.

La révolte du Midi se liait étroitement avec la révolte lyonnaise qui avait elle-même des ramifications dans l'Est et le Centre. Sourds aux propositions conciliantes apportées de Paris par Robert Lindet, les Girondins lyonnais jetaient en prison quiconque était suspect de sympathiser avec la Montagne. Pour frapper de terreur les ouvriers jacobins, nombreux dans certains quartiers, ils faisaient condamner à mort leur chef Chalier qui fut exécuté le 16 juillet. Le commandement des troupes lyonnaises était bientôt confié au comte de Précy qui avait émigré.

Au milieu de juin, soixante départements environ étaient en rébellion plus ou moins ouverte. Heureusement, les départements de la frontière étaient restés fidèles à la Convention. Le soulèvement était plus étendu en surface qu'en profondeur. Il était essentiellement l'œuvre des administrations de département et de district composées de riches propriétaires. Les communes, de recrutement plus populaire, se montrèrent généralement tièdes ou hostiles. Les levées d'hommes ordonnées par les administrations insurgées rencontrèrent les plus grandes difficultés. Ouvriers et artisans se résignaient mal à se sacrifier pour les riches qui ne faisaient rien pour améliorer leur sort. Malgré les appels répétés des députés Chambon et Libon, les Bordelais ne purent réunir que quatre cents hommes. Quand Wimpfen, le 7 juillet, passa en revue la garde nationale de Caen et lui demanda des volontaires, dix-sept hommes seulement sortirent des rangs.

Mais la révolte fédéraliste n'eut pas seulement contre elle l'indifférence ou l'hostilité populaire, ses chefs même, malgré leurs phrases ronflantes, manquaient de foi en leur cause et ils se divisèrent de bonne heure.

Ceux qui étaient sincèrement républicains ne pouvaient pas manquer de s'inquiéter de l'invasion étrangère et de la Vendée, et cette inquiétude les paralysait. Ceux qui étaient ambitieux, se voyant repoussés du peuple, cherchèrent un appui chez les Feuillants et même chez les aristocrates. A Caen, Félix Wimpfen, royaliste avéré, qui avait déjà noué des relations avec l'ennemi, en septembre 1792, pendant le siège de Thionville, proposa aux députés girondins d'appeler les Anglais. Les députés repoussèrent sa suggestion, mais lui laissèrent son commandement. Il avait pour chef d'état-major le comte de Puisaye, qui se réfugiera chez les Vendéens, après l'échec de l'insurrection, avec le procureur général syndic du Calvados, le jeune Bougon-Longrais, ami de Charlotte Corday.

A Lyon, Précy envoya en Suisse le chevalier d'Arthès solliciter des secours des Bernois et des Sardes. Joseph de Maistre, qui dirigeait à Genève le service d'espionnage du roi de Sardaigne, lui promit, le 4 août, une diversion sur les Alpes et la diversion fut effectuée. Les royalistes lyonnais dissimulèrent cependant leur drapeau et n'osèrent pas proclamer Louis XVII, comme le firent les Toulonnais.

Autant la Convention avait montré d'imprévoyance dans les premiers jours, autant elle manifesta de vigueur et d'habileté à organiser la répression. Les chefs girondins rebelles furent frappés de décrets d'accusation, les administrateurs des départements révoltés destitués, le chef-lieu de l'Eure transféré d'Evreux à Bernay, le département de Vaucluse créé pour séparer les intérêts d'Avignon de ceux de Marseille, le département de la Loire extrait du département du Rhône-et-Loire afin d'opposer Saint-Etienne à Lyon.

La Convention distinguait soigneusement les chefs des comparses égarés. Robert Lindet fit accorder, le 26 juin, aux administrations rebelles, un délai de trois jours pour se rétracter. Mesure habile qui facilita les défections. Les administrateurs de la Somme, destitués le 14 juin, vinrent s'expliquer. Le Comité de salut public les renvoya, le 17 juin, sans les frapper. Saint-Just, chargé du rapport sur les députés « décrétés d'arrestation », se montra d'une évidente modération : « Tous les détenus, dit-il le 8 juillet, ne sont point coupables, le plus grand nombre n'était qu'égaré. » Il distingua parmi eux trois catégories, celle des traîtres au nombre de neuf (Barbaroux, Bergoeing, Birotteau, Buzot, Gorsas, Lanjuinais, Louvet, Petion et Salle), celle des complices au nombre de cinq (Gardien, Gensonné, Guadet, Mollevaut et Vergniaud), celle des égarés qu'il proposait de rappeler dans la Convention, au nombre de quatorze. Cette modération était de nature à ramener l'opinion flottante.

Mais surtout la Montagne comprit qu'il fallait rallier les masses en leur donnant des satisfactions substantielles, selon le plan de Robespierre. Elle fit voter à cet effet trois grandes lois : 1° la loi du 3 juin sur le mode de vente des biens des émigrés. Ces biens seraient divisés en petites parcelles dont les acquéreurs pauvres auraient dix ans pour se libérer ; 2° la loi du 10 juin qui réglementa le partage des biens communaux. Le partage serait fait suivant le mode égalitaire par tête d'habitant. La mesure porta sur 8 millions d'arpents valant 600 millions ; 3° la loi du 17 juillet qui acheva la ruine complète du régime seigneurial, en abolissant sans indemnité même les droits et redevances fondés sur les titres primitifs. Les derniers parchemins féodaux devaient être détruits pour empêcher les propriétaires dépossédés de faire revivre un jour leurs prétentions. Ainsi la chute de la Gironde apparaîtrait aux paysans comme la libération définitive de la terre.

Un décret du 8 juin augmenta les traitements des fonctionnaires et, pour apaiser les classes moyennes qu'inquiétait l'emprunt forcé d'un milliard, un décret du 23 juin exempta, sur la motion de Robespierre, les personnes mariées dont les revenus nets seraient inférieurs à 10 000 livres et les célibataires au-dessous de 6 000 livres. Moyen opportun pour diviser et dissoudre le parti girondin composé en grande partie de gens aisés qu'on ramenait en les épargnant.

Cette offensive morale fut complétée et couronnée par le vote rapide d'une Constitution très libérale qui était une réponse parlante aux accusations de dictature formulées par les Girondins. Alors que la Constitution préparée par Condorcet renforçait le Conseil exécutif en le faisant élire par le peuple et le rendait indépendant de l'Assemblée, la Constitution montagnarde rédigée par Hérault de Séchelles affirmait la subordination des ministres à la représentation nationale. Elle supprimait le scrutin à deux degrés que Condorcet avait maintenu pour l'élection des députés et faisait élire ceux-ci non plus par un scrutin de liste très compliqué, mais à la majorité absolue et au suffrage universel et direct.

Seuls les corps administratifs continueraient d'être élus par les collèges électoraux et ceux-ci présenteraient en outre à l'Assemblée une liste de 83 candidats sur laquelle elle choisirait les 24 ministres. Enfin la Constitution montagnarde promettait l'éducation commune et garantissait le droit à la vie et elle faisait dépendre la déclaration de guerre d'une consultation préalable du pays. Soumise à une ratification populaire, elle fut approuvée par 1 801 918 oui contre 17 610 non. Mais il y eut plus de cent mille votants qui n'acceptèrent qu'avec des amendements fédéralistes, en demandant la mise en liberté des 22 et des 12, c'est-à-dire des députés mis en arrestation, l'annulation des lois votées depuis leur détention, la convocation d'une nouvelle assemblée, le rappel des représentants en mission, la suppression du maximum des grains, etc. Le plébiscite fut partout l'occasion de la débâcle du parti girondin. Mais celui-ci ne sera abattu que par le second Comité de salut public qui fut nommé le 10 juillet. Les révoltés de Normandie, commandés par Puisaye, se heurtèrent le 13 juillet, dans leur marche sur Paris, à une troupe de volontaires parisiens qui les dispersèrent à Brécourt, près de Vernon, par quelques coups de canon. Robert Lindet, envoyé à Caen, pacifia rapidement la contrée en réduisant la répression au minimum.

A Bordeaux, la résistance fut plus longue. Ysabeau et Tallien, qui avaient pénétré une première fois dans la ville, le 19 août, furent obligés de se réfugier à La Réole, la ville jacobine. Mais les sections sans-culottes de Bordeaux, excitées par les représentants, renversèrent la municipalité girondine le 18 septembre, et la répression commença.

Un moment, dans le Sud-Est, le danger avait été grand de la jonction des rebelles marseillais et nîmois avec les lyonnais. Les Nîmois s'avancèrent jusqu'à Pont-Saint-Esprit, les Marseillais, commandés par un ancien officier, Villeneuve-Tourette, passèrent la Durance, s'emparèrent d'Avignon, arrivèrent jusqu'à Orange. Mais le département de la Drôme resta fidèle à la Montagne. Du 24 au 26 juin se tint à Valence un Congrès de 42 sociétés populaires de l'Ardèche,

Albert Mathiez

de la Drôme, du Gard et des Bouches-du-Rhône, et ce congrès, dont Claude Payan fut l'âme, organisa la résistance. Carteaux eut le temps d'accourir avec un détachement de l'armée des Alpes où servait Bonaparte. Il reprit Pont-Saint-Esprit, sépara les Nîmois des Marseillais, refoula ceux-ci vers le sud. Il était à Avignon le 27 juillet. Il entra à Marseille le 25 août, juste à temps pour empêcher la ville de tomber au pouvoir des Anglais que Villeneuve-Tourette avait déjà appelés à son secours. Mais, deux jours plus tard, les Anglais entraient à Toulon à l'appel des amiraux Trogoff et Chaussegros qui leur livrèrent notre plus belle escadre. Pour reprendre Toulon il faudra un long siège qui durera jusqu'à la fin de décembre.

Lyon était isolé. Le Jura et l'Ain, qui auraient pu lui fournir des secours, avaient été rapidement pacifiés par les conventionnels Bassal et Garnier (de Saintes) qui avaient recruté une petite armée de 2 500 hommes dans la Côte-d'Or et le Doubs. Mais Lyon résista mieux que Bordeaux. Il ne se laissa pas intimider par le bombardement commencé par Dubois-Crancé dès le 22 août. Ses communications avec le Forez étaient restées libres. L'investissement ne fut complet que le 17 septembre, après que Couthon, Maignet et Châteauneuf-Randon eurent amené sous la ville rebelle les gardes nationaux du Cantal, de l'Aveyron, du Puy-de-Dôme et de la Haute-Loire. Lyon résista jusqu'au 9 octobre. Précy parvint à s'enfuir en Suisse avec une poignée d'hommes. La répression devait être terrible.

Les contrées où la révolte fut dangereuse furent précisément celles où les royalistes étaient restés nombreux. Entre la Montagne qui s'identifiait avec la République et le royalisme allié de l'ennemi, il n'y avait pas de place pour un tiers parti. Si la révolte fédéraliste, expression des rancunes de politiciens déchus et de l'égoïsme des classes, avait pu réussir, elle aurait certainement entraîné une restauration monarchique.

L'insurrection royaliste de la Vendée avait déjà obligé la Convention à faire un grand pas vers la Terreur, c'est-à-dire vers la dictature du pouvoir central et la suppression des libertés. L'insurrection girondine fit faire un nouveau pas décisif dans la même direction. Jusque-là les seuls suspects avaient été les royalistes. Maintenant une fraction importante de l'ancien parti révolutionnaire est rangée à son tour dans la catégorie des alliés de l'ennemi. Les soupçons grandissent. La ligne de démarcation entre les bons et les mauvais citoyens devient de plus en plus difficile à tracer. Comment reconnaître les véritables patriotes, les sincères amis de la liberté, si les Vergniaud et les Brissot, les Buzot et les Petion, qui avaient les premiers ébranlé le trône et réclamé la République, ne sont plus que des traîtres ? L'idée vient qu'il faut soumettre quiconque joue un rôle dans la République à une surveillance, à une inquisition de tous les instants. Les clubs vont s'épurer. Les administrations le seront à leur tour et, d'épurations en épurations, le personnel révolutionnaire se rétrécira tous les jours. Comme les Girondins se sont appuyés sur les classes possédantes, celles-ci deviennent d'emblée suspectes. La richesse sera une présomption d'aristocratie. Le parti révolutionnaire ne sera bientôt plus qu'une minorité ardente, jalouse, énergique. Seules les minorités, après tout, ont besoin de la dictature et de la violence. Mais la minorité jacobine pouvait abriter ses actes derrière la grande figure de la patrie qu'elle se donna mission de défendre et de sauver.

2

LES DÉBUTS DU GRAND COMITÉ DE SALUT PUBLIC
(juillet 1793)

Le premier Comité de salut public, le Comité Cambon-Barère-Danton, formé le 6 avril 1793 après la trahison de Dumouriez, était tombé le 10 juillet, sous le poids de ses fautes accumulées. Il avait humilié la République dans des négociations secrètes inutilement tentées auprès des Coalisés (missions de Proli, de Matthews, de Desportes, etc.) Il n'avait su ni repousser l'ennemi sur les frontières, ni prévenir l'extension redoutable des révoltes vendéenne et fédéraliste. Il avait toléré les insolences de Custine, il lui avait pardonné ses échecs en Alsace et l'avait nommé, malgré Bouchotte, au commandement de notre principale armée, celle du Nord, qu'il laissa dans une inaction complète. Le Comité n'avait pas su ou voulu réprimer les pillages éhontés des fournisseurs qui trouvaient des protecteurs jusque parmi ses membres. Il n'avait abordé sérieusement ni le problème financier ni celui de la vie chère. La seule mesure un peu efficace qui eût été prise sous sa gestion pour retirer les assignats de la circulation avait été le décret du 7 juin 1793 qui accordait aux acquéreurs de domaines nationaux qui se libéreraient par anticipation une prime de 1/2 pour cent sur chaque annuité. Le même décret autorisait les receveurs des districts à mettre en vente les créances de l'État sur les acquéreurs. Les créances payées en assignats seraient remplacées par des obligations rapportant un intérêt de 5 pour cent et l'espérance était donnée aux porteurs qu'ils pourraient un jour être remboursés en espèces par les acquéreurs dont ils avaient acheté les annuités. Le système était ingénieux, mais il venait trop tard, à un moment où la confiance dans le papier-monnaie et dans le crédit de l'État était déjà fortement ébranlée. La mesure fit rentrer quelques assignats mais dans une proportion beaucoup trop faible pour exercer une action quelconque sur la vie chère qui tous les jours faisait des bonds en avant. Les Enragés, organes du mécontentement populaire, fomentèrent à la fin de juin une violente agitation à l'occasion du vote de la Constitution. Jacques Roux apporta à l'Assemblée une pétition menaçante et des bateaux de savon furent pillés sur les ports de Paris. Le Comité de salut public ne semblait plus capable d'assurer l'ordre dans la capitale. Enfin un obscur complot royaliste où fut mêlé, au début de juillet, le général Arthur Dillon, ami et protégé de Camille Desmoulins, acheva de rendre suspects Danton et Delacroix qui passaient avec raison pour peu sûrs.

Le nouveau Comité, élu le 10 juillet à l'appel nominal, comprenait neuf membres seulement ; Jeanbon Saint-André, Barère, Gasparin, Couthon, Hérault, Thuriot, Prieur de la Marne, Saint-Just et Robert Lindet. Ces hommes avaient reçu le mandat de sauver l'État en prenant les mesures énergiques qu'on avait vainement attendues de leurs prédécesseurs. Pleins de bonne volonté en général, ils étaient loin cependant d'être parfaitement d'accord sur un programme commun. Saint-André, Couthon, Hérault, Prieur de la Marne formaient avec Saint-Just la gauche du Comité. Ils étaient convaincus qu'il fallait gouverner en liaison constante avec les révolutionnaires groupés dans les clubs, faire droit à leurs demandes, nourrir et soulager les sans-culottes des villes en proie à la détresse, réprimer les trahisons, renouveler les états-majors et les administrations, s'appuyer en un mot sur la classe populaire pour mettre fin à l'anarchie, rétablir l'unité de direction et imposer à tous l'obéissance. Ils étaient prêts à faire une politique de classe puisque les riches entraînés derrière les Girondins se détachaient de la Révolution et passaient même au royalisme. Mais certains de leurs collègues, Thuriot, Robert Lindet, Gasparin, s'effrayaient de leur hardiesse et craignaient d'augmenter le mal en rejetant la bourgeoisie tout entière dans l'opposition par une répression trop énergique, comme de désorganiser l'armée en frappant systématiquement les généraux nobles dont ils ne croyaient pas pouvoir se passer en raison de leur compétence. Quant à Barère, génie fertile, il évoluait d'une tendance à l'autre selon les circonstances.

Le manque d'entente entre les membres du Comité se révéla dès les premiers jours. Le 11 juillet se succédèrent des mesures énergiques toutes proposées par les membres qui composaient sa gauche. Saint-André fit rappeler Biron de son commandement en Vendée. Couthon dénonça les députés Birotteau et Chasset qui soufflaient la révolte à Lyon. Il proposa d'ordonner l'arrestation de tous les députés du Rhône et de mettre Birotteau hors la loi. La Convention vota un décret conforme. Le lendemain le Comité, donnant un nouveau gage aux révolutionnaires, ordonna à Custine de se rendre sur-le-champ à Paris pour être interrogé sur la situation de son armée. Mais, le même jour, le Comité subit un échec dans la personne de Bouchotte. La Convention refusait de nommer Dittmann qu'il avait proposé pour succéder à Biron. Elle désignait, sur la proposition de Cambon, Beysser qu'on dut destituer bientôt pour ses compromissions avec les fédéralistes. Chose plus grave, dans cette même séance, Thuriot, se séparant de ses collègues du Comité, faisait rapporter une mesure de rigueur que Chabot avait fait voter pour enjoindre aux administrations départementales de communiquer aux Comités les correspondances qu'elles avaient reçues des membres du côté droit. « Ce décret, dit Thuriot, ne peut être qu'un sujet de division, tandis que nous devons rallier tous les esprits. » A l'inverse de Couthon, Thuriot, fidèle à la politique temporisatrice de Danton, son ami, ne voulait pas approfondir les responsabilités encourues par les députés girondins.

Ces débuts du grand Comité ne faisaient guère prévoir ce qu'il serait dans la suite. Mais il fut poussé en avant par des nécessités inéluctables. « On n'est pas révolutionnaire, disait Lazare Carnot,

Albert Mathiez

on le devient. » La dictature s'est, en effet, imposée à ces hommes. Ils ne l'ont ni souhaitée ni prévue. La Terreur fut une « dictature de détresse », a dit Hippolyte Carnot, et le mot est d'une profonde vérité. Le 13 juillet, Hérault de Séchelles, au nom du Comité, annonce des mauvaises nouvelles. Condé, dépourvu de vivres et de munitions, a probablement été obligé de se rendre. Valenciennes, très menacé, va avoir le même sort. La séance n'était pas terminée qu'on apprenait l'assassinat de Marat par Charlotte Corday.

La descendante du grand Corneille était royaliste au fond du cœur. Elle lisait l'*Ami du Roi* et le *Petit Gautier*. Royaliste, mais non pratiquante. Elle ne suivait pas les offices. Elle refusa un prêtre à ses derniers instants. La révolte girondine lui avait paru un acheminement vers le rétablissement de la royauté. Ame romaine, elle fut indignée quand elle constata, au cours d'une revue de la garde nationale, que les Caennais refusaient de s'enrôler dans l'armée de Wimpfen. Elle résolut de donner une leçon à ces lâches en allant frapper celui des Montagnards qui passait pour le plus hostile à la propriété, celui que les Girondins dénonçaient depuis des mois comme un anarchiste et un buveur de sang. « J'ai tué un homme, disait-elle à ses juges, pour en sauver cent mille. »

Charlotte était bien convaincue qu'elle avait frappé à mort l'anarchie, c'est-à-dire le parti montagnard. Elle lui donna de nouvelles forces.

Le soir même, à la Convention, Chabot présenta l'assassinat de l'Ami du peuple comme le résultat d'un complot royaliste et girondin qui devait éclater le lendemain, jour anniversaire du 14 juillet. Il fit voter l'arrestation de Depéret que Charlotte avait visité avant son crime. Couthon exprima sa conviction que les royalistes et les Girondins complotaient la dissolution de la Convention et la délivrance du jeune dauphin pour en faire un roi. Il demanda l'arrestation des députés du Calvados et la traduction au tribunal révolutionnaire des députés girondins déjà arrêtés. Ceux-ci paieraient pour Marat. Mais, cette fois encore, le Comité de salut public révéla ses divisions. Le même Thuriot, qui, la veille, avait étendu sa protection sur les députés compromis par leurs correspondances, s'opposa à l'arrestation des députés du Calvados et fut soutenu par Delacroix. La Convention vota l'arrestation du seul Fauchet, mais elle n'allait pas tarder à être entraînée plus loin dans la voie de la répression.

Marat était très populaire dans le menu peuple sur les souffrances duquel il s'était penché avec une tendresse rude, mais sincère. Sa mort violente provoqua une émotion profonde. Les Jacobins, par la voix de Bentabole, demandèrent les honneurs du Panthéon pour ce martyr de la liberté. Robespierre eut beaucoup de peine à faire écarter la proposition sous le prétexte qu'il fallait d'abord venger la victime. La Convention assista en corps aux funérailles le 16 juillet. L'Ami du peuple fut enterré dans le jardin des Tuileries, dans une grotte artificielle décorée de peupliers. Son cœur fut suspendu aux voûtes du club des Cordeliers. Pendant plusieurs semaines les sections parisiennes et la plupart des villes de province célébrèrent en son honneur des fêtes funèbres terminées par des appels à la vengeance. Son buste alla rejoindre ceux de Le Pelletier et de Cha⁻ lier sur les murs des clubs et des locaux républicains.

Le sang appelle le sang. Le supplice de Chalier, le meurtre de Marat survenus à trois jours d'intervalle fournirent un argument redoutable à tous ceux qui réclamaient déjà des mesures terroristes pour comprimer la contre-Révolution alliée de l'ennemi. Il fallait venger les victimes, préserver la vie des chefs patriotes menacés par le poignard des aristocrates, en finir avec la faiblesse et les ménagements !

Les meneurs populaires, Leclerc, Jacques Roux, Varlet, se disputent la succession de Marat qui, de son vivant, avait dénoncé leurs exagérations contre-révolutionnaires. Jacques Roux se hâte de faire paraître, dès le 16 juillet, une suite au journal de Marat qu'il intitule hardiment le *Publiciste de la République française par l'ombre de Marat l'Ami du peuple*. Le jeune Leclerc se pique d'émulation. Il lance, le 20 juillet, *l'Ami du peuple,* dont le titre était emprunté au premier journal de Marat.

Les Enragés, qui, jusque-là, n'avaient pas eu d'organes à eux, en possèdent deux maintenant. Leclerc s'empresse de dénoncer l'aristocratie marchande. La cherté des vivres est pour lui le résultat d'un complot des riches. Il dénonce « les voleurs publics jouissant sous la protection de la loi du fruit de leurs rapines » et il s'étonne que le peuple « patient et bon ne tombe pas sur cette poignée d'assassins » (23 juillet). Il réclame la peine de mort contre les accapareurs de denrées. Jacques Roux l'imite bientôt et, ce qui était plus grave, Hébert, à son tour, pour soutenir la popularité de son *Père Duchesne* menacé d'une concurrence dangereuse, conteste à ses rivaux le titre dont ils s'étaient parés d'héritiers de l'Ami du peuple. « S'il faut un successeur à Marat, s'écrie-t-il aux Jacobins le 20 juillet, s'il faut une seconde victime, elle est toute prête et bien résignée, c'est moi ! » Sans désarmer son hostilité personnelle contre les chefs des Enragés, il leur emprunte peu à peu leur programme. Il demande, dans son n° 267, que les suspects soient enfermés partout dans les églises et que la République, pour nourrir les villes, s'empare de la moisson en indemnisant les cultivateurs, que le blé, le vin, toutes les denrées soient partagées entre les départements au prorata de la population.

Ces excitations, qui faillirent provoquer une insurrection des sections parisiennes, tombaient sur un terrain propice. La disette, à cette fin de juillet, se faisait plus aiguë. Les départements révoltés de Bretagne et de Normandie avaient interrompu leurs expéditions vers la capitale. Les queues avaient recommencé aux portes des boulangers dès la pointe du jour. Il y avait des tumultes dans les marchés. La situation était si sérieuse que les deux Comités de salut public et de sûreté générale se réunirent dans la nuit du 20 au 21 juillet pour prendre des mesures d'urgence.

Le Comité de salut public menaçait d'être débordé. Billaud-Varenne et Collot d'Herbois faisaient voter à toute vitesse le fameux décret du 27 juillet sur la répression de l'accaparement.

Était défini accaparement le fait par des marchands de dérober à la circulation des marchandises ou denrées de première nécessité, « sans les mettre en vente journellement et publiquement », le fait, par de simples particuliers, « de faire ou de laisser périr volontairement des denrées et marchandises de première nécessité ». Tous les détenteurs de ces denrées étaient tenus d'en faire la déclaration sous 8 jours à la mairie. Les municipalités étaient autorisées à nommer des commissaires aux accaparements, appointés sur le produit des ventes et confiscations. Ils vérifieraient les déclarations, veilleraient à ce que les marchands mettent en vente les denrées « par petits lots et à tout venant ». En cas de refus, ils procéderaient eux-mêmes à la vente et en remettraient le produit aux commerçants. Seraient punis de mort les commerçants qui ne feraient pas de déclarations ou qui en feraient de fautives et les fonctionnaires qui prévariqueraient dans l'application de la loi. Les dénonciateurs seraient récompensés par le tiers des confiscations. Enfin les jugements rendus par les tribunaux criminels sur les délits prévus dans la loi ne seraient pas sujets à l'appel.

Désormais toutes les denrées de première nécessité sont sous la main des autorités. Le secret du commerce n'existe plus. Caves, greniers, entrepôts vont recevoir la visite du commissaire aux accaparements qui a le droit de se faire communiquer les factures. Un grand pas est fait vers le système des Enragés.

Qu'une loi aussi importante ait pu être proposée, discutée et votée sans que le Comité de salut public ait été consulté, sans qu'il ait été invité à formuler son avis, cela montre bien qu'il était loin d'avoir affermi son autorité sur l'Assemblée.

Le Comité se heurtait à une sourde opposition parlementaire. Il avait rappelé, le 19 juillet, de nombreux représentants tièdes ou douteux, Courtois, soupçonné de spéculations sur les fournitures aux armées, Lesage-Senault et Duhem qui étaient en conflit avec le club de Lille, Goupilleau de Fontenay qui s'était montré hostile aux généraux sans-culottes envoyés à l'armée de Vendée. Le lendemain, Rühl, un modéré, ami de Danton, dénonça les commissaires du Conseil exécutif qui, à l'en croire, entravaient l'œuvre des représentants en mission, coûtaient très cher et ne rendaient aucun service. Un autre dantoniste, Baudot, appuya la motion de Rühl qui avait tout l'air d'une réplique au rappel des représentants ordonné la veille par le Comité de salut public. Billaud-Varenne défendit les commissaires de Bouchotte et la motion fut renvoyée au Comité. Mais Rühl ne se tint pas pour satisfait. Il exigea que le Comité communiquât à la Convention la liste de ses agents à l'étranger avec des renseignements sur chacun d'eux. La motion fut votée avec un amendement de Taillefer et de Cambon qui ordonna au Comité de fournir en outre et dans les 24 heures des renseignements sur les commissaires du Conseil exécutif.

Apprenant que Custine, laissé en liberté depuis son rappel à Paris, avait été l'objet de manifestations de sympathie de la part des habitués des tripots du Palais-Royal, le Comité l'avait fait arrêter dans la nuit du 21 au 22 juillet et il avait en outre destitué le même jour son principal lieutenant, Lamorlière, qui commandait par intérim l'armée du Nord. Ces deux mesures furent l'occasion d'un nouveau débat à la Convention. Danton, cette fois, intervint en personne. Il feignit d'applaudir à l'arrestation de Custine, mais il ajouta : « Je demande que le ministre de la Guerre et le Comité de salut public rendent compte de ce qui peut être à la charge de ce général afin que la Convention prononce. » Devars voulait que le Comité fît son rapport séance tenante, mais Drouet fit admettre qu'aucun délai ne serait fixé.

La destitution de Lamorlière et l'arrestation de Custine avaient soulevé au Comité même la vive opposition de Gasparin, le seul des neuf membres qui fût militaire et qui assurait en cette qualité la direction des armées. Gasparin ne parut pas à la séance du Comité du 23 juillet et donna sa démission le lendemain en prétextant des raisons de santé. Quand Custine, quelques jours plus tard, le 27 juillet, demanda à la Convention à connaître les motifs de son arrestation, Thuriot, qui pensait comme Gasparin, proposa de renvoyer sa lettre au Comité militaire et non au Comité de salut public et il fallut que Robespierre montât à la tribune pour empêcher que celui-ci fût dessaisi.

Divisé, affaibli par la démission de Gasparin et par l'opposition ouverte de Thuriot, le Comité de salut public allait succomber à bref délai si un puissant renfort ne venait à son secours.

Il subit un nouvel assaut le 24 juillet. Les troupes républicaines opérant contre les Vendéens avaient été battues à Vihiers le 18 juillet et refoulées au nord de la Loire. Un membre de l'ancien Comité, Bréard, exploitant cet échec, demanda que le Comité rendît compte le lendemain de l'état de la Vendée et de la conduite de Bouchotte et de ses commissaires qui désorganisaient tout. Sergent ajouta que le Comité devrait rendre compte aussi de la destitution de Biron et de la nomination de Rossignol, « un homme qu'on dit sans talents et sans probité ». La Convention vota ces deux motions menaçantes. On lut ensuite une lettre des représentants à l'armée du Nord, Duhem et Lesage-Senault, qui annonçaient qu'ils venaient de destituer et d'arrêter le général républicain Lavalette et son aide de camp Dufresse, qui avaient été les principaux artisans de la destitution de Lamorlière. Les représentants, que le Comité avait déjà rappelés, vengeaient Lamorlière par ce coup d'éclat.

Mais, cette fois, le Comité trouva un défenseur. Robespierre rappela que Lavalette, au moment de la trahison de Dumouriez, avait empêché Miaczynski de livrer Lille aux Autrichiens. Son ennemi Lamorlière était considéré comme un traître par les républicains du Nord. Il avait désobéi aux ordres de Bouchotte, il avait voulu dégarnir Lille de ses canons. Robespierre réclamait la mise en liberté de Lavalette et Dufresse et le retour immédiat dans la Convention des représentants qui les avaient frappés. Il ne trouva pas de contradicteur et l'affaire fut renvoyée au Comité.

La lutte continua deux jours encore. Le 25 juillet, Cambon somma Barère de s'expliquer sur la Vendée, de dire la vérité tout entière. Dartigoyte fit une charge contre Bouchotte que Barère n'osa pas défendre. Il fut décidé que l'élection du successeur de Bouchotte aurait lieu le lendemain. Puis l'Assemblée porta Danton à sa présidence et nomma Dartigoyte secrétaire.

Mais Robespierre, une fois encore, refoula l'adversaire. Dès la veille, il avait dénoncé aux Jacobins l'intrigue menée contre Lavalette et contre Bouchotte, et fait l'éloge du Comité de salut public qu'il ne fallait pas mener en lisière, car « on doit supposer qu'il est composé d'hommes d'esprit et de politiques, il sait jusqu'à un certain point comment il doit en user et l'on devrait bien s'en rapporter à lui un peu davantage ».

Le lendemain, les clubs, sans doute ébranlés par Robespierre, se présentèrent à la barre de la Convention. Les Cordeliers réclamèrent le maintien de Bouchotte, « car c'est lui qui est parvenu à sansculottiser l'armée. Bouchotte vient de déjouer l'affreux plan de contre-Révolution ourdi par le perfide Custine. Sa probité et son patriotisme sont hors de doute. » Les hommes révolutionnaires du 10 août répétèrent l'éloge de Bouchotte et reprochèrent à la Montagne « de garder un silence pour ainsi dire glacé dans le plus fort de la tempête qui bat la République ». Alors Robespierre chargea à son tour. Ceux qui demandaient le remplacement de Bouchotte étaient « trompés par des hommes qui voudraient voir au ministère de la Guerre une de leurs créatures, pour trouver un nouveau Beurnonville qui ne manquerait pas de trouver de nouveaux Dumouriez ». Or, c'était Danton qui avait fait nommer Beurnonville en remplacement de Pache. Danton ne souffla mot, ni personne. La Convention rapporta sans débat son décret de la veille par lequel elle avait décidé d'élire un successeur à Bouchotte. La partie était gagnée. Barère n'éprouva pas de contradiction quand il présenta son rapport sur la Vendée. L'opposition s'était volatilisée. Le soir même, le Comité de salut public invitait Robespierre à participer à ses travaux. Si on en croit Barère, Couthon aurait pris l'initiative de faire appeler Robespierre. Celui-ci dira quelques jours plus tard qu'il avait accepté « contre son inclination ».

L'avènement de Robespierre au pouvoir ouvre une ère nouvelle. Ce qu'il apporte au Comité, ce n'est pas seulement ses rares qualités personnelles, son sang-froid et son courage, sa clairvoyance aiguë, son éloquence redoutable, ses remarquables facultés d'organisation, son désintéressement total, c'est plus et mieux encore. Robespierre est, depuis la Constituante, le révolutionnaire le plus populaire dans la classe des artisans et des petites gens dont il possède la confiance entière. Il est le chef incontesté de la sans-culotterie, surtout depuis la mort de Marat. Il n'entre pas seul au Comité. Il a derrière lui la plupart des militants, tous ceux qui forment le noyau résistant des clubs, tous ceux qui ont lié leur sort irrévocablement à la Révolution, tous ceux qui n'ont pas d'autre alternative que de vaincre ou de mourir.

Le maintien de Bouchotte signifiait qu'on continuerait à républicaniser les états-majors. L'entrée de Robespierre, son protecteur, au gouvernement, signifiait que dans toutes les parties de l'administration, civile ou militaire, les sans-culottes seraient soutenus et leurs adversaires réduits au silence ; que les dirigeants de la République ne ruseraient plus avec le peuple ; qu'ils écouteraient ses plaintes, se pencheraient sur ses misères, l'associeraient à leur effort pour sauver la patrie.

C'est une politique à la fois nationale et démocratique que Robespierre va inaugurer. Et, pour son coup d'essai, il va avoir à lutter, à Paris même, contre les extrémistes de gauche alliés aux extrémistes de droite et il leur livrera bataille au milieu d'une disette accrue, quand des frontières les nouvelles désastreuses s'accumulaient. Qu'il n'ait pas désespéré, qu'il ait accepté le pouvoir dans un tel moment, qu'il ait porté sans faiblir un fardeau si écrasant et qu'il ait réussi à sortir la République de l'abîme, cela devrait suffire à sa renommée.

3
LA CRISE DU MOIS D'AOÛT 1793

Quand Robespierre entra au Comité de salut public, le 27 juillet 1793, il était grand temps. La situation de la République paraissait désespérée. Sur les frontières du Nord-Est, partout, les armées refluaient. On apprenait, le 28 juillet, la capitulation de Mayence. Du coup les armées du Rhin et de la Moselle reculaient sur la Lauter et sur la Sarre. On apprenait le surlendemain la capitulation de Valenciennes. Si le camp de César cédait, la route de l'Oise, la route de Paris était ouverte à la plus forte armée ennemie. Sur les Alpes, Kellermann affaibli par les corps qu'il avait dû détacher contre les fédéralistes du Rhône et du Midi, défendait à grand-peine les passages de la Maurienne et de la Tarentaise. Aux Pyrénées, l'Espagnol avançait. De Perpignan, les représentants Expert et Projean avertissaient, le 28 juillet, que les habitants de Villefranche-de-Conflent venaient d'appeler l'ennemi. Les rebelles vendéens s'emparaient des Ponts-de-Cé le 27 juillet et menaçaient Angers.

Les royalistes masqués s'enhardissaient jusque dans les villes fidèles. Tous ceux qui étaient las de la guerre souhaitaient en dedans d'eux-mêmes la victoire de l'ennemi et la restauration de la monarchie, afin qu'on en finisse. De Cambrai déjà menacé, les représentants Delbrel, Letourneur et Levasseur écrivaient le 26 juillet : « Les gens des campagnes de ce pays en général sont si avides d'or que tous les jours l'ennemi est instruit d'une grande partie de ce qui se passe à nos armées. Nous avons des villages tout entiers qui lui sont dévoués. » Le représentant Bassal mandait de Besançon, le 31 juillet, que les nouvelles reçues de Mayence exaltaient l'audace des royalistes et il exprimait la crainte de ne pouvoir contenir les fanatiques. Peu après éclatait en effet une insurrection cléricale dans les montagnes du Doubs.

Les armées subissaient une grave crise de moral. A l'armée du Nord les soldats de ligne avaient murmuré quand on leur avait enlevé Custine. Les généraux et officiers nobles qui n'avaient pas émigré se trouvaient environnés de soupçons, frappés à tour de bras. Il était extrêmement difficile de les remplacer. Le commandement passait de main en main. Le soldat n'avait plus confiance dans des chefs improvisés qu'il ne connaissait pas. Les chefs doutaient d'eux-mêmes. Étroitement surveillés, ils n'osaient prendre aucune initiative. Ils ne cherchaient qu'à se mettre à couvert. Les meilleurs étaient profondément découragés. A l'armée du Rhin, les généraux Beauharnais et Sparre donnaient leur démission le 2 août. Ils protestaient de leur amour pour la République, mais ils pensent, ajoutaient-ils, que « dans ce temps de Révolution où les trahisons se multiplient et où les ci-devant paraissent presque toujours être les chefs des complots liberticides, il est du devoir de ceux qui, quoique entachés de ce vice originel, ont cependant la liberté et l'égalité gravées dans leur cœur, de prononcer eux-mêmes leur exclusion ».

Le désordre était extrême à l'armée de Vendée, surtout dans les bataillons parisiens formés de héros à cinq cents livres. Les chefs improvisés qui les commandaient songeaient plus à faire bombance qu'à se battre. Les représentants chargés de les surveiller s'entendaient mal. Les uns, comme Goupilleau de Fontenay et Bourdon de l'Oise soutenaient les vieux officiers, les autres, comme Choudieu et Richard, n'avaient confiance que dans les nouveaux chefs sansculottes. Tous se rejetaient la responsabilité des échecs. C'était le chaos.

La situation dans l'ensemble était infiniment plus critique que l'année précédente après la prise de Verdun, car l'artisan des villes qui avait été jusque-là le meilleur soutien de la Révolution, donnait des signes d'énervement et d'exaspération. On signale partout, à la fin de juillet, dans les villes, des troubles graves provoqués par la disette, à Rouen où Esnue La Vallée et Lecointre craignent un soulèvement, à Amiens où les subsistances sont arbitrairement taxées et où il faut envoyer Chabot et André Dumont rétablir l'ordre, à Attichy dans l'Aisne et dans les environs de Senlis où se forment de petits attroupements, qui inspirent de vives inquiétudes à Collot d'Herbois et à Isoré, etc. On dut à certains moments, les rivières étant à sec, recourir aux moulins à bras pour empêcher Paris de mourir de faim.

Les Enragés, qui sentent que leur heure est venue, attisent le mécontentement général.

Jacques Roux, le 29 juillet, demande la levée d'une force

imposante pour aller au secours des subsistances. Il réclame, le 6 août, la guillotine pour les députés des trois assemblées qui avaient reçu l'or des tyrans. Le 8 août, il réclame l'arrestation de tous les banquiers qui étaient, par état, disait-il, les valets des rois, les accapareurs de numéraire et les auteurs de la famine. Il voulait aussi qu'on fît « regorger tous ces mauvais citoyens qui ont acquis des domaines immenses depuis quatre ans, ces égoïstes qui ont profité des malheurs publics pour s'enrichir, ces députés qui, avant leur élévation inopinée à l'aréopage, n'avaient pas un écu par jour à dépenser et qui sont aujourd'hui de gros propriétaires, ces députés qui exerçaient l'état de boucher dans des rues fétides et qui occupent maintenant des appartements lambrissés [allusion à Legendre], ces députés qui, avant de parcourir la Savoie et la Belgique, prenaient leurs repas dans de petites hôtelleries et qui ont aujourd'hui table ouverte, qui fréquentent les spectacles, entretiennent des catins et ont à leur solde des panégyristes [allusion à Danton, Delacroix, Simond] ». Jacques Roux espérait que la Fédération du 10 août serait le tombeau des accapareurs et des concussionnaires.

Théophile Leclerc, de son côté, demandait, le 27 juillet, l'arrestation de tous les gens suspects « afin que la fête du 10 août pût être célébrée avec toute la solennité possible ». A ceux qui l'accusaient d'être un homme de sang il répondait le 31 juillet par ce défi : « On m'a traité d'homme de sang, dis-je, parce que j'ai avoué hautement qu'un homme révolutionnaire devait avec sang-froid sacrifier, s'il le fallait, cent mille scélérats à la Révolution. Eh bien ! Français, connaissez mon âme entière, je vous prédis que vous serez amenés là où il n'y aura pas à balancer entre la mort de nos ennemis ou la vôtre... Je mets en fait que la conservation seule des nobles à la tête de nos armées a fait périr 150 000 combattants. » Il répétait ses appels à la violence dans les numéros suivants et s'en prenait finalement, le 6 août, à la Convention : « Peuple, as-tu à te plaindre de tes législateurs ? Tu leur as demandé la taxation de toutes les denrées de première nécessité, on te l'a refusée, l'arrestation de tous les gens suspects, elle n'est pas décrétée, l'exclusion des nobles et des prêtres de tous les emplois civils et militaires, on n'y a pas accédé. Cependant la patrie ne doit attendre son salut que d'un ébranlement révolutionnaire qui, d'une extrémité à l'autre, donne une secousse électrique à ses nombreux habitants. »

Albert Mathiez

L'année précédente, après la prise de Verdun, les révolutionnaires parisiens, pour faire trembler les alliés de l'ennemi, avaient massacré les suspects dans les prisons. Le bruit courut avec persistance que les mêmes massacres allaient recommencer. Des placards les conseillèrent et le *Journal de la Montagne* du 24 juillet dénonça leurs auteurs avec indignation.

Parallèlement aux Enragés, les anciens Girondins restés à Paris et les royalistes cachés essayaient eux aussi de profiter de la disette pour déchaîner un grand mouvement contre la Commune d'abord, contre la Convention ensuite.

Un ami de Roland, l'architecte Alexandre-Pierre Cauchois, appuyé sur sa section, celle de Beaurepaire, une des plus modérées de Paris, réunissait à l'Evêché, le 31 juillet, les délégués de 39 sections sur 48 pour réclamer les registres des marchés passés par la Commune avec les fournisseurs, ainsi que l'ouverture des magasins municipaux de grains et de farines. Le lendemain, Cauchois, nommé leur secrétaire, se présentait avec 24 commissaires de l'Evêché au directoire du département, à la Commune, prononçait des paroles menaçantes, proclamait qu'il représentait la volonté populaire et exigeait des comptes immédiats. Éconduit, il tapissait les murs de placards menaçants et il continuait pendant plusieurs semaines à réunir ses partisans à l'Évêché. De sa prison de l'abbaye, le député girondin Carra suivait avec attention et sympathie la lutte de Cauchois et des sections contre la Commune et s'en promettait une revanche contre la Montagne.

Pour mesurer toute la gravité de la situation, il ne faut pas oublier qu'à cette date le Comité de salut public était loin de pouvoir compter sur une majorité sûre à la Convention et que ses pouvoirs étaient limités. Il ne contrôlait pas encore les autres Comités de l'Assemblée qui, en principe, étaient ses égaux. Il n'avait en propre que la surveillance des ministres et le droit de prendre des mesures provisoires. Il n'obtint le droit de lancer des mandats d'arrêt que le 28 juillet. Jusque-là il avait été obligé de s'adresser au Comité de sûreté générale pour faire des perquisitions et le Comité de sûreté générale, composé pour une bonne part d'amis de Danton, était loin de le seconder avec zèle.

Puis, pour se protéger contre les coups de main de la rue, le Comité de salut public ne disposait d'aucune force armée sous son autorité particulière. Les régiments de ligne et les bataillons de volontaires étaient aux frontières, il ne restait dans Paris que la garde nationale et celle-ci était sous l'autorité directe de la Commune. Si la Commune, seul pouvoir effectif, manquait au gouvernement, celui-ci devrait capituler devant la moindre émeute. La Commune elle-même avait à compter avec les sections dont beaucoup subissaient l'influence des Girondins masqués et celle des Enragés. Les gardes nationaux étaient peu sûrs. Ils avaient mis beaucoup de mollesse à réprimer les troubles du savon. Ils souffraient de la disette comme les mécontents. Toute la force du Comité était une force morale, une force d'opinion, force bien fragile quand elle est répartie sur plusieurs têtes. L'attention anxieuse avec laquelle la Commune et le Comité suivaient les moindres manifestations de l'esprit public au moyen d'une armée d'« observateurs » suffisait à montrer que la crainte d'un coup de main les hantait.

Heureusement le Comité avait trouvé en Robespierre un solide porte-respect et un éloquent porte-parole. Robespierre fut le lien vivant entre la Commune et la Convention, entre la Convention et les clubs, entre Paris et la France. Il ne fallait rien moins que son prestige intact pour amortir les chocs entre les divers éléments du parti révolutionnaire et pour imposer les solutions conciliatrices. Il fournit en ce mois d'août 1793 un effort admirable.

Il rendit d'abord à la Révolution un signalé service en la débarrassant de la démagogie des Enragés. S'il combat ceux-ci, ce n'est pas qu'il ait peur de leur politique sociale. Il résume sa politique par ces mots inscrits sur son carnet : *subsistances et lois populaires.* Mais les Enragés étaient des semeurs de défiance, des fauteurs de violence et d'anarchie. Ils s'alliaient avec des éléments aussi douteux que ceux qu'enrôlait le rolandin Cauchois.

Robespierre engagea la lutte, le 5 août, aux Jacobins, en réponse à Vincent qui attaquait la Convention en général et nommément Danton et Delacroix. Vincent avait demandé que les Jacobins fussent invités à dresser des listes de patriotes pour tous les emplois vacants. Maîtres désormais des nominations, ils fussent devenus les maîtres du gouvernement. Robespierre prit feu. Il se plaignit que « des hommes nouveaux, des patriotes d'un jour voulussent perdre dans le peuple ses plus anciens amis ». Il défendit Danton qu'on calomniait, dit-il, « Danton qu'on ne discréditera qu'après avoir prouvé qu'on a plus d'énergie, de talents et d'amour de la patrie ». Puis, négligeant Vincent, il fonça sur ceux qu'il considérait comme ses inspirateurs, sur Leclerc et sur Jacques Roux, « deux hommes salariés par les ennemis du peuple, deux hommes que Marat dénonça », deux hommes qui invoquent maintenant le nom de Marat pour mieux discréditer les vrais patriotes.

Il revint à la charge, le 7 août, mettant en garde les Jacobins contre les mesures exagérées qui perdraient la République. Il dénonça le complot formé par les Enragés pour renouveler les horreurs de septembre. Il fit un vif éloge de Pache, de Hanriot, de la Commune attaqués par Cauchois et les meneurs des sections. Son discours fit une telle impression que les Jacobins l'élevèrent le jour même à leur présidence. Le lendemain, il fit paraître à la barre de la Convention la veuve de Marat, Simone Evrard, qui vint dénoncer « tous les libellistes hypocrites qui déshonoraient le nom de son mari » en prêchant en son nom des maximes extravagantes. « Ils cherchent à perpétuer après sa mort la calomnie parricide qui le présentait comme un apôtre insensé du désordre et de l'anarchie. » Robespierre fit insérer au *Bulletin* la pétition de Simone Evrard et renvoyer au Comité de sûreté générale l'examen de la conduite de Jacques Roux et de Leclerc.

Si la fête du 10 août put être célébrée sans encombre, sans effusion de sang, c'est à Robespierre qu'on le dut.

A l'égard des sectionnaires qui se réunissaient à l'Évêché, le Comité de salut public manœuvra habilement. Il reçut leur députation dans la nuit du 1er au 2 août, leur donna de bonnes paroles, mais leur fit remarquer qu'en raison de la Fédération du 10 août qui était proche, il valait mieux remettre au 12 ou 15 du mois la vérification des magasins municipaux qu'ils réclamaient. Les sectionnaires se laissèrent prendre à la promesse, et, quand le 10 août fut passé, la Commune, sûre de l'appui du Comité, refusa l'ouverture des magasins. Elle consentit seulement à renouveler son administration des subsistances. Pache accusa Cauchois de ne demander des comptes que pour faire connaître la véritable situation aux spéculateurs avides « qui en profiteraient pour relever les prix et aux contre-révolutionnaires qui en profiteraient pour arrêter les grains environnants et en empêcher l'arrivage ». Jacques Roux, désavoué par les Gravilliers, fut arrêté et gardé au violon de l'Hôtel de Ville du 22 au 27 août. En même temps la Convention ordonna, le 25 août, sur la motion de Tallien, la dissolution de l'assemblée des sectionnaires qui siégeait à l'Évêché depuis trois semaines. Ils se dispersèrent sans résistance.

Ce résultat n'aurait pu être obtenu si le Comité de salut public n'avait pris des mesures efficaces pour approvisionner Paris. Il mit à la disposition de la Commune des sommes importantes : 540 000 francs, le 24 juillet, pour achat de bœufs et de riz ; deux millions, le 7 août, pour achat de grains et farines ; trois millions le 14 août, etc. L'argent ne suffit pas. Il faut vaincre la mauvaise volonté des cultivateurs. Le Comité délègue dans les départements voisins des conventionnels énergiques qui ordonnent des recensements, comme au moment de la prise de Verdun, font battre les blés en gerbe en réquisitionnant les ouvriers, etc. Bonneval et Roux dans l'Eure-et-Loir écrivent, le 26 juillet, à la Convention, que chaque canton expédiera à Paris pour le 10 août un sac de farine, et l'exemple fut imité par de nombreux fédérés qui se font accompagner de voitures chargées de subsistances. Ainsi la capitale fut ravitaillée et les Enragés perdirent leur principal argument contre la Commune et contre la Convention.

Déjà Barère avait fait voter, le 9 août, le célèbre décret qui organisait dans chaque district un grenier d'abondance qui serait alimenté par les contributions en nature des récoltants et par un crédit de cent millions voté pour achat de céréales. Les boulangers étaient mis sous la surveillance étroite des communes qui pourraient réquisitionner leurs fours. Ceux qui cesseraient le travail seraient privés de leurs droits civiques et punis d'une année de travaux forcés. Sans doute les greniers d'abondance ne furent guère établis que sur le papier. Où trouver les grains pour les remplir quand on vivait à peine au jour le jour ? Mais le décret, comme beaucoup d'autres, eut pour but de calmer les appréhensions, de faire luire aux affamés une espérance.

La Constitution allait être proclamée solennellement le 10 août devant les délégués des assemblées primaires. Si on la mettait immédiatement en vigueur, si on procédait à de nouvelles élections, avant que les révoltes intérieures fussent écrasées, avant que l'ennemi fût vaincu, quel saut dans l'inconnu ! Le Comité ne

Albert Mathiez

se faisait pas d'illusion sur la véritable force du parti montagnard. Il savait que beaucoup d'électeurs n'avaient voté la Constitution qu'avec l'arrière-pensée de mettre les Montagnards à la porte quand elle serait appliquée.

De Grenoble, le 26 juillet, Dubois-Crancé et Gauthier conseillèrent au Comité de faire déclarer inéligibles pendant dix ans « tous les individus qui, soit dans le sein de la Convention, soit parmi les corps administratifs et judiciaires ou dans les sections », avaient pris part à la révolte fédéraliste. « Si vous ne prenez pas ce parti avant de vous séparer, vous verrez dans la première législature tous ces hommes perfides qui rongent aujourd'hui leur frein se livrer, sous le prétexte d'ordre, à toutes les mesures les plus liberticides et fabriquer des lois de vengeance et de sang contre tous ceux qui ont fait et soutenu la Révolution. » Le Comité pensait comme ces représentants, mais il alla plus loin qu'eux. Il ne voulut pas d'élection du tout. Peut-être répugnait-il à violer, par un décret d'inéligibilité, les principes qu'il avait proclamés dans la Constitution et à fournir aux Girondins un prétexte excellent pour l'accuser de duplicité. Quand Chabot proposa formellement, le 11 août, de déclarer inéligibles tous ceux qui n'auraient pas paru aux assemblées primaires sans un juste motif d'absence et tous ceux qui auraient refusé leur vote à la Constitution, le Comité laissa tomber sa motion qui lui avait été renvoyée.

Un ancien ami de Roland rallié à la Montagne, Lanthenas, avait proposé de faire de la Fédération du 10 août « un jubilé fraternel, une époque de réconciliation générale entre tous les républicains », autrement dit de tendre les bras aux fédéralistes et de leur accorder une amnistie générale. L'idée avait été accueillie avec faveur par les modérés de la Convention. Garat se vante dans ses mémoires d'y avoir amené Danton et Legendre. Barère se montrait favorable, au dire du député Blad (lettre du 5 août). Mais Hébert et Robespierre se mirent en travers. Hébert déclara que l'amnistie, réclamée par les Endormeurs, aurait pour résultat le rétablissement de la royauté.

Le Comité se rangea à l'avis de Robespierre et de Couthon, hostiles à toute transaction, tant que le fédéralisme ne serait pas écrasé. Le 2 août Couthon, appuyé par Robespierre, fit voter la mise en accusation du Girondin Carra pour avoir proposé autrefois le rétablissement du trône au profit du duc d'York.

Le Comité pouvait craindre que les partisans de l'amnistie et de la mise en vigueur de la Constitution ne réussissent à gagner les fédérés accourus de toute la France pour assister à la fête du 10 août. Il n'hésita pas à recourir aux grands moyens. Il posta sur les routes des agents secrets qui fouillèrent les fédérés, ouvrirent leurs lettres et mirent en arrestation ceux qui leur parurent suspects. Quand le député Thibault protesta, le 5 août, contre ces procédés d'intimidation, Couthon l'accusa d'être un complice des fédéralistes et Robespierre lui ferma la bouche. Le Comité mit 300 000 livres à la disposition d'Hanriot pour organiser une surveillance discrète autour des fédérés et 50 000 livres à la disposition de Pache pour indemniser les membres peu fortunés des comités de surveillance des sections (7 août).

Ces précautions furent efficaces. Endoctrinés par les Jacobins, qui mirent leur salle à leur disposition, choyés et complimentés par les Montagnards des sections et de la Commune, les fédérés déposèrent leurs préventions contre Paris. Non seulement ils ne créèrent pas de difficultés au Comité de salut public, mais ils furent dans des occasions mémorables ses plus fermes soutiens et, de retour dans leurs provinces, ils se feront les missionnaires de l'évangile montagnard. Ils paraîtront tellement sûrs qu'on les associera par un décret formel à l'œuvre gouvernementale.

Dès le 6 août, leur orateur, Claude Royer, curé de Chalon-sur-Saône, se prononça avec énergie contre la mise en vigueur de la Constitution : « C'est le vœu des Feuillants, des modérés, des fédéralistes, des aristocrates et des contre-révolutionnaires de tout genre ! » Les modérés n'osèrent pas demander l'amnistie, ils se risquèrent cependant à réclamer la mise en vigueur de la Constitution, sans doute parce qu'ils crurent pouvoir compter sur l'appui des hébertistes. L'idée de procéder à de nouvelles élections souriait assez à ceux-ci qui pensaient cueillir des mandats législatifs et remplacer à la tête du gouvernement des hommes qu'ils disaient usés et dont ils supportaient mal le contrôle. Ils auraient simplement voulu faire prononcer auparavant l'inéligibilité des fédéralistes.

Le 11 août, donc, Delacroix, pour confondre, dit-il, ceux qui accusaient la Convention de vouloir se perpétuer, proposa de préparer la convocation d'une nouvelle assemblée en procédant immédiatement au recensement de la population électorale et au découpage des circonscriptions. La proposition, faite à l'improviste, devant une salle dégarnie, en l'absence des membres du Comité, fut votée sans débat. Mais Robespierre en appela le soir même aux Jacobins de ce vote de surprise. Rarement il fut plus véhément : « Appelé contre mon inclination au Comité de salut public, j'ai vu des choses que je n'aurais jamais osé soupçonner, j'y ai vu, d'un côté, des membres patriotes faire tous leurs efforts, quelquefois vainement, pour sauver leur pays et, d'un autre côté, des traîtres conspirer jusqu'au sein même du Comité et cela avec d'autant plus d'audace qu'ils le pouvaient avec plus d'impunité [1]... J'ai entendu, j'ai lu une proposition qui a été faite ce matin à la Convention et je vous avoue qu'à présent même il m'est difficile d'y croire, je ne croupirai pas membre inutile d'un Comité ou d'une Assemblée qui va disparaître. Je saurai me sacrifier au bien de mon pays... Je déclare que rien ne peut sauver la République si l'on adopte la proposition qui a été faite ce matin que la Convention se sépare et qu'on lui substitue une Assemblée législative. » (Non ! Non ! s'écria toute la société.) « La proposition que je combats ne tend qu'à faire succéder aux membres épurés de la Convention actuelle les envoyés de Pitt et de Cobourg. »

L'indignation de Robespierre ne peut s'expliquer que parce que certains de ses collègues du Comité étaient, eux aussi, de l'avis de Delacroix et acceptaient le renouvellement de la Convention. Mais l'attitude des fédérés et des Jacobins qui invitèrent l'Assemblée à rester à son poste déjoua la manœuvre des modérés. Le décret rendu sur la proposition de Delacroix resta lettre morte. En vain Gossuin et Delacroix reprirent-ils, le 12 août, l'éternelle attaque contre Bouchotte, en vain demandèrent-ils que les membres absents du Comité, Prieur de la Marne et Saint-André, alors en mission aux armées, fussent remplacés, l'appui des fédérés brisa toutes les oppositions. Le Comité fut prolongé dans ses pouvoirs

---

1 Pour comprendre ce à quoi Robespierre fait allusion, il faut se souvenir que la Convention avait renvoyé l'avant-veille à l'examen du Comité la dénonciation faite par Montaut contre Reubell et Merlin de Thionville qu'il accusait d'avoir livré Mayence à l'ennemi. Robespierre et Couthon étaient convaincus que ces deux représentants étaient coupables. Ils durent intervenir au Comité pour demander qu'on fît contre eux un rapport d'accusation qu'ils ne purent obtenir. Thuriot, qui avait défendu Reubell et Merlin à la tribune, les protégea au Comité.

III - LA TERREUR

le lendemain.

C'est à la demande enfin des fédérés que fut votée la grande mesure de la levée en masse. L'idée fut lancée par un agitateur qui opérait dans la section de l'Unité, Sébastien Lacroix, le 28 juillet : « Que l'heure où le tocsin grondait au palais du tyran, où son trône se brisait en éclats, soit celle où le tocsin sonnera, où la générale battra dans toute la République, que les amis de la patrie s'arment, qu'ils forment de nouveaux bataillons, que ceux qui n'auront pas d'armes conduisent les munitions, que les femmes conduisent les vivres ou pétrissent le pain, que le signal du combat soit donné par le chant de la patrie, et huit jours d'enthousiasme peuvent faire plus pour la patrie que huit ans de combat ! » L'idée obtint un grand succès. La Commune, après les sections, se l'appropria. Elle demanda, le 5 août, de décréter la mobilisation immédiate de tous les citoyens âgés de 16 à 25 ans. Les fédérés s'ébranlèrent deux jours plus tard, mais Robespierre, instruit du piteux résultat des levées tumultuaires de paysans ordonnées dans les départements voisins de la Vendée, leur fit observer que la levée en masse était inutile : « Ce ne sont pas les hommes qui manquent, mais bien les généraux et leur patriotisme. » Les fédérés s'obstinèrent. Leur orateur Royer déclara, le 12 août, à la Convention : « Il faut enfin donner un grand exemple à la terre, une leçon terrible aux tyrans coalisés. Faites un appel au peuple, que le peuple se lève en masse, lui seul peut anéantir tant d'ennemis ! » Cette fois Danton et Robespierre appuyèrent la mesure. Danton fit observer que le recrutement des soldats devait s'accompagner d'une mobilisation économique correspondante. Il demanda que les fédérés fussent eux-mêmes chargés dans leurs cantons de présider à l'inventaire des armes, des subsistances, des munitions en même temps qu'à la réquisition des hommes. Robespierre proposa qu'ils fussent en outre chargés de désigner les patriotes actifs, énergiques et sûrs qui remplaceraient les membres suspects des administrations. Comme le Comité de salut public ne se hâtait pas de faire voter le décret qu'ils avaient réclamé, les fédérés reparurent à la barre, accompagnés cette fois des députés des 48 sections, le 16 août. Le Comité s'inclina et, le 23 août, la Convention vota le célèbre décret rédigé par Barère avec la collaboration de Carnot : « Dès ce moment jusqu'à celui où les ennemis auront été chassés du territoire de la République,

Albert Mathiez

tous les Français sont en réquisition permanente pour le service des armées. Les jeunes gens iront au combat, les hommes mariés forgeront les armes et transporteront les subsistances, les femmes feront des tentes, des habits et serviront dans les hôpitaux, les vieillards se feront porter sur les places publiques pour exciter le courage des guerriers, prêcher la haine des rois et l'unité de la République. Les maisons nationales seront converties en casernes, les places publiques en ateliers d'armes, le sol des caves sera lessivé pour en extraire le salpêtre, etc. » Tous les jeunes gens de 18 à 25 ans non mariés ou veufs sans enfants formeraient la première classe de la réquisition. Ils se réuniraient sans délai au chef-lieu du district et y seraient formés en bataillons sous une bannière portant ces mots : *le peuple français debout contre les tyrans !*

C'était la première fois dans les temps modernes que toutes les ressources d'une nation en guerre, hommes, aliments, marchandises, étaient mises sous la main du gouvernement. La République, selon le mot de Barère, n'était plus qu'une grande ville assiégée, un vaste camp.

Les événements avaient singulièrement élargi le rôle du Comité de salut public. Il ne pouvait plus se confiner dans la besogne de surveillance qui lui avait d'abord été attribuée. Il gouverne maintenant et même il administre par dessus les ministres qui ne sont plus que des commis, et cela est si vrai qu'il sent lui-même le besoin de se renforcer en faisant appel aux techniciens qui lui manquent. Depuis la démission de Gasparin, il ne comptait plus parmi ses membres aucun militaire de profession. Quand la levée en masse fut votée en principe, il se hâta de rappeler de l'armée du Nord où il était en mission le capitaine du génie Carnot pour l'inviter à prendre la direction des opérations militaires et il offrit la direction des fabrications de guerre à un autre ingénieur ami de Carnot, Prieur de la Côte-d'Or. Carnot et Prieur de la Côte-d'Or furent nommés membres du Comité le 14 août.

Danton aurait voulu faire consacrer en droit une situation de fait en érigeant le Comité de salut public en gouvernement provisoire. Il en fit la proposition le 1er août et demanda qu'on mît à la disposition du Comité 50 millions de fonds secrets. Mais Robespierre fit remarquer qu'en détruisant l'activité des ministres, on ne ferait pas mieux marcher le gouvernement, au contraire ! On le désorganiserait. Hérault de Séchelles montra le lendemain que la motion de Danton était inutile et dangereuse. « Si l'on nous fait descendre à des détails administratifs, en nous augmentant, on nous détruit. » Le Comité accepta seulement les 50 millions de fonds secrets, à condition qu'il n'en aurait que l'ordonnancement, les fonds restant à la Trésorerie. Il est visible que tout en ménageant Danton, le Comité lui supposait des arrière-pensées. N'étaient-ce pas les amis de Danton et parfois Danton lui-même qui, dans cette crise terrible du mois d'août 1793, lui avaient causé le plus de difficultés ?

Le Comité n'avait déjoué les intrigues des modérés que par l'appui de la Commune et des Jacobins. Il s'était de plus en plus rapproché des éléments révolutionnaires les plus ardents. Parviendrait-il toujours à les contenir ? Avant de trouver une assiette stable, que d'obstacles encore il devra surmonter !

4

LA POUSSEE HÉBERTISTE ET L'INAUGURATION DE LA TERREUR

Appuyé sur les bureaux de la guerre et les agents que Bouchotte envoie aux armées pour surveiller les généraux et parfois les représentants, fort de sa clientèle de réfugiés politiques qu'une paix prématurée livrerait à leurs anciens maîtres, Hébert est avant tout pour la guerre à outrance, jusqu'à la victoire complète. Il ne peut pas concevoir une politique de paix qui ne serait pas en même temps une politique de restauration monarchique. Cloots, qui veut reculer les limites de la France jusqu'au Rhin, le seconde de toutes ses forces et le *Batave* fait chorus au *Père Duchesne*.

Hérault de Séchelles, qui dirige avec Barère au Comité de salut public la partie diplomatique, pense comme Cloots son ami. Il envoie à Mulhouse, le 18 août, un agent secret, Catus, pour préparer la réunion à la France de cette petite république manufacturière alliée aux treize cantons. Il s'intéresse particulièrement à la Savoie qu'il a été chargé d'organiser après l'annexion et d'où il a ramené sa maîtresse, la brune Adèle de Bellegarde. La Savoie est de nouveau envahie par les Piémontais. Hérault propose, le 25 août, d'y envoyer deux représentants, Dumas et Simond, qui refouleront l'ennemi et rassureront les habitants sur la loyauté de la France. Mais les modérés de la Convention, tous ceux qui ont applaudi aux tentatives de Danton pour transiger avec les tyrans, font grise mine à la proposition. Duhem, qui vient d'être rappelé de sa mission du Nord, la combat en jetant le soupçon sur le civisme des Savoyards. Gossiun appuie Duhem. En vain Simond, qui est savoyard, rappelle que ses compatriotes ont formé six bataillons de volontaires qui se battent bien. En vain Tallien s'écrie que la France se déshonorerait en abandonnant les Savoyards qui se sont donnés à elle. L'Assemblée reste froide. Il faut que Prieur de la Marne et Barère interviennent pour que la Convention consente à secourir le Mont-Blanc.

Les hébertistes ne doutent pas, après ce débat, qu'il n'y ait à la Convention un fort parti de pacifistes, c'est-à-dire de royalistes déguisés. Ils leur imputent les lenteurs du procès de Custine, l'absolution de Reubell et de Merlin de Thionville qui ont capitulé dans Mayence, les persécutions qu'éprouvent en Vendée Rossignol, un instant destitué par Bourdon de l'Oise et Goupilleau de Fontenay, les tracasseries dont certains représentants abreuvent les agents de Bouchotte.

Sans doute Robespierre a pris la défense de Rossignol et a fait l'éloge des services rendus par les commissaires du Conseil exécutif envoyés aux armées (23 août), mais les hébertistes se croient assez forts pour prendre l'offensive contre leurs adversaires. Le Père Duchesne ne se borne plus à attaquer Danton et ses amis, « les traîtres qui siègent à la Montagne », c'est ainsi qu'il les désigne. Il veut restaurer le pouvoir des ministres et les rendre, eux et leurs agents, indépendants de l'Assemblée, des représentants en mission et des Comités. « Montagnards, écrit-il dans son n° 275, tant que les Comités usurperont tous les pouvoirs, nous n'aurons jamais de gouvernement, ou nous en aurons un détestable. Pourquoi les rois ont-ils fait tant de mal sur la terre, c'est que rien ne s'opposait à leur volonté pas plus qu'à celle de vos Comités... Nous n'aurons jamais de liberté, notre Constitution ne sera qu'une chimère tant que les ministres ne seront que des galopins aux ordres des derniers balayeurs de la Convention. » Hardiment Hébert demande qu'on mette immédiatement en vigueur la partie de la Constitution qui prescrit l'élection des ministres. Il avait sur le cœur l'échec qu'il venait d'éprouver, le 20 août, quand la Convention avait nommé Paré, l'ancien clerc de Danton, au ministère de l'Intérieur. Il prendrait sa revanche quand le peuple choisirait les ministres ! Robespierre eut toutes les peines du monde à empêcher les Jacobins de suivre Hébert et de demander avec lui le renouvellement du Conseil exécutif par une votation populaire.

Les hébertistes poussèrent leur campagne. Ils se plaignirent du maintien des nobles dans leurs emplois, des persécutions des patriotes dans certaines régions comme à Nancy (affaire Mauger), de la protection que le Comité de sûreté générale accordait aux aristocrates, des retards qu'il apportait à faire juger les Girondins et Marie-Antoinette ; ils montrèrent le royalisme dominant dans les spectacles de Paris où on jouait au milieu des applaudissements des pièces comme *Paméla,* où on entendait l'éloge de la noblesse et du gouvernement anglais, et comme *Adèle de Sacy,* où on voyait une reine et son fils lâchement retenus dans une prison et ensuite délivrés et rétablis dans leurs droits et honneurs. Le Comité interdit les deux pièces suspectes.

Par suite de la sécheresse qui avait arrêté les moulins, la disette avait reparu à la fin d'août. Les colères grondaient. Hébert ne s'en prenait plus seulement aux accapareurs, mais à toute la classe des négociants dans un article à rendre jaloux ses rivaux les Enragés.

« La patrie, f..., les négociants n'en ont point. Tant qu'ils ont cru que la Révolution leur serait utile, ils l'ont soutenue, ils ont prêté la main aux sans-culottes pour détruire la noblesse et les parlements, mais c'était pour se mettre à la place des aristocrates. Aussi, depuis qu'il n'existe plus de citoyens actifs, depuis que le malheureux sans-culotte jouit des mêmes droits que le riche maltôtier, tous ces j... f... nous ont tourné casaque et ils emploient le vert et le sec pour détruire la République. Ils ont accaparé toutes les subsistances pour les revendre au poids de l'or ou pour nous amener la disette... » (n° 279).

Par surcroît, des provinces arrivaient de mauvaises nouvelles. Les royalistes et les tièdes s'agitaient pour entraver la levée en masse : attroupements en Seine-et-Marne à la fin d'août, fermentation à Rennes, révolte dans le district de Saint-Pol (27 août), émeute à Abbeville pour délivrer les suspects (27 août), complots à

Rouen, mutinerie du 5ᵉ régiment de dragons à Laon (28 août), attroupement d'insoumis et de déserteurs en Haute-Garonne et dans l'Ariège (30 août), etc.

Les hébertistes ne se bornent plus à morigéner la Convention et le gouvernement. Ils préparent une nouvelle journée. L'heure est venue, pensent-ils, de prendre le pouvoir à leur tour.

Hébert propose aux Jacobins, le 28 août, de faire une adresse à la Convention pour réclamer l'épuration des états-majors, la destitution des nobles, des mesures de salut public. On associera au pétitionnement les 48 sections et les sociétés populaires parisiennes. Il est très applaudi. Le fédéré Boy s'emporte en menaces contre la Convention. Il est rappelé à l'ordre, mais les tribunes l'acclament. L'ancien orateur des fédérés, Royer, appuie la pétition qui est décidée en principe.

Le lendemain Billaud-Varenne, qui revient de l'armée du Nord, dénonce le désarroi qui a suivi la perte du camp de Famars. Il critique devant la Convention l'inaction gouvernementale. Il propose d'instituer une Commission qui sera chargée de veiller à l'exécution des lois et d'envoyer les coupables à l'échafaud. En vain Robespierre essaie de parer le coup que Billaud vient de porter au Comité de salut public. La Commission proposée rivaliserait forcément avec le Comité, elle le paralyserait, elle serait une source de troubles et de conflits. « Il est à craindre que cette Commission ne s'occupe plutôt d'inimitiés personnelles que de surveillance loyale et ne devienne ainsi un véritable Comité de dénonciation. Ce n'est pas d'aujourd'hui que je m'aperçois qu'il existe un système perfide de paralyser le Comité de salut public en paraissant l'aider dans ses travaux ! » L'Assemblée reste froide et même murmure. Danton vient au secours de Robespierre qui l'a défendu trois jours plus tôt aux Jacobins. « Déjà le Comité de salut public presse le Conseil exécutif. Si vous créez une Commission, elle pressera le Comité, peut-être au lieu d'une action nouvelle n'aurez-vous créé qu'une nouvelle inquisition. » Mais, ceci dit, Danton, fidèle à sa tactique accoutumée, offre une transaction. Qu'on adjoigne plutôt au Comité trois nouveaux membres. Sa motion est renvoyée au Comité. Celui-ci ne se presse pas de présenter la liste des trois nouveaux membres qu'on veut lui adjoindre, car il n'aurait pu se dispenser d'y comprendre Billaud. Il fait le mort.

Mais les hébertistes s'emparent des Jacobins et, pour ressaisir la popularité qui le fuit, Danton se met à hurler avec eux. Il proclame, le 30 août, devant le club que la Convention fera avec le peuple une troisième Révolution, s'il le faut, « pour terminer enfin cette régénération de laquelle il attend son bonheur retardé jusqu'à présent par les monstres qui l'ont trahi ». Puis Royer évoque l'exemple de Marat. Pourquoi n'a-t-on pas écouté ses conseils ? « On n'écoute pas davantage ceux qui parlent aujourd'hui. Faut-il donc être mort pour avoir raison ! *Qu'on place la Terreur à l'ordre du jour ! C'est* le seul moyen de donner l'éveil au peuple et de le forcer à se sauver lui-même ! » Royer fut chargé de proposer une nouvelle rédaction (c'était la quatrième) de la pétition dont Hébert avait pris l'initiative.

Robespierre fit des efforts désespérés pour prévenir la journée qui s'annonçait. Mais les événements travaillaient pour les hébertistes. Le 2 septembre, un commissaire du Conseil exécutif qui revenait du Midi, Soulès, apporte la nouvelle que les Anglais sont entrés dans Toulon le 26 août. Aussitôt Billaud-Varenne monte à la tribune pour mettre sur la sellette le Comité de salut public qui a gardé la nouvelle secrète. Le soir même aux Jacobins, les hébertistes font accorder l'affiliation à la société des républicaines révolutionnaires, malgré les liaisons de leur présidente Claire Lacombe avec Théophile Leclerc. Hébert fait décider en outre que le club se réunira le lendemain à neuf heures pour se rendre à la Convention avec les sections et les sociétés populaires.

Robespierre gagna deux jours encore. Les Jacobins ne parurent pas à la Convention ni le 3 ni le 4 septembre. Mais le 4, la nouvelle de l'entrée des Anglais dans Toulon devint officielle. Le matin, les hébertistes mirent leurs troupes en mouvement. Serruriers et ouvriers du bâtiment s'assemblent dans les rues du Temple et Sainte-Avoye et vont à la Commune réclamer une augmentation de salaires. Leur orateur interroge Pache : « Y a-t-il des subsistances à Paris ? S'il y en a, mettez-en sur le carreau, s'il n'y en a pas, dites-nous-en la cause. Le peuple est levé, les sans-culottes qui ont fait la Révolution vous offrent leurs bras, leur temps et leur vie ! » Pour calmer les manifestants ou pour dégager sa responsabilité, Chaumette court à la Convention. Il en rapporte le décret par lequel elle vient de s'engager à établir sous huit jours la taxe de toutes les denrées et marchandises de première nécessité, autrement dit le maximum général. L'effet produit est nul. « Ce ne sont pas des promesses qu'il nous faut, c'est du pain et tout de suite », crie la foule qui a grossi. Alors Chaumette monte sur une table : « Et, moi aussi, j'ai été pauvre et par conséquent je sais ce que c'est que les pauvres ! C'est ici la guerre ouverte des riches contre les pauvres, ils veulent nous écraser, eh bien ! il faut les prévenir, il faut les écraser nous-mêmes, nous avons la force en main ! » Et Chaumette invite la Commune à réclamer à la Convention l'organisation immédiate d'une armée révolutionnaire « à l'effet de se transporter dans les campagnes où le blé est en réquisition, assurer les levées, favoriser les arrivages, arrêter les manœuvres des riches égoïstes et les livrer à la vengeance des lois ». Hébert invite les ouvriers à cesser demain leur travail pour se rendre en masse avec le peuple à l'Assemblée : « Qu'il l'entoure comme il a fait au 10 août, au 2 septembre et au 31 mai et qu'il n'abandonne pas ce poste jusqu'à ce que la représentation nationale ait adopté les moyens qui sont propres pour nous sauver. Que l'armée révolutionnaire parte à l'instant même où le décret aura été rendu, mais surtout, que la guillotine suive chaque rayon, chaque colonne de cette armée ! » La plupart des sections siégèrent fort tard pendant la nuit et l'une d'elles, celle des sans-culottes, se déclara en insurrection contre les riches.

Pour réussir le 10 août le 31 mai qui se préparait, il fallait entraîner les Jacobins comme on l'avait fait à la veille de ces grandes journées. En vain Robespierre, secondé par Renaudin, mit-il en garde le club contre une émeute qui comblerait de joie les aristocrates. En vain dénonça-t-il « un complot d'affamer Paris et de le plonger dans le sang ». En vain prit-il l'engagement au nom du Comité de salut public de pourvoir aux besoins du peuple et de réprimer les accaparements. Son appel au calme ne fut pas entendu. Royer s'en prit au Comité qui renfermait des hommes pervers. Barère avait « tenu une marche tortueuse dans la Révolution ». Robespierre eut beau défendre Barère, faible, mais actif et utile. Royer continua ses attaques et fit honte aux Jacobins de leur timidité : « Qu'avez-vous fait depuis huit jours ? Rien. Montrez-vous tels que vous étiez dans ces jours difficiles où vous sauvâtes la liberté. Changez de tactique, je vous en conjure, agissez et ne parlez plus ! » Il fut frénétiquement applaudi. Robespierre se tut. Il était impossible d'arrêter le mouvement. Le lendemain, 5 septembre, un long cortège précédé de Pache et de Chaumette, s'ébranla de l'Hôtel de Ville à la Convention. Les manifestants portaient des pancartes où on lisait : *Guerre aux tyrans ! Guerre aux aristocrates ! Guerre aux accapareurs !*

L'Assemblée, qui s'attendait à cette visite, venait de voter sans débat, sur le rapport de Merlin de Douai, la division du tribunal révolutionnaire en quatre sections qui fonctionneraient simultanément. Pache expliqua, au nom de la Commune et des sections, que le peuple était fatigué de la disette qui avait pour cause l'égoïsme des possédants et les manœuvres des accapareurs. Chaumette lut la pétition. Elle réclamait la formation de l'armée révolutionnaire qui avait déjà été décrétée après le 2 juin et que l'intrigue et la frayeur des coupables avaient fait ajourner. La guillotine devrait accompagner l'armée. Robespierre, qui présidait, répondit à Chaumette que le peuple pouvait compter sur la sollicitude de la Convention. « Que les bons citoyens se serrent autour d'elle ! » conclut-il comme si elle était menacée.

Billaud-Varenne renchérit sur les demandes des pétitionnaires. Il réclama l'arrestation des suspects. Il reprit sa motion antérieure pour créer une Commission de surveillance de l'exécution des lois. « Si les révolutions traînent en longueur, c'est qu'on ne prend jamais que des demi-mesures ! » En vain Saint-André, pour gagner du temps, annonce que le Comité va délibérer sur les mesures proposées. Billaud-Varenne l'interrompt rudement : « Il serait bien étonnant que nous nous amusassions à délibérer. Il faut agir ! » En vain Basire essaie de venir au secours du Comité en mettant en garde contre les meneurs des sections qui pourraient bien n'être que des agents de trouble aux mains de l'aristocratie, comme à Lyon, à Marseille, à Toulon. On l'interrompt par des murmures et Danton, désireux de se refaire une popularité, s'élance à la tribune. Il faut mettre à profit, dit-il, l'élan sublime du peuple dont les vœux sont dictés par le génie national. Il faut décréter sur-le-champ l'armée révolutionnaire, sans attendre de rapport. Pour déjouer les menées aristocratiques dont avait parlé Basire, il proposait de payer une indemnité de quarante sous par séance aux sans-culottes qui se rendraient aux assemblées de sections qui seraient réduites à deux par semaine. Il proposait encore d'attribuer un crédit de cent millions aux fabrications d'armes et qu'un mouvement accéléré fût imprimé au tribunal révolutionnaire. Toutes ces mesures furent votées.

Billaud-Varenne infatigable revint sur l'arrestation des suspects et fit voter que les membres des comités révolutionnaires chargés de les surveiller recevraient désormais un traitement. Il fit encore voter la mise en accusation des anciens ministres Clavière et Lebrun devant le tribunal révolutionnaire et la longue et tumultueuse séance fut enfin levée après que Billaud eut été élevé à la présidence de l'Assemblée en remplacement de Robespierre dont le mandat expirait.

Le lendemain, le Comité de salut public résigné demandait à la Convention de lui adjoindre trois nouveaux membres : Billaud-Varenne, Collot d'Herbois et Granet. Gaston se plaignit que le Comité ne poussait pas avec assez d'énergie le siège de Lyon. Danton lui reprocha de trop ménager l'argent : « Adaptez une manivelle à la grande roue et donnez ainsi un grand mouvement à la machine politique. Pour cela employez les grands moyens que l'amour de la patrie suggère, sinon vous n'êtes pas dignes des fonctions qui vous sont confiées. » Gaston enthousiasmé proposa que Danton, qui avait la tête révolutionnaire, fût adjoint aussi au Comité. La Convention en décida ainsi. Mais Billaud-Varenne et Collot furent seuls à accepter leur nomination. Danton et Granet refusèrent. Le refus de Danton, qu'il motiva par le désir de prouver son désintéressement à ses accusateurs, était chose grave, car Danton était alors « ce que serait aujourd'hui un ministrable puissant qui refuserait le pouvoir. Il devenait, même malgré lui, un centre d'opposition. Même quand il paraissait soutenir le Comité de salut public, ce concours éveillait des défiances » (Jaurès). Mais il est possible que Danton ait refusé pour un autre motif. Il avait pris une part aussi importante que Billaud aux graves résolutions votées le 5 septembre. Pourquoi donc le Comité de salut public n'avait-il pas proposé son nom à la Convention comme il avait proposé celui de Billaud ? Danton dut se dire que le Comité ne désirait pas son concours.

Par Collot d'Herbois et par Billaud-Varenne l'hébertisme est désormais représenté au gouvernement. Cela ne va pas sans avantages. Le Comité est maintenant en contact avec les Cordeliers et les petits clubs qui gravitent dans leur influence. Il craindra moins d'être débordé et submergé par la marée populaire qu'il va s'efforcer d'endiguer et de canaliser.

Le premier article du programme hébertiste, celui dont tout le reste découlait, c'est la guerre jusqu'au bout. Le 6 septembre, l'Anglais Matthews, que Danton avait employé à des négociations secrètes avec Grenville, est mis en arrestation à son retour de Londres. Le journaliste officieux Ducher, protégé de Barère, fait dans le *Moniteur* une campagne contre les pacifistes et le Comité décide, le 24 septembre, de n'entretenir d'ambassadeurs réguliers qu'auprès des deux peuples libres, les Américains et les Suisses, et de ne conserver que des agents secrets dans les autres puissances. Pour bien montrer qu'il était résolu à couper court à toute communication, même officieuse, avec l'ennemi, il décide encore de ne traiter avec aucun agent ou ministre étranger qui n'aurait pas « un caractère positif auprès de la République française ».

Adoptant le programme de guerre à outrance de l'hébertisme, le Comité était obligé d'adopter aussi les moyens de le réaliser. Jusque-là la Terreur avait été intermittente. Les suspects, qu'on arrêtait au petit bonheur, étaient relâchés presque aussitôt. Désormais la Terreur devient permanente. Merlin de Douai lui donne son code par la loi des suspects qu'il fait voter le 17 septembre.

Jusque-là on n'avait pas défini les suspects. La loi comble cette lacune. « Sont réputés gens suspects : 1° ceux qui, soit par leur conduite, soit par leurs relations, soit par leurs propos ou leurs écrits, se sont montrés partisans de la tyrannie ou du fédéralisme et ennemis de la liberté ; 2° ceux qui ne pourront pas justifier, de la manière prescrite par le décret du 21 mars, de leurs moyens d'exister et de l'acquit de leurs devoirs civiques ; 3° ceux à qui il a été refusé des certificats de civisme ; 4° les fonctionnaires publics suspendus ou destitués de leurs fonctions par la Convention nationale ou par ses commissaires et non réintégrés... ; 5° ceux des ci-devant nobles, ensemble les maris, femmes, pères, mères, fils ou filles, frères ou sœurs et agents d'émigrés qui n'ont pas constamment manifesté leur attachement à la Révolution ; 6° ceux qui ont émigré dans l'intervalle du 1er juillet 1789 à la publication du décret du 30 mars 1792, quoiqu'ils soient rentrés en France dans le délai fixé par ce décret ou précédemment. » Ce texte, si élastique, faisait planer une

Albert Mathiez

terrible menace non seulement sur les suspects véritables, mais sur tous ceux qui pouvaient gêner le gouvernement, même sur les indifférents et les timides puisqu'il englobait jusqu'aux citoyens qui n'avaient eu que le tort de ne pas remplir leurs devoirs électoraux. Il enveloppait les fonctionnaires dans la mesure puisque à la révolution des infidèles ou des tièdes succéderait instantanément leur réclusion.

Les comités révolutionnaires allaient avoir de la besogne. Mais le Comité de sûreté générale qui, de haut, dirige leur action, est suspect aux Jacobins qui lui reprochent ses complaisances pour les fournisseurs, les jolies solliciteuses, les aristocrates, les banquiers étrangers. Le 13 septembre, après un vif débat, la Convention décrète que le Comité de sûreté générale sera renouvelé et que désormais ce serait le Comité de salut public qui présenterait la liste de ses membres. Il fut décidé en outre que tous les autres comités seraient renouvelés de la même manière par les soins du Comité de salut public. Mesure décisive. Le Comité de salut public est investi désormais d'une prééminence, d'un droit de regard et de surveillance sur tous les autres comités qui étaient jusque-là ses égaux. Il possède maintenant la réalité du pouvoir, puisqu'il peut composer les autres comités à son gré, les épurer, les dominer.

Ainsi la poussée hébertiste n'a pas eu pour seul résultat de mettre la Terreur à l'ordre du jour, d'organiser la surveillance et la répression en permanence par la loi des suspects, d'obtenir le vote des taxes (du maximum) réclamées par les sans-culottes, d'organiser l'armée révolutionnaire pour arracher les subsistances aux cultivateurs, mais encore elle a donné au gouvernement révolutionnaire une impulsion vigoureuse.

Le Comité de salut public, qui se heurtait auparavant à la défiance, à la jalousie, à l'opposition sourde ou ouverte d'une partie de la Convention, a vu ses pouvoirs singulièrement fortifiés. Barère a fait rétablir, le 11 septembre, le droit pour les ministres d'envoyer des agents dans les départements et aux armées. En outre, le 13 septembre, un décret a chargé les sociétés populaires de signaler au Comité tous les agents infidèles ou suspects d'incivisme « particulièrement ceux employés à la vente ou pour la fourniture aux armées, afin que de semblables agents n'usurpent pas plus longtemps les indemnités et les places qui n'appartiennent qu'aux vrais républicains ». Les clubs deviennent par là un rouage gouvernemental. On peut dire que la dictature du Comité commence, mais on se tromperait gravement si on croyait que cette dictature va s'établir sans nouvelles secousses. L'opposition modérantiste refoulée par l'hébertisme a dû reculer, elle n'est pas vaincue.

5

HONDSCHOOTE ET WATTIGNIES

Malgré toute l'éloquence de Robespierre qui le protégeait, le grand Comité de salut public n'aurait pas réussi à durer contre les dangereuses attaques des jusqu'au-boutistes de gauche et des défaitistes de droite s'il n'avait obtenu de promptes victoires sur l'ennemi.

Bien qu'il fût peu nombreux, neuf puis douze membres, il n'hésita pas pour s'éclairer à déléguer à tous les moments critiques quelques-uns de ses membres sur le théâtre des opérations. Au lendemain de la prise de Valenciennes, il chargea Saint-André et Prieur de la Marne, accompagnés de Lebas du Comité de sûreté générale, d'inspecter en toute hâte le front du Nord-Est pour concerter avec les généraux les mesures urgentes à prendre. Ils obtinrent des généraux de la Moselle et du Rhin, réunis en conférence à Bitche, les 8 et 9 août, l'envoi immédiat d'un renfort de 11 000 hommes à l'armée du Nord. Un nouveau renfort de 20 000 hommes devait suivre. Des prélèvements sur les garnisons de l'intérieur remplacèrent les partants. Les représentants se rendirent ensuite à l'armée du Nord, réorganisèrent en passant la manufacture d'armes de Charleville, visitèrent la forteresse de Péronne qu'ils trouvèrent dans un état lamentable. A leur retour à Paris, le 23 août, ils exposèrent au Comité qu'il fallait changer la tactique, rendre les armées plus mobiles, opérer rapidement et par masses, destituer les états-majors et surveiller étroitement les fournisseurs. Ces civils traçaient du premier coup le programme que Carnot allait mettre à exécution.

Carnot et Prieur de la Côte-d'Or, entrés au Comité le 14 août, seraient restés tous les deux des savants et des ingénieurs distingués sans la Révolution. Carnot, connu par son célèbre *Essai sur les machines* paru en 1783, détestait le bruit et travaillait en silence. Chargé de missions aux armées dès la Législative, il avait visité les frontières, il connaissait les chefs et le soldat. Grand laborieux, d'une fermeté peu commune et d'une réflexion concentrée, il hérita du bureau militaire que Saint-Just avait déjà créé avant son arrivée. Il agrandit ce bureau, y fit entrer des spécialistes, sans trop regarder à leurs opinions, ne leur demandant que de bien servir, tels que Clarke à qui fut confié le service des cartes et la topographie, Montalembert qui s'occupa surtout de l'artillerie, Le Michaud d'Arçon, particulièrement versé dans l'attaque et la défense des places. Carnot correspondait de sa main avec les généraux. Les plans de campagne, les nominations étaient délibérés au Comité. Des civils comme un Saint-Just, un Saint-André, un Prieur de la Marne, un Robespierre entendaient connaître et discuter les raisons des mesures proposées par le spécialiste Carnot et ne donnaient leur adhésion qu'à bon escient. Carnot donna toute sa confiance à Bouchotte qui la méritait. Bouchotte « possédait de grandes qualités d'administrateur, une infatigable activité, une application continuelle et raisonnée » (A. Chuquet). Il ne manquait pas d'initiative. Il fut le premier à se servir de la poste pour le transport des troupes, le premier à employer le télégraphe dans la correspondance militaire. Il était honnête, il réprimait les prodigalités, il sut faire des choix souvent heureux. Il est assez difficile d'ailleurs de distinguer dans l'œuvre commune ce qui revient à Bouchotte et ce qui revient à Carnot, mais celui-ci eut le mérite de défendre son collaborateur contre des attaques passionnées qui se renouvelèrent constamment.

Quant à Prieur de la Côte-d'Or, il fut chargé, dès le début, de toute la partie du matériel, c'est-à-dire des fabrications de guerre, canons, fusils, armes blanches, munitions et aussi des hôpitaux et ambulances.

Tout manquait : les matières premières, les usines, les ingénieurs, les contremaîtres, les ouvriers. Les arsenaux, laissés à dessein dans l'inaction par les derniers ministres de Louis XVI, étaient vides. On avait sous les armes, au 15 juillet, 479 000 hommes. On allait lever 500 000 réquisitionnaires. On n'avait ni fusils ni équipements à leur donner. On n'en avait même pas assez pour les troupes qui étaient au front. Les croisières anglaises bloquaient nos côtes. Il fallait tirer

de notre sol ce que nous achetions jusque-là à l'étranger : le salpêtre qui nous venait de l'Inde, le cuivre d'Espagne, d'Angleterre et
de Russie, l'acier de Suède, d'Allemagne et d'Angleterre. Heureusement les membres du Comité aimaient la science non seulement
pour ses services immédiats et utilitaires, mais pour sa grandeur et
sa beauté propres. Carnot et Prieur de la Côte-d'Or se tournèrent
aussitôt vers les savants. Ils appelèrent à leur secours les premiers
chimistes, les premiers ingénieurs du temps : Monge, Berthollet,
Fourcroy, Chaptal, Périer, Hassenfratz, Vandermonde, etc. Ils ne
leur demandèrent pas seulement des conseils, ils les associèrent
étroitement à leur œuvre en leur confiant des missions et des responsabilités. A Vandermonde fut confiée la direction de la fabrication des armes blanches. Hassenfratz fut nommé, le 27 brumaire,
commissaire aux manufactures d'armes. Chaptal, protégé de
Robespierre, fit partie de l'administration des poudres et salpêtres.
Fourcroy, élève de Lavoisier, découvrit un procédé pour séparer le
cuivre du bronze des cloches. Les cloches devinrent notre mine de
cuivre. Monge rédigea un lumineux précis sur l'*Art de fabriquer les
canons* qui servit de mémento à nos métallurgistes, etc. Le Comité
mit à la disposition des savants le château du Petit-Meudon et le
parc avoisinant pour servir de terrain d'expérience. On y expéri-
menta en grand secret des poudres au fulminate, des boulets
creux, des boulets incendiaires, le télégraphe à signaux inventé
par Chappe, les premiers aérostats militaires. Monge organisa à
Paris une grande manufacture de fusils et de canons et d'autres
manufactures furent créées dans les départements.

Mais il fallait plusieurs mois pour mettre sur pied cette étonnante
improvisation. Ce n'est qu'à la fin de 1793 que les fabrications diverses commencèrent à donner des résultats. Les six premiers fusils
sortis de la manufacture de Paris furent présentés à la Convention
le 3 novembre. En attendant il avait fallu courir au plus pressé,
vaincre quand même l'ennemi afin de réveiller le moral ébranlé des
troupes et des chefs.

Le Comité était convaincu que la victoire était impossible si
l'armée n'était pas tout entière animée d'un esprit républicain.
Il ne se borna pas à répandre parmi les soldats des journaux
patriotiques, il s'attacha à effacer chez les soldats de ligne toute
trace de l'Ancien Régime. Il ordonna que, pour le 15 août au plus

Albert Mathiez

tard, ceux-ci quitteraient définitivement leur vieil habit blanc pour prendre l'habit bleu des volontaires. L'armée nouvelle, faite surtout de jeunes soldats, manquait de cohésion. Elle était parfois prise de panique. L'offensive par masses suppléerait à ce qui lui manquait d'endurance et de sang-froid. Les généraux reçurent l'ordre d'attaquer.

Kilmaine, un Irlandais, qui commandait l'armée du Nord depuis la destitution de Lamorlière, manquait de confiance. Il avait abandonné, le 7 août, le camp de César et avait reculé sur Arras, laissant ouverte la route de Paris. L'émotion fut profonde. Le gendre de Pache, Xavier Audouin, avouait aux Jacobins que l'ennemi serait en quatre jours dans la capitale s'il le voulait. Des partis de cavalerie autrichienne parcoururent les départements de l'Aisne et de la Somme, arrivèrent jusqu'à Noyon. Fersen et Mercy-Argenteau pressaient Cobourg de jeter toute sa cavalerie droit sur Paris pour délivrer la reine qui avait été transférée à la Conciergerie le 1ᵉʳ août. Mais Cobourg ne disposait plus de toutes les forces coalisées. Obéissant aux ordres de Pitt, qui lui prescrivaient de s'emparer de Dunkerque comme d'une tête de pont sur le continent, le duc d'York était parti, le 10 août, vers la mer, avec 37 000 hommes, anglais, hanovriens, hollandais. Cette séparation d'York et de Cobourg causée par l'égoïsme fut le salut de la République.

Le Comité de salut public destitua Kilmaine et le remplaça par Houchard, un vieux soldat de fortune tout couvert de blessures, qu'on croyait sûr parce qu'il était de souche plébéienne et qu'il devait son avancement à la Révolution. Carnot installa Houchard, l'encouragea, le guida. Quand il apprit, le 17 août, la marche des Anglais vers Dunkerque, il lança Jourdan à leur poursuite. Jourdan essaya, sans succès de les accrocher le lendemain à Linselles. York se dégageait, passait l'Yser le 21 août par surprise, nous prenait 11 canons à Ostcapelle et sommait Dunkerque de se rendre le 23 août. Mais déjà le commandement de Bergues, Carion, avait fait ouvrir les écluses et inondé les campagnes devant la place. Celle-ci ne put pas être complètement bloquée. Elle reçut des renforts amenés par Jourdan et elle fut courageusement défendue par Souham et Hoche. Houchard avait reçu l'ordre, le 25 août, de profiter de l'éloignement de Cobourg occupé au siège du Quesnoy et d'York occupé au siège de Dunkerque pour couper leurs communications en se jetant sur les Hollandais qui gardaient la Lys. Il n'obéit pas strictement à ses instructions. Il dispersa ses forces au lieu de les concentrer et, quand il se fut emparé de Tourcoing, le 28 août, au lieu de se diriger sur Ypres et Nieuport pour couper aux Anglais leur retraite sur la Belgique, il se porta au secours de Dunkerque par la voie la plus courte, c'est-à-dire par Cassel. Il se jeta ainsi sur le corps d'observation de Freytag disposé aux abords de la Grande Moëre pour protéger York contre une attaque venue du Sud. Bousculé, le 6 septembre, à Ostcapelle et à Rexpoëde, Freytag recula sur Hondschoote dans la nuit du 6 au 7 septembre. Une bataille de deux jours, décousue et confuse, s'engagea autour du village qui fut pris et repris. A dix heures du matin, le 8 septembre, Houchard crut la bataille perdue. Sans le représentant Delbrel il aurait ordonné la retraite. L'attaque recommença. Les représentants Delbrel et Levasseur (de la Sarthe) conduisirent aux côtés des généraux les colonnes d'assaut. Levasseur eut un cheval tué sous lui. A une heure de l'après-midi, Freytag battit en retraite sur Furnes. Houchard aurait dû le poursuivre énergiquement. Il avait en main une division fraîche qui n'avait pas encore été engagée, la division Hédouville. Il perdit l'occasion de détruire l'armée hessoise et hanovrienne qui reculait en désordre. Il ne prit pas Furnes, il ne coupa pas la retraite à l'armée anglaise qui assiégeait Dunkerque. York se hâta de s'échapper par le chemin des dunes en laissant sur place une partie de sa grosse artillerie.

La victoire était incomplète, mais c'était la première que les troupes républicaines remportaient depuis longtemps. Elle effaçait le souvenir d'Aldenhoven, de Neervinden, de Raismes et de Famars. Les carmagnoles retrouvèrent leur fierté et leur foi en la Révolution. Houchard, malheureusement, continua ses erreurs. Il n'arriva pas à temps pour secourir Le Quesnoy qui capitula le 12 septembre. Delbrel sauva Bouchain et Cambrai en y amenant, de sa propre autorité, des vivres et des renforts. Houchard découragé, au lieu de rassembler toutes ses forces pour tomber sur Cobourg, encore séparé d'York, recula sur Arras et ramena ses troupes au camp de Gavrelle. C'était désobéir à l'ordre d'offensive qu'il avait reçu. Les représentants le dénoncèrent à Paris et le Comité le destitua le 20 septembre. Une perquisition faite dans ses papiers fit découvrir des lettres de généraux ennemis où il était question d'échanges de prisonniers et d'affaires indifférentes. Comme ces lettres étaient conçues en termes polis, il n'en fallut pas davantage pour étayer l'accusation d'intelligences avec l'ennemi et de trahison. Le pauvre Houchard fut envoyé au tribunal révolutionnaire.

Le Comité ne s'en tint pas à la destitution de l'état-major de l'armée du Nord. A quelques jours de distance il frappa les commandants des armées du Rhin et de la Moselle, le premier, Landremont, parce qu'il lui avait écrit, le 12 septembre, qu'il aurait de la peine à défendre les lignes de Wissembourg et que si elles étaient forcées, Strasbourg ne pourrait tenir plus de trois jours ; le second, Schauenbourg, parce qu'il s'était fait battre, le 14 septembre, à Pirmasens, laissant à l'ennemi 20 canons et 2 000 prisonniers. Ces destitutions répétées, ce renouvellement complet de l'état-major des trois principales armées valut au Comité une furieuse attaque qui dura deux jours à la Convention, les 24 et 25 septembre. Déjà Thuriot avait donné sa démission, le 20 septembre, plutôt que d'accepter la destitution de Houchard. Autour de lui s'étaient groupés les représentants rappelés, Duhem, Briez, Bourdon de l'Oise et Goupilleau de Fontenay, Duroy et les anciens membres du Comité de sûreté générale exclus de leurs places le 14 septembre. Les opposants faillirent triompher. La Convention adjoignit l'un d'eux, Briez, au Comité de salut public. Mais Barère, Billaud, Saint-André, Prieur de la Marne firent une belle défense puis Robespierre monta à la tribune. Par dessus la Convention il s'adressa au pays tout entier. Il montra l'immensité de la tâche qui pesait sur les épaules du Comité : « Onze armées à diriger, le poids de l'Europe entière à porter, partout des traîtres à démasquer, des émissaires soudoyés par l'or des puissances étrangères à déjouer, des administrations infidèles à surveiller, à poursuivre, partout à aplanir des obstacles et des entraves à l'exécution des plus sages mesures, tous les tyrans à combattre, tous les conspirateurs à inti-mider », puis il prit l'offensive : « Ceux qui nous dénoncent sont dénoncés eux-mêmes au Comité, d'accusateurs qu'ils sont aujour-d'hui ils vont devenir accusés. » Impitoyable, il les déshabilla : « Le premier [c'était Duhem] se déclara le partisan de Custine et de Lamorlière, il fut le persécuteur des patriotes dans une forteresse importante [Lille] et dernièrement encore il a osé ouvrir l'avis d'abandonner un territoire réuni à la République [la Savoie]... Le second [Briez] n'a pas encore réparé la honte dont il s'est couvert en revenant d'une place confiée à sa défense après l'avoir rendue aux Autrichiens [Valenciennes]. Sans doute si de tels hommes parviennent à prouver que le Comité n'est pas composé de bons citoyens, la liberté est perdue, car sans doute ce ne sera pas à eux que l'opinion éclairée donnera sa confiance et remettra les rênes du gouvernement. »

Cette virulente improvisation de Robespierre remplie d'un tel dédain pour ses accusateurs les mit en déroute. Briez atterré refusa la nomination qui l'avait porté au Comité de salut public. Celui-ci obtint un vote unanime de confiance et l'approbation de tous ses actes.

Les conséquences de cette grande bataille parlementaire furent considérables. Il est admis maintenant que les représentants en mission qui correspondaient auparavant directement avec la Convention doivent être subordonnés au Comité, que celui-ci qui choisit déjà, depuis le 14 septembre, les membres des autres comités, pourra désormais rappeler les représentants sans jouer son existence. L'opposition est domptée au moins pour un temps. Danton, qui s'était tu pendant ce grand débat, demanda un congé, le 10 octobre, pour aller soigner sa santé à Arcis-sur-Aube.

Les derniers obstacles que les modérés avaient accumulés pour retarder les mesures révolutionnaires sont levés. L'armée révolutionnaire, décrétée en principe le 5 septembre, va s'organiser. Les poursuites contre les chefs girondins, toujours ajournées, vont entrer en action. Amar fait son rapport d'accusation le 3 octobre. Mais surtout la taxe des denrées, promise en principe le 4 septembre, est enfin mise en application par la grande loi du 29 septembre. La Terreur économique marche du même pas que la Terreur politique.

Les conséquences de la victoire parlementaire du 25 septembre se font sentir aussi dans le domaine militaire. Le Comité a maintenant carte blanche pour sans-culottiser les états-majors. Coup sur coup il profite de la liberté qu'il a conquise pour nommer au commandement des trois principales armées trois jeunes généraux de fortune, sortis du rang, qui justifieront tous les trois son attente : Jourdan à l'armée du Nord le 24 septembre, Pichegru, le 28 septembre, à l'armée du Rhin, Hoche enfin, le 22 octobre, à l'armée de la Moselle. Choix beaucoup plus audacieux que celui de Houchard. Celui-ci était un vieux soldat de métier qui avait fait toutes les campagnes de l'Ancien Régime depuis la guerre de Sept Ans. Ceux-là étaient de tout jeunes gens qui n'avaient jamais passé par les écoles, des autodidactes, qui n'avaient pas franchi le grade de sous-officier en 1789 (Jourdan né en 1762, Pichegru en 1761, Hoche en 1768). Le Comité fut récompensé de sa hardiesse. Ces jeunes généraux, qui devaient tout à la Révolution, s'identifièrent avec elle. Ils s'appliquèrent à vaincre de tout leur être. Ils étaient à l'âge où les passions sont fortes, où on se lance en avant sans regarder en arrière. Sans eux la tactique d'offensive de Carnot eût été impraticable. Ils n'étaient pas alourdis dans leur élan par les théories d'école, ils devaient tout à la pratique et à l'expérience. Ils déconcertèrent par leur audace et leurs improvisations les vieux généraux compassés et routiniers de la coalition. A une guerre nouvelle il fallait ces hommes nouveaux, à une guerre nationale des chefs qui appartenaient par toutes leurs fibres à la nation.

La victoire incomplète de Hondschoote fut suivie, à bref délai, d'une autre victoire, celle de Wattignies qui fut l'œuvre de Jourdan et de Carnot.

Après la prise du Quesnoy, Cobourg, selon son habitude, avait hésité sur le parti à prendre. Il perdit quinze jours à regrouper ses forces entre la Sambre et l'Escaut, répit heureux dont Carnot profita pour mettre Péronne et Guise à l'abri. Finalement Cobourg se décide, le 28 septembre, à marcher sur Maubeuge avec les Hanovriens et les Hollandais qu'il avait rappelés à lui. Il bouscule facilement la division Desjardins, passe la Sambre le lendemain à Hautmont, coupe les communications de Maubeuge avec Avesnes et investit Maubeuge où les représentants Hentz, Drouet et Bar se sont enfermés avec une forte garnison de 22 000 hommes.

Avec une rapidité admirable Carnot, qui se rend à l'armée de Jourdan, concentre 45 000 hommes à Guise, du 6 au 10 octobre. 4 000 arrivent de Sedan en trois jours ayant marché 65 milles et 8 000 d'Arras ayant couvert la même distance dans le même temps. La concentration est terminée le 11 octobre. Le général Merenvüe, qui commande l'artillerie, est destitué parce qu'il n'a pas amené assez vite les munitions. Jourdan et Carnot se portent aussitôt sur

Maubeuge. Ils commandent l'attaque le 15 octobre, une attaque débordante par les ailes pendant que le centre français canonnera l'ennemi. Les Impériaux tiennent bon le premier jour. Dans la nuit, Carnot porte 7 000 hommes de sa gauche à sa droite et le lendemain, à l'aube, il recommence l'attaque sur le village de Wattignies par cette droite renforcée. Il se mit lui-même avec Jourdan à la tête des colonnes d'assaut. Wattignies pris et repris reste finalement en nos mains. Cobourg, le 16 au soir, ordonne la retraite après avoir perdu 2 200 hommes. Maubeuge est délivrée. Son commandant Chancel, qui n'a fait aucune sortie pendant la bataille, est destitué.

La victoire sans doute n'était pas décisive. Cobourg ne fut pas poursuivi. Il put appeler à son secours les Anglais de Furnes et s'établir tranquillement sur la rive gauche de la Sambre pour couvrir Bruxelles. Mais Wattignies était la seconde victoire rangée que remportaient les sans-culottes depuis les défaites du printemps. Maubeuge était la seconde place qu'ils délivraient. Leur confiance en eux-mêmes s'en accrut et Carnot, qui avait fait ses preuves, se trouva consolidé dans son crédit. L'événement justifiait la politique audacieuse du Comité de salut public. On ne lui reprocherait plus de désorganiser l'armée en frappant les vieux généraux et en nommant à leur place des blancs-becs sans expérience.

Au succès de Wattignies le Comité pouvait joindre la prise de Lyon sur les rebelles. Il avait pressé le siège de toutes ses forces parce qu'il avait hâte d'employer contre Toulon l'armée qui y participait. Il s'était impatienté des lenteurs apportées par Dubois-Crancé au bombardement. Dubois-Crancé était noble. Le Comité s'imagina qu'il trahissait. Il le rappela, le 6 octobre, ainsi que son collègue Gauthier parce que, dans leur dernière lettre, ils avaient déclaré qu'ils ne seraient pas assez forts pour empêcher une sortie de Précy, alors qu'il résultait des rapports précédents de l'adjudant général Sandoz que si les muscadins tentaient une sortie, ils ne pourraient la réussir qu'en employant les ballons. Trois jours après l'ordre de rappel, le 9 octobre, les troupes républicaines entraient dans Lyon vaincu. Mais Précy s'échappait avec un millier d'hommes. Le Comité fut convaincu que cette fuite qu'avait annoncée Dubois-Crancé était une preuve de plus que celui-ci était complice des rebelles.

Les bonnes nouvelles affluaient maintenant vers Paris. Le 17 octobre, le lendemain de Wattignies, les Vendéens subissaient une grave défaite à Cholet et passaient sur la rive droite de la Loire à Saint-Florent. Déjà les Piémontais avaient été chassés de la Maurienne et de la vallée de l'Arve à la fin de septembre, et les Espagnols avaient dû évacuer le Roussillon et le Pays basque.

Le Comité pouvait regarder en arrière et mesurer l'œuvre accomplie en deux mois. Il adressa, le 23 octobre, une proclamation aux armées où sonnait déjà un accent de fanfare : « Les lâches satellites de la tyrannie ont fui devant vous... Ils ont abandonné Dunkerque et leur artillerie, ils se sont hâtés d'échapper à leur ruine entière en mettant la Sambre entre eux et vos colonnes victorieuses. Le fédéralisme a été frappé dans Lyon. L'armée républicaine est entrée dans Bordeaux pour lui porter le dernier coup. Les Piémontais et les Espagnols sont chassés de notre territoire. Les défenseurs de la République viennent de détruire les rebelles de la Vendée. »

Sans doute toutes les difficultés n'étaient pas surmontées. Il restait des points noirs redoutables. Toulon tenait toujours. Wurmser menaçait l'Alsace. Les Vendéens passés au nord de la Loire pour aller au-devant de l'aide anglaise n'étaient pas écrasés. Cobourg sur la Sambre et l'Escaut n'était pas hors de cause.

Mais, somme toute, le Comité, en cette fin d'octobre 1793, n'avait pas tort de regarder l'avenir avec confiance. Il avait réclamé la dictature à la grande séance du 25 septembre pour sauver la patrie. La patrie n'était pas encore sauvée, mais elle était déjà en voie de guérison. Le moral était revenu au malade.

6

L'ÉTABLISSEMENT DU GOUVERNEMENT
RÉVOLUTIONNAIRE

Depuis le 20 septembre, date de la démission de Thuriot, le Comité, débarrassé du dernier dantoniste qu'il comptait encore, est devenu plus homogène. Depuis le 3 octobre, date du rapport d'Amar contre les Girondins, la Convention s'est amputée de 136 de ses membres (41 traduits au tribunal révolutionnaire, 19 en fuite mis hors la loi, 76 autres, signataires des protestations contre le 2 juin, décrétés d'arrestation et sauvés de l'échafaud par Robespierre). C'était une sérieuse épuration qui devait avoir pour conséquence immédiate d'affaiblir en proportion l'opposition qui n'avait cessé de combattre le Comité depuis sa naissance. Le Comité rassuré peut déléguer la moitié de ses membres à des missions diverses (Prieur de la Marne et Saint-André pour réorganiser la flotte à Brest et à Lorient, Couthon à Lyon, Saint-Just à Strasbourg puis, après le retour de Robert Lindet qui est en Normandie, Collot d'Herbois à Lyon). Mais si le Comité a accru son autorité à Paris même, il lui reste fort à faire pour l'étendre et l'asseoir sur la France entière.

L'établissement du gouvernement révolutionnaire, c'est-à-dire la coordination des mesures d'exception sous la direction unique du Comité, s'est faite en deux temps et pour deux sortes de raisons : d'abord, en septembre et octobre 1793, pour des raisons d'ordre surtout politique ; ensuite, en novembre et décembre 1793, pour des raisons d'ordre surtout économique. Dans la première période, il faut avant tout assurer la levée en masse en faisant marcher les autorités locales et en réprimant les dernières résistances fédéralistes. Dans la seconde, il s'agit de rendre possible l'application du maximum général voté le 29 septembre, mais qui n'entra en application qu'au milieu d'octobre.

Enfermée dans une arche en bois de cèdre devant le bureau du président de la Convention, la Constitution montagnarde avait été ajournée à la paix. La Constitution ancienne, celle de 1791, restait en vigueur dans toutes ses parties qui n'avaient pas été modifiées par des lois nouvelles. C'est une Constitution décentralisatrice très mal adaptée à l'état de guerre. Partout les autorités administratives et judiciaires sont issues de l'élection. Les autorités révolutionnaires elles-mêmes, comme les Comités chargés de surveiller les suspects, ont au début la même origine. Des autorités élues, en période de guerre étrangère et de guerre civile, ne sont pas sûres. Et, de fait, même quand l'élection fut supprimée, il y eut, en pleine Terreur, des comités révolutionnaires composés d'aristocrates masqués.

Pour parer au danger la Convention avait généralisé l'emploi des représentants en mission, armés de pouvoirs illimités. Ces proconsuls, aussi puissants que les intendants de Richelieu, ne s'étaient pas fait faute de briser les autorités récalcitrantes. Comme ils ne pouvaient être partout à la fois ils s'aidèrent, pour la levée de la première réquisition, des fédérés du 10 août auxquels ils déléguèrent une partie de leurs pouvoirs.

Albert Mathiez

Par exemple, Maure, qui opérait dans l'Yonne, confia à ses délégués, par arrêté du 17 septembre, le droit de former la liste des jeunes gens mis en réquisition, de procéder au recensement des grains et de les réquisitionner, de dresser l'inventaire des armes de calibre et de les faire déposer au chef-lieu de districts, de prendre des renseignements sur les personnes suspectes. Pouvoirs déjà singulièrement étendus qui réduisaient les autorités régulières élues à un rôle presque consultatif.

Mais voici Laplanche qui est chargé de la levée en masse dans le Cher. Il va beaucoup plus loin que Maure. Par arrêté du 27 septembre, il ne donne pas seulement à ses délégués les pouvoirs nécessaires pour réquisitionner les hommes, les armes et les subsistances, il les autorise à faire des visites domiciliaires, à désarmer les malveillants et les suspects, à s'emparer des « provisions surabondantes » qu'ils découvriraient chez ceux-ci, à les distribuer aux pauvres ; il les autorise encore à arrêter les suspects, à les taxer révolutionnairement, et, avec le produit de ces taxes, à secourir les malheureux. Au-dessus des délégués de canton il institue des commissaires de district aux pouvoirs plus étendus encore. Ils pourront « destituer les administrateurs civils et militaires faibles, négligents ou prévaricateurs » et les remplacer provisoirement sans recourir à l'élection. Les commissaires de Laplanche usèrent réellement des pouvoirs qu'il leur avait conférés. Ils prononcèrent des destitutions même d'ecclésiastiques assermentés, ordonnèrent des mutations, imposèrent des taxes sur les riches (249 000 livres dans le district de Vierzon, 313 000 dans celui de Sancerre, etc.), et, avec le produit de ces taxes, ils soulagèrent les pauvres, surtout ceux qui avaient des enfants à l'armée, firent des largesses aux hôpitaux et aux sociétés populaires. L'un d'eux, Labouvrie, dépouillait les églises de leurs vases sacrés. Il n'osait pas encore interdire le culte, mais il prêchait déjà contre le catholicisme, supprimait des paroisses et enseignait dès le début d'octobre que le culte de la liberté et de l'égalité suffisait.

Les autres représentants en mission pratiquèrent tantôt la manière forte de Laplanche, tantôt la méthode prudente de Maure.

Fouché fut de ceux qui crurent que la Révolution ne pouvait se sauver que par une énergique politique de classe au service des sans-culottes. Il établit dans chaque chef-lieu de district de la Nièvre un comité de surveillance et de philanthropie qui fut autorisé à lever sur les riches une taxe proportionnée au nombre des indigents (arrêté du 19 septembre). Il ordonna, le 26 septembre, à Moulins, que les boulangers ne fabriqueraient plus qu'une seule espèce de pain, le pain de l'égalité, qui se vendrait au prix uniforme de trois sous la livre, au moyen d'une indemnité compensatrice payée aux boulangers et récupérée sur les riches. Le prix courant était auparavant dix sous la livre. Ayant aboli la misère, il interdit la mendicité et l'oisiveté : « tout mendiant ou oisif sera incarcéré » (24 brumaire). Les récoltants qui refusaient d'obtempérer aux réquisitions étaient exposés sur la place publique avec cet écriteau : *Affameur du peuple, traître à la patrie !* A la récidive, on les incarcérerait jusqu'à la paix, on séquestrerait leurs biens, à la réserve du strict nécessaire pour eux et leur famille (2 octobre). Fouché ordonnait encore l'échange forcé du numéraire contre les assignats. Il menaçait les fabricants qui fermeraient leurs ateliers de s'en emparer et de les exploiter en régie à leurs frais. « On rougit ici d'être riche », écrivait-il le 13 octobre. Comme Laplanche, qui était un ancien vicaire épiscopal, Fouché, ancien confrère de l'Oratoire, se distingua par ses mesures anticléricales. Il réquisitionna la vaisselle sacrée et l'envoya à Paris. Il laïcisa les cimetières par son fameux arrêté qui ordonnait de placer sur la porte des champs du repos l'inscription naturaliste : « La mort est un sommeil éternel. » Quand le calendrier révolutionnaire fut institué par le décret du 5 octobre, il organisa les fêtes civiques du décadi pour remplacer la messe. Il leva une petite armée révolutionnaire pour faire exécuter ses arrêtés.

Dubouchet en Seine-et-Marne, Le Carpentier dans la Manche, Baudot dans la Haute-Garonne, Taillefer dans le Lot, Roux-Fazillac dans la Charente, Lequinio et Laignelot dans la Charente-Inférieure, André Dumont dans la Somme imitèrent plus ou moins Laplanche et Fouché. Mais d'autres représentants se renfermèrent comme Maure dans la besogne purement administrative de la levée en masse et même répudièrent les innovations de leurs collègues. Il y avait enfin des départements qui n'avaient pas encore reçu la visite des représentants et où l'application des lois révolutionnaires sur les accaparements, les réquisitions, les suspects, etc., avait dû être laissée aux anciennes autorités élues. Il en résultait une bigarrure administrative étonnante. Ici c'était la Terreur et le régime des clubs appuyés sur les sans-culottes. Là, rien en apparence n'avait été changé : les riches n'étaient pas inquiétés, on n'incarcérait personne, on ne touchait pas aux hommes en place, les prêtres jouissaient d'une parfaite tranquillité.

Le Comité de salut public essayait de diriger et de régler l'action des représentants, sans toujours y parvenir. Ils opéraient loin de Paris. Ils n'avaient pas le temps, avec la lenteur des communications, d'attendre les instructions du centre. Ils ne lui soumettaient que rarement les difficultés qui se présentaient. Ils tranchaient sur-le-champ, se laissant aller à leur inspiration, bonne ou mauvaise.

Le Comité applaudit d'abord à la politique de classe des Laplanche et des Fouché. Il félicita Fouché d'avoir taxé les riches, « ce moyen de salut public est aussi une mesure de sûreté personnelle contre la juste indignation du peuple qui ne peut plus tolérer l'excès de sa misère » (29 août). Robert Lindet pensait comme ses collègues restés à Paris ; il leur écrivait de Caen, le 29 août, qu'il y aurait du danger à armer les pauvres si on ne mettait les riches à la raison auparavant.

Le Comité approuvait aussi les incarcérations et les destitutions (voir lettres à Le Carpentier du 7 septembre et à Carrier du 8 septembre). Mais de bonne heure il s'inquiéta de la politique anticléricale ou plutôt antichrétienne de certains proconsuls. « Il nous a paru, écrivait-il à André Dumont, le 6 brumaire, que dans vos dernières opérations vous avez frappé trop violemment sur les objets du culte catholique... il faut bien se garder de fournir aux contre-révolutionnaires hypocrites qui cherchent à allumer la guerre civile aucun prétexte qui semble justifier leurs calomnies. Il ne faut pas leur présenter l'occasion de dire que l'on viole la liberté des cultes et que l'on fait la guerre à la religion en elle-même. » Déjà Robespierre s'était alarmé du décret du 5 octobre qui avait institué le nouveau calendrier et il avait inscrit sur son carnet : « ajournement indéfini du décret sur le calendrier », phrase qui montre qu'il eut l'intention de s'opposer à l'exécution de la loi qui servira de prétexte à la déchristianisation. Comment faire une politique de classe au profit des sans-culottes en blessant ceux-ci dans leurs convictions ?

Tout en approuvant les mesures vigoureuses des proconsuls, le

Comité en vit très vite les dangers. Il félicita Maure de réprimer les actes arbitraires commis par les fédérés du 10 août, ses délégués, et par les comités révolutionnaires (14 brumaire). Il invita Laurent, en mission dans le Nord, à dissoudre la force révolutionnaire qu'il avait levée : « Une tactique contre-révolutionnaire s'emparant de ce mobile de terreur, peut reproduire tout à coup ce système de force départementale qui a menacé un jour la liberté. Épurez la garde nationale, elle rendra les mêmes services et elle ne fera pas concevoir les mêmes alarmes » (2 frimaire). Il écrivit deux jours plus tard à Maure de dissoudre son armée révolutionnaire dès qu'il quitterait l'Yonne.

Quand la levée en masse fut terminée et que le Comité eut fait rappeler les représentants qui l'avaient organisée, il eut bien soin de faire inscrire dans le décret que les pouvoirs des délégués des représentants cesseraient aussitôt (13 brumaire). Un décret du 19 brumaire chargea le Comité de se faire rendre compte de l'usage que ces délégués avaient fait de leurs pouvoirs.

Les représentants rappelés, leurs délégués supprimés, les anciennes autorités élues redevenaient seules chargées d'exécuter les lois. Le Comité ne pouvait manquer de se préoccuper de mettre de l'harmonie entre les différentes autorités, celles qui tiraient leur source de l'élection et celles qui étaient nées de la dictature révolutionnaire. Il fallait délimiter leur domaine respectif et les subordonner toutes au centre, autrement dit substituer à la centralisation chaotique et intermittente qui s'était formée au hasard, sous le coup des nécessités, une centralisation ordonnée et permanente. Il le fallait d'autant plus que la situation économique l'exigeait.

La loi du 29 septembre sur le maximum général taxait toutes les denrées déjà soumises à la loi du 27 juillet sur l'accaparement. A l'exception des grains, farines et fourrages, du tabac, du sel et du savon dont la taxe était uniforme pour toute la France, les autres denrées et marchandises de première nécessité devaient être taxées par les districts au prix moyen de 1790 augmenté d'un tiers, de manière que ce qui valait 3 livres en 1790 ne pourrait excéder 4 livres en 1793. Les contrevenants, vendeurs ou acheteurs, seraient punissables d'une amende solidaire d'un montant double de la valeur de l'objet vendu en fraude et applicable au dénonciateur. Ils seraient en outre inscrits sur la liste des suspects. Il aurait été illogique de taxer les denrées sans taxer en même temps les journées d'ouvriers. La loi fixa le maximum des salaires au prix de 1790 augmenté de moitié de manière qu'un ouvrier qui gagnait 20 sous en 1790 en gagnerait maintenant 30. La taxe des salaires devait être établie par les municipalités tandis que la taxe des denrées était de la compétence des districts. Les ouvriers qui refuseraient de travailler au prix officiel seraient mis en réquisition par les municipalités et punis de trois jours de prison.

Le Comité ne se fit aucune illusion sur les difficultés d'application d'une telle loi qui forçait les possédants à vendre à perte, sans indemnité, des marchandises qu'ils vendaient auparavant à un prix triple ou quadruple. La loi précédente du 4 mai sur le seul maximum des grains avait eu pour résultat instantané de vider les marchés. Comment approvisionner les villes et les armées si l'approvisionnement restait sous la dépendance d'autorités locales élues, secrètement hostiles à la législation révolutionnaire ? La mise en vigueur du maximum général allait exiger une recrudescence de contrainte, c'est-à-dire de Terreur, et en même temps un progrès décisif vers l'organisation d'une centralisation plus étroite, plus organique, plus dictatoriale.

Deux jours avant que les tableaux du maximum ne fussent affichés dans Paris, le 10 octobre, dans un discours amer et sombre, tout en sentences tranchantes, Saint-Just vint exposer à l'Assemblée le plan d'une organisation nouvelle de la République, d'une sorte de Constitution provisoire qui lui semblait nécessaire pour surmonter les terribles obstacles qu'il prévoyait. « Les lois sont révolutionnaires, ceux qui les exécutent ne le sont pas... La République ne sera fondée que quand la volonté du souverain comprimera la minorité monarchique et régnera sur elle par droit de conquête. Vous n'avez plus rien à ménager contre les ennemis du nouvel ordre de choses et la liberté doit vaincre à tel prix que ce soit. Vous avez à punir non seulement les traîtres mais les indifférents mêmes, vous avez à punir quiconque est passif dans la République et ne fait rien pour elle... Il faut gouverner par le fer ceux qui ne peuvent l'être par la justice, il faut opprimer les tyrans ! » Saint-Just justifiait ce programme de terrorisme désespéré par un tableau effroyable de la bureaucratie civile et militaire comme de la situation économique et morale du pays. Il montrait les administrateurs des hôpitaux fournissant de farines les rebelles de la Vendée, les fonctionnaires chargés de l'exécution de la loi sur l'accaparement accaparant eux-mêmes, les acquéreurs de biens nationaux s'acquittant à vil prix avec un papier déprécié, les riches devenant plus riches grâce à la baisse de l'assignat et à la vie chère. « Le patriotisme est un commerce des lèvres, chacun sacrifie tous les autres et ne sacrifie rien de son intérêt. » Il prévoyait que la loi du maximum général allait provoquer de nouvelles spéculations. Il n'apercevait qu'une seule issue : donner au gouvernement le nerf qui lui manquait. On mettrait à tous les échelons la responsabilité à côté de l'exécution : « Il faut placer partout le glaive à côté de l'abus. » On s'appuierait sur la classe pauvre et sur les petits soldats dont on adoucirait les souffrances. « Un soldat malheureux est plus malheureux que les autres hommes, car pourquoi combat-il s'il n'a rien à défendre qu'un gouvernement qui l'abandonne ? » Les représentants aux armées seraient les pères et les amis des soldats, ils coucheraient sous la tente avec eux, ils partageraient leur vie. Pour faire exécuter les ordres du Comité on mettrait sous sa surveillance immédiate non plus seulement le Conseil exécutif comme auparavant, mais les généraux et tous les corps constitués. On proclamerait que le gouvernement est révolutionnaire jusqu'à la paix, c'est-à-dire qu'on mettrait définitivement au rancart la Constitution votée en juin, qu'on légaliserait la dictature, qu'on subordonnerait provisoirement le principe électif au principe autoritaire. Le Comité pourrait surveiller, c'est-à-dire briser les corps constitués élus. Pour faire exécuter rapidement les lois révolutionnaires, le Comité correspondra directement non plus comme auparavant avec les administrations de département, mais avec les districts qui deviendront la cheville ouvrière de la nouvelle organisation.

Pour assurer l'application du maximum, on recensera tous les grains de la République, ce qui permettra d'exercer le droit de réquisition à coup sûr. On divisera le territoire en zones d'approvisionnement et Paris sera approvisionné pour un an dans son arrondissement particulier. Les résistances seront domptées par l'armée révolutionnaire centrale, dont on logera les détachements dans les communes récalcitrantes aux frais des riches. Saint-Just prévoyait encore la création d'un tribunal spécial, sorte de Chambre ardente qui ferait rendre gorge aux fournisseurs

Albert Mathiez

et à tous ceux qui avaient manié les deniers publics depuis 1789.

Toutes les mesures qu'il proposa furent votées sans débat. Les craintes qu'il avait émises sur l'efficacité du maximum se réalisèrent aussitôt. A Paris et dans toutes les villes de France, dès que la taxe fut affichée, les magasins se vidèrent instantanément sous la ruée d'une foule avide. Les commerçants n'ayant plus rien à vendre commencèrent à fermer leurs boutiques. A Paris, Chaumette les menaça de les faire exproprier et la Commune, sous son inspiration, demanda à la Convention « de fixer son attention sur les matières premières et les fabriques, afin de les mettre en réquisition en prononçant des peines contre les détenteurs ou fabricants qui les laissaient dans l'inactivité ou même de les mettre à la disposition de la République qui ne manque pas de bras pour mettre tout en activité ». Au bout de l'expropriation, il y avait le collectivisme, la République faisant valoir elle-même toute la production agricole et industrielle. Mais, ni la Convention ni le Comité ne voulaient aller jusque-là, faire une Révolution sociale pour assurer l'application du maximum, qu'ils avaient subi à contrecœur.

La Commune alla au plus pressé. Elle contrôla la répartition des denrées existantes au moyen du droit de réquisition et par l'établissement de cartes de pain, de viande, de sucre, de savons, etc., c'est-à-dire par le rationnement. Elle réprima les fraudes sur les boissons, qui se multiplièrent, par l'institution de commissaires dégustateurs. Elle autorisa les commissaires aux accaparements à faire des visites domiciliaires, même chez les particuliers. Elle s'efforça de faire respecter les taxes par des mesures policières, en menaçant les délinquants de la loi des suspects. La plupart des villes imitèrent ou même devancèrent l'exemple de Paris.

Mais si la répartition des marchandises existantes s'opérait tant bien que mal, le réapprovisionnement devenait de plus en plus difficile parce que les marchands n'avaient plus d'intérêt à reconstituer leurs stocks. Pour rétablir la circulation des marchandises et empêcher l'arrêt de la production ainsi que la famine, il fallait faire un pas de plus dans la voie de la centralisation. Le Comité fit instituer, le 22 octobre, une Commission de trois membres, dite Commission des subsistances, armée des pouvoirs les plus étendus. Par le droit de préhension elle pourrait se saisir de toutes denrées au prix du maximum. Elle répartirait ces denrées entre les districts, elle aurait la haute main sur toute la production agricole et industrielle, sur les transports, les manufactures, les mines, les charbons, les bois, l'importation et l'exportation. Elle pourrait requérir la force armée. Elle préparerait la révision du maximum dont l'établissement ne serait plus laissé à l'arbitraire des autorités locales mais soumis à des principes fixes exposés par Barère le 11 brumaire. On taxerait à la source : « 1° aux magasins de matières premières ; 2° à la fabrique ; 3° au marchand en gros ; 4° au marchand détaillant », et enfin on accorderait des indemnités de transport selon la distance. Pour préparer cette nouvelle taxe graduelle et uniforme, respectant les bénéfices du fabricant, du négociant et du détaillant afin de rétablir la circulation, la Commission des subsistances se livra à une immense enquête confiée à un bureau spécial, le bureau du maximum. L'enquête dura plusieurs mois et les nouveaux tableaux du maximum ne purent être prêts qu'au printemps de 1794. En attendant il fallut vivre d'expédients, c'est-à-dire de réquisitions et de rationnements.

Robert Lindet, rappelé de sa mission dans le Calvados, prit la direction de la Commission des subsistances le 2 novembre. Il s'opposa, nous dit-il, à ce que l'armée révolutionnaire fût employée aux réquisitions. On se borna à la mettre en garnison dans les villes de l'Ile-de-France. Comme elle restait inactive, le tribunal révolutionnaire spécial qui devait l'accompagner dans ses déplacements ne fut jamais constitué.

Plutôt que d'employer la force militaire de l'exécution des réquisitions et des taxes, le Comité préféra renforcer la centralisation administrative. Billaud-Varenne vint renouveler, le 28 brumaire, les critiques de Saint-Just sur la mauvaise volonté des autorités subalternes qui laissaient sans application les décrets populaires comme celui qui accordait des secours aux parents des volontaires, comme ceux qui concernaient les subsistances. Il proposa d'obliger toutes les autorités à rendre compte de leurs actes tous les dix jours, de publier les lois dans un bulletin spécial, de soumettre tous les fonctionnaires à des responsabilités pécuniaires et pénales, d'autoriser enfin les représentants et le Comité à remplacer sans élection toutes les autorités défaillantes ou suspectes. Il proposa, en outre, le 9 frimaire, d'interdire aux représentants de déléguer leurs pouvoirs, afin qu'il n'y ait plus aucun intermédiaire entre le Comité et les districts, de dissoudre toutes les forces armées départementales, de supprimer toutes les commissions départementales de surveillance qui sentaient le fédéralisme. Son projet fut définitivement voté le 14 frimaire avec un amendement qui le renforça. Danton fit valoir que l'exécution des lois ne devait plus être confiée à des magistrats élus : « Je demande que chaque département ait un procureur national, que, pour détruire l'influence de la parenté, de la fortune et de la richesse, ce soit le Comité de salut public qui nomme ces surveillants, ces agents du peuple entier qui ne seront plus, comme ils le sont en ce moment, les hommes des localités, mais ceux de la République » (3 frimaire). Après quelque hésitation, le Comité accepta l'institution de ces agents nationaux, nommés par le gouvernement et non élus, qui annonçaient déjà les préfets de Napoléon. A Fayau et à Merlin de Thionville qui défendaient le principe électif, Couthon répondit : « Dans ce moment non seulement il faut éviter d'avoir des fonctionnaires publics dangereux, mais il faut encore éviter les douteux. »

Par cette loi du 14 frimaire, qui sera, avec quelques changements, la Constitution provisoire de la République pendant la durée de la guerre, toute l'administration de la France aboutit à Paris comme avant 1789. Les autorités élues qui subsistent encore sont surveillées par l'agent national nommé par le Comité et armé du droit de réquisition comme du droit de dénoncer les magistrats et fonctionnaires. Ceux-ci savent qu'ils seront révoqués et, par suite, inscrits sur la liste des suspects et mis en détention au moindre manquement. Pour les remplacer, on ne procédera plus à des élections comme on l'avait encore fait dans la période de la levée de masse, les représentants en mission ou les agents nationaux se borneront à consulter la société populaire avant de dresser la liste des remplaçants. Un décret du 5 brumaire suspendit l'élection des municipalités. Pratiquement la souveraineté du peuple, le pouvoir électoral se concentre dans les clubs, c'est-à-dire dans le parti au pouvoir. Les clubs eux-mêmes s'épurent. Le gouvernement révolutionnaire devient la dictature d'un parti exercée au profit d'une classe, la classe des consommateurs, des artisans, des petits propriétaires et des pauvres, guidée par les hommes de la classe bourgeoise qui ont invinciblement lié leur sort à celui de la Révolution et surtout par ceux de cette classe que les fabrications de guerre enrichissent. La dictature d'un parti ou d'une classe ne s'établit le plus souvent que par la force et cela est une nécessité en temps de guerre. Le gouvernement révolutionnaire eut pour accompagnement fatal la Terreur.

7

LA JUSTICE RÉVOLUTIONNAIRE

Il est presque sans exemple que dans un pays en état de guerre étrangère compliquée de guerre civile les gouvernants n'aient pas recours à une justice sommaire et expéditive pour réprimer les intelligences avec l'ennemi, les complots et les révoltes.

Pour juger les crimes contre la sûreté de l'État, la Constituante avait créé une Haute Cour élue par les collèges électoraux des départements. La juridiction nouvelle, qui avait absous ou évité de juger les accusés que la Législative lui avait renvoyés, n'avait pas répondu à l'attente des révolutionnaires. Après l'insurrection du 10 août, la Commune victorieuse exigea la formation d'un tribunal criminel extraordinaire, sorte de cour martiale, dont les juges et les jurés furent élus par les sections de la capitale. Ce tribunal du 17 août prononça quelques condamnations à mort mitigées d'acquittements. Il n'empêcha pas les massacres de septembre. Les Girondins, qui le suspectaient pour ses origines montagnardes, le supprimèrent le 29 novembre 1792, alors que la Haute Cour avait déjà disparu depuis le 25 septembre. La Révolution ne possédait plus de juridiction politique. Les accusés de complot contre la sûreté de l'État, tels que les agents de la liste civile Sainte-Foy et Dufresne-Saint-Léon, telle que Mme de Rohan-Rochefort inculpée d'intelligences avec l'émigré Bertrand de Moleville, tel que l'ancien maire de Strasbourg Dietrich, complice de la rébellion de La Fayette, et bien d'autres furent traduits devant les tribunaux criminels ordinaires qui, régulièrement, les acquittèrent. Les Girondins gouvernaient, nos armées victorieuses occupaient la Belgique. La Révolution croyait pouvoir sans danger se montrer généreuse.

Mais arrivent, au début de mars, les nouvelles d'Aldenhoven, de la perte de Liège, puis du soulèvement vendéen. Ainsi qu'au lendemain de la prise de Longwy, on procède hâtivement à des levées d'hommes. Les sectionnaires parisiens demandent, dès le 8 mars, « qu'il soit incessamment établi un tribunal sans appel pour mettre fin à l'audace des grands coupables et de tous les ennemis de la chose publique ». Les commissaires que la Convention vient de désigner pour procéder à la levée de 300 000 hommes dans les départements déclarent qu'ils ne partiront pas avant que le tribunal révolutionnaire soit décrété. Jour et nuit l'Assemblée délibère en tumulte. Elle décide d'établir un tribunal criminel extraordinaire dont les juges et les jurés seront nommés par la Convention elle-même et non plus par le peuple. « Le tribunal connaîtra de toute entreprise contre-révolutionnaire, de tout attentat contre la liberté, l'égalité, l'unité et l'indivisibilité de la République, la sûreté intérieure et extérieure de l'État et de tous complots tendant à rétablir la royauté ou à établir toute autre autorité attentatoire à la liberté, à l'égalité et à la souveraineté du peuple, soit que les accusés soient fonctionnaires civils ou militaires ou simples citoyens. » Il jugera sans appel ni recours en cassation. Les biens des condamnés à mort seront acquis à la République, sous réserve qu'il sera pourvu à la subsistance de leurs parents sans ressources. Comme on a hâte de faire fonctionner le nouveau tribunal, on décide que les juges et jurés provisoires seront pris pour commencer à Paris et dans les départements voisins, et l'Assemblée les nomme dès le 13 mars.

Mais les Girondins qui ont subi l'institution prennent aussitôt leur revanche dans l'élection de la Commission de six membres qui seule aura le droit de traduire les accusés au tribunal politique. La Commission, composée de cinq Girondins et d'un seul Montagnard (Prieur de la Marne), ne proposa aucune mise en accusation. Le tribunal fut paralysé.

Mais on apprend, le 2 avril, la trahison de Dumouriez. Aussitôt les juges et les jurés du tribunal vont se plaindre à la Convention de l'inaction où ils sont réduits. « Le peuple qui connaît les conspirateurs veut leur punition ! » Sur la proposition d'Albitte, la Commission des six est supprimée. Trois jours plus tard Charlier propose que l'accusateur public soit autorisé à traduire directement au tribunal révolutionnaire, sans décret préalable de la Convention, tous les prévenus de complot. Danton fait valoir que les criminels de ce genre sont si nombreux que la Convention n'aurait pas le temps matériel d'examiner leur dossier et perdrait un temps précieux à voter contre eux des décrets d'accusation. « Si le despotisme venait à triompher, ajoute-t-il, vous verriez bientôt un tribunal prévôtal dans tous les départements pour faire tomber les têtes de tous les patriotes, même de ceux qui n'auraient pas montré un patriotisme énergique. » On verra, en effet, ces cours prévôtales fonctionner en 1815. Danton fit cependant stipuler qu'aucun général, ministre ou député ne pourrait être traduit au tribunal sans un décret préalable de la Convention. Ces propositions furent votées, malgré Barbaroux qui protesta contre la dictature judiciaire remise à un seul homme, l'accusateur public.

Le tribunal tint sa première séance dès le lendemain, 6 avril. Il jugea un émigré rentré, trouvé à Bourg-la-Reine avec deux passeports et une cocarde blanche. L'émigré fut condamné à mort. Juges et jurés pleuraient. Ces justiciers n'étaient pas cruels. En accomplissant un devoir qui leur coûtait, ils croyaient fermement sauver la Révolution et la France.

Les Girondins eurent l'imprudence d'envoyer Marat devant le tribunal, sous l'inculpation de provocation au pillage, au meurtre et à la dissolution de la Convention. Le procès de Marat se termina par un acquittement triomphal le 24 avril. Le tribunal acquitta coup sur coup de nombreux généraux, le 23 avril, d'Harambure accusé d'avoir fait passer à la municipalité de Neufbrisach des proclamations royalistes, d'Esparbes qui avait succédé au gouvernement de Saint-Domingue à Blanchelande déjà condamné à mort pour avoir mis en prison les patriotes et fomenté la révolte des aristocrates, puis en mai, Miranda, Stengel, Lanoue, compromis dans les désastres de Belgique. Deux généraux seulement, complices de Dumouriez, furent condamnés à mort : Miaczynski et Lescuyer sur qui pesaient des charges accablantes. Les audiences se succédaient alors dans le calme, les formes étaient observées. Défenseurs et accusés pouvaient s'exprimer librement.

Malgré l'insurrection fédéraliste, le tribunal ne précipitait pas sa marche. Il consacra de longues audiences, du 4 au 18 juin, au procès de la conjuration de Bretagne et s'il prononça dans cette affaire douze condamnations à mort de complices de La Rouarie, il prononça aussi treize acquittements. Les douze condamnés crièrent : « Vive le roi ! » et s'embrassèrent sur l'échafaud. Le policier philosophe Dutard, rendant compte de cette exécution, écrivait : « Je dois vous dire qu'en politique ces exécutions-là produisent les plus grands effets, mais les plus considérables sont de calmer le ressentiment du peuple pour les maux qu'il éprouve. Il exerce là sa vengeance. L'épouse qui a perdu son mari, le père qui a perdu son fils, le marchand qui n'a plus de commerce, l'ouvrier qui paye tout si cher que son salaire se réduit à presque rien, ne consentent de composer peut-être avec les maux qu'ils éprouvent qu'à la vue des hommes plus malheureux qu'eux et en qui ils croient voir leurs ennemis. »

Le président du tribunal Montané avait essayé de sauver Charlotte Corday. La troisième question posée aux jurés avait été rédigée en ces termes : « L'a-t-elle fait avec préméditation et des intentions criminelles et contre-révolutionnaires ? » Montané raya sur la minute les mots préméditation et contre-révolutionnaires, dans l'espoir que le crime pourrait être considéré comme un acte de folie ou comme un meurtre ordinaire. Dans le procès précédent fait aux assassins de Léonard Bourdon, ce Conventionnel qui avait été molesté et frappé au cours de sa mission à Orléans, Montané avait déjà rayé sur la minute du jugement envoyée à l'impression la phrase consacrée : « les biens des condamnés sont acquis à la République », si bien qu'aucune confiscation ne pouvait être effectuée et parmi les condamnés il y avait, au dire de Prieur de la Marne, plusieurs millionnaires. Les deux falsifications de Montané furent aussitôt découvertes. Il aurait péri sur l'échafaud si Fouquier-Tinville ne l'avait oublié à dessein dans sa prison.

Le procès de Custine occupa presque toute la seconde moitié du mois d'août. Le général Moustache se défendit pied à pied, répondit à chaque témoin, fit citer de nombreux généraux en activité dont l'audition lui fut refusée. L'auditoire lui était manifestement favorable. Les jurés étaient ébranlés. Les Jacobins s'émurent : « Il ne faut pas qu'un tribunal établi pour faire marcher la Révolution, dit Robespierre au club le 25 août, la fasse rétrograder par sa lenteur criminelle, il faut qu'il soit actif autant que le crime, il faut qu'il soit toujours au niveau des délits. » Custine, condamné deux jours après, mourut avec fermeté le 28 août. Il n'était coupable que d'insubordination aux ordres de Bouchotte, de propos inconsidérés, de mauvaises dispositions militaires. Il fut la victime expiatoire offerte aux capitulations de Mayence et de Valenciennes.

L'hébertisme triomphe à la journée du 5 septembre. Une nouvelle période s'ouvre dans l'histoire du tribunal dont les membres sont augmentés sur le rapport de Merlin de Douai et divisés maintenant en quatre sections dont deux fonctionnent simultanément. C'est le Comité de salut public réuni au Comité de sûreté générale qui propose la liste des nouveaux juges et jurés.

Les uns et les autres appartiennent pour la plupart à la bourgeoisie ou aux professions libérales. On y voit d'anciens prêtres comme Lefetz ou Royer, des peintres et graveurs, Châtelet, Topino-Lebrun, Sambat, Prieur, Girard, un banquier, Victor Aigoin, des médecins et chirurgiens, Souberbielle, Bécu, Martin, des commerçants et industriels, Duplay, Billon, des orfèvres et joailliers, Klipsis, Girard, Compagne, des tailleurs, Aubry, Grimont, Presselin, des serruriers, Didier, des cordonniers, Servière, des imprimeurs, Nicolas, un chapelier, Raron, un épicier, Lohier, un vinaigrier, Gravier, etc. Les sans-culottes proprement dits étaient absents, à moins qu'on ne range parmi eux des bureaucrates comme Clémence, employé à la fabrication des assignats. Dans le nombre deux marquis authentiques, Antonelle et Leroy de Montflabert qui se faisait appeler Dix-Août. Tous ou presque avaient reçu de l'instruction.

L'instrument de répression perfectionné et mis au point, il s'agit d'augmenter son rendement. La contre-Révolution n'attaque pas seulement le régime par la révolte, les complots, la trahison ou l'espionnage, elle emploie aussi l'arme peut-être plus redoutable encore de la famine, de la fraude sur les denrées et sur les fournitures. Le 29 septembre, le jour même où la Convention vote le grand décret sur le maximum général, elle décide aussi que les fournisseurs infidèles seront traités comme des conspirateurs, justiciables en conséquence du tribunal révolutionnaire. Le terrible décret avait été rendu sur la plainte de jeunes recrues qui avaient déposé sur le bureau une paire de souliers aux semelles de bois et de carton. La Commission des marchés déploya une grande activité. Les fournisseurs traduits devant le tribunal pour fraude, hausse illicite, violation du maximum, accaparement furent très nombreux.

Albert Mathiez

Avec le mois d'octobre commencent les grands procès politiques. Celui de la reine d'abord qui dura du 14 au 16 octobre, celui des Girondins ensuite qui exigea une semaine, du 24 au 30 octobre.

La reine, l'Autrichienne, était condamnée d'avance. Elle mourut avec courage pendant que la foule immense criait : « Vive la République ! »

Les 21 Girondins voulurent se défendre. Un seul manqua de fermeté, Boileau, qui se proclama désabusé, repentant et franc Montagnard, ce qui ne le sauva pas. Les autres firent tête. Vergniaud, Brissot, Gensonné prononcèrent des discours en réponse aux témoins qui étaient leurs ennemis. Les Jacobins s'irritèrent. Ils réclamèrent à la Convention une loi qui débarrassât le tribunal « des formes qui étouffent la conscience et empêchent la conviction », une loi qui « donnât aux jurés la faculté de déclarer qu'ils étaient assez instruits ». Osselin proposa un texte que Robespierre trouva trop vague : « Je propose, dit Robespierre, de décréter qu'après trois jours de débats le président du tribunal demandera aux jurés si leur conscience est assez éclairée. S'ils répondent négativement, l'instruction du procès sera continuée jusqu'à ce qu'ils déclarent qu'ils sont en état de se prononcer. » Le décret voté fut aussitôt porté à l'audience du tribunal révolutionnaire. Les jurés consultés répondirent d'abord que leur conscience n'était pas suffisamment éclairée. Les débats en étaient au sixième jour. Mais le soir même, les jurés déclarèrent que leur conviction était faite. Les 21 Girondins condamnés à mort par un verdict d'unanimité accueillirent le jugement par des cris et des invectives. Valazé se poignarda en sortant de l'audience. Le tribunal ordonna que le cadavre serait porté sur une charrette au lieu du supplice. Une foule immense, qui criait : « A bas les traîtres ! » vint regarder mourir les Girondins.

La loi sur l'accélération des jugements devait avoir pour conséquence fatale d'accroître le nombre des condamnations. Du 6 août au 1er octobre, 29 condamnations à mort avaient été prononcées, 9 condamnations à la déportation et 24 acquittements sans compter 130 arrêts de non-lieu. Dans les trois mois qui suivent, jusqu'au 1er janvier 1794, sur 395 accusés, 194 seront acquittés, 24 punis de la déportation, de la réclusion ou des travaux forcés, 177 condamnés à mort, dont 51 en octobre, 58 en novembre et 68 en décembre.

Les procès politiques se succèdent. Philippe Égalité, qui avait donné tant de gages à la Révolution, est condamné comme complice des Girondins et de Dumouriez, parce que son fils aîné, le futur Louis-Philippe, a suivi le général dans sa trahison. Les Montagnards, en le poussant au supplice, espèrent se laver de l'accusation d'orléanisme si souvent dressée contre eux par leurs adversaires. Puis c'est Mme Roland qui paie pour son mari introuvable et qui est d'ailleurs compromise par ses correspondances avec Barbaroux et Duprat. En apprenant sa mort son mari se suicida, moins peut-être par chagrin que pour empêcher que ses biens fussent confisqués, car il avait une fille. C'est encore l'ancien maire de Paris Bailly qui paie pour les républicains massacrés au Champ-de-Mars. Bailly fut exécuté au Champ-de-Mars, théâtre de son « crime », au milieu des insultes des spectateurs. C'est encore le Girondin Pierre Manuel, les Feuillants Barnave et Duport-Dutertre, puis les généraux Brunet, Houchard, Lamorlière, Biron. Celui-ci proclama sur l'échafaud ses sentiments royalistes, apportant une sorte de justification au jugement qui le frappait. Ces condamnés illustres ne doivent pas faire oublier les condamnés obscurs frappés par les différentes lois sur l'émigration, sur l'accaparement, sur les intelligences avec l'ennemi, sur les cris séditieux. Ils furent infiniment plus nombreux.

Le tribunal révolutionnaire, institué à un moment où la nouvelle de l'insurrection vendéenne n'était pas encore parvenue à Paris, devait être primitivement unique pour toute la France. Depuis, d'autres régions de la France s'étaient soulevées. Le tribunal parisien ne pouvait suffire à la répression. Dans les pays en proie à la guerre civile, on recourut à des méthodes militaires. La loi du 19 mars 1793 portée contre les Vendéens créa des commissions militaires de cinq membres qui condamnèrent à mort les rebelles pris les armes à la main, sur la seule constatation de leur identité. Quand aux rebelles arrêtés sans armes, ils étaient traduits en principe devant les tribunaux criminels ordinaires qui les jugeaient révolutionnairement, c'est-à-dire sans appel et sans recours en cassation.

La répression en province fut en raison directe des dangers de la révolte. Le soulèvement de Normandie dispersé après la bataille sans larmes de Vernon n'entraîna que quelques destitutions et arrestations. Pendant toute la Terreur, il n'y eut pas une seule condamnation à mort dans le Calvados. La Convention se

Albert Mathiez

contenta d'un geste symbolique. Sur la proposition de Delacroix et de Thuriot, elle décréta, le 17 juillet, « que la maison que Buzot possédait à Evreux serait rasée et que sur ses ruines on planterait un poteau avec cette inscription : Ici fut l'asile du scélérat Buzot qui, représentant le peuple, conspira la perte de la République ».

La révolte de Lyon, plus tardive, fut infiniment plus sérieuse. Les rebelles avaient emprisonné ou exécuté de nombreux Montagnards. Ici les représailles furent sévères. Elles prirent un caractère non seulement politique mais social. La Convention vota, le 12 octobre, sur le rapport de Barère : « La ville de Lyon sera détruite. Tout ce qui fut habité par le riche sera démoli. Il ne restera que la maison du pauvre, les habitations des patriotes égorgés ou proscrits, les édifices spécialement employés à l'industrie et les monuments consacrés à l'humanité et à l'instruction publique. »

Tant que Couthon et Maignet résidèrent à Lyon devenue Ville Affranchie, la répression n'eut rien d'excessif. Couthon se fit porter sur la place Bellecour, il frappa de son maillet quelques maisons qu'on démolit lentement. Mais Collot d'Herbois et Fouché arrivent au début de novembre avec un détachement de l'armée révolutionnaire commandé par Ronsin. Collot organise une grande fête expiatoire aux mânes de Chalier sur la place des Terreaux. Les fournées commencent. L'ancienne commission de justice populaire créée par Couthon est supprimée comme trop indulgente et remplacée par une commission révolutionnaire présidée par Parein. Les fusillades et les mitraillades suppléent la guillotine jugée trop lente. Le 14 frimaire (4 décembre), soixante jeunes gens condamnés sont exposés au canon dans la plaine des Brotteaux. On les avait garrottés deux par deux entre deux fossés parallèles creusés pour recevoir leurs corps. La décharge des canons n'en tua que le tiers. Il fallut achever les autres à coups de fusil. Le lendemain, 208 condamnés sont fusillés au même endroit, le 18 frimaire 67, le 23 32. On ne cessa de fusiller que le 22 pluviôse (10 février). La Commission Parein prononça 1 667 condamnations à mort. Ces boucheries étaient d'autant plus odieuses qu'elles n'avaient pas pour excuse la fièvre qui suit le combat. Le siège était terminé depuis deux mois quand elles débutèrent. Elles n'avaient pas non plus l'utilité de l'exemple, puisque Collot écrivait lui-même au Comité le 17 brumaire : « Les exécutions mêmes ne font pas tout l'effet qu'on en devait attendre. La prolongation du siège et les périls journaliers que chacun a courus ont inspiré une sorte d'indifférence pour la vie, si ce n'est tout à fait le mépris de la mort. Hier un spectateur revenant d'une exécution disait : cela n'est pas trop dur, que ferais-je pour être guillotiné ? Insulter les représentants ? » Un homme de sang-froid aurait conclu qu'il ne fallait pas prodiguer la peine capitale. Collot, qui était un homme de théâtre, en tira la conclusion inverse, c'est qu'il devait donner un renfort à la guillotine. Il proposa même à Robespierre, sans succès, de disperser à travers la France les soixante mille ouvriers lyonnais qui ne seraient jamais républicains d'après lui.

La guerre civile de l'Ouest était une guerre atroce. La répression fut ici particulièrement rigoureuse. Des commissions militaires fonctionnèrent dans les principales villes pour juger les Vendéens pris les armes à la main, à Angers, Rennes, Laval, Tours, Nantes, etc. Celle d'Angers fit fusiller 69 rebelles à Doué le 3 nivôse, 64 le lendemain, 203 le 6 nivôse, 100 à Angers le 23 nivôse, etc. A Angers, les condamnés étaient conduits au lieu d'exécution, La Haie-aux-Bonshommes, appelé aujourd'hui le Champ des Martyrs, avec musique, autorités en grand costume et soldats faisant la haie.

A Nantes, la répression avec Carrier dépassa en horreur les fusillades de Lyon. Carrier, un Auvergnat violent qui s'adonne à la boisson, arrive au lendemain de la défaite des Mayençais à Torfou et de la prise de Noirmoutiers livrée à Charette par ses habitants. Il se croit environné de traîtres. Peut-être craint-il pour sa vie. Pour faire exécuter ses ordres comme pour protéger sa personne, il s'entoure d'une garde rouge, la compagnie Marat, dont les quarante membres reçoivent 15 livres par jour. Il organise en même temps une police secrète aux mains de vrais chenapans, Fouquet et Lambertye, qui plus tard seront condamnés à mort pour leurs malversations. Les Vendéens faits prisonniers affluent à Nantes par centaines et par milliers. Le typhus et le choléra se déclarent dans les prisons où ils sont entassés. L'épidémie menace d'atteindre les Nantais eux-mêmes qui font le service de garde. Alors, pour accélérer le déblaiement des prisons, Carrier organise les noyades. Sur des gabarres ou sapines, dont les sabords ont été préparés d'avance, les Marat entassent des prêtres d'abord, des Vendéens ensuite, conduisent leur cargaison humaine au milieu

Albert Mathiez

de la Loire, ouvrent les sabords et l'engloutissent. Carrier ordonna, les 27 et 29 frimaire, par un papier signé de sa main, de mettre à mort, sans jugement, sans formalité d'aucune sorte, une première fois 24 « brigands » dont deux de 13 et deux de 14 ans, et une seconde fois 27 brigands des deux sexes. Il faut beaucoup de parti pris et d'ignorance pour nier sa responsabilité personnelle. Mais, ce qui est exact, c'est que ces horreurs ne produisirent au moment même, parmi les Nantais, en proie à la disette, aucune sensation. Carrier épargna la population bourgeoise. Il se borna à renvoyer au tribunal révolutionnaire de Paris 132 accapareurs et fédéralistes qui seront acquittés après thermidor. La réprobation contre lui ne commença à se manifester qu'à la fin de sa mission, quand les exécutions en masse menacèrent la santé de la cité. Les noyades firent au bas mot deux mille victimes. Une commission militaire, la commission Bignon, fit fusiller quatre mille Vendéens échappés aux batailles du Mans et de Savenay. On enterra ceux-ci dans les carrières de Miseri sous une mince couche de terre, et l'odeur du charnier descendit sur la ville et la terrifia. Alors se produisit la réaction tardive de la pitié.

A l'époque où nous sommes, à cette fin de 1793, la Terreur sanglante reste circonscrite dans les régions dévastées par la guerre civile et à l'arrière du front des armées. Le centre de la France, la grande majorité des départements ne connut de la Terreur que les destitutions et les arrestations, parfois les taxes et la déchristianisation. La guillotine ne fonctionna que très rarement dans ces contrées paisibles. Si on prononce accidentellement quelques condamnations capitales, ce sont des condamnations d'émigrés ou de prêtres rentrés ou d'accapareurs ou de faux-monnayeurs qui sont jugés par les tribunaux ordinaires.

La Terreur était si bien dans la fatalité de l'heure que les royalistes l'auraient instituée contre les républicains s'ils avaient été les plus forts, ce qu'ils feront d'ailleurs dès l'an III et en 1815. La correspondance des émigrés ne laisse là-dessus aucun doute : « Je crois nécessaire de frapper les Parisiens par la Terreur », écrivait au comte de La Marche, dès le 13 juillet 1792, l'ancien ministre Montmorin confident de la reine. « Plus de ménagements, plus de demi-mesures, s'écriait le duc de Castries dans son mémoire d'avril 1793. Il faut que les brigands qui ont ravagé la France, que les factieux qui ont troublé l'Europe, que les monstres qui ont assassiné le roi disparaissent de la surface de la terre. » Le comte de Flachslanden ajoutait : « Je suis dans l'opinion que tant qu'on ne massacrera pas la Convention, la résistance durera. » C'était l'opinion générale des émigrés. « Leurs propos sont atroces, disait le secrétaire du roi de Prusse Lombard qui les accompagna pendant la campagne de l'Argonne. Si on voulait abandonner leurs concitoyens à leur vengeance, la France ne serait bientôt plus qu'un monstrueux cimetière » (23 juillet 1792). En règle générale, les révolutionnaires frappèrent pour ne pas être frappés. En France même, partout où ils n'avaient pas été en force, en Vendée, à Marseille, à Lyon, à Toulon, ils avaient été exécutés sans merci. Ils étaient en état de légitime défense. Mais ils ne défendaient pas seulement leurs idées, leurs personnes et leurs biens. Ils défendaient du même coup la patrie. Joseph de Maistre a prononcé ce jugement sans appel : « Que demandaient les royalistes lorsqu'ils demandaient une contre-Révolution faite brusquement et par la force ? Ils demandaient la conquête de la France, ils demandaient donc sa division, l'anéantissement de son influence et l'anéantissement de son roi. » Et Joseph de Maistre dirigeait en 1793 le service d'espionnage du roi de Sardaigne son maître.

8

LE COMPLOT DE L'ÉTRANGER

Le Comité de salut public ne craignait pas moins les ennemis cachés de la Révolution que ses ennemis déclarés. Il se sentait environné d'espions. De Vérone, l'ancien constituant d'Antraigues, qui jouait auprès du prétendant Louis XVIII le rôle d'une sorte de ministre de la police, entretenait à Paris des agents qui le renseignaient régulièrement au moyen de lettres écrites à l'encre sympathique. Ces agents pénétraient sous un masque démagogique jusque dans les bureaux des administrations. Pour dérouter les espions, Robespierre écrivait sur son carnet : « Avoir deux plans dont l'un livré par les commis. »

On soupçonna de bonne heure que l'or étranger avait contribué non seulement à surprendre nos secrets militaires, mais encore à susciter des troubles et à créer des difficultés de toute sorte au gouvernement. Le 11 juillet 1793, dans un grand rapport qu'il présenta au nom du premier Comité de salut public qui venait d'être renversé, Cambon affirma que la crise économique et financière elle-même avait été aggravée sinon déchaînée par les manœuvres de l'ennemi. « Depuis que je vois Pitt, dit-il, toucher 5 millions sterling pour dépenses secrètes, je ne m'étonne plus qu'on sème avec cet argent des troubles dans toute l'étendue de la République. On est parvenu avec un fonds de 120 millions en assignats à faire baisser nos changes. Et Pitt, avec 5 millions sterling, s'est procuré 500 millions en assignats avec lesquels il nous fait une guerre terrible. Certains administrateurs de département le secondent. Comment détruire la République, ont-ils dit ? En discréditant les assignats. »

Cambon n'avait fait qu'une pure hypothèse. Mais, à la fin du mois de juillet, on apporta au Comité de salut public le portefeuille qu'un espion anglais avait perdu sur les remparts de Lille. Des documents qu'il renfermait, il résultait, avec certitude et précision, que depuis le mois de janvier l'espion avait distribué à ses agents disséminés dans toute la France des sommes importantes. Il avait payé à un Français du nom de Duplain une mensualité de 2 500 livres. Il avait distribué de l'argent à Lille, Nantes, Dunkerque, Rouen, Arras, Saint-Omer, Boulogne, Thouars, Tours, Caen, villes où précisément des désordres avaient éclaté. Il donnait comme instructions à ses correspondants de préparer des mèches phosphoriques pour incendier les arsenaux et les magasins de fourrages. Et des incendies avaient déjà fait des dégâts importants à Douai, à Valenciennes, à la voilerie du port de Lorient, à la cartoucherie de Bayonne, au parc d'artillerie de Chemillé.

« Faites hausser le change jusqu'à 200 livres pour 1 livre sterling, écrivait-il au même correspondant. Faites que Hunter soit bien payé et assurez-le de la part de mylord que toutes ses pertes lui seront remboursées de plus du double de sa commission... Il faut discréditer le plus possible les assignats et refuser tous ceux qui ne porteront pas l'effigie du roi. Faites hausser le prix de toutes les denrées. Donnez les ordres à vos marchands d'accaparer tous les objets de première nécessité. Si vous pouvez persuader à Cott... d'acheter le suif et la chandelle à tout prix, faites-la payer au public jusqu'à 5 livres la livre. »

En donnant lecture de ces documents à la grande séance du 1ᵉʳ août, Barère conclut qu'il fallait expulser tous les sujets anglais qui seraient venus habiter la France après le 14 juillet 1789. Cambon trouva la mesure trop indulgente. Elle ne s'appliquait qu'aux sujets anglais. Il proposa de faire arrêter, provisoirement et par mesure de sûreté générale, tous les étrangers suspects sans distinction : « Croyez-vous que les Autrichiens qui sont en France ne sont pas, comme les Anglais, des agents de Pitt ? Il suffit qu'on respecte les Américains et les Suisses. » Couthon rappela que le gouvernement anglais avait déclaré traîtres à la patrie ceux de ses nationaux qui placeraient leurs biens en France.

« Je demande que par réciprocité vous décrétiez : 1° que tous les Français qui placeront des fonds sur les banques de Londres seront condamnés à une amende égale à la somme placée, dont la moitié sera applicable au dénonciateur ; 2° que ceux qui auraient placé des fonds sur Londres avant la publication de ce décret soient tenus de le déclarer dans un mois sous peine de la même amende et d'être en outre regardés comme suspects et mis comme tels en état d'arrestation. »

Toutes ces propositions furent votées.

Jusque-là, la Révolution avait multiplié les actes de bienveillance à l'égard des sujets ennemis résidant en France. Beaucoup avaient même obtenu des emplois dans les administrations. Il y en avait jusque dans les comités révolutionnaires. Il y en avait qui siégeaient à la Convention, comme Anacharsis Cloots ou Dentzel ou Thomas Paine. Rien n'était plus facile aux espions que de se présenter comme des patriotes étrangers persécutés pour leurs idées. Ces martyrs de la liberté étaient reçus avec empressement. Ils se procuraient de puissants protecteurs non seulement dans les clubs mais jusque dans les Comités de la Convention, jusque dans le gouvernement.

Le banquier anglais Walter Boyd, qui était le banquier de Pitt et du Foreign Office, avait ouvert à Paris, avec son associé Ker, une succursale de sa maison de Londres. Il sut s'attirer les bonnes grâces des députés Delaunay d'Angers et Chabot qui le protégèrent, quand il fut en péril. Moyennant un versement de 200 000 livres, Chabot, qui était membre du Comité de sûreté générale, réussit

Albert Mathiez

à faire lever les scellés qui avaient été mis sur sa banque dans la nuit du 7 au 8 septembre. Et, quand Boyd, un mois plus tard, fut menacé d'arrestation, Chabot lui procura un passeport avec lequel il put s'échapper et retourner en Angleterre.

Quand Danton fut arrêté, on trouva dans ses papiers une lettre que le Foreign Office avait adressée au banquier neuchâtelois Perregaux, sujet prussien établi à Paris, pour l'inviter à verser à différents personnages désignés par des initiales C.D., W.T., De M., des sommes importantes, 3 000, 12 000 et 1 000 livres pour les récompenser « des services essentiels qu'ils nous ont rendus en soufflant le feu et en portant les Jacobins au paroxysme de la fureur ». Cette lettre n'a pu figurer dans les papiers de Danton que parce que Perregaux la lui communiqua comme l'intéressant directement. Il y a tout lieu de croire que Perregaux avait des rapports fréquents avec le gouvernement anglais.

Le banquier belge, sujet autrichien, Berchtold Proli, qu'on disait fils naturel du chancelier Kaunitz, avait été chargé par le gouvernement de Vienne d'acheter les Belges du parti vonckiste. Établi à Paris, il y fonda un journal, *Le Cosmopolite,* pour y défendre la politique autrichienne. Le journal disparut avec la déclaration de guerre quand il n'eut plus d'utilité. Proli se lia avec des journalistes comme Camille Desmoulins. Il menait grand train dans son appartement du Palais-Royal. Il parvint à capter la confiance d'Hérault de Séchelles qui était, comme lui, un homme de plaisir. Hérault l'employa comme secrétaire, même quand il fut entré au Comité de salut public. Le ministre Lebrun et Danton lui confièrent des missions diplomatiques secrètes. Il devint l'intime de Desfieux, qui était le principal personnage du Comité de correspondance des Jacobins, dont il avait été d'ailleurs le trésorier. Par Desfieux, personnage très suspect, il connut tous les secrets du club. Desfieux était presque illettré. Proli rédigeait ses discours. Proli était lié avec de nombreux députés montagnards comme Bentabole, Jeanbon Saint-André, Jay de Sainte-Foy. Desfieux était protégé par Collot d'Herbois, bien qu'il eût été compromis par une pièce de l'armoire de fer et qu'on le considérât comme un suppôt rétribué du tripot de Mme de Sainte-Amaranthe.

Un autre banquier belge, sujet autrichien, Walkiers, qui avait joué comme Proli un rôle équivoque dans la Révolution de son pays, était venu s'établir à Paris après la trahison de Dumouriez. Comme il était très riche, on le soupçonnait de répandre de l'argent parmi les journalistes et les clubistes pour servir les intérêts autrichiens.

Un grand d'Espagne déclassé, Guzman, qui se livrait lui aussi à la banque et à l'intrigue, s'était fait par ses largesses une clientèle dans la section des Piques. Il parvint à s'introduire dans le Comité insurrectionnel qui prépara la Révolution du 31 mai ; mais il était déjà tellement suspect qu'il en fut chassé. Saint-Just reprochera plus tard à Danton d'avoir fait avec Guzman des repas à cent écus par tête.

Deux juifs moraves, Siegmund Gotlob et Emmanuel Dobruska, qui avaient été les fournisseurs de l'empereur Joseph II dans sa guerre contre les Turcs et qui avaient été pour cette raison anoblis sous le nom de Schoenfeld, étaient arrivés en France juste au lendemain de la déclaration de guerre. Ils s'étaient présentés au club de Strasbourg comme des patriotes persécutés, avaient changé leur nom en celui de Frey (libres), étaient parvenus par des largesses opportunes à se procurer la protection du clubiste Charles Laveaux, rédacteur du *Courrier de Strasbourg,* alors en lutte contre le Feuillant Dietrich, maire de la ville. Ils avaient accompagné Laveaux et les fédérés du Bas-Rhin à Paris à la veille du 10 août et n'avaient pas tardé à se créer à Paris les plus belles relations parmi les députés influents, comme Louis du Bas-Rhin, Bentabole, Simond, Richard, Gaston, Piorry, Chabot. Ils soumettaient des projets au ministre des Affaires étrangères Lebrun. Ils recevaient fréquemment des lettres de change de l'étranger. Ils prenaient des intérêts dans les corsaires de la République. Ils prêtaient de l'argent, ils achetaient des biens nationaux, ils tenaient table ouverte dans un bel hôtel d'émigré où ils s'étaient installés. Pour échapper aux lois de répression sur les sujets ennemis, ils essayaient d'obtenir la naturalisation française en adoptant un vieillard. Ils se faisaient recevoir aux Jacobins grâce à Chabot qui leur servait de répondant. Dénoncés de bonne heure comme espions, ils échappèrent longtemps à toutes les recherches. Ils ne furent pas inquiétés, même après que Chabot eut été chassé du Comité de sûreté générale. Chabot se trouva présent à la perquisition qui eut lieu à leur domicile, le 26 septembre. Il épousa quelques jours plus tard, le 6 octobre, leur jeune sœur avec une dot de 200 000 livres et vint habiter dans leur hôtel. Il eut l'impu-

Albert Mathiez

dence d'annoncer ce mariage aux Jacobins en le donnant comme une preuve qu'il se rangeait désormais et renonçait à sa vie dissolue. Mais les Jacobins le huèrent et le bruit courut parmi eux que la dot de 200 000 livres que Léopoldine Frey apportait à Chabot avait été fournie par Chabot lui-même qui avait trouvé ce moyen de dissimuler le produit de ses rapines.

Tous ces étrangers équivoques, dont beaucoup étaient des agents de l'ennemi, jouaient dans le mouvement politique un rôle considérable qui ne tarda pas à inquiéter le Comité de salut public. Ceux-là même qui s'étaient attachés un moment à la fortune de La Fayette ou à celle de Dumouriez, comme Proli et son inséparable Desfieux, affichaient maintenant un patriotisme très écarlate et poussaient aux mesures les plus extrêmes. Ils formaient un appoint sérieux au parti hébertiste. Le Père Duchesne était un familier du banquier hollandais Kock qui lui donnait de bons dîners, dans sa maison de Passy. Anacharsis Cloots, « l'orateur du genre humain », qui siégeait à la Convention, inspirait un grand journal, *Le Batave,* qui était l'organe des réfugiés étrangers et qui menait une campagne parallèle à celle du Père Duchesne. Or, Cloots, fidèle au propagandisme des Girondins, ne cessait de prêcher la nécessité de révolutionner les pays voisins. Dans un manifeste qu'il lança le 5 octobre, de la tribune des Jacobins, il réclamait pour la France les limites naturelles, c'est-à-dire la frontière du Rhin. Son ami Hérault de Séchelles, ancien Girondin comme lui, qui dirigeait avec Barère la politique étrangère du Comité de salut public, expédiait en Suisse des agents secrets dont la propagande alarmait nos voisins. Mais Robespierre et les autres membres du Comité, alors très préoccupés de nous procurer des approvisionnements et des matières premières pour nos fabrications de guerre, comprirent le danger de la politique imprudente d'Hérault qui pouvait nous fermer le marché suisse. Ils désavouèrent le projet d'annexer Mulhouse. Ils rappelèrent les agents secrets envoyés au-delà du Jura. En même temps, ils rappelaient Genêt notre ministre aux Etats-Unis qui avait inquiété Washington par ses intrigues politiques et ils ordonnaient même son arrestation le 11 octobre. Dans un grand discours prononcé le 27 brumaire, devant la Convention, Robespierre s'efforça de rassurer les neutres, les Américains, les Danois, les Turcs, aussi bien que les Suisses, sur les intentions de la France révolutionnaire. Celle-ci ne rêvait pas d'asservir le monde. Elle ne voulait que défendre, avec sa liberté, l'indépendance des petites nations. C'étaient les coalisés seuls qui étaient animés par l'esprit de conquête ! Un tel discours salué par les applaudissements de la Convention dut paraître alarmant aux réfugiés étrangers et à leurs protecteurs hébertistes qui ne voyaient le salut que dans la guerre à outrance aboutissant à la République universelle.

Mais les réfugiés étrangers causaient d'autres préoccupations encore au Comité de salut public. Quand la Convention, le 5 septembre, avait mis fin à la permanence des sections et limité leurs réunions à deux par semaine puis par décade, les hébertistes avaient tourné la loi en créant dans chaque section des sociétés populaires qui se réunissaient tous les soirs. L'ingénieux Proli, aidé de ses amis Desfieux, le juif bordelais Pereira, l'auteur dramatique Dubuisson, avait trouvé le moyen de fédérer ces sociétés populaires dans un Comité central sur lequel il avait la haute main. Cette puissante organisation en contact direct avec les sans-culottes des sections était un pouvoir rival non seulement des Jacobins, mais de la Commune et de la Convention elle-même. De ces sociétés populaires fédérées qui prétendaient représenter le peuple entier pouvait sortir une journée sectionnaire analogue à celles qui s'étaient produites à Lyon, à Marseille, à Toulon, un 31 mai en sens contraire qui épurerait de nouveau la Convention et livrerait la France à l'anarchie, préface de la défaite et de la restauration de la monarchie. Proli, Pereira et leurs amis ne cachaient pas le mépris où ils tenaient la Convention, leur défiance des députés en général. Or, vers le milieu de brumaire, le Comité central des sociétés populaires faisait circuler dans les sections une pétition pour demander à la Convention la suppression du salaire des prêtres et la chute du culte constitutionnel.

Déjà, depuis l'institution du calendrier révolutionnaire, de nombreuses fêtes civiques avaient été célébrées dans les villes le jour de la décade, qui devenait le dimanche républicain, ainsi au Havre le 21 octobre (30 du premier mois), à Clermont de l'Oise le 10 brumaire. Mais, si les fêtes décadaires faisaient concurrence aux fêtes religieuses, elles ne les avaient pas abolies. L'évêque de la Niè-vre, Tollet, avait même participé aux premières cérémonies civiques organisées par Fouché. Déjà quelques prêtres s'étaient mariés et avaient renoncé à leurs fonctions, quelques églises avaient été fermées, mais le clergé constitutionnel restait debout dans son ensemble. Déjà Cambon avait fait admettre par la Convention que les prêtres n'étaient plus des fonctionnaires et que leur salaire n'avait pas le caractère d'un traitement, mais seulement d'une pension. Le salaire des évêques avait été réduit, le même jour, à 6 000 livres et celui de leurs vicaires épiscopaux à 1 200 livres (18 septembre 1793). Déjà, depuis le 5 septembre, les prêtres non mariés étaient exclus des comités de surveillance et, depuis le 7 brumaire, les ecclésiastiques ne pouvaient plus être nommés instituteurs publics. Enfin, le 13 brumaire, l'actif des fabriques et l'acquit des fondations étaient confisqués, si bien que l'entretien du culte retombait à la générosité des fidèles. Certains représentants en mission avaient laïcisé les cimetières, encouragé le mariage des prêtres, présidé des cérémonies civiques, mais ils n'avaient pas fermé les églises. Les prêtres mariés par Fouché dans la Nièvre n'avaient pas cessé de dire la messe. Laignelot et Lequinio transformaient l'église de Rochefort en temple de la Vérité, mais ils laissaient les prêtres en fonctions. André Dumont, dans la Somme, insultait les prêtres, les obligeait à transférer leurs offices aux décadis, mais il ne supprimait pas ces offices.

Malgré tout, le culte continuait. La pétition du Comité central des sociétés populaires le menaçait jusque dans son existence, en le privant de ses dernières ressources. Ses auteurs ne cachaient pas leur intention de porter, par la suppression du salaire des prêtres, le coup suprême « au despotisme sacerdotal ». Le 16 brumaire au soir, ils se rendirent, accompagnés des députés Cloots et Léonard Bourdon et du juif Pereira, chez l'évêque de Paris Gobel, le réveillèrent, lui remontrèrent qu'il devait se sacrifier pour le bien public en cessant ses fonctions et en déterminant son clergé à fermer les églises. Gobel consulta son conseil épiscopal qui se prononça pour la soumission par 14 voix contre 3 et, le lendemain, 17 brumaire, il vint déclarer au département de Paris d'abord, à la Convention ensuite que ses vicaires et lui renonçaient à exercer leurs fonctions de ministres du culte catholique. Il remit sur le bureau sa croix et son anneau, puis se coiffa du bonnet rouge au milieu des applaudissements. Sur-le-champ, de nombreux députés qui étaient évêques ou curés l'imitèrent et l'exemple fut suivi dans toute la France. Trois jours plus tard, le 20 brumaire, la Commune de Paris célébrait à Notre-Dame, devenue temple de la Raison, une grande fête civique où figura une artiste vêtue de tricolore et symbolisant la Liberté. La Convention, invitée par la Commune, s'y rendit en corps. La déchristianisation était déchaînée. Les églises dépouillées se fermèrent par milliers et devinrent des temples républicains.

Le Comité de salut public, qui se débattait au milieu de la disette, qui avait à faire appliquer des lois d'une exécution aussi difficile que le maximum et les réquisitions, qui avait à cœur d'assurer l'ordre public, le Comité s'effraya d'un mouvement aussi grave et aussi subit qui pouvait ranimer la guerre civile et qui provoqua en effet des émeutes nombreuses, d'un mouvement dont les auteurs irresponsables, des étrangers sujets ennemis comme Proli et comme Cloots, lui étaient déjà suspects.

Le soir même du 17 brumaire, Cloots s'étant rendu au Comité de salut public après l'abdication de Gobel, Robespierre lui fit des reproches fort vifs : « Mais, lui dit-il, vous nous avez dit dernièrement qu'il fallait entrer dans les Pays-Bas, leur rendre l'indépendance et traiter les habitants comme des frères... Pourquoi donc cherchez-vous à nous aliéner les Belges en heurtant des préjugés auxquels vous les savez fortement attachés ! — Oh ! oh ! répondit Cloots, le mal est déjà fait. On nous a mille fois traités d'impies. — Oui, répondit Robespierre, mais il n'y avait pas de faits ! » Cloots pâlit, ne trouva rien à répondre et sortit. Deux jours plus tard, il se faisait nommer à la présidence des Jacobins.

Robespierre fut convaincu que la révolution religieuse qui ne pouvait profiter qu'aux coalisés avait été le résultat d'une intrigue de leurs agents, comme toutes les mesures extrêmes et impolitiques que la démagogie avait imposées à la Convention, telles que la création de l'armée révolutionnaire et le maximum. Dans son grand discours du 27 brumaire, il montra longuement la main de Pitt dans nos troubles intérieurs depuis 1789 et il insinua clairement que ceux qui abattaient les autels pouvaient fort bien être des contre-révolutionnaires déguisés en démagogues.

Si la Convention, dans son ensemble, était pure, il y avait cependant dans ses rangs des hommes d'argent et des fripons. Déjà on avait dû chasser du Comité de sûreté générale, le 14 septembre, les députés Chabot, Julien de Toulouse, Basire, Osselin, que la rumeur publique accusait de protéger les fournisseurs, les aristocrates et les banquiers suspects. Une perquisition faite chez Julien de Toulouse, le 18 septembre, avait confirmé les soupçons. Chabot avait eu si peur qu'il brûla de nombreux papiers dans sa cheminée.

Les Comités avaient l'œil sur les fournisseurs et sur leurs protecteurs. Dès le 20 juillet, le rapporteur du Comité des charrois et du Comité de salut public, Dornier, avait dénoncé le scandale des marchés consentis par l'ancien ministre Servan à l'entrepreneur des charrois d'Espagnac qui trouvait moyen de toucher en numéraire 5 443 504 livres par mois pour un service pour lequel il ne pouvait dépenser que 1 502 050 livres en assignats qui perdaient 50 pour cent ! Malgré la protection de Delacroix, de Chabot et de Julien de Toulouse, d'Espagnac était mis en arrestation. Villetard faisait, le 29 juillet, un rapport foudroyant contre Servan qui était à son tour destitué et arrêté. Les marchés anciens étaient annulés et les charrois mis en régie. Bientôt éclatait en septembre l'affaire du député Robert. Cet ami de Danton, ancien journaliste, avait dans sa cave des tonneaux de rhum dont il faisait commerce. Sous prétexte que le rhum n'était pas une eau-de-vie, il n'avait pas déclaré cette denrée, comme la loi de l'accaparement l'y obligeait. Il entra en conflit avec la section de Marat qui le dénonça à la Convention. Après de violents débats d'où il sortit moralement condamné, il ne put échapper à la répression qu'en faisant don de son rhum à sa section. Puis, ce fut l'affaire du député Perrin de l'Aube qui avait passé des marchés de toile avec l'armée pour plus de 5 millions et qui avait accepté en même temps la fonction de membre du Comité des marchés, si bien qu'il était chargé de surveiller lui-même ses propres fournitures. Dénoncé par Charlier et Cambon le 23 septembre, Perrin avoua les faits, fut traduit au tribunal révolutionnaire et condamné à 12 ans de fers.

De tous ces scandales, le plus grave fut celui de la Compagnie des Indes qui éclata au moment même où les étrangers déchaînaient la déchristianisation. Par la qualité des personnages qui s'y trouvaient compromis, par l'émotion qu'il provoqua, il dépassa en importance une simple affaire de friponnerie. Il eut une portée politique considérable. Il est à la racine des divisions de la Montagne. Il donna au complot de l'étranger que le Comité de salut public soupçonnait une consistance et une réalité. Il accentua les luttes des partis en jetant entre eux le spectre de la patrie trahie et vendue.

Pendant les grands périls des mois de juillet et d'août 1793, quand la famine sévissait, quand les changes baissaient dans des proportions énormes, les députés d'affaires que nous connaissons déjà avaient eu l'idée, à la fois pour se populariser à peu de frais et pour s'enrichir, de dénoncer les compagnies financières dont les actions faisaient prime à la Bourse sur les effets publics. Delaunay d'Angers, soutenu par Delacroix, dénonça les fraudes que ces compagnies avaient imaginées pour échapper à l'impôt. Fabre d'Eglantine les accusa de faire passer en pays ennemi l'argent français et d'avilir les assignats en les convertissant en valeurs réelles qui passaient la frontière. Julien de Toulouse renchérit. Il accusa la Compagnie des Indes d'avoir avancé de l'argent au tyran défunt. Le scellé fut mis sur les caisses et papiers de la Compagnie des Indes. Fabre menaça les compagnies d'assurances-vie et incendie, des eaux, la Caisse d'Escompte et un décret de principe, voté le 24 août, supprima les compagnies par actions. Le scellé fut mis sur la Caisse d'Escompte.

Delaunay et ses complices, Chabot, Basire, Julien de Toulouse, Fabre d'Eglantine, pendant qu'ils faisaient peur aux sociétés financières, jouaient à la baisse sur leurs actions, au moyen des fonds que d'Espagnac mettait à leur disposition.

Ils n'étaient pas assez compétents en matière financière pour écrire eux-mêmes les discours qu'ils portaient à la tribune. Delaunay, Chabot, Basire, Julien de Toulouse n'étaient que les prête-noms d'un aventurier très versé dans les affaires, le célèbre baron de Batz.

Ce cadet de Gascogne qui semble bien s'être procuré de faux parchemins pour entrer dans l'armée avant 1789 était devenu fort riche par d'heureuses spéculations. Il possédait la plus grande partie des actions de la compagnie des Eaux de Paris et de la compagnie d'assurances sur la vie que les frères Périer avaient fondée quelques années avant la Révolution. Il menait grande vie et avait pour maîtresses les actrices les plus en vogue. Député à la Constituante, ses connaissances financières le firent nommer membre du Comité de liquidation qu'il présida. Il retarda tant qu'il put la liquidation des pensions de l'Ancien Régime, car il était royaliste. On le soupçonna de consentir à la Cour des avances secrètes. Quand la guerre fut déclarée, il émigra et servit un instant dans l'armée des princes en qualité d'aide de camp du prince de Nassau-Siegen. Mais il rentra en France au lendemain du 20 juin pour offrir au roi ses services. Et, le lendemain de son retour, Louis XVI écrivait sur son livre de comptes : « Retour et parfaite conduite de M. de Batz à qui je redois 512 000 livres. » Chose curieuse et qui donne à réfléchir, Batz, tout royaliste qu'il fût, avait l'entière confiance du ministre girondin Clavière qui le protégea à diverses reprises. Il passa en Angleterre au moment du 10 août, revint en France au début de janvier 1793 et, avec le marquis de la Guiche, essaya de délivrer le roi, le jour même du 21 janvier. Avec une audace incroyable, il traversa la chaussée du boulevard au moment du passage de la voiture qui conduisait Louis XVI à l'échafaud, en criant : « Vive le roi ! » Il échappa à toutes les recherches. Le procureur général syndic du département de Paris, Lullier, lui était tout acquis. Il s'était procuré en outre des protecteurs dans la police et à la Commune. Au mois de mai 1793, Clavière, qui était encore ministre des Contributions publiques, lui délivrait une attestation de civisme. Il avait alors comme confident et comme secrétaire un ancien agent de Danton, Benoist, compatriote et ami intime de Delaunay d'Angers. Ce Benoist avait été chargé par Dumouriez de missions secrètes en Allemagne auprès de Brunswick à la veille de la déclaration de guerre, puis par Danton à Londres au lendemain du 10 août, et auprès de Brunswick au lendemain de Valmy. Il fut l'intermédiaire entre Batz et les députés d'affaires, la cheville ouvrière du chantage exercé contre les compagnies financières et des opérations de bourse auxquelles ce chantage donna lieu. Vers le milieu du mois d'août, Batz réunit à sa table, dans sa maison de Charonne, ses amis et complices : Chabot, Basire, Delaunay, Julien de Toulouse, Benoist, auxquels il avait joint le littérateur Laharpe, le banquier Duroy et quelques dames : la ci-devant marquise de Janson qui cherchait à sauver la reine, Mme de Beau-fort, qui était la maîtresse de Julien, l'actrice Grandmaison, maîtresse du baron et une citoyenne de Beaucaire, maîtresse de Laharpe. Il est probable qu'on ne s'entretint pas seulement d'affaires. Le baron était le fondé de pouvoirs des princes. Il essaya d'intéresser les Conventionnels, ses complices, au salut de la reine et au salut des Girondins. Chabot révéla plus tard qu'il avait offert un million à ceux qui l'aideraient à faire évader la reine et qu'il était secondé par la marquise de Janson. Sur le moment la mèche faillit être éventée. Le 9 septembre, le serrurier Zingrelet révéla, dans une déclaration au commissaire de police de la section du Luxembourg, que se trouvant la veille dans la maison du marquis de La Guiche où il était allé voir un de ses amis, domestique, il avait entendu La Guiche dire à Batz : « Mon ami Batz, si la fédération des départements n'est pas soutenue, la France est perdue, la Montagne et les sans-culottes nous égorgeront tous. » Alors Batz a dit : « J'y sacrifierai jusqu'à mon dernier sol. Il faut à tout prix sauver Guadet, Brissot, Vergniaud et tous nos amis. Bien des départements sont déterminés à nous soutenir, mon plan fera disparaître la Montagne et les coquins de sans-culottes » ; et la femme Fontanges dit : « Si Batz vient à bout de nos projets, nous aurons sauvé la France. » Sur cette dénonciation, on perquisitionna, pour la forme, dans la maison de Batz, à Charonne. On ne trouva rien, bien entendu. Batz en fut quitte pour changer de domicile. On n'arrêta que des comparses. Quant au baron, il continua de voir assidûment les députés ses complices. Chabot nous dit lui-même qu'il reçut sa visite le 19 brumaire.

Retenons que l'affaire d'agiotage se doublait d'une intrigue royaliste. Après avoir travaillé pendant deux mois à la Compagnie des Indes, Delaunay présenta, le 8 octobre, un décret qui réglait sa liquidation. Le décret était rédigé de telle sorte qu'il permettait à la compagnie d'éluder le paiement de l'impôt du quart de ses dividendes ainsi que les amendes qu'elle avait encourues pour ses fraudes antérieures. En outre, le décret autorisait la compagnie à se liquider elle-même sous la simple surveillance de commissaires nommés par le ministre des Contributions publiques. Fabre d'Eglantine, qui avait jusque-là combattu la compagnie avec vigueur, s'étonna des ménagements du rapporteur Delaunay et fit voter un amendement qui stipulait que la liquidation serait faite par les agents de l'État et non plus par la compagnie elle-même. Le texte définitif du décret fut renvoyé à la commission pour rédaction. Vingt et un jours plus tard, Fabre d'Eglantine et Delaunay remettaient à Louis du Bas-Rhin, secrétaire de l'Assemblée, un texte définitif qui parut au *Bulletin* sans que personne remarquât sur le moment qu'il avait subi deux altérations graves, toutes deux à l'avantage de la compagnie.

Albert Mathiez

En contradiction formelle avec l'amendement de Fabre d'Eglantine, la liquidation se ferait par les soins de la compagnie. Et, en outre, elle n'aurait à payer que les amendes qu'elle aurait encourues pour les fraudes pour lesquelles elle ne pourrait prouver sa bonne foi.

Pourquoi Fabre avait-il fait volte-face ? Fabre avait très mauvaise réputation. Il avait obtenu du roi en 1789 une sauvegarde pour échapper à ses créanciers. Au moment de l'invasion en 1792, quand il était secrétaire de Danton au ministère de la Justice, il avait passé avec le ministre de la Guerre Servan un marché de souliers dont l'exécution avait motivé de sérieux reproches de son successeur Pache. Il avait maîtresses et équipages. Il fréquentait les banquiers de toute nationalité. Pour expliquer sa signature au bas du faux décret il ne trouvera plus tard, au moment de son procès, qu'une explication dérisoire : c'est qu'il avait signé sans lire !

Il résulte des aveux de Chabot et des pièces du dossier que Delaunay et ses associés, Chabot, Basire, Julien de Toulouse, avaient soutiré à la Compagnie des Indes une somme de 500 000 livres pour prix du décret qui lui laissait le soin de se liquider elle-même et qui frustrait le fisc des formidables amendes et des impôts qu'elle aurait dû payer. Au début Fabre d'Eglantine ne faisait pas partie de la bande. Il n'avait pas assisté au dîner du mois d'août chez le baron de Batz à Charonne. Chabot nous dit qu'il spéculait à part et Proli ajoute qu'il prenait conseil d'un banquier d'origine lyonnaise, nommé Levrat. S'il prit d'abord parti contre le décret présenté par Delaunay, nul doute qu'il n'ait voulu le forcer à entrer en composition avec lui. S'il donna finalement sa signature, c'est que Delaunay consentit à lui faire une part dans les 500 000 livres.

Fabre était un habile homme qui possédait plus d'un tour dans son sac. Il voyait qu'Hébert et les Jacobins dénonçaient avec âpreté les fripons de la Convention. Danton lui-même, son ami, avait été attaqué. Il se dit que les hébertistes, ces gêneurs, étaient vulnérables puisqu'ils comptaient dans leurs rangs des sujets étrangers suspects. Fabre, secondé par ses amis du département de Paris, Dufourny et Lullier, prit hardiment l'offensive contre cette avant-garde hébertiste formée d'étrangers. Dufourny lançait, dès la fin de septembre, un mandat d'arrêt contre Proli et contre son intime, Desfieux, qui n'étaient relâchés, le 12 octobre, que grâce à l'intervention de Collot d'Herbois et d'Hérault de Séchelles.

Pour détourner les soupçons, Fabre secondait de toutes ses forces le Comité de salut public dans sa lutte contre les sujets ennemis. Alors que Chabot et Delaunay d'Angers s'efforçaient d'empêcher le séquestre de leurs biens, il renchérissait sur Robespierre qui jugeait la mesure indispensable et qui finit par l'obtenir le 10 octobre. Comment après cela soupçonner Fabre de s'entendre avec les banquiers quand il contribuait à faire mettre le scellé sur leurs caisses et sur leurs papiers ? Dans le même temps où il négociait avec Delaunay l'abandon de son opposition au décret de liquidation de la Compagnie des Indes, il s'avisait d'une manœuvre audacieuse qui devait lui assurer la confiance des gouvernants et qui eut d'abord un plein succès. Vers le 12 octobre, il demanda à être entendu par une dizaine de membres des deux Comités de gouvernement, qu'il avait spécialement choisis, Robespierre, Saint-Just, Lebas, Panis, Vadier, Amar, David, Moyse Bayle et Guffoy, et il leur dénonça un grand complot formé contre la République par les révolutionnaires outranciers qui n'étaient, à tout prendre, que des agents de l'ennemi. Il désigna Proli et ses amis, Desfieux, Pereira, Dubuisson, qui surprenaient, à l'en croire, les secrets du gouvernement, qui étaient les inséparables des banquiers les plus dangereux, tels que Walckiers, Simon, De Monts, tous Bruxellois, agents de l'empereur, tels encore que Grenus, de Genève, et Greffuelhe. Il montra Proli et Desfieux inspirant des journaux, « qui ont l'air d'être patriotes et qui, à des yeux exercés, ne sont rien moins que cela, comme par exemple le *Batave* ». Puis il s'en prit aux protecteurs des agents de l'étranger qu'il avait dénoncés, à Julien de Toulouse, à Chabot, à Hérault de Séchelles enfin. Les deux premiers n'étaient que des instruments aux mains de Desfieux et de Proli qui avaient traîné Chabot chez le banquier Simon, de Bruxelles et chez ses femmes. Ils avaient marié Chabot « avec la sœur d'un certain Junius Frey, lequel ne s'appelle pas ainsi, mais bien le baron de Schoenfeld, lequel est autrichien et a des parents maintenant commandant dans l'armée prussienne ». Qu'était-ce que cette dot de 200 000 livres avouée par Chabot, sinon le prix de sa corruption ?

Hérault de Séchelles, d'après Fabre, n'était de même qu'un instrument entre les mains de Proli qui par lui savait tout ce qui se passait au Comité de salut public. Hérault de Séchelles employait à des missions secrètes en pays étranger un tas d'hommes suspects comme Pereira, Dubuisson, Coindre, Lafaye. Fabre insinuait qu'il pourrait bien être lui aussi du complot de l'étranger. Chose curieuse et significative, à laquelle ne prirent pas garde les membres des Comités, Fabre, qui dénonçait si durement Chabot et Julien de Toulouse, ne disait rien de Delaunay d'Angers qui était leur ami et complice. Celui-ci venait de lui faire sa part sur les 500 000 livres de la Compagnie des Indes.

Les membres des Comités étaient tous préparés à recevoir les confidences de Fabre d'Eglantine.

« Il y a des factions dans la République, avait dit Saint-Just dans le grand discours où il avait demandé, le 10 octobre, le séquestre des biens des Anglais. Faction de ses ennemis extérieurs, faction des voleurs qui ne la servent que pour sucer ses mamelles mais qui la traînent à sa perte par l'épuisement. Il y a aussi quelques hommes impatients d'arriver aux emplois, de faire parler d'eux et de profiter de la guerre. » Et, dans la même séance, répondant à Chabot qui s'était prononcé contre le séquestre, Robespierre avait ajouté : « Depuis le commencement de la Révolution, on a dû remarquer qu'il existe en France deux factions bien distinctes, la faction anglo-prussienne et la faction autrichienne, toutes deux réunies contre la République, mais divisées entre elles pour leurs intérêts particuliers. Vous avez déjà porté un grand coup à la faction anglo-prussienne, l'autre n'est pas morte, vous avez à la terrasser. » La faction anglo-prussienne, c'était la faction de Brissot qui avait eu la velléité de placer sur le trône de France le duc d'York ou le duc de Brunswick. La faction autrichienne, qu'il fallait terrasser à son tour, c'était la faction des Proli, des Guzman, des Simon, des Frey que Chabot protégeait. Et Robespierre précisait sa pensée : « Je me méfie indistinctement de tous ces étrangers dont le visage est couvert du masque du patriotisme et qui s'efforcent de paraître plus républicains et plus énergiques que nous. Ce sont les agents des puissances étrangères ; car je sais bien que nos ennemis n'ont pas manqué de dire : il faut que nos émissaires affectent le patriotisme le plus chaud, le plus exagéré, afin de pouvoir s'insinuer plus aisément dans nos Comités et dans nos assemblées. Ce sont eux qui sèment la discorde, qui rôdent autour des citoyens les plus estimables, autour des législateurs même les plus incorruptibles ;

ils emploient le poison du modérantisme et l'art de l'exagération pour suggérer des idées plus ou moins favorables à leurs vues secrètes. »

Fabre d'Eglantine savait qu'il trouverait des oreilles complaisantes quand il alla révéler à Saint-Just, à Robespierre et à huit de leurs collègues du Comité de sûreté générale le complot de l'étranger. Ceux-ci furent tellement convaincus qu'il disait vrai qu'ils se hâtèrent de mettre en arrestation, le jour même ou les jours suivants, plusieurs meneurs hébertistes ou agents d'Hérault de Séchelles qui leur parurent suspects par l'exagération même de leur patriotisme. Dans le nombre figuraient Louis Comte, un ancien agent du Comité de salut public qui avait dénoncé Danton comme suspect d'intelligences avec les fédéralistes et les royalistes du Calvados ; Maillard, le fameux Tape-dur qui dirigeait depuis le 10 août une police secrète extraordinaire et dont Fabre d'Eglantine redoutait sans doute la surveillance ; l'agitateur Rutledge d'origine anglaise qui avait joué un rôle important au club des Cordeliers et qui connaissait le passé de Fabre d'Eglantine qu'il avait dénoncé autrefois comme un ami de Necker et de Delessart ; le banquier hollandais Van den Yver, qui était le banquier de la Dubarry et l'ami d'Anacharsis Cloots, tous arrêtés les 11 et 12 octobre sur les dénonciations de Fabre.

Robespierre écrivait sur son carnet : « Hesse, à Orléans, à destituer. » Et le ci-devant prince allemand Charles de Hesse, qui avait donné de tels gages à la Révolution qu'on l'appelait le général Marat, était relevé de son commandement le 13 octobre.

Désormais le complot de l'étranger est à l'ordre du jour des préoccupations gouvernementales.

Robespierre n'avait pas déjà grande confiance dans Hérault de Séchelles qui avait été successivement feuillant, girondin, puis hébertiste. Il connaissait le scepticisme élégant de ce ci-devant très riche et libertin qui s'encanaillait maintenant à hurler avec les démagogues. Hérault n'avait pas seulement commis l'imprudence d'admettre un Proli dans son intimité, de le loger dans sa maison, de le prendre comme secrétaire. Il avait ramené de sa mission en Savoie la brune Adèle de Bellegarde, femme d'un colonel qui servait dans l'armée du roi de Sardaigne. Il favorisait la politique de guerre à outrance chère à Anacharsis Cloots. Robespierre et ses collègues du Comité de salut public furent convaincus que son zèle était suspect. Robespierre écrivit sur son carnet : « Infâme violation des secrets du Comité soit de la part des commis, soit de la part d'autres personnes... Chassez surtout le traître qui siégerait dans votre sein. » Hérault de Séchelles fut éloigné des délibérations du gouvernement par un arrêté signé de Carnot qui l'envoya en mission dans le Haut-Rhin. Arrivé à Belfort, le 14 brumaire, Hérault voulut entrer en rapports avec ses collègues Saint-Just et Lebas qui venaient d'être envoyés à Strasbourg en mission extraordinaire. Lebas écrivit à Robespierre le 15 brumaire : « Hérault vient de nous annoncer qu'il était envoyé dans le département du Haut-Rhin. Il nous propose une correspondance. Notre surprise est extrême... » Saint-Just ajouta sur la même lettre : « La confiance n'a plus de prix lorsqu'on la partage avec des hommes corrompus. » Hérault ne devait plus jamais siéger au Comité de salut public. La dénonciation de Fabre d'Eglantine l'avait tué dans l'esprit de ses collègues.

Moins heureux que Fabre d'Eglantine, Basire, Chabot, Julien de Toulouse, ses complices dans la falsification du décret de liquidation de la Compagnie des Indes, étaient presque journellement attaqués aux Jacobins ou dans la presse, Chabot surtout que son mariage autrichien affichait. Le capucin ne vivait plus que dans des transes perpétuelles. Le 14 octobre (23 du premier mois), le Comité de sûreté générale lui avait fait subir un long interrogatoire à propos de la dénonciation qu'avait portée contre lui un employé de l'entreprise d'Espagnac, un certain Rocin qui l'accusait d'avoir favorisé à son détriment les friponneries de ce fournisseur déjà arrêté. Il était interrogé aussi sur le brûlement de ses papiers, sur la mise en liberté des royalistes Dillon et Castellane qu'il avait ordonnée quand il siégeait encore au Comité de sûreté générale, sur ses relations avec les agents de change, sur l'accroissement de sa fortune. Chabot se vit sur les bords de l'abîme. Comprenant que le gouvernement lui était irrémédiablement hostile, il s'efforça de se créer un parti à la Convention en dénonçant les tendances dictatoriales et inquisitoriales des deux Comités de salut public et de sûreté générale. Il remporta d'abord quelques succès.

Le 17 brumaire, jour même de l'abdication de Gobel, Amar, au nom du Comité de sûreté générale, était venu demander à l'Assemblée l'arrestation du député Lecointe-Puyraveau qu'une lettre anonyme, à lui adressée et interceptée par la section de la Halle au Blé, faisait soupçonner d'intelligences avec les Vendéens. Basire, l'ami de Chabot, prit la défense de l'accusé en faisant valoir habilement que si on envoyait un député au tribunal révolutionnaire sur une preuve aussi fragile, il n'y aurait pas un seul Conventionnel qui pût se croire désormais en sûreté. L'Assemblée refusa le vote qu'Amar lui demandait.

Deux jours plus tard, Dubarran, au nom du Comité de sûreté générale, vint demander la mise en accusation du député Osselin sur lequel pesaient des charges accablantes. Bien qu'il eût rédigé la loi contre les émigrés, Osselin avait soustrait à l'application de cette loi une émigrée, la marquise de Charry dont il avait fait sa maîtresse. Il l'avait prise sous sa caution personnelle au temps où il était encore membre du Comité de sûreté générale ; il lui avait procuré ensuite un asile d'abord chez Danton, ensuite chez son frère, curé marié, qui habitait aux environs de Versailles. Les faits étaient si patents et la réputation d'Osselin si mauvaise — c'était un tripoteur avéré — que la mise en accusation cette fois fut votée.

Mais, le lendemain, Chabot, Basire, Thuriot, tous ceux qui avaient été les amis d'Osselin et qui se sentaient aussi coupables que lui retrouvèrent leur courage. Philippeaux, appuyé par Romme, avait proposé que l'Assemblée obligeât tous ses membres à faire connaî-tre l'état de leur fortune depuis la Révolution.

Basire combattit la proposition comme « très propre à favoriser les projets des aristocrates et à diviser les patriotes ». « Les patriotes, dit-il, ne doivent pas être chicanés, tracassés par des poursuites judiciaires... Il n'y a pas un seul muscadin qui ne se réjouisse de voir monter sur l'échafaud ceux qui ont commencé la Révolution, ceux qui, les premiers, ont jeté les fondements de la liberté. » Il s'éleva contre « le système de terreur » dont on menaçait les patriotes. Sur une intervention de Thuriot, la motion de Philippeaux fut rejetée.

Enhardi par ce premier succès, qui débarrassait les députés d'affaires d'une enquête indiscrète sur leur fortune, Chabot voulut davantage. Il revint sur la mise en accusation d'Osselin votée la veille et demanda qu'aucun député ne pût être envoyé au tribunal révolutionnaire sans être entendu au préalable par l'Assemblée. En termes plus véhéments et plus nets que Basire, il fit à son tour le procès de la tyrannie que les Comités faisaient peser sur les députés. « La mort ne saurait m'effrayer ; si ma tête est nécessaire au salut de la République, qu'elle tombe ! Mais ce qui m'importe, c'est que la liberté triomphe, c'est que la terreur n'écrase pas tous les départements, ce qui m'importe, c'est que la Convention discute et non pas qu'elle décrète simplement sur un rapport ; ce qui m'importe, c'est qu'il n'y ait pas toujours qu'un avis sur tous les décrets. Car s'il n'y a pas de côté droit, j'en formerai un à moi seul, dussé-je perdre la tête, afin qu'il y ait une opposition et qu'on ne dise pas que nous rendons des décrets de confiance et sans discussion. » Thuriot ne se borna pas à appuyer Chabot. Il s'attaqua, sans les nommer, à Hébert et à ses partisans, à ceux qui prêchaient « des maximes qui tendent à anéantir le génie et tout ce qui tient au commerce et à l'industrie », à ces hommes « qui veulent se baigner dans le sang de leurs semblables ». Après un assez vif débat, la proposition de Chabot fut votée.

Ainsi les fripons de la Convention espéraient échapper à la surveillance des Comités qui n'oseraient plus faire arrêter aucun d'entre eux s'il leur fallait chaque fois affronter un débat public et contradictoire devant une Assemblée qui leur manifestait déjà sa défiance.

Mais ils avaient compté sans les Jacobins qui protestèrent le lendemain avec véhémence par la voix de Dufourny, de Montaut, de Renaudin, d'Hébert lui-même contre un vote qui allait assurer l'impunité des fripons et exciter l'audace des contre-révolutionnaires. Chabot, Basire, Thuriot furent l'objet de violentes attaques. Hébert fit décider qu'ils seraient soumis à une commission d'enquête nommée par les Jacobins.

Quand Dubarran et Barère demandèrent à la Convention, les 21 et 22 brumaire, qu'Osselin ne fût pas entendu et que le décret voté le 20 brumaire fût rapporté, ils ne trouvèrent plus de contradicteurs. Thuriot, Chabot, Basire se rétractèrent platement. Thuriot fut expulsé des Jacobins le lendemain 23 brumaire.

Chabot, vert de peur, craignit, il en fait lui-même l'aveu, qu'on ne vînt chez lui opérer une perquisition. Un paquet d'assignats de

100 000 livres que Benoist lui avait remis sur les 500 000 livres versées par la Compagnie des Indes le gênait beaucoufaudrait en expliquer la provenance ! Alors Chabot prit un parti désespéré. Pour se couvrir, il imita, mais maladroitement, Fabre d'Eglantine. Il courut dénoncer ses complices auprès de Robespierre d'abord, puis du Comité de sûreté générale. Il raconta que le baron de Batz et son agent Benoist avaient acheté Delaunay et Julien de Toulouse pour faire chanter la Compagnie des Indes, qu'ils lui avaient remis, à lui Chabot, 100 000 livres pour acheter Fabre d'Eglantine, mais qu'il n'en avait rien fait ; que le baron de Batz stipendiait aussi les hébertistes pour dénoncer les députés qu'il s'efforçait de corrompre. Il insinua qu'Hébert, Dufourny, Lullier, ses propres accusateurs, étaient des agents de Batz. Celui-ci, à l'en croire, ne cherchait pas seulement à s'enrichir. Il voulait renverser la République en déshonorant les députés qu'il aurait corrompus d'abord. Sa conspiration avait deux branches : une branche corruptrice représentée par Delaunay, Benoist, Julien de Toulouse, une branche diffamatrice représentée par les hébertistes. Batz avait essayé déjà de sauver la reine et les Girondins. Chabot n'avait semblé accueillir ses propositions que pour connaître ses projets afin de les dénoncer ensuite. Il avait exposé sa réputation pour sauver la République ! Basire, à son tour, vint confirmer le récit de Chabot au sujet du chantage exercé par Delaunay et Julien de Toulouse sur la Compagnie des Indes sous l'inspiration du baron de Batz. Il mit en cause Danton à diverses reprises, en répétant que Delaunay comptait sur son concours. Mais Basire s'abstint de dénoncer les hébertistes. Chabot avait accusé Hébert d'avoir fait transférer Marie-Antoinette au Temple, à la demande de la ci-devant duchesse de Rochechouart. Il avait représenté toutes les mesures révolutionnaires que les hébertistes avaient exigées et obtenues, telles que le maximum, comme un moyen de dégoûter le peuple de la Révolution et de le pousser à la révolte. Basire s'en tenait à l'affaire d'agiotage.

Les membres des Comités furent convaincus qu'il y avait un grand fonds de vérité dans les récits de Basire et de Chabot. Mais ils ne doutèrent pas non plus que ces deux dénonciateurs, qu'ils surveillaient déjà auparavant, ne fussent aussi coupables que leurs collègues Delaunay et Julien de Toulouse. Ils ordonnèrent leur arrestation à tous les quatre. Ils joignirent au mandat d'arrêt les banquiers de Batz, Benoist, Simon, Duroy et Boyd et le fameux Proli auquel ils accolèrent son ami Dubuisson. Delaunay fut écroué au Luxembourg en même temps que Chabot et Basire. Julien réussit à échapper aux recherches et trouva un asile au siège même du Comité de sûreté générale, chez un commis de ce Comité — ce qui jette d'étranges lueurs sur la manière dont le gouvernement révolutionnaire était servi par ses agents les plus directs. Boyd était déjà en fuite. Batz parvint à dépister la police comme à son ordinaire. Il fila dans le midi de la France. Simon était à Dunkerque, d'où il partit pour Hambourg. On arrêta à sa place le fameux Saint-Simon, le futur théoricien socialiste, qui agiotait sur les biens nationaux avec son ami le comte de Redern sujet prussien. On ne trouva pas Benoist. Proli se tint caché dans les environs de Paris où on ne le découvrit que plus tard.

Il est remarquable que les deux Comités, contrairement à ce que Chabot et Basire espéraient, n'inquiétèrent ni Hébert, ni Dufourny, ni Lullier, ni l'inspirateur et l'ami des deux derniers, Fabre d'Eglantine. Ils furent convaincus au contraire que Fabre, qui avait pourtant signé le faux décret avec Delaunay, était complètement innocent. Et leur conviction se fondait, moins sur l'examen des pièces qu'ils ne regardèrent que distraitement que sur la dénonciation que Fabre avait portée un mois auparavant contre Chabot, contre Hérault de Séchelles, contre les banquiers et agents de l'étranger. Ils crurent naïvement que ce justicier avait été un prophète. Ils ne virent dans les révélations de Chabot et de Basire que la confirmation de ses soupçons. Et, dans leur candeur, ils confièrent à Fabre le soin d'instruire avec Amar l'affaire où il était directement impliqué. Quant à Danton, que Basire surtout avait mis en cause, ils ne cherchèrent pas à l'inquiéter. Au contraire, ils prièrent Basire de supprimer ce qui le concernait dans la mise au net de sa dénonciation.

Ce qui les préoccupa, ce fut moins le côté financier de l'affaire qu'ils négligèrent que son côté politique et patriotique. Ils crurent vraiment à la réalité du complot de l'étranger. Billaud-Varenne, dans son discours du 28 brumaire à la Convention, mit en garde contre « l'exaltation malentendue », « le zèle astucieusement exagéré » de ceux qui semaient la calomnie et la suspicion et qui recevaient l'or de Pitt pour diviser et diffamer les patriotes.

Pas un moment Hébert et ses amis ne songèrent à défendre les Proli, les Desfieux, les Dubuisson que l'infâme Chabot avait dénoncés comme les agents de Pitt. Hébert tremblait pour lui-même, Collot d'Herbois, en mission à Lyon, n'était plus là pour défendre ses amis et les protéger contre les attaques de Chabot. Cloots, qui s'était tu quand on avait arrêté son ami le banquier Van den Yver, ne rompit pas le silence. Personne n'osa douter de la réalité du complot. Le 1er frimaire, Hébert remercia platement Robespierre, aux Jacobins, de l'avoir protégé contre les dénonciations. Il fit mieux : il rétracta ses précédentes attaques contre Danton, et il masqua sa reculade en demandant impérieusement que les complices de Brissot qui vivaient encore, et Mme Elisabeth avec eux, fussent livrés à Fouquier-Tinville. Après lui, Momoro démentit que les Cordeliers aient songé à s'agiter, à s'insurger pour Dubuisson, pour Proli. Et, comme Hébert, Momoro termina par un air de bravoure contre les prêtres : « Tant qu'il restera un de ces hommes autrefois si menteurs, qui n'ait pas encore abjuré solennellement ses impostures, il faudra toujours trembler, s'il reste un seul prêtre, puisque maintenant, en changeant de tactique, pour se soutenir ils veulent engager le peuple à soudoyer leurs farces. Il faudra les punir et tout le mal cessera. » Hébert et Momoro faisaient la partie belle à Robespierre. Il écarta dédaigneusement leur politique de violences : « Est-il vrai que nos plus dangereux ennemis soient les restes impurs de la race de nos tyrans ?... A qui persuadera-t-on que la punition de la méprisable sœur de Capet imposerait plus à nos ennemis que celle de Capet lui-même et de sa méprisable compagne ! » Donc pas de guillotinades nouvelles et inutiles ! répondit Robespierre à Hébert, et il répondait ensuite à Momoro : pas de surenchère anti-religieuse ! « Vous craignez, dites-vous, les prêtres ! Les prêtres craignent bien davantage les progrès de la lumière. Vous avez peur des prêtres ! Et ils s'empressent d'abdiquer leurs titres pour les échanger contre ceux de municipaux, d'administrateurs et même de présidents de sociétés populaires. Croyez seulement à leur amour de la patrie sur la foi de leur abjuration subite, et ils seront très contents de vous... Je ne vois plus qu'un seul moyen de réveiller le fanatisme, c'est d'affecter de croire à sa puissance. Le fanatisme est un animal féroce et capricieux ; il fuyait devant

Albert Mathiez

la raison ; poursuivez-le avec de grands cris, il retournera sur ses pas. » Et courageusement Robespierre disait leur fait aux déchristianisateurs dont il perçait à jour les calculs démagogiques. Il ne voulait pas que sous prétexte d'abattre le fanatisme, on instituât un fanatisme nouveau. Il désavouait les mascarades anti-cléricales. Il faisait ressortir les graves dangers de la révolution religieuse. Il affirmait que la Convention ferait respecter la liberté des cultes. Il montrait que la déchristianisation était un coup astucieusement combiné par les « lâches émissaires des tyrans étrangers », qui voulaient incendier la France et la rendre odieuse à tous les peuples. Il nomma et exécuta, en une philippique passionnée, ceux qu'il croyait coupables : Proli, Dubuisson, Pereira, Desfieux. Il les fit exclure du club sans que Cloots qui présidait ouvrît la bouche pour leur défense.

L'effet de son discours fut immense. Depuis dix jours la déchristianisation se déployait sans obstacle. Désormais la presse fait volte-face. La Convention retrouve la force de résister à la démagogie. Elle confirmera bientôt expressément, le 18 frimaire, la liberté des cultes.

Les hébertistes s'abandonnèrent. La veille, ils accusaient Basire et Chabot. Et quand Basire et Chabot se dressent en les accusant à leur tour, ils tremblent et se réfugient sous l'égide de Robespierre, qui les protège, mais en les humiliant et en discréditant leur politique.

La dénonciation de Chabot succédant à celle de Fabre d'Eglantine prit de ce fait une énorme importance. Elle va dominer le duel des partis. Elle va exaspérer les haines de toutes les inquiétudes patriotiques. Le Complot de l'Étranger a pris corps. Il sera le chancre rongeur qui dévorera la Montagne.

9

LES INDULGENTS

Jusqu'à la grande dénonciation de Chabot et de Basire, l'opposition contre le gouvernement révolutionnaire n'avait été que sporadique et intermittente. Elle n'avait pas pris la forme d'un système. Elle critiquait l'application des mesures révolutionnaires et non leur principe même. C'était une opposition masquée et indirecte, une opposition de ruses et d'embûches.

Seul Jacques Roux avait risqué dans son journal, vers le milieu de septembre, une protestation franche et directe. « On ne fait pas aimer et chérir un gouvernement en dominant les hommes par la Terreur, avait-il écrit dans son n° 265... Ce n'est pas en brouillant, en renversant, en incendiant, en ensanglantant tout, en faisant de la France une vaste bastille que notre Révolution fera la conquête du monde... C'est ressusciter le fanatisme que d'imputer à un homme le crime de sa naissance. Il y a plus d'innocents incarcérés que de coupables... » Jacques Roux écrivait cela de la prison de Sainte-Pélagie où il était enfermé. Mais quel crédit pouvait avoir cette tardive sagesse de la part d'un homme qui avait poussé à tous les excès qui ne lui faisaient horreur que depuis qu'il en était victime ? Les protestations analogues formulées par Leclerc ne trouvèrent pas plus d'écho. Leurs journaux disparurent.

L'opposition des Indulgents était beaucoup plus dangereuse. Ses chefs étaient des orateurs de talent ayant pour la plupart participé aux affaires soit dans les Comités, soit dans les missions. Ils devaient forcément grouper derrière eux tous ceux que la Terreur inquiétait, et ils étaient légion.

Il leur fallait un chef. Dès le premier moment Chabot avait pensé à Danton. En sortant du Comité de sûreté générale, le 26 brumaire, il était allé trouver Courtois et l'avait mis au courant. Courtois s'empressa d'avertir Danton. Comprenant que l'enquête sur l'affaire de la Compagnie des Indes pouvait l'atteindre, le tribun fatigué se hâta de rentrer à Paris où il arriva dès le 30 brumaire au soir. Il revenait plein de haine contre les hébertistes dont il avait subi les furieuses attaques, plein d'appréhension à l'égard du Comité de salut public qui avait écouté les dénonciations portées contre lui par Louis Comte. Il condamnait depuis longtemps la politique du Comité. Il avait blâmé le procès de Custine, blâmé la destitution des généraux nobles, blâmé le procès de la reine « qui détruisait l'espoir, disait-il à Duplain, de traiter avec les puissances étrangères », car il ne voyait le salut que dans une paix rapide, dût-on l'acheter d'un prix très cher. Il avait pleuré de son impuissance à sauver les Girondins.

Albert Mathiez

Garat nous dit qu'à son retour d'Arcis Danton lui fit confidence de son plan d'action, qu'il appelle justement une conspiration, car ce plan ne tendait rien moins qu'à la ruine du gouvernement révolutionnaire et à un complet changement de régime. Il s'agissait, en effet, de jeter la division dans les Comités, d'attirer à soi Robespierre, Barère, puis, les Comités divisés et enveloppés, d'en provoquer le renouvellement, au besoin par une journée, et, une fois dans la place, de barrer résolument à droite pour faire la paix, ouvrir les prisons, réviser la Constitution, rendre aux riches leur influence, faire rentrer les émigrés et liquider la Révolution par une transaction avec tous ses ennemis.

Or, les choses se passèrent exactement comme le dit Garat. Danton prit la suite de la politique déjà esquissée par Basire, Chabot, Thuriot, Fabre d'Eglantine, etc., mais il y mit plus de prudence et d'adresse. Pour amadouer Robespierre et l'attirer dans son piège, Danton se hâte, dès le 2 frimaire, de condamner l'emploi de la violence contre le catholicisme et il lance habilement l'idée qu'il était temps de mettre fin à la Terreur : « Je demande qu'on épargne le sang des hommes ! » Il veut, le 6 frimaire, un prompt rapport sur la conspiration dénoncée par Chabot et Basire et il s'exprime de telle sorte qu'il englobe dans la conspiration tous ceux qui ont réclamé des lois terroristes. En défendant Chabot et Basire, il ne se défendait pas seulement lui-même, il défendait du même coup tous les députés d'affaires, les Guffroy, les Courtois, les Reubell, les Merlin de Thionville, les Thuriot, les Boursault, les Fréron, les Barras, les Tallien, les Bentabole, les Rovère et tant d'autres. Encouragés, ceux-ci donnèrent aussitôt de la voix contre Bouchotte, l'homme des hébertistes. Danton s'enhardit, le 11 frimaire, à combattre une mesure aussi populaire que l'échange forcé du numéraire contre les assignats, une mesure préconisée par les Cordeliers et par Cambon et déjà mise en vigueur par plusieurs représentants en mission. « Maintenant que le fédéralisme est brisé, dit-il, les mesures révolutionnaires doivent être une conséquence nécessaire de vos lois positives... Dès ce moment tout homme qui se fait ultra-révolutionnaire donnera des résultats aussi dangereux que pourrait le faire le contre-révolutionnaire décidé... Rappelons ceux d'entre nos commissaires qui, avec de bonnes intentions sans doute, ont pris les mesures qu'on nous a rapportées, et que nul représentant ne prenne désormais d'arrêtés qu'en concordance avec nos décrets révolutionnaires... Rappelons-nous que si c'est avec la pique que l'on renverse, c'est avec le compas de la raison et du génie qu'on peut élever et consolider l'édifice de la société. » Les riches ne furent pas forcés d'échanger leur or contre le papier républicain. Les arrêtés contraires des représentants furent cassés. Les possédants respirèrent.

La vague de réaction était déjà si forte que l'inconsistant Chaumette, abandonnant les drapeaux d'Hébert, se laissait emporter par elle. A l'heure même où Danton combattait avec succès l'échange du numéraire contre l'assignat, il dénonçait à la Commune les comités révolutionnaires des sections qui se livraient, à l'en croire, à des actes arbitraires de toute espèce et qui ne semblaient arrêter parfois des aristocrates que « pour se ménager le droit d'attaquer les patriotes les plus accrédités ». Il voulut convoquer à l'Hôtel de Ville les membres de ces comités pour y rendre compte de leur conduite et y recevoir des instructions. Mais Billaud-Varenne s'émut de son langage modérantiste, fit l'éloge de la loi des suspects qui avait procuré les victoires aux frontières en déjouant les trahisons et reprocha à Chaumette de se populariser « en laissant à la Convention l'odieux des mesures rigoureuses ». L'arrêté de Chaumette fut rapporté (14 frimaire) et Chaumette rayé par les Cordeliers (27 frimaire).

Les Indulgents firent un grand effort pour s'emparer des Jacobins. Danton qui autrefois ne fréquentait plus les séances y reparut avec assiduité. Il s'opposa avec véhémence, le 13 frimaire, à ce que l'église du Havre fût mise à la disposition du club de cette ville pour y tenir ses séances. « Je demande que l'on se défie de ceux qui veulent porter le peuple au-delà des bornes de la Révolution et qui proposent des mesures ultra-révolutionnaires. » Un ancien prêtre Coupé de l'Oise lui répondit sèchement que les églises appartenaient au peuple et que celui-ci pouvait « disposer de ses biens à sa volonté pour s'assembler dans les locaux qui lui paraîtront les plus commodes ». Danton voulut répliquer. Des murmures violents l'interrompirent. Il dut non seulement protester qu'il n'avait pas l'intention de « rompre le nerf révolutionnaire », mais présenter son apologie aussi bien pour sa vie privée que pour sa vie politique : « Ne suis-je plus ce même homme qui s'est trouvé à vos côtés dans les moments de crise ! Ne suis-je pas celui que vous avez souvent embrassé comme votre ami et qui doit mourir avec vous ? » Il eut beau se mettre sous l'égide du nom de Marat, les auditeurs des tribunes le huaient et les clubistes « secouaient la tête et souriaient de pitié, au dire de Camille Desmoulins, comme au discours d'un homme condamné par tous les suffrages ». De guerre lasse, il dut s'humilier à demander une commission d'enquête pour examiner les accusations portées contre lui. Sans Robespierre il était perdu. Robespierre fit écarter la commission d'enquête, tout en marquant soigneusement qu'il n'avait pas toujours été de l'avis de Danton et qu'il lui était arrivé de lui faire quelques reproches, par exemple au temps de Dumouriez et au temps de Brissot. Robespierre voulait éviter les divisions entre les révolutionnaires : « La cause des patriotes est une, comme celle de la tyrannie, ils sont tous solidaires ! » Son intervention était d'autant plus méritoire que sur le fait précis qui avait provoqué le débat, il était de l'avis de Coupé de l'Oise, à tel point qu'il signa le lendemain, avec Billaud, l'arrêté qui accorda aux Jacobins du Havre l'église des Capucins.

Les Indulgents n'avaient eu jusque-là qu'un seul journal, le *Rougyff* ou le *Frank en vedette* du député Guffroy qui s'appliquait laborieusement à imiter le style poissard du Père Duchesne. Camille Desmoulins reprit sa plume et lança, le 15 frimaire, le *Vieux Cordelier*. Lui aussi avait à pourvoir à sa propre défense. Compromis par ses mauvaises fréquentations avec d'Espagnac, dont il avait servi le frère inquiété dès la Constituante pour le scandaleux échange du comté de Sancerre, avec le tenancier de tripot Dithurbide dont il avait soutenu les intérêts contre Brissot, avec le journaliste royaliste Richer de Serizy son compagnon de plaisir, avec le général Arthur Dillon arrêté pour complot, avec bien d'autres, Camille était suspect depuis longtemps aux Jacobins. Ce vieux Cordelier n'était qu'un Cordelier vieilli. Sa tactique est simple. Il l'a empruntée directement à Chabot et à Basire. Ses adversaires sont des agents de Pitt. « O Pitt, je rends hommage à ton génie ! » C'est le premier mot de son journal. Tous ceux que les hébertistes attaquent sont des victimes de Pitt. Chabot avait dit : il y a parmi les Montagnards des corrupteurs et des corrompus. Desmoulins rectifie : il n'y a ni corrupteurs ni corrompus, tous sont au-dessus du soupçon. Ce sont d'innocentes victimes de

438

ces hébertistes, payés par Pitt pour diffamer la représentation nationale. Desmoulins revendique l'entière liberté de la presse. Il avait beau dire qu'il n'en ferait qu'un usage modéré, il offrait une tribune aux royalistes dans la crise mortelle que le pays traversait. Son numéro fut lu avidement par tout ce que Paris comptait d'aristocrates plus ou moins cachés.

Les Indulgents poussèrent leur attaque. Merlin de Thionville réclama le 15 frimaire la levée du secret auquel étaient soumis Basire et Chabot. Il n'obtint pas satisfaction, mais le surlendemain Thuriot veut qu'on recherche les moyens de remettre en liberté les patriotes détenus en vertu de la loi des suspects. Puis, le 19 frimaire, Simond, un intime de Chabot et des Frey, propose aux Jacobins que les sociétés aient le droit de réclamer les patriotes détenus. Si sa proposition était admise, il n'y avait plus besoin de comités révolutionnaires. Les membres des clubs seraient devenus tabous. Leurs cartes de Jacobins les mettraient à l'abri de toute recherche. Robespierre dénonça le piège : « On veut vous arrêter dans votre marche rapide, comme si vous étiez parvenus au terme de vos travaux... Vous ne savez donc pas que dans vos armées la trahison pullule, vous ne savez pas qu'à l'exception de quelques généraux fidèles vous n'avez de bon que le soldat. Au-dedans l'aristocratie est plus dangereuse que jamais parce que jamais elle ne fut plus perfide. Autrefois elle vous attaquait en bataille rangée, maintenant elle est au milieu de vous, elle est dans votre sein, et, déguisée sous le voile du patriotisme, elle vous porte, dans le secret, des coups de poignard dont vous ne vous défiez pas. » Les Indulgents comprirent que Robespierre serait moins facile à envelopper qu'ils ne l'avaient cru.

Ils redoublèrent leurs coups contre les hébertistes. Dans son n° 2 Desmoulins se livra à une violente agression contre Cloots, responsable de la déchristianisation, ce coup de Pitt. « Cloots est prussien, il est cousin germain de ce Proli tant dénoncé. Il a travaillé à la *Gazette universelle* [journal royaliste] où il a fait la guerre aux patriotes... C'est Guadet et Vergniaud qui ont été ses parrains et l'ont fait naturaliser citoyen français par décret de l'Assemblée législative... il n'a jamais manqué de dater ses lettres, depuis cinq ans, de Paris chef-lieu du globe, et ce n'est pas sa faute si les rois de Danemark et de Suède gardent la neutralité et ne s'indignent pas que Paris se dise orgueilleusement la métropole de Stockholm et de Copenhague... »

Le lendemain ce fut le tour d'Hébert d'être sur la sellette aux Jacobins. Bentabole, commensal de Chabot et des Frey, lui reprocha de mettre trop de chaleur dans ses dénonciations : « Je lui demande s'il a le secret des conspirations ; je lui demande pourquoi il a dit, en parlant d'un député, qu'il ne quitterait pas plus le frocard Chabot que le cornard Roland ? Pourquoi semble-t-il condamner Chabot et le regarder comme coupable avant qu'il soit jugé ? Pourquoi a-t-il attaqué Laveaux, parce que celui-ci avait parlé en faveur d'un Être suprême ? Quant à moi, ennemi de toute pratique superstitieuse, je déclare que je croirai toujours à un Être suprême. » C'était la première fois qu'on osait prendre aux Jacobins la défense de Chabot. Hébert nia piteusement qu'il eût prêché l'athéisme : « Je déclare que je prêche aux habitants des campagnes de lire l'Évangile. » L'incident montrait jusqu'à quel point les Indulgents poussaient maintenant l'audace.

Ils se crurent assez forts déjà pour renouveler à l'improviste le Comité de salut public, dont les pouvoirs expiraient le lendemain 22 frimaire. L'assaut brusqué avait été préparé avec soin par des attaques répétées menées contre Bouchotte et ses agents. Philippeaux, un naïf orgueilleux, que le Comité avait blessé en négligeant ses dénonciations contre Rossignol et Ronsin, avait lancé, le 16 frimaire, une lettre ouverte au Comité d'une violence extrême : « Si les hommes que vous protégez, lui disait-il, n'étaient pas coupables... [la commission d'enquête que j'ai réclamée] eût manifesté leur innocence. S'ils étaient coupables, vous êtes devenus leurs complices, en leur assurant l'impunité, et le sang de 20 000 patriotes égorgés par suite de cette fausse mesure crie vengeance contre vous-mêmes. »

Bourdon de l'Oise demanda le renouvellement du Comité le 22 frimaire : « Si la majorité a l'entière confiance de la Convention et du peuple, il s'y trouve quelques membres que l'on sera bien aise de n'y plus voir. » Merlin de Thionville proposa que le Comité fût renouvelé par tiers tous les mois. En dépit de Cambacérès la majorité décida qu'un scrutin aurait lieu le lendemain.

Le soir même Fabre d'Eglantine faisait chasser des Jacobins Coupé de l'Oise pour cette seule raison qu'il avait blâmé le mariage des prêtres, en réalité parce qu'il avait osé tenir tête à Danton les jours précédents. Un Indulgent reprochait à Cloots ses liaisons avec les Van den Yver, banquiers hollandais compromis avec la Dubarry. Robespierre exécutait Cloots dans un réquisitoire terrible dont la matière et jusqu'aux termes étaient empruntés au *Vieux Cordelier* de l'avant-veille. Cloots anéanti ne sut que répondre et fut rayé.

Si le Comité avait été renouvelé, nul doute que les Indulgents y auraient maintenu Robespierre et qu'ils se seraient bornés à en exclure les membres liés aux hébertistes, c'est-à-dire Hérault, Collot, Billaud, Saint-André qui tous avaient été en relations suivies, comme Cloots, avec Proli, avec Desfieux, avec Hébert. Mais le renouvellement fut ajourné, le 23 frimaire, sur une intervention d'un ami de Saint-André, Jay de Sainte-Foy, qui montra qu'il serait impolitique de changer le Comité au moment où l'aristocratie faisait ses derniers efforts et où les puissances étrangères plaçaient la Convention « entre deux écueils également dangereux, le patriotisme exagéré et le modérantisme ».

Ce répit permit à Robespierre de se reprendre. S'il n'avait pas encore vu où tendait la manœuvre des Indulgents, le n° 3 du *Vieux Cordelier* allait lui ouvrir les yeux. Cette fois Desmoulins ne se bornait plus à attaquer les hébertistes, c'était tout le régime qu'il visait derrière eux et contre lequel il donnait un coup de bélier. Il débutait par un parallèle plein d'astuce entre la monarchie et la République où, sous prétexte de retracer les crimes des Césars romains, il flétrissait ceux de la République. Le procédé n'était pas nouveau. C'était celui des encyclopédistes, l'allusion enveloppée, l'ironie perfide. La véritable pensée de l'auteur se réfugiait dans la négation même de cette pensée. Il ne veut pas, dit-il, réjouir les royalistes et il met sous leurs yeux, en s'abritant derrière Tacite, une effroyable peinture de la République. D'ailleurs il laissait bientôt de côté Tacite et nommait cette fois les ultra-révolutionnaires aussi coupables que les affranchis des Césars. C'était Montaut par exemple qui réclamait 500 têtes à la Convention, qui voulait que l'armée du Rhin fusillât l'armée de Mayence, qui proposait d'embastiller la moitié du peuple français et de mettre des barils de poudre sous ces bastilles. Desmoulins attaquait enfin directement toute l'institution révolutionnaire : « Il n'y a aujourd'hui en France que les 1 200 000 soldats de nos armées qui, fort heureusement, ne fassent pas de lois, car les commissaires de la Convention font des lois, les départements, les districts, les municipalités, les sections, les comités révolutionnaires font des lois et, Dieu me pardonne, je crois que les sociétés fraternelles en font aussi ! » Il s'en prenait encore aux Comités de la Convention coupables de bêtise et d'orgueil. Leur ignorance patriote avait fait plus de mal que l'habileté contre-révolutionnaire des La Fayette et des Dumouriez.

Cet audacieux n° 3 eut un retentissement immense. C'était le régime condamné par un de ceux qui l'avaient créé, la Terreur flétrie par celui qui avait excité le peuple à décrocher les réverbères. Quelle joie pour les aristocrates et quelle tristesse pour les révolutionnaires sincères ! La campagne éclatait juste au moment où Chabot, Basire et Delaunay étaient interrogés sur leurs crimes. Comment ne pas croire que la Terreur que les Indulgents veulent supprimer, c'est la Terreur qu'ils redoutent pour eux-mêmes, que l'échafaud qu'ils veulent briser, c'est l'échafaud qui les attend ?

L'attaque est si vive qu'au début les gouvernants fléchissent sous elle. Fabre dénonce hardiment, le 27 frimaire, devant la Convention, le secrétaire général de Bouchotte, Vincent, un des grands hommes des Cordeliers, le chef de l'armée révolutionnaire Ronsin déjà accusé par Philippeaux, le chef des Tape-dur Maillard que Fabre avait déjà fait incarcérer en brumaire mais qu'on avait dû relâcher faute de preuves. A Vincent, il reproche vaguement, sans rien préciser, de payer des agents pour entraver les opérations des représentants et de distribuer des sursis d'appel à ses amis. Contre Ronsin, il invoque une affiche sur la répression des rebelles lyonnais, « horrible placard qu'on ne peut lire sans frémir ». La Convention, sans plus, ordonne l'arrestation des trois dénoncés qui occupent cependant de hautes fonctions. Si Vadier n'avait pas défendu Héron, son agent au Comité de sûreté générale, il aurait eu le même sort. Trois autres agents du Conseil exécutif furent encore décrétés d'arrestation, sans plus de formes. Procédure insolite. La Convention frappait les agents les plus élevés du gouvernement révolutionnaire sans enquête, sans même prendre l'avis des Comités responsables qui les avaient choisis.

Le soir même, aux Jacobins, les hébertistes n'osèrent protester que faiblement. La voix de Raisson qui s'élevait en faveur de Ronsin fut étouffée par Laveaux, Dufourny, Fabre qui piétinèrent les vaincus. Bourdon de l'Oise s'écriait joyeusement, le 29 frimaire, que « la faction contre-révolutionnaire des bureaux de la guerre serait bientôt écrasée ». Mais il avait compté sans Collot et sans Robespierre.

Atteint déjà derrière Proli et Desfieux qu'il avait d'abord défendus, Collot, depuis l'arrestation de Ronsin son agent, se voyait directement menacé. Une députation de Lyonnais était partie pour Paris avec le dessein de dénoncer les horreurs des fusillades qu'il avait ordonnées. Il se hâta, lui aussi, vers Paris pour prévenir la dénonciation. Il s'était fait accompagner, pour frapper les imaginations, de la tête de Chalier. Il offrit cette relique en grande pompe à la Commune. Tout ce que Paris comptait de patriotes ardents lui fit cortège, le 1er nivôse, depuis la place de la Bastille jusqu'à la Convention. L'un d'eux demanda les honneurs du Panthéon pour le martyr Chalier, dont les restes furent présentés à la Convention. Couthon appuya la demande et fit mieux. Il proposa d'exclure du Panthéon le général Dampierre, l'ami de Danton tué à l'ennemi, qui n'était qu'un traître, dit-il. Danton, contre qui ce coup droit était porté, protesta, prit la défense de Dampierre et fit renvoyer au Comité les propositions de Couthon.

Alors Collot prit la parole pour se justifier. Il invoqua les décrets de l'Assemblée, les ordres du Comité. Il avoua les mitraillades en les atténuant. Il fit l'éloge des deux commissions militaires qui avaient condamné les rebelles. Les Dantonistes n'osèrent pas lui répondre. Ses actes furent approuvés. Mais Fabre d'Eglantine s'acharna contre un lieutenant de Ronsin, Mazuel, qu'il fit décréter d'arrestation.

Le soir même Collot fit honte aux Jacobins de leur faiblesse : « Il y a deux mois que je vous ai quittés, vous étiez tous brûlants de la soif de la vengeance contre les infâmes conspirateurs de la ville de Lyon... Si j'étais arrivé trois jours plus tard à Paris je serais peut-être décrété d'accusation ! » Il se solidarisa avec Ronsin dont il fit un vif éloge, peignit la joie des aristocrates à la nouvelle de son arrestation : « Vos collègues, vos amis, vos frères vont être sous le poignard ! » Il termina par une attaque contre les Indulgents. Le courage est contagieux. Les hébertistes qui, depuis un mois, pliaient et reculaient, firent front à l'exemple de Collot. Momoro dénonça

Goupilleau, Nicolas Desmoulins qui frisait depuis longtemps la guillotine, Hébert, Bourdon de l'Oise qui avait été l'ennemi de Marat, Philippeaux et son odieux pamphlet, Fabre d'Eglantine lié avec tous les aristocrates. Les Jacobins se solidarisèrent avec Ronsin et Vincent dont ils réclamèrent la mise en liberté.

Mais si Collot avait pu accomplir ce rétablissement, c'est que le Comité l'avait soutenu. Robespierre avait évolué. Non qu'il ait approuvé les actes de Collot à Lyon. Bien au contraire. Il n'avait répondu à aucune des lettres pressantes que Collot lui avait écrites dans sa mission. Mais Robespierre, qui avait suivi d'abord avec sympathie la campagne des Indulgents, parce qu'il eût été heureux d'éliminer les agents de désordre et de violence, se mit en défiance quand il les vit se livrer à une œuvre de rancunes et de vengeances personnelles, préparer la réaction avec le n° 3 du *Vieux Cordelier*, s'attaquer à de bons serviteurs comme Héron, comme Bouchotte qui avait sa confiance, à son collègue Saint-André dont il estimait le caractère et le talent.

Puis, le 29 frimaire, l'affaire qu'instruisait Amar, sur la dénonciation de Chabot, a fait un pas en avant. Amar et Jagot ont examiné l'original du faux décret de liquidation de la Compagnie des Indes. Ils ont constaté qu'il portait la signature de Fabre d'Eglantine et que celui-ci avait accepté un texte qui était le contraire de son amendement. Leur étonnement est tel qu'ils décident, le 6 nivôse, d'exclure Fabre de l'instruction. Robespierre se demande maintenant s'il n'a pas été la dupe de Fabre, d'un fourbe adroit, plus coupable même que ceux qu'il dénonçait pour donner le change.

Robespierre ne voit que l'intérêt de la Révolution. Était-ce le moment d'ouvrir les prisons aux suspects pour y replonger les meilleurs patriotes, de relâcher ou de détruire les lois révolutionnaires quand les Vendéens passés au nord de la Loire infligeaient défaites sur défaites aux troupes républicaines lancées à leur poursuite, quand Wurmser, après avoir forcé les lignes de Wissembourg, campait aux portes de Strasbourg, quand les Anglais et les Espagnols étaient toujours en possession de notre premier port de la Méditerranée ? Était-ce le moment de désorganiser le gouvernement révolutionnaire quand la Commission des subsistances se mettait à peine à l'œuvre, quand l'application de la grande loi du 14 frimaire commençait ?

III - LA TERREUR

Le 3 nivôse, aux Jacobins, Robespierre prit position au-dessus des partis. Une affluence inaccoutumée remplissait la salle. Certains offrirent jusqu'à 25 livres pour obtenir une place dans les tribunes. Les Indulgents voulurent faire rapporter la décision par laquelle la société avait pris la défense de Ronsin et de Vincent. Ils subirent un premier échec. Collot tragique annonça la mort du patriote lyonnais, ami de Chalier, Gaillard, qui s'était tué de désespoir. Voilà où conduisait le modérantisme. Levasseur de la Sarthe prononça un réquisitoire contre Philippeaux, son compatriote, qu'il qualifia de bavard et de menteur. Philippeaux répliqua sur le même ton. Il maintint toutes ses accusations contre les généraux sans-culottes qui commandaient en Vendée, les accusa de dilapider le trésor, de ne penser qu'à faire bonne chère, d'être ineptes, lâches et traîtres. La salle devint tumultueuse. Danton, affectant l'impartialité, intervint pour réclamer le silence en faveur de Philippeaux : « Peut-être n'y a-t-il ici de coupables que les événements ; dans tous les cas je demande que tous ceux qui ont à parler dans cette affaire soient entendus. » Robespierre, après avoir reproché à Philippeaux ses attaques inconsidérées contre le Comité de salut public, ne voulut voir dans la querelle que des rancunes personnelles. Il engagea Philippeaux à faire le sacrifice de son amour-propre. Contrairement à Danton qui demandait une enquête, sans doute afin de prolonger l'incident, Robespierre s'efforçait d'y couper court en faisant appel à l'union. Et, se tournant vers les hébertistes comme il s'était tourné vers Philippeaux, il leur demandait d'attendre avec calme le jugement des Comités sur Ronsin, Vincent, Maillard. « Marat n'a-t-il pas été tranquillement au tribunal révolutionnaire ? N'en est-il pas revenu triomphant ? Chabot, qui a rendu les plus grands services à la chose publique, n'est-il pas arrêté ? »

Mais Philippeaux, refusant le rameau d'olivier que Robespierre lui tendait, dirigea contre le Comité une attaque plus directe et Danton reprit sa proposition d'une commission d'enquête. « Je demande à Philippeaux, dit Couthon, s'il croit, dans son âme et conscience, qu'il y a une trahison dans la guerre de Vendée ? » Philippeaux répondit : Oui. « Alors, reprit Couthon, je demande aussi la nomination d'une commission. » Les ponts étaient coupés entre les Indulgents et le Comité.

L'hébertiste Momoro, saisissant l'occasion, offrit à celui-ci le

Albert Mathiez

concours de ses amis, mais un concours conditionnel : « Que le patriotisme soit soutenu, que les patriotes ne soient point opprimés et tous les républicains réunis aux Comités de salut public et de sûreté générale, à la Convention et à la Montagne, défendront la République jusqu'à la dernière goutte de leur sang ! » Robespierre, qui avait tous les courages, releva vivement la menace cachée qu'il sentit sous ces avances : « Voudrait-on faire croire que la Convention opprime les patriotes ? A-t-on oublié que les Brissotins n'y sont plus, que la Montagne est là et qu'elle fera toujours rendre justice aux républicains ? » Il ajouta que la Convention ferait son devoir jusqu'au bout sans craindre les insurrections. C'était avertir les hébertistes que s'ils pensaient user d'intimidation, ils se trompaient.

Ainsi Robespierre se tenait à égale distance de Philippeaux et de Momoro, position très forte qui lui valut dans le peuple une popularité extrême, car le peuple comprenait que le salut de la Révolution était dans l'union des révolutionnaires. Or, juste au lendemain de la grande séance du 3 nivôse aux Jacobins, arrivait à Paris la nouvelle de la reprise de Toulon par les troupes républicaines de Dugommier. Le Comité en fut consolidé et Robespierre en profita pour prononcer, le 5 nivôse, devant la Convention, une apologie vigoureuse du gouvernement révolutionnaire, réplique topique au *Vieux Cordelier*. De la distinction capitale entre le gouvernement constitutionnel et le gouvernement révolutionnaire, entre l'état de guerre et l'état de paix il déduisait avec beaucoup de logique la justification de la Terreur. S'installant sur le rocher de l'intérêt public, il foudroyait les deux extrêmes : « Le modérantisme qui est à la modération ce que l'impuissance est à la chasteté, et l'excès qui ressemble à l'énergie comme l'hydropisie à la santé... Les barons démocrates sont les frères des marquis de Coblentz et quelquefois les bonnets rouges sont plus voisins des talons rouges qu'on ne pourrait le penser. » Barère dénonça le *Vieux Cordelier* le lendemain et Billaud-Varenne fit rapporter un décret voté quelques jours auparavant, sur la motion de Robespierre, pour organiser un Comité de justice, qui recevrait la mission de trier les détenus et d'élargir ceux qui auraient été arrêtés à tort.

Depuis que les Vendéens avaient été écrasés au Mans et à Savenay, depuis que Hoche avait mis les Austro-Prussiens en fuite au

Geisberg et reprit Landau, le Comité s'affermissait et s'enhardissait. Les Indulgents reculaient tous les jours.

Le 15 nivôse, la découverte, sous les scellés de Delaunay, de la minute du premier projet de décret sur la liquidation de la Compagnie des Indes apportait la preuve définitive de la culpabilité de Fabre d'Eglantine. Robespierre exécuta aux Jacobins, le 19 nivôse, le fripon qui l'avait trompé et Fabre fut arrêté quatre jours plus tard. Quand Danton, le lendemain, commit la suprême imprudence d'intervenir en faveur de son ami, il s'attira de Billaud-Varenne la terrible réplique : « Malheur à ceux qui se sont assis auprès de lui et qui seraient encore ses dupes ! »

Non seulement les Indulgents ont échoué dans leur tentative pour arrêter la Terreur, mais ils sont eux-mêmes menacés. Ils peuvent être entraînés dans le procès des fripons qu'ils ont défendus. Ils ont discrédité la clémence en la réclamant pour des indignes.

10

DES CITRA AUX ULTRA

Les Indulgents avaient pour eux la sympathie secrète de la majorité des députés que la Révolution du 2 juin n'avait convertis qu'en apparence aux doctrines de la Montagne, aux doctrines du Salut public. Sans l'éclat des services rendus le Comité eût été renversé plus d'une fois. Il ne se maintenait qu'en prouvant qu'il était nécessaire. Mais il ne pouvait agir, il ne pouvait mettre en marche l'énorme machine du gouvernement révolutionnaire qu'avec la confiance et l'appui des meneurs sans-culottes qui ne péroraient pas seulement dans les clubs, mais qui remplissaient maintenant les cadres de la nouvelle bureaucratie. Ces hommes nouveaux, nés de la guerre, jeunes pour la plupart, frais émoulus des écoles où on leur avait donné en exemple les héros de la Grèce et de Rome, défendaient dans la Révolution une carrière en même temps qu'un idéal. Ils peuplaient les bureaux de la guerre, surveillaient en qualité de commissaires du Conseil exécutif ou du Comité de salut public les généraux et les représentants eux-mêmes, ils étaient en nombre dans les comités révolutionnaires et dans les tribunaux répressifs, c'était par eux que s'exécutaient les ordres de Paris et que Paris était éclairé. Le régime reposait sur leur loyalisme et leur bonne volonté.

La campagne des Indulgents les atteignait directement. Ils étaient menacés non seulement dans leurs situations mais dans leurs personnes. Beaucoup furent englobés dans la dénomination redoutable d'agents de l'étranger ou d'ultra-révolutionnaires. Souvent les représentants qu'ils surveillaient ou qu'ils alarmaient les mirent en arrestation. Les luttes intestines des révolutionnaires ne furent donc pas limitées au champ clos des Jacobins de Paris ou de la Convention, elles s'étendirent à la France entière. Comme elles éclataient juste au moment de l'application de la grande loi du 14 frimaire, quand partout s'opérait l'épuration des autorités et des clubs, quand la Commission des subsistances s'organisait, le péril était grand que le nouveau régime fût paralysé avant même qu'il eût pris forme régulière. On jugerait mal de la gravité de la crise si on ne quittait la capitale pour examiner le pays.

Le conflit est partout. En Alsace, Saint-Just et Lebas, chargés d'une mission extraordinaire, après la prise des lignes de Wissembourg, ne communiquent pas avec les représentants aux armées du Rhin et de la Moselle, J.-B. Lacoste et Baudot qui s'en montrent froissés. Saint-Just fait arrêter le chef des réfugiés étrangers, Euloge Schneider, ancien vicaire épiscopal de l'évêque constitutionnel Brendel devenu accusateur public. Schneider venait de se marier. Il avait fait à Strasbourg une entrée sensationnelle, aux côtés de sa jeune épouse, en calèche escortée de cavaliers sabre au clair. Saint-Just le fit exposer quelques heures sur la plate-forme de la guillotine, avant de l'envoyer au tribunal révolutionnaire : « Cette punition, écrivit Lebas à Robespierre, le 24 frimaire, qu'il s'est attirée par sa conduite insolente, a été aussi commandée par la nécessité de réprimer les étrangers. Ne croyons pas les charlatans cosmopolites et ne nous fions qu'à nous-mêmes. » Saint-Just supprime du même coup la Propagande, sorte de club ambulant que les représentants à l'armée du Rhin avaient organisé pour républicaniser les campagnes.

Lacoste et Baudot protestent hautement. Ils écrivent à la Convention, les 28 et 29 frimaire, que le supplice infâme qu'a subi Schneider a consterné les patriotes et rendu les aristocrates plus dangereux et plus insolents que jamais. Ils font l'éloge des orateurs de la

Propagande, « tous trempés au fer chaud du Père Duchesne ». Ils demandent en même temps leur rappel.

Conflit en Lorraine. Balthazar Faure, après avoir fait arrêter pour péculat le chef des hébertistes locaux, Marat Mauger, qu'il traduit au tribunal révolutionnaire, épure le club de Nancy en arrêtant les principaux révolutionnaires. Mais J.-B. Lacoste et Baudot accusent leur collègue d'être devenu l'idole des aristocrates, ils accourent à Nancy, épurent le club en sens contraire, destituent et incarcèrent les partisans de Faure qui vont remplacer dans les prisons les patriotes délivrés. Faure demande une enquête (3 pluviôse).

Conflit à Sedan où Perrin (des Vosges) fait arrêter, en nivôse, le meneur du club Vassan, maire de la ville, comme ultra. Ses collègues Massieu et Elie Lacoste protestent et prennent la défense de Vassan.

Conflit à Lille. Hentz et Florent Guiot, qui succèdent à Isoré et à Châles, font arrêter Lavalette et Dufresse que ceux-ci avaient placés à la tête de leur armée révolutionnaire départementale. Ils mettent en liberté un grand nombre de suspects. Châles, qui est resté à Lille, pour soigner une blessure reçue devant l'ennemi, proteste et les accuse de protéger les aristocrates.

Conflit dans la Haute-Saône, où Robespierre jeune remet en liberté par centaines les suspects arrêtés pour fédéralisme et fanatisme. Son collègue Bernard de Saintes, qui s'acharne contre le culte et remplit les prisons, entre avec lui en lutte violente.

Conflit dans la Loire. Le fougueux Javogues dresse un acte d'accusation contre Couthon et contre le Comité de salut public. Il dénonce le décret sur la liberté des cultes, l'institution des agents nationaux, montre les patriotes persécutés et conclut : « La contre-Révolution existe dans le Comité de salut public qui a envoyé l'infâme Gouly faire la contre-Révolution dans l'Ain » (lettre du 16 pluviôse à Collot). Couthon proteste à la tribune le 20 pluviôse. Javogues est rappelé et blâmé. Fouché fait arrêter son agent Lapallu qui est envoyé au tribunal révolutionnaire.

Gouly, déjà dénoncé par Javogues, est accusé à son tour par Albitte, son successeur dans l'Ain, comme le protecteur des aristocrates. Il avait incarcéré les meilleurs patriotes, remis en liberté les prêtres, les nobles, les religieuses et négligé l'application des lois révolutionnaires (lettre du 11 pluviôse).

Mais ce même Albitte, qui taxait Gouly de modérantisme dans l'Ain, avait été dénoncé lui-même quelques semaines auparavant par Barras et Fréron pour sa faiblesse à l'égard des rebelles de Marseille (lettre du 20 octobre). Il n'avait pas fait contribuer les riches, il n'était entouré que de Messieurs.

Barras et Fréron passent pour des Indulgents parce qu'ils furent les amis de Danton. Ces Indulgents présidèrent après la prise de Toulon à des représailles sanglantes : « Dans les premiers jours de notre entrée, les patriotes enfermés sur le vaisseau *Le Thémistocle* [c'est-à-dire incarcérés pendant le siège], nous désignaient les plus coupables d'entre les rebelles et nous ordonnions qu'on les fusillât sur-le-champ... Mais nous avons établi une commission de braves sans-culottes parisiens, commissaires du pouvoir exécutif... Elle est en activité depuis deux jours et elle marche bien... 800 traîtres toulonnais ont déjà subi la mort » (lettre du 16 nivôse). Ils appliquèrent à Marseille les mêmes méthodes qu'à Toulon. Ils ordonnèrent le désarmement de tous les habitants sans exception. Ils organisèrent une commission révolutionnaire tout entière composée de Parisiens comme celle de Toulon, et cette commission condamna 120 personnes à mort en dix jours. Ils voulurent démolir les plus beaux édifices et enlever à la ville son nom glorieux pour l'appeler *Sans Nom*. Les patriotes marseillais protestèrent, réclamèrent leurs armes, rappelèrent qu'ils avaient facilité la victoire de Carteaux, voulurent organiser à Marseille un congrès de tous les clubs du Midi. Barras et Fréron dispersèrent le congrès, fermèrent les locaux des sections, mirent en arrestation et envoyèrent au tribunal révolutionnaire les deux patriotes Maillet, président, et Giraud, accusateur public du tribunal criminel. Les patriotes marseillais répliquèrent en accusant Barras et Fréron, avec vraisemblance, de s'enrichir des dépouilles des négociants qu'ils incarcéraient pour les remettre en liberté contre espèces sonnantes. Déjà Robespierre jeune et Ricord, leurs collègues de mission, les avaient dénoncés au Comité de salut public. Le Comité maintint à Marseille son nom et rappela Barras et Fréron (4 pluviôse). Ils se posèrent en victimes des ultra et, de retour à Paris, grossirent les rangs des Indulgents. Mais il est visible qu'il s'agissait moins ici d'une querelle politique que d'une querelle de personnes et d'une lutte d'influences entre les autorités locales et les délégués du pouvoir central. Les mots d'ultra et de citra recouvraient souvent des espèces fort différentes.

A Lyon, comme à Marseille, la querelle des ultra et des citra cachait la révolte des patriotes locaux, amis de Chalier et des fonctionnaires venus de Paris. Marino accusera les premiers (aux Jacobins le 14 pluviôse) d'avoir semé la discorde entre le détachement de l'armée révolutionnaire amené par Collot d'Herbois et les troupes de ligne en garnison dans la ville. Les lignards reprochaient aux soldats de Ronsin leur solde plus élevée. « Pendant trois jours et trois nuits, dit Marino, les canons ont été braqués, les maisons illuminées et nos frères prêts à s'entr'égorger. » Fouché, qui avait d'abord concouru aux mitraillades, changea d'attitude après l'arrestation de Ronsin. Il ordonna, le 18 pluviôse, de cesser les exécutions et, le 24 pluviôse, il interdit toute nouvelle arrestation. C'était l'amnistie pour le passé. Il rassurait en même temps les aristocrates par l'intermédiaire d'un ancien confrère de l'Oratoire, Mollet. Le sanglant Fouché frappait maintenant les amis de Chalier comme ultra et ces soi-disant ultra étaient cependant en lutte avec les Marino et les Tolède, c'est-à-dire avec les partisans de Ronsin et d'Hébert que Fouché continuait à employer et à protéger.

A Bordeaux, où Tallien et Ysabeau commencèrent de bonne heure à dénoncer les ultra, il s'agissait surtout de fermer la bouche à des surveillants gênants qui dérangeaient les combinaisons personnelles des représentants. La Commission militaire, qu'ils avaient instituée sous la présidence d'un homme taré, Lacombe, avait d'abord montré une grande sévérité. L'ancien maire Saige, riche à 10 millions, le conventionnel Birotteau étaient montés sur l'échafaud. Mais bientôt les représentants et leur Commission s'humanisaient. Les quatre frères Raba, riches négociants, étaient remis en liberté moyennant une amende de 500 000 livres, le banquier Peixoto était tarifé à 1 200 000 livres, le négociant Lafond, le courtier Lajard à 300 000 livres chacun, etc. Ces mises en liberté n'échappèrent pas aux agents du Conseil exécutif qui dénoncèrent à Paris le luxe des représentants et signalèrent que Tallien vivait maritalement avec la belle Teresa Cabarrus, fille du directeur de la banque espagnole de Saint-Charles, une « Dubarry moderne », qu'il avait fait sortir de prison et qui paradait, coiffée du bonnet rouge, dans les fêtes civiques. Ysabeau et Tallien dénoncèrent leurs dénonciateurs, ces agents de Pitt, ces intrigants brodés et galonnés qui sortaient par essaims des bureaux de la guerre. Au sujet de Teresa Cabarrus, ils ajoutèrent avec désinvolture : « On suppose que Tallien devait épouser une étrangère. Sur la fausseté de ce prétendu mariage consultez le général Brune qui avait plus de liaison que Tallien avec la citoyenne dont il est question. Il doit connaître l'honnêteté d'une maison dans laquelle il se rendait tous les jours » (lettre du 2 nivôse). Pour faire taire leurs dénonciateurs, ils mirent en arrestation, le 12 pluviôse, les membres du Comité de surveillance de Bordeaux, coupables, à les en croire, d'actes arbitraires : « Nous poursuivons les intrigants, les faux patriotes, les ultra-révolutionnaires avec le même courage que nous avons poursuivi tous les ennemis de la liberté » (17 pluviôse). Dès lors le modérantisme fut à l'ordre du jour à Bordeaux, comme à Lyon.

Dans le Gard, le représentant Boisset expulsait des places tous les chauds patriotes, révoquait leur chef Courbis, maire de Nîmes, le Marat du Midi, mettait en liberté les suspects par centaines, ce qui ne l'empêchait pas de fermer les églises et de blâmer le décret du 18 frimaire sur la liberté des cultes, tant il est vrai que la destruction du catholicisme n'a pas été l'apanage exclusif de ce qu'on appelle l'hébertisme.

A Avignon, le révolutionnaire Agricol Moureau, juge au tribunal, était envoyé au tribunal révolutionnaire par Rovère et Poultier dont il avait révélé les spéculations sur les biens nationaux. A Orléans, le patriote Taboureau, à Soissons, le patriote Lherbon, à Amboise, les frères Gerboin, à Blois, le commissaire du Conseil exécutif Mogue, beaucoup d'autres étaient jetés dans les prisons comme ultra.

On ne doit pas être surpris qu'en pleine Terreur des aristocrates et même des royalistes déguisés aient réussi à s'emparer des organes du gouvernement révolutionnaire. Dans un temps où les masses étaient illettrées, où l'instruction était un luxe, où les hiérarchies sociales restaient très fortes, la minorité cultivée exerçait bon gré mal gré une action considérable. Les riches gardaient leur clientèle et leur prestige. Il leur était facile, par quelques dons patriotiques, de prendre la couleur du jour. Le club de Besançon, en pluviôse, était présidé par un frère d'émigré, le ci-devant comte Viennot-Vaublanc qui affichait les opinions maratistes et ce n'était pas une exception.

Dans la Creuse, le représentant Vernerey parvint à arracher au tribunal révolutionnaire et à l'échafaud un bon républicain, Gravelois, maire d'une commune rurale du district de La Souterraine que les juges aristocrates du tribunal de Guéret avaient fait passer pour un anarchiste dangereux.

Il faut avoir ces faits présents à l'esprit pour se rendre compte de la perturbation profonde causée dans la France entière par la lutte des ultra et des citra. Partout s'élevaient des conflits qui menaçaient le régime jusque dans son existence. Les représentants, au lieu d'exercer leur arbitrage, se jetaient très souvent dans la bataille et s'accusaient réciproquement des pires méfaits. Dénonciations, destitutions, arrestations, épurations se succédaient à toute vitesse, en sens contraire. Et cependant il fallait administrer, gouverner, réprimer les complots, nourrir les villes et les armées, vaincre l'Europe. Les Comités s'avançaient à tâtons au milieu d'une nuée d'intrigues. C'est miracle qu'ils n'aient pas été plus souvent trompés et qu'ils aient réussi à éviter les pièges sans cesse renaissants qu'on tendait sous leurs pas. S'ils s'étaient divisés, ils étaient perdus et la République avec eux.

Les Comités n'entendent pas que sous couleur de frapper les vrais ultra on persécute les patriotes sincères simplement coupables d'une exaltation désintéressée. Ils craignent de perdre le contact avec les masses républicaines. Dans les coups dont on menace les agents du Conseil exécutif, ils pressentent des manœuvres obliques dirigées contre eux-mêmes. Les citra leur semblent plus dangereux encore que les ultra.

S'ils font rappeler Châles par décret le 27 nivôse, ils tentent d'éloigner un mois plus tard son accusateur Florent Guiot en l'expédiant dans le Finistère (30 pluviôse). Ils donnent raison aux patriotes marseillais en rappelant Barras et Fréron (4 pluviôse). Carrier, dénoncé par le jeune Jullien, leur agent, pour son luxe de satrape, pour son despotisme à l'égard des autorités locales, pour ses crimes enfin, est rappelé le 18 pluviôse, malgré Carnot. Balthazar Faure est rappelé le 5 pluviôse et les patriotes du Nord-Est élargis et remis en place. Boisset est rappelé à son tour, le 3 ventôse, et Courbis, sa victime, réintégré à la mairie de Nîmes, etc.

Albert Mathiez

Les Comités protègent les patriotes, mais ils ne veulent pas permettre les représailles indéfinies et maladroites contre les anciens fédéralistes ralliés à la Montagne. Delacroix et Legendre, deux Indulgents, avaient, au cours de leur mission en Normandie, envoyé au tribunal révolutionnaire les officiers municipaux de Conches comme fédéralistes. Robert Lindet écrivit à Fouquier-Tinville qu'il déposerait comme témoin dans leur procès. Il demanda au tribunal d'ajourner l'affaire et le tribunal prononça l'ajournement le 15 nivôse. Le soir même, au cours d'une réunion des deux Comités, Lindet déclara qu'il donnerait sa démission si le procès était repris. La majorité lui donna raison. Voulland fit rendre un décret, le 24 pluviôse, pour soustraire les administrateurs fédéralistes des départements voisins de Lyon à la juridiction de la Commission extraordinaire de Fouché et de Collot d'Herbois. Le procès des 132 Nantais envoyés par Carrier à Fouquier fut ajourné, etc.

Soucieux de mettre fin aux représailles, les Comités n'entendaient pas pour autant relâcher la Terreur. Ils la croyaient au contraire plus que jamais nécessaire, car ils se sentaient toujours environnés de complots et de trahisons. « Point de paix, point de trêve avec les despotes, point de grâce, point d'amnistie pour les conspirateurs et les traîtres, voilà le cri de la Nation ! » (Couthon, lettre du 4 pluviôse.)

Alors qu'Hébert et ses amis ménageaient le Comité et que le Père Duchesne mettait une sourdine à ses colères, les Indulgents, au contraire, redoublaient leurs coups. Bourdon de l'Oise dénonçait l'adjoint de Bouchotte, Daubigni, le 12 nivôse. Le 18 nivôse, sous prétexte que les ministres gaspillaient les fonds publics à subventionner la presse hébertiste, il obtenait de la Convention un décret qui leur retirait le droit d'ordonnancer aucune dépense sans l'autorisation expresse et préalable d'un Comité. Mesure fort grave qui menaçait de paralyser les services publics en temps de guerre. Le Comité de salut public n'hésita pas à violer le décret et à ordonner aux commissaires de la Trésorerie de payer comme auparavant sur les seules ordonnances des ministres.

Westermann ayant été destitué par le Comité pour avoir distribué aux habitants de la Vendée 30 000 fusils avec lesquels ils avaient recommencé la guerre civile, Lecointre fit l'éloge du général qui parut opportunément à la barre et obtint que, par une exception formelle au décret qui mettait en réclusion les fonctionnaires destitués, Westermann jouirait de sa complète liberté. Robespierre tonna le soir même aux Jacobins contre « les nouveaux brissotins, plus dangereux, plus perfides et plus plats que les anciens ».

Le 3 pluviôse encore, Bourdon de l'Oise s'indigna que la veille, alors que la Convention s'était rendue sur la place de la Révolution pour célébrer l'anniversaire de la mort du tyran, on avait exécuté quatre condamnés en sa présence : « C'est un système ourdi par les malveillants pour faire dire que la représentation nationale est composée de cannibales. » Il fit décréter que le Comité de sûreté générale fournirait des explications sur cet incident, comme s'il avait été prémédité.

Il ne se passait pas de jour sans que les Comités fussent mis sur la sellette : 5 pluviôse, à propos de l'arrestation du beau-père de Camille Desmoulins, Danton fait décider que les Comités présenteront un rapport approfondi sur les mises en liberté ; 9 pluviôse, Rühl obtint un décret invitant le Comité de salut public à examiner la conduite de Bouchotte, à propos d'un Français détenu comme otage à Mayence ; 10 pluviôse, sur la plainte d'un capitaine de la marine marchande qui n'a pas obtenu dans la marine militaire l'avancement que la Convention lui avait promis pour ses services, le ministre de la Marine Dalbarade est interrogé à la barre et il faut une triple intervention de Barère, de Saint-André et de Couthon pour le sauver du tribunal révolutionnaire, etc.

Rien ne montre mieux par ces attaques continuelles, souvent couronnées de succès, combien la situation du gouvernement restait précaire.

Par la force des choses, les Comités étaient rejetés vers les ultra, vers les clubs. Déjà le Comité de sûreté générale avait fait remettre en liberté une victime de Fabre d'Eglantine, Mazuel, le 23 nivôse. Fabre l'avait remplacé le lendemain sous les verrous. Ronsin et Vincent furent enfin relâchés, le 14 pluviôse, sur un rapport de Voulland, malgré la vive opposition de Bourdon de l'Oise, Philippeaux, Legendre, Dornier, Loiseau, Clauzel, Charlier, Lecointre. Danton avait appuyé la mise en liberté, mais en proclamant bien haut qu'il appuierait aussi la mise en liberté de Fabre d'Eglantine quand viendrait le rapport de son affaire.

Albert Mathiez

C'était une sorte de marché, une double amnistie réciproque qu'il proposait indirectement aux Comités. Ceux-ci firent la sourde oreille. Si Danton voulait la conciliation, l'oubli du passé, l'entente, que ne commençait-il par l'exiger de ses partisans ? Pourquoi ceux-ci attaquaient-ils sans trêve le gouvernement et ses agents ?

Robespierre leur signifia, le 17 pluviôse, la pensée gouvernementale : « Nous avons bien moins à nous défendre des excès d'énergie que des excès de faiblesse. Le plus grand écueil peut-être que nous avons à éviter n'est pas la ferveur du zèle, mais plutôt la lassitude du bien et la peur de notre propre courage. » Le gouvernement révolutionnaire serait maintenu jusqu'à la paix. Et Robespierre menaçait « la cabale » qui avait cherché « à diviser les représentants envoyés dans les départements avec le Comité de salut public » et à « les aigrir à leur retour ».

La Terreur, avait dit Robespierre, devait durer autant que la guerre. Mais les Indulgents estimaient que l'heure de faire la paix avait sonné. Dès le 29 frimaire, Bourdon de l'Oise avait déclaré que les Anglais n'étaient pas éloignés de nous offrir la paix. Danton aura bientôt entre ses mains les lettres qu'un agent de Pitt, Miles, lui écrivit par l'intermédiaire de notre ministre à Venise, Noël, pour lui proposer d'ouvrir en Suisse une conférence en vue de la cessation des hostilités. D'autres ouvertures indirectes avaient été faites par la Hollande et par l'Espagne à nos agents Caillard et Grouvelle. L'Autriche elle-même tâtait notre agent à Bâle, Bacher. Nul doute que, si Danton avait été au pouvoir, il eût saisi avidement ces premières avances. Dans le n° 7 du *Vieux Cordelier* qui ne parut qu'après sa mort, Desmoulins se prononçait vivement pour la politique de paix.

Mais le Comité de salut public, par deux discours retentissants prononcés par Barère, les 3 et 13 pluviôse, traita avec dérision les offres secrètes des tyrans qui lui parurent cacher un piège, n'avoir pour objet que d'encourager en France tous les ennemis déclarés ou secrets du gouvernement révolutionnaire et d'arrêter les progrès de nos armées. « Qui ose parler de paix ? Ceux qui espèrent ajourner la contre-Révolution à quelques mois, à quelques années, en donnant aux étrangers, aux tyrans, le temps de se restaurer, le temps de sucer les peuples, de refaire leurs approvisionnements, de reculer leurs armées... Il faut la paix aux monarchies, il faut l'énergie guerrière à la République, il faut la paix aux esclaves, il faut la fermentation de la liberté aux républicains. » La guerre était nécessaire non seulement pour affranchir le territoire encore envahi, mais pour consolider la République à l'intérieur. Pas de paix avant une victoire éclatante et surtout une victoire sur les Anglais. Robespierre faisait mettre à l'ordre du jour des Jacobins les crimes du gouvernement anglais, moins encore pour créer une diversion aux luttes des partis que pour faire comprendre au public que la paix avec Pitt était impossible.

Mais, pour continuer la guerre qui allait prolonger les souffrances des sans-culottes, le Comité allait être obligé de pratiquer une politique sociale de plus en plus hardie qui l'éloignerait encore davantage des Indulgents, protecteurs ordinaires des classes possédantes. Les Indulgents avaient paralysé dès son principe la loi sur l'accaparement, en se refusant à voter les amendements nécessaires à son application. Ils avaient réussi, le 2 nivôse, à la frapper au point sensible, en faisant décréter, à l'occasion du procès du marchand de vin Gaudon, sauvé par eux de l'échafaud, que la seule peine prévue, la mort, ne serait plus prononcée par les juges. Il n'est guère douteux qu'ils espéraient que la loi du maximum, hâtivement rédigée et perpétuellement remise en chantier, ne tarderait pas à être en fait abrogée comme la loi sur l'accaparement. Mais le Comité ne voulait pas revenir en arrière. Il stimula la Commission des subsistances et Barère put présenter à la Convention, le 3 ventôse, le tableau du maximum général qui réglerait les prix dans toute la France et remédierait aux défauts de la loi primitive. Les sans-culottes auraient le sentiment d'être défendus.

La campagne allait s'ouvrir. Les Comités résolurent de frapper un grand coup qui atterrerait leurs adversaires et qui exalterait les masses. Saint-Just prononça en leur nom, le 8 ventôse, un fulgurant discours qui était le programme d'une Révolution nouvelle.

La Terreur avait été considérée jusque-là par ses auteurs les plus fervents comme un expédient passager qui disparaîtrait avec la paix. Saint-Just la présentait sous un tout autre aspect, comme la condition nécessaire de l'établissement de la République démocratique.

La République, posait-il en principe, ne peut-être assurée du

Albert Mathiez

lendemain que si elle est pourvue d'institutions civiles qui épurent les mœurs des citoyens et les rendent naturellement vertueux. « Un État où ces institutions manqueraient n'est qu'une République illusoire. Et, comme chacun y entend par sa liberté l'indépendance de ses passions et de son avarice, l'esprit de conquête et l'égoïsme s'établissent entre les citoyens et l'idée particulière que chacun se fait de sa liberté selon son intérêt produit l'esclavage de tous. » Jusqu'à ce que ces institutions civiles, dont il dressera bientôt le plan, aient pu être créées et aient extirpé l'égoïsme des cœurs des citoyens, Saint-Just déclarait que la Terreur devait être maintenue. « Ce qui constitue une République, c'est la destruction de ce qui lui est opposé. » Après une apologie passionnée des exécutions du tribunal révolutionnaire qui n'étaient qu'une faible réplique aux barbaries des régimes monarchiques, celui que Michelet appelle l'archange de la mort faisait planer la faux sur les têtes de tous ceux qui parlaient d'indulgence et il désignait les principales par des allusions à peine voilées : « Il y a quelqu'un qui, dans son cœur, conduit le dessein de nous faire rétrograder et de nous opprimer. » Tous les regards durent se fixer sur Danton d'autant plus que Saint-Just continua : « On s'est engraissé des dépouilles du peuple, on en regorge et on l'insulte et on marche en triomphe traîné par le crime pour lequel on prétend exciter notre compassion, car, enfin, on ne peut garder le silence sur l'impunité des plus grands coupables qui veulent briser l'échafaud parce qu'ils craignent d'y monter. » Haletante, l'Assemblée attendait la conclusion du réquisitoire qui se poursuivait. Allait-on lui demander de livrer à Fouquier les têtes déjà marquées ? Saint-Just tourna brusquement. Il ne réclama pas de têtes, il exigea une révolution dans la propriété : « La force des choses nous conduit peut-être à des résultats auxquels nous n'avons point pensé. L'opulence est dans les mains d'un assez grand nombre d'ennemis de la Révolution, les besoins mettent le peuple qui travaille dans la dépendance de ses ennemis. Concevez-vous qu'un empire puisse exister si les rapports civils aboutissent à ceux qui sont contraires à la forme du gouvernement ? Ceux qui font les Révolutions à moitié n'ont fait que se creuser un tombeau. La Révolution nous conduit à connaître ce principe que celui qui s'est montré l'ennemi de son pays n'y peut être propriétaire. Il faut encore quelques coups de génie pour nous sauver... Les propriétés des patriotes sont sacrées, mais les biens des conspirateurs sont là pour les malheureux. Les malheureux sont les puissances de la terre. Ils ont le droit de parler en maîtres aux gouvernements qui les négligent. »

Et Saint-Just fit voter un décret aux termes duquel les propriétés des personnes reconnues ennemies de la République seraient confisquées. Ce n'était pas, dans sa pensée, un décret théorique, mais une mesure définitive qui serait appliquée, car il fit voter, le 13 ventôse, un nouveau décret qui ordonna à toutes les communes de dresser la liste des patriotes indigents et à tous les comités de surveillance de fournir au Comité de sûreté générale la liste de tous les détenus pour cause politique depuis le 1er mai 1789 avec des notes sur chacun d'eux. Les deux Comités, munis de cette vaste enquête, décideraient en dernier ressort de la confiscation des biens des ennemis de la Révolution et, parallèlement, le Comité de salut public établirait le tableau des patriotes malheureux à qui les biens confisqués seraient distribués.

Après les biens du clergé, après les biens des émigrés, la Révolution s'emparait de tout ce qui appartenait encore à ses ennemis. Elle avait mis en vente les biens des deux premières catégories et ces ventes n'avaient profité qu'à ceux qui avaient eu de quoi les acheter. Elle allait distribuer gratis les biens de la nouvelle catégorie au prolétariat révolutionnaire.

Jamais les hébertistes ni même les Enragés n'avaient eu l'idée d'une mesure aussi radicale, d'un si vaste transfert de propriété d'une classe politique à une autre. Il y avait peut-être 300 000 détenus pour suspicion dans les bastilles nouvelles, 300 000 familles menacées d'expropriation. La Terreur prenait un caractère imprévu et grandiose. Il ne s'agissait plus de comprimer momentanément par la force un parti hostile. Il s'agissait de le déposséder à tout jamais, de l'anéantir dans ses moyens d'existence et d'élever à la vie sociale, au moyen de ses dépouilles, la classe des éternels déshérités. Il s'agissait aussi, comme l'avait répété Saint-Just après Robespierre, de faire durer la dictature révolutionnaire aussi longtemps qu'il faudrait pour fonder la République dans les faits par cette immense expropriation nouvelle et dans les âmes par le moyen des institutions civiles. La Terreur n'avait plus honte d'elle-même. Elle devenait un régime, le rouge creuset où s'élaborerait la démocratie future sur les ruines accumulées de tout ce qui tenait à l'ancien ordre.

Il semblait que le Comité, qui depuis deux mois cherchait sa route entre les citra et les ultra, avait pris cette fois définitivemaient son parti. Il se mettait résolument du côté des ultra et même il les dépassait. Tout l'effort de Saint-Just avait porté contre les Indulgents. Ses conclusions étaient une tentative formidable pour dégager des aspirations confuses de l'hébertisme un programme social.

Chose étrange et qui le stupéfia, il ne fut ni compris ni suivi par ceux-là mêmes qu'il voulut contenter.

11

LA CHUTE DES FACTIONS

Le Comité s'attendait à ce que son programme social rencontrât des résistances à droite, pas à gauche. Danton semblait vouloir sortir de sa torpeur. Le 4 ventôse, Elie Lacoste, au nom du Comité de sûreté générale, ayant proposé d'envoyer à Fouquier-Tinville les juges du tribunal militaire des Ardennes, suspects d'aristocratie, il s'était élevé contre la mesure et l'avait fait ajourner : « Nous décrétons sans connaître, de confiance et sur de simples rapports. Je déclare que je ne puis concevoir ce qui a été dit, que je ne puis exercer mes fonctions de juré politique. Il est temps que la Convention reprenne la place qui lui convient et ne prononce qu'avec entière connaissance des faits. Il ne faut pas que la Nation soit perdue parce que nous aurons été lâches, faibles ou muets. Ceci n'est que la préface de mon opinion politique. Je la dirai dans le temps. » Préface grosse de menaces.

Quand Saint-Just avait fait voter le décret expropriant les suspects, Danton avait essayé de parer le coup en demandant que les comités révolutionnaires fussent au préalable épurés par le Comité de sûreté générale qui en expulserait « les faux patriotes à bonnets rouges ». Sa proposition fut renvoyée aux Comités, qui l'enterrèrent.

Si les hébertistes avaient été animés du moindre esprit politique, ils se seraient serrés autour des Comités qui leur multipliaient les avances, au point que Collot d'Herbois faisait l'éloge de Carrier aux Jacobins, le 3 ventôse. Mais la plupart étaient moins désireux de réaliser un programme social qu'impatients de satisfaire leurs ambitions et leurs rancunes. De politique sociale, ils n'en avaient pas, à vrai dire. Hébert était, en cette matière, d'une indigence extrême. Tous les maux, d'après lui, venaient des accapareurs et son seul remède était la guillotine. Ses derniers numéros sont remplis d'attaques furibondes contre les commerçants : « Je n'épargnerai pas plus le marchand de carottes que le plus gros négociant, car, f..., je vois une ligue formée de tous ceux qui vendent contre ceux qui achètent et je trouve autant de mauvaise foi dans les échoppes que dans les gros magasins » (n° 345). Grave imprudence que de s'en prendre ainsi aux détaillants qui n'oublieront pas ces menaces ! Jacques Roux avait entrevu, par instants, la question sociale. Hébert ne voyait pas au-delà du problème alimentaire qu'il espérait résoudre par des moyens enfantins, mais violents.

Ronsin et Vincent, âmes fières, caractères indomptables, voulaient tirer vengeance de Fabre d'Eglantine et de Philippeaux, leurs dénonciateurs. Ils n'avaient confiance ni dans la Convention ni dans ses Comités. Robespierre, qui avait empêché la radiation de Desmoulins aux Jacobins, leur paraissait un modéré hypocrite et dangereux. Ils avaient sur le cœur la radiation de leur ami Brichet que Robespierre avait fait chasser du club, le 19 pluviôse, parce qu'il avait proposé d'exclure de la Convention les crapauds du Marais et d'envoyer au tribunal révolutionnaire les 76 Girondins détenus. Ils s'étaient indignés, avec Momoro, du refus des Jacobins d'accueillir Vincent dans leur sein (23 et 26 pluviôse). Momoro avait vu dans le rejet de la candidature de Vincent la preuve d'une machination qu'il dénonça aux Cordeliers. Il s'emporta, le 24 pluviôse, contre « les hommes usés, les jambes cassées » qui traitaient les Cordeliers d'exagérés parce qu'ils étaient patriotes et qu'eux ne voulaient plus l'être.

Dès lors les Cordeliers rentrent dans l'opposition. Hébert, le 4 ventôse, leur dénonce la nouvelle faction des Endormeurs, c'est-à-dire des robespierristes. « On nous a peint Camille comme un enfant, Philippeaux comme un fou, Fabre d'Eglantine comme un honnête homme. Citoyens, défiez-vous des Endormeurs... On nous dit que les brissotins sont anéantis et il reste encore 61 coupables à punir... » Les Cordeliers décidèrent de reprendre le

Albert Mathiez

journal de Marat. Invoquer Marat, dont le cœur était conservé au club comme une relique, ce n'était pas seulement s'abriter derrière un grand nom populaire, c'était annoncer une politique déterminée. Le Marat qu'on glorifiait, c'était le Marat des massacres de septembre, le Marat qui avait conseillé au peuple de choisir un dictateur.

Hébert et ses amis crurent pouvoir exploiter pour leurs desseins l'aggravation de misère que l'hiver avait amenée dans la capitale.

On se battait de nouveau dans les marchés et aux portes des boulangeries. « Le tableau de Paris commence à devenir effrayant, écrivait l'observateur Latour la Montagne, le 4 ventôse. On ne rencontre dans les marchés, dans les rues qu'une foule immense de citoyens courant, se précipitant les uns sur les autres, poussant des cris, répandant des larmes et offrant partout l'image du désespoir ; on dirait, à tous ces mouvements, que Paris est déjà en proie aux horreurs de la famine. » « Le mal est extrême, constatait le lendemain l'observateur Siret, le faubourg Saint-Antoine s'est dispersé sur la route de Vincennes et a pillé tout ce que l'on apportait à Paris. Les uns payaient, les autres emportaient sans payer. Les paysans désolés juraient de ne plus rien apporter à Paris. Il est très urgent de mettre ordre à ce brigandage qui finira très incessamment par affamer la capitale. » Les commissaires aux accaparements multipliaient les visites domiciliaires, faisaient main basse sur les rares vivres qui circulaient dans les rues et les répartissaient. Un jour Ducroquet, commissaire de la section de Marat, saisit 36 œufs chez un citoyen qui avait sept personnes à nourrir et partagea ces 36 œufs entre 36 personnes différentes.

Les Cordeliers demandèrent l'augmentation de l'armée révolutionnaire pour punir les accapareurs (4 ventôse). La Commune et les sections pétitionnèrent pour l'application stricte et sans réserves de la loi sur l'accaparement (5 ventôse). Faute de marchandises, les ouvriers des ateliers de confections militaires chômaient. Les ouvriers des forges et ateliers d'armes se mettaient en grève en réclamant un relèvement de salaires. L'agitation prit une tournure menaçante. Le 10 ventôse, à l'assemblée de la section des Marchés, le cordonnier Bot, membre du Comité révolutionnaire, déclara que, si la disette continuait, il fallait se porter aux prisons, égorger les détenus, les faire rôtir et les manger. On parlait couramment d'un nouveau 2 septembre. Des placards anonymes conseillaient de dissoudre l'incapable Convention et de la remplacer par un dictateur qui saurait bien ramener l'abondance.

Les Cordeliers crurent qu'il leur serait facile de réussir une nouvelle journée qui leur donnerait le pouvoir. Le 14 ventôse, Carrier en donna le signal : « L'insurrection, une sainte insurrection, voilà ce que vous devez opposer aux scélérats ! » Hébert longuement dénonça de nouveau les Endormeurs des Comités, les ambitieux qui protégeaient Chabot et Fabre et les 75 Girondins. Encouragé par Boulanger, commandant en second de la garde nationale parisienne, qui lui cria : « Père Duchesne, ne crains rien, nous serons, nous, les Père Duchesne qui frapperont », stimulé par Momoro et Vincent qui lui firent honte de sa faiblesse, il se risqua à citer des noms, Amar, un noble, ancien trésorier du roi de France qui avait acheté sa noblesse 200 000 livres, les ministres Paré et Deforgues, Carnot qui voulait chasser Bouchotte pour le remplacer par son frère « imbécile et malveillant ». Il n'osa pas pourtant nommer Robespierre, mais il le désigna nettement et il conclut comme Carrier : « Oui, l'insurrection, et les Cordeliers ne seront point les derniers à donner le signal qui doit frapper à mort les oppresseurs ! » Les Cordeliers voilèrent de noir la Déclaration des droits pour matérialiser l'oppression dont ils se disaient victimes.

Leur appel tomba dans le vide. Les masses n'avaient pas confiance dans la vertu de la guillotine pour ramener l'abondance et les commissaires aux accaparements, par leurs procédés vexatoires, étaient franchement impopulaires. Momoro entraîna bien la section de Marat qui essaya d'entraîner la Commune le 15 ventôse. Mais la Commune resta froide et hostile. Lubin, qui la présidait, morigéna les pétitionnaires et fit l'éloge des Comités. Chaumette prêcha le calme. Hanriot désavoua les agitateurs. Le Comité de surveillance du département de Paris, composé pourtant d'ardents révolutionnaires, d'hommes du 2 juin, multiplia les affiches pour mettre en garde la population.

La brusque agression des hébertistes surprit le Comité de salut public, mais ne le prit pas au dépourvu. Il décida de déclencher sur-le-champ l'action judiciaire, mais, prévoyant que les citra essaieraient de tirer profit des poursuites exercées contre les ultra, il annonça hautement dès le premier moment qu'il combattrait les

Albert Mathiez

deux factions sans ménagement.

Barère montra, dans le rapport qu'il présenta le 16 ventôse, que la disette était l'œuvre de ceux-là mêmes qui s'en plaignaient. Il demanda l'ouverture d'une action judiciaire. L'accusateur public informerait sans délai contre les auteurs et distributeurs des affiches incendiaires et aussi contre les auteurs de la méfiance inspirée aux marchands et cultivateurs qui approvisionnaient Paris. « Que les conspirateurs de tout genre tremblent !... Il faut surveiller la faction des Indulgents et des Pacifiques autant que celle des prétendus Insurgents ! » Et il annonçait qu'Amar allait enfin déposer son rapport sur Chabot et ses complices.

Si le Comité n'avait pas fait arrêter d'emblée les prêcheurs d'insurrection, c'est que Collot d'Herbois s'était réservé de tenter un suprême effort de conciliation. Le mitrailleur de Lyon ne pouvait livrer le noyeur de Nantes sans s'exposer lui-même. Le soir même, aux Jacobins, il proposa d'envoyer aux Cordeliers, comme au temps de Jacques Roux, une députation pour « les engager à faire justice des intrigants qui les avaient égarés ». Les intrigants que Collot avait dédaigné de nommer étaient présents à la séance. Ils avaient prêché l'insurrection l'avant-veille. Ils ne surent que s'humilier en plates rétractations. « On n'a point parlé de faire des insurrections, dit Carrier, excepté dans le cas où on y serait forcé par les circonstances. Si on y a fait une motion contre le Comité, je donne ma tête ! »

Une délégation de Jacobins, conduite par Collot, se rendit aux Cordeliers le 17 ventôse. Successivement Momoro, Hébert, Ronsin lui-même firent amende honorable. Le crêpe noir qui couvrait le tableau des Droits de l'homme fut déchiré et remis aux Jacobins en signe de fraternité. Les deux clubs se jurèrent « union indissoluble ». Il semblait que Collot eût gagné la partie.

Mais tous les Cordeliers n'avaient pas approuvé la reculade des chefs. Vincent déclama, le 19 ventôse, contre les cromwellistes, contre les orateurs adroits et leurs grands discours, c'est-à-dire contre Collot. Il y eut au club des explications orageuses. Certaines sections où dominaient les amis de Vincent continuaient l'agitation, celle de Brutus par exemple, qui, le 21 ventôse, déclarait à la Convention qu'elle était debout jusqu'à ce que fussent exterminés tous les royalistes cachés, tous les fédéralistes, tous les modérés, tous les indulgents et, le même jour, la section du Finistère, composée de manouvriers, réclamait, par la voix de Voulland, un décret pour « déparalyser » l'armée révolutionnaire et juger sommairement les accapareurs.

Les Comités apprirent, le 21 ventôse, de divers côtés, notamment par un officier de la légion germanique Haindel, que les hébertistes préparaient réellement cette insurrection qu'ils avaient désavouée. Ils pénétreraient dans les prisons, égorgeraient les aristocrates, s'empareraient ensuite du Pont-Neuf et de l'Arsenal, assassineraient Hanriot et son état-major, termineraient enfin l'opération, après avoir incendié les Comités de la Convention, en nommant un grand juge, c'est-à-dire une sorte de dictateur, qui présiderait aux exécutions et qui distribuerait au peuple l'argent trouvé à la Monnaie et au Trésor. Haindel citait les noms de ceux qui avaient essayé de le gagner au complot, l'élève en chirurgie Armand, le médecin Beysser, etc. Un général en disponibilité, Laumur, confiait à Westermann, dont il réclamait le concours, qu'on faisait venir secrètement à Paris des hommes de l'armée révolutionnaire et que le grand juge à nommer serait Pache.

Munis de ces indices, les Comités résolurent d'agir sans retard pour tuer le complot dans l'œuf. Billaud-Varenne, de retour de sa mission à Port-Malo, Couthon et Robespierre, qui sortaient de maladie, assistèrent à leur séance du 22 ventôse où furent approuvées les conclusions du rapport d'accusation que Saint-Just présenta le lendemain contre les deux factions qui faisaient le jeu de l'ennemi. Le soir même, Fouquier-Tinville était appelé au Comité et, le lendemain, dans la nuit du 23 au 24 ventôse, les principaux chefs hébertistes étaient arrêtés au milieu de l'indifférence générale. La plupart des sections vinrent féliciter la Convention les jours suivants et la Commune elle-même, bien qu'avec un peu de retard, mêla ses félicitations aux leurs.

Le procès des hébertistes, qui dura du 1er au 4 germinal, fut avant tout un procès politique. Le grief qu'on avait d'abord invoqué contre eux, d'être responsables de la famine, s'effaça devant le grief nouveau, infiniment plus sérieux, d'avoir comploté l'insurrection. A l'appui du premier grief on adjoignit à Hébert le commissaire aux accaparements Ducroquet, son ami, et un agent des subsistances,

Antoine Descombes. Pour démontrer l'entente avec l'ennemi, car il ne pouvait y avoir de complot sans Pitt et Cobourg, on rangea parmi les accusés Anacharsis Cloots, Proli, Kock et les agents secrets du ministère des Affaires étrangères Desfieux, Pereira et Dubuisson. Les autres accusés, Ronsin, Mazuel, Vincent, Leclerc et Bourgeois, chefs des bureaux de la guerre, Momoro, etc., étaient les chefs qui préparaient le coup de main.

Tous furent condamnés à mort à l'exception du mouchard Laboureau qui fut acquitté. L'exécution eut lieu au milieu d'une foule immense qui injuriait les vaincus. Ils moururent avec courage, sauf Hébert, qui donna des signes de faiblesse.

Les Comités ne s'étaient résignés à frapper les ultra qu'à leur corps défendant. Ils interdirent à Fouquier de poursuivre Hanriot, Boulanger, Pache, que certaines dépositions compromettaient. Ils mirent Carrier hors de cause. Ils craignaient une réaction dont profiteraient les Indulgents qu'ils considéraient comme leurs adversaires les plus dangereux. « Le plus grand danger, disait Robespierre aux Jacobins le 25 ventôse, serait de rapprocher les patriotes de la cause des conspirateurs. » Le décret du 23 ventôse, qui traduisit les hébertistes au tribunal révolutionnaire, contenait des dispositions à double tranchant que Saint-Just avait ménagées avec art, par exemple celle qui déclarait traîtres à la patrie ceux qui auront donné asile aux émigrés, celle qui rangeait dans la même classe ceux qui auront tenté d'ouvrir les prisons. La première pouvait s'appliquer à Danton, qui avait accueilli chez lui la marquise de Charry émigrée. La seconde pouvait englober tous ceux qui réclamaient la clémence.

Amar présenta enfin, le 26 ventôse, son rapport d'accusation contre les fripons, c'est-à-dire Chabot, Basire, Delaunay, Fabre, etc. Son rapport de procureur, qui se bornait presque au côté financier de l'affaire, ne satisfit ni Billaud ni Robespierre, qui regrettèrent tous deux qu'il n'eût pas fait porter son effort sur l'objet politique de ce complot de corruption. Au moment où les hébertistes allaient répondre devant Fouquier du crime d'avoir voulu avilir et dissoudre la Convention, Billaud et Robespierre rejetaient sur les fripons et les Indulgents la même accusation.

A moins de supposer que Danton était devenu subitement aveugle et sourd, il était averti de ce qui se préparait. Les 4 et 8 ventôse, il avait manifesté l'intention, en termes menaçants, de demander des comptes au Comité. Brusquement il se tut. Faut-il supposer qu'il vit avec plaisir l'insurrection des Cordeliers et qu'il essaya de lier partie avec Ronsin pour renverser le gouvernement ? Des indices nombreux et concordants laissent croire que l'entente secrète que les Comités dénonçaient entre les deux branches de la conspiration n'était pas une imagination. Le général Laumur était intime avec Westermann qui recueillait ses confidences. Des témoins déposeront que Westermann avait désigné Danton comme grand juge. Depuis que Danton avait appuyé, un mois plus tôt, la mise en liberté de Ronsin et de Vincent, les hébertistes le ménageaient. Il y avait parmi eux des clients avérés de Danton. Carrier avait fait l'éloge de Westermann.

Quoi qu'il en soit, c'est seulement après les poursuites contre les hébertistes que les Indulgents parurent se réveiller. Le complot avait avorté. Le danger se rapprochait. Camille Desmoulins reprit la plume. Alors que dans les n° 5 et 6 du *Vieux Cordelier* il s'était répandu en rétractations, il composa dans un tout autre esprit son n° 7. Il y faisait honte à la Convention de sa bassesse à l'égard des Comités, se livrait à une apologie enthousiaste des institutions britanniques à l'heure même où Robespierre les flétrissait, rappelait que le jury anglais venait d'acquitter le citoyen Bennett qui avait souhaité la victoire des Français, alors qu'en France, pour de simples propos défaitistes, on était traîné à l'échafaud. Il terminait enfin par une charge violente contre Barère qui avait refusé d'écouter les propositions de paix des puissances. Dans des passages manuscrits retrouvés dans ses papiers, il allait plus loin encore. Il accusait le Comité de salut public de n'avoir choisi que des généraux ineptes et d'avoir destitué systématiquement et conduit à la guillotine tous ceux qui avaient une valeur : Dillon, Custine, Dubayet, Harville et Lamorlière. De nouveau il appelait au combat tous ceux qui étaient las de la Terreur et de la guerre. Son n° 7 avait la valeur d'un acte d'accusation contre les Comités qu'il ménageait la veille. Mais les Comités veillaient. L'imprimeur de Desmoulins Desenne était perquisitionné et arrêté le 24 ventôse. Les Comités étaient avertis et armés.

Les Indulgents essayèrent bien de reprendre leur éternelle attaque

Albert Mathiez

contre Bouchotte et les agents du Comité (28 et 30 ventôse). Ils parvinrent même un instant à faire décréter d'arrestation Héron, un des principaux agents du Comité de sûreté générale. Mais successivement Couthon, Moyse Bayle et Robespierre font face à l'attaque. Couthon déclare que « les modérés qui sont en querelle avec leur conscience et qui par conséquent redoutent les mesures vigoureuses et révolutionnaires... veulent tuer le gouvernement » en le privant de ses meilleurs agents. Robespierre, d'un ton de menace, déclare que les Comités ne souffriront pas que le glaive de la tyrannie effleure un seul patriote. Il dénonce ceux qui veulent perdre les plus ardents révolutionnaires en les englobant dans l'hébertisme : « Hier encore, un membre fit irruption au Comité de salut public et, avec une fureur qu'il est impossible de rendre, demanda trois têtes. » Robespierre n'eut pas besoin de nommer cet Indulgent sanguinaire, mais Héron fut sauvé.

Est-ce à la suite de cette alerte que Billaud demanda à ses collègues des Comités l'arrestation de Danton, qui était, leur dit-il, le point de ralliement de tous les contre-révolutionnaires ? Seules les résistances de Robespierre qui répugnait à livrer ses anciens compagnons d'armes retardèrent de quelques jours la mesure inévitable. Pour démontrer à la masse des patriotes que le procès des hébertistes ne profiterait pas à la réaction, il fallait de toute nécessité exécuter la menace depuis longtemps suspendue sur les champions de la clémence.

Il semble que ceux-ci affolés, depuis le vote du décret mettant en accusation Basire, Chabot et Fabre, aient placé leur suprême recours dans Robespierre. Danton le rencontra, à deux ou trois reprises, chez Laignelot, chez Humbert. Danton, au dire de Courtois, aurait pleuré et protesté contre les calomnies débitées sur sa mission en Belgique et sur sa fortune accrue : « Crois-moi, Robespierre, secoue l'intrigue, réunis-toi avec les patriotes » (d'après Daubigni). Robespierre serait resté impassible.

Westermann aurait conseillé à Danton de prendre les devants : « Ils vous tueront. — Ils n'oseraient m'attaquer », répondit Danton. Westermann aurait insisté, proposé un coup de main contre les Comités. Danton s'y serait refusé : « Plutôt cent fois être guillotiné que guillotineur ! » Etait-ce présomption ou lassitude ou conviction qu'après l'échec de l'insurrection hébertiste, toute autre tentative insurrectionnelle était vouée au même insuccès ? L'audacieux Danton, quoique prévenu, attendit les pieds sur ses chenets.

Billaud réussit enfin à triompher des dernières hésitations de Robespierre. Réunis dans la soirée du 10 germinal, les deux Comités, après avoir entendu un réquisitoire de Saint-Just, que Robespierre corrigea ensuite, ordonnèrent l'arrestation de Danton, de Delacroix, de Philippeaux et de Camille Desmoulins, considérés comme les complices des Chabot, des Fabre d'Eglantine et autres fripons qu'ils avaient défendus. Tous les membres présents signèrent sauf Rühl et Lindet.

Les Comités avaient engagé une partie décisive qu'ils n'étaient pas sûrs de gagner. Depuis l'exécution des hébertistes, les citra avaient fait de grands progrès. Legendre présidait les Jacobins et Tallien la Convention.

Dès le début de la séance du 11 germinal, Delmas réclama la présence des Comités. L'Assemblée l'ordonna et aussitôt Legendre, stimulé par une lettre de Delacroix reçue le matin même, prononça un vif éloge de Danton : « Je crois Danton aussi pur que moi. » Comme on murmurait, Clauzel s'écria : « Président, maintiens la liberté des opinions » et Tallien, théâtral : « Oui, je maintiendrai la liberté des opinions, oui, chacun dira librement ce qu'il pense, nous resterons tous ici pour sauver la liberté ! » De vifs applaudissements saluèrent ces paroles menaçantes et Legendre conclut que les députés arrêtés fussent appelés à la barre et entendus avant que la parole fût accordée à leurs accusateurs. Fayau s'offensa de la motion qui créait un privilège. On n'avait pas entendu les Girondins, ni Chabot, ni Fabre, etc., avant de les traduire au tribunal révolutionnaire. Pourquoi deux poids et deux mesures ? L'Assemblée houleuse hésitait. Jean Debry, Courtois, Delmas lançaient en désignant les membres des Comités : « A bas les dictateurs, à bas les tyrans ! » (d'après Courtois). Mais Robespierre monta à la tribune et prononça une harangue frémissante dont la sincérité profonde émut et subjugua l'Assemblée :

«... On veut vous faire craindre les abus du pouvoir, de ce pouvoir national que vous avez exercé et qui ne réside pas dans quelques hommes seulement... On craint que les détenus ne soient opprimés, on se défie donc de la justice nationale, des hommes qui ont obtenu la confiance de la Convention nationale, on se défie de la Convention qui leur a donné cette confiance, de l'opinion publique qui l'a sanctionnée. Je dis que quiconque tremble en ce moment est coupable, car jamais l'innocence ne redoute la surveillance publique... Et, à moi aussi, on a voulu inspirer des terreurs, on a voulu me faire croire qu'en approchant de Danton le danger pourrait arriver jusqu'à moi ; on me l'a présenté comme un homme auquel je devais m'accoler, comme un bouclier qui pourrait me défendre, comme un rempart qui, une fois renversé, me laisserait exposé aux traits de mes ennemis. On m'a écrit, les amis de Danton m'ont fait parvenir des lettres, m'ont obsédé de leurs discours. Ils ont cru que le souvenir d'une ancienne liaison, qu'une foi antique en de fausses vertus me détermineraient à ralentir mon zèle et ma passion pour la liberté... Que m'importent les dangers ! Ma vie est à la patrie, mon cœur est exempt de crainte et si je mourais ce serait sans reproche et sans ignominie. » Devant l'ovation qui salua ces paroles, Legendre recula platement : « Robespierre me connaît bien mal s'il me croit capable de sacrifier un individu à la liberté. »

Saint-Just lut dans un profond silence son rapport d'accusation qui déroulait le passé trouble des accusés, leurs intrigues avec Mirabeau, leurs tractations secrètes avec la Cour, leurs liaisons avec Dumouriez, leurs compromissions avec les Girondins, leur conduite équivoque à toutes les grandes crises, au 10 août, au 31 mai, leurs efforts pour sauver la famille royale, leur campagne insidieuse pour la clémence et pour la paix, leur opposition sourde à toutes les mesures révolutionnaires, leur complicité avec les fripons, leurs accointances avec des étrangers suspects, leurs attaques perfides contre le gouvernement. Sur presque tous ces points l'histoire véridique a confirmé le jugement de Saint-Just. La Convention sanctionna son rapport d'un vote unanime.

Mais la partie suprême devait se jouer au tribunal révolutionnaire. Le procès dura quatre jours, comme celui des hébertistes, du 13 au 16 germinal, mais il fut infiniment plus mouvementé. L'amalgame qui réunit les 14 accusés n'avait pas été composé au hasard. Pour joindre Delacroix, Danton, Desmoulins à Chabot, à Basire, à Delaunay, à Fabre, les bonnes raisons ne manquaient pas. Hérault de Séchelles aurait pu trouver place dans la fournée des hébertistes, puisqu'il avait été l'ami et le protecteur de Proli et de Cloots, mais il était nommé dans les dénonciations de Basire et de Chabot et les Comités, en le joignant à Fabre, son premier dénonciateur, avaient voulu mettre en évidence par cet exemple frappant la liaison intime et secrète des ultra et des citra, leur complicité commune dans l'œuvre de destruction du gouvernement révolutionnaire. Quant à Philippeaux, il payait ses accusations de trahison contre le Comité et les louanges hyperboliques de Desmoulins. A ces premiers rôles on avait ajouté tout un lot de comparses, d'agents de l'étranger. La présence des Frey aux côtés de Chabot, leur beau-frère, était toute naturelle. Le fournisseur d'Espagnac, protégé de Chabot et de Julien de Toulouse et même de Danton, n'était pas déplacé dans le jugement des fripons. L'aventurier Gusman, que Danton avait admis dans son intimité, était là pour lui servir de repoussoir. Westermann enfin, mêlé à toutes les intrigues de Dumouriez et de Danton, réputé pillard et voleur, dénoncé par Marat, ne déparait pas la collection.

Le premier jour on examina l'affaire financière. On entendit Cambon témoin à charge et le président Herman donna lecture de lettres de d'Espagnac qui étaient accablantes. Les accusés nièrent avec énergie et rejetèrent les responsabilités sur Julien de Toulouse qui s'était soustrait par la fuite aux poursuites.

Le second jour fut rempli presque tout entier par l'interrogatoire de Danton. Le tribun avait retrouvé toute son arrogance. Non content de se défendre par des mensonges hardis, il attaqua ses accusateurs, railla, menaça, paya d'audace. « Vils imposteurs, paraissez et je vais vous arracher le masque qui vous dérobe à la vindicte publique. » Les éclats de sa voix s'entendaient de la rue. La foule impressionnée s'attroupait. Les jurés et les juges se troublaient. Le Comité de salut public inquiet donna l'ordre à Hanriot d'arrêter le président et l'accusateur public, qui lui semblaient coupables de faiblesse. Fouquier, parent éloigné de Desmoulins, ne lui devait-il pas sa nomination ? Mais le Comité se ravisa et révoqua finalement l'ordre déjà transmis à Hanriot. Plusieurs membres du Comité de sûreté générale, par contre, se rendirent au tribunal pour soutenir de leur présence juges et jurés défaillants.

Le troisième jour fut consacré à l'interrogatoire des autres accusés qui imitèrent la tactique de Danton en réclamant l'audition des témoins qu'ils avaient cités dans la Convention et en provoquant de violents incidents. Fouquier débordé, mal soutenu par Herman, écrivit à la Convention une lettre affolée pour la consulter sur la citation des témoins réclamés par les accusés. Quand les Comités reçurent sa lettre, ils étaient déjà en possession d'une dénonciation par laquelle un détenu de la prison du Luxembourg, Laflotte, ancien ministre de la République à Florence, les avertissait que la veille deux de ses camarades de chambrée, le général Arthur Dillon et le Conventionnel Simond, avaient essayé de le faire entrer dans un complot pour délivrer Danton et ses amis. Dillon avait communiqué par lettre avec la femme de Desmoulins qui avait fourni mille écus pour réunir du monde autour du tribunal. Dillon, Simond et leurs affidés devaient s'emparer des clefs du Luxembourg, se porter ensuite au Comité de sûreté générale pour en égorger les membres. Nous savons aujourd'hui que le général Sahuguet, cousin de d'Espagnac, alors en congé dans le Limousin, avait reçu de Dillon et de d'Espagnac un billet l'invitant à revenir en toute hâte à Paris pour coopérer à leur délivrance. Barras nous apprend que plusieurs amis de Danton, dont le général Brune, lui avaient promis de se rendre en forces au tribunal pour l'en arracher. Mais ils manquèrent à l'appel.

Munis de la lettre de Fouquier et de la dénonciation de Laflotte, les Comités déléguèrent Saint-Just à la tribune pour dépeindre à la Convention la fermentation des accusés et obtenir le vote d'un décret qui permettrait au tribunal de mettre hors des débats tout prévenu qui résisterait à la justice nationale ou l'insulterait. Le décret voté, à l'unanimité et sans débat, fut porté le soir même au tribunal par Vadier en personne.

Le lendemain, 16 germinal, Fouquier fit lire aux accusés le décret de la veille et la dénonciation de Laflotte. On interrogea les derniers accusés, c'est-à-dire les comparses, puis Fouquier fit demander aux jurés s'ils se croyaient suffisamment éclairés. Danton, Delacroix protestèrent avec véhémence : « Nous allons être jugés sans être entendus ! Point de délibération ! Nous avons assez vécu pour nous endormir dans le sein de la gloire, qu'on nous conduise à l'échafaud ! » Puis ils lancèrent des boulettes aux juges. Le tribunal, appliquant le décret, prononça leur mise hors des débats. Tous furent condamnés à mort, sauf Lullier, qui se poignarda quelques jours plus tard dans sa prison. Si on en croit les dépositions faites au procès de Fouquier par les jurés Renaudin et Topino-Lebrun et par le greffier Pâris, Herman et Fouquier seraient entrés dans la chambre des jurés pendant leur délibération et leur auraient communiqué une pièce secrète qui aurait déterminé la conviction de ceux qui hésitaient encore.

La condamnation des Indulgents et des fripons ne causa dans le peuple aucune émotion apparente. Ils furent conduits au supplice au milieu d'une indifférence totale. Comment les Français de toute opinion se seraient-ils intéressés à des aventuriers qui, en servant et en trahissant tour à tour les différents partis, n'avaient travaillé qu'à leur fortune personnelle ? La Convention thermidorienne elle-même refusera de réhabiliter Danton, Delacroix, Fabre d'Eglantine, Chabot, Basire et Delaunay.

12
LA RÉORGANISATION DU GOUVERNEMENT RÉVOLUTIONNAIRE

Les factions abattues coup sur coup, les Comités sont débarrassés pour quelques mois de toute opposition gênante. La Convention, si bourdonnante auparavant, acquiesce maintenant à tout ce qu'ils lui proposent. Les décrets les plus importants sont votés presque sans discussion. Les députés se taisent. Ils ne prennent plus d'initiatives. Le vide des séances est tel que pour le remplir un secrétaire analyse longuement la correspondance. Alors commence vraiment la dictature gouvernementale.

Les autorités parisiennes sont épurées et composées d'hommes sûrs (Payan, Moine, Lubin en remplacement de Chaumette, Hébert et Réal, plus tard Lescot-Fleuriot en remplacement de Pache). Les nouvelles autorités sont dociles, mais, composées de fonctionnaires, elles ne représentent plus la population. Les sociétés populaires des sections, qui s'étaient multipliées dans l'été de 1793, suspectes de renfermer bon nombre d'aristocrates à bonnets rouges, disparaissent en floréal sous la pression des Jacobins qui leur retirent l'affiliation. En dehors des tribunes sectionnaires, ouvertes deux fois par décade, une seule tribune libre subsiste, celle des Jacobins. Mais celle-ci, étroitement surveillée, est occupée la plupart du temps par des fonctionnaires du tribunal révolutionnaire ou des administrations. La nouvelle bureaucratie terroriste envahit tout. L'abus est si choquant que Dubois-Crancé propose de l'exclure des clubs. Mais sa lettre lue aux Jacobins, le 13 germinal, provoque un beau tapage. Son auteur est dénoncé sur-le-champ au Comité de salut public comme un Indulgent et un désorganisateur. Les Comités, Saint-Just surtout, voient le mal, mais ils en sont prisonniers. Que resterait-il dans les clubs, si on en chassait les fonctionnaires ? La base du régime se rétrécit à proportion qu'il se concentre davantage.

La presse, encore si vivante et si passionnée avant germinal, perd toute indépendance. Il n'y a plus que des feuilles officielles ou officieuses, celles-ci plus ou moins subventionnées. Tant de journalistes ont péri pour délit d'opinion que ceux qui subsistent connaissent le prix de la prudence. Quant aux spectacles, ils ne joueront que des pièces patriotiques dûment approuvées.

Les Comités gouvernent donc sans obstacle apparent. Mais ils ne se font pas d'illusion. Ils savent ce qui se cache sous le silence qui monte. « La Révolution est glacée, écrit Saint-Just dans ses *Institutions,* tous les principes sont affaiblis, il ne reste que les bonnets rouges portés par l'intrigue. L'exercice de la Terreur a blasé le crime comme les liqueurs fortes blasent le palais. »

Que feront les gouvernants de leur toute-puissance si chèrement conquise ? Ils courent d'abord au plus pressé. L'armée révolutionnaire de Cromwell-Ronsin leur a fait peur. Ils la suppriment (7 germinal). Trois ministres ont été compromis avec les factions : Bouchotte avec les ultra, Deforgues et Paré avec les citra. Carnot fait supprimer les ministres qui seront remplacés par 12 commissions exécutives formées chacune de deux à trois membres et conçues sur le type des deux commissions déjà existantes des subsistances et des armes et poudres. Quand les Dantonistes avaient réclamé cette mesure, le Comité s'y était opposé à maintes reprises. Maintenant que les Dantonistes sont au tribunal, le Comité la fait sienne et personne ne se trouve pour relever ses contradictions.

Les représentants avaient suivi dans les départements des politiques souvent très différentes et même opposées. Le 30 germinal, le Comité en rappelle vingt et un d'un coup qui avaient voulu administrer par le seul moyen des agents nationaux qu'il tient dans sa main. Saint-Just, passionné d'unité, écrivait dans ses *Institutions* : « Il faut examiner le système des magistratures collectives telles que les municipalités, les administrations, comités de surveillance, etc., et voir si distribuer les fonctions de ces corps à un magistrat unique dans chacun ne serait pas le secret de l'établissement solide de la Révolution. » Mais les temps n'étaient pas encore mûrs pour Bonaparte, ses préfets et ses maires. Saint-Just ne confia qu'à lui-même sa pensée de derrière la tête.

Le Comité voulut du moins enlever aux représentants la principale des attributions de leur pouvoir révolutionnaire, celle qui leur permettait d'instituer des tribunaux d'exception. Le décret du 27 germinal, rendu sur le rapport de Saint-Just, ordonna que les prévenus de conspiration ne seraient plus jugés qu'à Paris par les soins du tribunal révolutionnaire. Le décret du 19 floréal, proposé par Couthon, supprima expressément les tribunaux et commissions révolutionnaires créés par les représentants. Le Comité se réserva cependant de conserver exceptionnellement quelques-uns d'entre eux, tels que le tribunal organisé par Joseph Lebon à Cambrai à l'arrière du front du Nord, la commission qui fonctionnait à Noirmoutiers, etc.

Le Comité n'entend pas relâcher la Terreur, mais la concentrer sous sa surveillance immédiate. Il s'indigne et menace quand le bruit court à Paris, après l'arrestation d'Hébert, que les bustes de Marat et de Chalier vont disparaître. Pour rassurer les terroristes il frappe à coups redoublés leurs persécuteurs. Il rappelle Fouché pour le punir d'avoir compris dans la répression de l'hébertisme les amis de Chalier (7 germinal). Il prescrit la réouverture du club de Lyon fermé par Fouché. Un arrêté, de la main de Robespierre, suspend toutes poursuites contre les patriotes lyonnais persécutés pendant le siège. Quand Fouché rentre à Paris et se justifie aux Jacobins, Robespierre met en garde contre son exposé (19 germinal).

Il en fut de même partout comme à Lyon, à Sedan, à Lons-le-Saunier, à Lille, etc. Les patriotes sont protégés et la répression s'intensifie contre les ennemis du régime. Le décret du 27 germinal éloigne de Paris, des places de guerre et des villes maritimes, tous les anciens nobles et les sujets des puissances ennemies qui n'auront pas obtenu une permission expresse d'y résider. Pour

Albert Mathiez

punir les contre-révolutionnaires du Vaucluse, le Comité organise, le 21 floréal, la terrible commission d'Orange qui juge sans jurés et condamne à mort en 42 audiences 332 accusés sur 591. Il approuve Maignet de livrer aux flammes le village contre-révolutionnaire de Bédoin où l'arbre de la liberté a été coupé et où aucun témoin républicain n'a pu être trouvé.

Le Comité a mis à l'ordre du jour la Terreur, mais aussi la Vertu, son correctif. Il sévit durement contre les révolutionnaires prévaricateurs. Maignet, en Vaucluse, découvre une immense bande noire, embusquée dans les administrations pour mettre au pillage les biens nationaux. Il sait que ses prédécesseurs Rovère et Poultier ont protégé ces voleurs cachés sous le bonnet rouge. Il n'hésite pas à frapper leur chef, Jourdan Coupe-Tête, en faveur duquel Tallien tente vainement d'émouvoir les Jacobins (16 floréal). Jourdan monte sur l'échafaud. Ysabeau, qui continue à Bordeaux les concussions de Tallien, est rappelé le 25 floréal. Bernard de Saintes, qui a tripoté à Montbéliard et à Dijon, a eu le même sort le 15 germinal. Avis aux restes impurs de la faction de Danton ! Le Comité honore la vertu autrement qu'en paroles.

Il espère se concilier ainsi l'opinion publique. Il ne veut pas que ses agents fassent trembler les masses. « Il faut, dit Saint-Just le 26 germinal, que vous rétablissiez la confiance civile. Il faut que vous fassiez entendre que le gouvernement révolutionnaire ne signifie pas la guerre ou l'état de conquête, mais le passage du mal au bien, de la corruption à la probité. » Les citoyens inoffensifs doivent être protégés contre les abus de pouvoir et même contre les excès de zèle. Les représentants dans l'Ouest ont prolongé la chouannerie par leurs colonnes infernales qui brûlaient indistinctement les propriétés des révoltés et celles de gens paisibles ; le Comité les rappelle. Rossignol, invulnérable tant qu'il était attaqué par les Indulgents, est destitué le 8 floréal. Turreau, qui a exécuté les dévastations, et tous ses lieutenants sont retirés de l'armée de l'Ouest le 24 floréal et, le 4 prairial, un nouvel arrêté met fin au système d'extermination pour lui substituer une méthode de déclaration et de recensement des habitants et des récoltes.

Foussedoire, dans le Haut-Rhin, veut forcer les Alsaciens à échanger leur numéraire contre des assignats. Il demande la permission d'instituer un tribunal révolutionnaire et de taxer les riches. Il est rappelé, le 12 prairial, en guise de réponse. Foussedoire n'a pas compris que la Terreur est maintenant réservée aux seuls conspirateurs et qu'elle doit disparaître pour tous ceux qui ne conspirent pas.

Les procédés hébertistes ont aggravé la disette. Le Comité les désavoue et les réprime. Il s'attache à rassurer les commerçants. Le décret du 12 germinal supprime les commissaires aux accaparements aussi détestés que les anciens rats de cave, adoucit la loi de l'accaparement dans ses pénalités et dans ses exigences. Seuls les marchands en gros restent astreints à la déclaration et à l'affiche. Les zones d'approvisionnement sont supprimées le 6 prairial sauf pour les grains et fourrages. La Commission des subsistances encourage l'exportation des marchandises de luxe, associe à son action les négociants, les garantit contre les dénonciations, leur confie des missions à l'étranger, s'efforce de constituer des crédits de change pour payer leurs acquisitions. Sans doute le Comité maintient la réglementation et les taxes. Il contrôle tout le commerce extérieur par le moyen de ses agences et de la flotte de commerce réquisitionnée. Mais il assouplit la législation et inaugure une politique de production. Il encourage les industriels par des indemnités et des récompenses, les commerçants par des avances. La disette s'atténue.

C'est la main-d'œuvre qui cause maintenant les plus graves soucis. L'appel de la première réquisition a raréfié les bras disponibles, juste au moment où la multiplication des ateliers et des usines qui travaillent pour l'armée vint décupler la demande. Les ouvriers en avaient profité pour faire évaluer leurs salaires dans une proportion généralement plus forte que le prix de la vie. L'établissement du maximum des salaires mécontenta certainement la classe ouvrière dans son ensemble. Mais il mécontenta surtout les nombreux travailleurs des fabrications de guerre qui étaient soumis à une discipline rigoureuse et qui ne pouvaient pas tourner la loi aussi facilement que les travailleurs libres. La tentation pour eux était trop forte d'égaler le salaire officiel au salaire libre. A Paris, les simples manœuvres, commissionnaires, cochers, porteurs d'eau se faisaient de 20 à 24 livres par jour, tandis que l'ouvrier spécialiste de première classe des manufactures d'armes gagnait à peine 18 livres, celui de deuxième classe 8 livres 5 sols, le plus médiocre 3 livres. Aussi n'est-il pas étonnant que les ouvriers des fabrications

Albert Mathiez

de guerre très nombreux à Paris aient vécu dans une agitation pour ainsi dire permanente. Le Comité, qui avait un besoin instant de leurs services, améliora leurs salaires, leur permit de nommer des commissaires pour en discuter avec ses agents, mais jamais il ne parvint à les satisfaire, car l'écart était trop grand entre leurs exigences et les prescriptions légales. Le Comité sentait que, s'il cédait sur le maximum des salaires, il serait forcé de céder aussi sur le maximum des denrées et que tout l'édifice économique et financier qu'il avait péniblement échafaudé s'écroulerait. Il prit donc à l'égard de la classe ouvrière une attitude de résistance. S'il céda parfois, ce fut de mauvaise grâce et la nouvelle Commune l'imita. Payan, en son nom, fit la leçon aux ouvriers libres qui se coalisaient (voir séances de la Commune des 2, 13, 16 floréal, etc.). Il fallut arrêter les travaux entrepris par le département de Paris parce que les manouvriers qu'on ne voulait payer que 48 sous réclamaient 3 livres 15 sous et les charpentiers 8 à 10 livres (9 messidor, Arch. nat., F.[10] 451).

Il semble bien que la poussée ouvrière ait été générale dans tous le pays. Les refus de travail furent si fréquents que Barère dut faire voter, le 15 floréal, un décret aux termes duquel étaient mis en réquisition tous ceux qui contribuent à la manipulation, au transport et débit des marchandises de première nécessité et menacer du tribunal révolutionnaire ceux d'entre eux qui feraient, par leur inertie, une coalition criminelle contre les subsistances du peuple.

« Le régime du maximum, a bien vu M.G. Lefebvre, était propre à développer dans le prolétariat l'esprit de classe et de solidarité. Il opposait les propriétaires aux salariés. » Il faisait davantage. Il tendait à ruiner les petits commerçants et les artisans en les rejetant au salariat. Les boulangers, par exemple, qui recevaient la farine officielle n'étaient plus que des employés municipaux. Saint-Just, qui voulait donner les biens des suspects aux pauvres, se rendait compte que le problème financier dominait le problème social. Il aurait voulu retirer de la circulation l'assignat, plaie mortelle de la République, d'où provenaient la vie chère, l'agiotage, les taxes qui affamaient les villes, les réquisitions qui ameutaient les possédants. Mais comment se passer de l'assignat quand il était pour ainsi dire la seule ressource du Trésor ? Les dépenses se montaient, en floréal, à 283 419 073 livres contre 44 255 048 livres de recettes, en messidor à 265 millions contre 39 millions. La circulation s'enflait sans cesse. Elle était de 5 534 160 385 livres au 26 floréal et, malgré les taxes qui soutenaient le cours forcé, malgré la fermeture de la Bourse, malgré l'arrêté du 21 pluviôse qui fixait les changes à un taux uniforme, la monnaie républicaine se dépréciait lentement. Cambon s'efforçait d'économiser sur la dette. De même qu'il avait, l'année précédente, créé le grand livre de la dette publique pour échanger contre des titres nouveaux et républicaniser ainsi la dette perpétuelle de l'Ancien Régime, il liquidait, par la loi du 23 floréal, la dette viagère, l'unifiait, la réduisait par des retenues, au risque de faire crier très fort ses détenteurs déjà fortement atteints par la dépréciation de l'assignat qu'ils recevaient en paiement de leurs arrérages. Cambon, pensait Robespierre, augmentait le nombre des ennemis de la République.

Paysans accablés par les réquisitions et les charrois, ouvriers exténués par une sous-alimentation chronique et acharnés à la conquête d'un salaire que la loi leur refusait, commerçants à demi ruinés par les taxes, rentiers spoliés par l'assignat, sous le calme apparent fermentait un mécontentement profond. Seuls profitaient du régime le troupeau élargi des agents de la nouvelle bureaucratie et les fabricants de guerre.

Les gouvernants ne se faisaient aucune illusion. Ils se roidirent dans un effort suprême. Ils fonderaient quand même cette République en laquelle ils avaient placé leur foi et qu'ils aimaient d'autant plus qu'ils la sentaient moins sûre du lendemain. Ils se souvenaient que la monarchie avait été ébranlée par le soulèvement des misérables poussés par la faim.

L'application des lois de ventôse qui distribuaient la fortune des suspects aux pauvres sans-culottes exigeait une vaste enquête qui prendrait plusieurs mois. Barère annonça, le 22 floréal, que les comités révolutionnaires avaient déjà envoyé 10 000 décisions sur les détenus. Mais il y avait 300 000 dossiers à constituer. Barère se flattait qu'avant six semaines le tableau de la population indigente serait dressé. Il ne le fut jamais, encore que le Comité ait créé à cet effet un bureau des indigents. Barère, malgré son optimisme, signalait la mauvaise volonté de certaines communes à exécuter la loi. On avait fait courir le bruit que le Comité déporterait en Vendée les indigents inscrits sur les états. En attendant la fin de l'enquête, le Comité fit instituer, le 22 floréal, le Livre de la bienfaisance nationale où furent inscrits les indigents infirmes et invalides pour des secours gradués et des allocations en cas de maladie. Un arrêté du Comité, en date du 5 prairial, distribua aux mendiants infirmes et invalides de la ville de Paris des secours de 15 à 25 sous par jour. Mais, dans le reste du pays, les pages du Livre de la bienfaisance ne s'ouvrirent que lentement et le 9 thermidor survint avant que la loi eût été exécutée. Ces mesures partielles, dans l'esprit des gouvernants, n'étaient qu'une préface. « Il ne faut ni riches ni pauvres, écrivait Saint-Just... l'opulence est une infamie. » Il projetait de rendre l'État héritier de ceux qui meurent sans parents directs, de supprimer le droit de tester, d'obliger tous les citoyens à rendre compte tous les ans de l'emploi de leur fortune. Il voulait encore, pour retirer les assignats de la circulation, qu'on mît un impôt spécial « sur tous ceux qui ont régi les affaires et ont travaillé à la solde du Trésor public ». Projets qui restèrent des rêves et qui se heurtaient non seulement à l'esprit individualiste du temps, mais aux nécessités créées par la guerre. Comment le Comité aurait-il pu pratiquer résolument une politique de classe, quand depuis germinal il s'appliquait à rassurer tous les intérêts ? Les foules illettrées et misérables sur lesquelles il penchait sa sollicitude étaient pour lui une charge plutôt qu'un appui. Elles assistaient hébétées aux événements qu'elles ne comprenaient pas. Toute la politique gouvernementale reposait au fond sur la Terreur, que la guerre seule faisait supporter. Or, la Terreur ruinait dans les âmes le respect du régime.

Le Comité reporte son principal effort sur la jeune génération. Barère déclare, le 13 prairial, qu'il faut révolutionner la jeunesse comme on a révolutionné les armées. S'inspirant de l'expérience heureuse de l'école des armes qui, en ventôse, a formé en trois décades par des cours appropriés à la fabrication de la poudre, du salpêtre, des canons, etc., des jeunes gens appelés de toute la France et répandus ensuite comme contremaîtres dans les différents ateliers, il fit instituer l'école de Mars destinée à donner une préparation à la fois militaire et civique à 3 000 adolescents choisis par moitié parmi les enfants des petits cultivateurs ou artisans et parmi les fils des volontaires blessés dans les combats, à raison de six par district. L'école de Mars fonctionnera sous des tentes dans la plaine des Sablons.

On projette de créer sur le même type une école normale pour former des professeurs et instituteurs animés de la foi nouvelle. Mais l'école normale ne sera réalisée qu'après thermidor. En attendant, on fait un effort sincère pour appliquer la loi du 5 nivôse qui a rendu l'école primaire obligatoire et salarié les instituteurs publics aux frais de l'État. Mais on manque de personnel et les écoles s'ouvrent lentement. A la fin de 1794, elles n'existent plus ou moins nombreuses que dans 180 districts. Saint-Just voulait doter les écoles avec les biens nationaux. Il posait en principe qu'avant d'appartenir à ses parents l'enfant appartient à la patrie et il traçait le plan d'une éducation commune à la spartiate.

Les régions qui ont opposé le plus de résistance à la Révolution sont celles où la population ignore le français : Alsace, Pays basque, Corse, Comté de Nice, Bretagne, Flandre. Barère fait instituer pour ces pays allophones des instituteurs de langue française que désigneront les clubs et qui n'enseigneront pas seulement la langue de la liberté, mais qui seront en même temps des prédicateurs de civisme. Là aussi, faute de personnel, le décret ne reçut qu'une application restreinte. Grégoire veut qu'on déracine les patois à l'égal des langues étrangères, car « l'unité d'idiome est une partie intégrante de la Révolution ». Il rédige, au nom de la Convention, le 16 prairial, une belle adresse aux Français : « Vous détestez le fédéralisme politique, abjurez celui du langage. »

On travaille ainsi pour l'avenir, mais le présent requiert toute l'attention. La question religieuse n'est pas résolue. Théoriquement la liberté des cultes subsiste. En fait elle est supprimée dans beaucoup de régions. De nombreux représentants ont considéré que tous les prêtres étaient suspects, les ont reclus quand ils n'abdiquaient pas, ont même parfois ordonné la démolition des clochers. D'autres plus tolérants ont permis la continuation du culte. Le décadi essaie partout de supplanter le dimanche, mais il n'a pas cause gagnée. Les populations restées très pieuses regrettent leurs prêtres et boudent aux fêtes patriotiques. Même dans les ateliers nationaux il est difficile de faire travailler le dimanche. Si la fermeture des églises avait été simultanée, nul doute qu'une grande jacquerie populaire n'aurait éclaté, car dans les semaines qui précédèrent le décret du

Albert Mathiez

18 frimaire, tardivement promulgué du reste, les mouvements fanatiques se multiplièrent (à Coulommiers, Amiens, en Lozère, Haute-Loire et Loire, en Corrèze, dans l'Hérault, le Cher, la Nièvre, la Meuse, les Ardennes, etc.). La fermentation dura tout l'hiver et n'était pas calmée au printemps. Si elle ne prit pas de plus grandes proportions, ce fut grâce à l'incohérence même de la conduite des représentants. La persécution n'ayant jamais été générale, les fidèles n'eurent pas l'idée de se concerter. Quand on leur enleva leurs prêtres, ils célébrèrent dans de nombreuses paroisses des messes « aveugles » que présidaient le sacristain ou le maître d'école. A Paris même, le culte ne fut jamais complètement interrompu.

Le Comité qui, au début, n'avait voulu voir dans la déchristianisation qu'une manœuvre de l'étranger, ne songe pas à revenir en arrière, maintenant qu'elle est presque accomplie. Mais il veut l'épurer, la perfectionner, la rendre acceptable aux masses en lui donnant un contenu positif. Les fêtes décadaires ont grandi au hasard. On y célèbre la liberté, la patrie et la raison. Il importe de leur donner une organisation uniforme et une doctrine commune. Les hommes de cette époque, même les plus affranchis des dogmes chrétiens, même des athées comme Silvain Maréchal, ne croient pas que l'État puisse se passer d'un credo et d'un culte. L'État, comme l'ancienne Église, a charge d'âmes. Il manquerait à son devoir primordial s'il se désintéressait des consciences. Il fallait relier la morale politique enseignée dans les cérémonies civiques à une morale philosophique, génératrice des vertus privées. C'était une conviction générale que la foi en Dieu était le fondement de la société.

Au lendemain de l'exécution de Chaumette, la Convention décréta, le 25 germinal, que les restes de l'auteur de la *Profession de foi du vicaire savoyard* seraient portés au Panthéon. Robespierre fut chargé de présenter le décret attendu sur les fêtes décadaires. Il le fit précéder, le 18 floréal, d'un discours émouvant qui enthousiasma l'Assemblée et le pays. Il y affirmait que la Révolution, en possession maintenant d'une doctrine philosophique et morale, n'aurait plus rien à craindre d'un retour offensif des vieilles religions positives. Il y prédisait la fin prochaine de tous les prêtres et la réconciliation de tous les Français autour du culte simple et pur de l'Être suprême et de la Nature, car, pour lui, la Nature et Dieu se confondaient. Chaque décadi désormais serait consacré à la glorification d'une vertu civique ou sociale et la République célébrerait en outre les quatre grands anniversaires du 14 juillet, du 10 août, du 21 janvier et du 31 mai.

Élu président de la Convention, le 16 prairial, à l'unanimité des suffrages qui ne furent jamais plus nombreux (485), Robespierre présida, un bouquet et un épi de blé à la main, la magnifique fête dédiée à l'Être suprême et à la Nature, qui eut lieu le 20 prairial, jour de la Pentecôte, au milieu d'un concours immense. Dans toute la France des fêtes analogues furent célébrées le même jour avec un égal succès. Partout les temples républicains inscrivirent à leur fronton : Le peuple français reconnaît l'Être suprême et l'immortalité de l'âme. Il semblait que le Comité avait atteint son but, qu'il avait rallié tous les Français dans un sentiment commun d'apaisement et de fraternité. Les hommes de tous les partis envoyèrent à Robespierre leurs félicitations enthousiastes. Boissy d'Anglas le compara publiquement à « Orphée enseignant aux hommes les principes de la civilisation et de la morale ». Laharpe, le littérateur en vogue, l'encensa dans une lettre particulière. Des athées comme Lequinio et Maréchal ne furent pas les derniers à applaudir. Nombre de catholiques d'autre part se déclaraient satisfaits, puisqu'on leur rendait Dieu à défaut des prêtres. Ils voyaient dans la récolte abondante et précoce un signe que la Providence protégeait la République. Les derniers offices célébrés par les prêtres disparaissaient sans bruit pour faire place à des messes civiques. Les prêtres sexagénaires ou infirmes jusque-là laissés en liberté étaient à leur tour reclus par le décret du 22 floréal. A l'étranger l'impression fut extraordinaire. « On crut véritablement, dit Mallet du Pan, que Robespierre allait fermer l'abîme de la Révolution. » On le crut d'autant plus que partout nos armées étaient victorieuses. On n'avait pas entendu les sarcasmes et les menaces que quelques députés avaient lancés au président de la Convention pendant la fête même de l'Etre suprême. On ne voyait pas que sous le brillant décor des guirlandes, des fleurs, des hymnes, des adresses et des discours, se cachaient la haine et l'envie et que les intérêts, toujours menacés par la Terreur et qui n'avaient que faire de la vertu, n'attendaient qu'une occasion pour prendre leur revanche.

Albert Mathiez

13

FLEURUS

La France révolutionnaire n'aurait pas accepté la Terreur si elle n'avait été convaincue que la victoire était impossible sans la suspension des libertés. Elle se résigna à la dictature de la Convention, puis des Comités, dans l'espoir que son sacrifice ne serait pas inutile et elle ne fut pas trompée.

Au printemps de 1794 elle peut s'enorgueillir de l'armée qui lui a été préparée. C'est une armée homogène. Toute distinction a disparu, même dans l'uniforme entre la ligne et les volontaires. L'embrigadement est commencé et avance rapidement. La demi-brigade forte de deux bataillons de volontaires et d'un bataillon de ligne est une unité manœuvrière de 3 000 hommes, pourvue d'artillerie légère, plus mobile que les anciens régiments. Les états-majors épurés, la confiance règne maintenant entre chefs et soldats. Les chefs, dont beaucoup sortent du rang, donnent l'exemple des privations. Ils couchent sous la tente et vivent en sans-culottes. Les anciens frottements entre généraux et représentants ont disparu. Les représentants, choisis avec soin, savent se faire obéir sans rudesse. Ils se préoccupent du bien-être des troupes. Ils les enflamment de leur ardeur civique. Ils se mettent en tête des colonnes d'assaut. De rudes exemples ont rétabli partout la discipline. Les femmes qui encombraient les camps et dévoraient les provisions ont été chassées. Les fournisseurs sont étroitement surveillés. Les régies succèdent aux entreprises et les inspecteurs généraux des charrois, qui opèrent deux par deux, mettent fin aux dilapidations. L'armée épurée, animée d'un ardent patriotisme, est devenue un instrument souple et docile entre les mains de Carnot. Ses effectifs ont été doublés par la première réquisition, dont les recrues, instruites pendant l'hiver, ont été versées au printemps dans les anciens bataillons. Huit cent mille hommes entraînés, encadrés, aguerris, pleins de mépris pour les mercenaires de la Coalition, sont à pied d'œuvre. Ils ne risquent plus d'être arrêtés dans leurs succès, comme Hoche après Kaiserslautern, par le manque d'armes et de munitions. Les fabrications de guerre, fiévreusement, mais scientifiquement organisées, commencent à donner leur plein. La seule manufacture parisienne fabrique 2 699 fusils neufs du 21 au 30 ventôse et en répare 1 497. Les sept autres manufactures provinciales en produisent à peu près autant. Grâce à la fabrication révolutionnaire du salpêtre, l'immense poudrerie de Grenelle, la plus importante de l'Europe, fournit en prairial 6 à 8 milliers de poudre par jour, 20 milliers en messidor.

Le Comité sent que la victoire est proche. Sa diplomatie ne reste pas inactive, mais elle ne se propose que des buts définis et accessibles. Elle est mise d'abord au service des nécessités économiques. La France est menacée d'un blocus hermétique. Elle ne peut faire vivre ses armées et alimenter ses industries que si elle garde des ouvertures sur le reste du monde. Elle s'attache donc à cultiver l'amitié des Suisses, des Scandinaves, des villes hanséatiques, des Américains, des Barbaresques, des Génois et des Turcs. La Suisse est parcourue constamment par les agents du Comité, Perregaux, Schweitzer, Humbert, qui raflent chevaux, bétail, fourrages, étoffes, fer, cuivre, etc. Par la Suisse, les denrées de la Souabe et de l'Autriche elle-même prennent la direction de Belfort. Les Anglais, dont la flotte domine la Méditerranée et qui viennent de s'emparer de la Corse, s'efforcent d'empêcher les Génois de ravitailler nos ports du Midi et notre armée des Alpes. Le Comité maintient Gênes dans la neutralité en la menaçant de notre armée qui s'avance par l'Apennin. Pour attirer les Hanséates, les Américains, les Scandinaves dans nos ports de l'Océan, le Comité relâche leurs navires frappés d'embargo ou déclarés de bonne prise, paie leurs livraisons au-dessus du maximum, leur facilite l'exportation de marchandises françaises telles que vins, eaux-de-vie, soieries, café, etc. Il envoie aux États-Unis une importante mission acheter des blés qu'on paiera au moyen de la créance que nous possédons sur ce pays depuis la guerre de l'Indépendance. Washington, rassuré depuis la révocation de Genêt, est invité à rappeler son ambassadeur à Paris, Morris, dont le Comité connaît l'hostilité. Il s'exécute et nomme Monroe qui n'arrivera qu'au lendemain du 9 thermidor.

Les vaisseaux neutres qui se dirigent vers les côtes françaises sont inquiétés par les croiseurs anglais. Le Comité encourage le ministre danois Bernstorff à former avec la Suède et les Etats-Unis une ligue de neutralité armée qui fera respecter la liberté des mers. Bernstorff signe une convention avec la Suède. Mais notre agent à Copenhague, Grouvelle, commet l'imprudence de confier à la poste ordinaire les dépêches non chiffrées qu'il adresse à Paris. Les croiseurs anglais s'en emparent. Pitt, mis au courant des négociations déjà fort avancées, use de la menace et parvient à écarter le péril. Il est d'ailleurs secondé par l'Américain Hamilton, ami de Washington, qui craint de compromettre son pays avec les Jacobins.

L'Angleterre possède avec ses alliés, l'Espagne et la Hollande, une énorme supériorité navale. Mais le Comité, même après la catastrophe de Toulon, ne désespère pas. Sous l'impulsion vigoureuse de Saint-André et de Prieur de la Marne, qui s'installent à Brest, les constructions neuves sont poussées avec ardeur, les vides dus à l'émigration des officiers nobles comblés au moyen des officiers de la marine marchande, la paie des matelots et des ouvriers des arsenaux augmentée afin qu'ils travaillent jour et nuit, l'indiscipline, qui avait fait de grands ravages, réprimée avec sévérité, les cordages, les goudrons, les bois, les cuivres réquisitionnés dans toute la France. Au printemps, la flotte concentrée à Brest est en mesure non seulement de protéger les côtes contre un débarquement qui rallumerait la Vendée, mais encore d'escorter les convois et même de reprendre l'offensive. En attendant, nos corsaires font subir au commerce ennemi des pertes sensibles.

Les progrès réalisés par l'armée et la marine françaises frappent d'admiration et d'étonnement les observateurs neutres ou ennemis. L'agent américain William Jackson les décrit en détail à son ami Pinckney dans un long rapport du mois d'avril 1794. Après avoir dépeint les « splendeurs » de la France révolutionnaire, il émet déjà la crainte que, grisée par les victoires qu'il prédit, elle ne se laisse entraîner dans une politique de conquêtes. Vers le même temps, le perspicace Mercy-Argenteau adresse à l'empereur, son maître, un avertissement prophétique (9 mars 1794). Il ne voit le salut déjà pour la Coalition que dans l'emploi des moyens qui réussissent aux Français, il conseille un appel à la nation allemande.

L'Empereur avait saisi la Diète, le 20 janvier 1794, d'une proposition d'armement général des peuples allemands. Mais sa proposition n'obtint aucun succès. Si passifs qu'ils soient, les peuples de l'Europe centrale sentent confusément que la cause des rois n'est pas la leur. En dépit des rigueurs de la censure, les mots d'ordre jacobins ont trouvé de l'écho. En Hongrie, un prêtre démocrate

Martinovicz affilié aux Illuminés de Weishaupt et un ancien officier Lazcovicz, qui déteste le joug allemand, fondent une société secrète qui se recrute dans la bourgeoisie et jusque dans la noblesse et qui applaudit aux victoires françaises. Les enrôlements pour l'armée se font tous les jours plus difficiles. Les emprunts n'obtiennent pas un meilleur succès. Les bourgeois ferment leurs bourses. En Prusse, où l'industrie est une création récente du grand Frédéric, la guerre entraîne un chômage intense. Les tisserands de Silésie s'agitent (émeute de Breslau, avril 1794). Les paysans refusent par endroits de payer leurs rentes seigneuriales. Cette agitation est pour Frédéric-Guillaume une raison de rejeter l'enrôlement des masses que propose l'Autriche. Les Belges se montrent tièdes. Les riches abbayes ne répondent que mollement aux appels de subsides. La guerre contre la France n'est nationale qu'en Grande-Bretagne et là même, surtout en Ecosse, se maintient une opposition tenace que Pitt ne peut briser que par les lois d'exception et par une répression sévère.

La Coalition, dont toute la force repose sur des armées de mercenaires, n'a jamais été très unie. Elle est maintenant à la veille de se disloquer.

Frédéric-Guillaume a beau haïr les sans-culottes, il prête l'oreille à ceux de ses conseillers qui lui représentent que le véritable ennemi c'est l'Autriche et non la France. Il exige que ses alliés lui remboursent ses dépenses militaires et il menace de rappeler ses troupes s'ils ne s'exécutent pas sur-le-champ. Thugut refuse : « physiquement parlant, nous n'avons pas le sou » (1er avril 1794, à Mercy), mais Pitt, pour prévenir la défection prussienne, s'engage à verser les fortes sommes exigées. La Hollande imite la Prusse et, soutenue par l'Angleterre, réclame de l'Autriche une rectification de frontière aux Pays-Bas. L'Espagne boude. Ses amiraux et généraux ont eu à Toulon avec leurs collègues anglais de violentes querelles. Godoy refuse d'accorder à Pitt le traité de commerce qui lui est proposé. Aranda conseille la paix. On l'exile de la Cour sous prévention de complot. L'argent anglais est l'unique ciment d'une coalition qui se détraque.

Un coup inattendu élargit encore les lézardes. Le 24 mars, avec une petite troupe équipée en Saxe, Kosciuzsko entre en Pologne et appelle aux armes ses compatriotes. Il bat les Russes par surprise

Albert Mathiez

à Raslovice le 4 avril, il les chasse de Varsovie le 19, de Wilna le 23. Mais le peuple polonais ne bouge pas. Kosciuzsko, qui n'a pas osé supprimer le servage et qui ménage les nobles parce qu'ils ont seuls répondu à son appel, ne parvient pas à réunir plus de 17 000 hommes, d'ailleurs mal armés. Son coup de main aventureux n'obligera pas les Prussiens ni les Autrichiens à retirer un seul soldat du front français. En quelques semaines les bandes polonaises seront dispersées. Mais la question de Pologne se dressant ainsi à l'improviste entre les deux alliés de Berlin et de Vienne accentua leurs désaccords latents.

Les discordes des Coalisés retentissent sur leur plan de campagne et sur leurs opérations. Ce sont des tiraillements continuels entre les généraux dont chacun n'obéit qu'aux ordres de sa Cour (cf. dépêche de Trautmansdorf à Kaunitz du 19 mai 1794). Les Anglais qui ont pris à leur solde l'armée prussienne voudraient s'en servir pour protéger les Pays-Bas et la Hollande. L'empereur s'y oppose parce qu'il se défie des intentions de la Cour de Berlin qui sont d'empêcher un démembrement trop considérable du territoire français et de priver l'Autriche du fruit de sa victoire : « En appelant l'armée prussienne à la Meuse, en établissant avec elle une étroite connexité d'opérations réciproques, il est évident que le roi resterait toujours le maître de suspendre des progrès qu'il estimerait trop rapides, de nous arrêter au moment même où un heureux hasard des événements nous offrirait quelque espoir de parvenir au grand but de l'affaiblissement de la France » (Thugut à Stahrenberg, 1er mai). L'armée prussienne restera donc dans le Palatinat face à la Sarre. Cobourg se contentera du petit corps de Blankenstein qui défend Trêves et assure la liaison avec les Pays-Bas.

Cependant Cobourg reçoit l'ordre de marcher sur Paris avec toutes ses forces. Il tient déjà Condé, Valenciennes, Le Quesnoy et la forêt de Mormal, c'est-à-dire les abords de la trouée de l'Oise. Son front s'enfonce comme un coin dans le territoire français entre la Sambre et l'Escaut, entre les deux armées républicaines du Nord et des Ardennes. Il peut manœuvrer par les lignes intérieures. Mais il n'a pas ses forces dans sa main. Il doit compter avec le duc d'York et avec le prince d'Orange qui lui sont accolés. Puis les sans-culottes ont sur lui une supériorité numérique qui sans cesse augmente. Dès la fin de mai il réclame des renforts. Pitt les refuse et conseille aux Autrichiens d'utiliser les Prussiens dont ils n'ont pas voulu. A défaut de renforts qui ne vinrent jamais, Cobourg reçoit le jeune empereur qui vient encourager ses troupes par sa présence. Dès le milieu de mai, Mack, le chef d'état-major de Cobourg, conseille à François II de faire la paix. Après les premiers échecs, Anglais, Hollandais et Hanovriens veulent quitter la grande armée pour courir au secours des villes de la côte menacées (Waldeck à Thugut, 14 juin). Décidément les carmagnoles ont la partie belle.

C'est sur Cobourg que Carnot prescrit de porter les coups décisifs. Jourdan s'est arrêté après sa victoire de Wattignies, comme Hoche après la prise de Worms. Carnot, las de lui commander en vain l'offensive sur la Flandre, l'a destitué le 20 nivôse, comme il destituera Hoche deux mois plus tard pour le punir de n'avoir pas exécuté l'offensive sur Trêves. Mais, alors que Hoche, qui passe pour hébertiste, est envoyé en prison, Jourdan est rappelé, le 20 ventôse, au commandement de l'armée de la Moselle. Pichegru, plus souple, mais plus sournois, a été mis à la tête de l'armée du Nord le 17 pluviôse et on lui subordonne l'armée des Ardennes. Il a dans sa main les deux branches de l'étau qui serreront Cobourg entre la Lys et l'Escaut. Carnot renforce ses effectifs. En germinal il dispose de plus de 250 000 hommes, commandés par des lieutenants qui s'appellent Marceau, Kléber, Vandame, Souham, Macdonald. Pour les stimuler, Saint-Just et Lebas sont envoyés à l'armée qu'ils enflamment de leur propre ardeur. Carnot a rappelé à tous les généraux ses instructions le 11 pluviôse : « Porter les grands coups par le Nord. Les armées du Rhin et de la Moselle doivent y coordonner leurs mouvements. Règle générale : agir en masse et offensivement. Engager à toute occasion le combat à la baïonnette. Livrer de grandes batailles et poursuivre l'ennemi jusqu'à entière destruction. » Il tient à l'offensive pour d'autres raisons encore que pour des raisons de stratégie. La disette sévit à l'intérieur. Il écrit le 11 germinal aux représentants à l'armée du Nord : « Il ne faut pas vous dissimuler que nous sommes perdus si vous n'entrez bien vite en pays ennemi pour avoir des subsistances et des effets de tout genre, car la France ne peut soutenir longtemps l'état forcé où elle se trouve en ce moment... Il faut vivre aux dépens de l'ennemi ou périr. La défensive nous déshonore et nous tue. » Sans relâche Carnot presse Pichegru de devancer les Impériaux, mais Pichegru perd un mois en inspections. Il n'attaque que le 9 germinal sur Le Cateau et est repoussé avec pertes. Cobourg assiège Landrecies. Toutes les diversions tentées pour débloquer la place échouent et Landrecies capitule le 11 floréal après quatre jours de bombardement. Les Impériaux possèdent une nouvelle tête de pont sur la Sambre.

Sans retard, Saint-Just et Lebas organisent un camp retranché à Guise pour leur barrer le chemin de Paris. Cambrai, serré de près, compte de nombreux royalistes. Carnot y soupçonne la trahison. Un mois plus tôt Vandame lui a fait passer deux lettres qui lui promettaient 240 000 livres pour prix de son concours. Saint-Just et Lebas délèguent dans Cambrai leur collègue Joseph Lebon pour y mettre en mouvement la guillotine contre les ennemis de l'intérieur. Puis Carnot ordonne à Jourdan de marcher au secours de l'armée des Ardennes avec toutes les forces qu'il pourra prélever sur l'armée de la Moselle qui restera sur la défensive derrière la Sarre en attendant des renforts de l'Ouest. Carnot prescrit en même temps à Pichegru une offensive vigoureuse par ses deux ailes sur Courtrai et Ypres d'une part, sur Charleroi de l'autre. Les républicains entrent à Courtrai le 7 floréal, le 10 à Furnes, ils battent les Impériaux devant Tourcoing le 29, font un butin de 60 canons et de 2 000 prisonniers. A cinq reprises l'armée des Ardennes, enlevée par Saint-Just, passe et repasse la Sambre en des combats furieux. Charleroi est alternativement assiégée et débloquée. Mais Jourdan arrive. Il chasse les Impériaux de Dinant le 10 prairial et fait sa jonction, trois jours plus tard, avec l'armée des Ardennes. Les républicains passent la Sambre pour la sixième fois. Charleroi capitule le 7 messidor. Cobourg, qui accourt au secours de la place avec la grande armée, essaie le lendemain de chasser les républicains des positions fortifiées qu'ils ont préparées sur un front de trente kilomètres en arc de cercle de la Sambre à la Sambre. Ses cinq colonnes d'assaut sont refoulées à gauche par Kléber, à droite par Marceau et Lefebvre, au centre par Championnet et sabrées ensuite dans l'intervalle des redoutes par la cavalerie de d'Hautpoul. Les Français couchent sur le champ de bataille de Fleurus et gardent Charleroi.

Déjà l'armée du Nord a pris Ypres le 29 prairial avec 80 canons et 5 800 prisonniers. Elle entre à Ostende le 15 messidor. Les deux armées victorieuses de Pichegru et de Jourdan commencent leur marche convergente vers Bruxelles. Elles y entrent le 20 messidor. Anvers et Liège tombent le 6 thermidor.

Il ne se passe pas maintenant de semaine sans qu'une carmagnole de Barère célèbre devant la Convention de nouveaux succès sur toutes les frontières : 5 floréal, Badelanne reprend le Saint-Bernard aux Piémontais, 9 floréal, l'armée des Alpes prend Saorgio, 15 prairial, l'armée des Pyrénées occidentales chasse les Espagnols du camp des Aldudes, 1er prairial, prise du mont Cenis, 9 prairial, reprise de Collioure, Saint-Elne et Port-Vendres par l'armée des Pyrénées orientales, etc.

Saint-André et Prieur annoncent, le 25 prairial, que le grand convoi de blé qu'on attend d'Amérique est arrivé à Brest. La flotte française de Villaret-Joyeuse, pour protéger le passage, a livré à la flotte anglaise de Howe, le 9 prairial, un violent combat où le *Vengeur du peuple* s'est abîmé dans les flots au cri de Vive la République ! Les Anglais ont tellement souffert qu'ils n'ont pas poursuivi les Français et qu'ils ont dû rentrer dans leurs ports.

Sans doute les deux armées du Rhin et de la Moselle ont subi un rude assaut au début de prairial. Moellendorf avec ses Prussiens a chassé les Français de Kaiserslautern. Mais Hentz et Goujon envoyés en toute hâte mettent la victoire ou la mort à l'ordre du jour. Les 14 et 15 messidor les deux armées françaises reprennent simultanément l'offensive sous le haut commandement de Moreaux. Les Prussiens, abrités derrière des retranchements, sont chassés de Trippstadt par des charges furieuses, le 25 messidor. Les Français rentrent à Pirmasens et à Kaiserslautern.

A la fin de messidor, la guerre est reportée sur le territoire ennemi au-delà des Alpes et au-delà des Pyrénées. Augereau envahit l'Ampourdan pendant que Muller marche sur Fontarabie où il entrera le 14 thermidor. L'armée d'Italie renforcée s'apprête à envahir le Piémont.

La guerre a changé de caractère. Il ne s'agit plus, comme en 1792, de révolutionner les peuples et d'en faire les alliés de la République. « Nous devons vivre aux dépens de l'ennemi, nous n'entrons pas chez lui pour lui porter nos trésors », écrit Carnot aux représentants, le 8 prairial. C'en est fini du propagandisme. J.-B. Lacoste et Baudot ont organisé l'exploitation méthodique du Palatinat.

Albert Mathiez

Des « agences d'évacuation » ont dirigé sur la France 2 000 sacs de grains, 4 000 bœufs, un million de pintes de vin, 120 000 rations de foin, 600 000 rations de paille, etc. Quatre-vingt mille hommes ont vécu pendant deux mois aux dépens des habitants sans préjudice des contributions de guerre qui leur sont imposées : trois millions sur le duché de Deux-Ponts, deux millions sur Bliescastel, quatre sur le grand bailliage de Neustadt, le tout en numéraire, bien entendu. Les mêmes règles sont appliquées en Belgique. « Il faut dépouiller le pays, écrit Carnot le 15 messidor, et le mettre dans l'impuissance de fournir aux ennemis les moyens de revenir... Souvenez-vous que l'infâme Dumouriez nous y a fait laisser un milliard de notre monnaie. » Jourdan, qui commande l'armée de Sambre-et-Meuse, nouveau nom de l'armée des Ardennes, reçoit l'ordre, le 26 messidor, de lever une contribution en numéraire de 50 millions sur Bruxelles. Tournai paiera 10 millions, etc.

Cependant le Comité n'est pas animé de l'esprit de conquête. Il veut que la guerre nourrisse la guerre, mais il ne songe pas à annexer les pays occupés.

« Nous marchons, non pour conquérir, mais pour vaincre, avait dit Billaud le 1er floréal, non pour nous laisser entraîner par l'ivresse des triomphes, mais pour cesser de frapper à l'instant où la mort d'un soldat ennemi serait inutile à la liberté. » Le Comité ne veut pas perdre la République dans le militarisme. Quand Milhaud et Soubrany lui proposent de conquérir la Catalogne et de l'annexer à la France, Couthon leur répond, le 7 prairial : « Il nous paraît plus conforme à nos intérêts et à nos principes d'essayer de faire de la Catalogne une petite république indépendante qui, sous la protection de la France, nous servira de barrière à cet endroit où les Pyrénées cessent. Ce système flatterait sans doute les Catalans et ils l'adopteront plus volontiers encore que leur réunion à la France. Vous devez dans les montagnes porter nos limites jusqu'aux extrémités et par conséquent vous établir à demeure dans toute la Cerdagne, prendre la vallée d'Aran, en un mot tout ce qui est en deçà des monts... Mais la Catalogne, devenue département français, serait aussi difficile à conserver que l'est aujourd'hui l'ancien Roussillon. » Le Comité, qui fait la guerre aux idiomes étrangers dans les provinces conquises par l'ancienne monarchie, ne se soucie pas d'annexer des populations qui seraient inassimilables par le langage comme par les mœurs. Il veut que la France reste une et indivisible.

En Belgique, explique Carnot aux représentants aux armées du Nord et de Sambre-et-Meuse, le 2 thermidor, « nous ne voulons garder que ce qui peut assurer notre propre frontière, c'est-à-dire à gauche toute la Westflandre et la Flandre hollandaise, à droite le pays d'entre Sambre et Meuse et au milieu seulement ce qui est en deçà de l'Escaut et de la Haisne, de manière qu'Anvers et Namur soient les deux points d'appui et que la frontière fasse un cercle rentrant, bien couvert par des rivières et dans lequel l'ennemi ne pourra pénétrer sans se trouver cerné par le fait même. »

On voit sur quelles bases le Comité aurait négocié la paix s'il était resté au pouvoir quand elle fut conclue. L'Angleterre aurait mis sans doute son veto à l'attribution d'Anvers à la France. Mais l'Autriche, qui ne tenait pas à la Belgique, aurait pu être aisément indemnisée en Allemagne pour les cessions assez légères que Carnot exigeait. La frontière d'Alsace et de Lorraine maintenue sans changement, l'Autriche aurait pu signer la paix continentale en même temps que la Prusse et l'Espagne qui manifestaient une répugnance de plus en plus grande à continuer la guerre pour les intérêts britanniques. Le 9 thermidor n'a pas été seulement fatal à l'affermissement de la démocratie à l'intérieur. Il a prolongé la lutte à l'extérieur et pré-cipité la France dans une politique conquérante qui devait la faire haïr des peuples et finalement l'épuiser.

C'était par la Terreur que le Comité de salut public avait vaincu. Mais si cette Terreur s'était montrée, à l'épreuve, un instrument efficace, c'est que ceux qui le maniaient étaient restés unis, dans le sentiment commun des nécessités nationales. Le jour où par malheur leur union cesserait, où les passions particulières l'emporteraient dans leur cœur sur le bien public, la Terreur déshonorée ne serait plus qu'un vulgaire poignard dont les indignes se saisiraient au besoin pour frapper les meilleurs citoyens.

14

THERMIDOR

Le gouvernement révolutionnaire était une hydre à deux têtes

Albert Mathiez

puisque les deux Comités de salut public et de sûreté générale qui le constituaient avaient en principe des pouvoirs égaux et qu'ils devaient se réunir en commun pour statuer sur les affaires majeures. Mais, peu à peu, l'équilibre s'était rompu en faveur du Comité de salut public. Billaud et Robespierre n'avaient pas hésité à reprocher publiquement au rapporteur du Comité de sûreté générale, Amar, l'insuffisance de son rapport sur l'affaire Chabot et ils avaient même fait décréter par la Convention que son rapport ne serait imprimé que revu et corrigé. Amar, traité en écolier, dut garder en son cœur un vif ressentiment, d'autant plus qu'il ne pouvait ignorer les critiques non exprimées que ses censeurs formulaient entre eux sur la façon singulière dont il avait instruit la grave affaire confiée à ses soins (voir à ce sujet mon livre sur l'*Affaire de la Compagnie des Indes*). La suspicion dont Amar était l'objet rejaillit sur le Comité qui l'avait choisi pour son organe. Dès lors ce furent les membres du Comité de salut public qui s'emparèrent des grands rapports, même quand ils traitaient d'objets du domaine propre du Comité de sûreté générale. Saint-Just foudroya les conspirations hébertiste et dantoniste. Le même Saint-Just rapporta la grande loi du 27 germinal sur « la répression des conspirateurs, l'éloignement des nobles et la police générale », et cette loi consacrait de nouveaux empiétements du Comité de salut public. Confiné jusque-là dans l'administration, il obtenait, par l'article 1er de la loi, les mêmes droits que le Comité de sûreté générale pour la recherche des complices des conjurés et leur traduction au tribunal révolutionnaire. Un article 5 le chargeait, en outre, « de faire inspecter les autorités et les agents publics chargés de coopérer à l'administration » et un article 19 lui faisait une obligation « d'exiger un compte sévère de tous les agents, de poursuivre ceux qui serviront les complots et auront tourné contre la liberté le pouvoir qui leur aura été confié ». Le Comité de sûreté générale perdait ainsi la police de la nombreuses armée des fonctionnaires. Le Comité de salut public organisa aussitôt un bureau de surveillance administrative et de police générale dont la direction fut confiée à Saint-Just qui fut remplacé pendant ses missions, tantôt par Couthon, tantôt par Robespierre. Amar et ses amis de la Sûreté générale se plaignirent amèrement du « triumvirat » qui les avait dépossédés. Ils prétendirent, contrairement à la vérité d'ailleurs, que la police du triumvirat contrecarrait la leur. La discorde commença.

Si le Salut public était resté uni, il aurait pu négliger la mauvaise humeur de la Sûreté générale. Mais les onze membres qui le composaient étaient des personnalités trop fortes, trop pénétrées du sentiment des services rendus pour ne pas souffrir avec impatience que l'un d'eux sortît de la ligne et semblât éclipser les autres. Qu'il l'eût recherché ou non, Robespierre était devenu pour toute la France révolutionnaire le vrai chef du gouvernement. Sa popularité, qui avait toujours été considérable, avait grandi démesurément depuis la chute des factions qu'il avait attaquées en face. Or, Robespierre, dont le caractère était fait de sincérité passionnée, ne ménageait pas toujours l'amour-propre de ses collègues du gouvernement. Sévère pour lui-même, il l'était pour les autres. Les réserves et les critiques venaient plus souvent sur ses lèvres que les compliments. Depuis qu'il avait été cruellement trompé dans ses amitiés, il ne se liait plus qu'à bon escient, ne se livrait que rarement et gardait avec la plupart une réserve froide et distante qui pouvait paraître du calcul ou de l'ambition. Il se sentait incompris et il en souffrait. Par une faiblesse qui montre bien qu'il n'avait pas le caractère dominateur, il faisait souvent son apologie, répondait aux reproches secrets qu'il soupçonnait et, en parlant ainsi de lui-même, prêtait le flanc à l'accusation d'ambition qui faisait son tourment.

Cette facile et terrible accusation d'ambition, depuis qu'elle avait été formulée par les Girondins et reprise par les hébertistes, n'avait jamais cessé de circuler parmi ceux qui avaient ou qui croyaient avoir à se plaindre de l'homme influent dont ils exagéraient encore la puissance. Dans cette lourde atmosphère la défiance montait. L'âpre Carnot écrivait dans son rapport du 12 germinal : « Malheur à une République où le mérite d'un homme, où sa vertu même serait devenue nécessaire ! » Et le rectiligne Billaud répétait en écho, le 1er floréal : « Tout peuple jaloux de sa liberté doit se tenir en garde contre les vertus mêmes des hommes qui occupent des postes éminents. » Carnot n'avait pas insisté. Billaud, comme si le péril qu'il signalait était proche, s'étendait longuement sur les tyrans de l'ancienne Grèce : « Le fourbe Périclès se servit des couleurs populaires pour couvrir les chaînes qu'il forgea aux Athéniens, il fit croire longtemps que jamais il ne montait à la tribune sans se dire à lui-même : Songe que tu vas parler à des hommes libres, et ce même Périclès, étant parvenu à s'emparer d'une autorité absolue, devint le despote le plus sanguinaire. » Plus d'un auditeur comprit que Billaud visait Robespierre.

La Convention, en apparence, était muette, mais les intrigues couvaient. Les proconsuls rappelés pour leurs exactions s'inquiétaient du décret qui avait mis la vertu et la probité à l'ordre du jour. Ils avaient pour alliés tous ceux de leurs collègues qui avaient trempé dans les complots hébertiste et dantoniste et qui craignaient, eux aussi, d'être envoyés à Fouquier-Tinville. Il se formait peu à peu une opposition souterraine qui avait la peur pour mobile et pour ciment. Si Robespierre n'avait été qu'un ambitieux, l'occasion était belle pour lui de se créer une clientèle dévouée parmi ces trembleurs. Ils recherchaient sa protection. Fréron, Barras, Tallien, Fouché, qui seront ses plus redoutables adversaires, lui faisaient des visites, lui écrivaient des lettres suppliantes. Il pouvait, en les rassurant, les avoir à ses pieds et les attacher à sa fortune. Il les repoussa avec mépris. Bien mieux, il ne fit pas mystère qu'il poursuivrait leur punition. Ils avaient par leurs crimes souillé la Terreur. Ils avaient donné à la République une figure hideuse. Et Robespierre, qui voulait, de toute son âme, fonder une démocratie véritable, était convaincu qu'il ne rallierait l'opinion désemparée que par de grands exemples. Les misérables qui avaient abusé des pouvoirs illimités qui leur avaient été confiés pour le salut public ne devaient pas être placés au-dessus de la justice révolutionnaire. Celle-ci n'avait le droit d'être terrible qu'autant qu'elle serait une justice distributive et impartiale, frappant également tous les coupables, les plus puissants comme les plus humbles.

Les proconsuls rappelés demandaient l'approbation de leurs opérations. La Convention les avait renvoyés aux deux Comités. Robespierre non seulement refusa de donner quitus aux plus compromis, mais prétendit faire traduire quatre ou cinq d'entre eux au tribunal révolutionnaire.

Si on en croit les apologies présentées après thermidor par les membres survivants des Comités, ceux-ci auraient d'abord accédé à l'arrestation d'Alquier, mais se seraient aussitôt ravisés et auraient décidé en principe qu'ils ne consentiraient plus à aucune arrestation de députés. Barras prétend au contraire, dans une page autographe de ses mémoires, que Robespierre refusa de signer une liste de 32 députés à arrêter et que cette liste avait été préparée au Comité de sûreté générale. Robespierre déclara, au moment même, aux Jacobins, qu'on lui imputait, par malveillance, la confection de listes de proscription auxquelles il n'avait pris aucune part. De ces contradictions dans les témoignages il faut sans doute conclure que le désaccord avait pour cause des cas d'espèces. On n'arrêta personne parce qu'on ne s'entendit pas sur les noms des personnes à arrêter.

Mais il est certain que les Conventionnels menacés s'imaginèrent, à tort ou à raison, que Robespierre était leur plus dangereux adversaire. Celui-ci reçut de nombreuses lettres anonymes où il était menacé de mort. Legendre et Bourdon de l'Oise déclarèrent, après le procès des dantonistes, qu'on les avait invités tous les deux à frapper Robespierre en pleine assemblée. Ces projets d'assassinat n'étaient pas une simple manœuvre d'intimidation. Barras, Merlin de Thionville ne sortaient plus qu'armés. Ils se réunissaient avec les plus hardis au café Corazza ou chez le traiteur Doyen aux Champs-Elysées où Courtois venait les rejoindre. Tallien, très exalté, cachait un poignard sous ses vêtements.

Or, le 3 prairial, un arrêté du Comité de salut public, de la main de Robespierre, ordonna l'arrestation de Thérésa Cabarrus. Le jour même, Robespierre fut guetté à la sortie du Comité, pendant plusieurs heures, par un certain Admiral, ancien employé à la loterie royale qui avait défendu le château au 10 août dans le bataillon des Filles Saint-Thomas. Admiral n'ayant pas réussi à rencontrer Robespierre, qu'il voulait tuer, déchargea ses pistolets le soir même sur Collot d'Herbois qu'il manqua, mais atteignit un serrurier Geffroy qui s'était précipité au secours du représentant. L'émotion produite par cette tentative d'assassinat n'était pas encore calmée qu'on apprenait que, le 4 prairial au soir, une jeune fille de vingt ans, Cécile Renault, s'était présentée à la maison Duplay en demandant avec insistance à voir Robespierre. Arrêtée et trouvée en possession d'un couteau et d'un canif, elle répondit qu'elle verserait tout son sang pour avoir un roi et qu'elle n'était allée chez Robespierre que « pour voir comment était fait un tyran ».

Pendant que des milliers d'adresses félicitaient Collot et

Robespierre d'avoir échappé aux coups de Pitt, Tallien, Fouché et leurs amis travaillaient habilement la presse et l'opinion.

Dans son rapport sur l'attentat, Barère avait cité une phrase d'une lettre interceptée d'un Anglais où il était dit : « Nous craignons beaucoup l'influence de Robespierre. Plus le gouvernement français républicain sera concentré, dit le ministre [Pitt], plus il aura de force et plus il sera difficile de le renverser. » Le *Moniteur* et le *Bulletin* de la Convention imprimèrent que cette phrase avait été écrite par un agent du Comité. Barère dut rectifier le lendemain : « On a isolé, dit-il, un membre du Comité, on a eu l'air de centraliser le gouvernement sur la tête d'un seul membre, tandis qu'il repose sur tous les membres du Comité. Il pourrait suivre de là les erreurs les plus dangereuses, on pourrait en induire que la Convention n'existe plus, n'est plus rien, que les armées ne se battent plus que pour un seul homme à qui nous devons plus de justice. Cet homme est pur. » La rectification attirait fâcheusement l'attention sur la place prépondérante de Robespierre et prêtait à tous les commentaires, d'autant plus que le même Barère lisait ensuite des extraits de journaux anglais où les soldats français étaient appelés les soldats de Robespierre. Tallien ne dut pas être mécontent de Barère.

L'intrigue s'exerçait aux Jacobins comme à la Convention. Le 6 prairial, un ancien agent de Danton, Rousselin, qui deviendra le secrétaire de Barras, proposait insidieusement, pour garantir la vie des membres du Comité de salut public, de les entourer d'une garde personnelle et de rendre au brave Geffroy des honneurs civiques au cours de la fête annoncée à l'Etre suprême. Robespierre éventa le piège, s'indigna qu'on voulût attirer sur lui l'envie et la calomnie en l'accablant d'honneurs superflus, en l'isolant pour lui faire perdre l'estime. Il fit rayer Rousselin des Jacobins.

Rousselin n'était qu'un instrument que d'autres faisaient mouvoir. La veille de la séance des Jacobins, le 5 prairial, un député qui s'était compromis à fond avec Bourdon de l'Oise par ses attaques contre le Comité, Lecointre, négociant de profession sur lequel pesait une accusation d'accaparement de charbon et de soude, rédigeait et faisait signer à huit de ses collègues un acte d'accusation contre Robespierre qu'il ne publiera qu'au lendemain de thermidor, mais qu'il fit circuler sous le manteau. Les neuf braves s'étaient engagés à immoler Robespierre « en plein Sénat ». Le dantoniste Baudot nous dit que l'un des signataires Thirion lui communiqua la pièce et l'engagea, d'ailleurs en vain, à entrer dans le complot.

Il me paraît probable que Robespierre connut, au moment même, les menées de Lecointre et de Tallien et qu'il les soupçonna d'avoir armé le bras des assassins. Le 7 prairial, dans une improvisation brûlante, il répondit du haut de la tribune de la Convention aux accusations qu'on murmurait contre lui : « Voulez-vous savoir, dit-il, quels sont les ambitieux ? Examinez quels sont ceux qui protègent les fripons, qui encouragent les contre-révolutionnaires, qui excusent tous les attentats, qui méprisent la vertu, qui corrompent la morale publique ? » Et il se mit à flétrir « ce ramas de factieux et d'intrigants ». « Tant que cette race impure existera, la République sera malheureuse et précaire. C'est à vous à l'en délivrer par une énergie imposante et par un concert inaltérable... Ceux qui cherchent à nous diviser, ceux qui arrêtent la marche du gouvernement, ceux qui le calomnient tous les jours par des discours, par des insinuations perfides, ceux qui cherchent à former contre lui une coalition dangereuse de toutes les passions funestes, de tous les amours-propres irascibles, de tous les intérêts opposés à l'intérêt public sont nos ennemis et ceux de la patrie. Ce sont les agents de l'étranger. » Appels inutiles. Le Comité de sûreté générale avait déjà lié partie avec les Lecointre, les Tallien, les Fouché qui étaient aussitôt informés de tout ce qui se discutait au sein du gouvernement. Fouché réussissait à se faire nommer président des Jacobins le 13 prairial.

Robespierre ne tardait pas à fournir à ses adversaires une arme des plus dangereuses par sa participation à la préparation et au vote de la loi du 22 prairial sur le tribunal révolutionnaire. Sans doute la loi était sur le chantier depuis deux mois, depuis que le décret du 27 germinal confirmé le 19 floréal avait supprimé les tribunaux révolutionnaires des départements et concentré tous les accusés politiques à Paris, et ses principales dispositions avaient déjà été inscrites dans l'arrêté instituant la Commission d'Orange. Mais le Comité de sûreté générale, à qui le rapport sur les deux décrets des 27 germinal et 19 floréal avait déjà été enlevé, put légitimement s'offusquer qu'on ne l'ait même pas consulté sur le nouveau décret qui fut présenté par Couthon. Pour écarter d'une délibération aussi majeure le Comité de sûreté générale qui avait la surveillance immédiate du tribunal révolutionnaire, Robespierre et Couthon eurent sans doute de graves raisons. Leur grande pensée, exprimée dans les décrets des 8 et 13 ventôse, était de faire servir la Terreur à la dépossession des aristocrates dont les biens seraient distribués aux pauvres. Saint-Just avait fait inscrire dans le décret du 27 germinal un article qui ordonnait l'établissement pour le 15 floréal de « commissions populaires » chargées de faire un tri parmi les détenus et de dresser la liste de ceux dont les biens seraient confisqués après déportation ou condamnation à mort par le tribunal révolutionnaire. Or, les deux Comités ne se pressèrent pas d'instituer ces commissions, dont allait dépendre la nouvelle révolution sociale. Le décret du 23 ventôse avait prévu six commissions. Les deux premières ne furent créées, par un arrêté de la main de Billaud-Varenne, que le 25 floréal, pour opérer dans les prisons de Paris. Les membres des anciens comités se feront un titre d'honneur, dans leur réponse à Lecointre, après thermidor, d'avoir retardé tant qu'ils purent la constitution des commissions populaires. Ils expliquent que celles du 25 floréal n'avaient été instituées que sur les instances de Saint-Just et ils se vantent d'en avoir paralysé l'action en refusant systématiquement leurs signatures à ses décisions. Gracchus Vilate, qui fut l'homme de Barère, a dit assez justement qu'une des causes profondes de l'opposition qui s'éleva contre le triumvirat fut son programme social. Il lui parut clair, dit-il, que si le triumvirat voulait proscrire certains députés, c'est qu'il les regardait « comme des obstacles au système agraire, à la continuation du terrorisme qui en était l'instrument ». Faut-il supposer que Couthon et Robespierre, irrités des lenteurs du Comité de sûreté générale à appliquer les lois de ventôse et les lui imputant à crime, résolurent de brusquer les choses et de le placer devant le fait accompli en soustrayant à son examen préalable la loi du 22 prairial ? Robespierre reprochera plus tard à ce Comité de recruter ses agents parmi des individus très suspects et Dumas précisera aux Jacobins, le 26 messidor, que quatre aristocrates de son département, dont il donne les noms, y avaient trouvé des emplois. On découvrit vers le même temps qu'un individu qui avait émigré à cinq reprises remplissait les fonctions de commis au tribunal révolutionnaire. Il y avait été placé par son oncle Naulin qui siégeait comme juge au tribunal !

Couthon rapporta donc la nouvelle loi au nom du seul Comité de salut public. Les défenseurs étaient supprimés, car donner un défenseur à l'accusé c'était procurer une tribune au royalisme et à l'ennemi et c'était avantager le riche aux dépens du pauvre. « Les défenseurs naturels et les amis nécessaires des patriotes accusés, ce sont les jurés patriotes, les conspirateurs ne doivent en trouver aucun. » L'interrogatoire préalable des accusés était supprimé. A défaut de preuves écrites ou testimoniales, les jurés pouvaient se contenter désormais de preuves morales. La définition des ennemis de la Révolution était élargie au point de comprendre « ceux qui auront cherché à égarer l'opinion et à empêcher l'instruction du peuple, à dépraver les mœurs et à corrompre la conscience publique... ». Enfin le tribunal révolutionnaire était reconstitué et son personnel augmenté. Couthon n'avait pas caché que la loi qu'il proposait était moins une loi de justice qu'une loi d'extermination. « Le délai pour punir les ennemis de la patrie ne doit être que le temps de les reconnaître, il s'agit moins de les punir que de les anéantir. »

Quand Couthon eut terminé sa lecture, entendue dans un silence absolu, Ruamps s'écria : « Ce décret est important, j'en demande l'impression et l'ajournement. S'il était adopté sans l'ajournement, je me brûlerais la cervelle. » Lecointre demanda un ajournement indéfini, mais Barère protesta, tout en consentant à un ajournement qui ne dépasserait pas trois jours. Robespierre, moins conciliant, réclama la discussion immédiate : « Depuis deux mois, dit-il, la Convention est sous le glaive des assassins et le moment où la liberté paraît obtenir un triomphe éclatant est celui où les ennemis de la patrie conspirent avec plus d'audace. » Robespierre avait encore dans l'oreille les menaces de mort que Lecointre, Thirion, Bourdon de l'Oise avaient proférées contre lui l'avant-veille au milieu de son triomphe de la fête de l'Etre suprême. Il fit valoir que l'ajournement ferait croire qu'il s'était élevé un désaccord entre la Convention et son Comité : « Citoyens, on veut vous diviser, on veut vous épouvanter ! » et il rappela adroitement qu'il avait défendu les 76 Girondins contre les hébertistes. « Nous nous exposons aux assassins particuliers pour poursuivre les assassins publics. Nous voulons bien mourir, mais que la Convention et la patrie soient sauvées ! »

Albert Mathiez

Les applaudissements éclatèrent et la loi fut votée, séance tenante, presque sans observation.

Mais, le lendemain, Bourdon de l'Oise demanda des explications sur l'article qui donnait à l'accusateur public et aux Comités le droit de traduire directement les citoyens au tribunal révolutionnaire. « La Convention n'a pas entendu que le pouvoir des Comités s'étendrait sur les membres de la Convention sans un décret préalable. » Non ! Non ! cria-t-on de toutes parts, et Bourdon reprit : « Je m'attendais à ces heureux murmures. Ils annoncent que la liberté est impérissable. » Bernard de Saintes appuya Bourdon et Merlin de Douai fit adopter un texte qui maintenait le droit de la Convention. Les députés menacés respirèrent. Ils n'avaient retenu de l'odieuse loi que ce qui les regardait personnellement.

Désespérant d'obtenir le consentement de la Convention à la mise en accusation des proconsuls corrompus qu'ils voulaient punir, Robespierre et Couthon avaient-ils délibérément inséré dans leur texte la disposition équivoque que Bourdon de l'Oise avait fait annuler ! Ils protestèrent le lendemain avec indignation, lors de la seconde lecture, contre le calcul insidieux qu'on leur avait prêté. Ils réclamèrent en termes hautains la suppression de l'amendement réservant les privilèges de l'Assemblée comme leur étant injurieux. Ils accusèrent Bourdon de mauvaises intentions. Des incidents violents éclatèrent. « Qu'ils sachent, s'écria Bourdon, les membres des deux Comités, que, s'ils sont patriotes, nous le sommes comme eux ! » Robespierre dénonça quelques intrigants qui s'efforçaient d'exciter les représentants rappelés et d'entraîner une partie de la Montagne pour s'y faire un parti. Bourdon l'interrompit : « Je demande qu'on prouve ce qu'on avance, on vient de dire assez clairement que j'étais un scélérat ! » Robespierre reprit : « Je n'ai pas nommé Bourdon, malheur à celui qui se nomme lui-même. Mais s'il veut se reconnaître au portrait que le devoir m'a forcé de tracer, il n'est pas en mon pouvoir de l'en empêcher. » Puis, se tournant vers Tallien, sans le nommer, il rappela que l'avant-veille, un député, au sortir de la Convention, avait frappé, en les traitant d'espions, quelques commis du Comité de salut public. « Si les patriotes attaqués s'étaient défendus, vous sentez bien qu'on n'aurait pas manqué d'envenimer cette affaire, on serait venu vous dire le lendemain que des représentants du peuple avaient

été insultés par des hommes attachés au Comité de salut public. »
Robespierre voyait dans l'incident la preuve d'une intrigue contre
le Comité : « Qui donc a dit à ceux que je désigne que le Comité
de salut public avait intention de les attaquer ? Qui leur a dit qu'il
existait des preuves contre eux ? Le Comité les a-t-il seulement
menacés ?... Si vous connaissiez tout, citoyens, vous sauriez que
l'on aurait plutôt le droit de nous accuser de faiblesse ! » Tallien
voulut nier. Robespierre et Billaud l'accablèrent. Robespierre :
« Trois cents témoins l'ont entendu. Citoyens, vous pouvez juger de
quoi sont capables ceux qui appuient le crime par le mensonge. Il
est facile de prononcer entre les assassins et les victimes. » Billaud :
« L'impudence de Tallien est extrême. Il ment à l'Assemblée avec
une audace incroyable. » Couthon et Robespierre obtinrent le vote
qu'ils demandaient. Mais une telle séance laissait dans les cœurs
des meurtrissures ineffaçables.

Il n'est pas douteux que les adversaires de Robespierre firent alors
dans les coulisses un grand effort pour le renverser. Un ancien
espion de police Roch Marcandier, qui avait été secrétaire de
rédaction de Camille Desmoulins, avait rédigé, au moment même,
une adresse aux 48 sections de Paris pour les inviter à se révolter
contre la dictature de Robespierre. « Si cet astucieux démagogue
n'existait plus, s'il eût payé de sa tête ses manœuvres ambitieuses,
la nation serait libre, chacun pourrait publier ses pensées, Paris
n'aurait jamais vu dans son sein cette multitude d'assassinats
vulgairement connus sous le faux nom de jugements du tribunal
révolutionnaire. » Marcandier, livré par Legendre, fut arrêté, le
25 prairial, et on trouva chez lui des pamphlets préparés pour
l'impression où Robespierre était comparé à Sylla. Robespierre
avait été averti par une lettre d'un commissaire à la Comptabilité
nationale, Cellier, le jour même de l'arrestation, que Lecointre
colportait contre lui un acte d'accusation.

C'est un fait déjà significatif qu'aucun membre du Comité de
sûreté générale n'avait pris la parole dans la discussion de la loi du
22 prairial. Cinq jours ne s'étaient pas écoulés que le Comité se ven-
geait du dédain où Robespierre l'avait tenu en dirigeant contre lui,
par l'organe de Vadier, une attaque fourrée qui devait compliquer
encore une situation déjà très tendue. Vieillard sceptique et libertin,
qui n'avait au cœur qu'une foi, celle de l'athéisme, Vadier n'avait pas

pardonné à Robespierre le décret qui consacrait l'Être suprême. Le 27 prairial, il vint dénoncer à la Convention une nouvelle conspiration, œuvre de fanatiques qui se réunissaient autour d'une vieille illuminée, Catherine Théot, la Mère de Dieu, qui, dans son étroit logement de la rue Contrescarpe, annonçait aux malheureux la fin prochaine de leurs misères par l'arrivée du Messie qui régénérerait toute la terre. Sur des indices les plus fragiles, Vadier mêlait à la conspiration un médecin du duc d'Orléans, Quesvremont-Lamothe, une marquise de Chastenois et le constituant dom Gerle qui servait à Catherine de directeur de conscience. Son but n'était pas seulement de ridiculiser l'idée religieuse, d'empêcher l'apaisement que Robespierre avait cru réaliser par son décret sur les fêtes nationales, mais d'atteindre par ricochet Robespierre lui-même. L'instruction montrerait que dom Gerle avait obtenu un certificat de civisme de Robespierre, que Catherine Théot avait parmi ses fidèles la belle-sœur du menuisier Duplay. Les policiers, qui avaient surveillé les réunions de Catherine, lui faisaient dire que Robespierre était le Messie régénérateur dont elle prédisait la venue. Quand tout cela serait révélé au tribunal révolutionnaire, le pontife de l'Être suprême croulerait sous les risées. On comprend que Vadier eût recommandé à Lecointre un peu de patience.

Mais Robespierre n'était pas homme à se laisser prendre au lacet d'un Vadier. Il évoqua l'affaire devant le Comité de salut public, il réclama le dossier à Fouquier-Tinville, et il arracha à ses collègues un ordre de sursis, le 8 messidor. Ce ne fut pas sans peine. Le soupçonneux Billaud fit remarquer qu'on violait ainsi un décret formel de la Convention. La scène dégénéra en altercation dont le bruit s'entendit jusque sur la place. Le Comité décida qu'il tiendrait désormais ses séances un étage plus haut pour se mettre à l'abri des oreilles indiscrètes. Il y eut d'autres scènes les jours précédents et les jours suivants. Robespierre ne put obtenir la révocation de Fouquier-Tinville dont il connaissait les liaisons avec Lecointre.

Déjà, au début de floréal, Carnot avait eu une explication très vive avec Saint-Just à propos de l'arrestation projetée par le premier d'un agent des poudres et salpêtres. Saint-Just, qui payait de sa personne aux armées, ne souffrait pas que Carnot exerçât la dictature de la guerre. On s'emporta. On échangea des menaces. Saint-Just reprocha à Carnot de protéger les aristocrates, ce qui était exact. Carnot le défia et lui cria ainsi qu'à Robespierre : « Vous êtes des dictateurs ridicules ! » Un incident plus grave se produisit entre les deux hommes au lendemain de Fleurus. Saint-Just, de retour de l'armée, reprocha à Carnot d'avoir, sans le consulter, ordonné à Pichegru de tirer 15 000 hommes d'infanterie et 1 500 de cavalerie de l'armée de Jourdan. Mesure inepte, dit-il, qui aurait fait perdre la bataille de Fleurus s'il l'avait exécutée. Levasseur (de la Sarthe), qui assista à la querelle, nous dit qu'elle fut très violente et qu'elle dégénéra en mêlée générale. De nouveau Robespierre fut traité de dictateur par Billaud et aussi par Collot. L'intervention de Collot s'explique sans doute parce qu'il se sentait solidaire de Fouché avec qui il avait « improvisé la foudre » sur les rebelles lyonnais dans la plaine des Brotteaux. Il était impossible de poursuivre Fouché sans atteindre Collot. A la séance du 9 thermidor, Billaud reprocha à Robespierre d'avoir fait arrêter « le meilleur comité révolutionnaire de Paris, celui de la section de l'Indivisibilité ». Il ne me semble pas douteux que cette arrestation ait donné lieu à de vifs débats au Comité au début de messidor quand Robespierre voulut la faire confirmer (7 messidor). En réalité, les membres de ce comité révolutionnaire avaient été dénoncés sur des griefs précis par le président même de leur section qui les accusait de friponneries. Robespierre dut croire que ses collègues qui défendaient des fripons avaient partie liée avec ses ennemis.

Robespierre ne reparut plus au Comité à partir du 15 messidor. De cette date jusqu'au 9 thermidor il n'a donné que cinq signatures qu'on est allé sans doute lui demander à son domicile. Il avait été insulté et traité de dictateur par ses collègues quand le poignard des assassins était toujours levé contre lui. Le 12 messidor encore, l'agent national Payan transmettait au Comité de sûreté générale l'interrogatoire d'un aristocrate du nom de Rouvière qui s'était introduit dans la maison Duplay, muni d'un couteau, d'un canif et de rasoirs (Arch. nat., F.[7] 3822). Robespierre avait le cœur plein d'amertume. A chaque instant des journalistes perfides dénaturaient ses paroles ou l'accablaient d'éloges hyperboliques plus dangereux que des critiques. Ainsi le rédacteur du *Journal de la Montagne*, rendant compte d'un discours qu'il avait prononcé, le 3 messidor, aux Jacobins, y joignait ce commentaire : « Chaque mot de l'orateur vaut une phrase, chaque phrase un discours, tant il renferme de sens et d'énergie dans tout ce qu'il dit. »

Robespierre se réfugia aux Jacobins, dernier rempart contre ses ennemis. Dès le 13 messidor, il avertit le club qu'il avait perdu toute autorité au gouvernement : « A Londres, on me dénonce à l'armée française comme un dictateur, les mêmes calomnies ont été répétées à Paris. Vous frémiriez si je vous disais dans quel lieu ! A Londres, on dit qu'en France on imagine de prétendus assassinats pour me faire entourer d'une garde militaire. Ici l'on me dit, en parlant de la Renault, que c'est sûrement une affaire d'amourette et qu'il faut bien croire que j'ai fait guillotiner son amant... Si l'on me forçait à renoncer à une partie des fonctions dont je suis chargé, il me resterait encore ma qualité de représentant du peuple et je ferais une guerre à mort aux tyrans et aux conspirateurs. » Avait-il calculé que ses collègues du Comité profiteraient de son absence pour demander son remplacement à la Convention ? Se réservait-il pour le débat qui s'engagerait ce jour-là ? Voulut-il forcer à l'attaque au grand jour les Vadier, les Amar, les Billaud, les Collot ? En ce cas, il fit un faux calcul, car ceux-ci firent comme s'ils n'avaient rien entendu et leurs protégés, les Fouché, les Tallien, eurent le temps de travailler les indécis de la Convention et de leur faire peur en répandant le bruit que Robespierre voulait leur tête et qu'il était le seul responsable du sang qui ruisselait à flots de la guillotine.

C'est maintenant l'époque de la grande Terreur. Du 23 prairial au 8 thermidor, le tribunal révolutionnaire prononça 1 285 condamnations à mort et seulement 278 acquittements, tandis que, pendant les quarante-cinq jours précédents, il avait prononcé 577 condamnations contre 182 acquittements. Les prisons malgré tout se remplissaient plus vite qu'elles ne se vidaient. Il y avait au 23 prairial 7 321 détenus à Paris. Il y en avait 7 800 le 10 thermidor. Les fournées se succédaient à toute vitesse. On « amalgamait » des accusés qui ne s'étaient jamais vus. Les moutons dans les prisons, aux aguets des moindres mots, composaient au petit bonheur des listes de prétendus conspirateurs. Les têtes tombaient comme des ardoises, celles des anciens magistrats de Paris et de Toulouse qui avaient protesté autrefois contre la suppression des parlements, au nombre de 31 ; celles des gens de Verdun qui avaient trop bien accueilli les Prussiens en 1792, au nombre de 35 ; celles de Lavoisier et des fermiers généraux, ces « sangsues du peuple », au nombre de 28 ; celles d'Admiral, de Cécile Renault et de 52 autres tous conduits au supplice en chemises rouges comme parricides ; celles des conspirateurs de Bicêtre en deux fournées de 37 et de 36 ; celles des 17 habitants de Caussade qui avaient porté le deuil de Louis XVI ; celles des conspirateurs de la prison du Luxembourg au nombre de 156. Fouquier-Tinville voulait faire juger ceux-ci en une seule fois sur un immense échafaudage installé dans la salle d'audience, mais le Comité l'obligea à les répartir en trois fournées.

Devant cette orgie de meurtres la conscience publique se soulevait. Le temps était bien passé où la foule se ruait au lieu des exécutions comme à un spectacle. Maintenant les boutiques se fermaient sur le passage des sinistres charrettes roulant sur le pavé. On dut changer l'emplacement de la guillotine, l'éloigner à la barrière du Trône. Le sentiment public, le dégoût du sang, fut sans doute le meilleur atout dans le jeu des ennemis de Robespierre. Ils avaient mis à profit le répit que celui-ci leur avait procuré. Sourdement ils minaient le gouvernement révolutionnaire. Une section de Paris, celle de la Montagne, décidait, le 1er messidor, d'ouvrir un registre sur lequel s'inscriraient ceux qui avaient accepté la Constitution de 1793. Le registre se couvrit rapidement de 2 000 signatures. Manœuvre habile pour demander la cessation de la Terreur par la mise en vigueur de la Constitution. La section s'excusa, le 11 messidor, devant la Convention en expliquant qu'elle avait été trompée par des intrigants.

Les nouveaux Indulgents tiraient naturellement grand parti des victoires qui se succédaient. Pour fêter ces victoires s'étaient organisés dans les rues des repas fraternels où riches et pauvres apportaient leurs victuailles et se tutoyaient dans une familiarité égalitaire. Le succès rapide de ces fraternisations inquiéta la Commune et le gouvernement. « Loin de nous, dit Payan, le 27 messidor, toutes ces réunions avec les partisans du despotisme ! Loin de nous ce système par lequel on veut nous persuader qu'il n'est plus d'ennemis dans la République ! » Barère dénonça le lendemain le nouveau piège des aristocrates. Ces repas soi-disant fraternels n'étaient, d'après lui, qu'une « amnistie prématurée ». Les aristocrates s'écriaient en trinquant avec les sans-culottes : « Nos armées sont victorieuses partout, il ne nous reste que la paix à faire, à vivre en bons amis et à faire cesser ce gouvernement

Albert Mathiez

révolutionnaire qui est terrible. » Mais, comment maintenir le gouvernement révolutionnaire, résister à la poussée des Indulgents et des corrompus, appuyés sur l'opinion, si les Comités restaient divisés et si Robespierre continuait son opposition aux Jacobins ? Le bruit des querelles intestines des gouvernants s'était répandu jusque dans les provinces et il avait alarmé les représentants (lettres de Richard, 27 prairial, de Gillet, 23 messidor, de Bô, 3 thermidor, etc.). Ingrand, de passage à Paris, sollicité par Ruamps d'entrer dans le complot contre Robespierre, s'y refusait avec indignation et prédisait qu'en renversant Robespierre on renverserait du même coup le gouvernement révolutionnaire et la République. Les membres qui composaient le Comité de salut public eurent le même sentiment qu'Ingrand. A la fin de messidor, sans doute sous l'influence de Barère, ils s'efforcèrent de se rapprocher de Robespierre. Barère, à diverses reprises, affirma la nécessité de maintenir la Terreur. Il menaça les corrompus, le 9 messidor : « Les représentants du peuple, éclairés sur les intérêts du peuple et sur leur propre sûreté, sauront tirer parti de la victoire du dehors pour anéantir au-dedans toutes les coalitions impies ou les complots parricides de quelques hommes qui prennent leur fatigue individuelle pour la fatigue du peuple et leur conscience troublée pour la conscience publique. » Le 16 messidor, après avoir fait voter un décret qui ordonnait de passer au fil de l'épée les garnisons ennemies de Condé, Valenciennes, Le Quesnoy, Landrecies, si elles ne se rendaient pas dans les 24 heures après la sommation, le même Barère prononça une apologie enthousiaste de la Terreur et mit en garde contre une clémence prématurée : « Transigez aujourd'hui, ils [les ennemis de l'intérieur] vous attaqueront demain et vous massacreront sans pitié. Non, non, que les ennemis périssent ! Je l'ai déjà dit, il n'y a que les morts qui ne reviennent point. »

Robespierre ne se méprit pas sur les intentions de Barère. Lui aussi pensait que la Terreur devait continuer jusqu'à ce que les biens des contre-révolutionnaires fussent enfin distribués aux pauvres et les institutions civiles dont Saint-Just préparait le plan établies et assurées. Le 23 messidor, il avait fait rayer Dubois-Crancé des Jacobins et inviter Fouché à venir se disculper. Fouché, n'ayant pas obéi, fut rayé à son tour le 26 messidor. Les Comités non seulement refusèrent de se solidariser avec les membres exclus, mais leur manifestèrent une hostilité certaine. Dubois-Crancé fut rappelé de sa mission en Bretagne le 26 messidor. Quant à Fouché, qui avait obtenu, le 25 messidor, un vote de la Convention ordonnant aux Comités de faire dans le plus bref délai un rapport sur sa mission, il attendit vainement ce rapport.

Les deux Comités se réunirent en séance plénière les 4 et 5 thermidor. Pour manifester, par un acte éclatant, leur ferme volonté de continuer la Terreur et de la pousser jusqu'à ses conséquences sociales, ils créèrent enfin les quatre commissions populaires restées en suspens et indispensables pour mettre en vigueur les lois de ventôse sur le triage des suspects et l'attribution de leurs biens. L'arrêté, de la main de Barère, est du 4 thermidor. Au dire de Lecointre, ils avaient voulu, en lui donnant ce gage, se réconcilier avec le triumvirat. Robespierre vint, en effet, siéger à la séance du lendemain. On s'expliqua de part et d'autre. Saint-Just montra que seuls des agents de l'ennemi pouvaient représenter Robespierre comme un dictateur, car il n'avait ni l'armée, ni les finances, ni l'administration dans sa dépendance. David appuya Saint-Just. Billaud dit à Robespierre : « Nous sommes tes amis, nous avons toujours marché ensemble. » Les membres survivants prétendront plus tard qu'on avait décidé de rattacher au Comité de sûreté générale le bureau de police du Comité de salut public, mais le fait est controuvé. Saint-Just fut chargé par les deux Comités de présenter à la Convention un rapport sur la situation politique avec le mandat de défendre le gouvernement révolutionnaire. Billaud et Collot lui recommandèrent toutefois de ne pas parler de l'Être suprême.

Le soir même Barère, tout joyeux d'avoir ramené la concorde, annonçait à la Convention que des malveillants seuls avaient pu faire croire qu'il y avait de la division et de la mésintelligence dans le gouvernement et une variation dans les principes révolutionnaires. Il racontait qu'on avait arrêté, les jours précédents, des poudres destinées à l'armée, crevé des soufflets de forges, essayé de forcer la prison de Bicêtre, multiplié les sabotages et il concluait menaçant : « Mais les mesures que les deux Comités ont prises hier pour faire juger dans peu de temps les ennemis du peuple qui sont détenus dans toute la République vont être en activité et rendront à la nation cette sécurité qu'on veut lui ravir sans cesse, ce calme imposant, signe de la force de la République affermie ! »

Albert Mathiez

Le lendemain Couthon lui donnait la réplique aux Jacobins, en célébrant « les hommes ardents et énergiques disposés à faire les plus grands sacrifices pour la patrie » qui composaient les Comités. « S'il y a eu des divisions entre les personnes, il n'y en a jamais eu sur les principes. » Et Couthon rejetait sur l'entourage des gouvernants l'origine des nuages qu'il voulait dissiper. Il espérait que la Convention écraserait bientôt « les cinq ou six petites figures humaines, dont les mains sont pleines des richesses de la République et dégouttantes du sang des innocents qu'ils ont immolés ». Il se plaignait cependant qu'on eût envoyé à l'armée du Nord une partie des compagnies de canonniers parisiens et il manifestait des craintes au sujet de l'école de Mars. Mais Lebas le rassura.

Il faut croire cependant que, dans les deux camps, tous n'avaient pas désarmé et que le mot d'ordre de Barère et de Couthon fut mal obéi. Un chef de bureau de la guerre, Sijas, ne cessait de dénoncer aux Jacobins le commissaire du mouvement des armées Pille, qui employait des aristocrates, disait-il, réintégrait les généraux suspendus, dégarnissait Paris de ses canonniers et s'enveloppait de mystère. Pille était l'homme de Carnot. Les paroles de Sijas trouvaient de l'écho. On avait crié, le 6 thermidor, à la porte de la Convention : Il faut faire un 31 mai ! Barère loua Robespierre, le lendemain, d'avoir blâmé aux Jacobins ces cris séditieux. Mais cela n'empêcha pas les Jacobins de présenter le même jour à la Convention une pétition pour dénoncer Pille et les prétendus Indulgents qui voulaient assassiner les patriotes. Ils demandaient qu'on fît justice des traîtres et des fripons et d'un certain Magenthies qui avait demandé, pour ridiculiser le décret sur l'Être suprême, qu'on mît à mort quiconque souillerait le nom de la Divinité par un juron. Pour contenter les Jacobins, les Comités devaient-ils révoquer Pille et livrer les têtes des députés corrompus que Couthon et Robespierre ne cessaient de réclamer depuis deux mois ? Or, à cette même séance du 7 thermidor, Dubois-Crancé s'était justifié et avait invité Robespierre à reconnaître son erreur. La Convention avait décidé que les Comités feraient leur rapport sur son compte dans les trois jours. Robespierre allait donc être forcé de sortir des Jacobins pour s'expliquer devant l'Assemblée.

Robespierre avait-il adhéré, lors de la séance plénière du 5 thermidor, au programme de réconciliation formulé par Barère et accepté, semble-t-il, par Saint-Just et Couthon ? Il est permis d'en douter. Tous ses griefs n'étaient pas satisfaits. Il voulait arracher la direction de la guerre à Carnot qui n'avait pas fait exécuter le décret du 7 prairial interdisant de faire des prisonniers anglais et hanovriens et qui s'entourait d'un conseil technique composé d'aristocrates. Il voyait, comme Sijas, dans l'éloignement d'une partie des canonniers de Paris une manœuvre obscure dirigée contre la Commune et contre Hanriot, son homme. Il n'avait pas pardonné au Comité de sûreté générale pas plus qu'à Billaud et à Collot la protection dont ils couvraient toujours les Fouché et les Tallien. On avait crié dans les rues les jours précédents la *grande arrestation de Robespierre* sans que le Comité fût intervenu. Robespierre venait d'apprendre, par un rapport de l'administrateur de police Faro, qu'Amar et Voulland avaient visité dans leur prison, le 5 thermidor, les députés girondins détenus et leur avaient fait mille avances : « Arrête-t-on votre correspondance ? Vous refuse-t-on toutes les douceurs de la vie, soit en café, soit en sirop, chocolat et fruits ? Votre caractère est-il méconnu ici ? » En apprenant que les députés étaient au régime des autres détenus, Amar avait versé des larmes : « C'est un crime affreux ! Dites-nous bien, mes chers collègues, ceux qui ont avili la représentation nationale. Ils seront punis. Le Comité en fera justice. » Sans doute Amar et Voulland, après avoir donné l'ordre d'appliquer aux députés un traitement de faveur, s'étaient repris et avaient ensuite maintenu à leur égard le droit commun, mais Robespierre soupçonnait qu'une entente était en train de se nouer entre ses adversaires de la Montagne et le Marais qui l'avait soutenu jusque-là. Et ceci encore, autant que la mise en demeure de Dubois-Crancé, lui fit rompre le silence.

Le 8 thermidor donc, sans s'être concerté ni avec Saint-Just ni avec Couthon, qui l'auraient sans doute dissuadé, il s'efforça d'obtenir directement de la Convention la réalisation de son programme intégral. Après avoir protesté longuement, mais en termes impressionnants, contre les calomnies qui le représentaient comme un dictateur animé de mauvais desseins contre l'Assemblée, il rejeta sur ses adversaires, les terroristes mués en Indulgents, les excès de la guillotine : « Est-ce nous qui avons plongé dans les cachots les patriotes et porté la Terreur dans toutes les conditions ? Ce sont les monstres que nous avons accusés ! » Il affirma que le gouvernement révolutionnaire était nécessaire mais qu'il ne devait frapper, promptement et sans pitié, que les seuls conspirateurs. Or, ses calomniateurs qui se disaient Indulgents et qui n'étaient que des fripons, ruinaient le gouvernement révolutionnaire dans l'opinion en tourmentant les hommes paisibles pour avoir le droit de protéger les aristocrates. « On rendait odieux le tribunal révolutionnaire pour préparer sa destruction. » Il s'en prenait hardiment alors au Comité de sûreté générale et à ses commis, « une horde de fripons que protègent Amar et Jagot ». Il reprochait à Vadier l'affaire Catherine Théot et il demandait non seulement que le Comité suspect fût renouvelé, mais encore qu'il fût dorénavant subordonné au Comité de salut public. Il ne s'en tenait pas là. Le Comité de salut public devait être épuré lui aussi. Il n'avait pas fait respecter le décret sur les prisonniers anglais, il avait semé la division parmi les généraux, protégé l'aristocratie militaire. Ceci était pour Carnot. Et Barère, malgré ses avances des jours précédents, n'était pas épargné : « On vous parle beaucoup de nos victoires avec une légèreté académique qui ferait croire qu'elles n'ont coûté à nos héros ni sang ni travaux ; racontées avec moins de pompe, elles paraîtraient plus grandes. » La partie diplomatique — c'était le domaine de Barère — avait été absolument négligée. Les agents employés à l'extérieur étaient des traîtres. Robespierre reprochait ensuite à Cambon son système financier mesquin, prodigue, tracassier et dévorant. Le décret sur les rentes viagères avait fait de nombreux mécontents et à juste titre. Il terminait enfin par un défi à la horde de fripons qui était parvenue à dominer.

L'effet produit fut si profond que Lecointre lui-même, un des fripons dénoncés, demanda l'impression du discours. Appuyée par Barère, l'impression fut votée malgré une protestation de Bourdon de l'Oise. L'envoi à toutes les communes fut voté ensuite sur la motion de Couthon. Robespierre allait-il triompher ? Ses adversaires se reprirent. Vadier essaya de s'expliquer sur Catherine Théot. Puis Cambon avec fougue passionna le débat : « Avant d'être déshonoré je parlerai à la France ! » Il accusa Robespierre de paralyser la Convention. Sa véhémence donna du cœur à Billaud qui demanda que le discours de Robespierre fût examiné par les Comités avant d'être envoyé aux communes. « S'il est vrai que nous ne jouissions pas de la liberté des opinions, j'aime mieux que mon cadavre serve de trône à un ambitieux que de devenir par mon silence le complice de ses forfaits. » Il avait touché le point sensible. Panis somma Robespierre et Couthon de nommer les députés qu'ils accusaient. Robespierre refusa de répondre et par là se perdit. Tous ceux qui avaient quelque chose à se reprocher se sentirent menacés. Bentabole, Charlier réclamèrent le rapport du décret ordonnant l'impression de son discours. Barère, sentant le vent tourner, orienta sa girouette. Il reprocha à Robespierre de n'avoir pas suivi les séances du Comité sans quoi il n'eût pas écrit son discours. La Convention rapporta l'envoi aux communes. Robespierre n'avait plus de majorité. Il avait jeté son bouclier.

Sans doute le soir même, aux Jacobins où il vint relire son discours il fut accueilli par des acclamations sans fin. Ses adversaires Collot et Billaud qui voulurent lui répondre furent couverts de huées et durent quitter le club sous le cri : les conspirateurs à la guillotine ! Mais les Jacobins ne prirent pas d'autre résolution que de mettre « la conspiration » à l'ordre du jour de leurs débats. Robespierre ne voulait pas de 31 mai. Malgré son échec de la veille, il croyait possible de ressaisir sa majorité. Il entendait maintenir la lutte sur le terrain parlementaire. Il n'avait pas prévu qu'il lui serait désormais impossible de parler à l'Assemblée.

Les gens des Comités flottaient désemparés. A leur retour des Jacobins, dans la nuit, Billaud et Collot firent une scène violente à Saint-Just, mais tout le résultat de la délibération qui dura jusqu'à l'aube fut une proclamation rédigée par Barère où on mettait en garde contre l'ascendant de quelques hommes et l'ambition de certains chefs militaires qu'on ne nommait pas.

La décision vint des proconsuls corrompus que Robespierre menaçait depuis deux mois et qui se savaient perdus s'il triomphait. Tallien avait reçu de sa maîtresse qui allait être traduite au tribunal révolutionnaire un billet affolé. Il fit, avec Fouché, des efforts répétés pour gagner le Marais. D'abord repoussés par Palasne Champeaux, Boissy d'Anglas, Durand Maillane, qui se défiaient du repentir de ces terroristes, ils prirent de tels engagements qu'ils réussirent dans une troisième tentative. Le Marais livra Robespierre à condition que les Montagnards de proie l'aideraient à supprimer la Terreur. Avant que s'ouvrît la séance toutes les dispositions étaient prises, avec la complicité du président de l'Assemblée, Collot d'Herbois,

Albert Mathiez

pour étouffer la voix de Robespierre et de ses amis.

Quand Saint-Just voulut lire, au début, le discours habile qu'il avait préparé pour tout rejeter sur Billaud, Collot et Carnot, il fut tout de suite violemment interrompu par Tallien qui l'accusa de s'isoler du Comité puisqu'il parlait en son nom personnel. « Je demande, dit-il aux applaudissements trois fois répétés, que le rideau soit entièrement déchiré. » Billaud évoqua ensuite la séance de la veille aux Jacobins et fit peur à l'Assemblée d'un nouveau 31 mai qui aboutirait à son égorgement. Il accusa Robespierre de protéger les Hébertistes, les Dantonistes, les nobles, les fripons, de persécuter les patriotes, d'être l'unique auteur du décret du 22 prairial, en un mot d'être un tyran. Périssent les tyrans ! répète le chœur. Robespierre veut répondre. Collot lui refuse la parole qu'il donne à Tallien. Celui-ci brandit un poignard contre le nouveau Cromwell, déclame contre les Verrès qui l'entourent et demande l'arrestation de ses créatures. L'arrestation d'Hanriot, de Boulanger, de Dufresse, de Dumas est votée. Barère fait supprimer la fonction de commandant en chef de la garde nationale. Une nouvelle tentative de Robespierre pour répondre est étouffée sous la cloche de Thuriot qui a pris la présidence après Collot. Louchet et Loseau demandent l'arrestation du « dominateur ». Robespierre le Jeune demande à partager le sort de son frère. Couthon, Saint-Just sont décrétés d'arrestation avec les deux Robespierre. Lebas réclame l'honneur de figurer dans la proscription. Il lui est accordé. « La République est perdue, dit Robespierre en descendant à la barre, les brigands triomphent. »

Il était cinq heures du soir. Tout cependant n'était pas résolu. D'un mouvement spontané, la Commune et Hanriot se mettent en révolte, font fermer les barrières, sonner la générale puis le tocsin, convoquent les sections, les invitent à envoyer leurs canonniers devant la Maison commune et à jurer de défendre la liberté et la patrie. N'écoutant que sa bravoure, Hanriot, avec une poignée de gendarmes, tente dès cinq heures trente de délivrer les députés mis en arrestation. Il force à coups de botte les portes du local du Comité de sûreté générale où ils sont détenus, mais, entouré aussitôt, il est lui-même garrotté sous les yeux de ceux qu'il voulait délivrer. Incident fâcheux pour la suite des événements. Robespierre et ses amis crurent que l'insurrection, privée de son chef, n'avait aucune chance de succès. Ils mirent dès lors tout leur espoir dans le tribunal révolutionnaire et, quand ils partirent, chacun pour une prison séparée, ils s'étaient résignés à leur sort.

Le mouvement cependant croissait d'heure en heure. Les canonniers des sections se massaient avec leurs pièces sur la Grève. Les comités civils et révolutionnaires des sections ouvrières de l'Est et du Sud et des sections d'artisans du Centre prêtaient le serment. Les Jacobins se réunissaient et se mettaient en liaison avec la Commune. Vers huit heures du soir, avec une partie des canonniers l'énergique Coffinhal marchait sur la Convention, délivrait Hanriot, entraînait jusqu'à la garde de l'Assemblée. Il eût pu terminer la journée en s'emparant aisément des membres des Comités qui fuyaient éperdus. « Citoyens, s'écriait Collot qui présidait, voici l'instant de mourir à notre poste ! » Mais Coffinhal n'acheva pas sa victoire. Il se borna à ramener triomphalement Hanriot à l'Hôtel de Ville.

La Convention respira. Elle se hâta de charger Barras de lui procurer une force armée et Barras, aidé de six autres députés, sonna le ralliement des sections modérées. Appelés par ses émissaires, les marchands des Lombards, les banquiers de la section Le Pelletier, les agioteurs du Palais-Royal, les riches bourgeois des sections de l'Ouest accoururent autour de la Convention. Y vinrent aussi les derniers débris de l'hébertisme et du dantonisme, enrôlés par les deux Bourdon, par Tallien, Rovère, Fréron. Mais il fallut du temps pour rassembler ces troupes dispersées et disparates. En attendant, Barère faisait mettre hors la loi les rebelles de la Commune et tous ceux qui s'étaient soustraits aux mandats d'arrêt lancés par les Comités. Il escomptait que cette terrible mesure glacerait d'épouvante les tièdes et paralyserait l'insurrection. Il ne se trompait pas.

Depuis le coup de main de Coffinhal, l'insurrection piétinait. La Commune visiblement entendait en remettre la direction aux députés proscrits. Mais ceux-ci, délivrés un à un par des administrateurs de police, ne se pressaient pas d'agir. Robespierre aîné refusait d'abord de se rendre à la maison commune. Couthon voulait rester dans sa prison et n'en sortit qu'après minuit. Seul Robespierre le Jeune se rendait dès le premier moment à la séance de la Commune qu'il haranguait. Quand le décret de mise hors la loi fut connu, Robespierre aîné imita son frère. Il siégea avec les autres députés au Comité d'exécution que la Commune avait créé. Lebas adressa une lettre au commandant du camp des Sablons. Robespierre signa un appel à la section des Piques. Des municipaux furent envoyés dans les sections pour les maintenir dans le parti de la Commune. La résolution fut prise enfin de mettre en arrestation les principaux membres des Comités. Mais il était tard dans la nuit. Las d'attendre en vain, les canonniers et les gardes nationaux, d'ailleurs travaillés par les agents de Barras, s'étaient peu à peu retirés. La place de Grève était à moitié vide. Il fallait songer à se défendre plutôt qu'à attaquer. Pour empêcher les défections, la Commune fit éclairer vers minuit la façade de l'Hôtel de Ville.

Barras hésitait à marcher. Vers deux heures du matin il se décida. Un traître venait de lui communiquer le mot d'ordre donné par Hanriot. Les troupes conventionnelles s'ébranlèrent en deux colonnes. Celle de gauche, dirigée par Léonard Bourdon et grossie du bataillon des Gravilliers, s'introduisit par surprise, grâce au mot d'ordre, et aux cris de : « Vive Robespierre ! » jusqu'à la salle où siégeait le Comité d'exécution. Robespierre et Couthon étaient en train d'écrire une proclamation aux armées. Robespierre le Jeune se jeta par la fenêtre d'où on le releva la cuisse brisée. Lebas se tua d'un coup de pistolet. Robespierre aîné essaya d'en faire autant et se brisa la mâchoire inférieure. Les survivants au nombre de 22, sur la seule constatation de leur identité, furent conduits le lendemain au supplice. Le 11 thermidor on guillotina aussi sommairement 70 membres de la Commune.

Il semble bien que la population parisienne, même dans les quartiers populaires, n'avait mis qu'un empressement relatif à soutenir la Commune. Les artisans se plaignaient de la cherté de la vie. Les ouvriers des manufactures d'armes étaient en effervescence depuis plusieurs jours. La Commune avait proclamé, le 5 thermidor, un maximum des journées qui avait causé un mécontentement général parmi les salariés. Le matin même du 9 thermidor, les maçons et tailleurs de pierre de la section de l'Unité avaient parlé de cesser le travail et cette section, autrefois hébertiste, prit précisément parti pour la Convention. Vers quatre heures de l'après-midi un rassemblement d'ouvriers s'était formé sur la Grève pour réclamer la modification du maximum. La Commune eut beau, dans une proclamation, vers huit heures du soir, rejeter sur Barère la responsabilité du tarif, sur « Barère qui appartint à toutes les factions tour à tour et qui a fait fixer le prix des journées des ouvriers pour les faire périr de faim », elle ne dissipa pas toutes les préventions et, quand les municipaux furent conduits au supplice, on poussa sur leur passage le cri de « f... maximum ! ».

Ironie tragique ! Robespierre et son parti périssaient en grande partie pour avoir voulu faire servir la Terreur à un nouveau bouleversement de la propriété. La République égalitaire, sans riches ni pauvres, qu'ils rêvaient d'instaurer par les lois de ventôse, était avec eux frappée à mort. Les sans-culottes inconscients regretteront bientôt le f... maximum. Ils se soulèveront mais en vain pour le faire rétablir.

Pour l'instant il n'y eut pour comprendre l'importance de la victoire des terroristes de proie unis au Marais que cette partie éclairée de la petite bourgeoisie et de l'artisanerie que Robespierre avait appelée aux affaires et qui garnissait nombre de clubs et d'administrations révolutionnaires. Là, la douleur fut profonde. Elle perce jusque dans les aveux des thermidoriens. Thibaudeau, le futur préfet de l'Empire, nous dit que les autorités de son département (la Vienne) arrêtèrent d'abord la circulation de son adresse sur le 9 thermidor. Laignelot écrit au Comité, de Laval le 21 thermidor, que le génie malfaisant du tyran survit encore : « Il est étonné mais il n'est pas anéanti. Dans les sociétés populaires, tous les meneurs étaient pour Robespierre. » A Nevers, les personnes venues de Paris qui annoncèrent la chute de Robespierre furent sur-le-champ mises en prison. A Arras, à Nîmes, quand on apprit l'arrestation de Robespierre, les clubs proposèrent de s'armer pour voler à son secours. De désespoir de nombreux patriotes se donnèrent la mort (à Paris le graveur Mauclair, à Nîmes le juge Boudon, etc.).

Mais les thermidoriens avaient maintenant la Terreur à leur disposition. Ils firent sortir des prisons leurs partisans et y entassèrent les robespierristes. Otages de la réaction qu'ils ont déchaînée, ils vont être entraînés plus loin qu'ils n'auraient voulu. Nombreux seront ceux qui se repentiront au soir de leur vie de leur participation au 9 thermidor. En Robespierre ils avaient tué, pour un siècle, la République démocratique.

Albert Mathiez

Née de la guerre et de ses souffrances, jetée de force dans le moule de la Terreur contraire à son principe, cette République, malgré ses prodiges, n'était au fond qu'un accident. Appuyée sur une base de plus en plus étroite, elle n'était pas comprise de ceux-là mêmes qu'elle voulait associer à sa vie. Il avait fallu le mysticisme ardent de ses auteurs, leur énergie surhumaine pour la faire durer jusqu'à la victoire extérieure. On n'efface pas vingt siècles de monarchie et d'esclavage en quelques mois. Les lois les plus rigoureuses sont impuissantes à changer d'un seul coup la nature humaine et l'ordre social. Robespierre, Couthon, Saint-Just qui voulaient prolonger la dictature pour créer des institutions civiles et renverser l'empire de la richesse le sentaient bien. Ils n'auraient pu réussir que s'ils avaient possédé à eux seuls toute la dictature. Mais l'intransigeance de Robespierre qui rompit avec ses collègues du gouvernement juste au moment où ceux-ci lui faisaient des concessions suffit à faire écrouler un édifice suspendu dans le vide des lois. Exemple mémorable des limites de la volonté humaine aux prises avec la résistance des choses.

ISBN : 978-1514723333